中国共青团年鉴

2011

共青团中央 编

中国青年出版社

（京）新登字 083 号

图书在版编目（CIP）数据

中国共青团年鉴.2011/共青团中央编. —北京：中国青年出版社，2013.10
ISBN 978-7-5153-1970-4

Ⅰ.①中… Ⅱ.①共… Ⅲ.①中国共产主义青年团-2011-年鉴
Ⅳ.①D29-54

中国版本图书馆 CIP 数据核字（2013）第 243511 号

*

中国青年出版社 出版 发行
社址：北京东四 12 条 21 号 邮政编码：100708
网址：www. cyp. com. cn
编辑部电话：（010）57350504 门市部电话：（010）57350370
北京顺诚彩色印刷有限公司印刷 新华书店经销

*

787×1092 1/16 33.5 印张 10 插页 680 千字
2013 年 10 月北京第 1 版 2013 年 10 月北京第 1 次印刷
定价：220.00 元
本图书如有任何印装质量问题，请与印务中心质检部联系调换
联系电话：（010）57350337

编辑说明

一、《中国共青团年鉴》是全面反映中国共青团工作情况和组织发展情况的大型工具书。其宗旨是为各级团组织开展工作提供理论政策指导、工作经验和有关信息，为社会各界提供中国共青团的有关资料。

二、本年鉴共分7个部分：

1. 特载部分，收录了党和国家领导人关于共青团工作和青年工作的重要讲话和指示。

2. 团中央书记处领导讲话部分，收录了团中央书记处领导同志的有关讲话。

3. 重要文件部分，收录了团中央以及与其他相关单位联合下发的重要文件。

4. 重点工作概述部分，记录了团中央开展的重点工作和重点活动。

5. 重要表彰部分，收录了团中央单独表彰及与其他部门联合表彰的先进集体和先进个人。

6. 省级团委工作简介部分，记录了各省级团委开展的主要工作情况。

7. 附录部分，为共青团工作大事记。

三、《中国共青团年鉴》记录的只是共青团工作的概况，为了解和研究共青团工作提供一个基本的线索，对于大量的具体工作特别是各地团组织开展的工作，因为篇幅原因未能详尽收录。

四、本年鉴由团中央机关各部门、各省级团委和各有关青年组织提供材料。团中央办公厅负责材料整理和编辑工作。

《中国共青团年鉴》涉及面广，资料收集工作繁杂，工作中难免会有差错和疏漏，不当之处，敬请批评指正。

2012年11月

∧ 2011 年 7 月 12 日，中共中央总书记胡锦涛接见参加两岸万名青年大型主题交流活动的两岸青年代表

∧ 2011 年 2 月 23 日，国务院总理温家宝在“中欧青年交流年”开幕式上同中欧青年代表在一起

∧ 2011 年 10 月 27 日，在韩国访问的国务院副总理李克强与中韩两国青年合影

∧ 2011年3月22日，中共中央政治局委员、全国人大常委会副委员长王兆国在人民大会堂接见第六届"中国青年创业奖"获奖者并讲话

∧ 2011年5月4日，团中央在北京召开纪念五四运动92周年暨“中国青年五四奖章”和全国优秀团员、团干部、团组织表彰座谈会。中共中央政治局委员、全国人大常委会副委员长王兆国出席并讲话

∧ 2011 年 8 月 22 日，中共中央政治局委员、全国人大常委会副委员长王兆国，中共中央政治局委员、国务委员刘延东出席第七届中国青少年科技创新奖颁奖大会并为获奖者颁奖

∧ 2011年10月13日，第五届“母亲河奖”颁奖仪式在人民大会堂举行，全国人大常委会副委员长陈至立接见获奖者

∧ 2011年1月28日，陆昊同志到山西省未成年犯管教所看望慰问未成年犯（脸部图像做了虚化处理），并进行乒乓球交流活动

∨ 2011年2月2日，陆昊同志到北京眉州东坡酒楼亚运村店看望慰问进城务工青年

∧ 2011 年 7 月 1 日下午，王晓同志在国家博物馆参加“学党史、知党情、跟党走”全国青联委员活动日活动

∨ 2011 年 5 月 11 日，贺军科同志在内蒙古呼和浩特市新城区某建筑工地慰问青年农民工

∧ 2011 年 2 月 21 日，卢雍政同志出席“中欧青年交流年”中方开幕式新闻发布会

∨ 2011 年 10 月 13 日，罗梅同志在北京第一师范学校附属小学参加建队纪念日活动

∧ 2011 年 8 月，汪鸿雁同志在河南省沁阳市王曲乡调研乡镇团的组织格局创新工作

∨ 2011 年 9 月 29 日，周长奎同志在西安看望慰问 2011 年西安世界园艺博览会的青年志愿者

∧ 2011 年元旦期间，河北省驻京团工委举办新春联谊会

∨ 2011 年 5 月 4 日，团中央、全国学联在复旦大学举办“‘90 后’对话 90 年”主题讲坛活动

∧ 2011 年 5 月 4 日，团中央联合全国 1400 余家网络媒体启动“党在我心中——全国青少年千网联动学党史”活动

∨ 2011 年 5 月 14 日，团中央在北京首都师范大学第二附属中学举办“轻松备考，12355 与你同行——高考减压咨询”

∧ 2011 年 5 月 23 日，中英青年领导者圆桌会议在北京举行，中英青年代表进行团队建设活动

∨ 2011 年 6 月 1 日，全国各地少先队组织开展“红领巾心向党”主题队日活动。图为北京回民小学举办“红领巾心向党”大、中队联欢会

∧ 2011年6月7日，团中央、全国青联志愿者艺术团在井冈山、延安举办庆祝建党90周年“青春颂歌献给党”慰问活动

∨ 2011年6月，浙江省嘉兴市团委工作人员、银行信贷人员、创业导师向农村青年讲解小额贷款流程等知识

∧ 2011 年 8 月 13 日，中国青年志愿者协会理事白岩松参加暑期关爱农民工子女志愿服务活动，走进北京科技大学陪同孩子们感受高校生活

∨ 2011 年 10 月 16 日，共青团中央、中国科协、教育部、全国学联和辽宁省人民政府在辽宁大连理工大学共同主办第十二届“挑战杯”全国大学生课外学术科技作品竞赛终审决赛闭幕式暨颁奖晚会

∧ 2011 年 10 月 24 日，2011 年第七届“振兴杯”全国青年职业技能大赛决赛在辽宁省沈阳市举行

目　录

第一部分　特载

第二部分　团中央书记处领导讲话

陆昊同志讲话

第三部分　重要文件

第四部分　重点工作概述

第五部分　重要表彰

第六部分　省级团委工作简介

第一部分

特　　载

在庆祝清华大学建校 100 周年大会上的讲话

2011 年 4 月 24 日

胡锦涛

老师们，同学们，同志们，朋友们：

4 月的北京，春风送暖。在这个美好的时节，我们在这里隆重集会，庆祝清华大学建校 100 周年。首先，我代表党中央、国务院，向清华大学全体师生员工和广大校友，表示衷心的祝贺！向参加庆祝活动的海内外嘉宾，表示热烈的欢迎！向全国高等学校的师生员工和广大教育工作者，致以诚挚的问候！

100 年前，在中华民族内忧外患、风雨飘摇的历史背景下，清华大学的前身清华学堂建立了。那个时代，外国列强的侵略欺凌，封建统治的腐败黑暗，使我们的祖国和人民蒙受了水深火热的苦难。中国人民和大批仁人志士在苦难中觉醒、在压迫下奋起，决心改变民族积贫积弱的命运和人民苦不聊生的状况。也就是在这一年，中国爆发了震惊世界的辛亥革命，为中国进步打开了闸门，推动全民族更加自觉地走上了振兴中华的奋斗历程。

90 年前，在中国人民改变民族命运如火如荼的斗争中，中国共产党应运而生。90 年来，中国共产党团结带领全国各族人民前仆后继、顽强拼搏，经过长期浴血奋战和艰苦奋斗，建立了新中国，进行了社会主义革命和建设，实行了改革开放，成功开辟了中国特色社会主义道路，为中华民族伟大复兴打开了前所未有的光明前景。

建校以来，广大清华师生始终与民族共命运、与时代同步伐，形成了优良文化传统和光荣革命传统，在中国人民为实现中华民族伟大复兴而奋斗的史册上写下了自己的隽永篇章。

建校伊始，清华秉持科学救国理想，倡导"中西融会、古今贯通、文理渗透"，一批学界泰斗在清华园里潜心治学、精育良才，形成了名师荟萃、鸿儒辉映的盛况，很快发展成为我国最好的大学之一，填补了我国现代科技的诸多空白。抗日战争期间，清华同北大、南开一道，在极其艰苦的条件下，共创了西南联大的办学成就。梁启超、冯友兰、陈岱孙、费孝通、钱钟书、吴晗、曹禺、季羡林等一大批我国人文社会科学学术大师，叶企孙、茅以升、竺可桢、华罗庚、钱三强、钱学森、邓稼先、钱伟长等一大批我国自然科学学科和工程技术领域奠基人和开拓者，还有获得诺贝尔物理学奖的杨振宁、李政道，都是清华人中的佼佼者。广大清华师生始终满怀强烈的爱国情怀，积极投身五四运动，坚定走在"一二·九"运动等爱国民主运动前列，奋勇参加民族救亡和人民解放斗争，涌现出闻一多、朱自清等一大批革命先烈和民主志士，为新中国的诞生作出了重要贡献。

新中国成立以后，广大清华师生满怀豪情投身祖国教育、科研、建设事业，全面贯彻党的教育方针，实行教学科研生产三结合，坚持又红又专、全面发展的育人理念，重视因材施教、实践锻炼、能力培养，努力建设高水平的社会主义大学。清华大学创办了原子能、无线电等一批国家急需的新技术专业，积极参与“两弹一星”等重大工程，完成国徽、人民英雄纪念碑、密云水库等重要设计，成为我国培养高层次人才和发展先进科学技术的重要基地。我和很多同龄人在这一时期进入清华大学学习，清华园里蓬勃昂扬的青春理想、严谨勤奋的治学氛围、艰苦朴素的优良作风、生动活泼的文化生活深深熏陶了我们。当时，蒋南翔校长富有创造性的教育思想，刘仙洲、梁思成、马约翰、张光斗等大家名师执教讲坛、垂范学子的风采，令我们受益匪浅、终生难忘。

改革开放以来，广大清华师生牢记科教兴国、人才强国的使命，主动适应社会需求，深入进行教育改革，加快建设综合性、研究型、开放式的一流大学，清华大学办学总体实力大为增强，人才培养质量、学术研究水平、社会服务能力不断提高。清华大学坚持以人才培养为根本任务，强化厚基础、重实践、求创新的育人特色，大力培养高素质、高层次、多样化、创新型的人才，广大毕业生踊跃到国家重点行业和基层施展才干。清华大学紧紧围绕改革开放和社会主义现代化建设的战略需要开展科研，取得高温气冷堆等一大批先进科技成果和优秀人文社会科学成果，社会影响和国际声誉不断提升，在创建世界一流大学的征程上迈出重大步伐、取得显著成绩。

水木清华，钟灵毓秀。在一个世纪的发展历程中，清华秉承“爱国奉献、追求卓越”的传统，恪守“自强不息、厚德载物”的校训，弘扬“行胜于言”的校风，培养了17万名优秀人才，涌现出一大批学术大师、兴业英才、治国栋梁。在国家表彰的23位“两弹一星”勋章获得者中有14位是清华校友，460位清华校友当选中国科学院院士和中国工程院院士。100年来，一代又一代清华人在革命、建设、改革中顽强拼搏、真诚奉献，为祖国、为人民、为民族建立了突出功绩。

清华百年历史又一次表明，坚持解放思想、实事求是、与时俱进，坚持以实现国家富强、民族振兴、人类进步为己任，坚持正确办学方向，坚持以人为本，遵循高等教育规律，全面实施素质教育，不断推进改革创新，我们的大学就能获得事业发展的强大动力，就能源源不断培养出德才兼备的优秀人才。

老师们、同学们、同志们、朋友们！

当今世界正处在大发展大变革大调整时期。世界多极化、经济全球化深入发展，世界经济格局发生新变化，综合国力竞争和各种力量较量更趋激烈，世界范围内生产力、生产方式、生活方式、经济社会发展格局正在发生深刻变革。特别是创新成为经济社会发展的主要驱动力，知识创新成为国家竞争力的核心要素。在这种大背景下，各国为掌握国际竞争主动，纷纷把深度开发人力资源、实现创新驱动发展作为战略选择。

对我国来说，当前和今后一个时期是全面建设小康社会的关键时期，是深化改革开放、加快转变经济发展方式的攻坚时期。综合判断国际国内形势，我国发展仍处于可以大有作为的重要战略机遇期，既面临难得的历史机遇，也面对诸多可以预见和难以预见的风险挑战。我们既要充分认识我国发展取得的举世瞩目的伟大成就，也要清醒地看到，我国仍处于并将长期处于社会主义初级阶段的基本国情没有变，我国仍是世界上最大的发展中国家，全面建成小康社会、基本实现现代化依然任重道远。我们决不能骄傲自满、固步自封，必须谦虚谨慎、埋头苦干，更加奋发有为地推进改革开放和社会主义现代化建设，继续在中国特色社会主义道路上向着中华民族伟大复兴的光辉目标奋勇前进。

推动经济社会又好又快发展，实现中华民族伟大复兴，科技是关键，人才是核心，教育是基础。我们必须深入实施科教兴国战略和人才强国战略，全面贯彻落实国家中长期教育改革和发展规划纲要，加快从教育大国向教育强国迈进。高等教育作为科技第一生产力和人才第一资源的重要结合点，在国家发展中具有十分重要的地位和作用。新中国成立 60 多年特别是改革开放 30 多年来，我国建成了世界上规模最大的高等教育体系，培养了数以亿计的高层次专门人才和高技能人才，取得了一批具有世界先进水平的科研成果。同时，从总体上看，我国高等教育还不完全适应经济社会发展和人民群众接受良好教育的要求，同国际先进水平相比还有明显差距。不断提高质量，是高等教育的生命线，必须始终贯穿高等学校人才培养、科学研究、社会服务、文化传承创新各项工作之中。我们必须适应实现经济社会又好又快发展、促进人的全面发展、推动社会和谐进步的要求，坚持走内涵式发展道路，借鉴国际先进理念和经验，全面提高高等教育质量，不断为社会主义现代化建设提供强有力的人才保证和智力支撑。

——全面提高高等教育质量，必须大力提升人才培养水平。高等教育的根本任务是人才培养。要坚持把促进学生健康成长作为学校一切工作的出发点和落脚点，全面贯彻党的教育方针，坚持育人为本、德育为先、能力为重、全面发展，着力增强学生服务国家服务人民的社会责任感、勇于探索的创新精神、善于解决问题的实践能力，努力培养德智体美全面发展的社会主义建设者和接班人。要注重更新教育观念，把促进人的全面发展和适应社会需要作为衡量人才培养水平的根本标准，树立多样化人才观念和人人成才观念，树立终身学习和系统培养观念，造就信念执著、品德优良、知识丰富、本领过硬的高素质人才。要注重培养拔尖创新人才，积极营造鼓励独立思考、自由探索、勇于创新的良好环境，使学生创新智慧竞相迸发，努力为培养造就更多新知识的创造者、新技术的发明者、新学科的创建者作出积极贡献。

——全面提高高等教育质量，必须大力增强科学研究能力。高等学校特别是研究型大学，既是高层次创新人才培养的重要基地，又是基础研究和高技术领域创新成果的重要源泉。要积极适应经济社会发展重大需求，开展国家急需的战略性研究、探索科学技术尖端领域的前瞻性研究、涉及国计民生重大问题的公益性研究。要积极提升原始创新、集成创新和引进消化吸收再创新能力，瞄准国际前沿，加强基础研究，推动学科融合，培育新兴学科，建设重大创新平台和创新团队，以高水平科学研究支撑高质量高等教育。要积极推动协同创新，通过体制机制创新和政策项目引导，鼓励高校同科研机构、企业开展深度合作，建立协同创新的战略联盟，促进资源共享，联合开展重大科研项目攻关，在关键领域取得实质性成果，努力为建设创新型国家作出积极贡献。

——全面提高高等教育质量，必须大力服务经济社会发展。要紧紧围绕科学发展这个主题、加快转变经济发展方式这条主线，不断增强服务经济社会发展能力。要自觉参与推动战略性新兴产业加快发展，促进产学研紧密融合，加快科技成果转化和产业化步伐，着力推动“中国制造”向“中国创造”转变。要自觉参与推动区域协调发展，积极参与推进西部大开发、振兴东北地区等老工业基地、促进中部地区崛起、支持东部地区率先发展的进程，以服务和贡献开辟自身发展新空间。要自觉参与推动学习型社会建设，适应全民学习、终身学习的时代需要，加快发展继续教育，广泛开展科学普及，为社会提供形式多样的教育服务，深入开展政策研究，积极发挥思想库和智囊团作用，努力为党和国家科学决策、民主决策作出积极贡献。

——全面提高高等教育质量，必须大力推进文化传承创新。高等教育是优秀文化传承的重要载体和思想文化创新的重要源泉。要积极发挥文化育人作用，加强社会主义核心价值体系建设，掌握前人积累的文化成果，扬弃旧义，创立新知，并传播到社会、延续至后代，不断培育崇尚科学、追求真理的思想观念，推动社会主义先进文化建设。要积极开展对外文化交流，增进对国外文化科技发展趋势和最新成果的了解，展示当代中国高等教育风采，增强我国文化软实力和中华文化国际影响力，努力为推动人类文明进步作出积极贡献。

总之，我国高等学校要把提高质量作为教育改革发展最核心最紧迫的任务，完善中国特色现代大学制度，加强领导班子建设，创新教育教学方法，强化实践教学环节，形成人才培养新优势，努力出名师、育英才、创一流。各级政府要加大财政投入，引导更多社会资源支持教育，形成优先发展教育的良好社会环境，让所有受教育者学有所教、学有所成、学有所用。

建设若干所世界一流大学和一批高水平大学，是我们建设人才强国和创新型国家的重大战略举措。要以重点学科建设为基础，以体制机制改革为重点，以创新能力提高为突破，加大支持力度，健全长效机制，鼓励重点建设高校成为知识创新的策源地、深化教育改革的试验田、扩大开放的桥头堡。清华大学作为国家重点支持的大学，要坚持“中国特色，世界一流”的发展道路，改革创新，奋勇争先，在加快建设世界一流大学的进程中取得新的更大的成就。

老师们、同学们、同志们、朋友们！

青年是民族的希望、国家的未来，青年学生是国家的宝贵人才资源。党和人民对包括广大青年学生在内的全国青年寄予厚望。在这里，我想给清华大学的同学们和全国青年学生提三点希望。

第一，希望同学们把文化知识学习和思想品德修养紧密结合起来。青年人朝气蓬勃，善于接受新事物，正处于学习的黄金时期，应该珍惜美好青春年华，以只争朝夕的精神，刻苦学习科学文化知识，认真学习中华优秀文化和人类文明成果，夯实理论功底，提高专业素养，努力用人类创造的一切文明成果丰富自己。同时，要积极加强自身思想品德修养，认真学习中国特色社会主义理论体系，牢固树立正确的世界观、人生观、价值观，胸怀远大理想，陶冶高尚情操，培育科学精神，立为国奉献之志，立为民服务之志，牢牢把握人生正确航向，把个人成长成才融入祖国和人民的伟大事业之中，以实际行动创造无愧于人民、无愧于时代的业绩，谱写壮丽的青春乐章。

第二，希望同学们把创新思维和社会实践紧密结合起来。科学理论、创新思维来自于实践，又服务于实践。同学们要做到勤于学习、善于思考、勇于探索、敏于创新，激发求知欲和好奇心，在打好知识根基的前提下，提高创新思维能力，不断认识和掌握真理。同时，要坚持理论联系实际，积极投身社会实践，在基层一线砥砺品质，在同人民群众的密切联系中锤炼作风，在实践中发现新知、运用真知，在解决实际问题的过程中增长才干，不断提高实践能力、创新创业能力，切实掌握建设国家、服务人民的过硬本领，为走上社会、成就事业打下坚实基础。

第三，希望同学们把全面发展和个性发展紧密结合起来。全面发展和个性发展相辅相成。同学们要坚持德才兼备、全面发展的基本要求，在发展个人兴趣专长和开发优势潜能的过程中，在正确处理个人、集体、社会关系的基础上保持个性、彰显本色，实现思想成长、学业进步、身心健康有机结合，在德智体美相互促进、有机融合中实现全面发展，努力成为可堪大用、能负重任的栋梁之材。

教育大计，教师为本。广大教师和教育工作者是推动教育事业科学发展的生力军。广大高校教师要切实肩负起立德树人、教书育人的光荣职责，关爱学生，严谨笃学，淡泊名利，自尊自律，加强师德建设，弘扬优良教风，提高业务水平，以高尚师德、人格魅力、学识风范教育感染学生，做学生健康成长的指导者和引路人。要把加强教师队伍建设作为教育事业发展最重要的基础工作来抓，充分信任、紧紧依靠广大教师，提升教师素质，提高教师地位，改善教师待遇，关心教师健康，形成更加浓厚的尊师重教社会风尚，使教师成为最受社会尊重的职业，努力造就一支师德高尚、业务精湛、结构合理、充满活力的高素质专业化教师队伍。

老师们、同学们、同志们、朋友们！

海阔凭鱼跃，天高任鸟飞。全面建设小康社会，建设社会主义现代化国家，实现中华民族伟大复兴，为我国广大有志青年提供了创造精彩人生的广阔舞台。生长在我们这样一个伟大时代，我国青年一代应该大有作为，也必将大有作为。让我们紧紧携起手来，志存高远，脚踏实地，共同为我们伟大祖国、伟大民族更加美好的明天奋斗、奋斗、再奋斗！

给北京大学第十二届研究生支教团成员的回信

2011 年 5 月 10 日

胡锦涛

北京大学第十二届研究生支教团的同学们：很高兴收到你们的来信。首先，我向你们，并通过你们，向北京大学研究生支教团的全体同学，表示诚挚的问候！从同学们的信中得知，你们志愿到西部地区参加为期一年的支教扶贫工作，不怕艰苦，竭诚奉献，为推动西部地区教育事业发展发挥了积极作用。经过支教扶贫实践，你们丰富了阅历、磨练了意志、增长了才干。我为你们的进步感到由衷的欣慰。这些年来，北京大学组织一批又一批在读研究生深入西部地区基层一线开展支教扶贫活动。这是促进青年学生向实践学习、向人民群众学习的一个有效形式。希望北京大学坚持把支教扶贫的接力棒一届一届传下去，让更多的青年学生在实践中得到锻炼提高，努力成长为堪当国家建设重任的栋梁之材。衷心祝愿同学们都拥有一个精彩的人生！

在中非青年领导人论坛开幕式上的致辞

2011 年 5 月 21 日

吴邦国

尊敬的波汉巴总统阁下，

尊敬的古里拉布议长阁下，

亲爱的青年朋友们，女士们，先生们：

走进今天这个会场，心情格外舒畅，看到这么多朝气蓬勃的面孔，感到自己也年轻了许多。更让我欣慰的是，中非传统友谊后继有人，中非友好事业大有希望。首先，我代表中国共产党、中国政府和中国人民，对中非青年领导人论坛的召开表示热烈祝贺！向中国和非洲的青年朋友们致以亲切问候和良好祝愿！对纳米比亚为论坛作出的努力表示衷心的感谢！

巩固中非传统友谊，推动中非务实合作，促进中非共同发展，是包括青年人在内的23亿中非人民的共同心愿。这次论坛以"传承友谊，携手共进"为主题，充分体现了时代发展的客观要求和中非友好的强大生命力。

青年朋友们，女士们，先生们：

谈起中非友好，我们不禁想起2006年中非合作论坛北京峰会。这是中非友好史上一次具有历史意义的盛会，是新形势下中非务实合作的一个重要缩影。我记得，中国主要领导人都参加了，48个非洲国家的国家元首、政府首脑以及国际组织代表也出席了，参会人数高达1700多人。在这次峰会上，中非领导人共同决定建立政治上平等互信、经济上合作共赢、文化上交流互鉴的中非新型战略伙伴关系，胡锦涛主席宣布了中国加强对非务实合作的一揽子8项政策举措，绘就了中非合作的新蓝图，把中非友好合作推向新高度。这里，我想强调的是，中非友谊不是什么人赐予的，中非合作也不是一厢情愿的，说到底，是共同的历史遭遇让我们走到一起，是共同的发展使命让我们连到一起，是共同的战略利益让我们站到一起。中非友好是大势所趋、人心所向。

——中非是平等相待的好兄弟。中非都曾饱受帝国主义、殖民主义侵略和压迫，对以大欺小、以强凌弱、以富压贫深恶痛绝，追求平等相待、相互尊重是我们共同的价值取向，也是中非友谊薪火相传的一条重要经验。上个世纪50年代末、60年代初，非洲独立解放运动蓬勃发展，大批非洲国家相继独立。由于历史原因，新生的非洲国家经济发展滞后，人民生活困难，迫切需要得到世界各国的支持和帮助。就在非洲人民最需要的时候，中国政府在世界上率先承认获得独立的非洲国家，并从各个方面给予支持和力所能及的帮助。我印象很深的是，1963年，我们的周恩来总理用50多天的时间，远渡重洋、万里奔波，连续访问10个非洲国家，提出了著名的中国对外援助8项原则，核心是平等相待、相互尊重，严格尊重受援国主权，决不附带任何条件，决不要求任何特权，决不把援助看作单方面的赐予，真心实意地帮助受援国逐步走上自力更生、独立发展的道路。尽管当时中国自身建设任务相当繁重，财力和物力也相当紧张，我们仍然全力支援和帮助非洲国家建设了一大批国计民生项目，被誉为"自由之路"的坦赞铁路就是典型范例。迄今为止，中国共向非洲提供各类援助930亿元人民币，为50多个国家援建900多个成套项目，免除35个国家债务325笔、203亿元人民币，累计培训各类人员3.5万人次。几十年来，中国工程技术人员、医疗队员、农业专家和志愿者，一批又一批，一代又一代，来到非洲大陆，克服各种困难，同非洲人民并肩战斗、忘我工作，为非洲发展和中非友谊奉献了宝贵的青春甚至生命，数百位中国援非人员永远长眠在非洲大地。中国政府和人民永远缅怀他们，非洲国家和人民也永远不会忘记他们。

——中非是相互支持的好朋友。在风风雨雨的岁月中，中非人民在涉及对方核心利益和重大关切的问题上始终相互理解、相互支持，结下了难能可贵的真挚友谊，历久弥坚，牢不可破。这是我们独特的战略优势和宝贵财富。我们不会忘记，从上个世纪60年代初开始，包括非洲朋友在内的广大发展中国家，把恢复中国在联合国的合法席位当做自己的事，不畏强权、仗义执言，顶住压力、不屈不挠，连续10年向联大提出相关提案。1971年，第26届联大会议以压倒性多数通过著名的2758号决议，决定恢复中国在联合国的一切合法权利，确认中华人民共和国政府的代表是中国在联合国组织的唯一合法代表。这当中，非洲朋友的鼎力支持功不可没，投赞成票的76个国家中有26个来自非洲，占赞成票的三分之一。毛泽东主席曾风趣地说，是非洲朋友把我们“抬进”了联合国。我们不会忘记，非洲朋友大力支持中国举办北京奥运会和上海世博会，积极帮助我们战胜四川汶川特大地震等严重自然灾害。在申办上海世博会之初，纳米比亚开国总统努乔马就明确表示，上海是你们的城市，也是我们的城市，我们一定支持你们。非洲有11位总统、1位议长、3位总理、2位副总统出席北京奥运会开幕式和闭幕式，有21位非洲国家领导人参观上海世博会和出席相关活动。长期以来，中国作为联合国安理会常任理事国，始终为维护非洲国家主权主持公道，为支持非洲大陆发展积极呼吁，为解决非洲热点问题奔走斡旋，给予了非洲国家坚定有力的支持。

——中非是互利合作的好伙伴。世界上有那么一些人，总是戴着有色眼镜看待中非合作，甚至说中国到非洲是搞什么“新殖民主义”。这顶帽子无论如何戴不到中国人头上。事实上，中非合作是互利共赢的，给双方带来的是实实在在的利益。过去的十年，中非贸易额从100亿美元增加到1269亿美元，1600多家中国企业到非洲安家落户，中国已成为非洲第一大贸易伙伴，近年来对非洲经济增长的贡献率超过20%。我六次访问非洲，每次来，都要看一看经贸合作项目，对此有切身感受。这里，我给大家举两个小例子。赞比亚谦比希铜矿，始建于1963年，由于经营不善、缺乏资金，1987年不得不停产。1998年中赞合资重新开发，仅3年就复矿投产，雇用本地员工2000人，当年上缴税款近400万美元，促进了当地就业和经济繁荣。原来失业的机械师姆瓦克激动地对我说，非常庆幸能在复产后的谦比希铜矿找到工作，一定好好干，为赞中友谊作出贡献。埃塞俄比亚受地理和技术条件限制，很多地区长期通讯不畅。2006年，中埃企业开始合作建设埃塞俄比亚全国通信网，得到中方15亿美元的融资支持。经过这些年的努力，埃塞俄比亚已经拥有非洲最先进的通信网络，全国无线信号覆盖率从7%提升到90%，手机用户从90万增加到950万。中方企业还专门建立技术培训中心，累计培训埃方专业技术人员上千人次，目前该通信网已全部交由当地管理和运营。

特别令人欣慰的是，中非青年在中非友好事业中日益发挥着不可替代的重要作用。中国向非洲派出的工程技术人员、医疗队员、农业专家、维和人员和志愿者，主力军都是年轻人，他们以自己的知识、热情和奉献精神赢得了非洲人民的尊重和信赖。非洲国家累计派出3.4万名青年学生到中国留学，他们学成回国后成为建设国家的生力军，也成为中非友好的桥梁和使者。从非洲丛林到万里长城，从大学校园到工厂企业，从中非青年联欢节到“文化聚焦”活动，中非青年付出了辛勤劳动，留下了欢声笑语，结下了深厚情谊，成为中非友好一道亮丽的风景线。

青年朋友们，女士们，先生们：

中非青年领导人论坛，是中非双方为加强青年交流搭建的新的重要平台，是中非青年友好交往史上的一件大事，对于增进中非青年相互了解和友谊，吸引更多青年人投身中非友好事业，使中非友好合作永葆生机与活力，具有重要意义。借此机会，我想就论坛的发展提几点建议，与各位青年朋友探讨。

一要服务中非关系大局。2000年中非共同倡议成立的中非合作论坛，是中非集体对话的重要平台和务实合作的有效机制，经过10多年的发展，已经成为引领中非关系发展的旗帜。中非青年领导人论坛服从服务于中非友好合作关系的大局，很重要的一条，就是要坚持在中非合作论坛框架下开展工作，紧紧围绕双方领导人达成的重要共识、部长级会议确定的合作计划，拟定会议主题，明确工作重点，规划目标任务，落实相关措施，并加强同其他合作机制的协调与配合。希望通过双方的共同努力，把论坛建设成为青年朋友们开展定期交流与合作的有益平台，更好地发挥青年参与中非友好事业的积极作用，共同推动中非新型战略伙伴关系向前发展。中方愿为论坛的建设提供必要的支持和帮助。

二要传承中非传统友谊。中非老一辈领导人共同缔造和精心培育的传统友谊，是中非关系历久弥坚、蓬勃发展的不竭动力和宝贵财富，也是中非友好在新的时代背景下薪火相传、发扬光大的坚实基础。希望青年朋友们以传承中非传统友谊为己任，铭记光荣历史，顺应时代潮流，赋予中非传统友谊新的内涵，推动中非友好关系持续发展。要积极开展形式多样、内容丰富、为青年人喜闻乐见的活动，广泛宣传中非人民的深厚情谊，充分展示中非务实合作的丰硕成果，深入交流中非传统文化、基本国情和发展经验，着力加强青年之间的友好往来和相互学习，不断增进相互了解和理解，让中非青年更加相知相近相亲，让中非传统友谊更加深入人心。

三要促进中非务实合作。发展中非关系，很重要的内容，就是拓展和深化各领域务实合作。应当说，包括在座各位在内的中非青年朋友们，思想活跃、勤奋好学、充满热情、勇于创新，不仅是各自国家发展建设的生力军，也是促进中非务实合作的生力军。事实上，在中非务实合作的广阔天地中，无论是经贸合作还是人文交流，无论是科技合作还是教育合作，无论是人力资源开发还是志愿者服务，青年人已经作出并将继续作出骄人的业绩。希望青年朋友们紧紧抓住中非经济快速发展带来的新机遇，以落实双方达成的合作共识为重点，充分发挥论坛人才荟萃、联系广泛的优势，为拓展和深化中非务实合作建言献策，为加强企业合作牵线搭桥，为扩大双方人文交流添砖加瓦，不断为中非务实合作开辟新的途径、充实新的内容、注入新的活力，进一步夯实中非友好合作关系的物质基础。

青年朋友们，女士们，先生们：

青年是国家和民族的希望，承载着中非友好的未来。我和波汉巴总统这一代人，亲身经历了中非患难与共、风雨同舟的历史进程，亲眼目睹了中非友谊之树从幼苗到参天大树的成长过程。我们相信，经过一代又一代中非青年的不懈努力，这棵参天大树一定能够枝繁叶茂、硕果累累。

最后，祝论坛取得圆满成功！

在出席“中印青年传统文化交流大舞台”活动时的讲话

2011 年 9 月 22 日

温家宝

青年朋友们：

大家好！去年 12 月，我访问印度时，和辛格总理共同决定 2011 年为“中印交流年”，我邀请 500 名印度青年来中国访问。现在你们如约而至，我很高兴。我代表中国政府和人民向你们表示热烈欢迎，也借此机会向两国青年朋友们讲几句心里话。

今天的活动叫做“中印青年传统文化交流

大舞台”。中印青年交流从传统文化入手，很有意义。中印两国是“天造地设”的友好邻邦。发源于黄河—长江流域的中华文明和发源于恒河—印度河流域的印度文明被誉为人类文明的双璧，这两大文明从黎明时期就因缘际会。在数千年历史长河中，两大文明交相辉映，彼此促进，深刻影响着人类文明的进程。印度人民很喜欢的那首诗“恒河之水天上来”，与中国古诗“黄河之水天上来”有异曲同工之妙。中国的太极拳、书法、茶艺和印度的瑜伽、音乐、舞蹈是两国传统文化的瑰宝，尽管文化形态各异，但都蕴涵自然、和谐、包容之美。我希望两国青年朋友们在交流切磋传统文化技艺的同时，能够领悟和传承其精神内涵，成为相互尊重、相互学习、共同进步的好朋友、好伙伴。

中印两国有着相似的国情和历史遭遇，今天又面临共同的发展机遇和严峻挑战。我们两个比邻而居的伟大民族，在历史上都曾创造过灿烂辉煌的文明，也遭受过巨大的苦难，如今都处在发展振兴的关键时期。抓住机遇、加快发展，共同应对挑战，共创美好未来，是中印两国的共同使命。作为世界上人口最多和经济增长最快的两个发展中国家，中印两国携手发展和密切合作，不仅能改善两国人民的福祉，也是亚洲和世界人民的福音。两国有理想、有抱负的青年要深刻认识中印关系的战略意义，坚定和平、合作、共赢的信念，从我们丰厚的历史传统文化中汲取智慧和勇气，不断探索创新，发奋图强，把自己的国家建设得更加美好。

今天，在座的青年朋友中有大学生、工程师、农民、企业家、艺术家、政府官员，代表着推进中印全方位交流与合作的中坚力量。希望大家在各自的岗位、各自的领域，为发展中印友好合作关系发挥应有的作用。中印两国青年有责任、也有能力担负起这一共同使命。中印关系的发展前途掌握在青年人的手里。我相信，当中印两国青年携起手来，并肩前行，亚洲的天空将更加璀璨，世界的未来会更加光明！

祝愿你们在中国度过一段愉快而难忘的时光。谢谢大家！

在共青团十六届四中全会上的讲话

2011年1月12日

王兆国

今天，共青团召开十六届四中全会，深入学习贯彻党的十七届五中全会和中央经济工作会议精神，研究部署今年和今后一个时期团的工作。这对于各级团组织认清形势，明确任务，努力开创工作新局面，团结带领广大团员青年为实现“十二五”时期目标任务作贡献，具有十分重要的意义。

2010年，在党中央的亲切关怀下，共青团工作实现了新的重要发展。过去一年，胡锦涛总书记等中央领导同志多次参加共青团、青联、学联和少先队的活动，对做好新形势下的青少年工作作出了一系列重要指示，对广大青少年的健康成长提出了殷切期望。各级团组织认真按照党中央要求，紧紧围绕党和国家工作大局，勇于探索创新，狠抓工作落实，团的各项工作和建设取得了新的进展。一是认真贯彻落实胡锦涛总书记关于“两个全体青年”的重要指示精神，坚持眼睛向下、重心下移，抓基层、打基础，大力推进基层团建创新，团的基层组织建设和基层工作取得新的突破。二是深入开展“我与祖国共奋进”主题教育实践活动，不断深化青年马克思主义者培养工程，创造性地开展分类引导青年工作，思想政治工作针对性和实效性不断增强。三是坚持把促进青年就业创业作为重中之重，开展共青团关爱农民工子女志愿服务行动，服务青年的工作进一步拓展。四是做好上海世博会、广州亚运会的志愿服务工作，动员广大团员青年积极投身抗击自然灾害的斗争，在参与重大活动、应对重大事件中发挥了突击队作用。在这里，我代表党中央，向各级团组织、广大团干部和团员青年致以亲切的问候和诚挚的感谢！

今年是党和国家发展史上非常重要的一年。做好今年的工作，对于我们以优异成绩迎接建党90周年、推动“十二五”开好局起好步，具有十分重要的意义。最近习近平同志主持召开中央书记处办公会议，专门听取团中央书记处的工作汇报，对共青团一年来的成绩给予了充分肯定，对下一步的工作提出了明确要求。各级团组织要认真学习领会，坚决贯彻落实。下面，我简要讲三个方面意见。

一、紧紧围绕“十二五”时期的重大部署，动员组织青年为推动科学发展、加快转变经济发展方式贡献智慧和力量

党的十七届五中全会明确了“十二五”时期我国经济社会发展的总体部署，中央经济工作会议提出了今年我国经济社会发展的总体要求。各级团组织要把学习贯彻党的十七届五中全会和中央经济工作会议精神作为一项重要政治任务，深刻理解“十二五”时期发展的主题主线、目标任务和重大举措，切实找准共青团工作服务大局、服务青年的结合点、切入点、着力点，团结带领广大团员青年为“十二五”时期开好局充分发挥生力军作用。

要以推动青年科技创新为着力点，为加快转变经济发展方式作贡献。加快转变经济发展方式，关键是要大幅提高自主创新能力。发展的希望在创新，创新的希望在青年。共青团要引导广大青年强化创新意识，激发创新潜能，投身创新实践，形成创新热潮。要努力搭建创新平台，深入开展“挑战杯”科技竞赛、创新论坛等活动，为青年特别是青年科技工作者交流科研成果、实现技术合作、促进创新成果转化创造条件。要大力培养创新人才，充分发挥青联、青年科技工作者协会等组织在人才智力方面的优势，深化青少年科技创新奖评选表彰活动，积极参与海外高层次青年人才引进工作，积极发现、培养、凝聚和举荐青年人才，推动形成青年英才荟萃、人才辈出的生动局面。要鼓励青年科技工作者勇攀科技高峰，瞄准世界科技发展前沿，着眼我国社会主义现代化建设急需的核心关键技术，在建设创新型国家进程中施展才华。

要以青年岗位建功为载体，为实现经济平稳较快发展作贡献。实现经济平稳较快发展，需要广大青年在自己的岗位上脚踏实地、各显其能。要引导广大青年形成正确劳动观念，努力践行劳动最光荣、劳动者最伟大的真理，通过诚实劳动体现人生价值，通过辛勤劳动开创美好未来。要组织青年农民踊跃投身家乡建设，培养造就更多有文化、懂技术、会经营的新型青年农民和致富带头人，在加快农业现代化、推进新农村建设中勇于开拓。要深入开展青年文明号、青年岗位能手、青工技能振兴计划等活动，动员青年职工立足岗位提高素质、争创一流，在推进经济结构调整、发展战略性新兴产业中发挥应有作用。

要以组织青年参与社会为途径，为促进社会和谐稳定作贡献。共青团组织网络比较健全、联系青年十分广泛，在社会建设中具有一定的优势。要组织青年积极参与扶贫开发实践，深化大学生志愿服务西部计划、“三下乡”、博士服务团等活动，引导青年主动到广阔西部、贫困地区、重点工程一线，促进区域协调发展。要组织青年积极参与生态环保实践，深入推进保护母亲河行动，引导青年增强生态环保意识，大力推进生态文明建设。要组织青年积极参与社会管理实践，协助政府管理青少年事务，切实维护青少年合法权益，加强对青年社团的指导和管理，密切同青年自组织的联系、沟通与合作，在社会公共服务方面充分发挥作用。

要以动员青年志愿服务为重点，为弘扬社会文明新风作贡献。长期以来，共青团的许多品牌工作在引领文明新风、倡导社会风尚方面，发挥了不可替代的重要作用。要不断深化青年志愿者行动，组织青年大力弘扬“奉献、友爱、互助、进步”的志愿精神，积极投身扶贫帮困、抢险救灾、大型赛会等方面的志愿服务，特别要做好新生代农民工的志愿帮扶工作，为他们在学习成才、身心健康、社会融合等方面的实际需求提供更多帮助。要广泛开展群众性精神文明创建活动，引导青年积极践行社会公德、职业道德、家庭美德，坚决抵制庸俗、低俗、媚俗之风，充分发挥青年在促进文化大发展大繁荣中的积极作用。

要以服务青年就业创业为切入点，为保障和改善民生作贡献。青年是新增劳动力的主体。要把促进青年就业创业作为服务青年的重中之重，扎实做好提供就业见习机会、解决创业资金瓶颈、加强就业技能培训、培养创业带头人等方面的工作。特别是要主动配合有关部门，充分利用好高校毕业生自主创业的优惠政策，鼓励高校毕业生自主创业，以创业带动就业。要注重引导青年形成正确的就业创业观念，使他们充分认识到基层是干事创业的广阔天地，国家建设最需要的地方是实现人生抱负的广阔舞台，从而更加理性务实地选择人生成长发展的道路。

二、以纪念建党90周年和辛亥革命100周年为契机，进一步深化青少年思想政治教育

对青少年进行思想政治教育始终是共青团工作的根本任务、战略任务，关系到青年一代的健康成长，关系到党和国家事业的长远发展。共青团组织要紧密结合当前青年的思想和工作实际，广泛开展青年易于接受、乐于参与的活动，进一步增强思想教育的针对性、实效性。

要广泛开展“学党史、知党情、跟党走”主题教育活动，引导青少年坚定不移地跟党走。今年是中国共产党成立90周年、辛亥革命100周年。各级团组织要用中国近现代史教育青少年，帮助他们了解以孙中山先生为代表的仁人志士在黑暗中摸索救国救民、振兴中华道路的艰辛历程，了解我们党成立90年来领导全国各族人民战胜各种艰难险阻、谱写中华民族自强不息壮丽凯歌的光辉历程，从而深刻理解党的领导是历史的选择、人民的选择，深刻理解只有社会主义才能救中国，只有改革开放才能发展中国，引导广大青少年坚定理想信念，爱党、爱祖国、爱人民，坚定不移地跟党走中国特色社会主义道路。

要大力推进青年马克思主义者培养工程，全面深化青年理论武装工作。信念的坚定，来源于理论的成熟。各级团组织要着眼为党和国家事业培养一代又一代的合格建设者和可靠接班人，引导广大青年认真学习中国特色社会主义理论体系，深入学习贯彻科学发展观，自觉用党的科学理论武装头脑、指导实践、推进工作。要着眼于为党的事业培养一大批坚定的青年马克思主义者，深入推进青年马克思主义者培养工程，引导大学生和青年骨干在坚持不懈的学习中提升理论素养，在各种复杂环境中加强党性锻炼，在同错误观点和思潮的斗争中坚定政治立场，形成高度的理论自觉、鲜明的实践品格、深厚的群众根基、奋进的创新精神，努力成为坚定的青年马克思主义者。

要不断深化“我与祖国共奋进”主题教育实践活动，加强对青少年的形势政策教育。加强形势政策教育，是凝聚广大青少年思想共识的重要途径。要引导广大青少年正确把握国情，不仅要看到我国几十年来快速发展取得的巨大成就，也要看到我国的基本国情没有变，正确看待经济社会发展中出现的矛盾和问题。要引导广大青少年大力弘扬爱国精神，理性表达爱国情感，自觉维护民族尊严，把爱国热情体现在刻苦学习、发奋工作的实际行动上。要引导广大青少年积极维护民族团结，牢牢把握各民族共同团结奋斗、共同繁荣发展的主题，结合纪念西藏和平解放60周年，扎实开展"民族团结代代传"等教育活动，牢固树立各民族平等、团结、互助、和谐的观念，打牢各民族青少年团结奋斗的共同思想基础。

要不断创新方法和载体，努力增强青少年思想政治工作的针对性和实效性。时代在发展，青少年在变化。只有针对青少年的新特点，创造工作的新方法，才能使正确的思想观念在青少年中真正入脑入心。要研究青年思想的多样性，围绕做好新形势下青年群众工作的重大课题，深入开展调查研究，注重根据不同领域、不同群体青少年在知识背景、生活阅历、价值观念等方面的差异性，有的放矢地做好工作。要尊重青年群体的主体性，把握青年成长规律，适应青年思想特点，注重青年参与，使青年真正成为自我教育的主体，把党的方针政策转化为广大青年的自觉行动。要体现工作手段的时代性，针对当前互联网、手机等各种新兴媒体已成为青少年获取信息、交际聚集、观念更新的主要渠道，在青少年思想意识形成的过程中具有十分关键的作用，进一步加强工作手段和载体创新，搭建互动式的网络平台，使思想舆论引导工作更加贴近青年、深入青年。

三、坚持党建带团建，广泛开展创先争优活动，进一步加强团的自身建设

加强团的自身建设，是共青团始终保持生命力和战斗力的重要保障。各级团组织要适应工作对象和工作环境的新变化，坚持以改革创新精神，扎实推进团的自身建设。

坚持党建带团建，进一步加强团的基层组织建设。基层组织是共青团组织体系的基础环节，基层工作是共青团工作的活力源泉。要坚持党建带团建的基本原则，在各级党委的领导下，落实好党建带团建的各项制度性安排，努力在队伍、阵地、资源等方面为基层团组织创造良好的工作环境。要进一步扩大基层团组织的覆盖面，针对青年群体地域流动更加频繁、职业分布更加广泛、聚集方式更加多样的特点，注重推进非公有制经济组织和新社会组织团建以及驻外机构团建，着力扩大对进城务工青年这一庞大流动群体的覆盖，努力实现团员青年流动到哪里、团组织就建到哪里。要坚持不懈地支持基层，特别是团的领导机关要强化眼睛向下、重心下移的意识，在工作力量、工作资源、工作载体等方面给基层团组织提供持续的支持与帮助。

深入开展创先争优活动，努力增强共青团工作的活力和影响力。要按照中央的要求，认真贯彻落实党群共建创先争优视频会议精神，在基层团组织和团员中继续深入开展创先争优活动。要努力活跃基层团组织的工作，紧紧围绕当地党政工作重心，关注不同青年群体的具体需求，努力把基层团组织建设成为工作活跃、作用明显、党政重视、青年信赖的"青年之家"。要充分发挥团员的示范带动作用，努力成为各个领域的行家里手，以实际行动践行创先争优的价值追求。要带动广大青年参与，努力形成学先进、比先进、争先进、创先进的热潮。

大力加强党性教育，切实抓好团干部队伍建设。团干部是推动共青团事业发展的骨干力量，团干部队伍建设必须常抓不懈。团干部要加强党性锻炼，提高党性修养，保持清醒的政治头脑和坚定的政治立场，自觉同以胡锦涛同志为总书记的党中央保持高度一致，在各项工作中始终做到讲党性、讲原则、讲纪律。要密切联系青年，提高群众工作本领，牢固树立群众观点，深入基层、深入青年，了解青年的所思、所盼、所忧，更好地为广大青年服务。要坚持求真务实，锤炼扎实作风，珍惜在团的岗位上干事创业的机会，脚踏实地、兢兢业业、自觉奉献，克服浮躁情绪和短期行为，不做表面文章，扎扎实实地推动工作取得新发展。

共青团事业是党的事业的重要组成部分。各级党委要切实加强和改进对共青团的领导，落实党建带团建工作的要求，把团的工作纳入党的建设的总体规划，认真研究团的工作中的重大问题，为共青团开展工作创造良好条件。

同志们，党和国家事业站到了新起点、开启了新征程，共青团工作和建设也面临着新机遇、肩负着新使命。让我们紧密团结在以胡锦涛同志为总书记的党中央周围，高举中国特色社会主义伟大旗帜，以邓小平理论和“三个代表”重要思想为指导，深入贯彻落实科学发展观，扎实工作，锐意进取，以优异的成绩迎接中国共产党成立90周年！

在接见第六届“中国青年创业奖”获得者时的即席讲话

2011年3月22日

王兆国

今天，团中央、人力资源和社会保障部在这里共同举办第六届“中国青年创业奖”表彰活动，表彰宣传新时期青年创业的典型，引导广大青年奋发进取、自主创业，为实现“十二五”目标任务积极作贡献，具有重要意义。首先，我向各位获奖者表示热烈的祝贺！

就业是民生之本，创业可以为就业提供更多的机会。中国的就业压力一直很大，整个“十二五”时期，城镇劳动力的供求缺口每年都将达到1300多万人。因此，解决好就业问题是解决民生的根本大计。同时还要看到，就业问题从某种意义上讲也是一个青年问题。今年仅高校毕业生就有660万，以后每年均在700万左右，青年学生的就业形势十分严峻。党中央、国务院非常重视就业问题，坚持把增加就业作为经济社会发展的优先目标。近年来，各级共青团组织与人力资源和社会保障部门密切配合，深入做好青年创业工作，培养了一大批自谋职业、自主创业的青年典型，今天受到表彰的同志，就是其中的优秀代表。

看了大家的事迹材料，很受感动，也很欣慰。你们有的是大中专毕业生，有的是进城务工青年，有的是下岗失业青年，有的是青年农民。虽然身份不同、经历各异，你们都能靠自己的奋斗、靠自己的才智和辛勤的努力，经历了从无到有、从小到大的艰苦创业历程，既实现了自身的创业，又创造了就业岗位，为他人的就业提供了帮助。你们的努力不仅改变了自己的命运，对社会、对国家也是了不起的贡献。你们的创业实践说明，青年一代文化知识水平较高，具有较强的创业愿望，渴望在创业中实现人生价值、贡献社会、帮助他人，蕴藏着巨大的创业潜力，完全可以在社会主义市场经济的广阔舞台上大有作为。

当前，全党全国各族人民正在按照“两会”绘就的蓝图，万众一心，锐意进取，为实现“十二五”时期经济社会发展的目标任务而努力奋斗。实施就业优先战略，千方百计地扩大就业和创业规模，是“十二五”规划纲要的重要内容。希望各级团组织和人力资源社会保障部门继续把促进青年就业创业作为服务大局和服务青年的重要举措，秉持竭诚服务青年就业创业的宗旨，努力做好青年“订单式”技能培训、就业创业见习基地、创业就业基金会、小额贷款等工作，发挥好青年创业奖获得者等青年创业典型的示范导向作用，帮助和引导更多青年实现就业创业。希望广大青年以青年创业奖获得者为榜样，自觉树立报效祖国、振兴中华的宏伟志向，弘扬自主创业、艰苦奋斗的时代精神，坚持勇于创新、敢于争先的进取态度，培养服务人民、奉献社会的优良品质，为推动科学发展，为实现全面建设小康社会的宏伟目标作出无愧于青春、无愧于时代的新贡献！

在中国青年报创刊60周年座谈会上的讲话

2011年4月25日

王兆国

同志们、朋友们：

今天，我们在这里集会，纪念中国青年报创刊60周年。首先，我对中国青年报60年来取得的巨大成就表示热烈的祝贺！向为这份报纸的发展辛勤耕耘的老领导、老同志和报社全体干部职工致以亲切的问候！

60年前，中国青年报在毛泽东、周恩来、刘少奇等老一辈无产阶级革命家的亲切关怀下创刊，毛泽东同志亲自题写了报名。60年来，你们始终坚持正确的舆论导向，积极宣传党的路线方针政策，为社会主义建设和改革开放事业积极营造良好氛围，在一代又一代青年中吹响了建设祖国、振兴中华的嘹亮号角。始终紧跟时代发展步伐，以敏锐的思考、开阔的视野宣传新事物、新观念，热情讴歌时代精神和青年楷模，发出了拼搏奉献、埋头苦干、改革创新、锐意进取的时代强音。始终注重传播新知识、新技能、引导青年刻苦学习现代科学文化知识，努力做中国特色社会主义事业的合格建设者。始终坚持青年特色，为广大青年服务，倾听青年的呼声，反映青年的诉求，维护青年合法权益，为青年成长成才创造良好的舆论环境。特别是进入改革开放历史新时期，你们在报纸上开展了“人生的意义究竟是什么”的大讨论，通过报道贫困地区青少年上学难问题推动“希望工程的实施”，深入历次自然灾害一线报道青年参与抢险救灾的精神风貌，在全社会产生了很大反响，并在此过程中形成了“青年话题”、“思考者”、“冰点”等一批有影响力的名牌栏目，得到了广大读者的关注与好评。60年的历史充分表明，中国青年报在青年当中具有广泛的影响力，不愧为青年人学习党的科学理论的重要阵地，不愧为青年人进行社会观察的重要载体，不愧为青年人交流沟通思想的精神家园。

当前我国发展仍处于可以大有作为的重要战略机遇期。“十二五”规划纲要确定了未来五年我国经济社会发展的宏伟蓝图。实现“十二五”时期的目标任务，需要汇聚起包括广大青年在内的全国亿万人民的智慧和力量。作为中央机关报，中国青年报高举中国特色社会主义伟大旗帜，以邓小平理论和“三个代表”重要思想为指导，深入贯彻落实科学发展观，按照胡锦涛总书记提出的“高举旗帜、围绕大局、服务人民、改革创新”的总要求，以创刊60周年新的起点，锐意进取，探索创新，为促进青年一代的健康成长，为推动科学发展、促进社会和谐，作出新的更大贡献。

要始终坚持正确的办报方向。办报方向是报纸的生命线，决定着报纸在读者心目中的地位，在国家发展、社会进步中所起的重要作用。中国青年报只有自觉融入党和国家事业中，融入当今全国青年群众之中，才能保证旺盛的生机和活力。希望报社的同志们牢牢把握党的舆论宣传的正确导向，围绕用中国特色社会主义理论体系引导青年这一战略任务，着力宣传党的路线方针政策和中央的决策部署，充分展示青年成长成才的精神风貌，深入回答青年关心的重大理论和实际问题，大力倡导中华民族伟大复兴的时代主旋律，引导广大青年积极践行社会主义核心价值体系，努力在青年中和全社会营造积极向上的舆论氛围。

要不断增强中青报宣传的社会影响。中国青年报自创刊以来，始终保持着广泛的社会影响力，特别是集中宣传了各个时期的青年典型，激励了一代又一代青年按照党的要求健康成长、建功成长。50年代的黄继光、邱少云、郝建秀、王崇伦，60年代的雷锋、王杰、改革开放新时期的张海迪、中国女子排球队，这些青年先进人物和先进集体的事迹都在一代代青年的脑海里打下了深刻的烙印。在新的历史条件下，中国青年报要深入研究和把握在经济社会深刻变革条件下新闻媒体的独特作用，遵循现代舆论宣传的规律特点，更加自觉主动地服务党政大局、服务青年群体，注重挖掘青年身边可亲、可敬、可学的典型人物，引导广大青年深刻理解和认识走中国特色社会主义道路的必然性，理性看待社会发展进程中的矛盾问题，多做释疑解惑、团结鼓劲的工作，不断提高舆论引导能力和社会影响力，努力把广大青年团结凝聚在党的周围。

要坚持面向青年的办报宗旨。中国青年报只有始终扎根于广大青年之中，才能获得持续发展的不竭动力。时代在发展，青年在变代。改革开放环境中成长起来的新一代青年视野开阔，富有理想和创新精神，同时也面临不少思想困惑和现实困难。中国青年报要永葆理想和激情，努力适应不断发展变化的时代要求，适应青年的新特点、新变化，与时俱进地创新观念、形式、方法和手段，贴近实际、贴近生活、贴近青年，敏锐捕捉时代在青年心中激起的回响，准确表达青年对时代的回应，注重运用新技术实现传统媒体与网络媒体的良性互动，切实提高综合竞争力，不断增强新闻报道对青年的亲和力、吸引力和感染力，更好地启迪青年、引导青年、鼓舞青年。

要锤炼青年报人的职业操守。新闻媒体在社会上有着很强的话语权，特别是像中国青年报这样的全国性报纸，更是具有独特的权威性和公信力。这是一代又一代中国青年报人传承下来的沉甸甸的荣誉和责任，值得新一代青年报人倍加爱护与珍惜。中国青年报要进一步深化“三项学习教育”活动，引导编辑记者深入学习中国特色社会主义体系理论，自觉树立马克思主义新闻观，不断提高思想政治水平和业务本领，牢固树立政治意识、大局意识、责任意识，带头遵守社会公德，恪守职业道德，提高队伍的综合素质，增强坚持正确舆论导向的自觉性，努力完成政治强、业务精、作风正、纪律严的合格新闻工作者。

中国青年报是共青团组织青年、引导青年、服务青年、维护青少年合法权益的重要舆论阵地和工作手臂。共青团要加强指导、提供支持，为中国青年报办出特色、办出水平创造更加有利的条件。

最后，祝中国青年报越办越好！

沿着党指引的方向前进
续写当代中国青年运动的新篇章
——在纪念五四运动92周年暨“中国青年五四奖章”和全国优秀团员、团干部、团组织表彰座谈会上的讲话

2011年5月4日

王兆国

今天是五四青年节。在全党全国各族人民迎接建党90周年之际，团中央召开纪念五四运动92周年座谈会，认真回顾历史，深入总结经验，对于激励广大团员青年进一步继承和发扬伟大五四精神，推动当代中国青年运动沿着党指引的方向实现新发展，为实施“十二五”规划、全面建设小康社会作出新的贡献，具有十分重要的意义。胡锦涛总书记在庆祝清华大学建校100周年大会上对广大青年提出了三点希望，为广大青年指明了正确人生航向和道路，意义深远。在这里，我代表党中央，向“中国青年五四奖章”获得者和全国优秀团员、团干部和团组织表示热烈的祝贺，向全国各族团员青年致以节日的问候！

92年前，伟大的五四爱国运动开辟了中国历史的新纪元，中国青年作为一支重要的政治力量登上了历史舞台。中国共产党成立后，领导中国青年运动开启了波澜壮阔的历史进程。一代又一代中国青年紧紧围绕党的历史使命和中心任务，为夺取中国革命的胜利冲锋陷阵、抛洒热血，为建设新中国忘我劳动、艰苦创业，为改革开放和社会主义现代化建设开拓进取、建功立业。历史充分证明，一部中国青年运动史，就是中国青年在党的领导下奋勇前进的历史，就是中国青年在革命、建设和改革事业中建功立业的历史，就是中国青年与广大人民群众紧密结合团结奋斗的历史，就是一批又一批青年马克思主义者茁壮成长的历史。

今年是实施“十二五”规划开局之年，党和国家事业正站在新的历史起点上，处于全面建设小康社会、加快推进社会主义现代化的关键时期。在新的历史条件下，中国青年运动也面临难得的发展机遇，需要应对各种新的挑战。我们必须立足于国际国内形势的新变化，着眼于党和国家事业发展的新要求，牢牢围绕当代中国青年运动的核心、主题、方向和基础，推动中国青年运动健康发展，确保党和国家事业后继有人、兴旺发达。

第一，牢牢围绕当代中国青年运动的核心，自觉坚持中国共产党的领导

中国共产党是中国工人阶级的先锋队，是中国人民和中华民族的先锋队，是领导中国革命、建设和改革事业的核心力量。90年来，我们党领导包括广大青年在内的全国各族人民，浴血奋斗，推翻了帝国主义、封建主义、官僚资本主义“三座大山”，取得了新民主主义革命的胜利，建立了新中国；取得了社会主义革命和建设的胜利，建立了社会主义制度、发展了社会主义事业；取得了改革开放和社会主义现代化建设的胜利，中华民族昂首屹立于世界民族之林。坚持党的领导是历史的选择、人民的选择，也是青年的选择。正是因为中国青年坚定不移跟党走，始终以党的指导思想为行动指南，以党的政治纲领为奋斗目标，以党的中心任务为光荣使命，从而推动中国青年运动不断发展壮大，成为党和国家事业中一支朝气蓬勃的重要力量。

当前，我国发展仍然处于重要战略机遇

期，改革发展稳定的任务更加繁重。越是任务艰巨，越需要党坚强领导；越是形势复杂，越需要党指引方向。当代青年坚持党的领导不动摇，就是要在思想上坚定信念，自觉用中国特色社会主义理论体系武装头脑，坚持走中国特色的社会主义道路，积极践行社会主义核心价值体系，努力把思想统一到党的各项决策部署上来。就是要在行动上高度自觉，紧紧围绕党和国家工作大局，激发创造活力和创新潜能，切实做到党有号召、团有行动、青年有作为。当前，要抓住纪念建党90周年的契机，积极参与"学党史、知党情、跟党走"主题教育活动，充分了解我们党领导革命、建设、改革事业所取得的巨大成就和宝贵经验，深刻理解党的根本宗旨和优良作风，努力做党的科学理论的实践者、党的大政方针的拥护者、党的决策部署的执行者。

第二，牢牢把握当代中国青年运动的主题，坚定不移走中国特色社会主义道路

实现中华民族伟大复兴，是一代又一代中国人民的不懈追求，也是贯穿中国青年运动的鲜明主题。为实现这一目标，中国人民和无数仁人志士进行了长期艰苦奋斗，从中国国情出发，在实践中探索和总结，吸取外国的有益经验，使中国革命建设事业取得了举世瞩目的伟大成就。实践证明，在中国走西方资本主义道路行不通，照搬西方民主政治不可行。在总结历史教训的基础上，我们党领导人民探索开辟了中国特色社会主义道路，综合国力大幅提升，人民生活明显改善，国际地位显著提高。特别是有效应对国际金融危机、重大自然灾害等，进一步彰显了中国特色社会主义道路的强大生命力。沿着这条道路，中国青年奉献青春、施展才华，不畏艰险、奋勇争先，在改革开放和社会主义现代化建设中作出了重要贡献。在当代中国，坚持中国青年运动的主题，就是要坚定不移地走中国特色社会主义道路。

发展中国特色社会主义是一项长期而艰巨的任务，需要青年一代沿着这条道路不断去开拓、去奋斗，使这条道路越走越坚实、越走越宽广。广大青年要深入学习贯彻科学发展观，了解和把握我国发展的阶段性特征，深刻领会实现全面、协调、可持续发展的丰富内涵，更加自觉地走科学发展之路。要致力于实现全面建设小康社会宏伟目标，积极参与社会主义经济建设、政治建设、文化建设、社会建设和生态文明建设。特别是当前，要踊跃投身"十二五"规划实施，围绕科学发展主题和加快转变经济发展方式主线，围绕国家重大战略决策部署，立足岗位争创一流，充分发挥中国特色社会主义建设的生力军和突击队作用。

第三，牢牢把握当代中国青年运动的方向，始终同广大人民群众相结合

人民群众是历史的创造者。从群众中来、到群众中去，始终是我们党的根本工作路线，也是新形势下贯彻中央关于做好群众工作重要精神的必然要求。人民群众的丰富实践是青年成长的沃土。长期以来，广大青年积极响应党的号召，坚持到工农群众中去、到火热的实践中去、到祖国和人民最需要的地方去。在与人民群众实践相结合中，中国青年运动拥有了广阔舞台、显示出强大力量；在与人民群众感情相联系中，中国青年运动得到了广泛支持、夯实了深厚根基；在与人民群众根本利益相统一中，中国青年运动展现了崇高追求、焕发出勃勃生机。实践充分证明，与祖国命运相结合，与人民群众相结合，与社会实践相结合，始终是中国青年运动蓬勃发展的必由之路。

广大青年要坚持为崇高理想而奋斗，就要坚持与国家的发展目标相一致，与为最广大人民谋利益相一致，做到心中有祖国，思想上尊重人民群众、感情上贴近人民群众、工作上依靠人民群众。要主动融入人民群众之中，深入基层一线，受教育、得锻炼、长才干，从人民群众中汲取智慧和力量。要密切与人民群众的联系，关心了解人民群众生活，热情帮助他们解决实际困难，不断增进与人民群众的感情。要尊重人民群众首创精神，珍视人民群众劳动成果，践行劳动最光荣、劳动者最伟大的真理，在劳动中创造财富，在奋斗中成就人生。

第四，牢牢把握当代中国青年运动的基础，着力培养一大批坚定的青年马克思主义者

青年兴则国家兴，青年强则国家强。赢得青年才能赢得未来，培养青年才能开创未来。中国共产党作为马克思主义政党，不断培养坚定的青年马克思主义者，关系到党的领导和执政地位的巩固，关系到中国特色社会主义事业的发展，关系到马克思主义科学理论永葆生机与活力。中国青年运动是青年马克思主义者锻炼成长的熔炉，在各个历史阶段，都培养和造就了一批又一批青年马克思主义者。培养青年马克思主义者，是中国青年运动蓬勃发展的重要基础，也是确保党的事业薪火相传的重要战略任务。

当前，我们面临的国内外环境错综复杂。在改革开放条件下成长起来的中国青年，面对着是与非、苦与乐、得与失、“中与西”等各方面更为复杂的挑战，必须经受住政治的考验、事业的考验、名利的考验、生活的考验。有志于成为马克思主义者的当代青年，要在坚持不懈的学习中提升素养，坚持用马克思主义中国化最新成果武装头脑、指导实践、推进工作。要在各种复杂环境中加强锻炼，保持艰苦奋斗的精神和勤俭朴素的作风，为党的事业和人民的幸福甘于奉献。要在同各种错误观点和思潮的斗争中坚定立场，在大是大非面前保持清醒和坚定，努力成长为具有高度的理论自觉、鲜明的实践品格、深厚的群众根基、奋进的创新精神的青年马克思主义者。同时，要充分发挥示范引领作用，带领广大青年投身全面建设小康社会的火热实践，努力成长为中国特色社会主义事业的合格建设者和可靠接班人。

党的坚强领导，是青年一代健康成长、青年运动蓬勃发展的根本保证。各级党委和政府要热情关心青年，正确引导青年，真心帮助青年，特别是要努力解决他们在学习、工作和就业创业中遇到的实际困难，千方百计为青年成长成才、干事创业创造条件。

共青团是党的助手和后备军，也是党领导的青年运动的重要组织者。在新的历史条件下，共青团要始终围绕中国青年运动的核心、主题、方向和基础，认真研究当代中国青年运动的特点和规律，用党的科学理论引导青年，用国家发展的宏伟目标激励青年，用求真务实的良好作风吸引青年，努力把青年的力量汇聚到推动科学发展、促进社会和谐的进程中来。

同志们，青年朋友们，中国青年运动已经走过92年的光荣历程，当代青年必将承担历史的重任。我们坚信，在党的坚强领导下，广大青年一定能够继承和弘扬伟大的五四精神，努力续写当代中国青年运动的新篇章，以优异成绩迎接建党90周年！

在第七届中国青少年科技创新奖颁奖大会上的讲话

2011 年 8 月 22 日

王兆国

同志们、青少年朋友们:

今天,在邓小平同志诞辰 107 周年之际,我们在人民大会堂隆重举行第七届中国青少年科技创新奖颁奖大会,这很有意义。首先,我向获奖的青少年朋友表示热烈的祝贺!向邓小平同志亲属表示深深的敬意!向长期以来热情关心青少年科技创新的社会各界表示衷心的感谢!

2004 年,在邓小平同志百年诞辰之际,根据小平同志遗愿,小平同志亲属捐献出小平同志生前全部稿费,由共青团中央、全国青联、全国学联、全国少工委共同设立中国青少年科技创新奖励基金。这一基金设有中国青少年科技创新奖项,用以奖励在科技创新方面取得突出成绩或显示较大潜力的学生。目前,共有 700 名大、中、小学生获得这一荣誉。

此时此刻,我们更加深切地怀念敬爱的邓小平同志。小平同志是我们党第一代中央领导集体的重要成员和第二代中央领导集体的核心,是我国社会主义改革开放和现代化建设的总设计师,为民族独立和人民解放事业建立了不朽功勋,为开创中国特色社会主义事业作出了卓越贡献。小平同志生前十分关心青少年的健康成长,十分重视青少年在科技进步中的作用。他明确指出:“科学的未来在于青年。青年一代的成长,正是我们事业必定要兴旺发达的希望所在。”设立并颁发中国青少年科技创新奖,饱含着小平同志等老一辈无产阶级革命家对青少年一代的无限关爱。今天,又一批在科技创新上取得优异成绩的青少年获奖,并将在这一奖项的激励下继续攀登科技高峰,这正是对小平同志的最好告慰。

当前,全党全国各族人民正意气风发地为夺取全面建设小康社会新胜利而不懈奋斗。青少年是祖国的未来、民族的希望,党和国家对青少年一代寄予殷切期望。你们一定要按照胡锦涛总书记的要求,把文化知识学习和思想品德修养紧密结合起来,把创新思维和社会实践紧密结合起来,把全面发展和个性发展紧密结合起来,努力成长为中国特色社会主义事业的优秀建设者和可靠接班人。在这里,我给青少年朋友们提三点希望。

希望你们树立远大志向。青少年时代树立远大志向,就如同给人生的航程点亮了光明的灯塔。我们党 90 年的奋斗历史昭示了一个颠扑不破的真理,那就是只有中国共产党才能救中国,只有中国特色社会主义才能发展中国。广大青少年一定要深刻认识到中国共产党的领导是历史的选择、人民的选择,中国特色社会主义道路是实现社会主义现代化、创造人民美好生活的必由之路。青少年要树立的远大志向,就是坚定地跟党走中国特色社会主义道路,将个人的奋斗融入全民族的奋斗,立志把我国建设成为富强民主文明和谐的社会主义现代化国家。

希望你们锐意创新创造。创新是一个民族进步的灵魂,是国家兴旺发达的不竭动力。发展的希望在创新,创新的希望在青少年。广大青少年一定要以建设创新型国家为己任,大力培养创新精神,不断增强创新意识,努力提高创新能力,积极投身创新实践,无论遇到什么困难和挫折,都不改勇攀科学高峰、勇克世界难题的雄心,都不失敢于超越前人、敢于创造奇迹的勇气,努力在科技创新和其他各方面创新中迈出坚实步伐。

希望你们提高综合素质。德才兼备、全面发展是人才成长的客观要求。广大青少年要成为可堪大任、能挑重担的栋梁之材，就必须争当有理想、有道德、有文化、有纪律的一代新人，不断在学习中增长知识，在生活中陶冶情操，在实践中磨炼意志，使自己既具有过硬的科学文化素质，又具有优良的思想道德修养，既具有健康强壮的体魄，又具有积极乐观的心态，努力实现德智体美相互促进、有机融合。

同志们、青少年朋友们，赢得荣誉不容易，保持荣誉更难。我相信，这次获奖青少年朋友一定能不辜负小平同志的遗愿，不辜负党和人民期望，以此作为人生新的起点，谦虚谨慎、再接再厉，不断取得新的进步。我也相信，广大青少年朋友一定会响应党和人民召唤，发愤学习、积极实践，健康茁壮地成长起来，为实现中华民族伟大复兴贡献智慧和力量！

在中国少年报创刊60周年座谈会上的讲话

2011年11月4日

王兆国

同志们、朋友们：

很高兴来参加纪念中国少年报创刊60周年座谈会。首先，我向中国少年报各位老领导、老同志和报社全体干部职工表示热烈的祝贺和亲切的问候！

60年前，在毛泽东、刘少奇、周恩来等老一辈无产阶级革命家的亲切关怀下，中国少年报创刊了。毛主席亲自为中国少年报题写了报名，对这份面向少年儿童的报纸寄予了殷切希望。60年来，中国少年报牢记党的嘱托，坚持正确办报方针，注重适应少年儿童特点，深入浅出地宣传党的理论、路线、方针、政策，积极主动地配合开展少先队教育实践活动，形象生动地报道少年儿童先进典型，激励了一代又一代少年儿童奋发向上、茁长成长。特别是中国少年报报道的刘文学、张高谦、“草原英雄小姐妹”、赖宁等少年英雄典型，为广大少年儿童树立了学习的榜样；中国少年报在“手拉手”、“雏鹰争章”、“红领巾心向党”、“祖国发展我成长”、“争当四好少年”等活动中所起的动员和引导作用，对加强未成年人思想道德建设、推动少先队事业发展发挥了积极影响。60年的实践表明，中国少年报不愧是党和国家培养教育下一代的重要阵地，不愧是共青团组织落实全团带队要求的重要平台，不愧是少先队开展丰富多彩活动的重要园地，不愧是广大少年儿童健康成长的良师益友。

当前，以胡锦涛同志为总书记的党中央正带领全党各族人民，朝着全面建设小康社会、实现中华民族伟大复兴的宏伟目标奋勇前进。要把美好蓝图变成现实，需要一代又一代人的不懈奋斗，历史的接力棒必将传到当代少年儿童手中。作为少先队队报，中国少年报要认真贯彻落实党的十七大和十七届六中全会精神，以邓小平理论和“三个代表”重要思想为指导，深入贯彻落实科学发展观，把创刊60周年作为新的起点，不断开拓进取，进一步办出特色、办出水平，增强吸引力、扩大影响力，为把广大少年儿童培养成党和人民需要的合格建设者和可靠接班人做出新的更大贡献。

要牢牢把握正确方向。教育引导少年儿童，是少先队组织的根本任务，也是中国少年报的根本任务。少年儿童正处于世界观、人生观、价值观形成的初期，可塑性极强，既很容易接受正确的思想意识教育引导，也很容易被错误思想和不良风气影响。对拥有大批少年儿童读者的中国少年报来说，用正确思想意识教育引导少年儿童责任重大。希望中国少年报从关系党和国家前途命运的高度，进一步增强使命感和责任感，始终坚持正确办报方向，把党和国家的亲切关怀和殷切期望及时地传达给少年儿童，把做人做事的正确道理生动地告诉少年儿童，引导他们争当热爱祖国、理想远大的好少年，争当勤奋学习、追求上进的好少年，争当品德优良、团结友爱的好少年，争当体魄强健、活泼开朗的好少年，时刻准备着为建设伟大祖国贡献智慧和力量。

要始终面向少年儿童。面向全国广大少年儿童，是中国少年报长期以来形成的优良传统，也是办好中国少年报必须依靠的重要优势。希望中国少年报继承这一优良传统，发挥这一重要优势，用真诚服务小读者的行动换来广大少年儿童对中国少年报的信赖和喜爱。要坚持围绕少先队中心工作，及时了解少先队工作的发展脉络，不断提高少先队工作的报道质量，引导广大少先队员积极参加到少先队各项活动中来；坚持“为孩子说话，让孩子说话，说孩子话”，倾听少年儿童心声，关注少年儿童需求，维护少年儿童权益，使中国少年报更好地成为广大少年儿童的亲密伙伴；坚持适应少年儿童阅读习惯，继续完善“知心姐姐”、“动脑筋爷爷”、“小虎子”、“小灵通”等品牌栏目和形象，同时善于探索和运用少年儿童喜闻乐见的表达方式，使正确的道理和健康的内容深深植入少年儿童心中；坚持办报与活动相结合，开展更多创新性活动，动员少年儿童广泛参与，在活动中更好地体验社会、体验自然、体验成长。

要不断推进改革创新。伴随时代的发展变化，少年儿童面临着新的成长环境，教育引导少年儿童工作面临着新的机遇和挑战。希望中国少年报坚持与时俱进，锐意改革创新，深入研究和把握当代少年儿童成长的特点和规律，在办报上不断创新观念、创新内容、创新形式、创新手段，努力使办报思路充分体现时代性、把握规律性、富于创造性，真正做到贴近生活、贴近实际、贴近当代少年儿童，在教育引导少年儿童的新形势新任务面前赢得主动。特别要注意研究和运用新的传播渠道和传播方式，加强传统媒体与新兴媒体的融合，不断提高传播能力，更好地覆盖和影响广大少年儿童。

要大力弘扬园丁精神。为少年儿童办报是一项神圣的事业。邓颖超同志曾经叮嘱中国少年报社的同志们“要和少年报白头偕老”。希望同志们以此自勉自励，热爱少年儿童，热爱中国少年报事业，始终恪守办报职责，不断提高自身素质，以高尚的思想境界、精湛的业务能力、无私的奉献精神，塑造中国少年报人办报育人、为人师表的良好形象。

中国少年报是少先队事业的有机组成部分。共青团组织要发扬全团带队的优良传统，切实加强对中国少年报的指导和支持，为中国少年报事业实现新发展创造更好的环境。

最后，祝中国少年报越办越好！

在全国农村青年致富带头人表彰大会上的讲话

2011年3月31日

回良玉

在全国上下认真学习贯彻“两会”精神、全面实施“十二五”规划起步之际，在我国实现连续7年粮食增产和农民较快增收、农业农村发展既面临难得机遇又面临严峻挑战之时，我们在人民大会堂召开全国农村青年致富带头人表彰大会，隆重表彰农村青年致富典范，广泛交流农村青年带头致富经验，这对于引导、激励广大农村青年踊跃投身发展现代农业、建设社会主义新农村的伟大实践，具有重要意义。在此，我代表党中央、国务院，向受到表彰的农村青年致富带头人表示热烈的祝贺！向长期以来关心支持“三农”工作特别是农村青年工作的各界人士表示衷心的感谢！

青年人朝气蓬勃，富有理想、激情和创造精神，历来是推动社会进步的重要力量。长期以来，在党的方针政策鼓舞下，广大农村青年紧跟时代步伐，走上了积极就业、自主创业之路，有的到城市务工经商，有的领办乡镇企业、农产品加工龙头企业或农民专业合作社，有的专门从事种植养殖和农产品运销，成为农民致富的带头人、农村文明新风的引领者、新农村建设的生力军，为加快农村经济社会发展、推动改革开放和现代化建设作出了突出贡献。今天受表彰的农村青年致富带头人，就是亿万农村青年的优秀代表，是各行各业青年创先争优的模范人物，也是我们大家学习的楷模榜样。刚才，看了获奖者情况视频短片，听了代表的发言，我和大家一样，心灵受到极大震撼、思想受到深刻启迪。他们的成就令人钦佩，他们的事迹感人至深，他们的精神催人奋进。从他们身上，我们看到了当代中国青年意气风发、奋发图强的精神风貌，看到了我国农业发展、农民富裕、农村繁荣的美好前景，看到了中华民族伟大复兴的灿烂未来。

“十二五”时期，是全面建设小康社会的关键时期，是深化改革开放、加快转变经济发展方式的攻坚时期，也是促进农民增收致富、建设社会主义新农村的重要时期，需要亿万农村青年为之不懈奋斗。各级党委和政府要采取有力举措，进一步破除制约农村青年就业创业的体制机制障碍，努力营造鼓励农村青年干事业、帮助农村青年干成事业的良好环境，形成尊重农村青年劳动、尊重农村青年创业的浓厚氛围，让亿万农村青年创造社会财富的潜能得到充分释放，让广大农村丰富的资源、资本和劳动力的活力竞相迸发。要着力拓展农村青年就业创业空间，既要倡导进城入镇就业创业，也要鼓励就地就近就业创业，还要支持外出者回乡创业。要引导农村青年从实际出发，因地因人制宜，选准就业创业门路，宜农则农，宜工则工，宜商则商。要研究制定鼓励农村青年创业、以创业带动就业的扶持政策，加强市场信息、创业辅导、管理咨询、融资指导等服务。要着力提升农村青年的就业创业能力，下功夫加强教育培训工作，努力使走出去的具有较强的务工技能，留下来的掌握先进适用的农业技术，从事创业的掌握基本的经营管理知识。

党和政府要为广大农村青年建功立业创造环境和条件、提供空间和舞台，农村青年也一定要牢记责任、谨记使命、奋发有为。真诚希望今天受到表彰的同志珍惜荣誉，再接再厉，为农民致富再闯新路，为农村发展再立新功！希望广大农村青年以致富带头人为榜样，抓住机遇，勇于担当，开拓进取，为农村经济社会发展贡献智慧和力量。这里，我向广大农村青年提几点希望。一要胸怀建设新农村的大志气。我国是一个13亿人口的大国，即使将来高度城镇化了，也还有好几亿人生活在农村。建设幸福美好的社会主义新农村，是中央的战略决策，是亿万农民的殷切期盼，也是广大农村青年的神圣使命。希望广大农村青年志存高远，自觉地把人生的理想和抱负与国家的宏观目标紧密结合起来，在推动新农村建设中施展才华，在带领农民致富中大显身手，在改变农村面貌中实现人生价值。二要当好发展现代农业的排头兵。在工业化、城镇化深入发展中同步推进农业现代化，是"十二五"时期的一项重大任务。广大农村青年要积极投身到农业现代化建设中去，带头发展粮食生产，实行规模种养，改善农业条件，为保障国家粮食安全作贡献；带头示范农业新品种、新技术、新方法，走在农业科技进步的前列；带头创办农民专业合作组织，在发展农业产业化经营、提高农业组织化程度方面做先行者。三要争做适应时代要求的新农民。农村青年正处在人生关键时期，学习、修炼、提升、超越，是这个阶段的重要任务。要努力学习科学文化知识，掌握就业创业新技能，提高综合素质，做新思想新观念新技术的领跑者和传播者。要弘扬中华民族传统美德，明礼诚信，修身律己，尊老爱幼，勤俭节约，做文明道德风尚的倡导者和实践者。要遵纪守法，理性表达利益诉求，积极参与农村基层民主实践，做农村社会和谐稳定的维护者和促进者。

做好新形势下的农业农村工作，关键是要培养和造就一支规模大、素质高的农村人才队伍。各级党委和政府要高度重视农村青年人才工作，保护好农村青年创业兴业的热情，积极为他们的成长创造良好条件。共青团组织要加强与农业等部门的合作，着力促进农村青年创业就业，培养更多的农村青年致富带头人。这次会上，团中央要成立农村青年致富带头人协会，这是凝聚农村青年人才、带动农村青年的一件好事。希望协会在团中央的领导下，紧紧围绕"三农"工作大局，找准定位、明确思路、积极工作，搭建农村青年致富带头人学习交流、广泛联系、发展事业、发挥作用的平台，努力把各行各业的农村青年人才团结凝聚在党的周围。

同志们、青年朋友们，农村是广阔天地，青年人大有作为。我们相信，在以胡锦涛同志为总书记的党中央领导下，胸怀抱负、敢闯敢干的一代农村青年一定会在建设社会主义新农村的伟大实践中，谱写新的壮丽篇章，成就精彩人生，迎接美好未来！

第二部分

团中央书记处领导讲话

陆昊在全团基层组织建设和基层工作电视电话会议上的讲话

2010年12月30日，根据录音整理

今天，我们召开全团基层组织建设和基层工作电视电话会议，目的是深入贯彻落实党的十七届四中、五中全会和中央经济工作会议精神，学习贯彻全国基层党建带团建暨共青团系统深入开展创先争优活动座谈会精神，认真总结近年来加强基层组织建设和基层工作的成效，部署下一阶段的工作，特别是部署选派高校团干部到县级团委挂职工作。刚才，军科同志代表团中央书记处对近年来的基层组织建设和基层工作进行了回顾，并对明年基层组织建设和基层工作的重点工作作出了具体安排，我完全赞同。下面，我再讲两个方面的意见。

一、进一步增强狠抓团的基层组织建设和基层工作的责任感和紧迫感

近年来，全团认真贯彻落实胡锦涛总书记对共青团提出的“两个全体青年”的重要要求，坚持以最大的决心和最大的力度加强团的基层组织建设和基层工作，取得了积极的成效。全团形成了狠抓基层的统一思想和统一行动，初步构建了经常性、高密度支持基层的工作机制，对基层团的组织载体和工作路径进行了积极探索，针对青年农民工群体的团建工作取得了新突破。当前，加强团的基层组织建设和基层工作已经进入全面推进的关键时期，能不能保持现有的工作态势、持久推动基层团建以最终实现根本改观，关键是要各级团组织和广大团干部坚持方向不动摇，继续加大工作力度，以坚持不懈的工作韧劲，狠抓各项工作任务的落实。

1. 要充分认识加强团的基层组织建设和基层工作的极端重要性

加强团的基层组织建设和基层工作是实现胡锦涛总书记对共青团提出的“两个全体青年”目标的必然要求。“两个全体青年”的目标，是我们党根据青年群众工作的新形势，对共青团建设和工作提出的新要求。实现这一目标，要求我们迎难而上，拿出全部的本领，竭尽最大的力量，进一步加强团的基层组织建设和基层工作，并以此为基础实现团的各项目标任务。

加强团的基层组织建设和基层工作是共青团履行根本职责、实现各项职能、保持自身活力的“生命力工程”。从党与人民群众保持血肉联系的政治逻辑出发，作为执政党的青年组织，共青团的根本价值在于同广大普通青年的关系，不断巩固和扩大党执政的青年群众基础。团的基层组织和基层工作处在共青团与广大青年的边界上，是共青团联系广大普通青年最重要、最普遍的路径和载体。同时，团的工作和建设的主要问题和薄弱环节也在基层。因此，全团要站在做好党的青年群众工作的战略高度、站在巩固人民政权所需要的群众工作基础的战略高度重视和加强团的基层组织建设和基层工作。

加强团的基层组织建设和基层工作是做好新形势下党的青年群众工作的重要前提。党的十七届五中全会进一步强调了新形势下

群众工作的极端重要性和紧迫性，鲜明地提出党的最大政治优势是密切联系群众、党执政后的最大危险是脱离群众，对共青团等人民团体做好群众工作提出了明确要求。我们要充分认识到，真正广泛普遍性的青年群众工作主要要靠基层组织去做。没有覆盖广泛、充满活力的基层团组织，共青团就不能与广大普通青年保持紧密联系，就会失去生命力的源泉；没有覆盖广泛、充满活力的基层团组织，共青团就不能履行巩固和扩大党执政的青年群众基础的根本职责，就会丧失作为党的助手和后备军的根本价值。对此，各级团组织和广大团干部要有清醒的思想认识。

2. 要进一步增强抓好基层组织建设和基层工作的信心

我们的信心主要来自于三个方面。第一，信心来自于当前全党高度重视基层的明确导向和有力的工作推进。我们党一再强调，党的基层组织是党全部工作和战斗力的基础。近年来，党中央采取了一系列工作举措加强基层、支持基层。比如，中央有关部门直接对县委书记、县级纪委书记、组织部长、公安局长等进行专门培训，在干部选拔和公务员招考中突出基层经历，出台了各个领域的基层组织工作条例，加大对农村党员干部远程教育的投入，分领域推进基层党建创新，在基层部署推进党务公开，等等。党中央在狠抓党的基层组织建设的同时，也十分关心团的基层组织建设。在中央书记处直接关怀下，中组部、团中央于今年9月底联合召开了全国基层党建带团建暨共青团系统深入开展创先争优活动座谈会，李源潮同志发表了重要讲话。这是近十年来第二次召开党建带团建会议，中组部和团中央还将联合下发《关于加强新形势下基层党建带团建工作的意见》，这必将为进一步加强团的基层组织建设和基层工作提供重要的制度保障。

第二，信心来自于广大基层团组织的宝贵实践和创造。当前，尽管团的基层组织建设还相对薄弱，但应当看到团的基层组织具有的强大创造力。全团形成的重要认识成果和宝贵经验，比如“共青团工作面临的‘三大挑战’及其应对路径”、“共青团组织吸引凝聚青年的5条路径”、“加强团的基层组织建设和基层工作的10条原则”等，无不来自基层的创造。我们要继承和发扬共青团锐意进取、勇于创造的优良作风，共同努力、攻坚克难，推动团的基层组织建设和基层工作实现根本改观。

第三，信心来自于全团在狠抓基层的工作实践中取得的积极成效。一是全团对于狠抓基层工作，已经形成了统一的认识、共同的行动，各级团组织特别是团的领导机关抓基层的主动性和积极性明显增强，推出了一系列的工作载体，形成了许多推动基层的机制，全团抓基层的合力已经形成。二是支持基层的工作初步实现了机制化、常态化，力度明显增强、成效明显提高。两年来，全团分4批先后派出2774名地市级以上团的领导机关干部到县级团委开展为期半年的驻点工作，马上还要派出2636名高校团干部到县级团委挂职。团中央连续3年为中西部地区和部分东部地区共2200多个县级团委提供了超过1.76亿元的经费支持；省、地市两级团组织也通过各种形式向基层倾斜资源，共向基层提供了5.96亿元的资金支持。中央、省、地市三级团组织分别对地市级团委书记、县级团委书记、大部分乡镇团委书记、部分村团干部进行直接培训，共培训3.4万人，改变了一些乡镇、村基层团干部长期感受不到上级团组织存在的状况。三是对基层团的组织载体和工作路径进行了积极探索，总结了许多宝贵经验，探索了许多重要路径。尤其是乡镇、街道团的组织格局创新工作在经过2个轮次、1年半左右的试点之后，已经具备在全团推广的条件，并已得到中组部批准实施。四是针对青年农民工群体的团建工作取得了新突破。在青年农民工大规模流入的区域，已建立60个省级、269个地市级、

695个县级驻外团工委。今年共在11.3万个非公企业中新建团组织，超过非公企业过去累计建团数量的总和。

总之，有党中央的高度重视和亲切关怀，有近年来全团创造的大量成果和基层团建工作的有力支撑，我们进一步坚定了通过狠抓基层组织建设来激发团的活力的信心，坚定了勇于面对挑战、勇于克服困难、勇于战胜困难的信心，坚定了基层团建抓与不抓不一样、狠抓与一般抓不一样、集中力量抓与分散抓不一样的信心，坚定了对待重大挑战持之以恒、通过量变产生质变的信心，坚定了通过实践创造充分发挥基层创造力和活力的信心。

3. 要充分认识狠抓团的基层组织建设和基层工作的紧迫性

我们要清醒地认识到，尽管当前团的基层组织建设和基层工作已经取得了重要成果，但是从总体上看，团的基层组织薄弱、活力不够的状况还没有根本改观，与"两个全体青年"的要求还有很大差距。基层团组织覆盖不全，甚至还有很多空白点；有组织覆盖的传统领域活力不够，在工作条件、工作力量上存在很多困难，基层团组织应对经济社会变革带来的矛盾、挑战的整体能力需要加强；部分基层团组织没有跟上党建创新，工作主动性、创造性和力度不够；基层团组织在社会思潮交融交锋的背景下教育引导青年的针对性需要增强，手段、方式需要改进。各级团组织要深刻认识到当前团的基层组织建设和基层工作中存在的问题，以高度的责任感和紧迫性，狠抓团的基层组织建设和基层工作。

4. 要以坚持不懈的工作韧劲推动工作

为什么要反复强调保持工作韧劲的问题？这是因为工作中缺乏韧劲是年轻干部普遍容易犯的毛病，是年轻干部这个群体的弱点。年轻干部抓工作的特点是容易受到新形势、新问题的刺激，出手快、决心大，但问题是缺乏持之以恒的韧劲，在遇到有难度的、需要长期抓的工作时容易退缩。

我们一定要深刻地认识到，团的基层组织建设具有基础性、长期性，更具有战略性，是团的"活力工程"、"生命力工程"，必须竭尽最大的力量，坚持不懈地抓。这就要求我们每一位团干部都要保持抓这项工作的韧劲，通过长期的努力，推动团的基层组织建设不断取得新的成绩。

5. 要充分发挥团组织自身的主动性和创造性

加强团的基层组织建设和基层工作，既要紧紧依靠党建的带动，又要特别注重发挥团组织自身的主动性和创造性。具体来讲，在这项工作中，一靠制度条件，二靠工作内容设计，三靠干部队伍。制度条件主要靠党组织创造，同时也要靠上级团组织的支持，即将出台的全国党建带团建相关文件，就是在中央层面建立的相关制度性安排；工作内容设计既要靠党组织的指导，也要靠团组织准确把握党的要求并结合实际进行创造；团干部队伍要靠同级党组织选拔配备，上级团组织也有严格要求和管理的责任。

关于团干部的成长，我再强调四点意见。

一是要靠思想自觉。干部的成长，很重要的一点就是要提高思想认识，形成思想自觉。如果没有正确的思想认识，就没有做好工作的内在动力，甚至于将工作做偏。二是要树立正确的政绩观。党政工作体系中常讲一句话，就是科学发展观贯彻得好不好要看政绩观如何。团干部也有在团内任期的政绩观问题，当前特别要帮助广大团干部充分认识抓团的基层组织建设的紧迫性，让团干部在打基础、管长远的工作中养成讲政治、讲大局、讲原则的作风。三是要着力加强党性锻炼。明年是我们党成立90周年，广大团干部要抓住这一重大契机，认真学习党的历史，深刻理解党的宗旨和使命，继承和发扬党在长期奋斗中形成的理论联系实际、密切联系群众、批评和自我批评的三大优良作风，从而在深刻理解中国共产党发展历程的基础上进一步理解和把握共青团所肩负的光荣使命。四是要牢固树立群众观点。党的十七届五中全会特别强调了群众观点的问题，各级团干部要充分认识共青团的根本生命力在于保持与广大普通青年的密切联系，真正深入基层、走进青年，不断增进与广大普通青年的感情，不断增强与广大普通青年的血肉联系。

总之，既要看到团的工作多年来取得的一系列重要进展和成绩，又要看到当前由于经济社会变革、挑战导致的团的基层组织和工作比较薄弱的问题；既要看到全团各项重大品牌具有的好的影响力和对社会作出的积极贡献，又要善于通过狠抓基层建设使各项品牌工作更加深入地融入广大青年，更加广泛地影响广大青年；既要看到党建带团建对团的基层建设的根本性保障，又要看到各级团组织和广大团干部发挥主动性、创造性的重要作用；既要看到团的基层组织的薄弱现状和遇到的实际困难，又要看到这种局面是一定能够通过全团的共同持久努力加以改变的。

二、关于大规模下派高校团干部到县级团委挂职

这项工作开展以来，团的学校、组织战线作出了很大努力，克服了很多困难。下一步要认真做好挂职干部和县级团委的衔接。

1. 开展这项工作的主要考虑

一是为了锻炼干部，为高校团干部提供锻炼的平台。全国高校团干部有4万多人，是共青团干部队伍中的重要力量。高校团干部最重要的工作是开展大学生思想引导工作，而大学生思想引导从根本上讲是一个社会问题，做好这项工作需要丰富的社会经验。与其他领域的团干部相比，高校团干部的比较优势在于有较好的知识积累、有较高的理论水平、有较强的意识形态工作能力，不足之处在于缺乏艰苦环境和基层一线的工作历练，缺乏对社会生活比较深入的了解。这就需要我们创造更多的机会，让高校团干部深入社会生活，增强观察、解决复杂社会矛盾的能力。

二是为了支持基层，有效缓解基层工作力量的不足。近年来，全团努力解决基层工作力量普遍比较薄弱的问题，第一轮次选派地市以上团的领导机关干部驻县级团委指导工作，基本覆盖了全国所有的县级团委。选派高校团干部到县级团委挂职，是全团第二轮次在干部力量上大规模支持基层。实施这项工作，就是要在巩固驻点工作成效的基础上，继续加大力度支持基层，形成团的领导机关、团的各条战线的专职团干部广泛联系基层，经常性、高密度直接到基层指导和帮助工作的机制。

2. 挂职干部要珍惜和把握锻炼成长机会

高校团干部到县级团委挂职，至少可以从以下四个方面提高本领：

一是可以深入了解国情，熟悉社会生活。要深入了解国情、熟悉社会，光靠电视、报纸、网络等媒介间接了解是不够的，必须通过深入的社会实践真正融入基层、融入人民群众。到基层一年时间，可以很好地融入基层工作和团员青年中，只要全身心地投入，就一定能有丰硕的收获。

二是可以积累基层工作经验。在我国政权架构中，县级政权一直是非常关键的层级，历朝历代都是如此。相应地，县级党、团组织也是党、团组织体系中非常关键的一级，并且是直接面向基层的一级，起着承上启下的作用。在县一级挂职，不仅可以通过观察县一级政府的运行，直接了解这个基层重要政府主体怎么处理大量的社会矛盾，怎样抓民生，怎样抓工作，还可以通过观察县级党、团组织的运行深入了解基层，全方位积累基层工作经验。这对干部的长远发展很有意义。

三是可以增进与群众的真挚感情。群众路线是实现党的思想路线、政治路线、组织路线的根本工作路线。做好青年群众工作，就需

要从思想上尊重青年、感情上贴近青年、工作上依靠青年,始终保持与青年群众的密切联系。在基层工作,有机会和广大普通青年面对面交流,结交更多的青年朋友。

四是可以磨炼意志品格。高校团干部是同龄人中的佼佼者,许多人在学生时代成绩优秀,参加工作后也比较顺利。但是,县级团委的工作与高校团的工作相比有很大不同。一方面是开展工作难度更大,缺乏工作条件;另一方面,生活条件也会比学校更艰苦。大家要把这次到基层工作的经历,作为磨练意志品质的重要机会,努力在克服困难、解决难题中锻炼成长。

3. 挂职期间需要努力推动的主要工作

一是全面推广乡镇、街道团的组织格局创新。中组部对乡镇、街道团的组织格局创新工作予以了大力支持,明年要在全团推广实施。大家要在深入了解当地情况的基础上创造性地开展工作,找到推广这项工作的普遍性方法路径。开展这项工作,关键在于科学合理地安排团委班子的选配过程,牢牢抓好选配的重要环节。选配完成后,还要密切关注新选配的团委班子的运行情况,确保新任团委班子能够真正发挥作用。

二是强力推进非公企业团建和外出务工青年群体团建工作。当前,超过1.5亿的农民外出务工,还有8千万左右的农民工就地就近转移就业,其中大量外出务工青年聚集在非公企业。这已经成为一个极其重大的经济社会问题,全党全社会都高度关注。共青团要实现“两个全体青年”的政治目标,就必须实现对外出务工青年群体的组织覆盖。大家在工作中要着力推进非公企业和外出务工青年群体团建工作,在此基础上,努力推动新组建的团组织积极开展联系和服务团员青年的工作,切实发挥新组建团组织的作用。

三是大力推动分类引导青年工作的广泛开展。要按照团中央制定的分类引导大纲,直接负责实施这项工作。在工作中,要验证在大学学习的理论方法对各类青年是否管用,熟悉的语言体系能不能跟普通青年进行深入的交流,根据工作实际不断加以改进和完善。

四是着力增强中小学团队组织的活力。学校是团的组织体系相对完善的领域,但同时也较为普遍地存在着工作活力不足的问题。明年,团中央要召开中学共青团工作会议,但客观地讲,目前还有一些重大问题没有研究清楚。大家在挂职期间,要深入学生中间了解真实情况,特别是要认真研究学校共青团和少先队如何增强活力,如何赢得更多中小学生的认可,如何发挥更大的作用。

五是努力推动农村团建载体创新。要深入研究和探索加强农村基层团组织建设和基层工作的有效载体和具体路径,善于把农村青年喜欢的沟通方式作为组织载体,通过乡情纽带、专业合作组织、产业链等方式把青年聚集起来。要把团的基层组织建设和基层工作结合起来,通过开展与劳动用工相结合的培训、小额贷款等工作加强基层组织建设。

4. 关于做好挂职工作的几点要求

一是要全身心投入工作。要充分认识当前党的青年群众工作面临的新形势新任务,充分认识加强团的基层组织建设和基层工作的重要意义,不辱使命,全身心投入工作。要把自己作为县级团委的一员,“实挂”而不“虚挂”,主动向当地党政领导汇报和争取支持,主动与团委一班人形成合力,主动走进青年,扎扎实实、一步一个脚印地推动工作。

二是要把握好自己的角色定位。要特别注意不能越过团县委书记直接指挥工作,这是挂职干部要遵循的准则。同时,挂职干部虽然是团县委书记的配角,但不是一般的配角,要运用特长优势,积极发挥作用,与团县委书记密切配合,互相支持、互相学习、互相帮助,共同推动工作。

三是要作好吃苦的准备。基层工作和生

活条件相对艰苦,在工作和生活中都会遇到很多困难,在各方面会面临明显的落差、甚至可能会不适应。大家要充分认识到,条件越是艰苦,越能锻炼意志和能力;工作越是困难,也往往蕴含着开辟工作新空间的重要机会。要在思想上树立吃苦的意识,继承和发扬艰苦奋斗的优良传统和作风,切实加强和改进工作作风。

四是要严格要求自己。大家在基层工作,一言一行、时时处处都要作出表率。要切实增强大局意识、责任意识和带头意识,切实加强和改进工作作风。要虚心学习,向实践学习,向基层群众学习,不断提高群众工作能力。要注重团结,善于同班子其他成员合作共事,妥善处理各方面的关系。

五是要敢于碰难题。基层的情况千差万别,问题错综复杂且相对集中。对于困难和问题,绝不能回避,重点工作和日常工作中的难题都要敢于去碰。要敢于直面问题、触碰难题,要善于抓本质、抓根本,在攻坚克难、勇挑重担中推动工作取得新的突破。

同志们,党中央对加强团的基层组织建设和基层工作有十分明确的要求和期望,近年来全团的努力为加强基层组织建设和基层工作提供了坚实的支撑。我们要按照中央的一系列重要要求,持久、深入、有力地加强基层组织建设和基层工作,深入基层,深入广大青年,做好新时期的青年群众工作。

陆昊在共青团十六届四中全会上的讲话

在第二次全体会议上的讲话

2011年1月12日

这次全会的主要任务是:深入学习贯彻党的十七届五中全会和中央经济工作会议精神,认真学习贯彻党中央书记处的重要指示和王兆国同志的重要讲话精神,紧紧围绕“十二五”时期的目标任务、深入做好新形势下党的青年群众工作,研究部署当前和今后一个时期的共青团工作,推动全团各项重点工作和建设实现新发展。

党中央对这次全会高度重视。1月7日,党中央书记处召开会议,专门听取了团中央工作汇报,习近平同志和书记处各位同志作了重要指示。今天上午,王兆国同志代表党中央出席全会并发表了重要讲话。各级团组织和广大团干部要认真学习领会,深入贯彻落实。

下面,我代表团中央书记处,讲三个方面的意见。

一、2010年共青团工作的主要情况

过去一年,在党中央的领导和关怀下,全团深入贯彻落实科学发展观,按照党中央书记处重要指示,继续坚持面向基层、狠抓基层,注重工作的普遍性,迎接经济社会变革带来的挑战、勇于探索创新,通过工作狠抓团干部作风、通过转变团干部作风来促进工作等重要原则,扎实推进全团重点工作。

1. 组织团干部和团员青年认真学习贯彻党的十七届五中全会精神。全团把学习贯彻全会精神作为一项重大政治任务,注重引导广大青年通过理解“十一五”的巨大成就和“十二五”的目标任务,进一步坚定跟党走中国特色社会主义道路的信念;要求广大团干部深刻领

会胡锦涛总书记关于做好新形势下群众工作的重要讲话精神，进一步强化群众观点、群众立场，进一步探索新形势下青年群众工作方法。我们同时把贯彻落实全会精神，与贯彻中央对共青团工作的要求结合起来，与深入开展创先争优活动结合起来，大力推进团的各项工作。

2. 坚持党建带团建，广泛开展创先争优活动。全团认真贯彻中央要求，落实党群共建创先争优视频会议、全国基层党建带团建暨共青团系统深入开展创先争优活动座谈会精神，以“扩大组织覆盖，增强组织活力；增强团员意识，发挥带头作用”为主题，以“组织建设好、团员教育好、活动开展好、青年反映好”和“带头坚定信念、带头刻苦学习、带头争创佳绩、带头弘扬新风”为主要内容，扎实开展创先争优活动。全团在开展活动中，一是突出“带动”，把积极争取党组织的支持和带动作为开展活动的重要前提和保证；二是突出“结合”，把开展活动与服务各级党政中心工作、着力解决当前存在的突出问题、做好每个人的日常工作结合起来；三是突出“基层”，依靠基层团组织影响带动广大青年的积极参与；四是突出“典型”，努力在青年中形成学习先进、争当先进的良好氛围。

3. 继续大力推进团的基层组织建设和基层工作。一是针对经济社会变革带来的在进城务工青年群体中团组织覆盖的突出空白点，下大决心推进非公企业团建工作和驻外团组织建设。当前，超过1.5亿的农民外出务工，8千万左右的农民工就地就近流动，其中的大多数青年脱离了团组织的覆盖，成为共青团组织建设和基层工作的突出空白点。全团从巩固党执政的青年群众基础的政治高度，从作为青年组织要真诚关心、联系、服务重要青年群体的角度，抓住大量进城务工青年聚集在非公企业的特点，下大决心推进非公企业团建工作和驻外团组织建设。去年初，我们召开了1.9万家企业、6.8万人参加的全国企业共青团工作电视电话会议，重点阐述了共青团组织根本属性、根本任务与企业生产经营功能相融合的6方面工作切入点，即辅助企业人力资源开发，辅助企业增强内在凝聚力，帮助企业青年员工理解和支持市场经济条件下企业发展所必需的正确思想意识，帮助青年员工理解和支持企业的严格管理、辅助形成有效的激励约束机制，积极为企业员工提供非正式交流的渠道和机制，通过选拔使用企业专兼职团干部为企业培养复合型后备经营管理人才，努力为在新生代农民工群体出现鲜明代际转换特征背景下，企业实现严格管理与人文关怀的统一贡献积极力量。经过全面动员，依靠有关党组织支持，依据当地非公企业总数和已建党组织数量，层层确定团建工作目标，各级团组织克服很多困难，运用多种方式大力推动非公企业团建工作，取得明显成效。去年共在非公企业中新建团组织11.3万家，超过非公企业过去累积建团数7.8万家的总和，同时在新社会组织中新建团组织1.3万家，重新找回并联系了游离于团组织之外的400多万名团员。我们抓住乡情因素能够有效联系农民工的社会机理，根据团河南省委前年一年的试点经验，结对明确流入和流出地团组织的工作职责，大力推进驻外团组织建设。截至目前，在青年农民工大规模流入的区域，已建立60个省级、269个地市级、695个县级的驻外团工委，并直接建立了10668个基层团组织，联系和覆盖458.69万名进城务工青年，其中有47.59万名团员。

二是深入推进乡镇、街道团的组织格局创新。针对目前乡镇、街道一级团组织普遍存在工作力量薄弱、组织机制不健全、工作资源匮乏的问题，经中央领导同志同意，我们积极推进乡镇、街道组织格局创新试点。在前年第一轮试点的基础上，去年又在全国绝大多数地市分别确定1个乡镇、1个街道（共269个乡镇、279个街道）进行第二轮试点，既注意组织格局形成过程中的问题，又注意格局形成后运行中的问题，通过选配已经是党员或团员的青年能人、青年企业家、教育工作者等现行编制外团的兼职干部，形成了以书记、兼职副书记和兼职委员为主的乡镇、街道团委的新组织格局。这项工作充实了基层团干部力量、拓宽了联系青年渠道、丰富了乡镇街道团的工作资源、活跃了基层工作，目前基本具备了在全团推广的条件，并已得到中央组织部批准实施。

三是继续加大支持基层力度。第一，两年来，全团共选派4批2890名地市级以上团的领导机关干部到县级团委驻点工作半年，目前我们又选派2600多名高校团干部到团县（市、区）委挂职1年，基本覆盖全国所有县级团委。第二，团中央继续为2219个中西部地区和部分东部地区县级团委提供各3万元、共6657万元的经费支持。省、地市两级团组织也向基层提供了4.3亿元的资金支持。第三，在前年完成对所有县级团委书记培训的基础上，去年团中央、省、地市三级团组织分别完成了对地市级团委书记、大部分乡镇团委书记、部分村团干部的培训，改变了一些乡镇、村的基层团干部长期感受不到上级团组织存在的状况。

此外，全团继续抓好前年启动的基层组织建设和基层工作试点，积极探索创新经济社会变革条件下新的组织载体和工作内容。目前，正在对试点过程中具备普遍性的好做法、好经验进行总结提炼，准备在更大范围内推广。

4. 深化引导青年工作，深入探索党的思想主张在青年中的传播路径。团中央书记处始终强调，长期以来广泛开展的正面思想教育在引导青年中发挥了重要作用，要以此为基础，进一步增强引导内容的针对性、传播方式的适用性、工作对象的普遍性，特别是对于青年思想认识中的重大问题不能只触及表面，必须更加深入。各级团组织在具体工作中，一是围绕引导青年坚定跟党走中国特色社会主义道路的理想信念，认真做好分类引导试点工作，通过8万多份的调查问卷和8000多人的深度访谈，梳理出4类青年群体思想意识关键点及其形成逻辑，运用各类青年群体习惯的思维方式和话语体系，形成了具有不同侧重点、逻辑和语言风格的《四类青年群体思想引导大纲》。去年7月，中央书记处专题听取了这项工作的汇报。之后，我们认真学习贯彻中央书记处重要指示精神，进一步修改完善大纲，并制定了《关于在全团开展分类引导青年工作的实施意见》，对这项工作作出具体部署，目前正在全团推开。二是以“我与祖国共奋进”为主题，继续广泛开展社会主义核心价值体系宣传教育，引导广大青年树立健康向上的人生观、价值观和马克思主义劳动观。三是深入推进青年马克思主义者培养工程，全国、省级、校级三级大学生骨干培养工作格局基本形成，通过理论学习、社会实践、社会观察、能力训练等，去年共培训了大学生骨干近20万人次。四是召开共青团民族地区工作专题会议，明确了以民族团结教育为核心的思想引导、以促进青年就业创业为核心的服务青少年成长这两条主线。针对极端思想对民族地区青少年的影响，积极探索新的引导路径和方法。

在思想引导工作中，全团始终坚持4个方面的目标：一是引导青年把坚持爱国主义、社会主义和党的领导统一起来，从根本上把握我国近代、现代社会发展进步的内在历史逻辑；二是引导青年把民族精神和时代精神结合起来，深刻把握在全球化、国际化背景下我国快速发展与世界的关系；三是引导青年把个人追求和国家的前途命运结合起来，深刻把握在历史进程中个人与社会的关系；四是引导青年在快速变革与发展的社会中树立健康积极向上的人生观、价值观和马克思主义劳动观，既看到物质财富的创造对于社会进步的重要贡献，又要看到无论物质财富如何丰富，物质终究不能完全替代精神的力量，充分认识诚实劳动和艰苦奋斗对青年人成长发展所具有的普遍意义，自觉树立劳动创造财富、奋斗成就人生的价值观念。

5. 促进青年就业创业工作取得新成效。一是继续推进青年创业小额贷款工作，注重担保方式创新，向29.6万名农村青年发放小额贷款131.8亿元，向5.9万名城市青年发放40.76亿元。二是开展有劳动用工计划的青年就业技能培训。去年全团共争取培训经费2.03亿元，培训252.4万人次，上岗就业103.5万人。同时，支持和推动少数民族地区青年劳务输出，新疆等地团组织实现青年有序转移就业19.5万人。三是继续组织青年参加就业见习，全团已累积建立见习基地3.7万个，去年有37万多名青年到岗见习，其中近14万名被正式聘用。四是中国青年创业就业基金会新募集资金8847.8万元，各省级基金会共募集资金2.24亿元，支持基层团组织开展就业创业工作。

6. 完善青少年维权工作的组织化渠道和制度性安排，加强对重点青少年群体的调查和帮教工作。去年"两会"前，团中央以及各省级团委、355个地市级团委和部分县级团委，围绕"新生代农民工的社会融入"、青少年网络问题等课题，深入开展了"共青团与人大代表、政协委员面对面"活动。与中央综治办共同选取全国16个城市启动五类重点青少年群体教育帮助和预防犯罪试点工作，对于闲散青少年群体，力争解决其失学失业问题，有条件的地区探索解决联系管理和教育帮扶问题；对于有不良行为或严重不良行为的青少年群体，重点做好犯罪预防工作；对于流浪乞讨青少年、服刑在教人员未成年子女、农村留守儿童，准确掌握他们的普遍性利益诉求，切实做好关爱和帮扶工作。联合最高人民法院、最高人民检察院、公安部、司法部等相关部门出台了《关于进一步建立和完善办理未成年人刑事案件配套工作体系的若干意见》，推动完善未成年人司法保护制度。

7. 积极顺应中央对志愿服务工作领导体制的新安排，深化和拓展青年志愿者工作。一是全面推进关爱农民工子女志愿服务行动。针对新生代农民工的实际困难，我们实施了"共青团关爱农民工子女志愿服务行动"，围绕学业辅导、亲情陪伴、感受城市、自护教育、爱心捐赠等内容开展结对帮扶。去年，各级团组织、青年志愿者组织在全国2680多个县（市、区）结对农民工子女较集中的学校超过2.6万所，覆盖农民工子女超过450万人，同时，已筹集到项目资金近3000万元。二是基于西部计划志愿服务的过渡性安排符合年轻人的事业追求和情感逻辑、有利于促进人才资源跨区域合理流动的考虑，通过深入剖析派往新疆的西部计划志愿者留疆比例超过30%的现象，深入推进大学生志愿服务西部计划，去年新招募了万名西部计划志愿者。三是团上海市委、团广东省委和相关省市团组织按照中央的要求和地方党委政府的统一部署，扎实做好世博会、亚运会的志愿服务工作。四是按照中央要求继续派遣青年志愿者参与海外服务。

8. 筹备开好青学联大会。全团认真贯彻落实胡锦涛总书记致青学联大会贺信和党中央祝词精神，大力推进青学联事业发展。在青联换届过程中，我们坚决贯彻中央领导同志指示精神，把能否坚持原则作为重要考验，一是严格坚持了有关委员、常委的人选标准，按照"本地区、本行业、本系统"的原则推荐委员人选；二是增加了委员推荐须征求省级党委组织部门、统战部门意见，并在省级媒体上公示等程序；三是突出委员代表性、调整界别结构，民主党派代表比例提高50%，新增了进城务工青年和青年自组织的代表。

9. 贯彻落实第六次全国少代会精神，推动少先队事业发展。全团、全队认真学习贯彻胡锦涛总书记致少先队建队60周年贺信、与少代会代表一起参加活动时的重要讲话及党中央祝词精神，广泛开展争当"四好少年"等主题活动。我们通过学科建设探索少先队辅导员成长的职业路径，推动少先队工作科学化；联合教育部、人社部在少先队辅导员的岗位设置、绩效工资、职称评定等方面取得新突破；争取中央电视台支持，在少儿频道增设每周1次少先队专题节目，在主流媒体上保持和扩大少先队的影响。

10. 积极参与抗击重大自然灾害工作。在青海玉树抗震救灾中，全团共募集资金1.03亿元和价值6982万元的物资，援建"抗震希望小学"22所。在西南地区抗旱斗争中，各级团、队组织共募集抗旱资金2.1亿元，饮用水4.46万吨。募集500万元资金支援舟曲。

11. 大力加强对团干部的教育和管理。一是加强团干部的党性锻炼，要求团干部深刻理解党的历史、党的宗旨、党的使命，切实做到讲党性、讲原则、讲纪律。二是大力倡导狠抓落实、敢于批评的风气，对重要工作推动不力的进行全团通报。三是深入开展团干部成长观教育，并继续推动大批团干部到基层锤炼作风。四是贯彻落实《党员领导干部廉洁从政若干准则》，认真落实中央纪委关于清理"小金库"工作的各项要求，全面清理和规范团中央机关和直属单位的有关问题，严肃处理了相关责任人，并制定下发了《关于严格管理团的专职干部的几项规定》。

此外，希望工程、青年文明号、青年岗位能手、保护母亲河行动、"挑战杯"、"三下乡"、博士服务团、与港澳台青少年交流和青年对外交流等工作都取得了新发展。

二、深入学习贯彻党的十七届五中全会精神，进一步增强做好共青团工作的责任感和使命感

党的十七届五中全会是在我国即将完成"十一五"规划，进入全面建设小康社会的关键时期召开的一次十分重要的会议。胡锦涛总书记在全会上发表了重要讲话。全会审议通过的《中共中央关于制定国民经济和社会发展第十二个五年规划的建议》，是动员全党全国各族人民全面建设小康社会、加快推进社会主义现代化的纲领性文件。党中央书记处在听取团中央的工作汇报时作出的重要指示和王兆国同志在本次会议上的重要讲话，对共青团组织贯彻落实党的十七届五中全会精神提出了明确要求，全团要认真学习、深刻领会，全面贯彻落实。

1. 深刻领会党的十七届五中全会的精神实质，准确把握共青团为实现"十二五"时期目标任务作贡献的结合点。我们认为，共青团学习贯彻党的十七届五中全会精神，重在全面把握基本要求，深刻领会精神实质，找准结合点和切入点，通过贯彻全会精神来推动全团重点工作。全团要充分认识"十一五"时期我国经济社会发展取得的巨大成就和宝贵经验，深刻理解"十二五"时期以科学发展为主题、以加快转变经济发展方式为主线的重要内涵，准确把握"十二五"时期的指导思想、总体要求、目标任务、重大举措，切实把思想和行动统一到中央的决策部署上来。

这次全会即将审议通过的《关于认真学习贯彻党的十七届五中全会精神，团结带领广大团员青年为实现十二五时期奋斗目标作贡献的决定》，主要从共青团工作基础、工作优势出发，按照围绕中心、服务大局的要求，力求使《决定》安排与"十二五"规划建议主要内容相一致，与《共青团工作五年纲要(2009—2013)》相衔接，从而努力把学习贯彻党的十七届五中全会精神的过程，具体化为加强青年思想引导、凝聚青年智慧力量的过程，具体化为深化和推动团的重要品牌和重点工作、团结动员青年为"十二五"目标任务作贡献的过程，具体化为履行团的四项职能、努力实现"两个全体青年"的重要政治目标的过程。希望各位委员在会议讨论中认真审议《决定》内容，充分发表意见，使《决定》更加科学完善。

2. 牢牢把握中央对做好新形势下群众工

作的重要要求，努力为党做好青年群众工作。胡锦涛总书记在党的十七届五中全会上的重要讲话，全面分析了新形势下做好群众工作的重要意义，深刻阐述了党的群众观点、群众立场等重大问题，再次强调党的最大政治优势是密切联系群众、党执政后的最大危险是脱离群众。作为党的助手和后备军，作为执政党的青年群众组织，我们一定要充分认识做好新形势下党的青年群众工作的极端重要性，清醒认识到面临的挑战和工作中存在的薄弱环节，不断增强紧迫感和责任感，围绕青年群众工作的重大课题，由各级团组织主要负责同志带头开展调研，深入基层、深入青年、深入实际、深入生活，发现问题、研究对策，努力锻炼提高做好青年群众工作的本领，切实履行好组织青年、引导青年、服务青年、维护青少年合法权益的重要职能，不断巩固和扩大党执政的青年群众基础。

团十六大以来，按照党中央对共青团工作提出的一系列重要要求，结合近年来在推进各项工作中进行的探索，我们逐步形成了一些重要的工作原则。我们认为，要有效应对工作中的困难和挑战，切实做好党的青年群众工作，我们必须坚持这些重要原则。

一是必须牢牢把握党团特殊的政治关系。共青团作为执政党的青年组织，根本价值在于巩固和扩大党执政的青年群众基础，这是我们思考、设计和推动所有工作的根本出发点。在当前经济社会深刻变革的背景下，共青团的重要价值，在于努力为党探索政治行为和组织行为在青年中的实现路径，探索党的思想主张在青年中的传播路径和有效方式。全团要从党团特殊的政治关系出发，紧紧围绕“两个全体青年”的重要目标，尽我所能地把广大青年团结凝聚在党的周围，引导青年坚定不移地跟党走中国特色社会主义道路。

二是必须始终保持与广大普通青年的密切联系。共青团最本质的影响力在青年心里，最根本的生命力在于与广大普通青年的联系。能不能保持与普通青年的密切关系，关键在于我们是否怀着对党的事业高度的责任感，是否带着对广大青年的真挚感情，是否具备攻坚克难的扎实作风，是否具有科学有效的工作方法。全团要始终把目光投向广大普通青年，坚持工作的普遍性，把普遍性够不够、广大青年认可不认可、能否形成“面”上的工作态势作为评判工作的重要标准，坚决克服工作对象“高端化、高龄化”的倾向。

三是必须坚持以最大的决心和力度狠抓基层。团的基层组织和基层工作处在共青团与青年的边界上，普遍性的青年群众工作只能靠基层去做。因此，没有覆盖广泛、充满活力的基层团组织，共青团就不能与广大普通青年保持紧密联系，就会失去生命力的源泉，更不用谈履行根本职责和四项基本职能。团的各级领导机关要把加强团的基层组织建设和基层工作作为“生命力工程”，始终坚持眼睛向下、重心下移，把工作资源向基层倾斜，把工作力量向基层集中，把工作载体向基层转移，尽最大努力为基层组织开展工作解决困难、提供支持、创造条件。

四是必须深入生活，准确把握社会机理。共青团工作必须深深植根于经济社会生活之中。我们必须深入研究和把握经济社会生活的重要机理，找准工作切入点和着力点，使团的工作更加科学有效。比如，针对工业化、城镇化进程中变化最突出的进城务工青年群体，要注重把握他们流动中的一致性因素，发挥好亲情、乡情的力量；针对青年就业和创业的现实比例关系，既要注重发挥创业对就业的带动作用，又要注重一定就业经验的积累对成功创业的支撑作用；针对促进大学生到西部、到基层就业，要通过西部计划志愿服务的过渡性安排，结合年轻人的事业追求和情感逻辑，帮助他们在西部和基层找到自身事业的发展空间。

五是必须紧跟时代步伐、勇于探索创新。

适应时代发展变化，解决工作中存在的困难和问题，推动团的事业发展，必须在善于继承的同时勇于探索创新。比如，要不局限于现有的行政化格局，善于运用青年喜欢的新的沟通、交流、聚集、联络的方式作为新的组织建设和工作载体。要坚持组织化动员和社会化动员相结合，不断增强工作的普遍性、针对性和适用性。要善于运用情感、艺术、时尚等元素，通过互联网、手机、动漫、短视频、移动媒体等手段，增强工作的时代感和实效性。要把深化团的工作品牌与推进全团重点工作结合起来，赋予工作品牌新的时代内涵。特别要注重发挥基层的创造力，鼓励基层大胆创新，挖掘、提炼、推广基层的好做法好经验。

三、扎实做好今年全团的各项重点工作

经中央批准，今年全团工作的总体思路是：高举中国特色社会主义伟大旗帜，以邓小平理论和"三个代表"重要思想为指导，深入贯彻落实科学发展观，认真贯彻党的十七大和十七届三中、四中、五中全会精神，按照党中央书记处重要指示和王兆国同志重要讲话精神，深入做好新形势下的青年群众工作，坚持党建带团建，开展创先争优活动，狠抓基层组织建设和基层工作，着力加强对青年的思想引导，团结带领广大团员青年为完成"十二五"开局之年的目标任务作贡献。

1. 在组织青年方面，大力推进团的基层组织建设和基层工作，进一步完善共青团组织化和社会化动员机制，为"十二五"规划开好局发挥积极作用。

第一，继续集中全团力量狠抓团的基层组织建设和基层工作，打牢组织化动员青年的坚实基础。经过近三年来全团狠抓基层的共同努力，我们要进一步认识到，团的重大工作抓与不抓不一样、狠抓与一般抓不一样、集中力量抓与分散抓不一样。当前，团的基层组织建设和基层工作出现的一些积极变化，进一步坚定了全团狠抓基层的信心。我们要坚持狠抓基层不放松、不动摇、有韧劲，依靠广大基层组织作为普遍性做好青年群众工作的主要路径和载体，尽最大努力，逐步改变基层组织和工作薄弱的局面。

在今年的工作中，一是要认真贯彻全国基层党建带团建工作座谈会以及即将出台的《关于加强新形势下基层党建带团建工作的意见》精神，一方面充分运用相关政策和制度性安排，努力为基层团组织开展工作创造良好条件，另一方面主动发挥团组织自身的创造性，努力跟上党建步伐，推动团的基层组织建设和基层工作实现更大发展。二是要加大对县（市、区）团组织的支持，继续在工作经费、工作力量、工作载体等方面予以倾斜，特别要落实好2600多名高校团干部到县（市、区）团委挂职工作，力争在支持工作、锻炼干部等方面取得实效。三是要在全团推开乡镇、街道组织格局创新工作，努力把共青团面向基层的桥头堡向乡镇、街道一级推进。四是要继续保持推进非公企业团建和驻外团组织建设的力度，充分借助党建带动，注重发挥团组织的主动性，力争使非公企业团建和驻外团组织建设工作取得新进展。已建团组织要注重增强自身工作活力，关注新生代农民工的精神需求，开展好思想性、技能性、娱乐性工作。五是继续大规模培训团干部，突出抓好新任职地市、县（市、区）团委书记，中学、中职团委书记和新成立的非公企业、驻外团工委书记，以及乡镇、村团干部培训。

第二，扎实开展创先争优活动，引导青年立足岗位作贡献。创先争优本质上是激励每个人、每个组织用更高的标准来推进工作，进而推动整个社会的发展，这是社会进步一种重要的实现机制。各级团组织在活动中，一要坚持党建带团建，开展好这项活动；二要注重青年参与的广泛性和普遍性，坚持面向基层、面向广大普通青年；三要着力解决团组织建设和团的工作中存在的突出问题，通过健全组织和

增强活力,努力提升基层团组织对青年的吸引力、凝聚力,带动广大青年。

第三,认真贯彻落实《决定》要求,深化共青团重点工作,团结动员青年充分发挥生力军作用,为“十二五”规划开好局作出贡献。要深入推进青年文明号、青年岗位能手、青工技能振兴计划,为推动经济结构调整、发展战略性新兴产业作贡献。要培养更多的农村青年致富带头人,大力发展农村合作组织,广泛动员青年为发展现代农业作贡献。要深化大学生志愿服务西部计划、“三下乡”、博士服务团等活动,为促进区域协调发展作贡献。要广泛开展“挑战杯”竞赛等活动,为促进科技进步、建设创新型国家作贡献。要深化保护母亲河行动,引导青少年增强生态环保理念,投身环保实践,为建设资源节约型、环境友好型社会作贡献。要充分发挥青联、青科协的人才智力优势,参与海外高层次人才引进工作。要进一步扩大同港澳台青少年、与各国青年的交流,增进了解和友谊。

2. 在引导青年方面,坚持正面宣传教育,同时着力增强思想引导工作的针对性、适用性和普遍性。第一,要以纪念建党90周年、辛亥革命100周年为重要契机,广泛开展“学党史、知党情、跟党走”主题教育活动,引导青少年深刻理解党的领导是历史和人民的选择,深刻理解中国特色社会主义道路是引领当代中国发展进步的正确道路,深刻理解党所肩负的实现中华民族伟大复兴的历史使命。切实履行全团带队的重要职责,广泛开展“红领巾心向党”活动,灌输培养少年儿童对党和社会主义祖国的朴素感情。

第二,要以“我与祖国共奋进”为主题,深入开展形势政策教育。通过大规模组织宣讲团等方式,引导团员青年既看到“十一五”时期我国经济社会发展取得的巨大成就和“十二五”时期的宏伟蓝图,又看到我国仍是发展中国家、仍处于社会主义初级阶段的基本国情,正确看待经济社会发展中出现的矛盾和问题,理性表达爱国情感,进一步加深对“十二五”时期发展的主题主线、目标任务和重大举措的理解,切实把爱国热情转化为立足岗位、刻苦学习、扎实工作、建功立业的实际行动。

第三,要全面推进分类引导青年工作。认真贯彻中央书记处重要指示精神,以青年学生和青年农民工群体为重点,指导各地团组织和团干部用好思想引导大纲,并研究制定适合本地区、本单位使用的具体版本,积极探索和运用好面对面交流、媒体传播、典型示范等具有普遍意义的引导路径。

第四,要深化青年马克思主义者培养工程,着力引导大学生骨干通过理论学习、社会实践、社会观察等途径,进一步牢固树立跟党走中国特色社会主义道路的理想信念。发挥青联有关界别、青科协、青年社会科学工作者联谊会等平台的作用,积极联系和影响青年知识分子。

第五,要加强民族团结教育。深化“民族团结代代传”活动,引导广大青少年真正接受“三个离不开”、“四个认同”的思想,促进平等、团结、互助、和谐的社会主义民族关系的构建。抓住纪念西藏和平解放60周年契机,切实做好西藏地区青少年民族团结工作。各地要进一步加强与民族地区的对口援助工作。

第六,高度重视新媒体作用,积极探索利用新媒体有效引导青年的方式方法,注意发现和培养网络意见领袖,努力形成健康、理性的网络舆论氛围。全团都要加大建设和运用新媒体的工作力度。加快建设体现未成年人特点,融思想性、知识性、趣味性于一体的未成年人专属网站。

3. 在服务青年方面,重点做好促进青年就业创业和关爱农民工子女志愿服务工作。第一,要深化促进青年就业创业的各项工作。继续建设青年就业创业见习基地,提高岗位使用率,努力形成常态化工作机制。深化青年创业小额贷款工作，加强与金融机构的合作，进一步扩大工作的覆盖面。加强青年就业创业培训工作，针对进城务工青年开展“订单式”培训，与农业部共同实施青年农民创业培训、青年农技人员知识更新、青年农业科研杰出人才培养等项目。依托各级青年创业就业基金会，加大资金募集力度，集中力量支持基层团组织开展相关工作。抓住今年刚出台的高校毕业生从毕业年度起三年内自主创业享受税收减免的优惠政策，大力推动高校毕业生自主创业。

第二，要扎实推进共青团关爱农民工子女志愿服务行动。重点推动更多青年志愿者或团队与农民工子女结对子，基本实现对农民工子女较集中学校的全覆盖，围绕五项重点内容开展经常性的志愿服务活动，并建立接力机制，形成长期有效帮扶。

4. 在维护青少年合法权益方面，进一步反映青少年普遍性利益诉求，着力加强重点青少年群体的帮教和维权。以“新生代农民工的社会融入”为主题，继续深化“共青团与人大代表、政协委员面对面”活动，推动在地市级以上团委和有条件的县级团委全面开展。继续抓好重点青少年群体教育帮助和预防犯罪试点工作，认真探索和总结具有普遍性、可操作性的举措，推动有关制度和政策的制定出台，为社会管理创新、积极参与社会建设作出贡献。

5. 进一步加强团干部队伍建设。党中央历来高度重视对青年马克思主义者的培养。去年，王兆国同志在全国大学生纪念“一二·九”运动75周年座谈会上对培养新时期的青年马克思主义者作出了重要阐述，深刻指出当代青年马克思主义者要具备高度的理论自觉，用马克思主义科学理论武装头脑，主动运用马克思主义的立场、观点和方法来认识和解决问题；要具备鲜明的实践品格，坚持从实际出发、坚持艰苦奋斗、坚持从点滴积累做起，不断开辟事业发展的新天地；要具备深厚的群众根基，扎根于人民群众这片丰厚沃土，保持与人民群众的深厚感情，自觉与人民群众融为一体；要具备奋进的创新精神，牢牢把握解放思想、实事求是、与时俱进的思想精髓，不断研究新情况，总结新经验，作出新贡献。大家要充分认识到，这一重要讲话既是对大学生骨干的要求，也是对全体团干部的要求。团组织要完成好为党培养青年马克思主义者的重要任务，就要求团干部也必须按照青年马克思主义者的要求健康成长。广大团干部要深入贯彻落实王兆国同志的重要讲话精神，不断加强理论学习，坚持深入实践，保持与广大普通青年的密切联系，积极应对新形势下共青团面临的新挑战，不断开拓创新。

今年是建党90周年，我在这里要特别强调团干部加强党性锻炼的问题。所谓党性锻炼，我们理解首先是要深刻理解党的宗旨和使命，我们党的宗旨是全心全意为人民服务，我们党的历史使命是领导全国人民实现中华民族伟大复兴，全体团干部对这一点必须要时刻牢记在心。二是要继承和发扬党的优良传统，坚持党的理论联系实际、密切联系群众、批评与自我批评的三大作风。三是要严格执行民主集中制，自觉接受党内政治生活的考验。既要充分发扬民主，营造生动活泼的工作氛围，又要坚持集中，形成强有力的战斗力，坚持个人服从组织、少数服从多数、全党服从中央，始终与党中央保持高度一致。四是要严格执行中央关于廉洁自律方面的有关要求。当前，社会中各种思潮不断涌现，意识形态领域的斗争尖锐复杂。我们必须认识到，正确的思想主张都是在同各种错误思想观点的较量与斗争中成熟起来的。我们要自觉接受复杂环境的考验，坚决抵制各种错误思潮，旗帜鲜明、坚定不移地跟党走中国特色社会主义道路。

以上是团中央书记处对于去年全团重点工作情况的总结和今年工作的总体思路，请大家结合学习贯彻党中央书记处重要指示和王兆国同志重要讲话精神进行讨论。

在第三次全体会议上的讲话

2011 年 1 月 14 日,根据录音整理

这次全会开得很好。两天多来,大家认真学习领会党中央书记处的重要指示和王兆国同志的重要讲话精神,认真总结过去一年推进全团重点工作取得的经验和存在的问题,深入研究今年的工作思路和工作部署,围绕贯彻落实党的十七届五中全会精神,审议通过了《关于认真学习贯彻党的十七届五中全会精神,团结带领广大团员青年为实现十二五时期奋斗目标作贡献的决定》,增补了团中央常委、委员,顺利完成了全会各项议程。

下面,我代表团中央书记处对全会作总结。

一、关于各位委员学习讨论的总体情况

全会期间,各位委员围绕会议主题,充分交流思想认识,结合各地的工作实际作了很好的发言。总的来看,主要体现在三个方面。

1. 大家一致认为,党中央书记处的重要指示和王兆国同志的重要讲话充分肯定了过去一年的共青团工作,普遍感到很受振奋、信心更足。许多同志都谈到,党中央书记处和王兆国同志充分肯定了全团狠抓基层、支持基层,有效扩大了基层团组织的覆盖面;充分肯定了在青少年思想引导工作中进行的有益探索;充分肯定了在促进青年就业创业和关爱农民工子女工作中取得的扎实成效;充分肯定了在重大事件、重大活动中,各级团组织表现出的战斗力,并且对非公企业和驻外团组织建设、乡镇街道基层组织格局创新、分类引导工作、服务新生代农民工等全团重点工作,给予了很好的评价。特别是党中央书记处还充分肯定共青团工作的科学化水平有了提高,大家感到很受振奋、很受鼓舞,对于既定的工作方向、工作重点、工作方法,要持之以恒地坚持下去。

2. 大家普遍反映,党中央书记处重要指示和王兆国同志重要讲话对今年团的工作的要求十分鲜明、深刻、具体,对全团具有十分重要的指导意义。许多同志谈到,今年党中央书记处重要指示和王兆国同志重要讲话内涵丰富深刻,指明了共青团工作面临的新任务新挑战,对全团做好今年的工作提出了明确要求,具有很强的思想性、指导性、针对性。大家反映最多的集中在三个方面:一是进一步指明了共青团围绕党政工作大局、适应新形势、应对新挑战需要积极探索的切入点和着力点,特别是明确了组织动员广大团员青年为"十二五"时期的目标任务作贡献的具体要求;二是进一步指明了团的工作和建设中存在的薄弱环节并提出了明确要求,要求团组织持之以恒、毫不松懈地加强团的基层组织建设和基层工作,要积极探索互联网领域引导青年的有效方式和载体等等;三是对共青团组织开展青年群众工作的重要问题提出了探索的目标。大家普遍感到,党中央书记处和王兆国同志的这些明确要求,对于各级团组织和团干部认清形势、把握大局、狠抓落实具有十分重要的指导意义。

3. 大家普遍感到,团中央作出的全团重点工作部署贯彻党中央书记处重要指示和王兆国同志重要讲话态度坚决、不折不扣,工作抓得深、抓得紧,表示要扎扎实实地贯彻。许多同志谈到,团十六大以来,团中央不折不扣地贯彻胡锦涛总书记、党中央书记处重要指示和王兆国同志重要讲话精神,使全团的重点工作能够与党中央保持高度一致,全团在思想上形成共识、在行动上步调一致,目前有着良好的发展态势。许多同志谈到,当前正处于团十六届中央委员会工作的中期阶段,许多重点工作正在从试点阶段过渡到全面推开阶段,一些工作能否出成果关键在于今年的工作成效。还有同志谈到,全团对于关系共青团事业发展的

重要工作已经有了很好的探索，怎样坚持下去、深入下去，从而实现一个由量变到质变的飞跃，根本改变工作面貌，需要各级团组织在工作中认真思考和探索。大家表示，在这样的关键节点上，更要不折不扣地学习领会全会精神，认真贯彻落实全会对今年工作的各项部署，进一步探索创新，脚踏实地地推进全团重点工作，力争取得更大的工作成绩。

此外，大家在讨论当中，也提出了许多很好的意见和建议。比如，建议团中央率先加强对做好新形势下青年群众工作的研究，向全团提出指导性意见；建议团中央在即将出台的党建带团建意见的落实过程中抓好督导检查；加强团员意识教育；联合主要门户网站开展网络青少年工作，等等。对于这些意见和建议，团中央书记处要继续深入研究，尽快提出解决办法。

二、关于做好今年共青团工作需要强调的几个问题

1. 要准确领会、全面贯彻落实党中央书记处的重要指示和王兆国同志的重要讲话精神。第一，我们感到了党中央书记处和王兆国同志对去年共青团工作成绩的充分肯定，很受鼓舞、倍感振奋，要进一步增强做好今年工作的信心。第二，我们也要清醒看到，现在共青团工作离中央的要求还有很大差距，一些重大工作还没有取得根本性突破。比如，在团的基层组织建设和基层工作方面，党中央书记处要求我们保持眼睛向下、重心下移、狠抓基层的良好态势。这本质上是要求我们找差距、找不足，切实增强紧迫感。第三，我们要充分感受到，在党中央书记处和王兆国同志提出的全面、明确的重要要求背后，凝聚着中央对各级团组织和广大团干部的鼓励和期望。大家要反复学习体会，切实增强做好工作的责任感。

2. 要坚持既定工作方向和重点不放松、不动摇、有韧劲。我们正处于团十六届中央委员会的届中时期，目前全团的工作思路和总体部署都是围绕胡锦涛总书记对共青团提出的“两个全体青年”的重要目标和四项基本职能来展开的。经过全团两年半的共同努力，我们的工作得到了党中央书记处和王兆国同志的充分肯定，各级团组织和广大团干部总体上对全团工作方向是高度认同、充满信心的。今年，全团仍然要特别注意牢牢把握中央要求，始终保持工作方向不动摇，工作力度不放松、不减弱，要有韧劲。大家要充分认识到，目前共青团面临的一些根本性挑战和突出的薄弱环节并未完全改变。大家在分组讨论中提到了一些工作中遇到的难题，我们认真梳理可以发现，其中很多问题的根就是基层组织薄弱。

3. 要坚持正确的思想方法。解放思想、实事求是、与时俱进，是党的思想路线。落实到团的工作和建设，要抓好两条。第一，好的工作品牌一定要坚持，还要深化，进一步增强广泛性和实效性。第二，团干部队伍的好素质、好作风要坚持，不足之处就要坚决克服和改进。

4. 要在重大工作上有新的突破。一是要在做好新形势下党的青年群众工作上有突破。这是共青团一直以来承担的总体性、根本性工作，也是今年党中央书记处重要指示明确要求我们深入研究和部署的工作。我们今年在落实这一要求时，既不能完全离开工作实际和已有的工作基础，又要深入调研，把这项工作想得更加透彻，做得更加系统深入、更靠近党的群众工作的本质要求。关键的一条是要有胡锦涛总书记强调的群众观点、群众立场，心中始终装着普通青年，防止“高端化”倾向。二是要在乡镇、街道组织格局创新和增强这一级团组织活力上有突破。这项工作今年要在全团推开，既要注意创新组织格局设置，又要注意解决格局形成后有效运行的问题。同时，我们也要努力获得同级党委的支持，在制度性安排、工作经费等方面给予必要支持和指导。三是要在引导青年上有突破。分类引导青年工作已经在全团推开，各地要用好大纲，积极推进。今年是思想引导工作契机比较多的一年，可以围绕建党 90 周年、辛亥革命 100 周年、“十二五”开局等主题，邀请相关领导同志、专家学者就青年关心的热点问题举办讲座、宣讲会。其他各条战线的工作也都要与时俱进，在过去基础上求得新的突破。

5. 推动工作要靠认识水平提高、靠建立有效的激励约束机制、靠必要的工作力度。第一，工作水平在一定程度上和认识水平密切相关。而认识水平是随着工作的深入、认识的深化而逐步提高的，最后要形成自觉。第二，要建立有效的激励约束机制，好的就要褒扬，不足的就要批评。不敢碰、不敢说，以为靠一个善良的愿望就能把工作推动起来，这是基本不可能的。省级、地市级团组织要碰这个问题。第三，要有必要的工作力度。我们正在做的许多工作难度是比较大的，这不是我们主观的问题，而是经济社会变革给我们带来的挑战很大。因此，我们要推动工作，有了机制没有力度也不行，机制跟力度要结合起来。

6. 要狠抓干部队伍建设。抓工作归根结底靠干部。在这里，我就干部队伍建设强调两点。第一，抓干部、带队伍要从解决问题出发、从增强针对性出发，要敢于批评和自我批评，要把严格要求干部和关心爱护干部结合起来。抓干部队伍建设，总体上对推动工作有利，就要坚持。在这个问题上，我们要树立正确的政绩观，要把党交给我们的事业放在首位，要有实事求是的科学态度，要有对党的事业高度负责的态度，要把个人的得失放在后面。讲话要讲能推动工作、解决问题的话。第二，广大团干部要讲党性、讲原则、讲纪律。党中央书记处重要指示和王兆国同志重要讲话都强调了这三条。第三，广大团干部要保持好的工作状态，始终全身心投入工作，经得起各方面的考验。

三、近期要抓好的三项工作

1. 要不折不扣地把这次全会精神汇报好、传达好、贯彻好。学习党中央书记处重要指示和王兆国同志重要讲话不能采取差不多、只学一个大概的态度，必须要不折不扣。所谓不折不扣，就是要全面学习、深刻领会，就是要反对选择性贯彻，觉得容易干的就贯彻、不容易干的就不贯彻，自己想干的就贯彻、不想干的就不贯彻。全会结束之后，大家要抓紧做好三件事。一是要向省级党委分管领导认真做好汇报。要把党中央书记处重要指示意见和王兆国同志重要讲话精神原原本本地汇报给党委分管领导，同时还要一并汇报团中央书记处对今年全团工作的安排与部署。二是要向本地区各级团的机关全面传达全会精神。省级、地市级、县级团的机关要组织全员学习，主要负责同志要进行必要辅导，班子成员要结合分管工作进行分析讲解，中层以上干部要联系工作实际讲感受、谈体会。大家要认识到，传达学习的过程就是全团统一思想、提高认识直至统一行动的过程。三是要把全会精神真正落实到工作部署中去。各个层级的团组织要在学习领会好全会精神的基础上，开好各级团的全会，在今年的工作部署中充分体现和落实中央要求和这次全会精神。

2. 扎实开展好送温暖活动。关键是要把送温暖活动与基层组织建设结合起来，把送温暖作为支持基层开展工作、密切基层团组织与广大普通青年关系的工作载体。

3. 做好青年群众工作调研的前期准备工作。省级团委在春节前要上报关于青年群众工作的调研提纲。各省级团委领导班子要集中思考和梳理在开展青年群众工作中好经验好做法、遇到的困惑和问题、今后的工作建议。

同志们，今年全团任务十分繁重。我们坚信，在党中央的正确领导下，有全团同志的共同努力，我们一定会把工作做好。让我们紧密团结在以胡锦涛同志为总书记的党中央周围，高举中国特色社会主义伟大旗帜，以邓小平理论和“三个代表”重要思想为指导，深入贯彻落实科学发展观，按照中央的指示要求，锐意进取，持之以恒，扎实工作，努力推动共青团工作实现新的发展！

春节即将到来，我代表团中央书记处给大家拜个早年，祝大家新年愉快、身体健康、工作顺利！

陆昊在 2011 年全国城市战线共青团工作会议上的讲话

2011 年 1 月 20 日，根据录音整理

今天，我们召开 2011 年全国城市战线共青团工作会议，深入学习贯彻党的十七届五中全会和中央经济工作会议精神，学习贯彻党中央书记处的重要指示精神，研究落实团的十六届四中全会作出的有关部署，安排今年和今后一个时期城市战线共青团工作，目的是进一步推动城市战线共青团工作取得新的进展。

在过去一年里，城市战线各级团组织和广大团干部克服大量困难，付出很多艰辛，狠抓工作落实，各项重点工作都取得了很好的进展，特别是在非公有制企业团建工作上取得了非常重要的突破，为全团贯彻落实党中央要求、着力消除在青年农民工群体中的组织空白点作出了重要贡献。在这里，我代表团中央书记处，向城市战线各级团组织取得的工作成绩表示祝贺！向广大团干部的辛勤努力表示衷心的感谢！

城市战线的工作领域宽、内容多，军科同志将作全面部署和安排，我主要讲一讲非公有制企业团建的问题。

一、进一步统一全团的思想认识

思想决定行动。认识上清不清、透不透，直接决定着推进工作的信心和勇气。城市战线各级团组织和广大团干部，要把党交给的重要事业放在首要位置，把加强团的基层组织建设和基层工作作为团的“生命力工程”，在思想交流碰撞和工作实践当中深化认识。

1. 提高对非公有制企业团建工作重要性和紧迫性的认识。各级团组织要从巩固党执政的青年群众基础的战略高度，从作为一个青年组织应该真心关心、联系服务重要青年群体的角度，把抓好非公有制企业团的建设作为重要责任。在经济社会深刻变革的背景下，共青团工作的重要价值在于，努力探索党的政治行为和组织行为在青年中的实现路径，探索党的思想主张在青年中的传播路径和有效方式，紧紧围绕胡锦涛总书记提出的“两个全体青年”的重要政治目标，尽最大努力把广大青年团结凝聚在党的周围，引导青年坚定不移地跟党走中国特色社会主义道路。党中央书记处明确指出，共青团要对在校学生和进城务工青年这两个人数分别接近或超过 1 亿的青年群体加大工作力度，这就要求我们要坚持狠抓基层不放松、不动摇、有韧劲，尽最大努力改变基层组织和基层工作薄弱的局面。没有组织存在就无法履行团的根本职责，没有组织存在就无法保持与广大普通青年的密切联系，当前的首要任务要继续保持推进非公有制企业团建的力度，着力消除共青团在青年农民工群体中的组织空白点。要努力增强工作的深度和普遍性，注意纠正工作表面化和机关化的不良倾向。要善于总结，总结不能仅仅是情况汇总和问题描述，更重要的是分析认识上的变化、总结工作机制上的变化。

2. 坚持抓团的基层组织建设和基层工作并重。团中央书记处一直强调抓基层，既包含抓团的基层组织建设，也包含抓团的基层工作，从来没有改变过对组织活力的探索和追求。

一是要以积极的、正确的态度对待非公有制企业团组织的活力问题。对非公有制企业团建一直存在一个意见，就是建了之后“活”与“死”的问题，也就是组织活力问题。同样是一个意见，也有积极和消极之分、简单和深刻之分，还有正确和错误之分。如果提出非公有制企业团建要注意活力，其出发点是一定要把活力抓上去，这就是积极的意见。提出意见的出发点是非公有制企业团建不可能有活力，因此没必要下大气力抓，这就是消极甚至是错误的意见。要看到组织建设难是时代变革带来的问题，乡镇街道组织格局需要创新也是时代变革带来的问题，关键是能不能及时地抓住这些问题并努力取得新的突破。

二是要找准团的根本属性、根本任务与企业根本功能相融合的工作切入点。这就是要再次回答建了团之后干什么的问题。去年 3 月 18 日，团中央召开的全国企业共青团工作电视电话会议上，我们从企业为什么建团的内在逻辑角度，提出了企业团组织六个方面的工作结合点，要求以服务企业的生产经营为前提，开展好思想性、技能性、娱乐性活动。今年 1 月，党中央书记处明确指示我们要围绕人格塑造、信念养成、能力提高，开展丰富多彩的活动，为青年农民工群体在学习成才、情感婚恋、身心健康、社会融合等方面的普遍性需求提供更多帮助。应该说这些要求是非常明确而具体的。

希望同志们认真学习领会，克服不认真学习文件而直接背离文件精神的不良作风，这种不良作风毛泽东同志 1948 年曾在党内特别强调并给予严厉批评，至今仍值得我们深刻借鉴。希望同志们把认真学习中央文件和中央领导同志指示的态度变成一种习惯，变成一种自觉，再来思考工作，联系实际，推动工作。

二、重视并科学设置推动工作的机制

机制是一个组织体系推动工作的必要条件。没有机制保障，就推动不了工作，特别是攻坚克难的工作。对于非公有制企业团建这样难度较大的普遍性工作，必须建立有效的激励约束机制，干得好要充分表扬，干得不好要及时指出不足。有些同志在推动工作中可能受了一些委屈，认为工作没少干却受了批评，这就需要用理性平和的心态去看待。现在非公有制企业建团正处在攻坚克难的阶段，工作基础差别比较大，干部的工作经历与非公有制企业团建工作的吻合度差别也比较大，所以更要把视野放到更大的空间，理性平和地去对待批评。当前某些领域组织覆盖存在空白，工作深度和活力还不够，这不简单是某个人的问题，而是难点问题长期累积的结果。我们现在必须积极应对这些挑战，同时要有锐意进取的精神，这是共青团非常宝贵的传统，没有在过去工作基础上不断与时俱进、锐意进取的精神，很多工作都无法有效推动。团中央书记处赞成目前推动工作的方式，关于工作机制我强调两点。

1. 要有指导性目标。目标制定要力求科学合理。一要注重结合当地非公有制企业党建的数量，目前全国非公有制企业建团数不到 19 万家，党组织大约 46 万家，工会组织约 110 万家，我们的工作还有很大空间；二要考虑各地非公有制企业的活跃程度和产业特点；三要考虑团的组织体系和非公有制企业的联系程度，比如青联、青企协、青商会的会员情况等；四要考虑以往的工作基础，有的地区工作空间还很大，有的地区则需要进一步探索新领域。总体上，要综合考虑上述因素，制订相对科学合理的指导性目标。

2. 要有过程性要求。抓过程既是抓工作的必要环节，也是培养干部的有效方式。要重视工作过程设计，使推动非公有制企业团建的过程，变成广大团干部真正理解党与人民群众保持血肉联系、真正为党做好青年群众工作的过程，变成充分依靠党建带动又充分发挥团组织主动性、创造性的过程，变成既要扩大团组织覆盖、扩大团组织影响，更要让团干部深入广大青年的过程，变成各级团组织和团干部理解市场经济条件下的企业、理解企业青年员工的过程，变成建设组织与增强组织活力并重的过程。要围绕这些过程要求设计一些规定的程序和动作，比如说党建带团建的规定动作是什么，各地推动工作的规定动作是什么，这些都要认真进行设计，要善于把成熟经验变成规定动作，并建立相应的激励约束机制。

三、进一步明确抓非公有制企业团建的主要手段和可借助力量，切实加强工作保障

1. 要把中央对群众工作的最新要求、党中央书记处的重要指示，作为推动工作的强大思想武器。要深刻认识到做好新形势下党的青年群众工作的极端重要性，深刻认识到共青团工作面临的挑战和存在的薄弱环节，深刻认识到青年农民工群体在工业化、城镇化进程当中所暴露出来的极其重要的社会问题，牢牢坚持依靠加强团的基层组织建设和基层工作来推动普遍性的青年群众工作。

2. 要充分借助党建带团建工作推动过程，强化制度保障。既要充分依靠党组织力量、争取党组织支持，又要积极探索、锐意进取，努力在建立党组织并且有团员青年的非公有制企业建立团组织。要紧紧抓住落实党建带团建有关制度规定和深入开展党群共建创先争优活动的重大契机，把着力消除非公有制企业团建工作空白点作为重要工作内容，借助制度设计，借助组织整体力量，借助党政力量来推动非公有制企业团建工作。

3. 要充分发挥共青团社会化动员优势。把共青团各项社会动员载体与推进工作有机结合起来，从企业自身发展需求的逻辑角度找准工作切入点，激发非公有制企业建团的内在动力。要运用社会化动员方式，从做好党的青年群众工作的角度，从共青团根本属性、根本任务与企业根本功能相融合的角度，从共青团广泛开展思想性、技能性、娱乐性活动工作积累的角度，大力推进非公有制企业团建工作。要引导企业家理解在经济社会变革条件下，在新生代农民工为职工主体的背景下，企业管理要努力实现严格管理与人文关怀的高境界统一，而加强团的工作是实现这个目标的重要支持力量和积极因素。要把去年以来推动非公有制企业团建过程中最普遍、最适用、最成熟的经验梳理出来，用于指导全团工作。

4. 团的各级领导机关要集中力量支持非公有制企业团建工作，把工作资源、活动载体更多地向非公有制企业团组织倾斜。团的基层组织和基层工作处在共青团与广大普通青年的边界上，普遍性的青年群众工作必须依靠广大基层团组织去承担。团的各级领导机关要始终坚持眼睛向下、重心下移，把工作资源向基层倾斜，把工作力量向基层集中，把工作载体向基层转移，尽最大努力为基层组织开展工作解决困难、提供支持、创造条件。在增强基层团组织活力方面，城市部要尽快研究具体意见，明确一些共性的工作要求和标准，指导新建团组织开展工作。要及时总结推广非公有制企业团建好做法，不能局限于点上的经验，而要更加重视推动整体工作的经验，在市级、县级团委或行业这个层级上进行总结梳理，这样的经验会更加具有普遍性。

城市战线责任重大，任务艰巨，希望同志们坚定信心，不动摇、不放松、有韧劲，在已有的工作基础上，以更好的状态、更科学务实的过程，推动非公有制企业团建工作取得新的更大的进展！

陆昊在团中央机关2010年度总结表彰大会上的讲话

2011年1月25日，根据录音整理

今天，我们召开一年一度的团中央机关总结表彰大会，总结2010年机关工作，部署2011年工作。刚才罗梅同志代表书记处讲了很好的意见，我完全赞同。过去的一年，机关全体同志始终保持良好的精神风貌和锐意进取的工作状态，为全团各项重点工作的稳步推进作出了积极的贡献。首先，我代表团中央书记处，向机关全体干部一年来所付出的艰苦努力和取得的成绩表示衷心感谢，向获得表彰的先进集体和先进个人表示热烈的祝贺！

从某种程度上说，获得表彰的部门和同志一定是从不同角度得到大家的认可，希望你们戒骄戒躁、继续努力。同时我们也要认识到，有的部门和同志长期从事一些常态性工作，从事一些默默无闻、不被关注的工作，但他们也都为机关和全团工作作出了巨大贡献，只是在现有的评选机制下不容易突出出来。因此我们不要对评选结果看得太重，我们更加看重的是全团工作能否得到真正推动，一些重要问题能否得到真正解决，看重的是同志们付出艰苦努力的过程。今天，借这个机会，我主要就做好机关工作谈五个方面的问题。

第一，关于认识问题。团中央机关要发挥“思想库、作战部、风向标”的重要职能，必须首先解决好认识问题，特别是要真正理解党团的重要政治关系，充分认识到共青团工作的重要价值在于努力为党探索政治行为和组织行为在青年中的实现路径，探索党的思想主张在青年中的传播路径和有效方式。认识上清不清、透不透，是我们做好工作的重要基础和关键因素，直接决定着克服困难、推进工作的信心和勇气。我提醒过大家，要把认识的变化、认识的统一、认识转化为自觉作为一个重要的角度，来总结去年的工作。不管是组织还是个人，都要经常进行总结，否则就不能取得很好的进步。总结不是简单的事实堆砌，要善于从事实背后挖掘出更深入的理性思考。与行政部门工作边界比较清晰、工作内容需要经常重复、涉及领域比较单一不同，共青团组织具有很强的思想性、政治性，共青团工作还带有很强的时代性、挑战性。我们既有自己的工作优势，同时也有不少薄弱环节。一些薄弱环节时间长了，积累到一定程度就可能出现比较大的问题。各部门在总结工作中，既要认真梳理好本部门的认识问题，还要对整个战线的思想认识的变化进行认真梳理和深入思考，对一些重要问题和普遍性的疑惑有针对性地说有用的话，努力加以解决。

我们还有一个认识要清晰地明确下来，就是如何认识和看待这个让我们为之感到光荣和骄傲的共青团组织。在这个问题上，要坚持我们党解放思想、实事求是、与时俱进的思想路线。无论是我们的思想认识还是能力素质，无论是工作内容还是团干部作风，好的一定要坚持，发现问题一定要纠正，存在不足一定要努力改进和克服，否则这个组织就很难发展进步。长期以来，共青团组织形成了富有理想主义追求、锐意进取、勤奋敬业、全身心投入工作等一系列优良传统和作风，需要我们在新的形势下不断继承和发扬，只有这样我们才能进一步打牢为党做好新形势下青年群众工作的思想认识基础。

第二，关于机制问题。要推动一个组织成员做好工作，可以依靠提高认识和个人努力来实现。但推动一个组织体系做好工作，仅靠个人认识和努力就不够。我们不能要求全团上下每一个层级、每一个干部都具有很强的主动性、自觉性和坚定性。我们并不否认个人主动性的重要作用，但对于共青团这样一个庞大的组织而言，要保证工作的整体性推动，必须依靠正确的、有效的机制，这样才能保证组织体系整体向前发展。其中，最重要的就是形成有效的决策和决策执行机制、激励约束机制。对于激励约束机制而言，就是干得好的要褒扬，干得不好的要批评乃至进行组织处理。去年我们的一些重点工作能得到一些推动、取得一些成效，关键在于比较好地发挥了这些机制的作用。不敢碰问题、不敢说问题，以为靠一个善良的愿望就能把工作推动起来，这是基本不可能的。

民主集中制是我们党在解决不同认识的过程中形成的一种有效机制和重要原则，我们必须始终坚持好、执行好。每个人在个人阅历、思想基础、观察社会角度、掌握的信息以及对问题的整体历史感掌握等方面都不尽相同，认识上不一致是很正常的。民主的过程是第一轮次的过程，是让各种不同认识充分交流、沟通、碰撞乃至争论的过程，在第一轮次谁能赢得认同，主要靠真理自身的力量。集中的过程是第二轮次的过程，就是把各种分散的意见形成集体意志的过程，最后作出决策，形成统一的意志和行动。在民主集中的过程中，作为领导，既要胸怀开阔、正确看待不同意见甚至批评，又要根据客观实际敢于作出最终决策；作为下级，既要敢于发表不同意见，又要遵守党内政治生活规则，在决策作出后做到个人服从组织、少数服从多数、全党服从中央。可以负责任地告诉大家，书记处所有对工作中存在问题的批评都是对事不对人，都是为了推动工作和解决问题，都是为了让大家对错误和问题有更深刻、更清醒的认识，避免重复类似错误，甚至延续和积累已经存在的问题。

第三，关于力度问题。面对共青团组织在经济社会快速发展中遇到的新情况、新挑战，面对共青团工作中的一些薄弱环节，我们抓工作必须有足够的力度。加大力度不是不讲原则、不是简单的严格要求，而是关心、爱护和严格要求的结合。实践反复证明，对于重大工作，抓与不抓不一样，狠抓与一般抓不一样，高标准地抓与低标准地抓不一样。要始终用可能达到的最高标准来要求工作，在过去的基础上不断进步提高。对于如何以更大的力度推动今年全团重点难点工作，各部门都要认真思考、深入研究。让我们感到特别高兴的是，去年在团中央继续对基层工作给予资金支持的带动下，省市两级团组织募集了 2.24 亿资金支持基层团组织工作，这就是加大工作力度所取得的成果。我们正在做的许多工作难度是比较大的，这不是我们主观的问题，而是经济社会变革给我们共青团带来的挑战很大。因此，我们要推动工作，有了机制没有力度也不行，机制跟力度要结合起来。

第四，关于廉政问题。共青团是党的助手和后备军，团中央是全团的最高领导机关，团中央机关干部必须带头树立廉洁自律意识，带头严格执行中央有关规定。在廉政问题上，团中央机关干部做得很好，但我们要时刻保持清醒头脑。去年我们召开了团中央直属机关廉政工作会议，制定了《关于严格管理团的专职干部的几项规定》，对加强廉政工作提出了明确要求。有些同志犯错误，往往主观上并没有违反中央要求的明显意图，但客观上要么不以为然，要么不知道规则，缺乏对一些重大原则性问题的深刻认识和把握。因此，我们要在思想上始终绷紧廉政这根弦，要认真学习领会十七届中央纪委六次全会精神，不折不扣地严格遵守中央关于廉洁从政的一系列重要要求，要坚持当干部、干共青团工作，源于对党的根本宗旨高度的内心认同，源于为人民大众谋福利的社会理想和抱负，在任何时候都要讲党性、讲原则、讲纪律，努力经受住政治、事业、名利和生活的考验。

第五，关于风气问题。一个单位、一个机关，风气很重要。对于任何一位在机关工作的同志来说，既要对自己负责，也要对组织负责；既要坚持做人的道德底线，又要坚持良好的政治操守，这是形成良好机关风气的重要前提。风气好，大家的状态就好一些，成长进步就快一些。团中央机关的风气总体上是好的，大多数同志对自己的要求比较严格。在这里，我们要明确地提出，机关党委最重要的任务是管好风气，各部门主要负责同志抓好工作的前提是管好风气，书记处分管书记抓好工作的同时还是要管好风气。要充分发挥思想政治工作的优势，通过谈心谈话和交流沟通，帮助机关干部解决思想困惑、化解矛盾问题，积极营造风清气正、团结和谐的良好氛围，为机关干部始终保持好的工作状态，推动机关各项工作提供坚强保证。

最后强调一点，对于如何做好新形势下党的青年群众工作、乡镇街道组织格局创新、非公团建、引导青年等一些重大工作和重要问题，我们要反复调查研究、反复深入思考，通过必要积累和充分准备，集中全团智慧，力求取得新的成绩，实现新的突破。

前不久，党中央书记处和王兆国同志都对共青团过去一年的工作给予了充分肯定，提出了明确要求。在备受鼓舞、坚定信心的同时，我们要清醒认识到，现在共青团工作离中央的要求还有很大差距，一些重大工作还没有取得根本性突破。我们要不辜负中央期望，始终保持工作方向不动摇，工作力度不放松、不减弱，意志坚定、有韧劲，不断深化全团各项重点工作，不断促进共青团事业实现新的发展。

陆昊在2011年全团组织工作会议上的讲话

2011年3月15日，根据录音整理

今天，我们召开2011年全团组织工作会议，目的是认真学习贯彻党的十七届五中全会和中央经济工作会议精神，贯彻落实党中央书记处对共青团工作的重要指示和团的十六届四中全会要求，对下一阶段全团组织工作进行研究部署。关于今年团的组织战线的工作，军科同志还要进行具体部署。我今天想着重强调的是，全团组织战线要以更大的决心、力度和韧劲，继续狠抓团的基层组织建设，为做好党的青年群众工作、履行团的根本职能奠定广泛而扎实的基础，提供坚强有力的保证。下面，我讲几点意见。

一、目前团的基层组织建设和基层工作的基本态势

团十六大以来，团中央始终高度重视团的基层组织建设，要求各级团组织拿出全部的本领、竭尽最大的力量，持之以恒、毫不动摇地狠抓基层。经过全团的不懈努力，近年来，团的基层组织建设和基层工作取得了积极成效。主要表现在：全团对加强基层组织建设和基层工作的极端重要性形成了共识，清醒地认识到团的基层组织建设是团的“生命力工程”、“活力工程”；团的各级领导机关坚持眼睛向下、重心下移，形成了全力抓基层、全力支持基层的良好工作态势；各级团组织和广大团干部在抓基层的工作中敢于啃硬骨头，表现出了很好的精神状态；通过团的基层组织建设试点、乡镇街道团的组织格局创新试点等工作积累了宝贵的工作经验；召开全国基层党建带团建暨共青团系统深入开展创先争优活动座谈会，为解

决一些制约团的工作和建设的瓶颈性问题提供了机遇；通过大力推动非公有制企业和外出农民工群体等重点领域的团建工作，在扩大团的基层组织网络覆盖方面取得了积极进展。

团的基层组织建设和基层工作所取得的成绩来之不易，凝聚了各级团组织和广大团干部的心血和努力，但同时也要清醒地看到，团的基层组织总体薄弱的局面还没有根本改变，在非公有制企业、社会组织、青年农民工群体等领域仍存在较多空白点，我们的工作离“两个全体青年”的目标还有较大差距。下一步工作中，仍然需要全团上下持之以恒、毫不松懈，继续将加强基层组织建设和基层工作这一团的生命力工程抓紧、抓实。

二、提高认识、建立机制，保持抓基层的力度和韧劲

1. 要进一步提高思想认识。思想决定行动，只有想得深、想得透，才能形成推动工作的自觉性，遇到问题才不会退缩，遇到挑战才敢于面对。目前，关于加强团的基层组织建设和基层工作的重要性和紧迫性，全团上下已形成了基本共识。这里我只强调一点，那就是最广泛、最普遍的青年群众工作主要靠广大基层团组织和基层团干部去做，只有加强团的基层组织建设，建立起广泛而健全的基层组织体系，才能为开展广泛而扎实的青年群众工作提供坚强有力的组织保证。我们要从做好新形势下党的青年群众工作的高度，进一步提高对加强团的基层组织建设和基层工作的认识。

2. 要继续完善工作机制。推动工作没有认识不行，但只靠认识还远远不够，必须要有完善的工作机制作保障。目前，全团加强基层组织建设和基层工作的目标方向已经明确，关键在于各项任务的推动和落实。为确保全团形成集中合力，各级团组织要重视健全决策执行机制、激励约束机制和干部保障机制，特别是要善于利用激励约束机制，对工作突出的进行表扬，对工作落后的进行批评，以此推动重点工作的有效落实。

3. 要保持抓基层的工作力度。目前，团的基层组织建设和基层工作总体薄弱的局面仍没有根本改变，基层仍面临诸多问题和困难，这些问题和困难是长期以来多种原因造成的，因此必须要有足够的力度去推动工作。我们要拿出全部的本领、竭尽最大的力量，继续狠抓团的基层组织建设和基层工作。

4. 要强调抓工作的韧劲。年轻干部抓工作的优点是善于创新、敢闯敢干，面对新的任务时出手快、决心大，但同时也不同程度地存在缺乏工作韧劲的问题，特别是在遇到有难度、需要长期抓的工作时，容易退缩。我们一定要深刻地认识到，团的基层组织建设是一项基础性、长期性、战略性的工作任务，不可能一蹴而就，必须要坚持不懈地抓。各级团组织都要保持抓工作的韧劲，毫不动摇、毫不松懈地推进团的基层组织建设和基层工作再上新台阶。

三、突出工作重点，全力推动团的基层组织建设实现新发展

今年是团的基层组织建设和基层工作全面推进的一年，也是全面抓落实、攻坚克难的一年。去年底，党中央书记处在听取团中央书记处汇报时，充分肯定了全团狠抓基层、支持基层，有效扩大基层组织覆盖等方面的工作，并对驻外团组织建设、乡镇街道基层组织格局创新等工作给予了充分的肯定。今年，我们要以贯彻落实全国基层党建带团建暨共青团系统深入开展创先争优活动座谈会精神为契机，全力抓好乡镇街道团的组织格局创新、非公有制企业团建、驻外团组织建设等几项重点工作，切实推动团的基层组织建设实现新发展。

1. 全面推进乡镇、街道团的组织格局创新工作。乡镇、街道一级团组织在全团基层组织建设和基层工作的整体格局中有着十分重要的地位。为进一步充实乡镇、街道团组织的工作力量，拓宽联系青年的渠道，丰富工作资源、

载体和内容，力争用两年左右时间把全团面向基层工作的“桥头堡”从县级团组织推进到乡镇、街道一级，经中央领导同志同意，团中央决定从今年起全面开展乡镇、街道团的组织格局创新工作。这是一项非常重要的工作，各级团组织要高度重视，把这项工作抓紧、抓好。

一是要争取将这项工作纳入党建带团建的制度安排。要积极争取党委组织部门的支持，将这项工作纳入各地即将出台的党建带团建工作文件，有条件的地方，还要推动党委组织部门出台专门文件对这项工作进行安排部署，为工作任务落实创造制度条件。

二是要明确战线分工，形成工作合力。组织部门负责相关的制度设计、制度安排以及与党委组织部门的协调沟通，农村战线和城市战线负责工作的具体推动，各战线之间要加强工作衔接，把握好工作节奏，合力推进工作。

三是要坚持“高一级推动”，保证工作力度。抓好这项工作的关键是取得党委的重视和支持，为确保工作顺利推进，要采取“高一级推动”的工作方式，即由省级团委协调地市级党委组织部门、地市级团委协调县级党委组织部门、县级团委协调乡镇级党委组织部门，这其中特别需要地市级团委发挥关键作用，要通过争取协调县级党委作出制度性安排和统一部署，推动工作的全面开展。在工作落实过程中，如果地市级团委在协调县级党委时遇到困难，省级团委要积极参与协调。

2. 继续大力加强非公有制企业团建工作。加强非公有制企业团建工作，是当前全团基层组织建设的重点和难点。作为抓基层组织建设的主管部门，团的各级组织部门对这项工作负有重要的责任，必须积极主动，切实发挥好应有的作用。

一是要建立推动工作的机制。非公有制企业团建工作目前正处于攻坚克难的重要阶段，对于这样具有较大难度的普遍性工作，必须要有有效的工作机制加以推动。团的各级组织部门要重视建立激励约束机制，对在工作落实中表现突出的单位和个人进行表扬，表现较差的单位和个人进行批评，并将有关情况纳入干部考核体系，向党组织的有关领导和部门进行通报，以此确保重点工作的有效推进。

二是要在增强非公有制企业团组织活力方面发挥作用。要在不断扩大组织覆盖的基础上，积极探索增强非公有制企业团组织活力的路径。既要找准团的根本属性、根本任务与企业根本功能相融合的工作切入点，使团的活动能够服务企业自身生产经营，又要围绕青年在学习成才、情感婚恋、身心健康、社会融合等方面的普遍性需求，使团的活动能够服务青年的成长发展。要通过广泛开展符合非公有制企业特点的思想性、技能性、娱乐性活动，不断激发非公有制企业团组织活力。

三是要在非公有制企业团组织规范化建设方面有所作为。要在认真分析非公有制企业团组织特点、充分借鉴非公有制企业党建制度建设成果的基础上，广泛开展调研，研究制定规范非公有制企业团组织建设的相关工作制度或指导意见，为其开展工作和活动提供有效指导。

3. 以更大的力度抓好驻外团组织建设。驻外团组织建设是今年的一项重点工作任务，关于这项工作，我强调以下几个方面。

一是要认识到驻外团组织是对青年农民工群体进行组织化梳理的重要载体。青年农民工群体规模过亿，共青团组织要切实履行好巩固党执政的青年群众基础的根本职责，就必须针对这一群体做好工作。当前，青年农民工群体主要集中在非公有制企业，但我们必须认识到，仅靠加强非公有制企业团建并不能完全实现对这一群体的有效覆盖。我们还必须要积极借助乡情、亲情的重要社会机理，通过大力加强驻外团组织建设，从另一个角度对青年农民工群体进行组织化梳理，从而实现更广泛意义上的组织覆盖和工作覆盖。

二是要明确驻外团组织当前阶段的最重要任务是尽可能多地联系青年。驻外团组织不同于传统意义上依托单位或地域建立的团组织，所面对的青年具有行业多元、地域分散、人员流动等特点，这就使我们很难要求驻外团组织在所有方面都发挥作用。所以，我们要明确，驻外团组织当前最重要的任务就是发挥自身的独特优势，充分利用乡情的机理，尽可能多地联系青年，特别是要与广大普通务工青年建立紧密联系。在此基础上，可以力所能及地开展一些服务工作，比如进行人文关怀、提供就业信息、帮助熟悉城市生活、促进交友婚恋、关爱农民工子女等。

三是要进一步发挥好团组织的整体力量，支持驻外团组织建设。流入地团组织和流出地团组织要密切配合，建立齐抓共管的机制。其中，流入地团组织要进一步提高重视程度，尽可能地为驻外团组织提供工作便利条件，如提供资源支持、联合开展活动、帮助与政府部门协调等；流出地团组织要为驻外团组织建设提供必要工作资源支持，并指导驻外团组织利用乡情纽带开展好工作和活动，同时还要积极争取流出地党委和政府对这项工作的重视。驻外团组织自身也要发挥主观能动性，通过整合社会资源等方式解决经费、阵地等问题。

四是要进一步加强驻外团组织干部队伍建设。考虑到驻外团组织干部多为兼职，对共青团工作普遍不熟悉，今年，我们要把驻外团组织干部的培训作为一项重要工作来抓，在培训中要重点介绍具体的工作方法和鲜活的工作案例，帮助驻外团组织负责人提高实际工作能力。此外，各级团组织还要研究制定针对驻外团组织干部的有效激励措施，更好地激发他们的工作热情，对于青年普遍认可、工作成绩突出的优秀驻外团组织负责人，除了要在团内给予一定的表彰和奖励外，还要作为优秀青年人才积极向有关方面进行举荐。

4. 做好高校团干部到县级团委挂职工作。我们认为，开展这项工作的主要考虑，一是为高校团干部提供一个锻炼平台，让高校团干部深入社会生活，增强解决复杂社会矛盾的能力。二是为基层提供工作力量支持，解决基层工作力量普遍比较薄弱的问题。目前这项工作进展顺利，除西藏外的所有省份挂职干部都已全部到岗并开展工作。各地要切实做好挂职干部的日常管理工作。挂职干部要珍惜和把握锻炼成长机会，深入基层和团员青年，了解国情、熟悉社会，密切与普通青年的联系，增进与普通青年的感情，在推动工作中，积累基层工作经验，提高做好青年群众工作的本领。同时，也要充分利用高校的资源，为基层团委加强基层组织建设和基层工作提供资源和力量支持。

四、以纪念中国共产党成立 90 周年为契机，着力加强团干部队伍建设

推进工作、开创工作新局面，人是关键，干部是根本。今年是全团重点工作全面推进的攻坚之年，我们有多项重点工作要在试点、探索的基础上在全团普遍推开。面对繁重的工作任务，团干部的工作状态如何至关重要。各级团组织要牢牢抓住纪念中国共产党成立 90 周年的有利契机，着力加强团干部队伍建设，努力建设一支工作效率高、能打硬仗的团干部队伍。

1. 要加强党性修养锻炼。今年是建党 90 周年，这既是我们开展引导青年工作的重要契机，也是锤炼团干部党性修养、加强团干部队伍作风建设的重要契机。团干部锤炼党性修养，首先要深入学习党的历史，深刻理解党全心全意为人民服务的宗旨和领导全国人民实现中华民族伟大复兴的历史使命，自觉继承和发扬党的理论联系实际、密切联系群众、批评与自我批评的三大作风。二是要深刻理解党团之间的重要政治关系，自觉用党内政治生活标准来严格要求自己，自觉在思想上、行动上同党中央保持一致，始终从党和国家工作大局、全团的工作大局出发去谋划、部署和推进工作，始终做到忠诚党的事业、热爱团的岗位、竭诚服务青年。三是要充分认识到党性修养不是抽象的，在当前，团干部的党性修养要具体体现在不折不扣地贯彻落实党中央书记处对共青团工作的重要指示精神上，体现在扎扎实实地推动全团各项重点工作的落实上。

2. 要讲原则、讲纪律，狠抓干部作风。对于共青团这么一个庞大组织来讲，重点工作的推动和落实，必须要靠全团的统一行动。全团要形成上下一致的统一行动，不能仅靠良好愿望，关键还要靠组织原则和组织纪律。对于团的领导机关和领导干部来讲，要坚持原则、敢抓善管，勇于直面矛盾和问题，只要是为了全团重点工作推动，只要对事不对人，就要敢于通过工作指导、工作考核、情况通报、干部协管等途径狠抓全团重点工作的落实。对于团的基层组织和基层干部来讲，要增强纪律观念和全团整体性意识，坚持个人服从组织、局部服从全局，结合当地实际，创造性地推动全团重点工作真正落到实处。

3. 要贯彻群众路线、践行群众观点。胡锦涛总书记在党的十七届五中全会上强调，党的最大政治优势是密切联系群众、党执政后的最大危险是脱离群众。作为党的助手和后备军，作为党领导的先进青年群众组织，我们一定要充分认识到，共青团最本质的影响力在青年心里，最根本的生命力在于与广大普通青年的联系。广大团干部一定要牢固树立群众观点和群众立场，自觉坚持党的群众路线，心中始终想着普通青年，目光始终投向普通青年；要怀着对广大普通青年的深厚感情，广泛联系普通青年，真正融入普通青年；要关注和发现青年的困难和困惑，力所能及地帮助青年解决实际问题，代表和维护好青年群众的合法权益，切实做好服务青年的工作。

陆昊在全国青联十一届二次常委（扩大）会议上的讲话

2011 年 3 月 26 日，根据录音整理

今天这次会议，是十一届全国青联常委会履行职责以来的第一次常委会，对于全国青联深入学习贯彻党的十七届五中全会精神、中央经济工作会议精神以及前不久召开的全国“两会”精神，扎实做好未来五年的青联工作，努力为实现“十二五”时期的目标任务作贡献，具有十分重要的意义。

刚才，王晓同志作了一个很好的报告，我完全赞同。夏宝龙同志、陈德荣同志为我们介绍了浙江省和温州市经济社会发展取得的重要成果，希望大家借这次会议的契机更多更深入地了解相关情况，为我们从全国的层面思考青联组织如何在“十二五”期间更好地发挥作用，积累素材和经验。

去年是青联事业发展中十分重要的一年。在党中央的亲切关怀下，我们召开了全国青联换届大会。胡锦涛总书记专门发来贺信，习近平同志和中央书记处各位领导同志出席大会开幕式，王兆国同志代表党中央向大会致祝词，这些都充分体现了党中央对广大青年的关怀和对青联工作的重视。半年多来，各级青联组织牢牢把握增进共同理想信念、凝聚青年力量的根本任务，按照中央的部署和要求，充分发挥青联组织和青联委员的优势，在促进经济

社会又好又快发展、服务青年、加强自身建设等方面，开展了一系列富有成效的工作，各项工作和建设都取得了新的进步。

今年是中国共产党成立90周年、辛亥革命100周年、西藏和平解放60周年，也是“十二五”时期发展的开局之年。全国青联作为党领导下的重要青年组织，要更好地把各族各界青年团结凝聚在党和政府的周围，为实现“十二五”时期的目标任务作出新的贡献。今年全国青联的具体工作要按照王晓同志的报告和这次常委会的安排来开展。下面，我结合对“十二五”时期有关问题和青联工作的思考，与大家交流3个方面的意见。

一、深入学习贯彻中央关于当前和今后一个时期全局性工作的部署和安排，正确认识我国经济社会发展中的几个关键问题

当前，学习中央精神要注意把握好3个重要角度。

第一个角度是要关注“十二五”规划纲要。党的十七届五中全会确定了“十二五”时期发展的指导思想、总体思路、目标任务和重大举措，前不久召开的全国“两会”又审议通过了“十二五”规划纲要，确定了未来五年我国经济社会发展的宏伟蓝图。我们必须深刻领会、全面把握党的十七届五中全会《建议》对于“十二五”时期以科学发展为主题的“四点基本考虑”，对于以加快经济发展方式转变为主线的“五个坚持”；胡锦涛总书记在中央经济工作会议上的讲话中提出的关于“十一五”时期发展经验总结的“五个注重”，关于我国进一步融入国际经济格局的“四个准确把握”。这些重要论述都非常重要、非常深刻，需要我们进一步深入学习领会，从而在工作中更好地贯彻落实。

第二个角度是要关注社会管理及其创新。今年初，中央举办了省部级主要领导干部社会管理及创新专题研讨班，胡锦涛总书记、习近平同志、周永康同志都作了重要讲话。这是我们党第一次专门就社会管理及创新问题进行全面分析、系统部署。我们要充分认识到，社会管理创新不仅仅是社会领域的问题，背后还有经济社会深刻变革带来的各种新挑战。

第三个角度是要充分关注新形势下的群众工作。胡锦涛总书记在党的十七届五中全会上进一步强调了做好新形势下群众工作的极端重要性，对做好群众工作提出了明确要求。习近平同志在中央党校社会管理与创新研讨班上，对于做好新形势下的群众工作也作出了深刻阐述。我们感到，全国青联在团结凝聚各族各界青年中有着特殊重要的作用，同样能够为党的青年群众工作作出积极的贡献。

对于当前和今后一个时期我国的发展形势，各位青联常委和委员作为各个领域、各个行业的优秀青年代表，都有自己独特的见解，我们希望大家更加关注四个方面的认识问题。

1. 充分认识改革开放以来特别是“十一五”时期发展的巨大成就，更加坚定跟党走中国特色社会主义道路的信念。改革开放以来特别是“十一五”期间我国经济社会发展取得的伟大成绩举世公认。我们亲身经历了30多年来国家面貌、人民生活发生的巨大变化，也亲身见证了我国成为世界第二大经济体、各项事业蓬勃发展的辉煌历程。有文献表明，有经济统计以来，世界上能够连续20多年经济总量每年都保持7%以上增长的经济体只有13个。这种发展成就告诉我们，我们党开创的中国特色社会主义道路，为我们民族的伟大复兴带来了巨大活力。我们要从这些成就中，从历史逻辑、现实逻辑、理论逻辑的综合分析中，看到党做出的制度设计的正确性，从而坚定地跟党走中国特色社会主义道路。

2. 正确认识当前我国的基本国情，树立合理的发展预期和坚定的奋斗精神。中央对我国基本国情的认识是非常清醒的、判断是非常准确的，鲜明指出我国仍处于并将长期处于社会主义初级阶段。在现实生活中，有许多现象都体现出我国的发展中国家特征。我们要看到沿北京长安街向南或北延伸两公里处很多角落都有很典型的发展中国家痕迹，要看到北京儿童医院从早到晚到处都是孩子、每天6000多人，其中3000多是外地来的病人的现象，要看到一些城乡结合部的混乱状况，等等。这些都是清晰、典型的发展中国家现象。如果联系这些现象背后的因素，我们就会更加清晰地认识到国民基本文明素质、教育程度、法制意识、信仰道德等方面存在的明显差距。我们不能只看到我国的GDP超过日本，这不意味着富裕程度超过日本，不意味着含本国企业海外投资收益的GNP水平超过日本，不意味着企业整体竞争力超过日本，不意味着自主创新能力超过日本。

3. 正视各种社会矛盾的存在，更加重视社会建设。我国在高速发展的过程中，出现了许多社会矛盾。我们要看到，西方国家上百年工业化进程中渐次出现的各种社会矛盾和问题，比如城市新移民的生活单调化问题、社会成员的水平流动和垂直流动问题、绝对贫困存在和相对贫困持久性问题、收入差距拉大的问题、利益集团以及中产阶级形成和转化问题、弱势群体的利益诉求和权益维护问题、激进势力和保守势力的转化斗争问题等等，都被压缩在我国改革开放30多年的进程之中。我们要认识到，经济总量的增长可以实现跨越，社会问题很难跨越，社会矛盾和问题不可回避。这就需要我们正视问题的存在，更加全面、深刻、理性地看待我国的发展。

4. 正确把握党和政府对于"十二五"时期发展规划与以往不同的特点，找准工作的着力点。与过去的几个五年纲要相比，党和政府对于"十二五"时期的发展规划，紧紧抓住了当前经济社会发展的阶段性特征，规定的各项目标任务体现出十分鲜明的特点。一是既关注经济增长速度，更关注经济发展的质量。"十二五"规划纲要在继续强调发展的同时，将GDP年均增长速度调低到7%，并对经济发展质量提出了更高要求，提出要促进经济增长向依靠消费、投资、出口协调拉动转变，向依靠第一、第二、第三产业协同带动转变，向主要依靠科技进步、劳动者素质提高、管理创新转变。二是既关注经济增长、把"蛋糕"做大，更关注收入分配、把"蛋糕"分好。收入分配差距拉大的问题，是一个经济、社会和政治问题的交汇点，也是"十二五"时期必须花大力气解决的问题。"十二五"规划纲要对于这个问题给予了充分关注，提出要合理调整收入分配关系，努力实现居民收入增长和经济发展同步、劳动报酬增长和劳动生产率提高同步。三是既关注经济发展，更突出社会建设和保障民生。"十二五"规划纲要首次提出建立健全基本公共服务体系，明确了"十二五"期间基本公共服务体系的范围和重点，涉及公共教育、就业服务、社会保障、医疗卫生、人口计生、公共文化、基础设施、住房保障、环境保护九个方面。四是更加强调了群众工作的重要性。全面分析了新形势下做好群众工作的重要意义，深刻阐述了党的群众观点、群众立场等重大问题，再次强调党的最大政治优势是密切联系群众、党执政后的最大危险是脱离群众。这进一步凸显了共青团、青联组织做好青年群众工作的重要职责。特别是从最近中东、北非动荡局势中，有一个重要的问题值得思考，即什么是现代社会的政权逻辑？不是简单的政治强人的政权，不是简单的利益集团的政权，本质是人民的政权，是人民必须拥护的政权。

同时，我们还要注意一些与青年密切相关的经济领域中的问题，特别要关注劳动和资本相对关系的新变化，注意当前新生代农民工群体出现的一系列新的劳动力性质的变化。比如，他们对收入与闲暇之间的选择、对收入与劳动强度之间的选择、对收入与精神愉快程度的选择都发生了明显变化，这些新变化实际上改变了劳动力性质。在新的历史条件下，当主体劳动力群体出现上述变化的时候，必然要求企业实现严格管理与人文关怀的高境界统一。上述很多问题使大家形成一个判断，归根到底，就是经济的快速发展会引发出新的社会问题，这些问题都说明我们的社会在隐约发生一些重大深刻的变化。我们应该感受到这种变化，思考这种变化，把握好"十一五"、"十二五"发展的衔接。

二、认真学习领会中央领导同志对青年骨干成长的重要要求，进一步明确青联委员自身的成长路径

去年，胡锦涛总书记在致青联换届大会的贺信中对广大青年和青联委员的成长提出了明确要求。王兆国同志在全国大学生纪念"一二·九"运动75周年座谈会上对培养新时期的青年马克思主义者作出了重要阐述，深刻指出当代青年马克思主义者要具备高度的理论自觉、鲜明的实践品格、深厚的群众根基、奋进的创新精神，特别强调要在坚持不懈的学习中提升理论素养，在各种复杂环境中加强党性锻炼，在同错误观点和思潮的斗争中坚定政治立场。大家要充分认识到，这一重要讲话既是对大学生骨干的要求，也是对以青联委员为代表的各领域青年骨干分子的要求。我结合对王兆国同志重要讲话精神的学习，谈谈对青年骨干如何成长的体会。具体来讲，要注重四个方面的结合。

第一，要把尊重物质财富创造与保持精神追求紧密结合起来。年轻一代对于物质有追求，这是正常的、合理的。但我要强调的是，年轻一代同时一定要有精神追求，不能唯物质论、唯物质化。我们既要看到物质财富的创造对于社会进步所作出的重要贡献，又要看到无论物质财富如何丰富，物质终究不能完全替代精神的力量，个人成长和社会进步都需要精神力量的支撑与推动。我们必须在快速变革与发展的社会中树立健康积极向上的人生观、价值观，充分认识诚实劳动和艰苦奋斗对于青年人成长发展所具有的普遍意义，自觉树立劳动创造财富、奋斗成就人生的价值观念。

第二，要把打牢理论功底与深入实践锻炼紧密结合起来。理论是在对各种复杂的社会现象和社会实践进行高度提炼基础上形成的规律性认识。扎实的理论功底对于有志向、有作为的青年来讲十分重要，能够指引我们在今后的实践中正确看待社会现象，并且少走弯路。对于当前和今后一个时期经济社会的发展，大家要从党的科学理论中、从经典的学术思想中找到依据，了解和把握各种社会矛盾和问题的根本原因，防止片面的甚至错误的认识。同时，大家要认识到，理论来自于实践，最深刻的东西都是在实践中感知、体会出来的。大家要注重培养自身的实践品格，主动在祖国和人民最需要的地方有更大的作为，在具有广阔事业发展空间的基层一线有更大的作为，在科技进步和社会发展的新兴领域有更大的作为，在抗击自然灾害和各种急难险重任务面前有更大的作为，努力创造出无愧于时代的青春业绩。

第三，要把追求个人事业成就与履行社会责任紧密结合起来。追求个人事业成就对于年轻人来讲是具有积极意义的，这一点不可否认。各位常委和委员经过自身的努力，在不同的领域取得了个人的事业成就，这是值得赞赏和褒扬的，也是大家为社会作贡献的重要基础。但是，仅有个人事业成就还不够，作为青年楷模还要思考如何把个人的成就与履行社会责任结合起来。在当前高速变革的社会当中，青年楷模履行社会责任不是简单地捐点钱，也不完全是参与公益事业。对于青年企业家来说，依法纳税、依法经营、解决员工社会保障、既严格管理又尊重员工，就是在履行社会责任。我理解，青年楷模履行社会责任更重要的也许是理解把握好我们社会发展进步的历史逻辑和正确路径，并且通过大家的行为来作出示范，引导更多的青年理解我国社会发展进步的道路选择,因为稳定发展的道路选择涉及国家和民族的利益。

第四,要把鲜明的时代性和厚重的历史感紧密结合起来。社会是不断变革和进步的,当代青年一定要有鲜明的时代性,同时,真正的成熟理性的一代年轻人,离不开厚重的历史感。历史感和历史知识有联系,但不是一回事,关键是要有历史的逻辑、历史的思维方式和用历史跨度看待问题的视角。比如,英美日德法等国家在 GDP 人均 5000 美元时,大概是在 1972、1973、1976 年,如果我们现在简单套用今天西方国家经济发展中的主要做法,需要但不全面,甚至可能出现偏差。因此,我们在比较和借鉴过程中,要多研究西方发达国家和我国在同一个发展阶段时的情况和做法。比如,三八妇女节、五一劳动节都是在西方国家工业化中期阶段劳动群众反对传统管理方式的斗争中形成的,体现了特定发展阶段的特征。比如,经常有海外媒体批评我们,GDP 占世界 8.5%,钢材使用占世界 46%,煤炭占 48%,水泥占 48%,总消耗资源占世界的 10%,这其中有我们粗放式增长带来的问题,我们要下大力气解决。但是,这种情况不完全是我国自身决定的,而是由国际分工格局造成的,我国加工贸易出口占全国进出口比重达 55%,其中许多订单是海外企业给出的。比如,通过考察后发国家的发展历程,我们可以发现,要避免"中等收入陷阱"必须处理好三个方面的问题:一是宏观调控应对经济挑战的正确性,二是自主创新的实现,三是收入分配问题的合理解决。再比如,像我们这些 40 多岁年龄的人都知道,我国改革开放的一个历史起点就是从劳动者相对富余、资本相对不足开始的,所以能够接受资本所有者有更高收入的分配格局。但是现在的年轻人,也就是所谓出现代际转换以后的新生代农民工,并不完全接受这一逻辑。这些例子背后都有历史感的问题。希望大家在今年纪念建党 90 周年、辛亥革命 100 周年的过程中,不要简单做事实再现,要更多掌握分析问题的历史角度、历史逻辑,掌握历史事件与现实问题之间的内在联系。

三、把握好青联组织为"十二五"时期目标任务作贡献的实现路径和重要关注点

青联组织汇聚了各行各业的优秀青年代表,在服务"十二五"发展中肩负着重要使命,拥有着广阔舞台。青联要牢牢把握增进共同理想信念、凝聚青年力量的重要使命,充分发挥青联委员的表率作用,影响和带动广大青年,在服务"十二五"时期经济社会发展中作出积极贡献。

在促进经济发展方面,要在加快转变经济发展方式中有更大作为。加快转变经济发展方式,既要有强烈的紧迫感,又要看到,经济发展方式与经济发展阶段、资源禀赋都有很高的关联性,又有很强的路径依赖性。这就要求青联委员要关注创新驱动、增强自主创新能力、发展新兴产业等问题。要关注城镇化发展,科学把握城镇化的合理路径。要关注区域发展总体战略和主体功能区战略等问题,通过专题研讨、交流考察等方式,对重大问题,既找到参与发展的机会,又努力形成有针对性的对策建议。

在参与社会建设方面,要特别关注教育、医疗卫生体制改革问题。关注教育公平问题,既要看到教育均等化等措施在保障和实现教育公平中的重要作用,更要通过大家在工作岗位上积累的实践经验,为我们在当前教育资源总体还十分稀缺的条件下,如何实现教育均等化提出操作性强的具体措施。这里,我要特别强调新生代农民工群体的社会问题。农民工群体是伴随我国改革开放和工业化、城镇化进程出现的一支重要力量,目前 80 后、90 后的新生代农民工已经成为农民工的主体,这一群体既有与上代农民工相似的一面,也体现出由于成长环境、社会经历等方面的不同而形成的代际差异和新的群体特征,面临着许多新的问题。青联委员们都应当对这个群体给予充分的关注和支持，努力为他们在就业创业、精神生活、融入城市、权益维护、子女关爱等方面提供实实在在的帮助。

最后，我还要代表团中央，感谢各位常委、委员长期以来对共青团工作的支持。希望大家在各自的岗位上，发挥自身优势，一如既往地关心、支持和推动共青团重点工作实现新的发展！

陆昊在纪念社会治安综合治理两个《决定》颁布20周年座谈会上的发言

2011年3月28日

按照会议安排，我结合预防青少年违法犯罪工作，谈几点认识和体会。

一、在两个《决定》的有力推动下，预防青少年违法犯罪形成了齐抓共管的工作局面

20年前，党中央、国务院和全国人大常委会分别作出的《关于加强社会治安综合治理的决定》确立了社会治安综合治理的方针，中央综治委于2001年成立了预防青少年违法犯罪工作领导小组。经过多年努力，逐步形成了党委领导、有关部门和司法机关各司其职、齐抓共管的工作局面。目前，中央预防领导小组成员单位已由2001年的13个增加到21个；在地方层面，省、市两级全部成立了预防工作领导机构，2500多个县成立了专门工作机构。多年来，各部门密切配合，在思想道德教育和法制宣传、完善未成年人司法体系、净化社会文化环境、重点群体救助、阵地建设和经费保障等方面做了大量工作。据最高人民法院统计，青少年罪犯和未成年罪犯占刑事犯罪的比重已连续4年下降。

二、两个《决定》确立的一系列重要原则在今天仍然具有很强的现实针对性

在两个《决定》颁布20周年的今天，我们认真回顾和学习两个《决定》，深感尽管经济社会发生了深刻变化，但两个《决定》确立的一系列重要原则仍然具有很强的现实针对性，需要我们继续坚持好、运用好。

《决定》指出，社会治安问题是诸多社会矛盾和消极因素的综合反映。我们感到，西方发达国家上百年工业化进程中渐次出现的很多社会问题，比如城市新移民的生活单调化问题、社会成员水平流动和垂直流动中的障碍问题、绝对贫困存在和相对贫困的持久性问题、弱势群体的保护和地位改善等问题，都被压缩在我国30多年的改革开放进程中。伴随这一进程，我国高速发展面临的社会矛盾和问题不可回避。这就需要我们正视问题存在，系统分析研究，进行综合治理。

《决定》指出，社会治安综合治理是社会主义精神文明建设的重要组成部分。我们感到，思想决定行动，未成年人的思想归根结底是受成年人思想影响的。在现实生活中，新的社会现象层出不穷，多种诱惑纷繁复杂，传统的价值观受到很大冲击，经过互联网对社会极端现象的放大，使不少青少年在价值观、道德标准上难以作出准确判断。在这种情况下，只有从思想引导入手，才能抓住社会治安综合治理的根本。

《决定》指出，社会治安综合治理是密切党同人民群众联系的迫切需要。我们感到，社会治安综合治理特别是预防青少年违法犯罪工作，某种程度上是面对不同类别群众开展的工作，就要求我们在社会治安综合治理中，怀着对群众应有的感情和负责的态度，坚持党的群众观点、群众立场。我们还感到，做好预防青少年违法犯罪工作，需要我们把专门机关的工作力量与工青妇等群众组织、与广大基层干部及广大群众的共同参与有机结合起来，形成整体工作力量。这是我们国家社会治理结构设计中的重要政治优势，应当充分发挥。

《决定》指出，加强基层组织建设和制度建设，使综合管理的各项措施落实到基层，落实到群众中去。我们感到，党的基层组织和基层政权处在社会治安综合治理工作的第一线，是党和政府与广大群众最普遍联系的路径和渠道。预防青少年违法犯罪工作中最广泛、最普遍的工作，主要要靠基层去做。我们应当按照中央的要求，努力为基层解决困难、提供支持、创造条件。

三、做好预防青少年违法犯罪工作的几点建议

当前，我们既要看到预防青少年违法犯罪工作取得的重要进展，也要清醒地看到，由于各种社会矛盾的交织、社会思想环境的变化、互联网中存在的消极因素等方面的影响，预防青少年违法犯罪工作仍然面临着许多新挑战、存在着许多不足。我们不能满足于搞搞活动、发发材料、上街宣传的办法，要在提高针对性和实效性上下功夫。作为预防办，我们建议：

第一，针对重点青少年群体，采取更为有效的教育帮助或预防犯罪工作措施。一是针对闲散青少年，要以教育帮助为主，突出关爱措施。调查表明，不少地方的闲散青少年，社会上各种正面的力量一年都无法保证接触一次。我们要力争建立闲散青少年群体的联系机制，在有条件的地方建立联系管理和教育帮扶机制，努力使社会上各种正面力量与闲散青少年有必要的接触。二是针对有不良行为或严重不良行为的青少年群体，要把一般意义上的帮教与专业力量的帮教结合起来。不能只靠社区帮助和管理，而要充分借助法院、检察院、司法等部门中掌握的帮教“问题青少年”的专业方法和工作力量。三是针对服刑在教青少年和有过案底记录的青少年，既要强调社会关爱、物质帮扶和技能培养，也要注重思想碰撞和情感交流。四是针对外来流动青少年、流浪乞讨青少年、服刑在教人员未成年子女等群体，要动员社会力量，切实做好关爱和帮扶工作。

第二，针对青少年群体的思想意识，探索有效的教育引导途径。真正的预防要从思想入手。我们要注重把握青少年认知、意识、思想形成的一般规律，着力增强思想引导内容的针对性和方式的适用性。比如，青春期前的灌输方法比较容易接受，进入青春期以后，价值分析的方式比灌输更有效。比如，对学校中的普通青少年、社会上的闲散青少年、有不良行为或严重不良行为的青少年，应该用不同的方式和工作强度开展法制教育。我们感到，教育青少年，讲一句正确的话容易，但讲一句让他真心接受的正确的话就很不容易。这就需要我们既看到真理本身的力量，还要看到感情、信任和友谊等因素在真理传播中的作用。

第三，针对青少年行为演变的关键环节，深入开展调查研究、找准规律。我们感到，目前预防青少年违法犯罪工作中还有不少重要问题研究得不够充分。比如，如何在经济社会发生深刻变化的背景下，研究与青少年犯罪行为有关的思想意识、生理心理等问题的规律；研究青少年如何从健康心理状态到不良心理状态、再到犯罪心理状态思想意识转变的关键点，从正常行为到不良行为、严重不良行为过渡到犯罪行为的关键点；研究如何从根本上减少诱发青少年重复犯罪的思想引导、人格塑造、克服社会偏见等重要的理论和实践问题。

第四，针对基层矛盾集中的现状，进一步

支持基层。目前基层面对着大量的社会管理事务，预防犯罪工作的重点对象和重点部位也都集中在基层。我们在调查中发现，真正能感动“问题青少年”群体的，很多是基层派出所、少年法庭和管教所的干警和基层干部。我们要进一步加强基层，努力支持和培育好善于做“问题青少年”群体工作的队伍，为他们提供更多支持、创造更多条件，充分发挥他们在第一线联系、接触以及有可能影响和改变“问题青少年”的优势。

团中央将按照中央综治委和预防领导小组的要求，配合有关部门，扎实做好预防领导小组办公室的相关工作，特别是五类重点青少年群体的试点工作。

陆昊在2011年共青团宣传工作会议上的讲话

2011年3月28日，根据录音整理

这次会议的主要任务是：深入学习贯彻党的十七届五中全会、全国宣传部长会议精神，学习贯彻党中央书记处对共青团工作重要指示精神，落实团十六届四中全会有关部署，重点研究和部署当前和今后一个时期全团引导青年工作。

去年，团的宣传思想战线按照党中央的要求和全团统一部署，深入开展了“我与祖国共奋进”主题教育实践活动，认真完成了分类引导青年试点工作的各项任务，努力探索引导青年工作的新路径、新方法，不断增强引导青年工作的针对性、适用性、普遍性，分类引导青年试点工作受到了党中央书记处的充分肯定。在这个过程当中，全团宣传思想战线和试点单位的很多同志，都付出了艰辛的努力。在这里，我代表团中央书记处，向同志们表示亲切的问候。

下面，我就今年的共青团宣传工作谈几点意见，供同志们参考。

一、牢牢把握中央的一系列重要工作要求，努力做好新形势下的青年群众工作

从共青团的工作性质出发，开展青年思想引导工作要牢牢与党中央的工作要求相吻合。近期，要重点把握好三个方面的要求：一是要深入领会中央关于宣传“十一五”巨大成就和“十二五”发展规划的要求，抓好青年形势政策教育。二是要关注中央关于做好新形势下群众工作的一系列新要求，并结合团的实际贯彻落实到青年群众工作中来。三是要关注中央对加强社会管理和创新提出的一系列新要求，研究共青团组织如何在其中发挥积极作用。

这三个要求是近期团的宣传思想战线的同志们要注意把握的。关于如何做好新形势下的青年群众工作，全团正在组织开展调查研究。经过最近一段时间的调研和思考，我认为特别要着重把握好以下几条。

1. 心里要有青年。各级团干部做好党的青年群众工作，首先是心里要真有青年群众。为什么执政时间长了干部容易脱离群众？可能与“格式化”的工作方式有关。我们心里必须清楚，现代社会政权逻辑既不是政治强人的政权，也不是利益集团的政权，归根结底是人民的政权。当前，尽管仍然存在不少问题，我国总体保持了发展、稳定的良好局面，其根本原因就在于党得到了绝大多数群众的认同。做群众工作，摆在第一位的任务，就是心里要有群众。

2. 要通过各种方式联系青年，努力融在青年之中。团的工作同样存在“格式化”问题，尤其是团的各级领导机关，直接面对青年群众的机会较少。在这种情况下，我们尤其要注重多联系青年。比如，驻外团工委的工作机制，联系了大量的普通青年，就是在实实在在地做青年群众工作；加强非公有制企业团建，通过这样的组织载体让共青团和团的基层干部更多地联系普通青年，这也是在实实在在地做青年群众工作。团干部要通过各种方式、各种途径尽可能地多联系青年，真正融入到青年之中。

3. 要关注和发现青年群众的具体困难和困惑。对青年而言，困难和困惑都是难题。青年正处于人生的成长、发展阶段，他们无论对自己的人生和未来，还是对国家和社会的发展，都可能会有一些思想困惑。比如，有的大学生对考研究生还是就业的问题来回掂量、患得患失，在思想上形成了很大的负担和压力。青年的一些思想困惑和问题，对于生活阅历相对丰富的团干部而言，是可以帮助他们解答的。团干部在联系青年的过程中，要注重关心和发现青年的具体困难和困惑，对他们进行必要的指导和解答。

4. 要力所能及地帮助青年解决实际问题。发现了青年的具体困难之后，各级团组织要努力帮助青年群众解决实际问题，不怕问题小，关键在于做得实。

5. 要用真诚的态度对青年进行必要的思想引导。中国共产党是具有鲜明思想主张的执政党。作为党的助手和后备军，作为党领导下的青年群众组织，对青年进行必要的思想引导，是共青团义不容辞的责任。在青年中传播党的思想主张，帮助青年形成健康积极向上的心态，都是共青团组织肩负的责任。引导青年的过程当中，最重要的是要坦诚、真诚。只要用真诚的心态、真诚的态度，给予青年必要的引导，不论内容和结论是否为青年所接受，他都会接受你这个人、接受你所代表的组织。反之，面对青年，如果总讲套话、空话，不仅没有作用，也会影响党、团组织在青年心目中的形象。在历史上，党之所以能够团结和带领广大人民群众，也是因为在不同历史时期能够提出极其鲜明的思想主张，直奔人民群众内心中最关心的问题。比如，“打土豪”就是要“分田地”，“抗美援朝”就是要“保家卫国”。团的干部也要注意掌握这些方法。这些道理归结起来就是一条，做青年群众工作一定要包含着对青年必要的思想引导。

二、明确根本目标，把握好引导青年工作中的几个关系

做好引导青年工作，是党交给共青团的根本任务。党中央书记处一贯要求共青团组织引导青年坚定跟党走中国特色社会主义道路的信念，这是引导青年工作的核心目标，是共青团组织思想性、政治性的体现。但作为青年群众组织，仅有这一条是不够的，还要努力引导青年形成健康积极向上的生活态度，以此来真正赢得青年对我们的感情和尊重。

共青团工作重要的价值体现就在于它的思想性。思想问题是根本性问题，思想问题无所不在、无处不在、无时无刻不在，团的宣传思想战线的同志们要从这个高度来看我们的工作。同时要认识到，思想引导工作的价值要体现在务实的工作当中，不是光懂得几句官话、套话、文件上的话就够了，要善于把党团组织的“大道理”转化为青年易于接受的、具体的“小道理”。从某种程度上讲，宣传工作就是掌握道理、传播道理的工作。这种道理既包括大到国家发展的道理，也包括小到青年生活中的道理。经济社会转型过程中，面对高速社会变革带来的种种诱惑和挑战，不少年轻人对社会、对人生的认识出现偏差，容易产生极端情绪、悲观情绪、偏激情绪等。各级团组织和团干部在引导“大问题”、“大道理”上要清醒，在引导青年树立积极健康的生活态度上，也要体现青年组织对青年人应有的理解、关心。要像对待自己的小弟弟、小妹妹那样，真心帮助青年解除思想上的疑惑和烦恼，用自己多少懂得一些、而青年还不明白的道理，帮助青年把事情认识得更透一点，想得更深一点。要善于融入到青年之中，靠感情、信任和友谊的力量，在青年中树立威信，影响青年的思想和行动。

实现引导青年工作两个方面的重要目标，当前要特别引导青年把握好以下三个关系。

1. 引导青年既要看到国家发展的成就、坚定理想信念，又要把握基本国情、保持奋斗精神和合理预期。新中国成立60多年特别是改革开放30多年来，在党的领导下，我们国家的建设和改革事业取得了伟大成就，为我们引导青年提供了丰富的素材。1979年邓小平同志提出20世纪末实现人均国民生产总值翻两番的目标，现在还没看到过有历史文献证明当时西方的政治家和学者相信我们这样的“豪言壮语”。但伟大的中国共产党带领伟大的中国人民，靠一点一点的拼搏，提前实现了这个奋斗目标。迄今为止，全球范围内能够连续25年保持年均7%以上增长的经济体只有13个，从世界历史的发展进程看，如此奇迹般的成就是少有的。这些成就的取得，对于任何一个国家、任何一个政党都不必然。这些伟大成就，使我们开展引导青年工作有足够的底气。我们也有理由相信，在国家的这种发展态势下，当代青年的思想能够保持总体健康积极向上的主流。

但在引导青年看到伟大成就、坚定理想信念的同时，当前还要引导青年准确把握中国的基本国情。中央非常明确地强调，我国正处于并将长期处于社会主义初级阶段，仍然是一个发展中国家，这个判断非常实事求是。我们国家作为发展中国家的基本国情，不会因为经济的高速发展而迅速发生彻底改变。要看到，经济总量居世界第二并不意味着财富总量、经济竞争力居世界第二，更不意味着国民文明素养、教育水准、法制意识、道德信仰等就能达到相应水平。要看到，无论是首都北京还是其他发达地区，离开繁华都市，在城乡结合部和广大农村，都有典型的发展中国家的痕迹。要从各个角度引导青年深入观察基本国情，保持清醒头脑，继续艰苦奋斗而不丧失拼搏精神，保持合理预期而不提出脱离国情的诉求。团属媒体尤其要在这方面努力做好宣传和疏导工作。

2. 引导青年既要尊重物质财富创造，又要树立精神追求，充分认识精神力量对个人成长和社会进步的重要作用。物质财富的创造对于促进社会进步具有重要作用。同时也要认识到，无论物质财富如何丰富，终究不能完全替代精神力量，整个社会更不能唯物质论、唯物质化。看看那些七天长假期间放弃休息、牺牲与亲人团聚的机会、留守在一线岗位的普通劳动者；看看那些在突发事件中应急救援的队伍，包括最近日本核电站事故中的留守志愿者；看看那些驻守在高寒缺氧的青藏高原、冒着生命危险守护边境安全的边防战士，无一不让我们感受到精神力量的伟大。没有一批这样的人，城市能够正常运转吗？社会能有秩序、正义和平安吗？没有精神力量，能够战胜全社会甚至全人类面临的共同挑战吗？

调研发现，新生代农民工选择职业时对收入的考量发生了显著变化：他们对于收入与闲暇之间的选择、收入与劳动强度之间的选择、收入与精神愉快程度之间的选择都有新变化。这些变化生动说明了精神需求的满足在人们生活中占据越来越重要的地位。正因为这样，我们要高度重视引导青年的精神追求，努力在青年中和社会上引导形成强大的精神力量，使之在平衡社会前进中发挥重要作用。

3. 引导青年既要有鲜明的时代性，又要有厚重的历史感。一代青年只有真正成熟起来，才能肩负起民族振兴的伟大使命。真正成熟起来，第一要有批判勇气，第二要有理性的批判精神。理性的批判精神，很大一部分与历史感紧密相关。历史感不是简单的历史知识，也不是简单的史实再现，而是历史的逻辑，是看待社会变革和社会进步的历史角度，是历史的思想方法。

比如，经常有学者、媒体把今天的中国和欧美作比较，这种比较有一定道理，但提供给我们的仅仅是一种重要的学习和借鉴。从历史的角度看，与我国当前比较具有可比性的是欧美的工业化中期阶段。当时欧洲出现的各种问题，如城市新移民进城以后的生活单调化问题，社会成员的水平流动障碍和垂直流动障碍问题，绝对贫困存在和相对贫困的持久性问题，中产阶级形成、利益集团形成的问题，激进保守势力的斗争和转化问题，弱势群体的利益诉求和权益保护问题等，在今天的中国社会都有一定程度的再现；今天我们每年的"三八"妇女节、"五一"劳动节，就是典型的美国工业化中期阶段妇女斗争、劳动者斗争留下来的遗产。不过，西方发达国家上百年甚至数百年工业化、城市化进程中渐次出现的矛盾和问题，在中国压缩在30多年的改革开放中集中出现了，因而我们的矛盾和问题更为凸显和尖锐。

从横向比较来看，中国现在人均GDP不到4000美元，西方主要发达国家实现人均GDP从5000美元到1万美元的跨越基本开始于20世纪70年代中期和后期，这个阶段许多国家会面临"中等收入陷阱"的挑战。目前来看，只有日本、韩国、新加坡等少数国家，因为解决好了宏观调控、自主创新和收入分配这三个重大问题，从而成功跨越了"中等收入陷阱"。墨西哥以及巴西、阿根廷等拉美国家，虽然工业化比中国早20多年，进入"中等收入陷阱"后，却长期处于停滞和徘徊，并存在贫富悬殊等严重社会问题。所以，作比较的历史阶段很重要，不能老拿西方的今天和中国比。一旦运用正确的历史方法，与西方国家工业化中期阶段作对比，那么我们就会认识到，我国压缩在改革开放30年尤其是后20年集中出现的社会矛盾和问题到底能不能跨越，对我们是严峻的考验。由此，我们对于当前我国正处于矛盾凸显期的重要判断的思考和认识就会更加深入和透彻。

再比如，中国改革开放的起点状况是资本相对不足、劳动力相对富裕，因此，青年中年龄稍长者能够接受资本所有者利润收入很高而工人劳动报酬相对较低的事实。而新生代农民工就很难接受这一点，他们认为资本与劳动相互不可替代。形成这样的认识，与他们的人生经历不同直接相关。

这些都说明，历史感的问题非常重要。各级团组织要注重培养青年的历史感，引导他们在保持时代感的同时更加理性成熟。尤其在开展纪念建党90周年、辛亥革命100周年等重大历史事件的教育活动时，不能简单地再现史实，而要以这些史实为载体，培养青年善于运用历史的视角、历史的思维方式，善于从历史的维度和合理的历史比较中分析看待问题，形成更加成熟的思想认识和理性心态。团属媒体要在善于运用历史的视角，既保持尖锐的批判勇气、又养成理性的批判精神方面作出表率。

三、关于今年共青团的宣传工作

今年团的宣传思想工作任务很重，长奎同志将作具体的安排部署，我在这里就几项重点工作跟大家交流一些看法。

1. 关于在全团全面推开分类引导青年工作

分类引导青年工作是全团引导青年的主线工作。去年试点结束后，我们贯彻党中央书记处的重要指示精神，对在全团开展这项工作作了初步部署。大家一定要明白，这项工作绝不是试完点就完了，今年要在全团全面推。大家还要明白，分类引导青年工作不是一个具体的事，而是一种重要的思想方法，其核心要求就在于：要针对不同类别青年群体的思想意识关键点及其形成逻辑，运用符合各类青年群体思维方式、接受习惯的话语来诠释道理，并努力找到符合各类青年群体沟通、交流、联络、聚集方式的传播路径和载体。今年，大家要把分类引导的思想方法全面贯彻到引导青年的各项工作中来，运用团中央下发的《大纲》，结合纪念建党90周年、我与祖国共奋进、青年马克思主义者培养工程等引导青年的重点活动，努力将引导青年工作的思想内容针对性、传播方式适用性、引导对象普遍性提高到一个新的水平。

2. 关于“我与祖国共奋进”形势政策教育活动

今年全团的形势政策教育活动，已经下发专门通知进行了部署，基本思路是由团的宣传部门统筹，学校、城青、农青等战线共同参与。各级团组织、团的各条战线都要按照统一部署、规定动作完成好任务。这项工作已经启动，下一阶段，要注意把握好以下三点，努力把工作做深、做实、做透。

一是要引导青年既坚定理想信念，又保持奋斗精神和合理预期。我们有足够的信心通过宣传“十一五”时期和改革开放30多年来取得的伟大成就，让青年从内心里认同中国共产党。同时，也要有足够的意识提醒青年深刻认识和把握我国正处于并将长期处于社会主义初级阶段，仍然是一个发展中国家的基本国情，引导青年保持奋斗精神，确定合理预期。

二是要结合各类青年群体的特点，阐释他们关心关注的问题。宣讲活动一定要针对青年的所思所想来开展，而不能搞“空对空”。大学生、企业青年、进城务工青年、农村青年等不同青年群体，关心、关注的问题有很大不同，话语方式也有很大不同。宣讲报告要充分考虑不同青年群体的关注点，回答好不同青年群体最迫切需要解答的问题，帮助他们在国家发展的大背景中更好地寻找好自己的定位。

三是要坦诚地与青年进行思想交流和讨论。开展形势政策教育的过程中，要注意不能回避现实中存在的各种问题。有的问题，如收入分配、贫富差距、官员腐败等，都可以非常坦诚地与青年讨论。既要承认当前社会上存在的各种问题，又要坚持向青年传播党为人民服务的宗旨和民族振兴的使命。

3. 关于“学党史、知党情、跟党走”主题教育活动

围绕纪念建党90周年开展的“学党史、知党情、跟党走”主题教育活动，团中央书记处没有进行简单的部署，而是经过了深入细致的讨论和研究，在充分考虑当代青年特点以及基层团组织和团干部实际情况的基础上确定活动方案，目的就是希望确保这次党史学习教育活动不流于表面，真正达到务实、能做到、有收获的效果。比如，推荐的党史学习书目经过了仔细斟酌，专职团干部每人至少确定一本必读书、参加一次党史学习讨论并发言，兼职团干部也要参加一次党史学习讨论，这些规定动作基本都能做到。与知名网站联合开展党史学习教育活动，提供《中国共产党简史》、《青少年学习中共党史丛书》在线阅读，也是考虑了当代青年的阅读习惯。

开展党史学习教育活动，不能简单罗列历史知识，而是要通过党史知识学习，努力达到两个目的：一是帮助青年深刻理解中国共产党。通过宣传党90年的历史，使广大青年从中理解党最宝贵的东西，理解党为人民服务的根本宗旨，为中华民族伟大复兴而不懈奋斗的历史使命，以及理论联系实际、密切联系群众、批评与自我批评的优良作风。归根结底，是要让广大团员青年特别是团干部传承党最宝贵的品格。二是培养广大青年的历史感。不仅要从党成立以来的历史出发，还要注重结合近现代史看中国共产党的历史，通过丰富的历史素材和深入的历史比较，引导青年形成正确的历史感，深刻认识历史和人民选择中国共产党、选择社会主义道路、选择改革开放的历史必然性，理性看待当前党和国家事业发展中面临的一些困难和问题。

4. 关于运用新媒体引导青年

运用新媒体引导青年，一直是我们十分关

注的一个问题。党中央书记处对共青团加大网上青少年工作力度提出了明确要求。全团要认真研究新媒体的规律和特点，善于借助社会新媒体力量，大力加强团属新媒体阵地建设，推动基层团组织广泛建立务实、灵活、多样的新媒体引导平台，积极开展青年乐于参与的新媒体引导活动，努力开辟运用新媒体引导青年的新途径、新办法。

以上四项重点工作，不是相互割裂，而是相互联系、相互融合的。大家在部署工作的过程中要注意通盘考虑、整体推进。

同志们，宣传思想战线的工作对团干部要求很高。只有自己首先掌握了一定的道理，先把问题想明白，才有可能用更多的道理去影响青年；只有自己真信，才有资格引导青年去坚定信心、信念。大家要努力增强党性修养，不断提高理论水平和意识形态工作能力，始终坚持务实的作风，对青年进行有效的思想引导。

陆昊在中国农村青年致富带头人协会第一届会员代表大会上的讲话

2011 年 3 月 31 日，根据录音整理

今天，我们在这里召开会议，主要目的是表彰第七届全国农村青年致富带头人，成立中国农村青年致富带头人协会。全国农村青年致富带头人评选表彰，是经全国清理规范评比达标表彰联席会议办公室确认保留的一个重要奖项，每两年开展一次。中国农村青年致富带头人协会是我们适应时代变化、经民政部同意、在中国青年乡镇企业家协会基础上更名成立的，与评选表彰工作相衔接。

刚才，中共中央政治局委员、国务院副总理回良玉同志出席表彰大会并作了重要讲话，让我们感受到了党中央、国务院对共青团组织、对协会和农村青年致富带头人的高度重视和殷切希望。大家要认真学习、深刻领会回良玉副总理的重要讲话。在这里，我谈一些考虑，与同志们交流。

一、关于农村青年致富带头人在现阶段应当带什么头、如何才能更有普遍意义地带领农村青年致富

结合当前农村实际，农村青年致富带头人要在三个方面努力。

1. 要带不甘贫困落后、敢试敢闯的头。在与农村青年接触的过程中，我们感觉到当代农村青年内心里集聚了一种普遍的、积极向上的力量。这种力量源自于他们对中国经济社会发展所处的关键时期、对国情的判断和认识。他们看到了工业化、城镇化的繁荣，看到了“城里人”的生活，同时感受到了家乡的相对贫困和落后，有着不甘贫困落后、敢试敢闯的强烈“冲动”，这是非常可贵的一种精神力量。从工业化进程来看，我国发展取得了巨大成就，但把握基本国情和所处的发展阶段需要我们保持清醒。相对贫困在一个阶段内会存在，我国现阶段城乡差距就是相对贫困的一种表现，需要一段时间来解决。对比西方国家工业化中期阶段、从工业化到工业化中期阶段走过的路程，能看到很多与中国类似的现象，只不过它“放大”在 100 多年的时间，中国“压缩”在改革开放后的 30 多年。说法不同，事情是一样的。比如，他们说城市新移民的生活单调化，我们

说农民工的进城感受;他们说社会成员水平流动障碍、垂直流动障碍,我们说农村城镇化、农民市民化还需要较长过程;他们说绝对贫困存在、相对贫困的持久性,我们说农村与城市之间的差距。在党中央高度重视“三农”工作、出台很多政策措施的背景下,能不能把农村青年内心的这种不甘贫困落后、敢试敢闯的精神充分激发出来,是我们首先要思考、解决的一个问题。

2. 要带学好科技、用好科技的头。从目前我国农业发展阶段和水平来看,科技仍然有着巨大的增加边际产出的空间,这与其他一些领域不完全相同。工业有很多领域,即使投入100亿,也不一定“管事”。但在农业生产方面,科技的作用比较明显。这些年,我国农业科技总体发展很快,解决了大量农业发展中关键的技术问题,推动了农业增产增效。农村青年要致富,离不开农业科技。因此,农村青年致富带头人要带好学科技、用科技的头。学科技、用科技要有针对性,要结合当地农业生产普遍性的一些问题。

3. 要带探索建立、运用新的农业生产组织形式的头。农业生产离不开专业化,离不开规模效益,离不开先进的生产组织制度激发活力、产生效益。市场经济条件下的竞争优势,要靠极致的专业化水平。分工创造效率,越专业化分工效率越高。在超市里,好的农产品过去很难见到,现在越来越多;很多农民讲,“我种什么什么多,卖什么什么便宜”,都是这个道理。美国经济学家保罗·克鲁德曼在国际贸易理论方面有一个新的贡献,他提出,国际贸易有时不完全靠比较优势,还靠规模效益。这也启示我们,农业也有规模效益的问题,而规模效益会支持新的生产组织制度、新的生产组织方式。就目前情况看,农业发展是否存在更好的生产组织形式;如何用更好的生产组织形式解决专业化的问题;如何解决规模效益的问题;如何解决单个农民与市场经济条件下的各类法人组织发生经济关系、提高交易效率的问题;行政化的组织体系与新的生产组织形式,如协会、专业合作社,有哪些制度差异,等等。针对这些问题,协会可以组织讨论。

二、关于农村青年致富带头人协会如何发挥作用

回良玉副总理在讲话中对协会提出了“搭建农村青年致富带头人学习交流、广泛联系、发展事业、发挥作用平台”的要求,我们要认真贯彻。在市场经济条件下,协会是非常重要的社会中介组织,有着政府、单个企业、自然人都不能充分实现、无法替代的一些重要功能。一般来讲,协会组织有三个层次的基本功能:一是沟通交流,二是促进发展,三是在现有制度框架下维护权益。农村青年致富带头人协会与青年企业家协会等不完全相同,应该解决一些什么问题,需要大家认真思考和研究。

1. 搭建学习的平台。对于我们这样一个成员比较年轻的协会,学习是一项重要任务。要引导和帮助会员互补性学习和系统性学习,形成合理的知识结构。比如,对于农业生产技术掌握比较好的,可以补一些经济学方面的知识;对于创办企业发展到一定阶段的,可以补一些品牌建设的知识;对于刚开始涉足农业产业的,要解决全面了解农业知识和相关产业发展的问题;对于国内农业领域情况比较熟悉的,可以研究一些国际前沿的问题。从成长历程和知识特点来看,农村青年致富带头人在未来发展中可能遇到的主要挑战是三个方面:一是科技,二是经济,三是管理。协会要针对这些领域,设计一些学习模块,把它网络化、电子化。要邀请国内最权威的专家对会员进行辅导,学习最经典的知识,学习党对农村一系列重大部署、决策。我们协会是“中”字头协会,邀请了一些国家部委、高校、研究机构的领导和专家担任协会指导委员会成员,他们对农业农村发展有很深的研究,对农村青年的成长有很宝贵的经验,了解农村青年不同发展阶段需要补充哪些知识。协会要充分发挥他们的作用,努力使会员形成合理的知识结构,真正有所作为。

2. 搭建沟通交流的平台。沟通交流对于会员成长非常重要,因为解决问题的本领要靠理论与实践的结合,而不仅是简单的理论知识,也不仅是一般性、点上的经验。一般性不够、规律不够,情况发生变化就无法应对。沟通交流要把握两条:第一,方式要科学,效率要高,还要有专业性;第二,要特别关注理论与实践的碰撞和结合。每个会员从业领域不一样,发展路径不一样,关心的信息也会不一样,因此设计主题要关注参与交流人员的共性话题,或者是全国整体性的,或者是具体领域的,选好主讲人,让每一个参与者有兴趣。交流不在于人员规模大小,而是要突出专业性,注重交流的实际效果。

3. 搭建促进发展的平台。促进发展要把握不同会员群体在不同阶段遇到的挑战和问题,分层次设计活动。比如,针对需要创办专业合作组织或提高专业合作组织水平的,可以组织对口考察或者与行业主管部门进行沟通、争取支持;针对需要与金融体系结合的,可以与共青团现在联系较多的农业银行、农村信用社进行一些对接交流;针对需要解决农产品市场销售问题的,可以开展一些信息对接服务和品牌建设工作。对此,协会要做一些梳理,要跟会员之间有比较好的沟通机制。在此基础上,围绕市场拓展、金融合作、科技提升、国际交流等发展性问题进行探索,归纳会员意愿,做一些有意义的活动设计。要强调的是,协会工作评价不是看一次活动来了多少人,而是要以来的人有收获为标准。

4. 搭建联系广大农村青年的平台。联系更多普通农村青年,是共青团组织所属协会的重要任务。中国长远的发展,最终要靠人民整体素质的提高。农村青年致富带头人要贯彻回良玉副总理讲话要求,影响和带动广大农村青年提高综合素质。协会要搭建广大农村青年与致富带头人交流的平台,让致富带头人多跟普通农村青年联系和接触。这里有两个含义:一是实现共青团组织通过工作影响广大青年的政治目标,二是让广大农村青年致富带头人影响更多的农村青年,带领农村青年共同致富,提高文明素养,成为新农村建设的重要力量。

总之,农村青年致富带头人协会工作要强调务实,要强调专业性,要强调对会员真正有所帮助。

陆昊在全国重点青少年群体教育帮助和预防犯罪试点工作座谈会上的讲话

2011 年 4 月 19 日,根据录音整理

去年 10 月我们召开了全国重点青少年群体教育帮助和预防犯罪试点工作推进会,安排部署了试点工作。在试点工作之初就提很多具体的要求并不现实,一方面大家对这项工作还没有直观的认识;另一方面前期的工作积累也不够。经过半年的实践,我们召开今天的座谈会,是一次研讨、交流的会议,是一次碰撞问题、碰撞矛盾、解决分歧的会议。今天的参会人员都是试点城市中在第一线分管或直接抓试点工作的同志,所有具体的工作任务都需要

在座的诸位来把关和推动。

同志们，这项工作很不轻松。去年中央综治委预防领导小组和中央综治办下了很大的决心，联合八个部委的同志用了半年多时间，认认真真地作了一次重点青少年群体的排查摸底。数据汇总出来之后，引起了很多方面的极大关注，中央很多领导同志都作了重要指示，很多工作成果也在最近中央关于社会管理创新的重要讲话中作了引用。为了进一步触及和解决排查摸底工作调查出来的问题，经请示中央综治办，我们针对五类重点青少年群体开展了教育帮助和预防犯罪试点工作，希望能够在当前我国社会高速变革过程中和社会矛盾积累的背景下，找到解决这些问题的一些具体办法。团中央碰这个题目，主要是因为团中央还承担着中央综治委预防领导小组办公室的职能，是以预防办的角度介入这项工作。

今天上午，泰安市介绍了很好的经验，8 个试点城市的同志作了很好的交流发言，并分两个时段进行了分组讨论。大家都讲得很好，通过交流、提问和思想碰撞，我很受启发。下面我只说三点感受，再请陈冀平同志做指示。

一、要充分认识开展重点青少年群体教育帮助和预防犯罪试点工作的重要意义

第一，它涉及青少年群体整体性的健康成长。就政府而言，管理和服务是根本分不开的，从本质上讲就是既要帮还要管，是一个问题的两个方面。我们不可能强求所有的人都有高度自觉的意识，否则也就不需要这么多强力部门的存在。另一方面，我们要清醒地认识到当前社会上还有一部分青少年在成长过程中遇到了一些困难和问题，需要团组织和全社会给予必要的关心、关爱和帮助。比如，根据排查摸底工作的结果，闲散青少年、不良行为青少年、农村留守儿童、流浪乞讨青少年等群体数量都比较大，我们深切感受到了这些数字背后的压力。

第二，它是深入推进与闲散青少年和预防青少年犯罪相关的社会管理创新的积极探索。试点工作的意义在于把综治工作、预防青少年违法犯罪工作和社会管理创新工作进行了有机的结合。中央强调加强社会管理及其创新，具有鲜明的历史背景和时代性。西方发达国家上百年工业化进程中渐次出现的很多社会问题，比如城市新移民的生活单调化问题、绝对贫困存在和相对贫困的持久性问题、中产阶级利益集团的形成问题、弱势群体的权益保护和利益诉求问题，都被压缩在我国 30 多年的改革开放进程中。经济发展可以在数字上跨越，但社会矛盾和社会问题不能跨越，更不能回避。

我们这项工作的探索很有意义，但是要真正去碰，才有价值。特别要注重结合学习胡锦涛总书记、近平同志、永康同志关于社会管理创新工作的重要讲话精神，结合学习永康同志在纪念社会治安综合治理两个《决定》颁布 20 周年座谈会上的讲话精神，将试点工作纳入社会管理创新的总体格局中去部署和推进，形成整体的工作力量。今天的青少年违法犯罪行为，与 20 年前相比有共同的地方，也有很多完全不一样的因素，比如农村留守儿童问题、服刑在教人员未成年子女关爱问题等。

第三，它从某种程度上讲关系到加强政权建设和维护社会稳定问题。任何意识形态下的社会都要努力控制和减少反社会的力量。我们判断，有犯罪前科和有案底的人未必都有鲜明的政治性诉求，但是在重大群体性事件中，他们则容易成为骨干力量。道理很简单，任何一个群体性事件，都是各种政治目标和不同社会心态的组合，表达载体不同而已。我们在调查中发现，有不少人因为违法犯罪行为被采取强制性措施后，其中有一部分人是可以改的，而另一部分则很难改，因为他跟社会结了梁子，会形成鲜明的反政府、反社会的力量，这个问题不容小视。

因此，我们要从思想认识上对这项工作有

正确的把握。首先，要充分认识到这些社会问题和社会矛盾无法回避。其次，心里要有普通群众，特别是那些有困难、有问题、需要帮助的普通群众。心里有没有群众，是考验年轻干部是否真正能理解党的宗旨、党的使命、党的优良作风的关键。而且不能只挂在嘴上，要变成行动。第三，要清醒地认识到，这项工作是一个难题，但是抓与不抓不一样。试点城市的同志要对试点工作有正确的思想认识，在试点过程当中真正地把问题暴露出来，再积极探索解决问题的有效路径。

二、对重点青少年群体教育帮助和预防犯罪试点工作的突出感受

1. 前期试点工作取得的进展给了我们很多重要的启发和信心。一是普遍建立了协调联动的工作机制。这是我们党的重要政治优势，从某种程度上讲也是综合治理和预防青少年违法犯罪机制优势的体现，要深入地坚持下去。各地在这一点上的工作深度不一样，有的试点城市依托这个机制，在同一个题目上已经召开了三四次专题会议，是很不容易的。二是初步摸清了工作对象的底数。能把问题说清楚是相当重要的基本功。很多试点城市通过排查摸底把工作对象精确到了个位数，并且作了类别区分，为深入开展试点工作打下良好基础。三是正在围绕试点工作中遇到的具体问题，努力探索行之有效的工作方法。总体来看，试点工作在不同层面、不同程度上取得了积极进展，但是各地的情况还不平衡，有的进展得不错，有的基本还处在设想阶段，需要抓紧推进。

2. 试点工作中还有一些需要注意的问题。一是有的试点城市工作深度还不够。这项工作归根结底是触及人的思想和意识的工作，所以工作深度非常重要。二是有些工作方法的普遍性不够。不能实现对工作对象、对这一类问题的大比例覆盖。就当前的情况看，对流浪乞讨青少年群体，工作方法的普遍性是够的；对服刑在教人员未成年子女群体，工作方法的普遍性相对够；普遍性差距最大的是闲散青少年群体。因为这个群体人数最多、情况最复杂。三是对专业力量的引入不够。要看到，不是什么问题都能靠社区解决，找准工作力量非常重要。特别是针对有不良行为或严重不良行为青少年群体，要把一般意义上的帮教和专业力量的帮教结合起来。这方面有的试点城市做得不错，比如上海引入了大量的专业社工针对不良行为或严重不良行为青少年群体开展工作。四是有些试点城市在制度上的安排还不够，不能充分发挥各个职能部门的力量。这里要特别强调，团组织的定位要清晰。各级团组织是以预防办的角度介入试点工作，这项工作是预防青少年违法犯罪工作体系和综治工作体系在社会管理的一个领域中的积极探索，我理解，某种程度上讲是预防办和综治办的总体工作力量的一次有机配合。要充分发挥综治部门的牵头作用和有关部门的主责作用，认真学习综合治理工作的理念和工作方法，把协调联动的工作机制设计好、协调好、落实好。不是由团组织替代别的部门的一种工作。比如针对农村留守儿童的“缺爱、缺管”问题，同志们都有共识，最大的载体是学校和幼儿园，学校应该是工作主体。学校与青少年的关系，再怎么讲也是各类社会组织当中最接近的关系。

三、下一步工作中应当注意的一些问题

1. 要贯彻中央有关要求，加强学习研究，切实解决思想认识问题。一些试点城市工作深度不够，根本原因还是在于思想认识不到位。比如有些团干部由于比较年轻，出现了处理尖锐矛盾的经验不足、对相关法律法规不熟悉、重点青少年底数说不清楚等问题。试点城市的团市委一把手要亲自组织、推动这项工作，分管的副书记要敢于碰难题，深入钻研工作中遇到的问题。一是要深入学习和钻研讲话和文件。比如20年前中央关于加强社会治安综合治理的两个《决定》，文字清晰、简洁、明了，其中确立的一系列重要原则在今天仍具有很强的现实性针对性，很值得我们学习。永康同志在纪念两个《决定》颁布20周年上的讲话也要认真学习。二是要认真学习试点工作中涉及的必要的法律法规。采取任何试点工作措施都要经得起推敲，有必要的法律依据。比如对闲散青少年群体，不是什么办法都可以用，不能说强制性送回去就送回去。在这方面要请试点工作专家和预防办提供必要的指导和支持。

2. 要建立重点青少年群体数据汇总机制和共享机制，动态掌握重点青少年群体的基本状况。数字本身很重要，摸数字的机制更重要。试点城市要在扎扎实实摸准情况的基础上，注重设计和建立稳定的信息报送和分析研判系统，把摸情况的过程变成动态的数据汇总机制，这是对试点城市第一位的要求。同时，公安、司法行政、工商、城管等执法部门掌握着大量有不良行为或严重不良行为青少年的信息，这些信息共青团不掌握，要通过各级预防办或综治办的工作机制实现共享。要通过建立这种机制，力争每年至少摸排一次各类重点青少年群体的底数。比如对服刑在教人员未成年子女群体的数据，可以从预防办或者综治办的角度来沟通，请司法行政部门给予支持。长春市只统计了本地户籍在本地服刑的数字，没有覆盖本地户籍在外地服刑的这部分人，但这部分人的未成年子女往往还都在本地，这就需要跟外地的司法行政部门进行数据交流，需要建立一个配合的机制。

3. 要切实增强针对性，找准不同重点青少年群体的工作定位。增强试点工作针对性，关键要找准针对各类重点青少年群体的工作定位。比如对闲散青少年群体，第一层次的定位是实现联系，这是全部管理服务工作的重要前提条件，没有这个前提条件，一切工作安排都是空话。有调查显示，不少地方的闲散青少年，正面的力量一年都无法保证接触一次。社区能够联系一部分没有工作的闲散青少年，但是不能覆盖非本地户籍的闲散青少年。第二层次的定位是进行服务帮助。闲散青少年群体的数量很大，不能仅靠简单的职业培训来开展工作，要以教育帮助为主，突出关爱措施，力争解决其失学失业问题；对有不良行为或严重不良行为青少年群体，底线是预防犯罪，但对上限的定位还需要进一步研究，尽快找准开展工作的目标；对流浪乞讨青少年群体的定位是让他们脱离流浪的状态，要通过集中帮教救助、送回家庭和帮助就学就业等方式，促使他们重新回归稳定的社会系统或社会组织当中；对农村留守儿童群体的定位是解决“缺爱、缺管”的问题，首先要发挥学校的作用，其次要解决学龄前农村留守儿童的入园问题。

增强试点工作的针对性，要特别注意三个方面的问题。一是要从某类群体最欠缺的环节入手，少做锦上添花的事，多做雪中送炭的事。比如对闲散青少年，要争取组织正面的力量每年至少接触一次，使他们感受到社会的关怀和温暖，力争建立起闲散青少年群体的长期联系机制。二是要找准开展法制教育的对象。要把闲散青少年和有不良行为或严重不良行为青少年作为开展法制教育的重点，用不同的方式和工作强度来开展教育。三是要找准工作力量。我们在调查中发现，真正能感动“问题青少年”群体的，很多是基层派出所、少年法庭和管教所的干警和基层干部。要充分发挥他们在第一线联系、接触、以及有可能影响和改变问题青少年的优势，为他们提供更多支持、创造更多条件。

4. 要注重试点工作的普遍性，确保点上的工作方法具备在更大范围内的推广价值。开展试点工作要特别注意探索能解决面上问题的方法。我们要的是在一定面上的试点城市的经验，试点城市不是试点单位，不能只关注点上的“极致”经验，还要肩负在一定面上推动工作的责任。首先要确保工作方法在当地具有普遍性,才有可能具备在全国推广的价值。比如对闲散青少年的工作方法,要能解决某一区域中闲散青少年的问题;对有不良行为或严重不良行为青少年的工作方法,要能解决这一类青少年中多数人的问题。

5. 要加强对试点工作中重要的实践问题和理论问题的调查研究,提升工作的专业化水平。理论联系实际是我们党的一个非常宝贵的优良作风。最有价值的理论都是从实际中抽象、提炼和概括出来的。我们既要尊重理论的智慧,同时也希望学者能够多关注现实难题。试点工作要面对的不是一般的简单的问题,专业化非常重要。比如在再犯罪预防的问题上,怎么能让工作对象有变化?目前开始探索的一些方法,其原理是什么?这些要说清楚。

我们给每个试点城市都配备了指导专家,这样做的目的就是要提升试点工作的专业化水平。目前很重要的一个问题就是试点工作中还缺少专业化的工作指导,请专家指导组的同志多下些功夫,既要从理论框架出发,又要针对现实问题,注重研究在我国当前的经济社会背景下所出现的社会问题,从专业化的角度找出解决办法。比如,怎么预防有不良行为或严重不良行为青少年违法犯罪?怎么和他们进行思想交流?怎么对他们开展法制教育?这其中就有专业化的问题。比如,怎么帮助闲散青少年树立基本的人生观?怎么引导他们看待极端的社会现象?怎么让他们理解劳动创造财富和奋斗才能有成就这些最基本的道理?都要通过专业化的方法找到结论。这些内容跟好孩子讲是一套办法,跟闲散青少年和有不良行为或严重不良行为青少年讲又有一套办法,要注意加强这个过程中的理论指导。

再比如,新生代农民工群体已经在很短的时间内发生了很多新变化,一是收入与闲暇之间的选择发生了变化;二是收入与劳动强度之间的选择发生了变化;三是收入与精神愉快程度之间的选择发生了变化。对这些变化我们一定要有清醒的认识,这些问题中就有专业化的问题,而我们在一线做工作的同志可能还并不掌握这些专业的内容。希望专家指导组的同志能够针对这些问题发表学术意见,帮助试点城市做一些深入的研讨。

6. 要有明确清晰的制度化设计,尽快建立和完善协调联动的工作机制。各试点城市要认真研究综治办和预防办在工作中开展配合的方式和方法。省级以上层级的同志一是要深入调研,探索工作规律。二是要努力寻找具有共性的经验。三是要结合目前存在的问题提供更多的指导和支持,帮助试点城市尽快建立起行之有效的工作机制。试点城市要在做好本方向试点工作的同时,注重摸清各类重点青少年群体问题之间的内在逻辑联系,处理好相互之间的关系。

讲这些意见,请冀平同志和同志们批评指正。

陆昊在纪念五四运动92周年暨“中国青年五四奖章”和全国优秀团员、团干部、团组织表彰座谈会上的讲话

2011年5月4日

今天是五四青年节。前几天，胡锦涛总书记在庆祝清华大学建校100周年大会上对广大青年提出了三点希望。我们在这里召开纪念五四运动92周年暨“中国青年五四奖章”和全国优秀团员、团干部、团组织表彰座谈会，目的是要引导广大青年认真学习领会胡锦涛总书记提出的重要要求，继承传统、学习先进，进一步明确青年一代健康成长的方向和路径。中共中央政治局委员、全国人大常委会副委员长王兆国同志出席今天的座谈会，并将发表重要讲话，我们要认真学习领会，抓好贯彻落实。

刚才，几位获奖个人和单位的代表作了很好的发言，听后很受教育、很受鼓舞。大家来自不同的行业，许多同志长期奋斗在基层单位，都在平凡的岗位上作出了不平凡的业绩，值得我们大家学习。在这里，我代表共青团中央，向获奖的青年朋友、团员、团干部和团组织表示衷心的祝贺！

我们这一代青年总体上是伴随着改革开放的历史进程成长起来的。在纪念五四运动92周年特别是即将迎来中国共产党成立90周年的重要历史时刻，回想起成长历程中我们沐浴着党的关怀教育，回想起成长历程中的许多重要记忆，通过进一步回顾历史和对当今社会的观察，我们心中很不平静。作为中国的青年一代，我们为党带领中国人民取得的伟大成就感到无比骄傲自豪，对老一代中国共产党人为民族独立、人民解放和国家富强、人民幸福所进行的艰辛奋斗和付出的牺牲充满敬意。借此机会，我就贯彻落实中央精神特别是胡锦涛总书记和中央领导同志对青年健康成长的一系列重要要求，谈三个方面的体会，向兆国同志汇报，与在座的青年朋友们交流。

一、回顾五四运动以来特别是建党90年以来的历史进程，我们更加坚定跟党走中国特色社会主义道路的信念

92年前爆发的五四运动，是一场彻底的反帝反封建的伟大爱国革命运动，拉开了中国新民主主义革命的序幕，促进了马克思主义在中国的传播，为中国共产党的成立做了思想上和干部上的准备。五四运动之后不久，中国共产党应运而生。90年来，党领导全国各族人民推动中国革命、建设和改革的伟大历史进程，取得了巨大胜利。

回顾这一历史进程，我们更加坚定跟党走中国特色社会主义道路的信念。党成立之初只有50多人，还长期面临着各种反动势力的残酷镇压和迫害。尽管环境如此恶劣，我们党始终没有动摇争取民族独立、人民解放的奋斗目标，无数革命先辈抛头颅、洒热血，千百万人献出了宝贵的生命，最终推翻了压在人民头上的“三座大山”，建立了新中国，让中国人民“站起来”。新中国成立后，我们党历史地肩负起实现国家富强、人民幸福的使命。我们这个年龄的人，仍然清晰地记得改革开放初期的困难局面。那时需要用粮票、油票、布票等各种票证购买生活必需品，还要排长队购买冬储大白菜。就是在这样困难的条件下，邓小平同志在改革开放初提出了到上世纪末国民生产总值翻两番的奋斗目标。当时西方国家很少有人相信这是能够实现的目标，认为这只不过是中国共产党的一次豪言壮语罢了。然而，伟大的中国共产党带领伟大的中国人民一步一步不懈奋斗，推动中国特色社会主义事业取得了举

世瞩目的巨大成就，提前完成了翻两番的目标，目前已经成为世界第二大经济体。90 年的历史清晰而坚定地告诉中国青年一代，没有中国共产党就没有新中国，没有社会主义、没有改革开放，就没有今天的中国；90 年的历史清晰而深刻地告诉中国青年一代，中国共产党人为国家和人民不懈奋斗，付出了巨大牺牲，中国人民"站起来"、逐渐"富起来"是多么来之不易。我们有充分的理由和信心，坚定不移地跟党走中国特色社会主义道路。

面对今天的现实生活，我们要正确把握基本国情，始终保持青年一代自强不息的奋斗精神。我们党在带领人民取得辉煌成就的同时，鲜明指出我国仍处于并将长期处于社会主义初级阶段，仍然是发展中国家，这是一个非常准确的重要判断。在全国各地，我们还经常可以看到典型的发展中国家痕迹，我们还要清晰地认识到国民基本文明素质、教育程度、法制意识、信仰道德等方面还存在的差距。这些都是我国的基本国情，我们要保持清醒。同时，我们要深刻认识到当前我国高速发展中面临的错综复杂的社会矛盾。西方国家上百年工业化进程中渐次出现的各种社会矛盾和问题，比如城市新移民的生活单调化问题、社会成员的水平流动和垂直流动障碍问题、绝对贫困存在和相对贫困持久性问题、收入差距拉大的问题、弱势群体的利益诉求和权益维护问题等等，都被压缩在我国改革开放 30 多年尤其是近 20 多年的进程之中。我们还要深刻认识到，我们党正在领导一场人类历史上覆盖人口最多的工业化、城镇化进程，要看到这一进程带给青年一代更多的发展机会，看到由此带来了新的矛盾和挑战，更要看到带给我们国家的整体发展机遇和新的动力。

我们青年一代要清醒认识到，实现中华民族伟大复兴的目标还有很长的路要走，必将历史地落到一代代青年的肩上。经济的增长也许可以跨越，但发展中的矛盾不可回避。面对基本国情，我们要保持清醒头脑，要保持合理发展预期，更要始终保持自强不息的奋斗精神，努力为国家发展、民族振兴做出我们新一代人应有的贡献。

二、认真学习领会中央领导同志对青年健康成长的重要要求，进一步明确青年一代的成长方向和路径

党历来高度重视青年一代的健康成长。胡锦涛总书记不久前对广大青年提出了三点希望，要求全国广大青年和青年学生要把文化知识学习和思想品德修养紧密结合起来，把创新思维和社会实践紧密结合起来，把全面发展和个性发展紧密结合起来。这些要求既充分体现了党对青年的一贯要求，又具有鲜明的时代性，为当代青年的健康成长进一步指明了方向。去年，王兆国同志在纪念"一二·九"运动 75 周年座谈会上，对培养新时期的青年马克思主义者作出了重要论述，深刻指出当代青年马克思主义者要具备高度的理论自觉、鲜明的实践品格、深厚的群众根基、奋进的创新精神。广大青年要认真学习领会中央领导同志的重要要求，进一步找准人生前进的方向和成长的正确道路。我体会，要从四个方面更加努力。

第一，要尊重物质财富创造，又要保持精神追求。年轻一代对于物质有追求，这是正常的、合理的。但我要强调的是，年轻一代同时一定要有精神追求，不能唯物质论、唯物质化。青年人既要看到物质财富的创造对于社会进步所作出的重要贡献，又要看到无论物质财富如何丰富，物质终究不能完全替代精神的力量，个人成长和社会进步都需要精神力量的支撑与推动。如果没有精神力量，人们不仅无法克服和应对自然界带给人类的灾害和挑战，就连现代城市生活的正常运转都无法保证。看一看在每一次自然灾害面前，我们党、人民军队和广大党员干部靠的是什么战胜困难？看一看在每一次出现极端天气面前，有多少普通劳动者冒着酷暑或严寒，为了他人的便利仍然坚守在保持城市正常运行的工作岗位上，是靠对物质的追求吗？不是，靠的是精神力量！要在快速变革与发展的社会中树立健康积极向上的人生观、价值观，充分认识诚实劳动和艰苦奋斗对于青年人成长发展所具有的普遍意义，自觉树立劳动创造财富、奋斗成就人生的价值观念。

第二，要加强理论学习，又要深入实践锻炼。理论是在对各种复杂的社会现象和社会实践进行高度提炼基础上形成的规律性认识。加强理论学习对于有志向、有作为的青年来讲十分重要，能够指引我们在今后的实践中正确看待社会现象，少走弯路，防止片面的甚至错误的认识。同时，要充分认识到，有价值的理论归根结底来自于实践，最深刻的规律性认识都是在实践中感知、体会出来的。而且，实践不是抽象的，实践中就必然有群众，积极参与社会实践就能在很大程度上与群众紧密结合。广大青年要注重培养自身的实践品格，在解决实际问题的过程中增长才干，培养与群众的感情。

第三，要追求个人事业成就，又要履行社会责任。追求个人事业成就对于青年人来讲，具有重要的激励作用。今天在座的各位青年骨干经过自身的努力，在不同的领域取得了个人的事业成就，这是值得广大青年褒扬和学习的。但是，个人事业发展归根结底要融入到社会进步的过程中，同时也只有努力促进社会进步，个人事业发展才能找到更大的空间和动力。有作为的青年人要思考如何更好地履行社会责任，真正在促进社会进步的过程中，既追求个人成就，又切实做到心中有国家、有社会、有人民。

第四，要有鲜明时代性，又要有厚重历史感。社会是不断变革和进步的。青年一代要促进社会进步，必须要有鲜明的时代性，同时，真正成熟理性的青年一代，离不开厚重的历史感。历史感并不仅仅是历史知识和史实再现，而是要有历史的逻辑、历史的视角和历史的思维，在历史的跨度和合理的历史比较中，正确看待和把握重大问题。比如，英美日德法等国家在 GDP 人均 5000 美元时，大概是在 1972、1973、1976 年，如果我们现在简单套用今天西方国家经济发展中的主要做法，需要但不全面，甚至可能出现偏差。因此，我们在比较和借鉴过程中，要多研究西方发达国家和我国在同一个发展阶段时的情况和做法。比如，三八妇女节、五一劳动节都是在西方国家工业化中期阶段劳动群众反对传统管理方式的斗争中形成的，体现了特定发展阶段的特征。比如，经常有海外媒体批评我们，GDP 占世界 8.5%，钢材使用占世界 46%，煤炭占 48%，水泥占 48%，总消耗资源占世界的 10%，这其中有我们粗放式增长带来的问题，我们要下大力气解决。但是，这种情况不完全是我国自身决定的，而是由不同国家所处的不同经济发展阶段和由此形成的国际分工格局造成的，我国加工贸易出口占全国进出口比重在 50% 左右，其中许多订单是海外企业给出的。再比如，像我们这些 40 多岁年龄的人都知道，我国改革开放的一个历史起点就是从劳动力相对富余、资本相对不足开始的，所以能够接受资本所有者有更高收入的分配格局。但是现在的年轻人，也就是所谓出现代际转换以后的新生代农民工，并不完全接受这一逻辑。这些例子背后都有历史感的问题。广大青年要形成更加成熟、理性、全面的思想认识，正确看待高速变革时期的国家、社会和自我，要多向老同志学习，培养历史感。

三、把握好共青团学习继承党的优良传统和宝贵品格的重要准则，切实为党做好新形势下的青年群众工作

《党章》明确规定，共青团是党的助手和后备军。但是，我们自身要清醒，要真正成为合格的助手和后备军，必须很好地学习和继承党的优良传统和宝贵品格。这就要求我们团干部，首先要深刻理解中国共产党，认真地思考党领导人民取得的革命、建设和改革的巨大胜利,到底靠的是什么?我们认为,靠的是党全心全意为人民服务的宗旨,靠的是党自觉肩负着领导全国人民实现中华民族伟大复兴的历史使命,靠的是理论联系实际、密切联系群众、批评与自我批评的优良作风,靠的是党始终深深融入广大人民群众之中,保持与群众的血肉联系,从而获得力量源泉。

共青团要从党的历史和传统中,学习和继承党最为宝贵的品格。一是要在学习党的历史和传统中,坚定共同信仰。坚定的信仰是支撑党不懈探索、矢志奋斗,勇于战胜一切艰难险阻、不断开辟事业新局面的强大动力。作为党领导的先进青年的群众组织,共青团要始终高扬理想主义旗帜,坚定对中国特色社会主义的信念。二是要在学习党的历史和传统中,严明组织纪律。严明的纪律是确保党团结统一、始终充满战斗力、不断夺取胜利的强大保障。同样,维系共青团这样一个庞大的组织,也必须有严明的纪律。我们要切实做到讲党性、讲原则、讲纪律,通过加强教育和机制建设不断增强团组织的战斗力。三是要在学习党的历史和传统中,锤炼优良作风。优良的作风是党保持先进性、始终充满活力、始终得到人民群众拥护的重要保证。各级团组织和广大团干部要全身心地投入工作,勤奋敬业,锐意进取,迎难而上,在困难、矛盾和问题面前不回避不退让。四是要在学习党的历史和传统中,密切联系青年。与最广大人民群众的血肉联系是党最大的政治优势,是党取得政权、巩固政权、发展党的事业的根本力量源泉。共青团组织的根本生命力同样在于与广大普通青年的联系。我们要按照胡锦涛总书记“两个全体青年”的重要要求,在工作中面向广大普通青年,坚持普遍性工作原则。团的基层组织和基层工作处在共青团与青年的边界上,普遍性的青年群众工作最终要靠基层去做。建设覆盖广泛、充满活力的基层团组织是共青团与青年保持紧密联系的基本前提。全团要坚持狠抓基层、支持基层,打牢联系广大普通青年的组织基础和工作基础。

共青团学习和继承党的优良传统,最终体现在为党做好新形势下的青年群众工作。我们要把党的宗旨、党的群众立场和群众观点全面地、不折不扣地贯彻到青年群众工作的实践中去。首先,心里一定要真正有群众;第二,要用各种办法去联系群众,努力融在青年之中;第三,要能够观察、了解普通青年当中有些什么困难,有点什么困惑;第四,力所能及、尽力而为地帮青年做事,不怕事情小,关键是做得要实;第五,对群众中的困惑,要根据中央精神、自己平时的积累、思想水准和对社会的观察理解,给群众必要的引导,关键是真诚,是实事求是。

我们相信,在党的坚强领导下,在伟大五四精神的激励和感召下,青年一代一定能够沿着正确的方向健康成长、建功立业,传承中华民族伟大复兴的历史使命!

陆昊在学习胡锦涛总书记在庆祝中国共产党成立90周年大会上的重要讲话座谈会上的讲话

2011年7月1日,根据录音整理

今天上午,党中央隆重举行庆祝中国共产党成立90周年大会,中共中央总书记胡锦涛在大会上发表了重要讲话。胡锦涛总书记的重要讲话,深入总结了我们党90年的光辉历程和宝贵经验,深刻回答了新形势下加强和改进党的建设的新课题,全面阐述了坚持和发展中国特色社会主义的新要求,对我们适应新形势新任务,全面推进党的建设新的伟大工程,全面推进中国特色社会主义伟大事业,具有重大而深远的指导意义。

胡锦涛总书记的重要讲话高屋建瓴、思想深刻、内涵丰富,具有很强的理论性、战略性、指导性。讲话特别强调了青年在党的发展历程中起到的重要作用,强调了党和青年的关系,强调了青年在国家、民族和未来发展中的重要作用。这是对青年巨大的鼓舞,必将激励广大青年以更强的历史责任感和使命感,在党的领导下更好地投身全面建设小康社会的伟大事业之中。

刚才,八位同志从不同角度谈了自己学习的初步体会,讲得都很好,看得出大家是认认真真听了讲话,思考了问题,谈了自己的切身感受。下面,我结合对胡锦涛总书记重要讲话的初步学习,谈几点认识和体会,跟大家交流。

一、认真学习、深刻领会胡锦涛总书记重要讲话精神,把思想认识统一到讲话精神上来

胡锦涛总书记的重要讲话内容非常丰富,各级共青团、青联、学联和少先队组织在学习过程中,要牢牢把握讲话的主线,深刻领会以下内容。

1. 深刻领会我们党奋斗90年来的光辉历程和取得的伟大成就。90年来,我们党团结带领人民完成和推进了三件大事:一是紧紧依靠人民完成了新民主主义革命,实现了民族独立、人民解放;二是紧紧依靠人民完成了社会主义革命,确立了社会主义基本制度;三是紧紧依靠人民进行了改革开放新的伟大革命,开创、坚持、发展了中国特色社会主义。事实充分证明,在近代以来中国社会发展进步的壮阔进程中,历史和人民选择了中国共产党,选择了马克思主义,选择了社会主义道路,选择了改革开放。

2. 深刻领会党90年奋斗创造积累下来的宝贵经验。经过90年的奋斗、创造、积累,我们党开辟了中国特色社会主义道路,形成了中国特色社会主义理论体系,确立了中国特色社会主义制度。面对风云变幻的国际形势,面对艰巨繁重的国内改革发展稳定任务,我们党要团结带领人民继续前进,开创工作新局面,赢得事业新胜利,最根本的就是要高举中国特色社会主义伟大旗帜,坚持和拓展中国特色社会主义道路,坚持和丰富中国特色社会主义理论体系,坚持和完善中国特色社会主义制度。

3. 深刻领会新形势下加强和改进党的建设的新课题和新要求。90年来中国的发展进步得出了一个基本结论:办好中国的事情,关键在党。我们党要保持和发展马克思主义政党先进性,必须坚持解放思想、实事求是、与时俱进,以科学态度对待马克思主义,用发展着的马克思主义指导新的实践,坚持真理、修正错误,坚定不移走自己的路,始终保持党开拓前进的精神动力;坚持为了人民、依靠人民,诚心诚意为人民谋利益,从人民群众中汲取智慧和力量，始终保持党同人民群众的血肉联系；坚持任人唯贤、广纳人才，以事业感召、培养、造就人才，不断增加新鲜血液，始终保持党的蓬勃活力；坚持党要管党、从严治党，正视并及时解决党内存在的突出问题，始终保持党的肌体健康。我们要常怀忧党之心、恪尽兴党之责，以更加奋发有为的精神状态推进党的建设。

4. 深刻领会在新的历史起点上全面推进中国特色社会主义事业的新要求和新任务。我国过去 30 多年的快速发展靠的是改革开放，未来发展也必须坚定不移依靠改革开放。我们要坚定不移坚持党的十一届三中全会以来的路线方针政策，奋力把改革开放推向前进。要继续牢牢扭住经济建设这个中心不动摇，坚定不移走科学发展道路；要继续大力推进社会主义民主政治建设，坚定不移走中国特色社会主义政治发展道路；要继续大力推动社会主义文化大发展大繁荣，坚定不移发展社会主义先进文化；要继续大力保障和改善民生，坚定不移推进社会主义和谐社会建设。

二、进一步激发青年的历史责任感，团结带领广大青年为发展中国特色社会主义不懈奋斗

胡锦涛总书记在讲话中特别强调，我们党从成立之日起，就始终代表广大青年、赢得广大青年、依靠广大青年。他引用了我们党的创始人之一李大钊同志的名言："为世界进文明，为人类造幸福，以青春之我，创建青春之人类。"特别指出，我们党的创始人，一代又一代中国共产党人，大多数都是从青年时代就满腔热血参加了党，决心为党和人民奋斗终生。我们党的队伍里始终活跃着怀抱崇高理想、充满奋斗激情的青年人，这是我们党历经 90 年风雨而依然保持蓬勃生机的一个重要保证；特别指出，青年是祖国的未来、民族的希望，也是我们党的未来和希望。全党都要关注青年、关心青年、关爱青年，倾听青年呼声，鼓励青年成长，支持青年创业。

总书记的这段重要讲话，重点阐述了党和青年的关系，充分体现了党对青年的高度重视、充分信任、热情关怀和殷切期望。我们要深刻理解党和人民对青年的期望，要让青年感受到应当肩负的责任，更要让新一代年轻的中国共产党人感受到应当肩负的使命。要按照胡锦涛总书记重要讲话的要求，引导广大青年在深刻理解党和青年的关系、深刻了解近代以来中国人民和中华民族不懈奋斗的光荣历史和伟大历程的基础上，坚定和清醒地践行胡锦涛总书记对青年提出的永远热爱我们伟大的祖国，永远热爱我们伟大的人民，永远热爱我们伟大的中华民族的要求，坚定理想信念、增长知识本领、锤炼品德意志、矢志奋斗拼搏。

三、以胡锦涛总书记重要讲话为指导，全面深入地开展"学党史、知党情、跟党走"主题教育活动，引导青年坚定不移地跟党走

当前，青年思想状况的主流是积极、正面的，但社会上存在的一些不容回避的思想挑战和不同认识，也不可避免地会反映到青年头脑中来。全团要以总书记重要讲话精神为指导，进一步将"学党史、知党情、跟党走"主题教育活动引向深入，切实引导青年理性认同爱国主义、社会主义、党的领导三者的有机统一。特别要注重以下几个方面的思想内容。

1. 要引导广大青年理解党全心全意为人民服务的宗旨和实现中华民族伟大复兴的使命是广大人民所普遍拥护的。胡锦涛总书记的重要讲话，在党成立 90 年来的时间跨度中，反复强调了党为人民服务的宗旨和实现中华民族伟大复兴的使命。我们在引导青年的工作中，也要让青年深刻理解和认识到这一点。一个政党，思想旗帜是第一位的。不管党和国家的发展在历史上曾出现过什么样的波折，现在还存在什么样的问题和困难，我们党的思想旗帜，全心全意为人民服务的宗旨、实现中华民族伟大复兴的使命从来没有改变、没有动摇

过。同时，绝大多数中国共产党人都是在按照这样的宗旨和使命而不懈努力奋斗的。这个重要观点和事实，我们是能够给青年讲清楚的。

2. 要引导青年理解党不仅在历史上有着丰功伟绩，在现实生活当中也带领全国各族人民取得了辉煌成就。我们要引导青年认识到，建立新中国、让中国人民真正“站起来”还仅仅是第一步；在这个基础上，我们党还紧紧依靠人民完成了社会主义革命、确立了社会主义基本制度，进行了改革开放新的伟大革命，让中国人民逐渐“富起来”。胡锦涛总书记今天的重要讲话，对这些伟大成就作了很好的梳理和归纳。改革开放以来，我们创造了多少社会财富，国家和社会发生了多么大的变化，尽管也还存在不足，但成就是主流、是第一位的。我们要引导青年充分理解，现实生活中这么多的辉煌成就，都是党领导中国人民经过团结奋斗获得的。比如，今天参加座谈会的企业家代表，如果没有改革开放的伟大历史背景，个人再有才华，也无法取得现在的成绩；对于进城务工青年来说，如果没有党领导的工业化、城镇化进程，固然不会遇到今天的问题和烦恼，但却只能停留在过去贫穷落后的农村当中。所有这些事实，都是我们与青年进行思想碰撞的底气。当代青年对改革开放的伟大成就也是有着切身感受，能够清楚认识的。

3. 要引导青年理解党带领中国人民走向未来的方向和道路是广大人民群众拥护的。胡锦涛总书记重要讲话中阐述了发展中国特色社会主义的新要求，包括牢牢扭住经济建设这个中心不动摇、坚定不移走科学发展道路，推进社会主义民主政治建设，推动社会主义文化大发展大繁荣，大力保障和改善民生、推进社会主义和谐社会建设等等。这些政策主张、发展目标和发展方向，得到了广大人民的拥护，广大青年也是衷心拥护的。总的来说，对党领导的中国特色社会主义道路，从思想旗帜、过去的丰功伟绩、现在的伟大成就，到对未来的发展道路和总体方向，人民群众都是拥护的。至于遇到的某些具体的矛盾和问题，要引导青年认识到，这些问题有的是各国发展进程中都会遇到的，有的则是人类社会历史上没有经历过的，要允许党在实践中进行探索。这种探索，不仅中国共产党需要，任何一个政党也都需要。

4. 要引导青年理解党对自身存在的问题和中国社会发展过程中遇到和可能遇到的问题与矛盾的认识是非常清醒的。总书记在讲话中强调：“我们完全有理由为党和人民取得的一切成就而自豪，但我们没有丝毫理由因此而自满，我们决不能也决不会躺在过去的功劳簿上”；“全党同志要牢记历史使命，永远保持谦虚、谨慎、不骄、不躁的作风，永远保持艰苦奋斗的作风，勇于变革、勇于创新，永不僵化、永不停滞，不动摇、不懈怠、不折腾。”关于提高党的建设科学化水平，总书记特别讲道：“全党必须清醒地看到，在世情、国情、党情发生深刻变化的新形势下，提高党的领导水平和执政水平、提高拒腐防变和抵御风险能力，加强党的执政能力建设和先进性建设，面临许多前所未有的新情况新问题新挑战，执政考验、改革开放考验、市场经济考验、外部环境考验是长期的、复杂的、严峻的。精神懈怠的危险，能力不足的危险，脱离群众的危险，消极腐败的危险，更加尖锐地摆在全党面前，落实党要管党、从严治党的任务比以往任何时候都更为繁重、更为紧迫。”这些讲话所针对的问题都很尖锐，由此也反映出了我们党对自身存在的问题和中国社会未来发展当中可能遇到的矛盾和问题，认识是非常清醒的。引导青年认识到这一点，对于坚定广大青年对跟党走中国特色社会主义道路的信念，是非常重要的。

5. 要引导青年理解党对于党和广大人民群众关系的把握和理解是清醒、坚定、正确的。关于党和人民群众的关系，胡锦涛总书记在讲话中反复强调:“90 年来党的发展历程告诉我们,来自人民、植根人民、服务人民,是我们党永远立于不败之地的根本。以人为本、执政为民是我们党的性质和全心全意为人民服务根本宗旨的集中体现,是指引、评价、检验我们党一切执政活动的最高标准。全党同志必须牢记,密切联系群众是我们党的最大政治优势,脱离群众是我们党执政后的最大危险。我们必须始终把人民利益放在第一位”;“每一个共产党员都要把人民放在心中最高位置,尊重人民主体地位,尊重人民首创精神,拜人民为师,把政治智慧的增长、执政本领的增强深深扎根于人民的创造性实践之中”;“只有我们把群众放在心上,群众才会把我们放在心上”。最后总结时说,“90 年来,我们党取得的所有成就都是依靠人民共同奋斗的结果,人民是真正的英雄,这一点我们永远不能忘记。”从这些论述可以看出,党对与人民群众的关系的理解是非常清醒、坚定、正确的。这一条,非常值得我们在开展青年思想引导工作的时候,跟广大青年交流清楚。

基于上述五点,全团在下一阶段推进全国青少年“学党史、知党情、跟党走”主题教育活动,一定要非常坚定地、面对问题地、有针对性地引导广大青年把爱国主义、社会主义和党的领导三者有机统一起来。我们有充分的信心和理由引导广大青年坚定不移地跟党走中国特色社会主义道路,这就是学习胡锦涛总书记重要讲话给我们留下的最深刻的感受。

四、在团干部和全国青年中广泛兴起学习胡锦涛总书记重要讲话的热潮

各级共青团、青联、学联、少先队组织,要按照中央要求,专门集中一段时间,组织集体学习,深入学习胡锦涛总书记重要讲话,领会讲话精神实质,理解讲话提出的重大理论观点,全面把握讲话的各项要求。要坚持理论与实际密切联系,紧紧结合实现“十二五”时期的经济社会发展目标,紧紧结合本地区、本部门工作实际,紧紧结合团的工作,结合“学党史、知党情、跟党走”、“我与祖国共奋进”、“红领巾心向党”等主题教育活动,学习好讲话精神。

各级专、兼职团干部,全国、省级青联委员,各级学联组织,各级少先队组织,都要组织专题的集体学习活动,结合实际进行交流讨论,所有专职团干部都要谈学习体会。团中央机关的各个部门要带头组织集体学习。在集体学习中,既要谈体会,又要重引导;既要碰问题,还要碰思想,要做一些思想引导和思想碰撞,看看总书记重要讲话给了我们哪些新的理解、新的思考,而不是简单地读报纸或表态性发言。

在开展学习重要讲话的过程中,要积极运用新媒体,要有创造性的过程、有深入思考的过程、有针对问题的过程。要有历史感,注重运用历史的比较、国际的比较引导青年,帮助青年认识到我们党和国家发展中面临的复杂考验,认识到国际上一些有过发展成就的国家同样面临着许多问题。要注重结合好我们过去积累的一些好方法,如注重分类引导、开展分层教育、运用青年的语言等。对于大学生,要主动触碰他们深层次的思想问题,对于其他群体的青年,要着重针对他们关心的现实问题。比如对于农村青年,要引导他们理性看待工业化、城镇化过程中,自己的兄弟姐妹进了城遇到的各种问题,等等。要有针对性地对这些问题作出回答,而不能用千篇一律的话简单地宣讲。总之,在路径、方式和针对性上,要创造性地引导青年学习好、领会好胡锦涛总书记重要讲话的精神。

各级团属新闻媒体要按照中央统一要求,组织开展有深度、有声势的宣传活动,重点宣传胡锦涛总书记重要讲话的主要内容、精神实质和重要意义,宣传报道好团员青年学习贯彻讲话的活动,推动团员青年学习贯彻胡锦涛总书记重要讲话活动深入开展。

陆昊在团中央直属机关学习贯彻胡锦涛总书记“七一”重要讲话精神暨先进党支部、优秀共产党员、优秀党务工作者表彰大会上的讲话

2011年7月6日，根据录音整理

今天，我们在这里召开大会，深入学习贯彻胡锦涛总书记在庆祝中国共产党成立90周年大会上的重要讲话精神，表彰团中央直属机关先进党支部、优秀共产党员、优秀党务工作者。这次会议既是一次表彰会，也是一次学习交流会。7月1日以来，直属机关的同志们都按照中央要求和团中央的统一部署，认真学习领会胡锦涛总书记重要讲话精神。刚才，5位同志结合工作实际，就学习贯彻胡锦涛总书记重要讲话精神，作了很好的发言。借这次会议的机会，我也谈谈自己对学习胡锦涛总书记重要讲话的体会，和大家作交流。

7月1日，胡锦涛总书记在庆祝中国共产党成立90周年大会上发表了重要讲话。胡锦涛总书记的重要讲话以马克思列宁主义、毛泽东思想、邓小平理论和“三个代表”重要思想为指导，深入贯彻落实科学发展观，坚持解放思想、实事求是、与时俱进，回顾了我们党90年的光辉历程和取得的伟大成就，总结了党和人民创造的宝贵经验，提出了新的历史条件下提高党的建设科学化水平的目标任务，阐述了在新的历史起点上把中国特色社会主义伟大事业全面推向前进的大政方针。我感到，胡锦涛总书记的重要讲话高屋建瓴、思想深刻、内涵丰富，是一篇马克思主义的纲领性文献，对做好党和国家各项工作、推进中国特色社会主义伟大事业和党的建设新的伟大工程具有重大而深远的指导意义，对共青团做好党的青年群众工作、加强自身建设、激发广大青年进一步为中国特色社会主义事业而奋斗也具有重要的指导意义。

下面，我从四个角度，谈谈学习贯彻胡锦涛总书记重要讲话的初步认识。

一、深刻领会胡锦涛总书记重要讲话的基本内容和精神实质，切实把思想和行动统一到讲话精神上来

认真学习贯彻胡锦涛总书记重要讲话精神，是当前和今后一个时期直属机关党组织和党员干部的一项重大政治任务。直属机关各级党组织要组织广大党员干部集中学习胡锦涛总书记重要讲话精神，深刻领会90年来我们党团结带领全国各族人民走过的光辉历程和取得的伟大成就，全面了解我们党紧紧依靠人民完成和推进的“三件大事”，充分认识到我们党开辟了中国特色社会主义道路、形成了中国特色社会主义理论体系、确立了中国特色社会主义制度；深刻领会党的发展历程得出的重要启示和历史经验，牢牢把握保持和发展马克思主义政党先进性的根本点；深刻领会在新的历史条件下加强和改进党的建设面临的新课题新任务，始终坚持提高党的建设科学化水平的基本要求；深刻领会在新的历史起点上全面推进中国特色社会主义伟大事业的目标任务，积极为全面建设小康社会、实现中华民族伟大复兴作贡献。要通过组织学习，不断深化广大团干部和团员青年对于胡锦涛总书记重要讲话精神的理解，进一步提高贯彻执行党的基本理论、基本路线、基本纲领、基本经验的自觉性和坚定性，进一步提高贯彻落实继续解放思想、坚持改革开放、推动科学发展、促进社会和

谐总体要求的自觉性和坚定性,切实把思想和行动统一到胡锦涛总书记的重要讲话精神上来。

二、学习胡锦涛总书记重要讲话的初步体会

几天来,我在对胡锦涛总书记重要讲话的学习过程中有五个方面的初步体会。

第一,要充分认识到党的思想旗帜、党的宗旨、党的使命是广大人民群众所普遍拥护的。评价一个政党,首先要看宗旨和使命;人民群众是否接受、是否拥护一个政党,首先也要看它的宗旨和使命。我们党的宗旨是全心全意为人民服务,党的历史使命是实现中华民族伟大复兴,这两条从来没有改变,得到了广大人民群众的衷心拥护。胡锦涛总书记重要讲话充分阐述了这样的宗旨和使命。我们要充分认识到,党的执政地位是历史的选择、人民的选择,同时我们党执政的目标不是为了执政而执政,而是为了民族复兴,为了人民的根本利益。

第二,要充分认识到党不仅在历史上有着丰功伟绩,而且在现实生活中也带领全国各族人民取得了辉煌成就。胡锦涛总书记强调,90年来我们党团结带领人民完成和推进了“三件大事”。过去,青年人对第一件大事了解得比较充分,其实完成第二件大事和第三件大事的意义同样伟大、同样来之不易。年轻同志很难像老同志一样有丰富阅历和切身感受,但是通过学习历史和自身经历,都会对党带领人民从“站起来”到“富起来”的辉煌成就有清晰的认识。从历史上看,党在长期面临各种反动势力残酷镇压和迫害的恶劣环境下,始终没有动摇争取民族独立、人民解放的奋斗目标,无数革命先辈抛头颅、洒热血,最终推翻了压在人民头上的“三座大山”,建立了新中国,让中国人民“站起来”。从现实来看,建国之后,我们党历史地肩负起实现国家富强、人民幸福的使命。我们这个年龄的人,仍然清晰地记得改革开放初期的困难局面。那时需要用粮票、油票、布票等各种票证购买生活必需品,还要排长队购买冬储大白菜。就是在这样困难的条件下,邓小平同志在改革开放初提出了到上世纪末国民生产总值翻两番的奋斗目标。当时西方国家很少有人相信这是能够实现的目标,认为这只不过是中国共产党的一次豪言壮语罢了。然而,伟大的中国共产党带领伟大的中国人民一步一步不懈奋斗,推动中国特色社会主义事业取得了举世瞩目的巨大成就,提前完成了翻两番的目标,目前已经成为世界第二大经济体。我们如果进行一下历史比较和国际比较就能发现,对于任何一个国家来讲,带领人民逐步富起来从来都不是必然的。我们党领导人民实现这一目标是需要巨大的政治勇气、理论勇气、实践勇气的。我们能够清晰而坚定地得出结论:没有中国共产党就没有新中国,没有社会主义、没有改革开放,就没有今天的中国;中国共产党人为国家和人民不懈奋斗,付出了巨大牺牲,中国人民“站起来”、逐渐“富起来”是多么来之不易。我们有充分的理由和信心,坚定不移地跟党走中国特色社会主义道路。

第三,要充分认识到党带领中国人民走向未来的方向和道路是广大人民群众所拥护的。胡锦涛总书记在讲话中全面清晰地阐述了中国特色社会主义道路的内涵,深刻指出,中国特色社会主义道路,就是在中国共产党领导下,立足基本国情,以经济建设为中心,坚持四项基本原则,坚持改革开放,解放和发展社会生产力,巩固和完善社会主义制度,建设社会主义市场经济、社会主义民主政治、社会主义先进文化、社会主义和谐社会,建设富强民主文明和谐的社会主义现代化国家。我们要进一步深刻认识到,在发展道路选择问题上,不能只看目标模式,更要关注基本国情。如果脱离了中国的基本国情,我们就不能准确了解我国经济社会发展的阶段性特征,根本无法理解中国共产党作出的社会治理的政治结构设计。我们要特别注意学习胡锦涛总书记重要讲话中对基本国情的分析，要从我国的实际出发来认识中国特色社会主义道路的必然性。

第四，要充分认识到党对自身存在的问题和中国社会发展过程中遇到和可能遇到的问题与矛盾的认识是非常清醒的。胡锦涛总书记的重要讲话指出，党所面临的执政考验、改革开放考验、市场经济考验、外部环境考验是长期的、复杂的、严峻的。精神懈怠的危险，能力不足的危险，脱离群众的危险，消极腐败的危险，更加尖锐地摆在全党面前，落实党要管党，从严治党的任务，比以往任何时候都更为繁重、更为紧迫。胡锦涛总书记在纪念党的十一届三中全会召开30周年大会上也曾经深刻指出，党的先进性和党的执政地位都不是一劳永逸、一成不变的，过去先进不等于现在先进，现在先进不等于永远先进；过去拥有不等于现在拥有，现在拥有不等于永远拥有。这些重要论述充分体现了党对自身存在问题的清醒认识，也是我们党坚强领导的重要表现。作为年轻党员，我们一方面要增强忧患意识，对照胡锦涛总书记提出的“四个考验”和“四个危险”来查找自身思想和工作中的不足。另一方面要正确看待我们国家所处的发展阶段及其相伴而生的矛盾与问题。我们要充分认识到，我国仍处于并将长期处于社会主义初级阶段，仍然是发展中国家。在全国各地，我们还经常可以看到典型的发展中国家痕迹，我们还要清晰地认识到国民基本文明素质、教育程度、法制意识、信仰道德等方面还存在的差距。我们要深刻认识到，西方国家上百年工业化进程中渐次出现的各种社会矛盾和问题，比如城市新移民的生活单调化问题、社会成员的水平流动和垂直流动障碍问题、绝对贫困存在和相对贫困持久性问题、收入差距拉大的问题、弱势群体的利益诉求和权益维护问题等等，都被压缩在我国改革开放30多年尤其是近20多年的进程之中。总之，我们要看到，我国发展面临的问题是人类社会共有难题和特定发展阶段的特殊问题相叠加产生的，解决这些问题需要我们培养奋斗精神，继续保持清醒，艰苦奋斗。

第五，要充分认识到党对于同广大人民群众关系的把握和理解是清醒、坚定、正确的。胡锦涛总书记的重要讲话再次强调了“人民是真正的英雄”、“密切联系群众是我们党的最大政治优势，脱离群众是我们党执政后的最大危险”等重要观点，并且谆谆告诫全党同志“只有我们把群众放在心上，群众才会把我们放在心上；只有我们把群众当亲人，群众才会把我们当亲人”。这些重要论述既是对我们党一直以来所坚持的群众路线、群众观点和群众立场的重申与强调，更是对于当前在一部分党组织和党员干部中存在的错误倾向的警示，具有很强的针对性。我感到，胡锦涛总书记的这些重要论述讲透了一个根本观点，就是现代社会的政权逻辑不是简单的政治强人的政权，不是简单的利益集团的政权，本质是人民的政权，是大多数人民必须拥护的政权。

三、深刻理解党与青年的关系，努力为党做好新形势下的青年群众工作

胡锦涛总书记在讲话中深刻阐述了党与青年的重要关系，指出我们党从成立之日起，就始终代表广大青年、赢得广大青年、依靠广大青年，强调怀抱崇高理想、充满奋斗激情的青年人，是我们党历经90年风雨而依然保持蓬勃生机的一个重要保证。这一重要论述，充分体现了我们党对于青年一代的关心和厚望。共青团作为党的助手和后备军，作为党的青年群众工作的重要力量，承担着进一步密切党与青年的关系、不断巩固和扩大党执政的青年群众基础的根本职责。我们每一个团干部都要深入学习领会胡锦涛总书记的重要讲话精神，充分认识到青年关系国家和民族的未来、关系党的未来，必须以高度的政治责任感做好党的青年群众工作，努力把更多的青年团结凝聚在

党的周围。

1. 要引导青年切实按照胡锦涛总书记重要讲话要求，积极投身发展中国特色社会主义的伟大事业。第一，要激发青年的责任。引导青年充分认识到青年是祖国的未来、民族的希望，也是我们党的未来和希望，进一步激发为国家和民族发展、为党的事业而奋斗的责任感和使命感。第二，要激发青年的理想和精神力量。这对我们是一个挑战。在市场经济条件下，能够改变人的行为的因素主要有三条：一是信仰或者叫认识，二是利益，三是感情。我们党带领人民完成第二件大事的30年，基本没有靠利益机制，全靠在党的领导下所激发出来信仰的、精神的力量。当然，时代在变化，在市场经济条件下，利益机制很重要，但不能没有信仰。一个缺乏信仰的民族，不可能成为一个优秀的民族；一个缺乏信仰的干部，也根本抵御不住各种诱惑的考验。第三，要不断增强青年的整体素质，特别是精神层面的修养。我们要引导青年在深刻理解中国共产党、深刻理解中国近现代史的基础上，理性地、发自内心地、坚定地、自觉地实践总书记提出的“永远热爱我们伟大的祖国，永远热爱我们伟大的人民，永远热爱我们伟大的中华民族”的目标，并且把它们变成内心里的自觉。这是一个民族的重要素养。第四，要引导青年按照讲话要求更好地成长。核心就是要做到坚定理想信念，增加知识本领，锤炼品德意志，矢志奋斗拼搏。

2. 要牢牢把握青年群众工作的重点任务。共青团做好青年群众工作，必须紧紧围绕胡锦涛总书记提出的“坚持眼睛向下、重心下移，力争使团的基层组织网络覆盖全体青年，使团的各项工作和活动影响全体青年”的重要要求和组织青年、引导青年、服务青年、维护青少年合法权益等四项基本职能来开展。“两个全体青年”是做好青年群众工作的根本目标，“四项基本职能”是主要路径，“坚持眼睛向下、重心下移”是实践过程。当前，特别要重点抓好建组织、抓基层、用好新媒体三项工作。这三项工作既是薄弱环节，又是重要切入点。建组织，主要是进一步解决组织覆盖问题。抓基层，主要是解决增强组织活力问题。用好新媒体，主要是解决适应时代发展和青年需要，寻找更加有效的方法和载体问题。目前，在这三个方面，全团的工作都有较大进展，但是离“两个全体青年”的目标差距还很大。

3. 进一步明确青年群众工作的主要目标。在新形势下做好党的青年群众工作，关键是要实现三个目标：一是要联系人。在加强团的基层组织建设和基层工作的过程中，要特别强调有效联系青年，强调团干部对青年的联系，最终实现团组织对全体青年的团结凝聚。二是要碰思想。我们既要发现、关注青年群众的困难和困惑，更要敢于碰思想，不回避、不绕道走，用真诚、实事求是的态度给予引导，帮助青年坚定信念、理性看待现实问题，帮助青年解决思想困惑。三是要养成好作风。各级团的干部要做到心里有群众、努力融在群众之中，切实为群众办事，不怕事情小，关键是做得实。要始终把关注的目光投向广大普通青年，在与青年群众打交道的过程中锻炼出良好工作作风，增进与普通青年的朴素感情。

四、以胡锦涛总书记重要讲话精神为指导，大力加强直属机关的自身建设

胡锦涛总书记重要讲话立意深远、内涵丰富，每次学习都会有新的更深的感受和体会。对于进一步深入学习贯彻讲话精神，我提三点要求。

1. 要集中时间精力扎实组织好各项学习活动。基本的目标就是要通过反复学习，联系实际、相互启发，把讲话的各项要求切实转化为内心自觉。要原原本本学习讲话原文，开展各种形式的学习交流活动。要组织机关年轻干部结合学习胡锦涛总书记给北京大学第十二届研究生支教团成员的回信精神，围绕“向实践学习、向人民群众学习”、党与青年的关系、“三个永远热爱”、中国近现代史等课题组织学习交流、进行思想碰撞。直属单位也要结合自己的工作实际，把最生动、鲜活的东西挖掘出来，用青年人喜欢的方式、路径来给予引导。7月份，各个部门都要适当集中时间，作书面学习、口头交流。在交流过程中，要讲真话、讲实话、讲真心话。我对学习交流的要求有三条：触及思想、联系实际、针对问题。明年是建团90周年，大家也要通过学习胡锦涛总书记重要讲话，结合中央对共青团工作和青年群众工作的一系列重要要求，认真思考应该以什么样的工作状态和工作成效来迎接这一光荣时刻。

2. 直属机关要切实履行好干事业、带队伍的职责。这是共青团的特点决定的。我要再突出强调一下带队伍的问题。在近年来的审计和清理“小金库”的工作中都曾暴露出一些问题，如果不加重视、任其发展，必将会严重影响团的声誉、葬送干部的前途。大家要认真落实去年团中央直属机关廉政工作会议精神，领导班子成员特别是“一把手”在带队伍的时候要守得住底线，坚持讲党性、讲原则、讲纪律；广大党员干部要切实增强廉洁从政意识，在工作和生活中更加严谨、更加清醒。

3. 要结合工作实际，深入推进创先争优活动。创先争优活动是一项到党的十八大召开之前都要在全党范围内持续开展的经常性工作。团中央直属机关要以学习贯彻胡锦涛总书记重要讲话精神为契机，进一步深入推进创先争优活动。创先争优活动要和工作评价、年终考核紧密结合起来。我们要激励每一名干部用更高的标准来要求自己、开展工作，从而推动团中央直属机关的整体工作实现新发展。

最后，希望同志们结合当前共青团事业面临的新挑战，认真学习贯彻胡锦涛总书记重要讲话精神，充分发挥好直属机关“思想库、作战部、风向标”的职能作用，珍惜荣誉、努力工作，切实把讲话精神转化为全身心投入工作的强大动力，以良好的精神面貌和扎实的工作成效向中国共产党成立90周年献礼，并准备迎接中国共青团成立90周年！

陆昊在2011年大学生志愿服务西部计划暨第十三届研究生支教团出征仪式上的讲话

2011年7月19日，根据录音整理

今天，共青团中央、教育部、财政部、人力资源和社会保障部在这里举行2011年西部计划暨第十三届研究生支教团出征仪式，为即将奔赴西部基层开展志愿服务的同学们送行，也是来看望大家，和大家讲一点心里话。最近，我们都在以各种各样的方式纪念建党90周年，大家都看过电影《建党伟业》，我想看过这部影片的很多同学，在看到“五四运动”那一段非常令人感动、感慨的画面时，会想很多问题，因为那一段画面向我们展示了中国青年人那么一种顽强的精神追求和对国家、对民族的巨大的责任感。今天来参加这个仪式，看到今年有17000多名青年学生即将奔赴祖国最需要的地方、艰苦的地方去从事志愿服务工作，很令人感动、令人鼓舞。谁不知道大城市里生活好一些，谁不知道去西部、去基层要艰苦一些，但是，你们能够做出这样的选择，用这种独特的方式表达了青年学生内心里的精神追求，表达了对祖国需要的一种理解，表达了对基层普通群众的朴素感情。我想，这样的选择非常令人尊敬，也值得我们和广大青年学生向你们学习！

今年5月，胡锦涛总书记给北京大学第十二届研究生支教团回信，勉励广大青年学生向实践学习、向人民群众学习，这是对广大青年、特别是广大青年志愿者的巨大鼓舞和鞭策，也为我们深入扎实推进西部计划和研究生支教团等志愿服务工作进一步指明了方向。为什么要向实践学习？我理解，最重要的是请我们广大青年学生，也可以说是中国当代的青年知识分子，真正地把握国情、理解社会。有人说我们天天生活在这样一个国度里，我们不了解国情吗？但要看到，要全面了解国情不容易，准确了解国情也不容易。青年人要在国家发展进步的进程中有所作为，就要了解国情，了解社会。我记得，30多年前，当时是很困难的，我们很多的生活用品都要用各种票证去购买，我当时生活在一个很大的城市里面，而且是在一所不错的大学里面，也要排几个小时队去买冬天吃的大白菜或者说在冬天里只能吃到的大白菜。就是在那么困难的情况下，中国共产党提出要改革开放，要在上世纪末经济总量翻两番。我现在查到的文献，当时的西方社会没有人相信这是能够实现的目标，都觉得不过是来自东方的又一次“豪言壮语”。但是经过30年的奋力拼搏，我们经济社会发生了翻天覆地的变化，经济总量居世界第二位，这是国情，这是令人振奋、令人鼓舞的国情。但还有一些国情，就是我们的人均经济总量在世界上还在100位左右，我们虽然经济有了很好的发展，但是我们遇到了来自工业化历史进程中西方上百年遇到的矛盾被压缩在改革开放30年进程当中，我们还有很多相当困难的群众，还有很多落后的地区，与我们生活的大城市差距很大，还有那么多的孩子没有好的条件接受教育等等。这也是一种国情，这就是典型的发展中国家的国情，城乡还有着很大差距的国情，还有很多年轻人、孩子不能很好地生活和学习的国情。我跟很多外国人讲，你们如果只在中国五星级酒店里见客人，见官员，见企业家，见知识精英，你们不仅不能准确了解中国经济发展的阶段性特征，你们还不会理解中国社会治理的政治结构设计，你们也不会感受到中国最普通、最朴素的老百姓对国家有什么最重要、最基本的期盼和诉求。我负责任地说这句话，大家去基层，向实践学习，对大家真正地感受国情、了解社会是会有终身帮助的。

为什么要向人民群众学习？我理解，这是让青年知识分子真正地理解什么是人民群众创造历史，什么是中国共产党与人民群众的基本关系。理解了人民群众是历史的真正创造者，理解了总书记在今年“七一”讲话中深刻地、鲜明地阐述强调党与人民群众紧密的关系之后，我想才可以讲向人民群众学习。我在新疆看到了一些西部计划志愿者留在当地工作，跟他们聊天后，我很感慨地讲了三句话：人归根结底要活在那份真诚而不是虚假的情感关系中，要活在自己喜欢的事业追求当中，要活在别人对你内心里而不是表面上的尊重和认同中。这是我当时的感受和体会，今天也想送给我们即将去西部、去基层的诸位同学。

人是要找到一种价值感的，我把它称之为价值感，价值感的背后就是价值观，价值观形成可以靠教育引导，而更多地是自己体会出来的，是自己感悟出来的，是自己在活生生的生活当中、在与人的相处中慢慢形成的。你需要什么，什么让你感到自己有价值，什么样的事情会让你自己感觉到有满足感，会受人尊重。我想同学们能选择去基层、去西部是经过一番思考的。总书记讲希望中国青年人能够永远热爱我们伟大的祖国，热爱我们伟大的中国人民，热爱我们伟大的中华民族。我们一直在思考，怎么样才能让我们当今的中国青年人传承我们一代一代中国青年人的使命感、责任感、爱国精神？怎么样才能真正理性地、真诚地做到这“三个热爱”？我相信，同学们这样的选择对形成这样的精神品德是有帮助的。人如果在年轻的时候，就有理性的“热爱伟大的中国人民”，社会上能有“地沟油”吗？能有那么多大家不接受的现象和问题吗？今天我们不愿意讲那么多，你们也不愿意听那么多，当你们去了西部，在那里全身心地投入工作以后，会慢慢感受到我们这些算老师也好、算兄长也好的体会。当你们在了解中国近代史的同时，真正全面把握了中国的国情，当你们真正地与周围的普通人形成了那份朴素的感情之后，当你们真正观察到、亲身感受到各族人民共同团结奋斗的活生生的事例之后，我想我们这样的青年知识分子是能够做到真正地热爱伟大的祖国，热爱伟大的中国人民，热爱伟大的中华民族。我希望同学们带着这些思考或者是问号去西部，去体验你们自己做出的人生的一个重要选择。

借此机会，我想代表今天参加活动的老师和各部委的同志，对同学们提三点希望。

第一，希望同学们要牢记总书记的要求，自觉坚持向实践学习，向人民群众学习。要努力体会为什么、怎么样向实践学习、向人民群众学习。当自己体会出来了，变成了自己的一种自觉的时候，就不一样了。

第二，希望同学们去了之后，能够保持这样一种强烈的精神追求。我们中国青年人无疑都会尊重物质财富创造对推动社会进步的巨大推动作用。但是无论物质财富多么丰富，至少世界发展到今天，物质终究不能完全替代精神的力量。大家的选择能够体现出精神追求的一面，但是怎么样能够又有远大志向，又非常具体踏实地做好自己那么一份工作，还是要考验大家的。因为在那里会感受到另外一种国情，是困难的国情，是很多人需要帮助的国情，是很多年轻人和孩子需要健康成长、需要我们给予支持的国情。我希望大家在那样的感受下去保持那么一种精神追求，靠精神的力量来支持我们干好这份工作。

第三，希望同学们注重磨练自己的意志品格。人一辈子不管你做什么事情，不管从事什么领域、做什么工作，要想有一些成就，是需要有意志品格的，这是朴素真理；在艰苦的地方，在基层困难的地方，人的意志品格更容易得到磨练，这也是朴素真理。所以，希望即将奔赴西部和基层的同学们要有充分的思想准备，有些岗位是很苦的，至少跟你们生活的大学是不能比的，也不是去一次，十几天、一个月就忍了，是要考验大家的意志品格的。希望同学们带着自己的那么一种信仰，带着那么一种精神追求去磨练意志品格，准备吃苦，准备克服困难。当这一轮磨练结束的时候，你一定会有新的变化，一定会变得更加坚强，能够在未来迎接更多的困难和挑战，这一点我们充满信心。所以我说，希望大家能够把奉献精神转化为强烈的责任感，把工作激情转化为坚定的意志品格，把强烈的参与感转化为高水平的专业的志愿服务，充分展示中国新一代青年知识分子、新一代青年志愿者的精神风貌。

最后，向即将奔赴西部基层的17000多名青年志愿者表达崇高的敬意和良好的祝愿，祝愿大家旅途平安，工作顺利，身体健康，有所收获！

陆昊在2011年共青团年中工作交流会上的讲话

2011年7月21日，根据录音整理

今天，我们在这里召开共青团年中工作交流会，主要目的是加强各地共青团工作的交流沟通、相互启发，树立全团注重工作思考、把握工作节奏和深度、敢于互相指出工作不足的好风气，重申和强调全团重点工作的方向性定位和把握，从而更好地落实全年工作任务。会上，大家分组交流了各地上半年的工作情况，对今后工作也提出了许多很好的思考和建议。团中央书记处的同志分别参加了各组的讨论，都感到很受启发。下面，我代表团中央书记处，讲三个方面的意见。

一、召开年中工作交流会的主要考虑

这次年中工作交流会，是经过团中央书记处研究对年中述职工作方式进行了一次改进，是一次新尝试。

首先，年中工作交流会和年中述职的目的都是一样的，都是团中央为确保全团重点工作扎实推进而实行的一项重要的中期调整机制，都是要重申和强调全团重点工作的方向性定位和把握。年中述职和年中工作交流作为全团的一项重要机制安排，已经开展三年了。我们感到，这一机制在及时了解全团重点工作推进情况、交流各地工作中的好经验好做法、共同研究和解决存在的问题、进一步统一思想和统一行动等方面都取得了很好的效果。

其次，今年的年中交流是对以往述职方式的完善。过去两年，是团中央书记处全体同志分别与各省（区、市）团委负责同志进行沟通交流。今年对这一方式进行了调整，一方面，会前团中央各战线部门对各省（区、市）团委半年来在推进重点工作方面的情况分别提出具体意见，并由分管书记把关；另一方面，由书记处同志分组与大家进行沟通，最后再就集中反映的问题与大家做重点沟通。进行这种调整，主要基于三个方面的考虑：一是有的同志提出以往述职每年只能有一半团省委参与，大家希望能够有机会一起沟通交流。二是过去与每个团省委都分别沟通一小时，总的时间很长，但分别交流并不充分，一些共性的问题还往往说不透。三是对于各地的工作情况，有必要先行沟通一下，然后对一些全团半年多来比较重视的问题集中交流碰撞一下。

关于这次年中交流会，我还要再强调两点。

第一，要通过工作交流在全团树立注重工作思考、把握工作节奏、指出工作不足的好风气。客观地讲，各地工作推进不可能步调完全一致，不仅某项重点工作在不同的省情况有差距，而且同一个省的不同工作、不同地区进展也是不一样的。工作不一样、有差距的背后有主观努力的原因，也有客观条件的原因。这次让团中央各战线部门敢于对各地的工作提出不足和值得注意的问题，目的就是提倡团内要敢于提出问题和意见，对工作深入沟通、相互启发，进一步明确全团重点工作的方向性定位和把握，从而更好地落实全年工作任务，而不是只能当面说好话。这既是对团干部作风的锤炼，也是推动工作的重要手段。

第二，要正确看待这次工作交流中对各地工作的通报和评价。总的来看，上半年全团各项重点工作推进整体态势良好。但从通报的各地情况对比来看，不同地区之间的差距还是比较明显的。这同时也涉及这样的评价是否科学的问题，大家都可以提建议。我们一直强调，由于经济社会发展状况、工作基础条件等方面的差异，各地在工作落实过程中不可能齐头并进，在评价工作时不能简单地看结果，关键要看推进过程，要看工作状态。所以，各团省（区、市）委不要作简单的横向比较，而是对于自身工作中存在的问题既要看到客观因素，又要多从主观的角度做深入细致的分析，剖析自身不足。如果落后确实是客观原因造成的，就不要太在意；如果是主观原因，那就要高度重视，要研究提出有针对性的工作措施。同时，各团省委回去以后一定要认真看交流材料，每个省都要看别的省干了一些什么、怎么干的，有哪些值得学习和借鉴的，这个是刚性要求。

二、对当前全团重点工作推进中需要强调的几点认识

各地工作推进情况，很大程度上是由各级团干部的认识、状态、经验和能力所决定的。作为全团非常重要的组织层级，省级团委的负责同志对于全团重点工作的认识是非常重要的。在分组讨论和各地的工作交流材料中，大家对进一步推进全团重点工作提出的许多意见和建议，涉及一些重要的认识问题。在这里，我就集中涉及的几个问题讲几点意见。

1. 关于引导青年认真学习贯彻胡锦涛总书记“七一”重要讲话精神。认真学习贯彻胡锦涛总书记“七一”重要讲话精神是当前和今后一个时期全团的重大政治任务。全团要按照中央要求，专门集中一段时间，集中精力开展好学习活动。首先是要反反复复学原文，着力领会讲话精神实质，理解讲话提出的重大理论观点，全面把握讲话的各项要求。二是要带着问题学，把学习讲话与解决思想和工作中存在的问题结合起来，通过学习讲话来破解各种难题。三是要结合工作学，坚持理论与实际密切联系，结合本地区、本部门工作实际，结合团的工作，结合“学党史、知党情、跟党走”、“我与祖国共奋进”、“红领巾心向党”等主题教育活动，学习好讲话精神。要通过组织学习，引导广大团员青年深刻理解中国共产党，理解党的宗旨、党的使命、党的思想路线、党的优良作风，理解党为什么要与广大人民群众保持血肉联系，要引导广大青年充分认识到党团结带领广大人民付出艰辛完成和推进的“三件大事”，从根本上改变了中国人民和中华民族的前途命运。在学习交流过程中，既要不断深化自己的思想认识，又要注重对青年的引导；既要碰青年中的现实问题，还要碰青年的思想，要做一些思想引导和思想碰撞，增强引导青年工作的针对性，努力把引导青年工作做深做实。

2. 关于正确理解和把握共青团的性质。正确理解和把握团的根本性质，是做好工作的基础。共青团是党的助手和后备军，是先进青年的群众组织，这就决定了共青团既有思想性、政治性的一面，也有群众性、社会性的一面。各级团组织要始终牢牢把握党团之间的重要政治关系和团的根本职责，牢牢把握胡锦涛总书记对共青团提出的“两个全体青年”目标和团的四项基本职能，紧紧围绕思想性、政治性和社会性、群众性这两方面的根本属性来开展工作。比如，全团深入开展的分类引导青年工作、“我与祖国共奋进”主题教育实践等工作，重点是做好对青年的思想引导，体现的是共青团的思想性和政治性。比如，乡镇组织格局创新、驻外团工委建设等工作，通过制度性的安排和设计，组织动员有影响力的青年更加有效地联系广大青年、更好地融入社会，体现的是共青团的群众性和社会性。同时，我们也要认识到，共青团的思想性、政治性属性与群众性、社会性属性是有机统一、相辅相成的，但团的思想性和政治性是我们开展工作必须要牢牢把握的根本要求。

3. 关于新形势下做好党的青年群众工作和参与社会管理工作。共青团作为党的青年群众工作的重要力量，承担着密切党与青年的关系、不断巩固和扩大党执政的青年群众基础的重要职责。在今年年初中央关于社会管理和创新专题研讨班上，胡锦涛总书记等中央领导同志对加强和创新社会管理、做好新形势下党的群众工作都提出了明确要求。我们要以高度的政治责任感做好新形势下党的青年群众工作，努力把更多的青年团结凝聚在党的周围。需要强调的是，中央要求我们做好新形势下党的青年群众工作和参与做好社会管理工作，并不意味着我们就要再搞一个全新的、单独的工作体系，长期以来共青团的工作本身就是党的青年群众工作的重要内容，也始终与社会管理工作密切相关。

关于做好新形势下党的青年群众工作，我们反复强调要注意把握好五个方面的重要原则：首先，心里一定要真正有群众；第二，要用各种办法去联系群众，努力融在青年之中；第三，要能够观察、了解普通青年当中有些什么困难，有点什么困惑；第四，力所能及、尽力而为地帮青年做事，不怕事情小，关键是要做得实；第五，对群众中的困惑，要根据中央精神、自己平时的积累、思想水准和对社会的观察理解，给群众必要的引导，关键是真诚，是实事求是。其中，特别要强调的是引导群众的问题，做群众工作“不能做群众的尾巴”，不能把做群众工作变成简单迎合群众。要坚持正面引导，通过有效的引导内容、引导方式和引导手段有效凝聚青年。

当前，在做青年群众工作的过程中，各级团组织要特别强调建组织、抓基层、用好新媒体三项工作。这三项工作既是薄弱环节，又是重要切入点。建组织，主要是进一步解决组织覆盖问题；抓基层，主要是解决增强组织活力问题。这是因为最广泛、最普遍的青年群众工作要靠基层去做。用好新媒体，主要是解决适应时代发展和青年需要，寻找更加有效的联系、引导、服务青年的方法和载体问题。目前在这三个方面，全团的工作都有明显进展，但是距离“两个全体青年”的目标要求还有很大差距。同时，要明确青年群众工作的三个目标：一是要联系人；二是要碰思想；三是要养成好作风。

在参与社会管理工作中，各级团组织一定要心中有党政工作的大格局，认识到共青团有发挥作用的广阔工作空间，关键在于找到合适的工作切入点和结合点。之所以目前我们还没有在全团专门就参与社会管理工作进行研究，一是因为我们希望等中央关于社会管理的分工文件下发后，根据分配给共青团的任务进行有针对性的研究；二是因为现在我们的许多工作都是符合中央关于加强社会管理工作要求的。比如，我们持续加强团的基层组织建设，派出团工委、非公团建实质就是适应青年群体的新变化，对他们进行组织化梳理的过程。比如，北京、上海、广东等地的团组织在探索建设“枢纽型”社会组织，我们认为这也是共青团参与社会管理的一条有效路径，其本质是在多种青年社会组织并存的条件下，共青团要在其中发挥核心作用。再比如，预防青少年违法犯罪工作，中央和大多数省份都明确把预防办放在团组织之中，这是我们参与社会管理工作中已经非常明确的一项职能。总之，共青团参与社会管理工作，并不是要另起炉灶，关键是要发挥自身的特点，通过组织、引导、服务和维权工作，为党和政府做力所能及的事情。

4. 关于加强团的基层组织建设和基层工作。这次会上许多同志都提到，现在团的基层组织和基层工作仍然很薄弱。这是符合实际的。团中央书记处认为，经过连续几年的努力，当前团的基层组织建设和基层工作取得一些重要成果，但从总体上看，团的基层组织薄弱、活力不够的状况还没有根本改观。但是，我们都不能急，许多党组织的领导同志都充分肯定了我们现在抓基层的做法，并且提醒我们要连续抓、持久抓，就会有很大起色。大家一定要把抓基层作为一项长期的工作，坚持不懈地抓下去。

加强团的基层组织建设和基层工作，我们曾提出，一靠制度条件，二靠工作内容设计，三靠干部队伍。今天，我要再强调三点意见：一是要用好党建带团建的制度安排，抓住去年中组部召开全国基层党建带团建工作会议，并出台相关指导文件的有利契机，积极争取各地党政的重视和支持，特别要努力把中央相对比较原则的规定，结合本地实际抓好贯彻落实。二是基层团组织自身要有更大作为，努力在工作内容设计上有创新、有突破，扎实落实并完成好派出团工委、乡镇（街道）组织格局创新等创新和探索的重要工作。三要靠上级团组织对下级团组织的支持。各级团的领导机关要努力从政策争取、社会动员等方面，千方百计地为基层筹集资源，把工作力量向基层集中，这里特别强调对县级团委的支持，要从政策、经费、人员等方面继续加大力度。

5. 关于大力加强驻外团组织建设和非公团建工作。在市场经济条件下，能够改变人的行为的因素主要有三条：一是信仰，二是利益，三是感情。驻外团组织是在人的利益需求主要被市场机制所满足的背景下，通过情感因素来组织青年的一种形式，是对工业化进程中出现的流动青年群体进行组织化梳理的一种手段，是对党中央明确要求共青团重点关注的青年农民工群体进行覆盖和联系的一种组织载体。

驻外团组织建设是今年的一项重点工作任务，关于这项工作我强调两点。第一，驻外团组织当前最重要的任务是尽可能多地联系青年。驻外团组织面对的青年具有行业多元、地域分散、人员流动等特点，这就很难要求驻外团组织在所有方面都发挥作用。所以，我们要明确，驻外团组织当前要充分利用乡情的机理，尽可能多地联系青年，特别是要与广大普通务工青年建立组织联系。在此基础上，可以力所能及地开展一些服务工作，比如进行人文关怀、提供就业信息、帮助熟悉城市生活、促进交友婚恋等。第二，要重点解决好流出地团组织和流入地团组织的配合和衔接问题。建组织的过程要以流出地团组织为主，用组织的过程要以流入地团组织为主。其中，流入地团组织要进一步提高重视程度，尽可能地为驻外团组织提供工作便利条件，如提供资源支持、联合开展活动、帮助当地与政府部门协调等；流出地团组织要为驻外团组织建设提供必要的工作资源支持，并指导驻外团组织利用乡情纽带开展好工作和活动，同时还要积极争取流出地党委和政府对这项工作的重视。

非公有制企业团建工作，是当前全团基层组织建设的重点和难点。各级团组织对这项工作负有重要责任，必须积极主动、切实有效地发挥好应有作用。需要强调两点：一是要结合当前青年农民工群体的特点开展工作。当前，新生代农民工出现了许多新特点，他们对收入与闲暇、收入与劳动强度、收入与精神愉快程度之间的选择发生了新变化。因此，企业管理中必须体现严格管理与人文关怀的高境界统一，这也为企业共青团工作提供了广阔空间。二是要在增强非公有制企业团组织活力方面发挥作用。要在不断扩大组织覆盖的基础上，积极探索增强非公有制企业团组织活力的路径。既要找准团的根本属性、根本任务与企业根本功能相融合的工作切入点，使团的活动能够服务企业自身生产经营，又要围绕青年在学习成才、情感婚恋、身心健康、社会融合等方面的普遍需求，使团的活动能够服务青年的成长发展。要通过广泛开展符合非公有制企业特点的思想性、技能性、娱乐性活动，为企业不断增强内在凝聚力发挥重要作用。

6. 关于承揽政府青少年事务。有同志在会上提出希望团中央加强对各地承揽政府青少年事务工作的支持和指导。对于承揽政府青少年事务，我们的态度是：第一，团中央赞同有关团组织承揽一部分政府青少年事务；第二，不能用承揽的政府青少年事务来替代团的全部工作职能。大家要认识到，共青团是一个与党有着重要政治关系的组织，在党章上明确规定的团的性质只有两条，就是“党的助手和后备军”以及

“党领导的先进青年的群众组织”。也就是说，就组织性质而言，共青团没有行政性或者政府事务性的一面。青少年事务是政府的公共管理事务，管理青少年事务的主体是政府；团组织不是政府管理青少年事务的职能部门，只是作为一个社会团体来承揽政府青少年事务，团组织的责任只能是力所能及地承揽、而不是包揽。因此，有关团组织在承揽过程中，一定要从实际出发，量力而行，把好事办好。

承揽政府青少年事务，可以分为三个层面。第一个层面，是对于与青少年有关的全局性事务，共青团要做好分析和研究，为党和政府提供决策参考；第二个层面，是对于需要相关部门协同推进的青少年事务，团组织要积极履行好党和政府赋予的协调推动的职责。比如各地大多数预防青少年违法犯罪工作领导小组办公室都设在团委，这就是要求我们积极协调好各个方面的力量；第三，对于党和政府明确要求团组织主抓的事务，必须要切实抓好。总之，各地团组织在承揽政府青少年事务中，心里一定要有党政工作格局，把握好度和各方面的关系，做不了的就不要承揽，揽下的就一定要办好。

7. 关于团干部挂职和培训。我们总体上支持部分团干部在任职期内拿出合理的时间去挂职，但不赞成大家到不同地区、不同领域的团系统挂职。关于挂职，我讲三条建议：第一，岗位最好倾向于基层，倾向于到党政系统；第二，要把握好时间，不宜太长，不能来团组织干三年，一年挂职，一年学习。这对单个干部不是问题，但是对我们整个团干部队伍就是个大问题；第三，要掌握合理的比例，统筹好力量，不能因为挂职出去的人太多而耽误了自己的工作。

三、牢牢把握工作主线、保持良好工作状态，有韧劲、有力度、有创新地推进全年工作任务的落实

在下半年的工作中，各地团组织要牢牢把握工作主线、保持良好工作状态，有韧劲、有力度、有创新地推进全年工作任务的落实。

1. 要始终保持良好的工作状态。今年到明年上半年，全国省市县乡四级党委将集中换届，今年已有不少省级团委班子进行了调整，去年以来也有上千名团县委书记进行了调整。换届往往是一些干部分心的时候，是最考验干部的责任心、事业心和工作状态、工作作风的时候。干部对换届有些期待是正常的，但不能影响工作。干部选拔任用工作，既考虑年轻干部的培养，还要考虑其他方面的很多因素。我们一直强调干部的工作状态很重要，越是有地方各级组织换届因素，越是不能在本职工作上有松懈；越是在这个时候，越要加强对干部的教育管理，特别是对于心思完全不在工作上的同志，要及时关心爱护，及时批评指正。要用良好的工作状态和心态对工作负责，年轻干部要练出这样的过硬本领。

2. 要有力度、有韧劲地推进工作。年轻干部富有创新精神，干工作决心大、出手快，但有时遇到难度大、跨度长的工作容易畏难退缩，容易懈怠，这是比较普遍的弱点，所以我们强调推进工作要有韧劲。对于年轻干部，这既是一个考验，也是一种锻炼。全团重点工作部署和工作方向必须坚持，对于遇到的困难和矛盾不能退缩，能增加多少有利因素就增加多少有利因素，能增强多少积极的支持力量就增强多少积极的支持力量。要充分认识到量变和质变的道理，量变没到，不可能质变。对于难题不能急于求成，不能用组织大型活动式的心态去对待基层组织建设等问题。我们的一些重点难点工作才刚刚开启，需要全团长期坚持，认准了就一定要坚持做、拼韧劲。

3. 要善于把全团重点工作和同级党委的工作要求结合起来。这是对团干部政治素养和政治智慧的考验。要看到很多事都是完全可以结合的，对于党政所急的事，如果是省里明确提出来的，大家就要坚决努力做好。这里

我想强调一点，要在结合中适当集中工作力量和工作项目，敢于拒绝含有不正当利益的工作，因为力量不足，也要敢于拒绝因人情因素产生的不必要的工作。只有这样，我们才能保持合理的战线，不能战线太长。

4. 要处理好重大活动和长线工作的关系。重大活动是共青团工作的重要组成部分，当然应该抓好，但不能因为重大活动而影响长线工作的开展。今年全团的重大活动不少，大家要防止节点式的纪念活动冲散了推进重点工作的注意力。

最后，我再强调一点，就是团中央书记处对当前各地团组织的一个总要求：坚持把统一性和创造性相结合、把连续性和创新性相结合。所谓统一性，是指团十六大以来全团重点工作部署，是根据团的四项基本职能而确定的，经过了团十六大和各次全会的确认，是全团在较长一段时期内的工作格局、工作主线、工作重点。对此，我再次重申，全团重点工作只要求统筹到地市级层面，而不要求统一到县级，县级团组织可以结合实际情况有选择地开展。但是，对于像“面对面”这样全团已经开展了三年且实践证明行之有效的工作，竟然有个省还有好几个地级市没有开展，这就要严肃对待了。所谓连续性，是指各地团组织对于全团重点工作部署不能频繁换频道，不能停滞和懈怠，要在工作态势、工作力度、工作节奏上要保持连续性。所谓创造性、创新性，是指在具体工作推进过程中涉及的方法和载体，恰恰需要大家积极探索。总之，我们强调各地要把握好工作总方向，把握好主线和主干，也鼓励各地在载体、路径上积极创造。各地创造得越好，全团出现的经验就越多，就可能出现新的工作局面。

这次年中交流会开得很好，坚定了信心，查找了不足。希望大家在下半年再接再厉，力争取得更好的工作业绩。

陆昊在2011年全国驻外团组织建设工作推进会上的讲话

2011年8月26日，根据录音整理

驻外团组织是一个新生事物，推进驻外团组织建设是全团为加强基层组织建设而进行的一次创新性实践。这项工作从2008年团十六大之前委托团河南省委进行全面试点，已经开展了三年多时间，有必要作一次系统的总结，同时也有必要结合中央关于加强和创新社会管理的新要求，对下一阶段的工作进行深入研究。因此，团中央书记处决定召开这次全国驻外团组织建设工作推进会。

刚才，团河南省委、团北京市委、团四川省南充市委、团广东省珠海市委、团安徽省怀宁县委等五个单位的负责同志作了很好的发言。总的来讲，工作很有特色，思考很有深度，听后很受启发。希望在座的同志们也能结合自己的工作，多总结经验，相互交流，相互促进。下午，军科同志还要作具体工作部署。我先讲几点意见。

一、开展针对青年农民工的工作的重大历史和社会背景

农民工问题是关系我国社会主义现代化建设事业全局的重大问题，共青团开展针对青年农民工的工作必须首先把握好农民工问题背后一系列重大的历史和社会背景。

首先，农民工问题是一个伴随着我国工业

化和城镇化进程出现的历史性问题。西方国家在上百年的工业化进程中也出现过农业人口进城以后的生活单调化、社会成员的水平流动和垂直流动障碍、绝对贫困存在和相对贫困的持久性、弱势群体的利益维护等诸多问题。以欧洲为例,欧洲的青年工作历史最为悠久,但欧洲的青年工作就是从应对工业化过程中农村青年进城带来的问题开始的。我国从上世纪 80 年代出现农民工问题,到现在已经历 30 多年的发展变化,但这一现象和问题还会长期存在,将伴随我国工业化和城镇化的全过程,是一个重大的历史性问题。这就决定了针对青年农民工开展的包括驻外团工委建设在内的工作不是过渡性、临时性的工作安排,而是一项需要长期坚持的重要工作任务。

其次,要把握我国的基本国情,形成合理的预期。一方面,要看到党团结带领全国各族人民进行 30 多年改革开放所带来的翻天覆地的变化,经济总量已经跃居世界第二位,进一步坚定信心;另一方面,也要看到我国现阶段还存在城乡差距和收入分配差距较大,有不少困难地区和群众的国情。这就要求我们在开展青年农民工工作时,要对他们进行必要的引导,使他们正确看待各种社会现象,形成合理的预期,保持奋斗精神;同时在开展工作中要合理设计工作内容,不要贪大求全,不怕事情小,关键要做得实。

第三,要切实把握新生代农民工流动机制出现的新变化。以前农民工的流动主要是产业转移带来的,现在的新生代农民工流动机制出现了新的变化,向往城市生活成为一种新规律,改变了过去完全由产业转移引发的流动规律。这样的流动规律,不仅将进一步加剧我国城镇化的压力,也使得单纯依靠市场力量的方式难以有效应对新生代农民工的问题。这就要求共青团在开展针对青年农民工的工作中,要更多地深入社会生活,多跟普通青年农民工交流、接触,更加关注他们的社会融入和城市融入问题。

第四,要看到市场力量对农民工的流动趋向仍然具有非常重要的影响。市场的力量不仅会促进产业在不同的地区间转移,还会倒逼产业升级,促使各个产业对技术工人熟练程度的要求越来越高,最终会影响农民工群体的流动趋向。这就要求共青团组织顺应市场机理,积极探索做好青年农民工工作的有效组织方式和工作方式。

第五,要切实把握新生代农民工群体出现的新变化。新生代农民工与上一代农民工相比,出现了在收入与闲暇、收入与劳动强度、收入与精神愉快之间选择的变化,更加注重生活的品质。新生代农民工群体身上已经更加鲜明地表现出了从农民向市民转变的过渡性特征,对这一代青年农民工开展工作,光靠利益驱动是远远不够的,要更加关注他们的情感、心理和精神世界。

二、开展驻外团组织建设工作的几点考虑

一是从中国社会发展进程的阶段性特点考虑。城镇化滞后于工业化,阻碍了进城务工的农民工融入城市,产生了职业与身份发生分离、数量庞大的农民工群体,是中国现阶段重大的社会背景。在这种背景下,共青团传统的组织格局受到很大的冲击,不能对流动性日益增强的青年农民工进行有效的组织覆盖和工作覆盖,迫切需要根据青年农民工的新特点,创新组织建设的载体,开辟新的工作途径。

二是从农民工群体的主体是青年的实际考虑。目前,我国的农民工群体以青年为主,全国 1.5 亿外出农民工中 60% 以上都是青年。青年农民工这样一个极其重要、数量庞大的特殊群体的生存、发展和利益诉求,与团组织履行根本职责息息相关。通过建立驻外团组织,可以保持与青年农民工的密切联系,深入了解他们的思想困惑和具体困难,为他们提供力所能及的帮助,并通过组织体系反映他们的普遍

利益诉求。

三是从乡情因素能够影响人的行动的角度考虑。情感是能够影响人的思想、意识和行动的重要因素。团中央开展驻外团组织建设工作,就是看到了乡情因素在吸引、组织和凝聚青年中的重要作用。通过建立驻外团组织,能够借助乡情因素对青年农民工进行组织化梳理,提高共青团联系和有效组织青年的水平。

四是从落实中央关于加强和创新社会管理的要求考虑。今年2月,胡锦涛总书记在省部级主要领导干部社会管理及其创新专题研讨班开班式上发表了重要讲话,强调要"支持人民团体参与社会管理和公共服务","进一步加强和完善流动人口和特殊人群管理和服务"。近期,中央下发了《关于加强和创新社会管理的意见》,并对其中重要政策措施进行了分工,对共青团做好青年农民工群体的工作、在社会管理中发挥积极作用提出了明确要求。

五是从"两个全体青年"的目标和共青团组织青年基本职能的实现以及共青团政治性、思想性与群众性、社会性相结合的根本属性的要求考虑。面对青年农民工这一共青团组织覆盖非常薄弱的庞大青年群体,要实现上述要求,既要通过大力加强非公有制企业团建工作,也要充分利用乡情这个重要社会机理建立驻外团组织,以实现广泛、有效的组织覆盖和工作覆盖。

三、当前驻外团工委工作需要特别注意的问题

一是要建立流入地与流出地团组织合作共管的机制。近期,中央对加强和创新社会管理工作作出一系列重大部署,提出"建立以流入地为主、流出地与流入地协调配合的流动人口服务管理机制"。各级团组织要按照中央要求推进驻外团工委建设,在建团阶段以流出地团组织为主,开展工作阶段以流入地团组织为主,流入地与流出地团组织要密切配合。要认真研究探索驻外团工委建设的合作共管机制,把做好外出青年农民工工作的战线前移,打好主动仗。

二是要突出联系为主,联系与服务相结合。之所以这么定位,是因为目前团组织的服务能力有限,既要竭尽所能服务青年农民工,也要实事求是地把联系青年农民工作为主要任务,把两者结合好。第一个联系和服务的结合就是吃家乡饭,出门在外的人喜欢吃家乡饭是一种社会机理,要盯住家乡的餐馆饭店,开展对外出青年农民工的联系和服务。第二个联系和服务的结合就是玩。年轻人喜欢玩,工作的压力要靠玩来缓解,要多组织一些规模适度、安全有保障、成本比较低的活动,吸引青年农民工的参与。组织开展兴趣活动、婚恋交友、网络交往、学习交流、志愿服务等,也都是联系和服务相结合的有效途径。

三是在服务项目上既要充分发挥各地的创造性、鼓励百花齐放,又要进行必要的总结和梳理,形成适当集中的工作品牌,加以推广。比如春节返乡的便利性问题、婚恋交友的便利性问题,都可以形成工作品牌。团的领导机关要善于归纳总结,把基层形成的好做法、好经验提炼出来,形成在全团有共性的服务项目。

四、近期驻外团组织建设的主要任务

一是要消灭省级空白点。根据青年农民工流动的主要特点,对跨省流动和省内跨地市流动青年农民工数量都较多的省份,要全面开展驻外团工委建设工作,消灭工作空白点。

二是要推进重点城市的驻外团工委建设。团中央根据国家有关部门的统计数据,按照跨省流出、跨省流入、省内跨地市流出、省内跨地市流入4个类别,分别确定了40个城市,作为近期推进工作的重点。这4个40,分别占到相应口径流动人口数量的70%以上。重点流入城市和重点流出城市要加强配合,形成工作合力,集中推动建立一大批驻外团组织。

三是要注意观察二三线城市青年农民工

的流动情况。在推进重点城市驻外团组织建设的同时,不能忽略二三线城市。对未列入重点的城市及其他县级团委,也要组织开展青年农民工摸底调查工作,因地制宜地推进驻外团工委建设。

四是要通过驻外团工委派生出更多的基层组织。驻外团工委是一个桥梁,不能替代基层团组织。要以驻外团工委和流入地团组织为主体,推动在青年农民工聚集度较高的行业和集中居住区广泛建立团的基层组织,最大程度地联系青年农民工。当前,在外出青年农民工群体团建工作中要突出驻外团工委的旗帜,先不要成立青联等组织。驻外团工委既要找回团员,也要联系青年。

五、强化流入地、流出地团组织的工作职责

首先是流入地要负起责任。流入地是驻外团组织建设的主要受益者,要切实把驻外团组织作为自身的工作力量,履行好以下职责。一是开展摸底调查,摸清外来青年农民工数量、地区和行业分布以及创业有为青年的基本信息;二是共同协作建立组织,参与驻外团组织班子的考察和选用,为流出地建立组织提供必要支持;三是纳入工作体系,统筹安排、经常指导驻外团组织开展工作;四是建立联席会议制度,定期召集驻外团组织负责人召开联席会议,沟通协调工作,确保驻外团组织工作与流入地团的工作协调推进;五是探索实行交叉任职,流入地团组织可以选派专人兼任驻外团组织的副书记或委员,也可根据工作需要将驻外团组织负责人吸收为流入地团的委员会成员或各类团属青年组织的成员;六是提供支持保障,为驻外团工委开展工作创造条件、提供便利;七是把各种团属活动阵地向青年农民工开放;八是注意对驻外团组织干部的管理,选拔那些有公共理想、对家乡有感情、对群众有感情的人作为驻外团组织的兼职干部,加强对他们的培训,把增长才干作为主要激励方式,并把优秀兼职团干部向有关党政部门推荐。

流出地团组织联系外出农民工的天然渠道比较多,也要主动作为,落实好团中央前段时间已经明确过的职责。

流入地、流出地都要把驻外团组织建设与关爱农民工子女、促进就业创业等全团重点工作结合起来,特别是注意和非公有制企业团建结合起来,从不同角度形成工作合力,凝聚力量,整体推动。

最后,再强调一下创先争优活动。前不久,中央创先争优活动领导小组下发了《关于在窗口单位和服务行业深入开展“为民服务创先争优”活动的指导意见》,并召开了视频会议,对共青团等人民团体开展这项活动提出了明确要求。青年文明号创建活动在活动内容和活动范围上与窗口单位和服务行业“为民服务创先争优”活动本质上是吻合的,是共青团开展为民服务创先争优活动的主要载体。从现在起到明年7月,各级团组织、创建“青年文明号”活动组委会要按照中央的统一部署,广泛动员各级青年文明号全力参加“为民服务创先争优”活动,进一步推动窗口单位和服务行业广大团员青年增强服务意识,改进工作作风,提高业务水平,在本职岗位上比贡献、做先锋,更好地为人民群众服务。近期,团中央将专门就这项工作下发通知。我再强调三点意见。

一是要高度重视。在窗口单位和服务行业开展“为民服务创先争优”活动,是中央为进一步改进窗口单位和服务行业的服务作风、提高办事水平,更好地服务人民群众,推动创先争优活动成为群众满意工程而推出的一项重大举措。

二是要动员青年文明号全力参加“为民服务创先争优”活动。各级青年文明号要围绕本单位中心任务,结合各自职能特点,大力开展争创群众满意窗口、争创优质服务品牌、争创优秀服务标兵活动。要切实把握群众需求、主

动接受群众监督，充分发挥青年文明号集体的组织优势、人才优势和资源优势，把具有行业特色的便民、利民、惠民服务实践活动做深做实做细。要不断深化和探索开展青年文明号创建活动的方法、路径和载体，提升创建活动的专业性和科学性，使青年文明号这个“老品牌”焕发出“新活力”。

三是要建立激励机制。要在进一步完善青年文明号创建活动表彰奖励机制的基础上，开展专门针对青年文明号参与“为民服务创先争优”活动的激励工作，建立引导窗口单位和服务行业团员青年“为民服务创先争优”的长效工作机制。要加强宣传，营造青年文明号“创先争优为民服务”的浓厚氛围。

积极适应新形势新情况，努力做好青少年道德教育工作

——陆昊在全国道德模范座谈会暨第八届中国公民道德论坛上的发言

2011年9月20日

《公民道德建设实施纲要》颁布10年以来，各级共青团、少先队组织深入贯彻中央《纲要》要求，以社会主义核心价值体系为根本，广泛开展形式多样的青少年道德教育工作：通过“我与祖国共奋进”等导向鲜明的主题教育活动，激发了广大青少年爱党、爱国、爱社会主义的情感；通过在各个层级、各个领域开展“青年五四奖章”、“十大杰出青年”、优秀共青团员、“大学生自强之星”、“十佳少先队员”等评选表彰活动，宣传了一大批活跃在青少年身边的可亲、可信、可学的先进典型；通过希望工程、青年文明号、少年儿童“手拉手”、保护母亲河等道德教育实践活动，特别是通过大力开展青年志愿者行动，在广大青少年中弘扬了团结互助、扶贫济困、平等友爱、诚信和谐的社会风尚。在大学生志愿服务西部计划、研究生支教团等工作中，在抗击南方低温雨雪冰冻、四川汶川地震、青海玉树地震、甘肃舟曲泥石流等重大自然灾害中，在举办北京奥运会、上海世博会、广州亚运会、深圳大运会等重大赛会活动中，青年志愿者不辞辛劳，不怕艰苦，默默奉献，向全世界展示了当代中国青年的良好精神状态和道德风貌，也从一个侧面展现出全党全社会对青少年一代进行道德教育取得的重要成果。

应该看到，在改革开放和社会主义市场经济不断深化的背景下，在社会思想意识日益多元、多样、多变的背景下，在我国进入改革发展攻坚期和社会矛盾凸显期，各种社会现象和社会矛盾更加复杂多样的背景下，全社会始终坚持了中华民族传统美德和主流道德观念，这是十分难能可贵的，充分证明了这些年来全党全社会认真贯彻落实中央要求、加强公民道德建设取得的积极成果。同时，也要清醒地看到，经济社会深刻变革也会给包括青少年在内的社会道德状况带来强烈冲击。西方国家上百年工业化进程中渐次出现的各种社会矛盾和问题，比如城市新移民的生活单调化问题、社会成员的水平流动和垂直流动障碍问题、绝对贫困存在和相对贫困持久性问题、收入差距拉大的问题、弱势群体的利益诉求和权益维护问题等等，都被压缩在我国改革开放30多年的进程之中。如此快速的社会变革和层出不穷的新社会现象，以及由此带来的社会思想的相

互激荡、社会价值的多元冲突，对当代青少年的价值观和行为选择产生了深刻影响，使得一部分青少年往往很难对社会上的一些现象作出正确的价值评价和道德判断。思想影响行动，青少年的思想归根到底是受成年人思想影响的。今天，传统意义上影响青少年思想的家庭、学校和社会因素，都出现了许多新的变化。对于青少年来说，社会在哪里？社会在传媒中，在网络上，在青少年熟悉的亲朋好友和社会成员中。当前，一些青少年的价值观念出现了迷失。比如，有的青少年受拜金主义等不良思想影响，过分看重物质利益；有的青少年不能正确认识劳动的价值，不能正确认识奋斗是事业成功的基本路径；有的青少年以自我为中心，不能正确处理个人与他人、与社会的关系。

面对新形势新情况，各级共青团组织要认真学习胡锦涛总书记"七一"重要讲话，认真贯彻中央有关精神，贯彻长春同志重要讲话要求，用各种方式动员青少年学习道德模范，不断适应新的形势要求，努力做好青少年道德教育工作。

1. 始终贯穿社会主义核心价值体系的根本要求。当前青少年道德建设的根本方向，就在于坚持社会主义核心价值体系。我们要把社会主义核心价值体系融入青少年思想引导、青少年道德教育的全过程，引导青少年牢固树立中国特色社会主义共同理想，大力弘扬民族精神和时代精神，自觉践行社会主义荣辱观。要坚持把理想信念教育和青少年道德教育结合起来，引导青少年在坚定跟党走中国特色社会主义道路的信念的同时，形成健康积极向上的生活态度。

2. 在多元价值并存、冲突的背景下，努力强化社会道德的基本底线。社会道德规范、道德要求是分层次的。一般情况下，一个人只有在尽了基本的道德义务之后，才可能进一步形成更高的道德追求。很难设想一个不爱父母的人会爱他人、爱人民，一个不爱家乡的人会爱祖国、爱社会。一段时期以来不断出现的"毒牛奶"、假药、"地沟油"等现象警示我们，在全社会大力倡导"爱国守法、明礼诚信、团结友善、勤俭自强、敬业奉献"的道德观念的同时，要下功夫对青少年进行正直、善良、爱心等基本道德规范的灌输，强化青少年从小树立真善美的基本道德追求，并对触犯基本道德底线的行为给予最严厉的社会谴责以及必要的经济和法律制裁，让每一个社会成员特别是青少年在涉及基本道德底线的问题上是非鲜明。

3. 引导青少年既尊重物质财富创造和合理利益，又保持精神追求和人与人之间最朴素的感情。道德属于精神范畴。市场经济在提高资源配置效率和对社会组织与个人的有效激励上，很大程度是与利益联系在一起的。同时，我们也要看到物质财富创造对于社会发展所具有的重要推动作用。但我们还要看到，在市场经济条件下，能够改变人的行为的因素主要有三条：一是信仰，二是利益，三是感情。我们尊重合理的利益，但一个社会还应实现信仰、利益与感情三者的合理平衡，而不能唯物质化、唯利益化。年轻一代对于物质有追求，这是正常的、合理的。但必须看到，无论物质财富如何丰富，物质终究不能完全替代精神的力量，个人成长和社会进步都需要精神力量的支撑与推动。如果没有精神力量，人们不仅无法克服和应对自然界带给人类的灾害和挑战，就连现代城市生活的正常运转都无法保证。看一看在每一次自然灾害面前，我们党、人民军队和广大党员干部靠的是什么战胜困难？看一看在每一次出现极端天气面前，有多少普通劳动者冒着酷暑或严寒，为了他人的便利仍然坚守在保持城市正常运行的工作岗位上，是靠对物质的追求吗？不是，靠的是精神力量，以及对人民群众的朴素感情！胡锦涛总书记在"七一"重要讲话中要求广大青年永远热爱我们伟大的祖国、永远热爱我们伟大的人民、永远热爱我们伟大的中华民族，这对于青少年健康成长至关重要。可以想象，如果一个社会成员在年轻时能有一点起码的、理性的对人民的热爱，他今后即便可以为个人谋取利益，也不会采取以牺牲他人健康甚至生命为代价的方式。

4. 努力探索新的道德教育载体和路径。一要高度重视实践养成。部分西部计划志愿者在志愿服务的过程中，培养了与当地人民的感情，感受到了自身的价值，最终选择留在那里工作；很多大型赛会志愿者，在服务群众的过程中感到了价值实现的快乐；中央国家机关团工委组织的"百村调研"活动，让机关年轻干部深入了解国情，培养对人民群众的朴素感情，思考人生的价值和幸福的含义。这些实践活动能够给参与者带来心灵上的触动和道德情感上的收获。二要引导社会观察。当前青少年的道德认识主要有三个来源：一是学习和教育，二是自己的实践感受，三是社会观察。在社会现象日益复杂的新形势下，社会观察对于青少年道德观念形成所起的作用更为突出。我们要着力引导青少年正确看待社会矛盾，正确看待社会极端现象。三要选好传播路径。开展思想道德教育，既要看到真理本身的魅力，又要看到感情、信任、友谊在真理传播中的作用，还要善于运用情感、艺术和时尚的元素传播重要的思想和价值准则。不仅要解决好说什么的问题，还要解决好谁来说、怎么说的问题。要特别重视文化艺术精品对青少年的感染力，用好新媒体。

陆昊在中国共产党团中央直属机关第十五次代表大会上的讲话

2011年10月21日，根据录音整理

今天，我们在这里召开中国共产党团中央直属机关第十五次代表大会。首先，我代表团中央书记处向大会的召开表示热烈的祝贺！向出席这次大会的全体代表和直属机关广大党员、党务工作者表示亲切的问候！同时，向长期以来一直关心支持团中央直属机关各项工作的中直工委表示衷心的感谢！

在过去五年中，团中央直属机关各级党组织在中直工委和团中央书记处的领导下，高举中国特色社会主义伟大旗帜，以邓小平理论和"三个代表"重要思想为指导，深入贯彻落实科学发展观，紧紧围绕全党全国工作大局和全团重点工作，切实加强直属机关党的建设和工作，组织引导广大党员为促进直属机关整体建设、推动共青团事业发展做了大量工作，发挥了非常重要的作用。

刚才，中直工委组织部部长段余应同志发表了很好的意见，我们要在今后的工作中认真贯彻落实。接下来，罗梅同志还要代表团中央直属机关党委向大会作工作报告。借此机会，我强调四个方面的问题。

一、要引导党员干部深刻理解中国共产党

共青团是党的助手和后备军，团干部是党的干部队伍的组成部分。在新的历史条件下，直属机关党员干部只有首先深刻理解了中国共产党，才能胜任团的工作、成为一名合格的团干部，才能发挥好党的助手和后备军作用。

一是要真正理解中国共产党全心全意为人民服务的根本宗旨，团结带领人民实现中华

民族伟大复兴的历史使命，以及理论联系实际、密切联系群众、批评和自我批评三大优良作风，理解党为什么要与广大人民群众保持血肉联系。直属机关广大党员干部特别是年轻干部要想明白“为什么当干部，怎样才能当好干部”，把党的宗旨、使命和作风内化为自己在当今多元社会职业选择中从事共青团工作的思想自觉。

二是要真正理解我们党不仅在历史上有着丰功伟绩，建立了新中国，让中国人民真正“站起来”，而且在现实生活中也带领全国各族人民取得了辉煌成就，进行了改革开放新的伟大革命，让中国人民逐渐“富起来”；充分认识到党带领中国人民走向未来的方向和道路是广大人民群众所拥护的，从而进一步坚定走中国特色社会主义道路的理想信念。

三是要清醒认识到胡锦涛总书记在“七一”重要讲话中指出的我们党现在面临的四种考验、四种危险，在团中央直属机关也同样存在。比如，有的直属单位不能承担起共青团工作手臂延伸的职责，就是存在着精神懈怠的危险；有的直属单位长期经营不好，就是存在着能力不足的危险；还有个别干部受到了纪律处分或处理，就是存在着消极腐败的危险。

当前，直属机关各级党组织、领导干部和广大党员要认真学习胡锦涛总书记“七一”重要讲话，学习贯彻好党的十七大和十七届三中、四中、五中、六中全会精神，以这次党代会召开为契机，真正地把思想和行动统一到中央指示精神和决策部署上来，真正直面问题，触动思想，进一步增强为党做好新形势下青年工作的责任感和使命感。学习中不能只作形式上的表态，也不能简单地把口号上的政治坚定等同于政治觉悟、政治立场的坚定，这不是我们党实事求是、解决问题的态度，也不是我们各级党组织增强战斗力的路径。要密切联系本部门、本单位的工作、生产经营情况和干部队伍思想状况等实际情况，组织引导广大党员干部特别是年轻干部认真学习、深刻理解我们党的宗旨、使命、作风和思想主张。

二、要把握好当前全团工作的总体考虑和基本格局

党和共青团的重要政治关系决定了团的全部工作判断、工作摆布都要服从中央的决策部署和总体安排。大家要认真学习领会党对共青团工作的一般性要求和阶段性要求，并将二者有机结合起来。所谓一般性要求，就是《团章》中规定的，共青团是党领导的先进青年的群众组织，是党的助手和后备军。因此，共青团有着鲜明的思想性、政治性，又有着鲜明的社会性、群众性。我们要牢牢把握党对共青团的一般性要求，牢牢把握党的事业所需要的真正意义上的助手和后备军的任务要求来开展工作、带好队伍。所谓阶段性要求，就是五年一次的团代会结束后总书记对共青团工作提出的重要要求，以及每年一次中央书记处对共青团工作提出的重要要求。直属机关各级党组织和广大党员都要认真学习领会，把思想和行动切实统一到这些重要要求上来。当前，要牢牢把握胡锦涛总书记提出的“两个全体青年”的战略目标，充分认识到共青团的生命力在基层，在于与广大普通青年的联系。要通过狠抓基层，真正融入广大普通青年当中，要联系高端青年，但不能只联系高端青年。直属机关党委和各级党组织要从不同的角度，组织党员干部认真学习党对共青团的一系列指示要求，充分了解当前全团工作的总体考虑和基本格局，确保各部门、各单位的工作重心紧紧围绕全团的工作格局来展开。

三、要进一步明确团中央直属单位的职责定位

党从来都是管方向的。对于团中央直属单位的党组织，最重要的是要把握好工作方向，明确直属单位的职责定位。团中央书记处对直属单位高度重视，多次强调直属单位的职责定位问题，要求直属单位努力成为共青团重

点工作载体的延伸，或者是共青团事业发展的物质依托。比如，中国青年实业发展总公司、中青旅等经营性单位要充分发挥物质依托的作用，在原来的基础上为共青团事业发展提供更多的经费支持，用来推动团的基层基础工作。其他单位都主要应该成为共青团重点工作载体的延伸。

当前，共青团在如何引导青年的问题上面临很大的挑战，我们刚刚开展的中学生政治社会化调查结果显示，还处在教育灌输阶段的中学生的思想状况不容乐观。共青团要履行好基本职责，只靠团中央机关干部的力量是不够的，要充分依靠直属单位。因此，直属单位要增加第三个职责定位，就是组织直属单位中的专业力量来帮助共青团组织深入研究破解一些工作难题。特别是中国青年政治学院、中国青少年研究中心、中国青年报社、中国青年出版（总）社、中国少年儿童新闻出版总社、网络影视中心等单位，要充分发挥自身的科研优势和专业人才优势，继续帮助做好破解难题的工作。

直属机关要把第十五次党代会的召开作为推动工作的起点，而不是程序性标志，围绕自身的职责定位，在共青团工作全局中更好地发挥作用。

四、要进一步加强自身建设

直属机关各级党组织要进一步加强自身建设，党委要管好机关的自身建设。

一是要管好风气。哪个单位风气不正派，党委书记要首先负责任。每个单位的党组织都要努力保证公平正义、风气正派，这样才能凝聚人。从目前来看，大部分直属单位都比较好，能够风清气正、团结一致干事业，也有少数单位存在这样那样的问题。这些单位的党组织负责人要切实增强责任感，高度重视风气问题。

二是要抓好管理。直属单位有政治性和经营性工作，管理起来比较难。从目前掌握的情况看，一些单位在管理上存在的问题不少。党组织要切实发挥作用，加强内部管理特别是人员管理，既调动大家的积极性和创造性，又有严格的规章制度规范干部职工的行为。直属单位党组织在深入开展创先争优活动时不能只有口号，要敢于碰难题，要通过创先争优活动解决工作中存在的实际问题，努力提高整体工作水平，提高干部职工的综合素质。

三是要抓好廉政。直属单位里的经营性单位容易在经营上出现偏差，这些单位的党组织要重点抓好廉政建设。廉政建设各直属单位始终不能放松，这方面我们的教训不少，要切实记取。

陆昊在全国中学共青团工作会议上的讲话

2011 年 11 月 24 日，根据录音整理

今天，我们与教育部共同召开全国中学共青团工作会议。教育部对这次会议非常重视。之前，团中央与教育部联合下发了《关于加强中学共青团工作的意见》。刚才，杜占元副部长代表教育部作了重要讲话，讲了很多重要意见。中学共青团工作目前面临着很多新的问题和挑战。昨天，我们专门开了一天的交流会，基层团委、教育行政部门的同志，中学校

长、团委书记对这些问题的认识和把握都是非常清醒的,有着很多深刻的见解。因此,这次会议具有很强的研讨和交流性质。

一、当前中学共青团面临的重要挑战

二十多年来,中学共青团在各级教育行政部门的关心、支持和指导下,紧紧围绕中国特色社会主义一系列重要思想认识的教育和引导,围绕学校育人目标,广泛开展了“五讲四美三热爱”、实践教育、18 岁成人仪式教育,以及素质拓展计划等一些很好的活动,为促进一代又一代中学生的成长成才,也为奠定我们共青团事业的基础,作出了重要贡献。特别是中央在 2004 年颁发了 8 号文件《关于进一步加强和改进未成年人思想道德建设的若干意见》之后,中学共青团事业更是不断取得新的发展。当然,实事求是地讲,就像全团面临的一系列重大挑战一样,中学共青团工作在新的条件下,同样面临很多新的挑战。我们简单归纳共青团组织面临三个重大挑战。

第一个挑战,党的历史方位发生了新变化。从革命党向执政党转变,特别是从计划经济时期的执政党向市场经济条件下的执政党转变。党为人民服务的宗旨,在很大程度上是通过执政路径来实现的。团组织没有这种实现路径,在市场经济条件下,如何发挥它的作用,就会遇到一些新挑战。应对这个挑战,我们提出把团的根本职责、根本任务与各类社会组织的根本任务和功能有机结合起来,寻找发挥作用的结合点。不能简单地按照团自身的工作逻辑,在不同的社会组织当中用相同的工作路径和方式。在学校战线,包括中学,紧紧结合学校育人目标,在教育行政部门、在校长的指导下开展工作,这些年总体上切入点的把握是很好的。

第二个挑战,当代青年在常态下政治意识淡化,但在有重大事件发生时政治意识又有集中表达。这个挑战与中学有很大关系,鲜明地提出了在新的历史条件下,年轻人政治意识淡化后,对团这样一个有着思想性、政治性的组织,靠什么吸引凝聚青年的问题。为了开好这个会,我们对上万名中学生进行了调查,38%的中学生提出来说:“我根本就感觉不到团组织存在。”所以,在看到工作取得成绩和进展的同时要清醒,坚定跟清醒同等重要,在挑战多的时候清醒更重要,不清醒这个坚定是假的,理性基础不够。我们反复研究调查,包括与国外教育专家认真研究,借鉴他们的成果,提出了吸引凝聚青年的五条路径。

第一条是先进思想。毫无疑问,一个社会是需要先进思想引领的。比如说在市场经济高度发展的今天,为什么中央在这个时点出台与广义精神范畴紧密相关的支持促进文化发展与繁荣的重要意见?为什么在文件当中中央强调没有精神力量的充分引领,一个国家和民族不可能屹立于世界民族之林?为什么中央作出重大判断物质贫乏不是社会主义,精神空虚也不是社会主义?我个人理解,能够影响人行动的逻辑就三条,不管是成年人还是年轻人,第一是信仰(或者叫认识),第二是利益,第三是感情。我们能否认利益吗?不能否认。市场经济对全社会资源配置效率的提高是与利益联系在一起的,对社会成员的有效激励和约束同样是与利益联系在一起的。问题在于一个社会对人行动的影响要实现信仰、利益、感情的合理平衡,不能唯利益化。我们要引导青年人既尊重财富创造,又有精神追求。不否认物质财富创造对社会进步所产生的巨大的推动作用,但是世界发展到今天,不管物质多么丰富,物质终究不能完全替代精神的力量。我们当前最重要的任务是把社会主义核心价值体系变成年轻人易于接受的方式、懂得的具体道理。这样的思想我相信能够吸引多数的年轻人,凡是有责任感、有理想抱负的人,有正义感的人不会回避这些思想。第二条是对青年人合理利益诉求的尊重和服务。我们各级团的干部都要清醒,不要简单地认为什么青年的利益诉求你都可以服务。我们有党委和政府，有一套完整的不断完善的国民教育体系。团不能什么都想做，只能做自己能做的工作。所以尊重也很重要，找服务的切入点也很重要。第三条是兴趣。经济发展到一定阶段，特别是人均GDP达到5000美金之后，时尚性、娱乐性、健康性消费支出普遍增加，兴趣会得到职业化、组织化的发展支持，这是全世界的普遍规律。年轻人的兴趣容易集中地突出地表达出来。所以，我们提出靠兴趣来吸引凝聚青少年。第四条是社会化技能的培养。这一条是我们跟西方青年问题专家讨论出来的，我问过他们在市场经济条件下人为什么要加入一个组织？芬兰的青年问题专家告诉我们，青年人加入一个组织，可以培养他适应未来社会职业生涯所需要的一些重要的社会化技能，这就是欧洲很多政党的青年组织吸引凝聚青年的一个重要路径。什么是社会化技能？沟通、交流、表达、组织、协调乃至妥协，都是社会化技能，这些技能是针对社会存在而产生的。在高中阶段有一点社会化技能的培养和吸引，对他未来成长是有帮助的。最后一条要靠一线的团干部对青年工作真正的热爱，有发自内心的那么一种朴素感情来做这份工作。这次文件，尽最大可能地考虑了我们基层团干部的待遇问题。但是，这是组织要考虑的事，是教育行政部门应该认真考虑的问题。如果我们的团干部还没有选上来就开始想自己要有多少待遇才能把这项工作干好的话，我看这人基本上选错了。以上我们讲吸引凝聚青年这五条是当前全团的共同路径，在中学也是适用的。

第三个挑战，新的技术革命，工业化、城镇化对我们这个主要靠行政化格局和空间格局建立的团组织带来挑战。当然这一条在中学不是主要问题，很多中学团委也建了大量的兴趣社团。我们鼓励全团创造大量的以青年人喜欢的沟通、交流、聚集、联络方式作为新的组织建设载体。青年人怎么能聚集，就用什么方式建组织，这样组织就不会空洞，就不会不知道干什么。当然，中学主体上还是以学校、班级为单位，个别有一些社团组织。所以，我讲这三个挑战对中学生影响大的是第二个，是怎么吸引凝聚青少年加入这个组织的问题。

二、如何理解中学共青团工作的重要性

目前，全国中学生超过8000万人，约占全国人口总数的十六分之一，约占全国青少年人口总数的四分之一。这一庞大的青少年群体，能不能在内心里认同党的领导，认同社会主义制度，能不能逐步坚定跟党走中国特色社会主义道路的信念，直接关系到党的事业能否后继有人，中国特色社会主义事业能否长治久安。

第一，是与我们的政体、国情紧密联系在一起的。我讲过一个看法，认识问题有三种逻辑，一是现实逻辑，二是学术逻辑，三是历史逻辑。简单问题靠其中一种逻辑就能讲清楚，但复杂问题靠一种逻辑讲不清楚，要靠几种逻辑的综合。如何认识团组织在中学的存在，是不是校长负责制以后就可以没有了？不是的。这要跟政体、国情紧密联系起来理解。所以，我们提中学有一个很重要的问题，党、团、队的组织意识衔接问题，是从政体引发出来的。什么叫党、团、队组织意识衔接？团是党的助手、后备军，是党在青年人当中一个既有先进性、又有群众性的组织。党是先锋队，团是先进青年的群众组织，少先队是全童入队，层次不一样，这都是政体、国情的有机结合以后的政治设计。所以，理解国情、把握一个国家社会治理的政治结构设计，不是简单的事情，因为一个大国的政体不能随意搞试验，没有一定的政治经验积累、政治社会观察很难作出对政体的准确判断。

第二，是中国特色社会主义的教育体系所决定的。中国特色社会主义教育体系有别于西方国民教育体系，体现着中国特色社会主义的性质。比如我们的政治课设计，强调用社会主义核心价值体系融入国民教育全过程。共

青团在中学的工作既要与国民教育体系的发展完善紧密联系、融合，也要有自己不同的切入点、侧重点。胡锦涛总书记讲在新的历史条件下共青团有四项基本职能，组织青年、引导青年、服务青年、维护青少年合法权益。那么，在中学，甚至在整个学校系统，我们总体上就是围绕两点展开，一是思想引领，二是服务成长。这两条如果跟国民教育体系相融合了就做得好，融得不够就做得生硬。这里的关键是，既要将思想引领与服务成长更好地融入国民教育体系，又要找到自己不同的侧重点，找到结合点和切入的内容。

第三，是推进共青团事业发展的客观要求。中学共青团现有3000多万团员。中学共青团是全部共青团组织最早期、最重要的一个基础环节。如果说团组织18岁以后的成员当中出现了很多不稳定的现象的话，如果说其他社会领域团的工作出现了很多值得关注的新问题的话，我们确确实实要认真地思考在一开始的起步阶段，在中学这个特定的阶段，在对少先队跟团的衔接环节上，在一个人刚入团的那几年当中，我们还有什么工作出现了疏漏、基础不够扎实，这就是我们要请教育部跟我们联合召开这个会议的最重要的本意。当前全团绝大多数团员都是在中学阶段加入团组织的，每个团员在刚入团的中学阶段对团组织的感受、认识和体验对广大青年与团的关系有着非常重要的基础性战略地位。从这个意义上讲，中学担负着为各条战线包括高校输送合格团员的任务，中学团员的素质关系到全团的素质，中学共青团的工作水平影响到全团工作的水平。如果这个阶段抓得紧、抓得实、抓得好，将起到事半功倍的效果。所以说，中学共青团工作在全团工作中处于一个基础性战略地位。

第四，是帮助中学生健康发展的有益补充。中学生大多处在13－18岁之间，处在从少年向青年、从未成年向成年人转变的过渡时期，处在自我意识蓬勃发展的青春期。这一时期，他们的生理、心理、思想、行为变化迅速，迷茫、困惑、烦恼、压力最为集中。我们访谈发现，85%的学生思想有压力，80%的学生心理有困惑，30%的学生存在很强烈的逆反心理表达。共青团组织是有鲜明的思想性、政治性的，不完全是一个活动性组织，活动是为了体现一种思想引导。正是因为中学生成长过程中的这些特点，决定了在这一时期团组织可以帮助和引导中学生，能够发挥作用、影响他们。因此，中学共青团工作可以帮助他们解决思想、心理的困惑，缓解学习、生活的压力，形成正确的思想意识，促进他们健康发展。

三、紧密围绕中学育人的目标，把握好中学共青团工作的切入点

我们强调，探索团组织在社会生活中发挥作用，一定要以团组织所在社会组织的根本任务功能和青年的根本利益诉求来设计工作的切入点。在学校，育人是根本任务。中学阶段的根本任务在与其他阶段学校总体一致的同时，又具有自己鲜明的特征。中学属于基础教育阶段，但又属于通向高等教育和职业教育的过渡阶段。这一阶段接受的教育，奠定的思想基础，往往决定了人一生的奋斗目标、价值取向和精神追求。共青团组织在中学发挥作用，一定要紧紧围绕中学教育的育人目标寻找工作的切入点。

关于中学的育人任务，我们理解，大体上有四个层级的目标。一是掌握必备的学科知识，二是开始培养综合素质，三是逐步养成良好品德，四是初步形成理想信念。这四个层级的目标具有一定的递进性，共青团组织要紧紧围绕四个层级的育人目标，找准工作的切入点。

第一，关于掌握必备的学科知识。中学教育阶段是一个人学习基础知识、训练基本技能的阶段，这决定了传播基础的知识技能是中学教育的中心目标，决定了学习是中学生的主要任务。在学科知识方面，我想主要任务不是我

们团组织的，那是整个完整的国民教育体系首先来承担的。团组织可以间接帮助学生掌握学科知识，一是围绕学生在学习方法方面存在的困惑，通过学习经验交流会、学习规划、学习互助等活动，帮助学生分享学习经验，掌握学习方法，提高学习效率。二是围绕学生在学习目的方面的困惑，通过学习讲座、主题讨论、职业规划等活动，帮助学生明确学习目的，端正学习态度，增强学习内在动力。三是围绕学生学习兴趣方面的困惑，通过知识竞赛、趣味游戏等活动，帮助学生激发学习兴趣，引导学生快乐学习，提高学习积极性。四是培养学生学习的意志，引导他们认识到学习是一件艰苦的事情，要有顽强的意志。五是引导学生正确看待学习成绩，正确看待考试分数，帮助他们缓解学习压力，增强学习信心。

第二，关于开始培养综合素质。人的成长既要靠学识，更要靠综合素质。中学生毕业后逐步开始走向社会，一个人要很好地适应社会，必须具备表达、沟通、交流等社会化技能，这些都是未来职业生涯发展应当具备的技能，也是中学生普遍希望团组织能够帮助提高的素质。我们对上万名的中学生调查发现，中学生对共青团组织有四大期盼，第一是提高素质，第二是引领思想，第三是结交朋友，第四是困难帮扶。入团动机方面，第一是提高和锻炼能力，占75%，第二是促进未来发展，占65%，第三是感到光荣，占63%。所以应该说在教育行政部门指导下，我们共青团组织多年来开展的一些提高综合素质的活动得到了广大中学生的认同。提高综合素质，跟我们刚才讲的吸引凝聚青年的第四条路径也是一致的。在这个方面，我们过去开展了很多很好的活动，今后要更加注意与新的国民教育体系、教育改革的一些内容有机结合好。

刚才杜部长讲的实践育人、文化育人，我很赞同。要广泛开展社会实践、社区服务活动，当然我们说的广泛也不是说每周都去，主要是为了让这个年龄段的学生，第一感受组织存在，第二感受实践和他们的关系，第三让他们找一找自己在社会上的价值，第四让他们实现一点自我表现。说透了就这么几条，有一个合适空间和一个合理的密度就可以。要适应中学生学习生活规律，活动要碎片化、短时间，譬如安排在课间或下午放学之前，搞一个提高社会化技能的游戏。三个人以上就可以锻炼妥协，五、六个人就可以锻炼沟通、交流、表达，要让每个人都感觉到自己有机会、有潜力，激发他们成长的自信心。所以社会实践、社区服务要做一些合理设计，要适应不同年级学生学习任务的要求，关键看活动的价值和效果，看对参与人有没有内在的吸引和帮助。

第三，关于逐步养成良好品德。这是目前值得我们全社会特别是教育界高度关注的重大问题，当然也不是教育界一家的问题。我们多次讲家庭教育、学校教育、社会教育的结合。团本身是个社会组织，实际上要担负的是社会教育的责任。只不过中学共青团载体就在学校里，就显得与学校教育重合或吻合度比较高。有些同志谈到学校团委与德育处的关系，我想我们与德育教育有很多完全一致的工作内容，但也要找到与德育处工作有所不同和侧重的切入点。德育处以课堂教育或者说以书本方式为主要教育方式，我们可以实践教育和社会观察为主要教育方式。所以我觉得在这一点上，第一有空间，第二要特别强调道德底线的问题，第三要融在我们很多工作和活动的设计当中。

目前，社会不断地出现那些严重触及我们道德底线的事情令大家担忧和痛恨，这对我们中学生的教育提出了怎样的要求？我们现在要反复强调，在孩子们小的时候给他们灌输一些基本的东西。全国道德模范的事迹确实感人，我们仔细分析那些伟大的道德、品格的基础元素是什么呢？恐怕离不开善良、正直、诚实、爱心、责任感那几条最基本的东西。我们一再强调,我们树的典型要求可亲、可敬、可学,可亲、可敬重要,还得可学。从中央预防青少年犯罪工作体系的角度考虑,有几个难题没有完全弄透。比如说爱人民的教育怎么进一步加强,这是大问题。总书记“七一”讲话讲得我们非常振奋,最后有一段话,对中国青年提了“一个深刻理解”、“三个永远热爱”,要深刻理解中国人民近代以来的奋斗历程,不能忘记历史、国情、政体,永远热爱我们伟大的祖国,永远热爱我们伟大的人民,永远热爱我们伟大的中华民族。从各个方面掌握的情况来看,这么多年来,我们在爱国主义教育上是非常成功的,应该说,大家在爱国的问题上高度一致,特别是年轻人。爱人民的教育就需要加强了。我们想象一下,一个社会成员但凡在年轻的时候有一点点理性的爱人民的思想基础的话,能有这么多地沟油吗?! 能有这么多假药吗?! 这不值得我们认真思考吗? 怎么加强,要有真正的理性基础,才能守得住爱人民的底线。再比如说道德底线的教育问题,怎么能够让更多的社会成员正直、善良,有一点责任感、诚信? 不一定叫诚信,我觉得年轻人就讲诚实,诚信比诚实还要高,如果在年轻时就能守住这些道德品质,基石就奠定了。道德教育在这个阶段上就要抓住这些要害,跟教育部门一起来探索,怎么能够在国民教育体系里找我们的一些切入点,碰一些关键问题。

第四,关于初步形成理想信念。我们跟中科院心理所做过一个很重要的叫“少年儿童政治社会化问题”的调查,有一些重要的学术理论思想可以让大家来关注。第一,政治社会化的最优先原理。政治社会化的过程是从儿童时期开始的,儿童和青少年时期形成的政治取向会永远留在心里,并在成年后表现在政治行为上。第二,政党依赖理论。美国一项研究成果表明,有60%到70%的四年级儿童承认喜欢共和党或民主党,该百分比与21岁到24岁的美国年轻人大致相同,而且与终身忠于某一政党的比例几乎相同。1997年,美国密歇根大学通过对两代人同时进行30年的研究发现,在经常讨论政治的家庭中,80%具有相同政党认同的父母,会将自己的政党认同传递给下一代。第三,道德实践理论提出,早期的社会实践活动对成年后的思想行为有重要影响。这些都是支持我们在中小学开展活动、培养一些重要思想意识的重要理论依据。因此,尽管说一个人在中学阶段完全形成坚定而清醒的认识或理想信念不现实,但青少年时期所形成的一些重要的思想政治意识又会对他的一生产生重要的影响。

根据少年儿童的政治社会化理论,我们对少先队的工作现在提两个层次。第一是引导少年儿童有爱心,有良好的道德行为习惯,同时能有一点国家意识、科学意识、劳动意识。第二层次就是灌输培养少年儿童对党和社会主义祖国的朴素感情。小时候的灌输不能说没有用,但只靠那么一点灌输不够。中学比较复杂,它跨越青春期前后的阶段。有一个重要的研究成果表明,青春期之前灌输是有重要作用的,但是青春期之后价值分析就会比灌输更起作用。但每个人的青春期都不是完全一样的,有的初三、有的初二、有的初一,可能还有高一,年龄阶段不同,成熟阶段也不同,这就使得我们有一些严格按照年级设置的课堂教育,不一定能够吻合学生成熟的实际情况,所以还是要分年级再做一点研究。这个问题是共青团组织绝对不能放弃的重要的工作目标。中央书记处多年来交给我们的一个重要任务,就是要引导广大青年坚定中国特色社会主义的信念,党团现在都有这样的任务,特别是团,要在青年当中实现这样的思想引导。我们在这个方面有很多话可说,不是无话可说,也不是因为现在社会上存在很多的问题我们就无话可说,关键是怎么讲,要按照青年的接受方式、语言习惯、思想逻辑来讲。你完全抽象空洞地把现实问题抛在一边是不行的,大家可以考虑与综合实践活动课程中的研究性学习结合起来。

四、努力做好新形势下中学共青团工作

同志们，这次会议我们下发了《关于加强中学共青团工作的意见》。《意见》进一步明确了中学共青团工作的指导思想、主要任务和工作载体，提出了加强中学团员队伍和团干部队伍建设的具体要求。这个文件对今后一个时期的中学共青团工作做出了全面部署，希望大家认真学习领会，贯彻落实好文件精神。这里，我再强调三个方面的工作。

第一，要深入研究当代中学生的身心特点，特别是思想意识的形成规律。这些方面，希望全团多向教育行政部门请教。我多次讲过，教育行政部门有很多重要的研究，长期以来形成了非常专业化的工作水准。我们要多去请教，多找学校的领导，教育行政部门的领导来获得指导，把这些成果先研究好，再设计到我们的工作当中去。比如说，中学生的主体性到底怎么把握，自我意识强到什么程度，什么样的方式能压住他们错误的东西，什么样的方式又能启发他们健康积极的东西。又比如说，中学生与同辈群体的伙伴关系怎么把握，早期校友对他有什么样的影响，怎么影响的。再比如说，年级特点的差异性等等。

第二，要紧密结合基础教育课程的改革，推进中学共青团工作融入国民教育体系。比如说，我们要将团的活动与综合实践活动课程的开发与实施结合，与校本课程的开发与实施结合，同时要与学科课程的教学改革结合。现在的研究性学习、社区服务，社会实践这些活动，在新课程改革方案中属于学生的必修课程，怎么主动把我们的一些工作跟它结合起来，这是大家要研究的。又比如说，我们讲既要看到真理本身的魅力，又要看到感情、信任、友谊在真理传播中的作用，还要看到艺术、时尚元素在真理传播中的作用。我们全团的“学党史、知党情、跟党走”主题教育活动，能不能与政治课、历史课教学结合起来，能不能与艺术课适当结合起来，把我们的活动有机地穿插进去呢？我看，只要我们动脑筋，是完全可以的。不要都去另搞一套，既占用学生时间，又占用学校资源，效果不一定好。

第三，要创新中学共青团工作的载体和手段。一要注重新媒体。中学生回了家很多人就泡在新媒体上。什么叫社会教育，现在的社会教育基本上在新媒体里，在亲戚朋友里，在社会各种传媒里。我们的未成年人网的开设是中央支持的，学校部要考虑利用这个空间给中学生提供一定的他们喜欢的东西。二要看到艺术、时尚、情感元素在真理传播当中不可替代的重要作用。这也是全团贯彻十七届六中全会精神的一个重大举措。最近，我们拍了一部片子《号角》，以党史为基础，以党在不同历史时期，到现在为止还能让大家记得住的口号为线索，譬如“打土豪、分田地”、“抗美援朝、保家卫国”等，讲了党的奋斗历程。我们提出来要把市场力量、艺术力量和组织的工作力量有机结合起来，要在电影、电视剧、游戏、动漫产品上好好下工夫，来丰富中学共青团工作的手段、载体，另外注意不要太长。三要注意碎片化问题，不要总是占整段的时间。现在的中学生是很忙的，早上起得早，中午睡不了觉，下午放学很晚，晚上还得做作业，不光自己做，家长跟着还一块干。如何设计一些碎片化、短时间的活动，利用课间休息的10－20分钟时间，譬如做一个小游戏，让学生缓冲一下，放松一下，既缓解学习压力、放松大脑，也起到思想引领的作用，学生感受到组织存在了，家长也支持，老师说还行。另外，学校团组织搞活动也要注意，不要动不动就要拉着队伍出去，一是时间问题，第二还有安全上的压力。当然有几次是可以的，但是不要太多。太多肯定会遇到很多方面的抵制。另外，要善于把活动分散化，不要动不动就要搞大规模。我们为什么这么大力抓团的基层，因为真正处在跟青年边界

上的是基层组织、是基层的活动。所以中学团委也要善于让活动分散化，到班里、到支部去，甚至到团小组里去。

五、加强中学共青团自身组织建设和领导

中学团组织建设不仅关系到中学共青团工作的开展，也影响到整个共青团事业的发展，基础不牢，地动山摇。加强中学共青团自身组织建设，我在这里强调两点。一是加强团员队伍建设；二是加强中学团干部队伍建设。

第一，团员队伍建设。关于团的群众性与先进性的关系把握，我们在文件中对基本比例作出了一个规定。团组织是有群众性的，但不是全民性，比例要掌握好。初中毕业班团员占学生比例按45%左右掌握，高中毕业班团员占学生比例按85%左右掌握。有的地方提出来说不同的学校都按一个比例掌握可能有困难，这种灵活性文件当中给了，但是我想这里要特别强调一条，发展团员不能只唯学习。中学生对入团意愿的调研，他们说心目中的团员标准，排在第一位是"思想好"，占82%；第二位是"乐于助人"，占68%；第三位是"学习好"，占58%。这支持了我们一个判断，也支持了我们一个结论，不能说只要学习好，就可以率先发展。"思想好"怎么判断，中学生还小，不能都看政治，那就看看品德，看看他体现了多少爱心，看看有多强的劳动意识。这点非常重要。

第二，团委书记配备。实事求是讲，中学团委书记不是很好干，既要年轻，又要有想法，还要有一点协调组织能力，更要善于跟年轻人交流。所以我们想要提几个基本条件。第一条，是不是最好能够当过班主任。当过班主任就可以对学生工作有一点第一线的积累，就能理解班主任，知道班主任会更在乎什么，哪些方面有更大的责任和压力。第二条，能不能在学科教学方面还是有一些成绩和特长，要懂得学校的主体业务的发展规律。在同龄人当中，在可比的行业里，要有一点点优势。第三条，要非常热爱这个岗位。这三条要当做中学选拔团委书记的重要标准。

加强对中学共青团工作的领导，我想要实事求是讲，第一，主要是加强校长、党组织对中学共青团的领导。学校现在的体制大家是熟悉的，因此我们首先要拜托教育口加强领导。第二，上级团组织特别是属地的团组织，要加强对中学共青团工作的指导和支持。指导什么？你要研究他开展的工作，要多听他反映的问题，要与教育行政部门多沟通。支持什么？一年至少搞一次培训。中央团校、省团校一年能不能给大家提供一次培训交流的机会。支持还包括要把团外围的一些组织条件与中学做必要的联系和结合。中学共青团开展活动有一定的局限，校内资源有限，体系外又不熟悉。团的体系内资源是丰富的，网络还是比较宽的，在教育体系之外还有大量的组织，可以把有些工作设计结合起来。现在大学团的组织跟地方的工作联建搞得很活跃，是一条重要经验。上级团组织要加强对中学团的工作和团委书记的支持，多请教育部门指导。第三，从团中央、团省委这个层级而言，重点要研究整个中学战线的最重要的一些共性问题，组织重大课题攻关，编写培训教材，汇集活动案例，建立导师库，多给基层一些便利性的支持。再多推荐一些有深度的、与团的工作紧密结合的研究成果。团干部培训不要都让团干部讲，要请优秀的校长讲，请教育局的领导讲，请教育家讲，请他们讲教育教学的规律，青年人的思想意识规律。要善于与国民教育体系的发展完善结合起来。

总之，中学共青团工作是与政体、国情紧密相连的，是中国特色社会主义教育体系的重要组成部分，在全团工作中具有重要的基础性战略地位。现在需要的是大家能够把这个问题看得再透彻一些、再一致一些，能够在工作的指导上再及时一些、再有针对性一些。我们相信，在教育行政部门的指导帮助下，在我们一大批有着丰富教学经验、熟悉教育规律的校长、书记的指导下，在我们全团的共同努力下，我们有信心找到很好的工作空间，在中学生成长这么一个特定的年龄阶段产生我们共青团组织自己应有的重要作用！

我就讲这些意见，不一定成熟，请大家批评指正。

王晓同志讲话

王晓在全国青联十一届二次常委（扩大）会议上的工作报告

2011年3月26日

现在，我受全国青联十一届二次主席会议委托，向常委会作工作报告，请审议。

十一届一次常委会议以来的工作回顾

2010年是我国发展历程中很不平凡的一年。面对复杂多变的国内外环境，以胡锦涛同志为总书记的党中央团结带领全国各族人民，同心同德、攻坚克难，战胜了强烈地震、特大山洪泥石流等重大自然灾害，成功举办上海世博会、广州亚运会，有效巩固和扩大应对国际金融危机冲击成果，保持了经济社会发展的良好势头，胜利完成“十一五”规划确定的主要目标任务，显示了我国社会主义制度的巨大优越性和中华民族团结奋斗的强大凝聚力。

党中央历来高度重视青联工作。在以胡锦涛同志为总书记的党中央的高度重视和亲切关怀下，全国青联十一届全委会取得了圆满成功，新一届青联已扬帆起航。全国青联十一届一次常委会议以来，各级青联组织深入贯彻落实科学发展观，高举爱国主义、社会主义旗帜，坚持服务党和国家工作大局，增进共同理想信念，凝聚青年智慧力量，突出人才工作主线，加强自身建设，引导广大青年按照党的要求健康成长，实现了十一届全国青联工作的良好开局。

一、继续深化团结引导工作。一是深入学习贯彻胡锦涛总书记致全国青联十一届全委会和全国学联二十五大贺信、王兆国同志代表党中央所致祝词精神，认真学习贯彻党的十七届五中全会和中央经济工作会议精神，通过报告会、座谈会、研讨会等方式，引导青联委员把思想和行动统一到中央的决策部署上来。湖北、吉林、辽宁、山西、甘肃等地青联结合主题举办了系列青年讲坛等活动。二是下发了《关于在青联组织和青联委员中广泛开展创先争优活动的意见》，指导各级青联组织以“增进共同理想信念、凝聚青年智慧力量”为主题，以争当“优秀青联委员”为载体，扎实开展创先争优活动。在河南郑州举行青联委员创先争优“建功承诺行动”启动仪式；在青联网开设专栏，重点宣传在创先争优活动中涌现出的先进人物和事迹。重庆、江苏、陕西、山东等地青联分别举办了“青春别样红”青年大会、“重温党的历史、永做青年表率”主题实践活动、争当“优秀青联委员”、“信念导航”等活动。三是全国青联以“共同团结奋斗、共同繁荣发展”为主题，开展民族地区青少年思想调研工作，举办2010

年“培养计划”总结培训活动，召开共青团民族地区青少年工作研讨会。以“弘扬爱国爱教传统，推动青年宗教工作”为主题，举办第十次全国宗教界青年代表人士学习考察活动。内蒙古、新疆、西藏、宁夏、青海等地青联分别举办了“优秀少数民族青少年励志营”、“青少年民族团结标兵”评选表彰、学习宣传中央第五次西藏工作座谈会精神、青少年民族宗教工作研讨会和“民族团结、青年争先”宣传月等活动。

二、服务经济社会发展献计出力。一是全国青联召开三次专题研讨会，组织委员围绕深入贯彻落实科学发展观、科学编制“十二五”规划提出了一些有价值的意见和建议。教育界别召开了“教育效率与公平”、“后金融危机时代的中美关系”座谈会，社科界别举办“建言十二五”研讨会，金融、科技、海外学人华侨等界别组织委员分赴河北、浙江等地开展考察活动。上海、河北、海南、黑龙江等地青联围绕“科学发展促转变”等主题召开座谈会，安徽青联举办“促进企业持续发展的人才战略”论坛，为地方党政决策提供了有益参考。二是配合中组部、团中央选派第11批“博士服务团”，到西部地区和部分革命老区、少数民族地区挂职锻炼。在贵州举办“2010海外学人回国创业周”，来自14个国家和地区的60多名海外留学人员参加活动。举办“2010中国百名IT青年精英论坛”，100多名IT界青年才俊围绕“信息推动经济转型”开展研讨交流。浙江青联实施“求是强鹰计划”，山东、江西、云南、中央企业等青联积极开展促进青年人才创新创业活动，取得了良好效果。三是动员青联委员支持共青团“青年就业创业见习基地”和青年就业创业基金会建设，推动实施创业小额贷款项目，促进青年就业创业。春节前夕组织团中央、全国青联志愿者艺术团到山西太原未成年管教所学员和社区青少年、外来务工青年中开展慰问活动，向1000名农民工子女、1000名青年工人、1000名未成年管教所学员送“礼包”、送温暖。在北京市新发地双桥农贸市场、北京未成年管教所举办文艺演出和文体娱乐活动，赠送生活用品。北京青联举办了“和谐北京·温暖之都·两节送温暖”活动，青海、四川、海南等地青联通过多种形式为困难青少年群体提供了具体帮助。

三、努力拓展港澳台青少年交流。一是进一步扩大青少年学生交流规模，举办了“相聚国旗下”、第七届“同心同根万里行”、第六期“澳门与内地青年交流计划”、“香港青年看世博”、首期全国青年社团骨干港澳培训班、首期“内地大学生赴港实习计划”等活动。举办第五届“两岸青年联欢节”，近2000名台湾青年在河南、福建、上海、江西等省市参加了交流活动。二是进一步加强青年代表人士工作，举办第五期“香港200”优秀中学生(领袖)培训班、香港青商骨干培训班，做好“海外杰青汇中华”活动有关工作，举办第六期“澳门青年社团领导才能培训班”，支持举办第三届“澳门青年议政能力训练计划”等活动，增进了与港澳青年工作骨干的了解和友谊。三是进一步密切青年社团合作，接待香港青年联会、香港青商总会、香港制服团体、澳门青年联合会、澳门青商总会、澳门中华总商会青年委员会等来访团组，与香港青年协会开展互访，组织志愿者工作交流团赴港交流；举办全国青联与台湾青商总会交往20周年纪念活动，与来访的台湾青商总会历任总会长和主要成员50多人进行了研讨交流；推动中国青年科技工作者协会与台湾玉山科技协会建立友好关系，实现两会高层交流，促进了两岸青年科技工作者之间的多渠道、机制化交流合作。

四、扎实推进青年对外友好交往。一是密切配合党和国家重大外交行动，成功举办中国2010年上海世博会青年高峰论坛和世博高峰论坛青年平行论坛，传播了和谐、低碳、创新的世博理念，促进了我与国际青年领袖的交流。二是不断探索国际青年交流新模式，举办“首届中英青年领导人圆桌会议”，组织以“中越友好、青春携手、世代相传”为主题的中越青年大联欢活动，与美国青年政治领袖理事会合作举办两组织交往30周年纪念活动，分别组派百名青年代表团访问朝鲜、巴基斯坦和印度，邀请200名韩国青年访华，邀请东盟青年来华参加“2010中国—东盟青年企业家交流项目”。三是着力培养具有国际视野的青年人才，成功实施首届中英“志奋领”青年领导人培训项目，举办10期“与世界对话”专题系列活动，建立首都高校国际交流青年志愿者库，提高国内优秀青年参与国际交往的能力，在开展公共外交方面进行了积极探索。

五、不断加强青联组织自身建设。一是加强工作协调，推动支持地方和行业系统青联组织之间共享资源、加强合作，实现跨地区、跨行业、跨系统的工作联动。北京、中央国家机关青联加强合作，举办了报告会和联谊交流等活动。二是配强界别工作班子，召开界别工作会议，建立全国青联秘书处与各界别工作委员会之间的沟通协调机制，指导、支持界别工作委员会结合本行业、本领域特点举办19场界别活动。三是丰富活动内容，举办“当前我国金融形势”、“我国财政改革现状与展望”、“中国国际救援现状”等系列学习报告会，举办“青联杯”登山比赛，组织部分常委、委员观摩世博会、亚运会；举办青联之友联谊会“相聚世博、共话青联”、“相聚故宫、共话青联”等活动，努力发挥老委员的传帮带作用。四是做好信息交流，每月编印一期全国青联动态，完成12354全国青联信息平台建设，完善定制服务设计等功能，启动全国青联网改版工作，通过短信平台和网站定期发布活动消息、委员的重大事宜、节日问候等，为委员与委员、委员与组织之间的互动交流搭建了平台。湖南、中央直属机关等青联加强网络平台建设，在应用新媒体为委员服务方面做出了积极探索。

回顾换届以来的工作，我们深深地感到，青联工作的每一点成绩、青联事业的每一步发展，都离不开党和政府的高度重视和亲切关怀，离不开各会员团体和各界别工作委员会的密切配合和扎实工作，离不开广大青联委员和青联工作者的热情参与和积极奉献。在此，我们向各级党委政府、各会员团体、各界别工作委员会和广大青联委员、青联工作者表示衷心的感谢！

同时，我们清醒地认识到，青联工作中还存在一些不足。比如，各级青联组织之间的沟通协调不够，有利于发挥青联整体力量的体制机制建设需要进一步加强；落实工作的力度不够，把好的工作思路、活动方案、机制探索、资源配置转化为具体成果的执行力需要进一步加强；满足青联委员多样化、多层次需求的服务手段不够，服务能力和水平需要进一步加强，等等。这些问题都需要我们在今后的工作中认真研究解决。

2011年工作安排

今年，全国青联工作的总体思路是：以邓小平理论和“三个代表”重要思想为指导，深入贯彻落实科学发展观，深入学习贯彻党的十七大、十七届五中全会和党中央书记处重要指示精神，全面落实全国青联十一届全委会和团十六届四中全会的工作部署，以“创先争优”活动为统揽，增进共同理想信念，凝聚青年智慧力量，服务青年成长发展，加强青联自身建设，引导青联委员以实际行动践行创先争优的价值追求，影响带动广大青年在“十二五”规划开局之年成长成才、建功立业。

一、增进共同理想信念，不断巩固各族各界青年团结奋斗的共同思想基础。把握不同青年群体的思想特点，采用富有针对性和实效性的方式方法，注重发挥青联委员的示范引导作用，努力增进各族各界青年的共同理想信念，不断增进广大青年对中国特色社会主义的政治认同和思想认同，是青联组织的本质属性。要以纪念中国共产党成立90周年为契机,积极开展“学党史、知党情、跟党走”主题教育实践活动,在建党纪念日前夕组织青联志愿者艺术团和青联委员到革命老区开展系列慰问演出等活动,学习宣传党领导中国革命、建设、改革的丰功伟绩,引导广大青年充分认识没有共产党就没有新中国、就没有中国特色社会主义,自觉坚持中国共产党的领导,坚定不移地跟党走中国特色社会主义道路。举办学习培训、座谈交流、专题报告、理论研讨、形势政策宣讲等活动,引导不同党派、不同民族、不同阶层、不同信仰的青年努力学习实践马克思主义中国化最新成果,坚持爱国主义、社会主义和党的领导的有机统一。以纪念辛亥革命100周年为契机,引导青联委员和广大青年更加自觉地高举爱国主义和社会主义旗帜,不断巩固壮大青年爱国统一战线。以纪念西藏和平解放60周年为契机,大力加强青少年民族团结教育,扎实开展青少年民族团结交流万人计划、“培养计划”、民族团结手拉手等活动,促进各民族青少年的交往交流交融。组织宗教界青年代表人士通过学习考察等活动,深入了解国情,带头发扬爱国爱教、服务社会的光荣传统,自觉抵御境外利用宗教进行的渗透,努力促进宗教与社会主义社会相适应。

二、凝聚青年智慧力量,服务经济社会发展展现时代风采。调动青联委员的积极性、主动性和创造性,紧扣党中央关于“十二五”时期发展的主题主线凝心聚力,引导广大青年为推动科学发展、促进社会和谐作贡献,是青联组织的重要任务。要围绕合理调整收入分配关系、加快经济发展方式转变、教育效率与公平、新生代农民工社会融入、文化传播与青年成长等课题,成立全国青联课题研究小组,开展专题调研、社会考察、学术研讨等活动,完善青联委员提案制度和全国青联信息专报制度,广集睿智之言,广聚务实之策。深化青年科技创新行动,用好中国百名IT青年精英论坛、中国青年科技创新馆等创新平台,为青年交流学术观点、开展技术合作、转化创新成果创造条件。深化“科技之光”青年专家服务团、“博士服务团”、“海外学人回国创业周”、“金桥计划”等工作,促进青年人才的合理流动,为地方调整产业结构、发展特色经济提供人才智力支持。深化“保护母亲河”等公益活动,引导青联委员和广大青年以实际行动为生态文明建设贡献力量。组织青年艺术家深入基层慰问演出,丰富人民群众的精神文化生活。

三、服务青年成长发展,积极发挥党和政府联系青年群众的桥梁纽带作用。青联作为大团结大联合的组织,是党和政府联系青年群众、团结各族各界青年的重要桥梁和纽带,在青年群众工作中具有独特优势。各级青联组织和广大青联委员要认真学习贯彻胡锦涛总书记等中央领导同志的重要讲话精神,努力为做好新形势下青年群众工作贡献力量,使青联组织的优势和作用在服务青年中得到更好体现。

深入开展走进青年活动。组织青联委员走进校园、走进农村、走进企业、走进社区开展“对话杰青”等活动,与青年开展面对面交流,共同分享成长经验,引导青年树立积极健康的价值追求。探索建立青联组织、青联委员联系青年的机制,加强与青年社团、青年自组织的联系合作,拓宽联系青年、影响青年、凝聚青年的渠道。

着力打造青联人才高地。突出青年人才工作主线,与有关部门建立人才信息共享机制,扩大选拔视野,广开进贤之路,更加广泛地吸纳在本行业本领域具有较强代表性、在生产生活中能够影响带动大批青年的优秀青年人才。定期举办青联委员活动日、系列学习报告会和专题研讨会,帮助青联委员和青年在学习交流中获得更多知识、更宽视野、更强本领。在中央党校、国家行政学院等培训基地举办专题培训班,联合国家外专局在哈佛、耶鲁、斯坦福、牛津、剑桥五所高校举办每期21天、不超过25人的研修班，为青联委员提供高层次的学习交流机会。与有关部门共建“青联人才库”，用好“全国青联海外高层次人才窗口”，继续开展青年五四奖章、青少年科技创新奖等评选表彰活动，努力为青年成长成才牵线搭桥、创造条件。

积极支持青少年工作。动员青联委员继续为建设共青团“青年就业创业见习基地”、开展青年就业创业技能培训、实施青年创业小额贷款项目、建好青年创业就业基金会、推进中国青年创业国际计划等提供支持，帮助更多青年就业创业。引导青联委员热情关爱新生代农民工、农民工子女等青少年群体，带头营造相互尊重、平等相待的社会氛围，为他们在学习成才、情感婚恋、身心健康、社会融合等方面的需求提供更多服务，帮助他们逐步适应和融入城市生活。注重发挥共青团、青联界别政协委员和青联委员中人大代表、政协委员的作用，建立完善反映青少年普遍性利益诉求的组织化渠道，积极开展“共青团与人大代表、政协委员面对面”、创建青少年维权岗等活动，努力提高维护青少年合法权益的能力和水平。

四、切实加强青联自身建设，为青联事业发展提供有力保障。加强自身建设，是青联组织的永恒课题。

加强组织建设。充分调动会员团体的积极性和主动性，切实加强对地方和行业系统青联的统筹协调和分类指导，强化青联秘书处的服务、协调、组织功能，充分发挥界别工作委员会的骨干作用，试点建立全国青联委员属地召集人制度，广泛开展青联委员活动日等有组织、有主题、有内涵的活动。加强青联之友联谊会建设，继续在每个季度第三个月的第一个周六举办主题性青联之友联谊活动，打造传帮带的组织平台。建好用好青联网、12354手机信息平台，建立与大众传媒和网络、手机等新兴传媒的合作机制，加大对青联重点工作和优秀青联委员、先进青联组织的宣传力度。

加强工作队伍建设。组织青联工作者认真学习党的统一战线理论，提高政治意识、大局意识、责任意识和整体意识，注重在实践锻炼中提高专业素养和工作本领。教育引导青联工作者严格自律，谦虚谨慎，不断加强党性锻炼和道德修养，坚持求真务实、清正廉洁，发挥表率作用。

加强组织文化建设。继承发扬“爱国、团结、进步”的优良传统，进一步加强青联组织文化建设，使青联委员在充满理想主义气质和人文关怀的青联组织文化的熏陶下，共同增进平等真诚的纯真友情，努力形成和谐包容的组织环境，始终保持创先争优的精神状态，不断为青联组织发展增添新的精神魅力。

各位常委、同志们，实现中华民族的伟大复兴，需要包括港澳台青年在内的全体中华儿女的共同奋斗。要把握不同年龄阶段、不同职业背景青年群体的交往需求，通过思想交流、情感联谊、同业合作等方式，促进两岸四地青年的深层次交流和团结。贯彻“一国两制”方针，深入实施“薪火相传”、“相聚国旗下”、“同心同根万里行”、港澳青年领袖国情研习班等精品交流项目，发挥全国青联港澳委员等青年代表人士的影响带动作用，加强与港澳青年社团的交流合作，不断增强港澳青少年的国家观念和民族意识。牢牢把握两岸关系和平发展的主题，以同根的历史文化、同祖的亲情文化、同龄的时尚文化为载体，举办第六届两岸青年联欢节，入岛举办第九届海峡青年论坛系列活动，召开第三届两岸青年社团负责人圆桌会议，办好两岸菁英总裁营等活动，扩大交流规模，深化交流内涵，不断增进台湾青年对中华民族和中华文化的认同，壮大“反独促统”的青年力量。

各位常委，同志们，美好的蓝图已经绘就，青春的画卷已经铺展。让我们更加紧密地团结在以胡锦涛同志为总书记的党中央周围，高举中国特色社会主义伟大旗帜，以邓小平理论和“三个代表”重要思想为指导，深入贯彻落实科学发展观，开拓创新，扎实奋斗，以优异成绩迎接中国共产党成立90周年！

王晓在第三届两岸青年社团负责人圆桌会议上的讲话

2011年6月11日，根据录音整理

连续参加了三届两岸青年社团负责人圆桌会议，我的感觉是形式不断创新，内容日趋务实，范围逐步扩大，可以说是一年比一年开得好，一年比一年有收获。

刚才，听了大家的发言，我很受启发。下面，我围绕当前两岸关系、两岸青年群体和两岸青年交往等方面的若干最新变化谈几点思考，和大家交流。

第一，我们应把握好两岸关系发展的阶段特征，在青年交流活动中注重细分领域。领域细分是目前商业营销理论中的一个热门词汇，指的是对销售市场进行更精准细致的划分，提高产品和服务的针对性。当前，两岸关系发展呈现出新的阶段性特征，对两岸青年社团交流活动模式提出了“精细化”的转型要求。我们看到，自从台海局势在三年前发生重大积极变化、两岸关系实现历史性转折以来，两岸关系持续向好发展，已取得一系列重要成果，大大巩固了和平发展的基础，特别是ECFA签订后，正常化、制度化和机制化成为两岸关系最为突出的阶段性特征。在此背景下，两岸青年社团交流不能停留在你来我往、走走看看的层面上，而应主动到两岸所签订的15项合作协议中去掘金，积极探索开展同业协作、专业合作的新路径。参加本次圆桌会议的40多家青年社团，基本上都有特定的专业领域，比如中小企业、青年创业、文教工作等。我们完全可以进一步细分领域，多打专业牌，推动两岸青年社团交流进入综合交流与同业交流并重的新阶段。

第二，我们应把握好两岸青年群体的代际特征，在青年交流活动中注重主题设计。当前，两岸青年群体正在进入代际更替的重要时期。在大陆，“80后”、“90后”群体逐步进入公共视野，受到了社会各界的高度关注。在岛内，以“首投族”为代表的青年一代正在成为影响公共生活的重要力量。不管是“80后”、“90后”，还是“首投族”，这些青年都体现出显著的群体特征，即他们与自己的前辈相比，主体意识更加强烈、全球视野更加开阔、公共参与更加微观。同时，随着信息技术的发展，两岸青年交流、沟通、联络和聚集的方式发生了深刻变化，青年对组织的依赖程度以及自身利益诉求都在发生变化。从去年上海世博会、广州亚运会来看，青年对低碳环保、社会公益很感兴趣，很多台湾青年踊跃参加了志愿服务等工作，这些都启示我们应在交流活动中更好地去设计主题。近年来，大陆青年工作比较注重提升整体性，通过强化主题设计，并紧紧围绕主题提高各个子活动之间的关联度，打造以品牌为核心的工作产品供应链条，努力在满足青年多元化需求的同时，提升工作的整体效应，展示青年组织的整体力量和整体形象。因此，我们在工作中，应注意把握青年群体的新特点新变化，强化主题设计，在就业创业、公益环保、志愿服务、社区参与、人文体验等方面持续跟进两岸青年的关注点和兴趣点，更加突出时代性和互动性，更好地吸引和凝聚青年。

第三，我们应把握好两岸青年交往的结构特征，在青年交流活动中注重扩大覆盖。两岸青年交流工作虽然取得了很多成果，但在地区之间、城乡之间、不同青年群体之间还存在着一些不均衡。回顾两岸青年社团交流的发展历程，我们看到，在大约四分之三的时间里主要是开展两岸青年社团骨干交流。尽管青年社团骨干之间通过交流所增进的了解、友谊和信任，在组织层面上为工作开展提供了有力保障，但这是远远不够的，因为，两岸青年交流本质上的生命力在于广大普通青年的积极参与，两岸青年社团的组织存在价值在于吸引和凝聚更多普通青年。今天在场的岛内青年社团都各自联系、团结着一大批青年，在台湾青年中可以说是有威望、有影响、有渠道。希望大家在与全国青联一道继续深化两岸青年社团负责人和青年骨干交流的基础上，更好地发挥渠道优势，创造机会让更多青年特别是对大陆感到陌生、存在困惑乃至误解的台湾青年参与到两岸交流之中，使他们直接、真实地感受大陆，不断扩大交流活动的覆盖面和影响力。同时，我们应坚持重心下移，努力深化交流合作项目，扩大两岸青年社团基层组织之间的合作，促进两岸青年深层次的思想交流，实现两岸青年交流工作规模与质量的双提升。

同时，我还特别要讲的是，港澳青年社团既了解岛内青年活动模式和大陆青年工作特点，又与两岸多家青年社团有着历史性的联系和众多的正式非正式沟通联络渠道，并在青年工作领域有着较高的职业化和专业化水准，在两岸青年交流活动中拥有着角色优势、人才优势和渠道优势，发挥着不可替代的重要作用。希望港澳青年社团积极把握两岸关系和平发展趋势，充分发挥自身优势，在两岸青年交流工作中发挥更大作用。

总之，希望我们共同努力，不仅把圆桌会议开得一年比一年好，更要把两岸青少年交流工作干得一年比一年更好。

王晓在第九届“海峡青年论坛”开幕式上的致辞

2011年6月13日，根据录音整理

非常高兴在美丽的台北和各位新老朋友相聚，共同参加第九届“海峡青年论坛”。大家知道，在我们中华民族的传统文化中，“九”是一个具有特殊含义的数字，比如“九九归一”就含有周而复始、走向新起点的哲学意蕴。从这个意义上讲，我们入岛举办第九届“海峡青年论坛”，对于两岸青少年交流事业发展具有标志性和里程碑式的意义。借此机会，我谨代表中华全国青年联合会向本次论坛的举办表示热烈的祝贺，向前来参加本次论坛的各位好朋友表示热烈的欢迎，向李钟桂博士、陈世铭总会长等长期以来为两岸青少年交流事业发展付出辛勤劳动、作出重要贡献的有识之士表示由衷的敬意！

这是我第一次来到魅力之城台北，也是第一次来到宝岛台湾。记得台湾诗人余光中先生曾经写过一篇经典散文，叫《思台北念台北》。在这篇散文里，余光中先生用优美的笔调向我们描述了台北的风晨雨夜和市井生活，给很多大陆读者留下了深刻的印象。去年，一部题为《一页台北》的台湾电影又在大陆青年中掀起了“台北热”。影片中温馨的诚品书店、繁华的闹市街景给大陆观众留下了台北的美丽“剪影”。这一次,我们跨越海峡,走进台北,参加了多项活动,见到了很多新老朋友,我的感受是,台北比我想象的还要美,比我期待的还要亲!

本届“海峡青年论坛”以“ECFA 背景下的两岸青年愿景”为主题,很有意义,因为这既是一个具有公共性的宏大课题,也是一个与两岸青年息息相关的生活话题,有着比较广阔的讨论空间。我和在座的朋友们一样,非常期待在随后举行的主旨论坛上分享几位主讲嘉宾的真知灼见。下面,我围绕论坛主题谈几点认识和思考,和大家交流。

我认为,对本届“海峡青年论坛”的主题,可以从以下三个维度来认识和思考:第一个维度是“ECFA 为两岸青年带来了什么”,第二个维度是“两岸青年能为 ECFA 带来什么”,第三个维度是“ECFA 背景下两岸青年组织该做些什么”。

关于第一个维度:ECFA 为两岸青年带来了什么?

第一,ECFA 给我们揭示了一种大趋势。ECFA 的签订和实施,向世人有力地证明了改善和发展两岸关系是两岸民众的共同期盼,认同和支持两岸关系和平发展已成为两岸的主流民意。大家知道,ECFA 涉及面广、影响力大,特别是涉及众多行业经济利益格局的再调整,如果没有广泛和深厚的民意做基础和后盾,是不可能有今天这样的成果的。因此,ECFA 的签订和实施,可以说是两岸关系发展的一次生动的民意测验,标志着两岸关系和平发展势不可挡,已成为不可逆转的大趋势大潮流。两岸青年应认清和把握这种趋势,积极投身到这一历史潮流中来。

第二,ECFA 向我们展示了一种大智慧。ECFA 的酝酿、协商和签订的过程,充分体现了“建立互信、搁置争议、求同存异、共创双赢”的大智慧。双方坚持以两岸民众的福祉为最高标准,坚持实事求是、相向而行,创造性地化解了诸多难题,比如,采用了比 FTA 更具弹性的渐进式推进方式等等。可以说,ECFA 的签订和实施,再次向世人证明了我们中国人有能力、有办法办好自己的事情。这种大智慧和方法论值得两岸青年体认、继承和发扬。

第三,ECFA 为我们昭示了一个大未来。ECFA 从制度、机制、法律等方面为两岸关系持续发展提供了有力保障。我们相信,在协议条文的规范下,两岸经贸关系将更加迅速、有序地发展,也必将为两岸青年在就业创业、职业发展等领域提供更多成功机会。比如,对台湾青年来说,ECFA 既通过免税机制对青年就业人数巨大的传统弱势产业产生了提振作用,又通过开放机制对金融服务、文化创意等青年创业人数较多的新兴领域产生了催化作用,为青年规划职业生涯、实现人生理想展现了一个更加美好的未来。

关于第二个维度:两岸青年能为 ECFA 带来什么?

第一,两岸青年既要做 ECFA 的受益群体,又要做 ECFA 的建设群体。毋庸置疑,包括在座诸位青年朋友在内的两岸青年是 ECFA 的直接受益者。大家会在今后五年、十年乃至更长时间里更加真切地感受到这一积极影响。从 ECFA 文本中,我们可以看到,从金融合作到中小企业发展,从 IT 交流到贸易便利,涉及的行业和领域很多,在其中很多领域里青年人具有比较优势,是受益群体。但我认为,这种受益并不是自然而然的,也不是机会均等的。大家只有积极参与到两岸交流合作的潮流中来,拿出智慧和勇气,付出劳动和汗水,才能收获成功。同时,我们应该看到,ECFA 现在还只是一个框架协议,还需要不断完善,我们青年人不能坐享其成,而应担负起推进两岸关系和平发展的责任,在细化、拓展 ECFA 制度和内容的过程中发挥自身优势，做出积极贡献。

第二，两岸青年既要看到ECFA的当前效益，又要看到ECFA的长远效益。我知道岛内很多青年期待ECFA、欢迎ECFA，大家的注意力可能更多地集中在ECFA给岛内带来的直接经济利益上，特别是在以“早期收获计划”为代表的免税机制带来的巨大利益上。这确实是一个巨大的“利好面”。同时，我认为，我们更应认识到，从基本面来看，在区域经济整合和全球化迅猛发展的背景下，ECFA更重大的意义在于重塑了两岸经济合作格局，对促进台湾以大陆为腹地实现产业转型升级具有重要意义，对两岸青年特别是有远大抱负和创业激情的青年来说更有吸引力。我们两岸青年应依托ECFA提供的便利平台，更加踊跃地参与到两岸产业链条对接和转型升级中来，共同建设“两岸携手、共创双赢”的经济新格局。

第三，两岸青年既要关注ECFA的经济属性，又要关注ECFA的社会属性。ECFA是一项经济合作协议，是消除两岸贸易、投资等领域障碍和壁垒的重大举措。我们应珍惜机遇，积极开展经贸合作、同业交流，把经济文章做足。同时，我们也要看到，ECFA还承载着很多人文社会性元素。大家知道，在经济学理论中，同质的文化背景能够显著降低合作的交易成本。我想，正是因为我们两岸同根同祖的人文纽带，ECFA才会比其他自由贸易区更快成型。同样，ECFA各项协定的后续落实，也不能仅仅依靠文本规定，还必须以两岸的理解互信、社会融合为保障。因此，两岸青年应在继续加强经济性、专业性交流与合作的同时，以同根的历史文化、同祖的亲情文化、同龄的时尚文化为载体，积极开展人文交流，增进感情，扩大认同，为两岸关系和平发展奠定坚实的人文基础。

关于第三个维度：ECFA背景下两岸青年组织该做些什么？

第一，两岸青年社团应努力促进公共逻辑与个体逻辑的统一。ECFA的签订和实施必将有力地推动两岸关系健康发展，并为两岸青年成就事业提供更多机会，这是基本的历史逻辑和公共逻辑，也必将被未来的实践所证明。但我们要认识到，宏观利好并不自然地等同于微观便利，公共逻辑也不自然地等同于个体逻辑。因为，在公共逻辑成为现实的同时，对于青年人个体来说，每个人实现梦想的技术路径不同，会遇到这样或那样的困难和问题。比如说信息不对称，这是人类社会的永恒难题，也是社会组织存在的重要缘由。在ECFA背景下，社会信息更加丰富，但青年个体并不一定能准确、完整、及时地获得自己所需要的交往合作、成长发展等方面信息，这就为我们及时解读和宣讲有关信息、服务青年成长发展提供了工作空间。因此，我们应坚持以人为本，关注好、服务好两岸青年需求，帮助他们成长发展，把宏观利好更多地转化为微观便利，使青年投身ECFA的实际行动成为他们从自身出发所作出的自觉选择，促进公共逻辑与个体逻辑的统一。

第二，两岸青年社团应努力促进综合交流与同业交流的并重。1990年，全国青联在北京亚运会期间与到访的台湾青商总会建立了合作关系。20年后，我们双方又在去年的广州亚运会期间举办了纪念活动。20多年来，两岸青年社团做了很多工作，为促进两岸青少年交流作出了重要贡献，比如，李钟桂博士创办了很多协会，这次我在台北见到的很多新老朋友不是她的学生，就是她的晚辈。同时，我们应看到，在工作中，一般性交流、综合性的活动还相对较多。当前，随着两岸关系持续向好发展，政策化、制度化和机制化已成为两岸关系最突出的阶段性特征，对两岸青年社团交流合作的模式提出了“精细化”的转型要求。我们应在继续向广度和深度进军、深入开展综合性交流的同时，积极开展同业交流和专业合作，通过共同的职业背景、相通的专业经验和现实的合作需求，推动交流合作项目持续稳定发展。大陆和台湾的青年社团大多有特定的专业领域，比如中小企业、青年创业、文教工作等，我们可以多打“专业牌”，共同推动两岸青年社团交流进入综合交流与同业交流并重的新阶段。

第三，两岸青年社团应努力促进项目建设与机制建设的结合。一方面，我们在项目建设上应把握好几个问题。一是应注重优化项目运作方式。我们应注重优化主题设计，使主题更有内涵、更有吸引力，同时，紧紧围绕主题，在横向上注重提高各个活动之间的关联度，形成并提升累积效应，在纵向上通过一次一次、一年一年工作资源和工作力量的持续叠加，形成并提升累积效应，不断提高交流合作项目在青年中的市场占有率。二是应扩大普通青年参与。我们应深刻认识到两岸青年交流本质上的生命力在于广大普通青年的积极参与，两岸青年社团本质上的存在价值在于吸引和凝聚更多普通青年，为此，我们应努力避免工作成为熟人圈和高端俱乐部，使两岸青年交流事业深深地扎根于两岸广大普通青年之中。三是应注重加强基层组织合作。我们应在继续发挥两岸青年社团合作层级较高、决策能力和执行力较强等优势的同时，注重完善基层组织，着力推动两岸青年社团基层组织的交流与合作，使我们的组织体系在基层节点上充满活力。另一方面，我们应看到机制建设对于两岸青年交流事业发展来说是一个非常重要的内生变量。比如，刚才陈世铭总会长讲到的创业问题，承载着很多青年美好的梦想和期待，但客观上讲创业是一个偏风险的活动，而制衡创业风险的最佳路径就是建立起一套预期稳定的制度设计。因此，我认为，两岸青年社团应努力和善于把合作中的好项目、好经验、好成果，固化为科学的制度安排，从而使两岸青年社团合作能够超越时间、地点、形式、条件、载体等方面的限制，超越社团之间的组织范畴，在两岸青年交流事业全局中发挥更大作用。

大家知道，这段时间，分藏于两岸的《富春山居图》在分隔360多年之后正在台北故宫博物院合璧展出，在海内外传为佳话。我认为，这是一个象征，标志着两岸关系和平发展和两岸中华儿女的大交流、大融合已势不可挡。中华全国青年联合会愿以本届“海峡青年论坛”为新的起点，与台湾和港澳地区的青年社团进一步密切合作，吸引更多的两岸青年参与，为两岸关系和平发展、为实现中华民族的伟大复兴作出新的贡献。

最后，衷心祝愿本届“海峡青年论坛”取得圆满成功！祝在座各位朋友生活幸福美满、事业蒸蒸日上！

王晓在中阿经贸论坛青年分会上的致辞

2011年9月21日

非常高兴与大家相聚在美丽的塞上湖城——银川，共同参加中阿经贸论坛青年分会。首先，我谨代表中华全国青年联合会向会议的召开表示热烈的祝贺！向出席会议的各位嘉宾和青年朋友表示热烈的欢迎和诚挚的问候！

中阿交往有着悠久的历史和深远的影响，共同为人类文明的进步作出了重要贡献。时至今日，中阿传统友谊历久弥新。在波澜壮阔的民族解放运动中，双方相互同情支持；在维护国家主权和独立、推动建立公正合理的国际新秩序中，双方密切配合；在国家建设和经济发展中，双方真诚合作。可以说，一路风雨同行，始终患难与共，经过半个多世纪的时间考验，中阿友好关系和中阿人民之间的深厚友情真挚依然。

当前，中阿友好关系进入了一个新的发展阶段。中阿传统友谊展现出新活力，中阿友好合作迈出了新的步伐。特别是在双方的共同努力下，中阿经贸合作成绩斐然，呈现出快速、多元化的发展势头，阿拉伯国家在中国对外经贸合作格局中的地位日渐提升。同时，中阿分别作为世界上青少年人口最多的国家和青少年人口比例最高的地区，青少年交流正在蓬勃开展。对中阿双方来说，青少年之间的友好交流在很大程度上影响和决定着中阿关系的基础和未来。因此，本次会议以“合作共赢，青年引领未来”为主题展开讨论交流，很有意义。借此机会，我谈几点想法，和大家交流。

第一，中阿青年要珍视历史，做中阿传统友谊的传承者。“友好”是中阿2000余年历史关系的主题词和主旋律。无论是海上“丝绸之路”的佳话，还是奥斯曼哈里发派使者来华拜会中国唐朝皇帝的史实，还是中国明朝航海家郑和航行到亚丁、麦加、索马里的记载，都充分证明中阿交往从一开始就建立在和平友好、互惠互利的基础之上。新中国成立后，中国同阿盟22个成员国都建立了外交关系，中阿之间从未出现过紧张和对抗，是全天候的好朋友好伙伴。尽管当今世界正在发生广泛而深刻的变化，中阿双方自身也发生着显著变化，但中阿和平友好的基础没有变，中阿人民和政治领导人缔结的深情厚谊不能变。中阿青年应珍视中阿之间由历史积淀而成的珍贵友谊，加强了解，增进情感，扩大共识，将中阿友谊世世代代传承下去。参会的各位青年朋友都是在本国拥有一定影响力的青年才俊，在职业生活和社会生活中都联系、影响着很多青年。我们应进一步发挥示范带动作用，做好中阿友谊的坚定奉行者和积极倡导者。

第二，中阿青年要着眼现实，做中阿合作共赢的推动者。中阿经济的互补性很强，在友好交往中建立了稳定的经贸关系，取得了丰硕的合作成果。近年来，中阿经贸合作正在改变传统的单一格局，呈现出一系列新的结构性特点，具体体现为非石化产品和高附加值产品在双方经贸往来中所占比重逐渐增加。从首届中阿经贸论坛的成果中我们可以看到，除传统的能源化工项目外，新能源、物流服务、特色农业、装备制造业项目明显增多。同时，我们看到，在中阿合作涉及的众多行业中，青年人在其中很多新兴领域拥有比较优势和更大的发展空间。中阿青年应拿出智慧和勇气，付出心血和汗水，踊跃参与到中阿交流合作中来，使中阿友好交流事业不仅符合情感逻辑，而且遵循市场规律，拥有更加坚实的现实基础和更加旺盛的生命力。

第三，中阿青年要面向未来，做中阿文明对话的开拓者。构建一个多元文明和谐共生、不同文化理性共存的和谐世界是我们的共同追求。中阿友好交流，实际上是中华文明和阿拉伯文明两大文明的交融交汇，中阿之间的文明对话应当成为不同文明之间平等交流的典范，在构建和谐世界、增进人类福祉的过程中发挥更加重要的作用。因此，中阿青年不仅应关注中阿交流事业的政治属性和经济属性，还应关注其人文属性和社会属性，积极参与人文交流与合作，坚实中阿友好事业的社会文化基础。中阿青年组织应按照去年中阿合作论坛第四届部长级会议的倡导，积极协助举办展览、文艺演出、文化日、文化周和艺术节等活动，引导中阿青年增进对彼此文化背景的理解认知，培育平等平和的文化心态，培养理性包容的跨文化交流能力。

朋友们，宁夏是中国唯一的回族自治区，在中阿关系发展中地位独特、优势明显。目前，宁夏已全面启动了清真食品、穆斯林用品的设计中心、加工中心、博览中心、物流中心和休闲度假中心建设，准备在中阿产业对接、商贸往来、技术合作、人文交流等方面发挥枢纽作用。我们期望宁夏借中阿经贸论坛的东风，在中阿友好交往事业发展中发挥更大作用、作出更大贡献，也期望各位青年才俊和企业家在未来事业规划中更加关注和重视宁夏这方热土，在宁夏的沃土上擘画发展蓝图。

朋友们，阿拉伯有句谚语："一棵无花果树看着另一棵无花果树，就变得硕果累累。"我衷心希望本次盛会能为大家开辟一个互通有无、拓展视野的渠道，打开一个展示形象、增进了解的窗口，构建一个合作共赢、共创未来的平台。

最后，衷心祝愿本次会议取得圆满成功！祝愿中阿青年友谊之树常青！

王晓在博士服务团第11批工作总结暨第12批培训动员会议上的讲话

2011年10月21日，根据录音整理

这次会议是在全党上下认真学习贯彻胡锦涛总书记"七一"重要讲话和党的十七届六中全会精神的背景下召开的一次重要会议，对于博士服务团工作承前启后、继往开来具有重要意义。昨天上午，中组部副部长李智勇同志在讲话中全面总结和充分肯定了第11批博士服务团的成效和收获，对深入推进博士服务团工作作出了重要指示，对大家提出了殷切期望和明确要求，为我们做好第12批博士服务团工作指明了方向。在中组部人才工作局的直接领导和精心组织下，本次会议以会代训，内容丰富，安排细致，紧凑高效，开得很成功。具体表现在以下几个方面。

1. 帮助大家深刻理解"为什么"，进一步增强了责任感。通过会议，与会同志对博士服务团工作在参与西部大开发、人才强国、区域协调发展等重大战略实施中所发挥的作用和历届博士服务团对服务地经济社会发展作出的贡献有了较为全面的了解，进一步增强了使命感和责任感。

2. 帮助大家直观了解"做什么"，进一步增强了整体感。通过会议，特别是通过智勇同志的讲话、专题报告和11位同志的发言以及今天上午的对接活动，第12批博士服务团成员初步了解了自己的目标任务，对中西部地区特别是服务地有了总体性、框架性的认识，加快了调整状态、转换角色的速度。有些同志已经有了初步的计划和打算。

3. 帮助大家初步把握"怎么做"，进一步增强了现场感。通过会议，各有关方面为新一批博士服务团成员尽快适应新岗位、开展新工作指出了正确方向，介绍了宝贵经验，提供了科学方法，使新一批博士服务团成员在没有参与服务地工作的情况下有了一些初步的感觉和认知。

总之，本次会议实现了预期目标，取得了应有成效。希望大家认真学习贯彻胡锦涛总书记"七一"重要讲话和党的十七届六中全会精神，认真学习贯彻2009年李源潮同志接见第10批博士服务团成员时发表的重要讲话精神和智勇同志昨天上午提出的各项要求，结合自身实际，扎实做好工作。下面，我就以下三个问题谈几点想法，和大家交流，供同志们参考。

第一个问题，如何把握形势

7月1日，胡锦涛总书记在庆祝中国共产党成立九十周年大会上发表了重要讲话。总书记的重要讲话是一篇马克思主义纲领性文献，集中体现了我们党的理论自觉、价值取向、发展理念和青年观点，为发展中国特色社会主义事业和当代青年健康成长指明了方向。刚刚闭幕的党的十七届六中全会重点研究深化文化体制改革、推动社会主义文化大发展大繁荣问题并作出决定，为新一批博士服务团成员把握新的工作切入点和着力点提供了行动指南。比如，中西部地区文化资源丰富，文化产业正处在产品开发和要素扩张阶段，是我国文化事业和文化产业发展的新的增长极，对于我们贯彻落实党的十七届六中全会精神，在协助服务地发掘特色文化资源、深化文化体制改革、发展文化事业和文化产业方面作贡献提出了新要求。希望大家把学习贯彻胡锦涛总书记"七一"重要讲话和党的十七届六中全会精神作为当前和今后一个时期的首要政治任务，紧密结合自身实际，抓好贯彻落实。

大家知道，博士服务团这一工作品牌诞生于1999年，至今已走过了十二年的精彩历程。其间，西部大开发、高等教育改革这两项国家级发展战略分别从客体和主体的角度，始终对博士服务团的工作走向产生着深刻影响，也与时俱进地给我们的工作提出了一系列新要求。

从客体上看，西部大开发战略的深入实施对博士服务团工作提出了新要求。当前，新一轮西部大开发正在全面推进。这就要求我们善于根据中央对中西部地区发展新的战略考量，与时俱进地推进工作。具体来说，我们应把握好以下几个方面的新变化。第一个是发展阶段的转变。与第一个十年相比，新一轮西部大开发呈现出新的阶段性特征。用经济学术语来讲，就是从"梯度转移"阶段转变为"梯度转移"与"均衡发展"并重的阶段。在经济起飞阶段，中西部地区更多是通过承接东部地区产业转移、借鉴发达地区的发展模式实现发展。现在，越来越多的中西部地区开始依托自然资源、政策资源等内生资源探索和构建原创型的发展模式，走上了跨越式赶超的道路。这就要求博士服务团的同志们既要注重介绍引进发达地区的经验和模式，更要紧密结合当地实际，为服务地探索具有本地特色的发展路子献计出力。第二个是发展重心的转变。去年7月的中央西部大开发工作会议明确提出，必须坚持把保障和改善民生作为一切工作的出发点和落脚点，让各族群众共享改革发展成果，把为民谋利和做好群众工作摆上了与发展经济同等重要的位置。这就要求博士服务团的同志们自觉坚持群众观点和群众立场，把解决民生问题放在工作的突出位置，在做好业务工作的过程中学习和做好群众工作。第三个是发展难点的转变。从发展逻辑来看，西部大开发在"发展动力学"上走的是一条"先易后难"的道路，即先增强政府发展意识、依托政府整合力量、实施"政府主导"的发展模式，对欠发达地区发挥后发优势起到了积极作用，但由于经济主体参与不足和市场环境配合不够等因素，具有一定的局限性。目前，在中西部很多地区，如何培育企业主体、完善市场环境、形成自主驱动已成为提高发展品质的当务之急。服务团同志们应善于发挥自身专长，运用经济、金融、法律等专业工具，在遵循经济规律、完善制度环境等方面多下功夫、多做工作。

从主体上看，高等教育改革发展对博士服务团工作提出了新要求。在"博士服务团"成立的1999年，全国博士生只有5.4万人，且大多集中于东部地区，是名副其实的稀缺性资源。"博士服务团"以集中组织高层次人才的方式支持中西部地区发展，一时引起轰动，深受中西部地区欢迎，显示出突出的比较优势。但我们应清醒地看到，随着我国高等教育改革发展特别是高校扩容，博士培养人数快速增长，今年已比1999年增长了5倍，且广泛分布于各地区、各行业。同时,随着对外开放的不断扩大和社会流动性的不断提升,很多中西部城市都形成了面向全国乃至全球招贤纳士的制度化安排,引智渠道日益多元,人才储备日益丰富,在人才供给方面已经告别了极度匮乏的阶段。在此背景下,“博士服务团”的核心竞争力不能仅仅依靠博士头衔的天然光环,而应努力在内涵上实现新突破,形成更多的附加值,巩固和扩大博士服务团在人才智力方面的比较优势。我认为,与其他领域的博士人才相比,博士服务团成员大都拥有在宏观决策部门工作的经历,具有熟悉政策、了解全局的结构性优势。大家应在继续发挥专业性优势的同时,注重发挥好结构性优势,为当地发展多作贡献。

第二个问题,如何看待自己

正确看待自己是一项非常重要的基本功,说起来容易,做起来难。在基层挂职锻炼期间,大家将经历重要的角色转换,比如,有的同志第一次有了担任党政领导干部的经历,有的同志第一次有了独当一面的工作经历,有的同志第一次有了基层工作经历等等。能否在跨度较大的角色转换中树立正确的成长观,摆正位置,端正心态,对大家的锻炼成效和未来成长有着决定性的影响。在这方面,我认为,我们应努力做到三个“正确看待”。

1. 要正确看待领导职位。大家的服务岗位多是独当一面的领导职位。大家应清醒地认识到,这些职位绝不是让我们个人风光的资本,其中饱含着组织的培养和信任,凝结着当地干部群众的信任与期望。我们应注意避免进入几个误区。第一个是把能量当能力。大家虽然年纪轻,但认识的人多,接触的面广,有派出单位的支持,再加上以地方领导职位为平台,在协助地方沟通协调、争取资源方面还是有一定能量的。一年下来,往往能帮助当地“跑”成不少事儿,拉来不少项目,赢得地方领导不少赞誉,自己也感觉自己有能量、有能力。但是,我们要认识到能量和能力是两个概念,能力是综合素质的反映,能量却掺杂着很多非能力因素,比如,现有工作岗位所提供的平台、派出单位的支持等等,并不完全是个人素质的体现。如果把握不好这一点,陶醉在自己很有“能量”上,不仅不能正确认识和评价自己,还会丧失锻炼提高基层工作能力的绝佳机会。第二个是把威风当威信。大家在挂职期间,会以领导干部的身份出席一些活动,享受相关待遇,面对很多笑脸,有些同志会觉得挺威风的。但大家一定要认识到职务和权力的背后是沉甸甸的责任和殷切的期盼,还有很多关注的目光。因此,我们切不可将这种由权力支撑的风光当做源自他人内心的“威信”。第三个是把所有的好话都当真话。大家年轻干练、学识出众,又来自上级单位,到了地方肯定会被各种赞美所包围。好话大家都爱听,但对说者来讲,却未必都是真话。好话大致有三种:第一种是发自肺腑的由衷之言。第二种是出于好心的善意之言。尽管被夸者没那么好,但人们出于期望、出于鼓励、出于想处好关系,加上和大家没有太多直接利益冲突,说的好话即使有些过,也离实际不远。第三种是违心的虚伪之言。客观地讲,大多数人的自我评价和社会评价之间是有偏差的,自我评价往往会高一些。我们应认识到,我们听到的好话,即便是真的,也不一定来自群众;即便是人民群众说的,也只是一时一事。如果我们一味地爱听好话,自我陶醉于好话之中,对人对事失去正确的判断,就可能损害事业,也不利于自己成长。因此,我们一定要始终保持清醒头脑,谦虚谨慎,兢兢业业,尽职尽责地做好工作。

2. 要正确看待基层经历。基层工作经历并不是一个简单的时间概念。大家要想通过挂职锻炼拥有一段含金量高、对未来职业发展具有支撑作用的基层工作经历,需要在思想上认清楚三个“不等式”。第一个是在基层不等于懂基层。在基层工作并不意味着必然拥有基层工作经验,也不必然等于懂基层。有的同志认为,我在上级机关干了很多年，去过很多地方，掌握不少信息和情况，有一种“没吃过猪肉，还没见过猪跑”的心态。大家看，近些年来，我们党加强作风建设，很多党政领导在已有多年地方工作经历的情况下，通过走村入户、与群众同吃同住同劳动，有了很多新的认识和体会。因此，我们如果身在基层，但缺乏深入群众生活、深入实践一线的端正态度和扎实作风，我们的基层工作经历的含金量是远远不够的。我认为，产生这种问题的根源往往在于思想上的“惯性”。大家在原来的工作岗位上取得了优异的成绩，积累了很多好经验好做法。但走上新岗位后，如果继续沿用原有的思维模式，可能就会陷入惯性思维的误区。因此，我们应在养成良好思维习惯的同时，珍惜与群众面对面交流的机会，坚持向实践学习、向人民群众学习，把握好基层的工作逻辑和社会生活机理，掌握受益终生的经验和本领。第二个是事务多不等于收获多。大家初到地方可能会感觉很忙，但不同的“忙法”效果大不一样。如果避重就轻、蜻蜓点水，即使忙碌了一年也不会有多少实质性的收获。我认为，产生这一问题的根源往往在于思想上的“惰性”。古人云：“天下事因难而废之者十之一二，因惰而废之者十之八九。”有的同志可能会想，我是来补基层工作经历的，只要不出事就行了；有的同志在工作中不能坚持高标准、严要求，想等自己将来有一个称心的岗位再好好干，殊不知职业习惯的养成是持续累积的，不良的职业心态和习惯一定会伤及未来发展；有的同志认为工作中的难题和矛盾过去那么多年、那么多人也没有解决，自己也没必要去碰等等。这里，我给大家举个例子。我们在爬山时，有时会看到挑担子的脚夫比游客走得快，这是因为他们肩上有担子，走得快一点儿，早到地方早轻松；在人才成长过程中，也有这样的规律，即大凡成长进步比较快的，往往是“五加二”、“白加黑”干出来的。因此，希望大家勇于自我加压，敢碰矛盾和难题，在全身心投入工作的过程中真正练好“身子骨”，提升“精气神”。第三个是素质好不等于干得好。有些同志一开始可能会习惯从“理论上应该是什么”的角度去分析问题，而不太关注“现实是什么，条件是什么”。我认为，产生这一问题的根源往往在于思想上的“任性”。大家理论素养较高，有的同志在本领域还有些“权威”，难免有时会凭个人主观判断行事。希望大家在挂职锻炼中多问几个为什么，弄清来龙去脉和关联因素之后再下结论，少作草率的判断，不仅明白“应该是什么”，更要理解“现在是什么”，把应然和实然更好地结合起来，从而更好地融入当地的建设与发展。

3. 要正确看待挂职身份。挂职身份的短期性、临时性，可能会对大家的归宿感、政绩观和方法论产生一定影响。在这里，我希望大家能够正确对待挂职身份，处理好四种关系。第一个是要处理好“主”与“客”的关系。尽管我们是到异地他乡去服务，服务时间也有限，但绝不能以“过客”的心态去对待应尽的职责，不能把自己简单地当成“临时顾问”或“技术人员”，更不能因为情面等影响事业发展，而应增强主人翁意识，全身心地投入到工作之中。第二个是要处理好“公”与“私”的关系。大家对自己的发展有所考虑、有所期待是可以理解的。但是，我们必须清醒地认识到，服务团的经历不是个人“镀金”的“简历装饰品”，更不是个人“政绩”的“成就展示台”，干部的成长是以事业和工作为支撑的，往往是欲速则不达。我认为，事业在我们心中有多重，群众在我们心中有多重，组织在我们心中有多重，我们就在组织、在群众那里有多重。只要我们集中精力干好工作，个人的成长发展就会水到渠成。第三个是要处理好“近”与“远”的关系。同志们肩负着不少期望，压力不小，一年又是一个较短的周期。因此，一些同志难免或多或少地会有一些“线性心态”，希望自己的投入、付出能很快见到成效。我们应认识到，基层工作是各种因素合力作用的结果，往往是“非线性”多于“线性”，不一定和我们的主观愿望相一致。因此，我们在条件允许时，要抓住机遇，力争取得立竿见影的成效，这对当地发展也是好事。在条件不成熟时，我们一定要尊重客观实际，把工作热情与科学态度结合起来，不贪大、不求多、不蛮干、不冒进，扎扎实实地多做一些打基础、管长远的工作。第四个是要处理好“方”与“圆”的关系。“方”是指原则性、权威性，不能轻易变动；“圆”是指灵活性、柔性，有一定的弹性。大家在服务地挂职，大多是领导班子成员，处理好与正职和其他班子成员的关系，维护团结，干好工作，需要我们在把握上，做到“大方小圆”，坚持大事讲原则，小事讲风格，始终把原则性摆在第一位，摆在具有否决灵活性的前提位置，而不是错误地把“原则性与灵活性相结合”当成一部分与另一部分的关系；在形式上，做到“内方外圆”，听取各方意见时认真、热情，干的时候坚持原则和标准，既不拔高，也不放宽；在效果上，做到“神方形圆”，维护班子团结，维护班长权威，维护集体领导的原则，在议事论理过程中既讲原则，又讲方法，努力营造和谐氛围。此外，大家作为领导班子成员、作为副职还应努力做到“三个力戒”，即力戒“多一事不如少一事”的思想，有较强的全局观念；力戒“畏首畏尾”的状态，有独当一面、勇于负责的勇气；力戒“显山露水”的行为，有甘当“绿叶”衬“红花”的意识。

第三个问题，如何干好工作

1. 在工作思路上，要处理好取与舍的关系。到基层工作，尽管工作很多，但遇到的事情如果简单点儿讲，可以分为大事和小事两类。怎么做，可以概括为三句话：第一句话是分清大事和小事，第二句话是合理配置抓大事和抓小事的时间和精力，第三句话是关注大事小事之间的演变规律，善于小中见大。在分清大小事之后，就涉及取舍。在这一点上，大家要有放弃的智慧和勇气，突出工作重点，合理分配资源和力量，切忌眉毛胡子一把抓。大家在向上级汇报工作时，也要注意这一点。

2. 在工作节奏上，要处理好急与缓的关系。大家在工作中应对事物的发展趋势保持一种敏锐的判断，该快的时候要毫不犹豫地下定决心，果断出手；条件不具备时，则一定要沉得住气，慎重行事。特别是我们到一个新的工作环境之中，应立足于稳，只有稳得住，才能了解情况，绝不能急于表态、急于求成，而要稳中有动，少说多做，先做后说，不能活儿还没干多少，报告、体会先写好了；也不要八字还没一撇，肉还没吃到嘴里，就先说出去。一定要沉得住气，不争一时之长短，坚持实字当头，踏踏实实，埋头苦干；不急于发出声音，一旦发出声音，就要有充分的说服力和一定的影响力。

3. 在工作模式上，要处理好点与面的关系。点面结合、以点带面是一个重要工作方法。大家到地方担任领导职务以后，可能会承担一些试点工作任务。我认为，试点成功在本质上的意义和标准是试点经验可以普遍推广。否则，试点就是不成功的。在抓试点的过程中，希望大家能注意避免出现以下几种现象。第一个是包办代替。把抓试点理解成自己直接干，不注重调动试点单位的积极性和创造性，一竿子插到底，越俎代庖，自导自演。第二个是过度倾斜。在人力、物力、财力等资源投入上向试点单位过度倾斜，导致抓出来的试点可学性、可比性不强，达不到示范、推广的目的。第三个是拔苗助长。不遵循事物发展规律，人为地加快试点工作进度，缩短其成长周期，没等开花就想摘果，经验还没成熟就急着总结宣传，导致虽然暂时苗高一截，看起来长得快，但是这种高是以破坏根基为代价的，不但无助于苗的生长，反而会造成发育不良、难以持久。第四个是锦上添花。总结宣传试点经验时要坚持实事求是，不能只顾着妙笔生花，一味追求完美和“高大全”。同时，要认识到总结试点工作中的问题和教训具有同等重要的意义，认真地去查找问题，整改提高。

4. 在工作能力上，要处理好专与全的关系。大家到地方基层挂职锻炼，既是将，又是帅；既当配角，又当主角；既要参谋，又要决策，需要扮演双重角色，履行双重职能。这就要求我们既要有比较全面的综合素质，又要对自己分管的工作非常熟悉，不仅是内行，还要成为专家，处理好专与全的关系。我认为，我们应注重提高以下几种能力。

要提升思考能力。人的素质形成有三个环节，即从信息到知识，从知识到观点，从观点到智慧。良好的学习能力只能解决从信息到知识这一环节，后两个环节必须依靠思考的作用。思考能力应当包括发现、翻译和反思三个重点。首先，要有发现的能力。良好的问题意识是思考的开端。问题去哪里找？应善于从理论与实践、共性与个性、表象与实质的差异中去寻找问题。其次，要有翻译的能力。大家与基层的同事们相比，具有理论、政策的优势；与在原单位的同事们相比，又有实践中的信息等优势。因此，大家在面对基层材料时，不能只是简单地罗列事实，不加研判，没有倾向性观点，而应善于将基层的宝贵经验和工作规律总结提炼出来，实现从“具体”到“抽象”的过程。同时，宣传政策、部署工作时，不能搞上下一般粗，而应善于把自己的政策、理论优势与实践结合起来，转化为现实生产力，实现从“抽象”到“具体”的过程。第三，要有反思的能力。经常对工作进行梳理，是不断超越自我、进步提高的重要方法。大家应注意在反思时，不能只思问题，不思成绩，因为成绩中往往也存在着需要解决和改进的问题；不能只思别人，不思自己；不能只思应对，不思创新。

要提升决策能力。对于即将走上地方领导岗位的同志们来说，领导决策能力既是核心能力，可能又是相对薄弱的环节。在此，我向大家推荐几种方法。第一个是简单对复杂。只要我们做到“公道正派、坚持原则、程序科学、普遍性强”这十六个字，在纵横交错的复杂关系、来头不清的复杂背景、多方关注的复杂问题、事关全局的复杂决策、众说纷纭的复杂议论等面前就能把握好自己和工作。第二个是主管不主观。任何一项正确的决策都是集体经验和智慧的结晶。但由于同事们的状况和条件不同，对决策往往会仁者见仁、智者见智，这就要求大家在决策中既要当好“主管”，发挥协调各方、正确集中的作用，又要努力避免从主观出发作单向思考，进入“主观”的误区，而是应尊重决策的客观性原则，吃透情况，充分吸纳其他意见。第三个是总揽忌独揽。大家在自己分管的工作领域进行决策时，承担着直接的重要责任，勇于负责是必须的，也是可贵的，但应善于抓主要矛盾和矛盾的主要方面，和大家一起干好工作。

要提升协调能力。有效的沟通协调要求有原则、有深度、有规范、有技巧。在这里，我着重给大家讲讲与上级领导沟通的问题。我认为，除了应多头请示、多次汇报的工作外，对上沟通应当注重“单一性”。单一性主要体现在以下两个方面：其一，某一问题一般只请示一位主管领导，切忌多头请示；其二，一个问题一般只请示一次。不可走一步请示一次，否则，可能既影响工作进度，也会让自己无所适从。所以，具体工作中，在请示之前，尽可能把问题想细想全，一次请示，果断行事。

昨天，智勇同志在讲话中对共青团组织做好博士服务团工作提出了非常明确的要求。各级团组织要认真落实智勇同志的讲话要求，更加积极主动地配合组织人事部门、配合派出单位和接收单位做好工作。这里，我再强调几个理念和方向上的问题。第一，要努力促进公共逻辑与个体逻辑的统一。博士服务团是当代青年知识分子在党的领导下进行的生动实践，探索出了一条人才开发和区域开发相结合的促进区域协调发展的新路子，探索出了一条组织化动员和市场力量推动相叠加的人才开发新模式，探索出了一条促进高层次人才成长为“懂理论、知国情、能实干”人才的成长新途径,具有很强的实践价值和示范效应,符合国家发展和民族振兴的公共逻辑,具有强大的精神感召力。同时,我们要看到,从组织方角度来讲,我们应尊重现代社会成员自主选择的基本机理,着眼于博士服务团工作的可持续发展,坚持以人为本,多交流、多关心、多服务,努力帮助博士服务团成员解决学习、工作和生活中的具体困难,更好地促进公共逻辑和个体逻辑的统一,进一步强化把个人价值和社会价值统一的社会导向,让正确的成长观和理想主义情怀影响更多的青少年。第二,要努力促进增量效应和集聚效应的叠加。博士服务团发展到现在,已经积累了很多优质存量资产。每一批博士服务团成员都有新作为,都产生了新的增量效应。我们要看到,博士服务团不是松散的组合,而是团结战斗的团队。我们应该思考如何在纵向上,通过每一个地区、每一个成员及其在服务地工作的增量效应来激活服务团工作的存量资产,实现博士服务团工作总量的与时俱进;同时,在横向上有效集成各个服务地、各个成员的比较优势,在做好加法的基础上做好乘法,实现乘数效应和集聚效应的叠加。第三,要努力促进外来人才与当地人才的融合。服务团同志到地方工作,不是去“独唱”,而是去唱“合唱”的,应和当地干部群众一起干事创业。近年来的工作实践表明,博士服务团成员只有与当地的工作团队融为一体,团结协作,相得益彰,才能真正干出一番事业;反之,与当地人才融合不好,就可能会水土不服、孤掌难鸣,对工作和事业发展造成损害。因此,我们应注重引导、促进服务团成员和当地人才的有效衔接与融合,通过博士服务团这种高层次人才的持续注入,带动当地人才队伍的建设和发展。

以上是我的一些想法和建议,和大家交流,供大家参考。最后,我代表团中央,向长期以来关心重视支持共青团和青年工作的各级党委组织人事部门的领导和同志们表示衷心的感谢!衷心祝愿第12批博士服务团成员能够高扬理想主义的旗帜,唱响“到西部去,到艰苦地区去,到祖国和人民最需要的地方去”的时代主旋律,在新的实践中再创佳绩,捷报频传!

贺军科同志讲话

贺军科在全团基层组织建设和基层工作电视电话会议上的讲话

2010年12月30日,根据录音整理

受书记处委托,我向大家报告团十六大以来全团加强基层组织建设和基层工作的阶段情况,并就继续推进的三项具体工作提出安排意见。

一、团十六大以来全团加强基层组织建设和基层工作的基本情况

1. 驻点工作

从2008年9月起,全团分四批选派地市

以上团的领导机关干部驻县级团委指导工作，每批半年。两年来，共选派2774名机关干部到2828个县级团委驻点，覆盖了全国县级行政区划的99%。全团地市以上机关专职团干部中的43%参加了驻点工作。同时，全团所有副局级以上干部，分别选择1至2个县（区）开展五天以上的驻点调研，深入一线指导工作。驻点工作的主要成效有五点：

一是更加深入了解了基层实际情况。两年来，驻点干部共走访基层单位6.3万个，召开座谈会1.9万次，访谈团员青年36.6万人次，发放调查问卷144.9万份，较为清晰地掌握了团的基层组织状况和存在的突出问题。

二是形成了全团重视基层、支持基层的良好氛围。通过驻点工作，各级团的领导机关进一步增强了抓基层的意识，把越来越多的工作注意力、资源和力量向基层集中，初步形成了全团支持基层的强大合力和良好氛围。

三是帮助基层解决了许多实际困难。据不完全统计，在驻点干部的参与和帮助下，全国57%的县（区）制定了加强基层团建的制度和规范，58%的县（区）团委争取并落实了工作经费，42%的县（区）团委配齐或新增了工作力量，较好地保障了基层工作的开展。

四是推动了全团重点工作在基层的落实。两年来，在驻点干部的推动下，各地新建团组织5万个，整顿软弱涣散基层组织2.6万个；参与帮助青年实施贷款项目13万个，贷款金额65.9亿元，培训农村青年151.8万人次。

五是教育和锻炼了团干部队伍。广大驻点干部进一步增进了对基层的了解，密切了与普通团员青年的联系，也看到了自身存在的问题和不足。在群众工作能力、理论联系实际等方面得到了锻炼和提高。同时，驻点工作使基层团干部切身感受到了上级机关的关心和支持，进一步激发了工作热情，在一定程度上提高了县级团委的工作执行力，促进了基层团干部队伍整体水平的提高。

目前，驻点工作总体上已告一段落，为巩固成果，下一步地市以上团委要督促驻点干部与驻点县级团委保持经常性联系，继续加强对县级团委的指导和帮助。

2. 试点工作

为解决乡镇、街道团委长期存在的工作力量薄弱、组织机制不健全、工作资源匮乏、活力不足的困难，从2009年6月起，团中央先在贵州的24个县，继而在全国其他省份每个地市选取一个乡镇和一个街道，共计924个乡镇、街道进行团的组织格局创新试点工作。同时，为探索扩大组织覆盖、增强组织活力的新途径，团中央分10个专题在全国667个基层单位进行了团的基层组织建设和基层工作试点。目前，这两类试点已基本结束，通过试点工作的实践探索，初步提炼出了一些具有推广价值的规律性认识和普遍性经验。

一是乡镇、街道团的组织格局创新试点取得重要成果。试点单位在所在县（区）党委支持下，以专兼职结合、编制内外结合的方式，选配各类青年群体中政治可靠、热爱青年工作、有资源动员能力的优秀青年党、团员担任乡镇、街道团委班子成员，同时探索建立与之相适应的运行机制，设计可行的工作内容。经过半年多的运行，有关单位开展试点工作的前后对比表明，乡镇团委成员平均从5人增加到9人，街道团工委从不到1人增加到5人，工作力量大大增强；农村能人、非公有制企业和社会组织员工、大学生村官、农民工等兼职团干部平均占到委员会成员的40%，拓宽了联系青年的渠道；大部分兼职团干部发挥自身特长，从工作经费、工作项目、工作阵地等方面争取各方支持，丰富了基层团组织的工作资源。试点单位开展活动的频度和水平大大提高，激发了活力。试点工作得到了中央领导同志和中组部的充分肯定，要求团中央适时在全团全面推广。

二是基层组织建设和基层工作试点取得

了一批认识和实践成果。初步提炼表明,通过试点丰富了基层团组织的设置方式。在农村和城市社区试点中,探索出了区域内基层组织联建、共建的有效模式。例如,江苏南通市通州区成立“团建共同体”,推动同一地区内相关的村居、学校、企业团组织资源共享、优势互补,取得了较好效果。在统筹城乡团建试点中,探索出了在进城务工青年群体中的组织设置模式。其中既有河南等地探索的以乡情为纽带,依托政府派出机构、本省在外企业等组建驻外团工委的方式,也包括江苏等地探索的在进城务工青年集中宿舍区建立团工委,在楼宇和楼层分别建立团总支和团支部的方式。通过试点拓宽了增强基层组织活力的途径。在农村、城市社区和统筹城乡团建试点中,探索出了依托青年群体集中的县城、社区和工业园区,建立团员青年服务中心、社区青年中心等实体工作阵地,为团员青年提供就业培训、小额贷款、权益维护等服务。在学校试点中,探索出了“先进思想引领、合理利益尊重、多样化兴趣满足、同伴理想共同成长、主体地位尊重和主体意识激发、社会化技能培养、外部资源催化”等七条提升基层团支部活力的途径。通过试点验证了创新基层工作的载体。在统筹城乡团建试点中,探索了依托互联网平台,对流动团员进行联系服务和动员的工作方式。在城市社区和企业试点中,各试点单位也创造出了一些行之有效、富有生命力的工作载体和活动载体。通过试点加深了对新兴领域团建可行性的认识。在试点过程中,发现了原来关于团的基层组织建设一些经验和认识的局限性,找到了解决新问题的探索方向。

下一步,各地要继续总结和提炼试点工作中形成的好做法,认真梳理深层次的社会机理,努力形成规律性认识,同时要通过多种形式积极推广试点成果。

3. 扩大组织覆盖

2008 年底召开的团的十六届二中全会明确了今明两年的具体工作要求,经过全团上下各条战线的艰苦努力,这项工作取得了重要进展。

一是非公企业建团。截至昨天,今年以来共在 11.3 万户非公企业建立了团组织,超过以往历年在该领域建团数量的总和,323 万名团员重新纳入组织覆盖,767 万名青年纳入了工作覆盖。全国的 30 个省份和新疆生产建设兵团全都超额完成了年度目标任务。其中广东、浙江、江苏、山东、福建、北京、河南、云南、辽宁等地成绩比较突出。

二是外出务工青年群体建团。截止到 10 月底,各地建立了 60 个省级驻外团工委,269 个地市级驻外团工委和 695 个县级驻外团工委。这些驻外团工委共建立基层团组织 10668 个,联系 35 岁以下青年 458.6 万人、团员 47.6 万人。同时,各地在工作推进过程中,探索了依托各类载体建立驻外团组织、建立属地团组织等模式,初步形成了流入地和流出地齐抓共管的局面。

三是社会组织建团。今年以来,全团在民办非学历教育培训机构、民办学校、会计师事务所、律师事务所等社会组织中新建团组织 1.2 万家,新联系青年 130.6 万人、团员 60.4 万人。山东、广东、黑龙江、云南、广西、浙江等省份推进较快,北京等地在依托行业力量推进团建方面取得了实质性进展。

四是农民专业合作组织建团。目前,全国已登记的以青年为主体的农民专业合作组织有 3.5 万家,其中已建立团组织的 8740 家,覆盖团员 29.2 万人。

五是国有及国有控股企业建团。今年共在 3500 多户企业中新建团组织,新联系青年 32 万人,团员 15.1 万人。中央企业团工委在对央企三级以上法人单位全面调查基础上,努力消除团建空白点,目前,央企二级以上法人单位团的组织覆盖率已经超过 95%。

4. 全力支持基层

团十六大以来,团的各级领导机关集中有

限的工作力量和工作资源，通过提供经费支持、优化工作环境等多种形式，为基层提供了有效的支持。

一是提供经费和物质支持。团十六大以来，团中央累计向中西部地区和部分东部地区的2200多个县级团委提供工作经费1.76亿元，赠送图书价值超过8000万元，捐赠电脑2590台。尤为可贵的是，全国省、市两级团委在自身经费较为紧张的情况下，千方百计全力支持基层。两年来，共向基层提供5.96亿元资金支持，帮助基层解决了一些现实困难，更为重要的是让基层获得了力量、温暖和信心。

二是支持工作力量。全团在向县级团委选派驻点干部的同时，还派出4100名“西部计划志愿者”到中西部县级团委工作1至3年，现在又从全国高校选派2600多位团干部到县级团委挂职一年，这些做法在一定程度上缓解了县级团委人手不足、资源整合能力有限的问题。

三是开展大规模的团干部培训工作。2009年以来，基本完成了对市、县、乡三级团委书记全部轮训一遍的任务。330名团市委书记，2900多名团县委书记，3.4万名乡镇、街道团委书记参加了培训。团中央书记处全体同志分别4次亲自为市、县两级团干部授课，各省和部分市的团委书记、副书记亲自为县、乡两级团干部授课，讲思路、讲方法、提要求，效果明显。团中央充分考虑到基层的困难，今年春节前还将划拨200万元用于支持西部12省(区、市)开展乡镇、街道团委书记培训工作。

四是为基层团干部提供了更多对外交流学习的机会。2009年以来，团中央大幅度提高了出国访问团组中基层团干部的人数比例。两年来，近700位基层优秀团干部参加出访交流活动，这既是对基层的鼓励，也为基层团干部提供了更多开阔视野、增长知识的机会。

总之，团的十六大召开两年多来，全团在加强基层组织建设和基层工作方面取得了重要进展，锻炼了队伍、树立了信心。

二、继续下大力气推进团的基层组织建设和基层工作

下一阶段，全团要认真贯彻落实全国基层党建带团建会议精神，紧紧抓住党群共建、创先争优的有利契机，按照团的十六届二中全会提出的目标任务，继续大力推动团的基层组织建设和基层工作，力争到2012年底，使团的基层组织建设和基层工作的局面得到根本改观。明年要首先做好以下三项具体工作：

1. 认真做好选派高校团干部到县级团委挂职工作

为继续在工作力量上大力支持基层，同时也为了锻炼高校团干部，经中央领导同志同意并经中组部认可，团中央、教育部党组决定在全国选派高校团干部到县级团委进行为期一年的挂职。

通知下发以来，各地高度重视，克服了很多困难，做了大量艰苦细致的工作，许多团省委负责同志亲自向省委组织部、省教育工委汇报，与各高校沟通，落实组织程序、落实人员。上海、天津、山东、福建、贵州、安徽、江西等地主动争取党委支持，超前谋划具体工作，多方筹措补贴资金，为推动工作开了好头。全团学校战线的同志们，认真组织选派干部的报名和考察工作，按条件要求共选拔高校团干部2636名，为完成选派工作任务打下了坚实基础。

明年1月底以前，各地要做好以下工作：

一是由各省级团委负责，尽快确定人员对接方案。对接工作要考虑“先内后外、先多后少、先近后远、先县后区、先公后私”的原则。所谓“先内后外”，就是优先保证本省份挂职干部的数量，富余人员再向外省调剂。所谓“先多后少”，就是挂职干部优先派往常住人口超过10万的县(区)，全国25个省份的252个常住人口不足10万的县(区)原则上可以不派挂职干部，特别是全国9个省份的140个常住人口少于5万人的县(区)不派挂职干部。需要说明的是，不是团中央忽视人口较少的县

(区),主要是这次选拔的高校团干部数量有限,暂时没有办法覆盖全国 2859 个县(区)。因此,在力量有限的情况下,优先选派干部到人口较多、青年人数较多的地方开展工作。所谓"先近后远",就是按照就近就便的原则,除直辖市和省会城市高校团干部以外,其他团干部可尽量安排在本地区域的县(区),以降低交通食宿成本。所谓"先县后区",就是同一地区优先向团县委派挂职干部,然后再向城区团委派人。所谓"先公后私",就是凡担负跨省派出任务的地方,可以依次按部属院校、省属、民办高校的顺序选派干部。

二是由各省级团委负责,团地市委协助,履行挂职的组织程序。要主动协调教育部门,就选派工作与派驻地党委组织部门协调,由当地组织部门按照规定履行相关的组织程序,这是团的组织战线的主要任务。

三是抓好岗前培训。各省级团委要对挂职干部进行不少于一天的集中培训,采取省级团委班子成员上课、观看团中央各部门录制的共青团工作教学片等方式,帮助挂职干部全面了解全团重点工作,掌握工作方法,明确纪律要求。这些方面山东和内蒙古已经提前在做工作了,大家都要向他们学习。

四是挂职干部要尽快介入工作。挂职干部报到以后,要抓紧春节前的一个月时间,认真了解当地的经济社会发展状况,了解当地团的工作情况,与县级团委的同志共同研究和制定明年的工作计划,及早进入工作状态。

这是春节前的四项具体工作。挂职干部的具体工作任务按已发的通知执行。

在一年的工作中,各高校团委要保持与挂职干部的经常性联系,关心挂职干部的生活,积极协调校内各种资源支持他们的工作。各县级团委要积极争取本地党政部门的支持,为挂职干部开展工作创造条件,给空间、给任务,安排好挂职干部的工作和生活,提供基本保障。地市以上团的领导机关,尤其是组织战线要担负起主要责任,在学校战线的协助下,做好日常指导检查工作。

特别要强调一条纪律:凡接收挂职干部的县(区),原有在编干部一律不得因非自然原因,借机脱离工作岗位,否则严厉处分。其他具体事项会后将及时印发给大家,希望各级团组织和挂职干部按照要求,扎扎实实推进这项工作。

2. 集中力量推广乡镇、街道团的组织格局创新工作

乡镇、街道团的组织格局创新试点工作得到了中央领导同志的充分肯定,中组部也给予了积极支持。我们的总体节奏是 2010 年试一年,2011 年推一年,2012 年及以后不断巩固提高,2012 年年底实现团的工作桥头堡延伸到乡镇、街道的目标。

第一,开展乡镇、街道团的组织格局创新是现实的迫切需要。去年 10 月,中央领导同志明确要求,全团要用 2 至 3 年时间,把共青团基层工作的桥头堡从县(区)推进到乡镇、街道。近两年,我们越发强烈感受到,乡镇、街道团组织的工作力量和活力不足的问题,严重制约着团的基层组织建设,已经成为实现"两个全体青年"目标的瓶颈。以非公企业团建工作为例,实现了对规模以上非公企业的组织覆盖后,大量规模以下的非公企业团建工作就必须依靠乡镇、街道团组织去推动落实。如果不能有效解决乡镇、街道团组织作用发挥的问题,就根本无法继续推动各项重点工作的落实。经过一年的探索,团中央认为现在已基本具备在全国范围大规模推广的认识和实践基础。

第二,关于乡镇、街道团的组织格局创新工作的目的和基本内容。开展这项工作的目的是增强乡镇、街道团组织的工作力量,拓宽乡镇、街道团组织联系青年的渠道,丰富乡镇、街道共青团工作的资源、载体和内容,进而激发乡镇、街道团组织的活力。具体内容有三项:一是配备一个好的委员会,在党的组织部

门指导下，认真做好专兼职团干部的选配，将一大批优秀青年党、团员选拔到乡镇、街道团的委员会中。二是建立管用的机制，确保专兼职团干部能够充分发挥作用。三是设计合理的工作载体，将团的品牌活动和重点工作项目落实到乡镇、街道，有效激发乡镇、街道团组织的内在活力。

第三，关于工作程序和方法。在兼职团干部选配过程中，要采取组织动员与社会动员相结合的方式，充分激发各类团员青年的参与热情，注重发挥团员青年的主体作用，制定符合组织程序、体现公平竞争的兼职团干部选配程序。在人员结构上，要尽可能地体现兼职团干部在青年中的代表性，根据本地经济社会发展特点，合理确定兼职团干部来源和组成结构，重点从机关事业单位工作人员、农村青年致富能手、农民专业合作组织带头人、非公企业负责人和从业人员、个体工商户、大学生村官、青年志愿者中选拔优秀青年党、团员担任兼职团干部。在经济发达地区，委员会构成可适当向非公企业和社会组织负责人、从业人员倾斜；在经济欠发达地区，可根据实际情况重点从机关事业单位工作人员、农村青年致富能手、大学生村官等群体中选拔兼职团干部。

第四，关于各级团的领导机关的责任分工。省级团委要发挥统筹协调作用，制定切实可行的工作规划，指导基层贯彻落实好各项工作要求，推动出台有关的政策意见。县级团委要负责工作的具体落实，主动向县级党委进行汇报和争取支持，与乡镇、街道党委积极沟通，推动工作的顺利实施。

第五，关于2011年的目标任务。到2011年底，原则上全国所有镇、街道和80%的乡，要完成兼职团干部的选配工作，组建完备的委员会，即这项工作要推广到全国3.7万个乡镇、街道。在此基础上，要建立基本的工作制度，对照全团重点工作确定工作项目，并有计划地落实。同时，我们建议这项工作要与当地换届工作相协调，原则上放在当地乡镇、街道换届完成之后进行。

3. 继续加大力度扩大基层团的组织覆盖面

到2012年底，要实现团的组织覆盖的根本改观，即80%以上的团员要纳入相应的组织。分领域看，学校团的组织要基本实现全覆盖；国有及国有控股企业、机关事业单位要基本实现团的组织全覆盖；非公有制企业和社会组织要基本与党组织的覆盖率相当；县级以上非公企业，独立建团要达到35万户左右。

2010年，福建、广西、云南等地省（区）党委都明确提出：凡是建党的单位，党委责成专门领导负责，全部建立团组织。得益于党委的大力支持，这三个省（区）的团建工作成效显著，表现突出。2011年，各地要紧紧抓住贯彻落实全国基层党建带团建会议精神的重要契机，充分借助党建工作格局和工作成果建立团的组织，努力跟上党建步伐。

在非公企业领域，明年力争独立建团8万家。凡独立建团数量与党建绝对数差距较大，但企业基数不大的15个省份，如河南、湖北、四川、重庆等地，要加倍努力，力争在2011年年底跟上党建的步伐。凡独立建团数量与党建绝对数差距较大，且企业基数较大的4个省份，如江苏、山东、辽宁、上海等地，要力争在2012年年底跟上党建的步伐。凡独立建团数量与党建绝对数相当的12个省份，如浙江、广东、福建、北京、云南等地，要积极向已联合建党、已建立工会的非公企业推进，并力争闯出新路。

在社会组织领域，明年力争独立建团1万家。要借助行业主管部门和行业协会的力量，以农村专业合作社、律师事务所、会计师事务所和团员青年数量较多的非学历教育培训机构、民办学校为重点，推动社会组织的团建工作，力争在2011年取得重大突破。

在国有企业领域，明年以省属和市属国有及国有控股企业为重点，力争在年底之前实现全覆盖。同时，中央企业三级以上法人单位要争取消除空白点，并加强企业内部的团支部建设。县属国有企业要按2012年实现全覆盖的目标有计划地推进建团工作。

外出务工青年群体建团的总体目标是，用两年左右的时间，在务工青年相对集中的地方普遍建立驻外团工委和基层团组织，实现共青团对外出务工青年的组织覆盖和工作覆盖。目前，在跨省流动的外出务工青年中建立省级驻外团工委的工作已经基本完成，务工青年主要流出的9个省份和务工青年相对集中流入的7个省份，在这项工作中都表现得很好。明年要把工作重点放在以下三个方面：

一是要向基层延伸，向普通青年延伸。已经成立的驻外团组织要把工作重点放到建立基层组织上来，通过联系更多普通务工青年，在务工青年中建立更多的基层团组织，实现对更多普通务工青年的组织覆盖。

二是要通过设计开展贴近务工青年生活、服务务工青年实际需求的活动，吸引和凝聚更多普通青年，激发驻外团组织的工作活力。驻外团组织的力量虽然有限，但可以学习河南驻外团组织“打一个电话、买一张车票”的做法，设计一些既暖人心又很管用的工作项目，力所能及地开展工作。

三是重点加强省内流动务工青年群体的团建工作。根据省内务工青年流动方向和流动规律，在省会城市和中心城市普遍建立县级驻外团组织。

同志们，以上三项重点工作，是全团基层组织建设和基层工作既定方向的延伸，但不是组织建设的全部，请各地在部署明年工作时突出重点、统筹安排。让我们共同努力，继续迎难而上，努力完成好明年的各项任务。

贺军科在2011年全国城市战线共青团工作会议上的讲话

2011年1月21日，根据录音整理

在刚刚过去的2010年，城市战线各级团组织付出了艰辛努力，取得了明显工作成效，团的组织覆盖有新的扩大，服务青年工作有新的进展，传统品牌工作有新的深化，对街道社区团组织建设等难点问题有新的认识。陆昊同志昨天作了重要讲话，充分肯定了城市战线各级团组织一年来所取得的工作成绩，对城市战线2011年工作提出了明确要求和殷切期望。在此，我再一次向大家表示感谢！

2011年城市战线的任务十分繁重，责任十分重大。总的要求是：深入学习领会党的十七届五中全会和党中央书记处重要指示精神，认真落实团的十六届四中全会作出的部署，紧紧抓住落实党建带团建有关制度规定和广泛开展党群共建创先争优活动的重大契机，继续大力加强团的基层组织建设和基层工作，继续做深做实做细服务青年工作，努力提升工作品牌的带动力和影响力，不断增强做好新形势下党的青年群众工作的能力和水平，动员广大团员青年为实现“十二五”开局之年的目标任务贡献力量。

我讲四点意见，供大家参考。

一、认真贯彻落实团的十六届四中全会精神，认清形势，坚定信心，持之以恒，克难攻坚

刚刚召开的团的十六届四中全会对全团

2011年工作作出了全面部署，对城市战线共青团工作提出了明确要求。我们要充分认识城市战线在全团工作中的重要责任，清醒、全面、辩证地看待形势，正确把握工作方向。

一是既要看到工作取得的重大进展，更要看到我们的工作与现实需要之间还存在着明显差距。去年城市战线在非公企业、社会组织、国有企业共新建团组织12.9万个，覆盖35岁以下青年932.9万人，重新找回团员400.3万名；组织43万多名青年参加见习，对20多万名青年开展了订单式培训，帮助5万多名青年获得创业小额贷款，在组织青年、服务青年方面确实取得了很大成效。但我们更要看到，城市是约3亿青年人学习、工作和生活的物理空间，城市战线团组织要负责联系服务近2亿职业青年。在我国工业化城镇化进程继续推进、青年的思想和需求发生重大变化、青年群众工作呈现许多新特点的背景下，城市战线共青团基层组织建设存在大量空白、共青团服务青年多样化需求的资源和手段比较缺乏等问题还没有根本改观。在这种情况下，要把组织青年的工作做得更加广泛有效、把服务青年的工作做得更加细致深入、把引导青年的工作做得更加富有成效，是很有挑战的，要做好长期打硬仗的各项准备。

二是既要看到表现出来的成绩和不足，更要看到这种表现后面的原因，坚持好的，弥补短的，改正错的。从去年的工作可以看出，除了思想认识之外，凡是工作取得好成效的省市，在推动工作过程中基本做到了认认真真察实情、实实在在定目标、清清楚楚明责任、勤勤恳恳想办法、明明白白严督导，而工作相对弱一些的省市，在上述几个方面或多或少存在差距。个别地方连干部力量都没有配齐，连主责领导都没有落实，找不到工作主体和责任主体，自然无法取得好的工作进展。要通过总结成绩与不足背后的原因，对症下药，切实改进。

三是既要看到面临的严峻挑战，更要坚定信心、迎难而上。努力把城市团的工作做好，既反映政治觉悟，也反映职业道德。信心的产生既靠外部激励，更靠自我激励。首先，信心来源于城市战线工作有广阔的进取空间。只要深入基层、走进青年，就很容易发现工作与现实的巨大差距，这种差距就是工作进取的空间。其次，信心来源于强有力的制度保证。中组部和团中央将出台关于加强基层党建带团建工作的意见，对带动团的基层组织建设、加强团干部队伍建设、开展创先争优活动等，都作了一些制度规定，各地团组织要积极向党委组织部门汇报，争取出台具体有效的制度安排。再次，信心还来源于丰富的实践积累。城市战线的工作尽管有难度，但各级团组织与时俱进、探索实践，创造了大量好经验。最后，信心还来源于不断巩固的工作基础。随着基层团组织建设大力推进，团的组织覆盖面就会越来越广，已经建成的团组织生命力会越来越强，客观上就会对没有建团的单位产生积极的影响和带动。这些都是我们下一步开展工作的有利条件，要充满信心。

二、坚持党建带团建，继续大力推进团的基层组织建设和基层工作

1. 大力推进非公有制企业团建工作。陆昊同志昨天就此作了重要指导，我补充两个具体考虑。

第一，关于建团目标任务。前不久，城市青年工作部已经与各省级团委就2011年建团目标任务进行了初步沟通，正式文件很快就会下发。我要强调的是非公企业团建的总体目标问题。我们希望到2012年底，全国非公企业团建总体基本跟上党建步伐，规模（限额）以上企业基本实现团的组织覆盖。当然，各地情况不尽相同，有的地方建团基数较大，也基本跟上了党建步伐，重在团建先行、锐意进取；有的地方尽管建团基数较大，但与党建数相比还有很大差距，要尽快赶上；有的地方建团基数很小，党建基础也不是很强，需要探索新的路径。各地要合理安排推进节奏，做到步调合拍。

第二，关于推进工作的方法。一是要把团的组织资源用足。除了以往团的外围组织以及团干部与非公企业建立的联系外，还要考虑团组织能够发挥主导作用的工作资源，与非公企业建团工作衔接起来推进。比如，可以选派青年志愿者做非公团建工作，团广东珠海市委、团贵州省委等已经有了积极探索，并且取得了明显成效；浙江把组织青年参加见习工作本身就做成了见习岗位，有效解决了人手不足的问题。还有今年将下派到县级团委工作的高校团干部、西部计划志愿者等，这些都是可以好好利用的团内资源。二是要把党的制度安排用实。今年各地在党建带团建有关要求的落实中要争取提出一些具体有效的支持措施。比如，把消除非公企业团建空白点作为党建带团建的重要内容，依靠党组织力量在已经建立党组织但尚未建立团组织的非公企业中，把团的组织建立起来。三是把社会动员机理用透。要认真梳理，把握好各方利益关注点推动工作。比如，政治和经济从来都密不可分，企业参与共青团有影响力的品牌工作，就是市场经济条件下获得企业商誉的途径，是有价值贡献的。四是注意机制建设。把好的机制坚持下去，同时不断探索创新。

2. 全面推进街道团的组织格局创新。开展街道团的组织格局创新，是贯彻落实党中央书记处重要指示精神、深化街道共青团工作的迫切需要，也是前期两轮试点所积累成果的普遍应用。这项工作党中央书记处有明确要求，中组部已经以公函的形式作了回复，原则上全国绝大部分街道在今年上半年要完成街道团工委委员的配备。希望各省级团委积极向同级党委组织部门汇报，同时做好本地区推进工作的统筹协调、目标制定和监督检查。团地（市）委要发挥主导作用，积极与县区党委领导沟通，讲明这项工作的意义和要求，争取县区党委领导的支持。县级团委作为具体操作主体，要借助县区党委领导的力量，与街道负责同志进行沟通，有力推动工作。

街道团工委的组织完善以后，要尽快明晰街道和社区团组织的定位和作用，明确工作内容，理顺工作关系，建立工作机制。我们考虑，街道和社区团组织的工作对象，主要是灵活就业、个体从业和非在学非在业的青年，切实发挥“兜底”覆盖功能。要通过街道团的组织格局创新，逐步构建起以街道团组织为枢纽、社区团组织为支点、各类青年社团为补充、青年中心等阵地为依托的区域化的青年组织体系。工作内容上要以见习基地、小额贷款、技能培训等服务青年就业创业的工作为重点，同时做好预防犯罪、志愿服务等工作。

3. 努力消除机关事业单位和国有企业团的组织空白。有关调研表明，机关团的组织也存在一些空白，特别是在一些基层机关，这与机关作为国家政权机构的地位是不相称的。在符合建团条件的机关，要根据青年沟通、交流、聚集和联系方式，不拘泥于行政格局，灵活建立团的组织；对没有团员或团员数量不足的机关，可以在党委统一领导下设立青年工作机构，共青团承担其日常工作。机关共青团工作既要做好机关内部青年人的工作，还要发挥带动和辐射作用，将服务对象和工作对象中的青年纳入到团的工作体系中。比如，工商局的团委可以在集贸市场建立团组织，在工作中直接服务集贸市场中的青年。相对来讲，事业单位团的工作力量较强，但当前事业单位面临的改革任务很重，因此要适应新形势新任务，不断探索加强事业单位团建的路径和方法。

国有企业共青团工作要继续加强。去年中央企业团工委做了大量调研，数据表明中央企业本级基本上做到了团组织全覆盖，二级法人单位覆盖率也超过了 94%，但到了第三级法人单位，情况就千差万别，平均覆盖率不一定能超过 80%，到第四级法人单位情况就很不乐观。从组织青年的角度讲，关心建了多少个组织，本质上是关心有多少青年被组织起来了。今年，要力争地（市）所属以上的国有企业组织全覆盖，而且还要特别注意向车间班组等基层组织延伸，否则无法联系更多的普通青年，工作就容易表面化和官僚化，这样的组织是没有战斗力的。

4. 积极探索在青年农民工集中居住区、大型集贸市场、城中村建立团的组织。青年农民工群体的工作是下一步全团工作的重中之重，一方面我们要通过抓非公企业团建联系和服务他们，另一方面对于流动或散布状态的青年农民工，就在他们聚集的区域进行组织格局设计。城市战线的同志要有扎实的工作作风和深厚的群众感情，有青年农民工在哪里、就去哪里找他们的劲头，先联系、再组织、再服务。

三、全面增强基层团组织的整体活力

1. 激发基层团组织活力。指导基层团的工作，首先就要简明扼要、深入浅出地把基层团组织的工作内容讲清楚。比如，去年关于企业共青团工作的六个切入点，陆昊同志已经给大家做了深刻的分析和阐述，但有的基层团干部还说不明白，有的即便能背出来，但并没有真正理解。我看过北京团朝阳区委非公建团宣传资料，将六个工作切入点的内容具体化，通俗易懂，效果很好。要善于激发基层团干部，特别是兼职团干部的内在工作动力，让他们真正认识到从事团的工作对于提高其社会化技能、提升其人力资源品质的作用。要注重发挥先进典型的带动作用。山东和江苏等地去年推行国有企业和非公企业团的组织结对、实力强的和实力弱的团组织结对、团的领导机关和新建基层团组织结对，有力地促进了相对较弱的单位共青团工作的提升，值得各地借鉴。

2. 大力拓展和提高传统工作品牌的带动面和影响力。城市战线长期坚持的好的工作品牌很多，但要在提升内涵、探索机制、强化管理等方面继续努力，通过卓有成效的工作不断增强品牌工作的普遍性和影响力。青年文明号、青年岗位能手、“振兴杯”技能大赛等传统品牌工作，都要逐一进行研究梳理，不断巩固和深化。一是要提炼价值理念。既要注重历史传承，又要体现时代特征，还要考虑推进工作的实际效果。二要从机制上扩大参与面。好的品牌工作，既要强调先进性，也要强调群众性。要研究社会机理，吸引更多的单位和青年来参与活动。三是要丰富品牌活动载体。根据青年的心理需求，丰富活动表现形式。

3. 探索建立行业共青团组织管理体系。在巩固和强化属地管理原则的同时，要根据经济社会的变革加强行业共青团工作力度，探索形成“条块结合、管理顺畅、充满活力”的共青团组织管理体系。要努力探索根据产业分类建立行业团的工作体系，不断增强行业共青团工作的针对性和整体性，体现出行业的带动力量。去年团中央在汽车、钢铁、煤炭、港口、烹饪、旅游等行业作了一些探索，取得了一些实质性进展，建立起了一些行业性青年工作体系，从初步效果来看是积极的。各地要在这方面进行大胆探索，会计师事务所、律师事务所、美容美发、酒店餐饮等，都可以分行业加大工作力度。同时，要注意扩大团的各级领导机关直接联系基层团组织的幅度，并建立一些相应的工作机制，把重要的工作指导、工作信号传递给广大基层团组织。

4. 做好驻外团组织的工作。首先要解决思想问题。驻外团组织的工作目前是组织部、农村部、城市部在共同抓，正处于探索阶段，还存在很多困难。要看到，驻外团组织是城市团组织的帮手，而且工作最终要落在城市部，毕竟进城务工青年的工作和生活都在城市里。希望城市战线的同志们主动跟进、全力支持，将驻外团组织纳入工作体系，并在人、财、物等方面给予实实在在的、力所能及的帮助，发挥好驻外团组织的力量，形成推进城市共青团工作的合力。

四、把服务青年就业创业的各项工作做深做实做细

党中央书记处重要指示要求，要从党政关心、社会关注、青年关切的就业创业等民生问题入手，把服务青年的工作做深做实做细。要做深，就是在理论和实践上要透彻。要做实，就是符合青年最迫切的需求，真服务、服务实。要做细，就是要把普遍性和特殊性统一起来，根据不同青年的不同需求，力争做到点对点提供个性化的帮助。

1. 敏于学习政策文件。近年来，国家和地方出台了很多关于促进就业创业的文件，这些文件的政策性、专业性和针对性很强，希望城市战线各级团干部认真学习，全面掌握和利用好有关政策，从中把握和寻求工作的结合点。

2. 乐于合作共事。团的组织要围绕党政中心，积极配合和协助政府有关部门开展工作。团干部要善于合作共事，大胸怀才能干大事业，要明白我们是为了把事干成，而不是为了功利。现在党政部门对我们有一些期待，团干部要善于与有关部门及社会机构进行合作，求得更多的关心和支持。

3. 善于发挥特长。团组织要乐于在一件事情的一个或几个环节做深做透，发挥不可替代作用，体现价值，打下工作烙印。基层团组织要尤其注意，共青团的工作力量有限，不要盲目贪大求全，要把力所能及的工作做好。要找准工作定位，争取政府有关部门支持，发挥社会化动员优势，把见习基地、小额贷款、订单式培训等工作做深做实做细。

最后，希望城市战线各级团干部继续迎难而上、奋发进取、持之以恒、扎实工作，为全团事业取得新进展作出新贡献，以优异成绩迎接党的九十华诞！

贺军科在2011年全团组织工作会议上的讲话

2011年3月16日，根据录音整理

这次全团组织工作会议既是一次工作部署会，也是一次工作推进会。昨天上午，陆昊同志作了重要讲话，强调了继续加强团的基层组织建设必须坚持的重要原则和工作方针，进一步明确了推进重点工作任务的方法和措施，我们要认真领会、全面落实。

就做好今年的组织建设工作，我讲两点意见。

一、团的各级领导机关的干部要做到“三个清楚”

第一，要清楚团的组织建设的总体态势

组织青年是有针对性地引导青年、有效率地服务青年、有序地维护青少年合法权益的重要前提。当前，团的基层组织建设正处于克难攻坚、狠抓落实的重要阶段，任务十分繁重。既要看到团的基层组织建设取得的重要进展，也要看到团的基层离“两个全体青年”的目标还有较大差距；既要看到社会结构的变化对组织青年带来的挑战，也要看到青年人普遍具有融入组织的需求；既要看到部分地方和单位推动团的建设还存在一些困难和问题，更要看到加强社会管理创新的契机、落实已出台的党建带团建制度的契机、深入开展创先争优活动的契机，只要我们牢牢抓住这些有利契机，必将给团的建设注入强大动力。

同时，团的各级领导机关要清楚地掌握本

地青年分布状况、社会组织发育状况和团组织建设状况,这是搞好团的基层组织建设的基本要求。当前,解决组织覆盖问题的重点对象是约一亿的青年学生和约一亿的青年农民工。难点是把青年农民工和灵活就业、个体从业、未就业未上学的青年组织起来。本阶段的重点措施是加快推进非公有制企业建团、积极推进驻外团组织建设、全面推进乡镇街道团的组织格局创新。

第二,要清楚团的组织建设的阶段性目标

"力争使团的基层组织网络覆盖全体青年"是团的基层组织建设的总体目标。目前的阶段性目标是:力争2012年底实现团的组织覆盖的根本改观,团组织影响力和战斗力明显增强。我们考虑,"团的组织覆盖的根本改观"是指80%以上的团员要纳入相应的团组织。从各个领域要实现的目标看,学校、国有及国有控股企业、机关事业单位、规模以上非公有制企业、社会组织、基础条件比较好的农村都要力争基本实现团的组织全覆盖,其他领域也要朝着全覆盖的目标奋进;"团组织影响力和战斗力明显增强"是指建立了适应社会组织结构新特点的组织体系和工作体系,各级团组织配备了较强的干部力量和工作骨干,形成了总体方向统一、局部有实效有吸引力的工作项目,形成了较为稳定规范的制度体系。今年,团中央全面推广乡镇、街道团的组织格局创新工作,就是为了增强乡镇、街道团组织工作力量,拓宽联系青年的渠道,丰富工作资源、载体和内容,实现将团的基层组织建设和基层工作的"桥头堡"推进到乡镇、街道一级的目标。各地正在探索的行业团建就是形成新的工作体系的实践。

第三,要清楚今年团的组织建设的重点工作任务

1. 以非公有制企业团建为重点,继续扩大团的组织覆盖。在非公有制企业团建方面,今年要力争在8万家非公有制企业独立新建团组织。推动工作中要给基层教方法、出思路,不但要把团建任务派到基层,更要把工作方法教给基层;要注意建团过程中必要的组织程序。山东等地提出建团要召开一次成立大会、配备一个团委班子、填写一本成员名册、下发一个成立文件等,这些基本要求是正确的,每一个还没有履行相关程序的非公有制企业团组织都要尽快补上。这项工作主要由乡镇、街道团委负责,个别大型企业也可由县级团委去履行相关程序。

在社会组织团建方面,今年要力争新建团组织1万家。重点放在律师事务所、会计师事务所等社会中介机构和民办非学历教育培训机构。最近,团中央正在与司法部、财政部、教育部、劳动部门积极协调,各地都相应地做了大量工作,积极借助行业主管部门的力量推进建团工作是重要措施。

在国有企业团建方面,去年的完成情况有差距,今年的任务就会更重。我们要求中央企业的三级以上企业、省属国有企业、市属国有企业及其控股企业今年要实现团组织全覆盖。县(区)属国有及国有控股企业也要积极推进建团。年初,中办、国办转发了《中央宣传部、国务院国资委关于加强和改进新形势下国有及国有控股企业思想政治工作的意见》,对国有企业中的共青团工作提出了明确的要求,各地要紧紧抓住这一契机,把文件的精神用好、用足。

在学校团建方面,经过近两年的努力,民办高校团的组织覆盖状况有很大改观,现在的工作难点是民办中学,各级团组织还要加大工作力度,这个领域我们的工作要求不降低。

在农村团建方面,工作重点先放在工作基础好、青年人数较多的大村庄。同时,要积极依托各类农民专业合作组织、产业协会等建立团组织,努力将组织建在聚集大量青年的农业产业链上。今年的工作目标是力争实现60%以上的行政村和农村社区建团,并在40%以上

符合建团条件的农村专业合作组织建团。

在机关事业单位团建方面，团的组织体系基本健全，关键是组织活力参差不齐。各地要根据当地机关事业单位团组织的具体状况，在工作内容设计上多下功夫。

另外，根据大家昨天下午讨论情况，强调三个问题。

一是要坚持组织覆盖和组织活力“两手抓”。一方面，各类社会组织都在不断发育，如果团建工作跟不上社会组织的发展步伐，团组织在各类社会组织中的相对比值就会越来越小，总体影响力必定会降低。另一方面，由于团员的年龄限制和流动性特征，团组织成员新陈代谢速度比较快，组织活力存在波动性，是一个“过程”概念，要持续加强。

二是要从团组织地位和作用的角度，准确把握非公有制企业团员作用的发挥。在非公有制企业，团组织不是其核心生产经营部门，要力争发挥不可替代的重要辅助作用，重点放在青年人力资源品质提升、思想引导、人文关怀等方面。对于非公有制企业中的团员，企业员工是他的第一角色，要设身处地地考虑到他们的工作、学习、生活状态，不能提过多、过高的要求。

三是合理设计非公有制企业团组织的工作内容。新建团组织设计工作内容的基本原则是立意要高、入手要低，视野要宽、工作要窄，不能简单地套用四项职能，必须根据本领域青年特点对工作职能进行转化和细化，要特别注意帮助青年舒缓精神压力、化解思想负担、找到情感寄托。把这些可以做、也能做好的小事情做扎实，就是很大的贡献。

2. 集中力量推进乡镇、街道团的组织格局创新工作。我们提出的工作目标是到今年底，80%以上的乡镇、90%以上的街道团(工)委完成组织格局创新工作。另有一些地广人稀、社会组织发育相对滞后的乡镇，可以在继续探索有效方式的基础上，明年完成加强乡镇团委有关工作。今年要注意三方面工作：

一是积极争取党组织的政策支持。各地要充分利用好落实全国基层党建带团建暨共青团系统深入开展创先争优活动座谈会精神的有利契机，特别是省级团委要积极争取与党委组织部门联合出台相关的政策文件，或就这项工作单独发文，或把这项工作列入党建带团建的实施意见中。最近吉林、河南等地在这一点上就做得很好。

二是要严格规范选配工作程序。开展这项工作，既要注重严格遵守团内有关制度规定，又要根据实际情况进行适当创新，要充分尊重团员的民主权利。按规定应进行选举的，要履行选举程序；暂时不具备开展选举工作条件的，也要充分征求团员意见。在选举的具体操作上可以体现一定的竞争性，但要把握好适度原则，避免形成舆论热点。

三是及时建立工作机制，并同步安排有针对性的培训。

3. 大力推进驻外团工委建设。今年的工作目标是争取在年底前，实现在青年农民工相对集中的地方普遍建立省、市两级驻外团工委，有必要的地方要建立县级驻外团工委。驻外团工委建设，以流出地为主，流入地要积极配合；驻外团工委建立后，要尽快纳入当地共青团工作体系，日常管理以流入地团组织为主。驻外团工委的重大工作和活动安排，要接受流出地和流入地团组织的双重领导。要着力做好三方面工作：

一是要努力形成流出地团组织、流入地团组织和驻外团工委“两地三方”齐抓共管的工作机制，现阶段要解决的主要问题是团工委人员的合理配备。在驻外团工委建设上，必须有流入地团组织的介入。比如，某省建立了驻外团工委，流出地省级团委要安排专职干部负责联系、指导其日常工作。同时，流入地团组织相关部门也要安排专职干部联系、指导、服务、配合驻外团工委工作，也可以派专人进入驻外团工委领导班子,实现两地工作力量的融合。流入地团组织要主动将各类驻外团工委纳入当地团的组织和工作体系,为驻外团组织开展工作提供便利,切实加强对驻外团工委的支持。

二是要切实加强与团员青年的联系。团工委成员既要选一些有影响、有精力、有资源的党团员,也要选一些有威信、有号召力、有公益心的普通党团员,通过他们联系更多的普通团员和青年。团工委的规模要根据当地流入青年农民工的数量来确定,规模不宜太小,一般应保持在20人左右。总之,大家要务必明确的是,建立驻外团工委的首要目的是广泛联系青年,终极目的是密切联系青年。从这个目的出发,判断一个驻外团工委工作成效的好坏,首先就要看这个驻外团工委能够有效联系多少青年。

三是要设计与驻外团工委条件相协调的工作内容。对于驻外团工委的工作,不能提过高的要求。首先,驻外团工委要充分发挥流动人口信息员的作用,及时掌握青年农民工的分布和流向,为做好下一步联系工作奠定基础。其次,驻外团工委要充分运用亲情和乡情等社会机理开展工作,使漂泊在异地的青年农民工找到归属感,不一定照搬传统团组织的活动模式。最后,驻外团工委要发挥独特作用,力所能及地开展服务青年的工作。

4. 继续实施大规模分级分类培训团干部工作。目前,我们组织的新生力量越来越多,我们的培训任务也就越来越重。今年的培训工作还将按照"分级分类培训"的原则,团中央将直接培训所有新任职县级团委书记、新任职地市级团委班子成员;各省级团委负责将县级团委班子成员培训一遍;各地市级团委负责将新任职乡镇、街道团委书记培训一遍;各县级团委要将所辖村(居)团组织主要负责人培训一遍。各级团组织还要统筹安排企业团组织负责人、社会组织团组织负责人和驻外团工委书记、学校团委书记培训工作。

二、团的各级组织部门要做到"三个着力"

第一,要抓住契机,着力加强团的工作机制建设

前面提到了今年的三个契机。组织部门要以落实好党建带团建文件精神为主要方式,进一步完善团的各项制度。

一是及时召开党建带团建会议并建立和完善制度。中组部、团中央联合下发的《加强新形势下基层党建带团建工作的意见》,为落实党建带团建工作提供了重要依据。但《意见》中提出的要求都是原则性的、方向性的,具体的操作性措施还要各地、各系统根据具体情况加以细化。各地、各系统都要适时召开党建带团建工作推进会,结合本地、本系统共青团工作实际,提出实在、管用的制度安排。

二是帮助解决基层团建的重点、难点问题。党建带团建的成果,最终要通过团的建设成果来体现。各级团组织要把解决基层团建的重点、难点问题突出出来,综合考虑制度安排、干部力量和工作内容设计的系统性,综合考虑长期制度安排和阶段重点措施的协调性,促进团的基层组织建设和基层工作实现根本改观。在工作中,切忌产生依赖心理,不能简单地认为"党建带团建"包治百病,也不能认为文件要求会"自动执行"。要充分发挥积极性、主动性和创造性,工作中的困难要首先立足于通过自身不懈努力去解决。

三是扎实做好督导检查。今年,要下大力气狠抓有关政策制度的贯彻落实。中组部和团中央考虑在第四季度成立联合检查组,对各地落实党建带团建工作的情况进行督导检查,并将检查情况向党中央书记处汇报。地市级以上团委要主动联合党委组织部门共同检查、指导基层党建带团建工作,督促各地完善党建带团建工作机制,推动相关政策的有效落实。团中央将对各地形成的经验进行专题汇总和

推介,各级团组织要认真做好挖掘、总结经验的工作。

第二,要着力在协调、督促上下工夫,为完成全团重点任务创造条件

一是在乡镇、街道团的组织格局创新工作中发挥好协调作用。这项工作涉及干部人事问题,一定要和各级党委组织部门做好沟通和协调。各省级团委组织部门要积极争取党委组织部门的支持和帮助,将这项工作纳入基层党建带团建工作安排,努力联合党委组织部门出台支持政策;地市级团委组织部门要负责与县级党委组织部门进行沟通、协调,推动出台有关政策,并提出具体工作方案,同时要负责对新任职乡镇、街道团干部进行岗前培训;县级团委要负责这项工作的具体落实,配合乡镇、街道党组织按时完成专兼职团干部的选配和调整工作,帮助乡镇、街道团组织设计工作内容、建立工作机制。

二是牵头抓好驻外团工委建设工作。组织部门要切实负起统筹协调的责任。要督促相关部门,从流出地和流入地两个角度,摸清青年群体大概的流动和分布情况,并据此建立驻外团工委;以组织部门为主,根据外出青年的分布情况,把对家乡有感情、热心共青团工作和青年工作、善于联系普通青年、具备一定精力和整合资源能力的党团员选拔为团工委负责人和团工委成员;要做好驻外团工委干部队伍的管理和培训工作,将驻外团工委干部纳入流出地和流入地团干部管理体系中,指导和帮助驻外团工委干部开展工作,帮助他们了解团的重点工作内容和基本团情,掌握共青团工作的方法。

三是参与做好选派高校团干部到县级团委挂职工作。去年下半年以来,全团从1616个高校选拔派遣2635名高校团干部到县级团委挂职。目前除西藏外,其余已全部到岗并开展工作。一是关于管理机制。原则上,组织部门是这项工作的主责部门,学校部负有协助管理责任。山西、广东、福建三个省已经形成的工作格局也可不作调整。跨省外派的挂职干部日常管理考核应由接收地负责,派出地团委也要经常关心挂职干部。二是关于任职。有的省份反映,由于部分选派干部的级别低于拟挂职务级别,当地党委组织部门不同意高挂。从工作角度考虑,相差“半格”的,还是要积极争取挂职副书记;如级别相差在半级以上,可挂“团委书记助理”等职。各地要加紧协调,尽快完成任职手续。三是关于赴西藏挂职干部的安排。江苏、上海两地希望尽量安排在其对口支援的地区,我们尊重这个意见,具体安排请江苏、上海和西藏有关方面协商。四是要切实发挥好挂职干部的作用。在锻炼挂职干部能力的同时,充分利用挂职干部所在高校的资源加强基层组织建设和基层工作。五是挂职干部原则上可以不参加当地换届选举,各地可根据实际情况尊重组织部门的意见。六是关于挂职干部的工作、生活保障。派出单位可根据挂职干部所到地区的不同情况给予适当生活补助,接收单位也可以根据实际情况,给挂职干部一定的生活、交通补贴;接收单位不具备寝办合一条件的,由接收单位按照安全、简便、卫生的原则安排好挂职干部住宿。

第三,要着力加强团的基础工作

扎实有效的基础工作是保证共青团组织良性运转的前提,加强基础团务工作是团的组织部门的重要责任。

一是团员队伍建设。团员是团组织的主体,通过发挥团员作用团结带领青年是开展团的工作的基本逻辑,团的组织部门尤其要抓好团员队伍建设。要认真抓好团员发展工作,科学研究团员规模与保持团组织先进性之间的关系,做好团员发展规划,严格执行团员发展标准和有关程序,确保新发展团员的质量;要在创新“三会两制一课”内容、方式的基础上,探索更加有效的团的组织生活的新方式,抓好团员经常性教育机制建设;要认真执行“推优”

工作制度,履行工作程序,加强“推优”对象培养,提高“推优”工作水平。

二是提高团的组织工作的信息化水平。团内组织统计工作是团务工作中最为基础、也是最为重要的工作。作为一个严密的政治组织,如果连自己的成员是谁都搞不清楚,其他工作就无从谈起。目前,我们正在建设全国共青团基础信息库,目标是通过3至5年的努力,掌握全国大部分团员、团组织、团干部的基本信息,为流动团员管理、思想分类引导、网络动员建立基础,这是一项意义深远的重要工作,团的各级组织部门要予以高度重视,切实负起责任。从去年信息采集工作的情况看,这项工作是一件只要认真去做就能够办好的事情,做不好不是工作能力问题,而是工作态度问题。从今年开始,团中央将严格执行“团统不合格,团建不评优”的要求,同时对团统不合格单位的主要责任人予以严肃处理。

三是做好团费收缴、使用与管理工作。今年,团中央将修订团费有关制度。团的各级组织部门要督促基层团组织严格遵守制度规定,强化团员的组织意识,及时收缴团费。领导机关要把支持基层与汇缴团费区分开来,不能图省事,不得擅自取消下级团委的团费上缴任务、不得超出规定范围支出团费。个别在团费和特殊团费管理使用中存在问题的团省委要立即整改,不能糊涂。

最后,我想再强调一下团干部协管工作。团的组织部门在团的专兼职干部的管理中,负有重要责任。协助党组织做好团干部选拔只是协管工作的一个环节,团的各级组织部门要把协管工作的重点放在培训、监督、检查和考核上,放在帮助团干部立足本职岗位发挥作用上。

同志们,不管承担的任务多重,我们都要奋勇向前;不管面临的工作多难,我们都要迎难而上。希望大家坚定信心、团结一致、持之以恒,努力完成好今年的各项工作任务,推动团的基层组织建设和基层工作再上新台阶!

贺军科在2011年全国驻外团组织建设工作推进会上的讲话

2011年8月26日,根据录音整理

随着我国工业化、城镇化的推进,农民工问题已经成为关系我国社会主义现代化建设事业全局的重大问题,做好青年农民工的工作已经成为共青团工作中的重大课题。从2008年开始,河南、安徽等地团组织在青年农民工中开展了建立驻外团组织的探索。2009年8月,团中央结合全团基层组织建设和基层工作试点,在全国选取14家单位对跨地域流动团员管理和驻外团工委建设工作进行了进一步探索。2010年,团中央书记处提出在农民工流动人口较多的省份推进省级驻外团工委建设。经过几年的探索实践,我们对驻外团工委建设的认识有了较大提高,目前进入到有重点的推进阶段。

上午,陆昊同志出席会议并作了重要讲话,根据陆昊同志讲话精神,结合会议发言和讨论情况,我就这项工作的具体部署再讲四点意见。

一、明确目标

驻外团组织建设是共青团组织一项长期

的重要工作任务。到2013年上半年，要在全国青年农民工流入比较集中的地方普遍建立驻外团组织，联系一大批优秀青年人才，有针对性地开展对青年农民工的服务和必要的引导工作。

到今年年底前，要实现以下阶段性目标：

一是农民工流出重点省份在流入重点省份建立省级驻外团工委。其中，9个流出重点省份要分别在7个流入重点省份建立省级驻外团工委。

二是农民工跨省流动重点城市要普遍开展驻外团工委建设工作。40个农民工跨省流出重点城市，每个城市要在外省建立不少于5个地市级驻外团工委；40个农民工跨省流入重点城市，每个城市要积极协助流出地团组织，建立不少于5个地市级驻外团工委。

三是农民工省内跨地市流动重点城市要普遍开展驻外团工委建设工作。40个省内跨地市流出重点地市，每个地市要负责所辖县区在省会或其他流入城市建立不少于3个县级驻外团工委；每个省内跨地市流入重点城市要协助流出地团组织建立不少于3个县级驻外团工委。

未列为农民工流动重点省份、重点城市的地方团组织，要开展农民工流动状况摸底调查，在省会城市和区域中心城市推进驻外团工委建设工作。

驻外团工委的建立有两个主要标志，一是履行了必要的组织程序；二是建立起一定规模的团的工作委员会。

建立了驻外团工委机构的，要继续寻找工作骨干，建立团的基层组织；整合工作资源，广泛联系青年农民工，特别是普通青年农民工，有针对性地开展服务工作，同时对青年农民工的思想困惑加以正确引导。

二、把握特点

一是要把握好驻外团工委组织形态的特点。驻外团工委由共青团组织主导，更多体现群众性、社会性的特点。现阶段，广泛联系青年农民工是驻外团工委的最重要任务，其组织形态和组织方式都要服务于这个组织意图。驻外团工委开展工作的逻辑是寻找热心社会事务、对人民群众有感情、愿意为青年服务的优秀青年，通过他们联系服务更多的青年，工作意图主要通过倡导来实现。

二是要把握好驻外团工委组织功能的特点。与传统团组织相比，驻外团工委首先突出联系和服务职能，同时还具有广泛联系、吸引体制外优秀青年人才的职能。

三是要把握好驻外团工委内在凝聚力的生成特点。驻外团组织内在凝聚力的生成点主要来源于对地缘文化的认同，以及由此产生的乡土情感。我们确定在省内跨地市流动青年农民工群体中主要建立县级驻外团工委，在跨省流动青年农民工群体中主要建立省级和地市级驻外团工委，主要就是考虑了不同流动半径下乡土文化认同度的差异和农民工工作生活状态的差异。

四是要把握好驻外团工委管理体制的特点。从团员的组织关系看，理应“谁发展、谁管理”；从团组织作用效果看，理应“谁受益、谁投入”。因此，驻外团工委是流出地、流入地团组织双向共管的管理体制。

五是要把握好驻外团工委的发展方向。驻外团工委将是相当长的时期内具有存在合理性的实体性组织，但这个组织不是为了存在而存在，而是要帮助有愿望的青年农民工更顺畅地融入到现代工商业活动中，更顺畅地融入到城市生活中，实现向“城镇化”的完整过渡，因此，驻外团工委的发展目标是与属地团组织相融合。

六是要把握好驻外团工委与流入地团组织的关系。驻外团工委既是流出地团组织派出的工作机构，也是流入地团组织的重要工作力量，同时接受流入地对应层级团组织工作上的领导。目前，就履行团的根本职能而言，即使传统形态的团组织，对青年的影响频度、影响强度也是远远不够的，驻外团工委增加了一种靠乡情、地缘关系影响青年人的渠道，这实际上是增加了属地团组织工作的资源。

三、掌握方法

建立驻外团工委，是共青团组织第一次在没有统一稳定的社会组织依托的条件下建团，需要广泛借力，密切配合，持续努力。还要特别注意两个工作方法：

一是必须充分考虑资源供给的情况，围绕情感这一建立驻外团工委的社会机理和本质因素设计工作内容。不可否认，当前青年农民工在就业、情感婚恋、社会融入、技能提高、文体娱乐、权益维护等许多方面有强烈的需求，但驻外团组织不可能有足够的资源支撑我们全面满足这些要求，不可能像传统形态的团组织一样开展工作。这就需要在工作设计上多动心思，把青年农民工的意愿整合好，多开展易于产生情感归属、切合青年农民工工作生活状态、成本较低的工作项目，比如，许多地方在春节前为方便青年农民工返乡联系集中购车票，品家乡饭，听地方戏，组织农民工子女参观，等等，都是很好的方式。

二是注意用好手机、互联网等工作手段。

四、建立机制

推动驻外团组织建设需要建立责任机制、联络机制、控制机制等，团中央组织部均已明确。

我在这里重点强调一下激励机制。要确保驻外团组织工作骨干和成员保持持久的工作热情，确保驻外团组织建设持久发展，就必须建立多种形式的激励机制。

对于驻外团组织的工作骨干，可考虑三个方面的激励。一是团组织可以掌握的激励手段要多向他们倾斜，如评选表彰、培训出访、举荐人才，符合条件的优先吸纳进入青联、青企协，等等。二是依托广泛的组织网络，为驻外团组织工作骨干扩大交往、获取信息、寻求合作提供便利，为他们的事业发展提供帮助。三是帮助他们提高在熟人社会中的美誉度。“衣锦还乡”也是一种社会机理，要把促进他们个人信用的增长作为重要激励内容。驻外团组织与家乡有着天然的联系，可以提供实现这种激励效果的有效路径。

对于驻外团组织普通成员，要注意针对他们在陌生环境下情感归属和文化认同的需要，从外出青年农民工在融入城市过程中遇到的障碍和困难入手，从其工作的具体困难入手，提供帮助，增强对他们的联系、吸引和凝聚。

推进驻外团工委建设是个大事、难事，也是个急事、善事，让我们一起努力把这项有重大意义的事情做好！

卢雍政同志讲话

把握核心任务不断探索创新 推动学校共青团工作在新形势下实现新发展

——卢雍政在2011年全国共青团学校工作会议上的讲话

根据2月25日、26日两次讲话录音整理

新春伊始，我们在长沙召开今年的学校共青团工作会议，目的是为了深入贯彻党的十七届五中全会、党中央书记处关于共青团工作的重要指示和王兆国同志重要讲话精神，全面落实团的十六届四中全会部署，分析学校共青团工作面临的新形势、新任务，安排今年的有关工作。

刚才，听了江苏、河北、浙江、湖南、陕西五位团省委负责同志的发言，很受启发。这些地方的工作思路和方法值得各地学习借鉴。过去一年，学校战线各级团组织开展了大量工作，青年学生思想引领、服务青年学生就业创业、基层组织建设和基层工作以及维护校园稳定等重点工作有新的进展，"挑战杯"、"三下乡"等传统品牌工作有新的深化，对于中学和中职团组织建设等难点问题有新的认识。各地、各高校还克服了很多困难，圆满完成了选派2600多名高校团干部到县级团委挂职的工作任务。我们还成功召开了全国学联第二十五次代表大会。对于学校战线去年的工作，团中央书记处是满意的，全团也是认同的。这些成绩的取得是书记处正确领导的结果，是学校战线全体团干部团结拼搏的结果，是广大青年学生积极参与的结果。在此，我代表团中央书记处，向大家表示衷心的感谢和诚挚的问候！下面，我着重就学校共青团工作如何更好地适应新形势、实现新发展，谈几点意见。

一、深刻认识当前面临的形势和任务，进一步明确学校共青团工作的努力方向

做好工作的重要前提和基础，就是要正确认识和把握面临的形势和任务，在一定的历史进程、时代背景和社会条件下，找准我们工作的出发点和努力方向。

1. 要注重围绕"十二五"规划的总体部署，找准学校共青团工作的切入点。去年11月，党中央召开十七届五中全会，审议通过了《中共中央关于制定国民经济和社会发展第十二个五年规划的建议》，提出了"十二五"时期我国经济社会发展的总体部署。前不久召开的团的十六届四中全会作出了《关于认真学习贯彻党的十七届五中全会精神，团结带领广大团员青年为实现"十二五"时期奋斗目标作贡献的决定》。学校战线要对这些重要战略部署和举措认真研究和把握，努力找准位置、发挥优势、有所作为。特别是要着重引导青年学生深刻理解"十二五"时期发展的主题主线、目标任务和重大举措，增强学习贯彻科学发展观的自觉性和坚定性，积极投身全面建设小康社会的伟大实践；要通过深入开展"挑战杯"科技竞赛、青少年科技创新奖评选表彰活动，组织引导青年学生为建设创新型国家、加快转变经济发展方式作贡献；要深化"三下乡"等品牌工作，引导青年学生参与扶贫开发实践，促进区域协调发展；要着力做好促进青年学生就业创业的各项工作，在保障和改善民生中发挥积极作用。

2. 要准确把握世情国情的新变化，切实做好新形势下的青年学生工作。胡锦涛总书记在党的十七届五中全会上发表了重要讲话，深刻阐述了新形势下做好群众工作的重要性和紧迫性，为共青团做好党的青年群众工作进一步指明了方向。按照党的要求，切实做好新形势下的青年群众工作，我们应当深刻体会到其中的责任和压力。这种责任和压力，从根本上看，来自于世情国情的深刻变化和经济社会的深刻变革。中央指出，我国发展仍处于可以大有作为的重要战略机遇期，既面临难得的历史机遇，也面对诸多可以预见和难以预见的风险挑战。对此，大家一定要清醒认识、全面把握。尤其要看到，我国2010年人均国内生产总值超过4000美元，经济总量超过日本，成为全球第二大经济体，在应对和处理全球事务中发挥着越来越重要的作用。同时，一些敌对势力借机炒作"中国威胁"、渲染"中国责任"，千方百计制造事端来攻击我国的社会主义制度。另外，从我们的工作角度而言，还需要特别关注到，近一段时间以来，中东和北非一些国家的政局发生了剧烈动荡，从长远来看，这一动荡还将持续并影响到国际政治经济格局的重大变化。对此，我们一方面要用稳定是福、动乱是祸的道理教育引导广大青年学生，充分发挥共青团组织在维护校园和社会稳定中的积极作用，同时更要从实现"两个全体青年"的重要政治目标、巩固党执政的青年群众基础的战略高度，进一步增强党的意识、大局意识、责任意识和忧患意识，为党做好新形势下的青年学生工作。

3. 要积极适应国家教育事业的改革发展，抓住推进学校共青团工作发展的重要机遇。去年以来，我国教育改革的形势发展很快。中央连续召开了全国教育工作会议、全国加强和改进大学生思想政治教育工作座谈会，制定颁布了《国家中长期教育改革和发展规划纲要(2010—2020年)》及一系列落实措施。这些对于教育改革发展必将产生巨大的推动作用。我们要看到，这次教育改革更趋广泛和深刻，将是包括教育体制、人才培养模式和教学方法等在内的全方位改革。我们必须深入了解改革的特点和趋势，把握对于学校共青团工作的重要机遇，从而使工作更具主动性、预见性和适应性。比如，全国教育工作会议指出要将教育与生产劳动和社会实践相结合，规划纲要中也明确提出了要加强实践教学环节、建立大中学生暑期见习制度、完善高校毕业生见习制度、鼓励大学生到农村基层就业创业等内容，这为我们在学生中广泛深入开展社会实践、科技创新、就业创业教育和就业见习等工作开辟了更为广阔的空间；比如，规划纲要中提出要切实重视和加强学校共青团工作、要加强学生代表大会建设，这为学校共青团充分发挥育人的重要作用、为学联和学生会组织更好地履行自身职责都提供了非常好的契机。面对这些重要机遇和要求，需要我们拿出智慧和眼光，深入思考，积极应对，使工作更加符合素质教育的发展趋势，更加符合教育规律和学生成长成才的实际需要。

4. 要深刻认识全团工作的总体目标，不断巩固学校共青团工作的基础性战略地位。团的十六大以来，全团各条战线紧紧围绕"两个全体青年"的目标要求，牢牢把握团的根本职责，认真履行团的基本职能，付出了大量努力，取得了明显成效。同时，全团一直以来也有一个共识，就是从团员的来源和数量比例来讲，从全团工作的总体格局来讲，学校共青团工作是全团工作的主阵地，始终处于基础性战略地位。但我们需要清醒地认识到，数量不必然等于力量，地位也不必然等于作为，我们的工作中仍存在着很多不足和薄弱环节。比如，工作深度不够的问题，有时过于追求活动的频度和热闹，没有与思想引领的根本目标有机结合，结果是“有乐无教”大于“寓教于乐”；比如，工作设计还缺乏普遍性的问题，开展的工作和活动仍有“高端化”、“精英化”的倾向，在广大普通学生中的覆盖面还远远不够，距离“两个全体青年”的目标仍有很大差距；比如，缺乏完善的工作落实机制的问题，学校战线中能够按照总体思路和自身职责真正设计出一套符合本地区实际的工作机制的还为数偏少。我们要深刻认识到自身所肩负的责任，用更高的标准要求自己，通过扎实的努力，逐渐提升团学组织的影响力和工作的具体成效。

二、重点把握做好当前学校共青团工作的两方面基本要求

学校共青团具有比较好的组织基础、队伍基础和工作基础。面对新形势新任务，我们必须把这些基础和优势进一步转化为实际的战斗力，转化为对学生更好的吸引和凝聚。这需要我们总结好过去，着眼于未来，找准并坚持工作的一些根本性规律和本质性要求。当前和今后一个时期，学校共青团要突出强调两个方面的要求。

1. 要抓好理想信念教育这一核心任务。理想信念教育，听起来像是老生常谈的话题。在这里，我还是希望大家明确认识到，共青团不同于一般的社会组织，是具有很强的政治性的组织。特别是学校共青团，担负着教育引导学生坚定跟党走中国特色社会主义道路理想信念的重要政治责任。党中央书记处在今年对共青团工作的重要指示中，用很大篇幅对理想信念教育的问题作了专门强调。大家都知道，当前大学生所处的社会环境更为复杂、接触的社会思潮更为多样、个人的价值选择更加多元。如果大批的青年学生不能正确认识党和国家事业发展面临的形势，不能正确看待我国发展进程中的问题和困难，只是单纯地追求物质财富、追求生活享受，而慢慢淡忘了对我们党、对社会主义事业的坚定信念，那我们国家的未来又会走向何方呢，又何谈中华民族的伟大复兴呢？再有，现在伴随着我国的国际地位日益提高，背后隐藏的是敌对势力更加系统、更加隐蔽、更具技术含量的渗透和干扰，而高校和大学生群体始终是其重点目标。这意味着，做好应对敌对势力与我争夺青少年的工作依然是长期的战略性任务。要完成好这一任务，当前最主要的还是要借助正面教育的力量，还是要发挥好共青团在理想信念教育方面的传统优势。同时，做好这项工作的难度也是非常大的，主要难在采取什么样的方法和手段。我理解，要使我们的引导内容、价值观念更好地为学生所接受，需要依靠整体上的浓厚氛围、需要依靠有针对性的分类引导、需要依靠有渗透力的工作设计、需要依靠“讲故事”这样的生动形式，把理想信念教育的内容先期设计到活动中去，这比事后再对工作、对活动进行总结的意义要大得多。具体到今年的情况来讲，我们一定要抓住纪念建党90周年、辛亥革命100周年和西藏和平解放60周年这些重要契机，通过认真的谋划、周密的部署、积极的探索，把理想信念教育工作推上一个新高度。

2. 要在继承传统的基础上不断探索创新。大家经常讲，学校共青团处于“高位徘徊”。我理解有两层意思，一方面是学校共青团工作保持着一个稳定的水平，取得了一定成绩；一方面是工作难以实现突破，有些停滞不前。这要求我们必须付出更大努力，走出“高位徘徊”的困境。要实现这一目标，没有对好的传统的继承、没有不断的探索创新都是不行的。首先，当今时代已经处在信息化时代，由互联网、物联网、手机等新媒体带来的信息化潮流的影响日益深刻，可以说是全方位、革命性的，不仅使个人的工作、生活、学习、交流、聚集方式产生巨大变化，而且对社会组织结构、社会动员途径、国家治理方式乃至世界力量格局产生了重大影响。再者，我们现在的工作对象主体已经是“90后”了，这一代青年是独生子女加网络化的一代，他们有着怎样的心理特点，在社会中扮演什么角色，互联网对他们的心理、行为、思想有什么样的影响，等等，都需要认真研究。在这种大变革时代，如果我们还是以不变应万变，还在采用陈旧的工作思路和方法，如何能赢得青年、赢得未来呢？在下一步的工作中，一是希望大家把学校战线多年来积累下来的，具有较高的党政支持度、社会关注度和学生参与度的传统工作品牌和项目，按照新的时代要求不断深化和拓展。二是创新不能停留在口号或是文字和表面上的活动名称、活动内容和重点的变化，而是既要创新工作领域，又要在传统工作内涵上创新。特别是要善于把我们的工作与国民教育体系紧密结合，关注国民教育体系发生的新变化，加强与教育部门的合作，努力建立更多融入国民教育体系的制度性安排。三是在工作中要尊重和体现学生意愿，深入了解学生需求，把学生的评价作为衡量工作的重要依据。同时要发挥好学生的主体作用，推动学生更好地自我服务、自我管理、自我教育。四是在方法上，一方面要善于运用互联网、手机、动漫等手段，增强工作的时代感和实效性；另一方面要注重发挥基层的创造力，挖掘、提炼、推广基层的好做法好经验。

三、突出重点，集中力量，努力推动学校共青团工作实现新发展

当前，全党正在广泛深入开展创先争优活动，学校战线广大团干部要抓住这一重要契机，按照强基础、抓深化、求创新、带队伍、谋发展的总体要求，扎实推动各项工作。关于今年的工作，我着重强调五个方面。

1. 关于青年学生思想引领工作。今年是“十二五”开局之年，也正逢建党90周年、辛亥革命100周年这些影响中国历史进程的重大事件的关键时间节点，如何把握时机，发挥优势，使广大青年学生更加坚定不移跟党走，是摆在我们面前的重大课题。具体来讲，要把握好三点。一是要旗帜鲜明。共青团作为党领导的先进青年的群众组织，就是要用党的理论武装青年，带领青年跟党走，这是最大的应有之义。所以，在今年要格外珍惜这些重大契机，旗帜鲜明地引导青年学生深刻理解为什么只有中国共产党才能救中国、为什么只有中国特色社会主义才能发展中国等重大问题，深刻认识到党的领导是历史的选择、人民的选择，深刻认识到党的丰功伟绩、光荣传统和宗旨使命。二是要善于“借势”。今年，中央以及各级党委政府都会有一系列的活动安排，必然会形成浓厚的正面宣传教育的氛围。大家一定要因势利导、乘势而为，更多地争取任务、争取资源，为我们的工作提供更多、更长远的思想内容支撑和人力物力财力支持。三是要发挥好实践育人、文化育人的独特作用。要进一步挖掘实践类活动的外延，完善运作机制，打造新的工作平台，更加强化活动的思想引领功能；要发挥共青团在校园文化建设中的优势，用健康向上的主流文化覆盖校园和影响学生，最大程度地发挥文化的育人作用。

2. 关于服务学生就业创业工作。根据教育部的有关数据，今年全国高校毕业生660万人，每年中职院校还有500万左右的毕业生，促进学生就业创业的工作仍十分繁重。党中央书记处在对共青团工作的重要指示中，也专门强调共青团要主动配合有关部门开辟高校毕业生就业创业新渠道。今年要重点抓好三方面工作。一是要大力开展就业创业教育。就业创业教育对于促进学生就业创业具有重要的基础性作用。下一步，要通过着力深化KAB创业教育项目，建立起包括意识培养、观念转变、素质拓展、技能提高、实践锻炼等环节的工作体系，推动就业创业教育成为高等教育的重要组成部分。此外，还要结合就业创业的观念引导、技能培养两项内容来开展就业创业教育工作。就业创业观念引导，就是要通过宣传典型人物等方式，发挥榜样示范作用，引导学生树立先就业后择业、行行出状元、勇于到基层就业创业等观念。就业创业技能培养，就是要做好以“挑战杯”竞赛为主要载体的相关工作，帮助学生培养和提高适应职业需要的专业水平和社会化技能。下一阶段，团中央书记处将专门就“挑战杯”竞赛的深化进行研究，团中央学校部也将作具体部署，希望大家结合实际抓好这项工作的落实和深化。二是要加强就业创业见习基地建设。见习基地是全团促进青年就业创业的重要工作项目。下一步，要在过去工作基础上，从提高见习基地的数量和质量，优化对接和管理；尊重企业合理利益诉求，保证基地建设的普遍性和持久性；服务重点群体，把基地的效益发挥在最关键、最需要的地方等三个方面作出更大努力。三是要用好中央及地方出台的有关政策措施，更好地为学生提供服务。近一段时间，中央先后出台了高校毕业生从毕业年度起 3 年内自主创业享受税收减免等政策，各地也制定了不少具有地方特色的政策措施。对此，既要做好对学生的政策宣传、信息咨询等工作，还要以这些政策措施为抓手，借助青联、青企协、优秀校友等资源，为学生提供更加有效的服务。

3. 关于中学中职共青团工作。从学校战线的总体状况来看，中学中职的工作依然是我们工作的相对薄弱环节。应该说，在书记处的高度重视下，中职共青团工作近年来取得了一定进展，我们联合教育部出台了相关意见，各级团组织通过举办优秀中职毕业生报告会、探索中职学生社会化技能培养载体等工作的开展，进一步找准了工作着力点，初步形成了中职共青团工作格局。今年要重点抓好三件事。一是要继续开展好优秀中职毕业生报告会活动，确保每一名中职学生每学期至少能直接聆听一次报告；二是要深入探索培养中职学生社会化技能的有效载体和途径；三是要集中开展中职学校团干部培训工作，这项工作由各省级团委直接组织，年底前要实现全员培训的目标。

关于中学共青团工作，今年我们要下大的气力，努力实现突破。这项工作，事关团员队伍的总体素质、事关全团事业的基础，做好这一工作，首先应当准确把握中学共青团在实现团的总体功能中的工作侧重点，明确应当具备的基本职能。目前，可以考虑从三个方面开展工作。一是要抓好基础团务工作，按照《团章》把好团员发展的入口关，做好对团员的教育、管理、服务和收缴团费等基础性工作；同时研究和探索增强团员意识的有形载体，比如统一而庄重的入团仪式、团日活动等。二是要根据中学教育的根本任务和中学生的利益诉求，结合新课改探索融入国民教育体系的工作体制机制，力争把团的有关工作和活动纳入综合实践课程和校本课程，把中学共青团工作纳入素质教育的整体格局。三是要抓住中学生走向成人的普遍特点，充分发挥成人仪式的教育作用。多年以来我们开展的 18 岁成人仪式教育系列活动，取得了很好的效果。下一步，要结合时代发展趋势和中学生特点，丰富其内涵和载体，规范其形式和程序，朝着系统化、规范化、法制化的目标发展，使之成为广受社会欢迎、可持续发展的工作品牌。此外，今年我们准备召开全国中学共青团工作会议，各地要以此为契机深入推进有关工作。

4. 关于学校共青团“红网工程”。党中央书记处在年初听取团中央书记处工作汇报时，对共青团利用网络开展工作提出明确要求。应该讲，学校战线近年来在这方面付出了一定努力。在去年的工作会上，我们也专门就此进行了研究和部署。希望大家在工作中继续坚持“找准学生活跃的网络空间、运用学生常用的网络工具、发挥团学组织的整体优势、开展有针对性的重点工作”的基本思路，进一步提高工作的主动性和专业性，尽快实现网上、网下“两线作战、联动并进”的整体转型。具体来说，要加强网络信息员、评论员、策划员、技术员这四支队伍的建设，构建起信息化工作联系指挥、网上信息传播引导、网上舆情搜集分析引导这三大平台，完成好舆情收集分析、引导社会观察、开展主题教育这三项主要任务，努力实现全员、全程、全域开展工作的“三全”目标。特别是今年，大家要对这项工作给予更高的重视，一方面要密切关注、准确搜集、及时上报有关网络舆情，另一方面要尽力引导网上舆论，应对好突发情况，配合党政切实维护校园和社会稳定。

5. 关于学联、学生会组织建设。去年，我们成功召开了全国学联二十五大，对加强和改进学联、学生会工作作出了部署要求。这项工作的关键，就在于要坚持和完善学生代表大会这一符合中国特色大学实际的制度，体现学生代表大会的代表性、权威性、公正性，使学生代表大会召开的过程成为扩大组织影响、增强组织活力的过程，成为广大学生学习民主、体验民主、参与民主的过程。同时，还要探讨解决高校团委、学生会、社团联合会的工作侧重、运行机制和工作合力问题，努力形成关系明晰、联系紧密、整体联动的团学工作总体格局。今年上半年，将重点围绕高校学生会组织、学生社团的现状开展调研，研究分析出现的新情况、新问题、新趋势，进而提出相应的对策建议，并就学联学生会组织建设、对学生社团的指导和管理等方面进行制度的再设计，并争取与教育部联合制定下发相关文件。

此外，各省级团委学校部、各高校团委还要配合做好高校团干部到县级团委挂职工作。各省级团委学校部要配合组织部门加强对挂职干部的指导和日常管理、考核。各高校团委要注重利用本校的人才、学科等资源优势，对挂职干部、对县级团委给予更多的工作支持，同时要关心挂职干部的生活，努力为他们解决后顾之忧。

四、脚踏实地，攻坚克难，切实抓好工作部署的贯彻落实

做好学校战线今年的工作，关键是要统一行动、结合实际、狠抓落实。在此，我主要强调四点。

1. 要保持全身心投入工作的良好状态和持续推动工作的韧劲。今年，学校共青团工作的转型、深化、创新的任务很重。学校战线的同志们能否全身心投入工作，能否保持足够的毅力和韧劲，对推进学校共青团事业发展至关重要。大家要从三个方面付出努力。一是要有恒心。我们所做的育人工作是一个长期、系统的工程，效果难以在短期内显现，更加需要坚持既定方向不动摇、不松懈。同时，学校战线很多工作也都是打基础、管长远的，不可能一蹴而就，也不会一帆风顺，这时候就考验恒心、考验毅力。二是要抓深化。像“三下乡”、“挑战杯”、青年马克思主义者培养工程等传统品牌及重点工作都面临着深化的问题。希望大家把“抓深化”作为重要的工作理念、工作方法、工作状态，要有一种“咬定青山不放松”的精神，在增强工作普遍性、实效性上下功夫，不能浮于表面、逃避困难。三是要重研究。学校共青团的很多工作不是靠简单的执行、单纯搞活动就可以做好的，需要结合国际国内形势、结合社会中的重大问题、结合全团的整体工作，系统深入地谋划研究，把握深层次、根本性的问题，不断提升政治敏锐性、思想深刻性、理论系统性、工作战略性，只有这样才能把工作想明白，做深做透。这既是推进学校共青团事业发展的需要，也是我们在未来发展中增强自身竞争力和赢得更多机会的重要锻炼途径。

2. 要在系统谋划工作的基础上突出重点、做出亮点。一是要以办事业的理念做好学校共青团工作。要注重建设，强调整体性、系统性和可持续性，以高度的事业心和责任感来推进每一项工作。二是要着眼大局，突出重点，注重工作的科学摆布。学校共青团工作涉及方方面面，需要大家具备谋全局、谋长远的眼界，站在党和国家发展大局、共青团事业发展全局的高度来思考问题。很多同志都谈到现在的工作项目越来越多,但工作力量、工作资源较为有限的问题。这就需要我们有战略性的坚持、战略性的放弃,还要有战略性的转移。工作中要抓大放小,有些工作可以交给学生组织去做,这样还可以激发他们的参与感、成就感。要突出重点,有所为有所不为,我们不要求所有的省、所有的学校对每一项工作部署都眉毛胡子一把抓,大家可以根据实际作出选择,这样就会形成"万紫千红春满园"的局面。但是,在基本原则和战略方向上一定要统一,对于我们认准的重点工作,要集中资源、形成合力、一抓到底。三是要敢于打破传统思维模式,推动工作创新意、出亮点。时代在变革,社会在发展,我们的工作对象又是信息化时代背景下的新一代学生,更加需要我们拿出革故鼎新的勇气,具有不断探索创新的工作理念。大家要认识到,如果在工作上做不到不懈探索、不断创新,是根本吸引不了学生的。如果我们吸引不了学生,那他们就会被其他有新意、有活力的组织所吸引。比如,学联、学生会组织在组织体系、工作载体等方面的改革问题。比如,学生会组织如何增强包容性,让更多优秀学生参与的问题。再比如,高校团委如何在吸引凝聚青年学生的基础上,更好地联系和引导优秀青年教师、青年知识分子的问题,能否探索通过成立青年联合会的方式来有所突破。这都需要我们始终紧跟时代的发展变化来进行创新。四是要加大宣传力度,扩大工作影响。在党的历史上,宣传是党组织动员、凝聚、鼓舞群众的重要载体,对于开展群众工作具有非常重要的作用,这也应当成为我们做好青年群众工作的重要方法。学生每天在各种媒体特别是互联网上接收到的信息是他们思想的重要源泉,有些甚至会对他们产生非常深刻的影响。因此,学校战线要特别注重抓好宣传引导的工作,要打主动仗、打提前量,要重在策划、重在基层。特别是要善于借助互联网、手机、网络即时通讯等新兴媒体和工具,逐步建立起与传统媒体高度融合、多层次、广覆盖的引导动员体系,形成整体的宣传态势,使我们的工作产生更具实质性的影响。

3. 要加强学校共青团工作制度化建设、提高科学化水平。一是要加快构建一体化分层教育体系。具体来说,就是要按照"系统规划、有效衔接、分层实施"的要求,遵循学生思想意识形成的客观规律,根据不同阶段学生的年龄特点,科学划分学校共青团在不同阶段的工作目标、内容和方法。今年要在这项工作上加大研究力度,力争取得突破性进展。二是要注重界定不同层级团学组织的工作侧重点。学校战线总体上看组织体系健全,现在最重要的问题是如何利用好这一优势,更大程度地发挥好各个层级组织的效能。团中央学校部、省级团委学校部、学校团委、院系团委、班级团支部等各个层级要有不同的工作侧重点,找好自身定位,界定好自己的职能,不能搞"上下一般粗"。团中央学校部、各省级团委学校部要发挥好指挥部、参谋部、后勤部的作用,对上当好参谋、提出建议和及时上报信息,对学校团委要进行统筹协调、有效指导,同时还要整合资源提供保障。学校团委直接抓具体工作和活动。在此,特别强调一下明确基层团支部职能的问题。当前,"有组织没活动或者有活动没影响"一直是基层团支部面临的困境。重要原因就是在经济社会发展、校园环境和学生需求不断发生变化的条件下,一方面传统团支部的活动内容和工作方式显得陈旧落后,不被学生喜欢;另一方面是相比班委会、学生社团开展的与学生学习生活密切相关的工作,团支部的职能显得模糊甚至被边缘化。我们考虑,学校团支部的职能既要有普遍性,又不宜过多过杂,因此主要明确了四项基本职能:第一,发展团员、收缴团费;第二,推优入党;第三,组织志愿服务;第四,开展网上思想引导。各地各学校下一步要在此基础上进行细化,推出团支部工作、活动的必选规定动作和自选项目菜单。三是要建立健全工作运行、考核、评价机制。工作的有效推动,人是重要的决定因素,但要使工作长期得以推进,必须进行中间环节的制度设计,建立起有效的机制。这也是我们学校战线客观存在的薄弱环节。目前,一些省级团委已经在这方面进行了积极探索。今后,学校战线的各级团组织都要着力建立起一套科学的机制,靠机制来规范工作,靠机制来增强活力。四是要善于运用社会化、项目化的方法推动工作发展。在这方面,学校共青团是具备一定优势和条件的。很多部门和社会组织有资源、有项目,需要学生的参与,需要得到学校共青团的支持,有这样的合作意愿,而学校共青团有自己的体系优势,也需要寻找资源支持,双方可以从中找到合作的契合点。希望大家着眼长远、转变观念、打开思路,探索通过多样化的手段和规范化的运作,为推动工作开展提供有力保障。

4. 要不断加强学校战线团干部队伍建设。对于学校战线团干部队伍建设问题,我曾多次讲过,全团在这一方面也作出了明确要求,采取了一系列重要措施。之所以高度重视并反复强调,主要有三方面考虑。一是基于党的一贯要求。党中央和各级党委一贯非常重视团干部的作风建设,这既是因为高素质的团干部队伍是做好青年群众工作的重要保证,也是因为团干部队伍是党的干部队伍的重要组成部分,是为党输送、培养年轻干部的重要一环。二是基于学校战线团干部队伍的特点。学校战线的团干部相对比较年轻,知识层次较高,同时又存在着缺乏严格党内政治生活锻炼、缺乏艰苦环境和基层一线工作的历练、缺乏处理复杂矛盾和问题的考验等方面的不足,特别需要不断加强自身建设。三是基于推进学校战线重点工作的考虑。当前很多重点工作都富有极大的挑战性,没有高度的责任感和使命感,没有迎难而上的过硬作风,就不可能完成好各项工作任务。在这里,我想对学校战线团干部强调四个方面的要求。一要坚持理想主义追求。这是学校共青团最宝贵的精神财富。我们在脚踏大地的同时,还要仰望星空,去思考、探求社会发展前进的重大问题。大家要认识到,我们肩负着培养中国特色社会主义事业合格建设者和可靠接班人的神圣使命,这样的历史责任和定位就决定了学校共青团工作所具有的重要地位,也决定了理想和信念对于我们事业发展的重要意义。大家要认识到,我们的工作条件、工作资源确实还需要改善、需要加强,但这些都是客观的存在,并不是我们事业不能得到更大发展的前提和决定性因素。共青团不是行政机关,是一个政治性的组织,最大的力量来自于精神层面,来自于有着一个始终保持理想主义情怀、并真正把推广这种理想作为自己人生崇高追求的团干部群体。二要增强群众工作本领。群众工作是我们党走向胜利的法宝,最本质的特征就是从群众中来、到群众中去。坦率地讲,我们学校战线在这方面还有很大差距。大家要想一想,我们的工作中体现了多少基层和青年学生的意见、呼声和诉求呢?基层和青年学生所创造的鲜活经验又有多少反映到我们的工作和思考中呢?我建议,大家今年都下决心到学校,与同学同住几天,一起听课、一起生活,看一看、听一听同学们都想些什么、聊些什么。希望学校战线的团干部在这方面做好示范,真正用从群众中来、到群众中去的根本方法做好青年学生工作,增强做好群众工作的本领。三要不断深入学习思考。我们对学生进行思想引导,最重要的还是要靠思想,思想的背后是什么?是长期以来书本知识和实践经验的积淀,是对社会现象和问题的深入思考研究,是对事物规律的清醒认识和准确把握。作为学校共青团干部,要注重对基本理论及各种相关专业知识的学习,加强对全局性、战略性问题的学习思考,培养比较扎实的学术功底、理论水平。四要切实加强党性锻炼。去年,王兆国同志在全国大学生纪念“一二·九”运动75周年座谈会上,对培养新时期的青年马克思主义者作出了重要阐述，指出当代青年马克思主义者要具备高度的理论自觉、鲜明的实践品格、深厚的群众根基、奋进的创新精神。学校战线的团干部作为青年马克思主义者培养工程的主要实施者，更要率先按照这一要求健康成长。对于学校战线的团干部来讲，在政治敏锐性、政治鉴别力等方面有着非常高的要求，要格外注重加强党性锻炼、增强党性修养，深刻理解党的宗旨和使命，继承和发扬党的优良传统和作风，在各项工作中始终做到讲党性、讲原则、讲纪律。

长江后浪推前浪，流水前波让后波。当前，学校共青团工作面临着新的发展机遇。希望学校战线各级团干部继续迎难而上、奋发进取、持之以恒、扎实工作，为全团事业取得新进展作出新贡献，以优异成绩迎接党的九十华诞！

罗梅同志讲话

罗梅在全国少工委六届二次全委会上的讲话

2011年1月21日，根据录音整理

经团中央书记处批准，我们在河北省石家庄市召开全国少工委六届二次全委会。会议得到了河北省委、省政府的高度重视和大力支持，省委副书记付志方同志出席会议并致辞，我们表示诚挚感谢。刚才，高洪同志代表教育部作了重要讲话，对于我们结合教育改革发展做好少先队工作有很强的针对性和指导性，希望各位委员认真学习领会，加以贯彻落实。

这次会议的主要任务是：学习贯彻党中央书记处关于共青团、少先队工作的重要指示，按照共青团十六届四中全会的部署，深入贯彻第六次全国少代会精神，总结2010年少先队的工作，安排和部署2011年的任务。

下面，我讲四个方面意见。

一、要通过不断的学习、探索、实践来深化重要理论成果，进一步统一思想和行动

1. 团十六大以来少先队重要理论成果

团中央书记处和全国少工委认真学习研究党中央要求，继承发扬少先队的好经验、好传统，深入分析时代背景和当代少年儿童成长规律，带领全队围绕少先队根本性问题进行探索、研究，丰富和发展了少先队的理论成果和实践结晶。我们在第六次全国少代会上做了总结归纳。主要有：

——始终坚持少先队的组织属性。组织性质是任何一个组织首先要把握的基本理念。少先队作为全体少年儿童的组织，有着儿童性、群众性、自主性、政治性、教育性的基本特点，儿童性是少先队最基础的组织属性，政治性是少先队最本质的组织属性。我们强调，必须把握好儿童性和政治性的统一，既要尊重少年儿童主体地位，竭诚为少年儿童健康成长服务，更要巩固党的执政基础，为党的事业培养合格建设者和可靠接班人。

——牢牢把握少先队组织的根本任务。新的历史条件下少先队组织的根本任务大家都比较熟悉了。即：要引导少年儿童有爱心，养成良好的道德行为习惯，增强国家意识、科学意识、劳动意识、审美意识，还要锻炼强健体魄，培养良好心理素质；要特别注重党、团、队组织意识和教育内容的衔接，灌输培养少年儿童对党和社会主义祖国的朴素感情。我们强调要处理好素质层面与思想层面的关系，把侧重点放在引导少年儿童形成社会主义核心价值体系所要求的重要意识，特别是灌输培养少年儿童对党和社会主义祖国的朴素感情上。这并不是说，素质培养对于少年儿童不重要，少先队不需要开展这方面的活动，而是从我们作为党的少年儿童群众组织的角度，从市场经济条件下各类社会组织的根本功能的角度，既要融入国民教育，又要和教育部门、社会教育机构各有侧重，发挥好自己的职能作用。

——全面履行少先队的基本职能。组织属性、根本任务在很大程度上要通过基本职能来具体实现。团结、教育、引导少年儿童是少先队组织的三项基本职能，要通过增强工作的普遍性、针对性和适用性来有效履行。履行团结职能，必须注重普遍性，扩大少先队组织的覆盖面，增强少先队基层组织活力，从而达到为实现共同理想和完成共同任务，把全体少年儿童组织起来的目标。履行教育职能，必须注重针对性，就是要遵循少年儿童认知、意识、信念、情感形成的规律，明确分层教育内容，促进少年儿童身心发展，培养“四好少年”。履行引导职能，必须注重适用性，运用艺术、时尚、情感元素和信任、友谊、伙伴等因素，发挥少先队文化的作用，探索时代感强的载体，向少年儿童灌输培养重要的思想意识。

当然，这些成果还需要我们随着时代的变化，站在更宽广的视野、更高的角度上不断地深化。

2. 过去一年的工作实践

梳理去年的少先队工作，基本上就是围绕这几个重要理论成果开展的，反过来也深化了对理论成果的认识。

一是全队深入宣传贯彻胡锦涛总书记贺信精神，开展争当“四好少年”开学主题日活动、“入队光荣，争当四好”建队纪念日活动，探索通过新创作歌曲 MV、“四好摩尔”网络游戏、征集“四好少年”心里话等艺术、情感、时尚方式宣传“四好少年”。

二是隆重召开第六次全国少代会，全面总结了第五次全国少代会以来少先队工作的新发展，明确了当代少年儿童的历史使命、成长目标和新的历史条件下少先队组织的根本任务，部署了今后五年的工作。会后抓好大会精神的宣传贯彻。

三是落实少先队组织的根本任务，取得阶段性成果。联合教育部、有关高校和科研院所开展课题研究，形成《少年儿童政治社会化规律和影响路径报告》，得到团中央书记处充分肯定并上报中央。学科构建、辅导员高校培养模式、辅导员职业成长路径三个课题形成初步提纲。组织编写工作读本，面向基层征集向少年儿童讲党讲社会主义祖国的优秀案例，深化灌输培养少年儿童对党和社会主义祖国朴素感情的研究。

四是推进少先队基层组织建设和基层工作。顺利完成全国 200 个少先队基层试点工作，在团结、教育、引导少年儿童的路径载体、工作队伍、制度安排等方面取得了很多经验成果，并已经吸收到今后一个时期的整体工作思考和安排之中。我们与教育部、人力资源和社会保障部联合下发《关于进一步加强少先队辅导员队伍建设的若干意见》，在辅导员岗位设置、绩效工资、职称评定等方面取得新的突破。首次举办全国地市级少先队总辅导员培训班，普查全国民办中小学少先队建设情况。

五是探索教育、引导少年儿童的媒体路径，争取中央电视台支持，近期将在少儿频道黄金时间开办每周一次的专题节目。

六是深化教育、引导少年儿童的品牌项目。开展“每人捐赠一瓶矿泉水”活动、“手拉手情系玉树灾区小伙伴”活动、“手拉手红领巾书屋”长江公益计划、上海世博会儿童画征集展示等品牌活动，收到良好的社会反响。

各级少工委积极贯彻全国少工委要求，工作扎实有效，特别是在利用地方资源灌输培养少年儿童对党和社会主义祖国的朴素感情方面、在保障少先队工作经费方面都有了新的突破，就不一一列举了。

对于少先队的工作，团中央书记处是充分肯定的，认为少先队在重要的理论和思想认识上有了基本框架，工作实践上也有重要的突破。这些成绩的取得，源自于大家对少先队重要理论成果的运用，源自于大家以强烈的责任心投入工作。在此，我代表团中央书记处、全国少工委，向全国广大少先队工作者表示诚挚的敬意，向各级教育行政部门、中央和国家机关有关部门、社会有关方面、专家学者和各地中小学校表示衷心的感谢！

3. 进一步形成统一的思想和行动

对于这些重要成果，我们通过第六次全国少代会讨论审议，统一了思想认识，但离真正落实到广大基层队组织，还有不小的差距。去年全国少工委面向各地征集向少年儿童讲党和社会主义祖国优秀活动案例，其中“讲祖国”的案例较多，把“祖国和中国特色社会主义”一起讲的较少；“讲党”的相对不多，党团队组织意识衔接的更少。另外，在许多地方，讲党和社会主义祖国的活动与培养爱心意识、科学意识等其他活动相比，水平和质量有不小的差距。一方面说明向少先队员讲党讲社会主义祖国的确是一项比较有挑战性的课题，另一方面说明相当一部分地方在这个问题上还没有投入足够的精力。这一情况值得我们思考。

全队有一些思想认识，可能达不到百分之百一致，这一点是正常的。民主集中制允许有争鸣和不同意见，但是我们作为一个健全的、完善的组织，要讲党性、讲原则、讲纪律，通过组织程序决定的事情，就要狠抓落实，要在付诸行动的过程中加深理解，统一认识。上级组织部署工作要尊重实际，下级也要遵守组织原则。希望在座的全国少工委委员，特别是省级团委分管书记、少年部长，要全面准确地把握少先队重要理论成果，自觉落实到工作实践中，进而统一广大基层队组织的思想和行动。

二、要加强探索和创新，构建实现少先队组织根本任务的工作体系

当前，全队工作要以胡锦涛总书记贺信、“5·31”讲话和第六次全国少代会精神为指针，按照已经确定的方向一以贯之地开展。要反复结合我们的工作去学习这些重要精神，深入贯彻落实。

过去一年，我们通过基层组织建设和基层工作试点以及各种形式的调查研究，集中全队智慧，提炼少年儿童政治灌输的理论，总结了灌输培养少年儿童对党和社会主义祖国朴素感情的有效载体，探索了若干加强辅导员队伍建设的举措和保障少先队工作的制度性安排；另一方面，密集拜访专家、学者，千方百计争取教育、人社等部门支持，目的都是为了完成好新的历史条件下少先队组织的根本任务。我们越来越认识到，完成根本任务是一个系统性的问题，既要抓载体方法、抓活动课时、抓辅导员待遇，更需要建立一个系统的、全面的工作体系。初步考虑是，以少先队学科建设为核心，从分层教育体系、辅导员专业化职业化建设、少工委建设这三个方面来构建工作体系，形成整体的制度性安排。这件事是落实第六次全国少代会精神、面向未来几年甚至更长时期的一个整体规划，不是一朝一夕或今年一年要完成的任务，急不得但更等不得，我们要把握好。

1. 以建立少先队中小学学科为突破口，推进少先队分层教育，灌输培养少年儿童对党和社会主义祖国的朴素感情

灌输培养少年儿童对党和社会主义祖国的朴素感情，现在点上不缺少好的做法，但是

凭直觉和经验开展的工作多，在理论指导下有深度的精品少；零散的探索多，“系统规划、有效衔接”的少。我们既要抓好具体的途径载体，还要形成完整的教育体系。构建团队一体化分层教育体系，是《共青团工作五年纲要（2009－2013）》和第六次全国少代会提出的重要任务，也是全队都很关心、有待突破的课题。我们认为，突破口在于推动少先队教育在中小学开设一门学科，借鉴中小学学科的规范做法，对朴素感情灌输培养的目标任务、教育内容、方式载体、教学保障、激励措施等进行系统设计，通过少先队活动和实践来体现。

（1）加强理论指导。按照学科建设的要求开展少先队理论体系研究。在做好少先队史料、经验总结的基础上，确立知识体系、研究对象、研究方法，搭建基本的学科理论框架，逐步构建较完整的理论体系。一方面我们要积极借助教育系统的专家学者、科研机构的力量，另一方面我们的团属研究机构、少先队学会也要紧紧围绕根本任务开展探索，指导少先队工作实践。

（2）明确目标内容。围绕培育“四好少年”的目标要求，围绕根本任务，遵循少年儿童认知、意识、情感等形成的规律，按照小学低年级、小学高年级、初中三个层次规划教育目标。以此为基础，结合实践经验，进一步设计各个年级的培养目标、工作内容。层与层、年级与年级之间有效衔接，构成有机整体。我们将在《少先队辅导员工作纲要（试行）》的基础上，制定《少先队活动课程和少先队工作指导纲要》（暂名），编写《灌输培养少年儿童对党和社会主义祖国朴素感情工作读本》，把各年龄段的培养目标和教育内容具体化，使之成为辅导员直接可用的工作方案和素材。希望各地也组织有经验的辅导员，对不同年龄的少先队员进行访谈，探索本地少先队员能够达到的目标和容易接受的内容，编写地方资料。

（3）丰富载体途径。用好全队在长期实践和基层试点工作中形成的正面灌输、实践体验、文化熏陶和对比分析等有效载体，重视少年儿童新的生活方式和受影响的载体。做到统一性与开放性相结合，既有“红领巾心向党”、“祖国发展我成长”、“手拉手”、“少年军校”、“中国少年科学院”等全队品牌活动，又有因地制宜开展的地方活动；做到常规教育与即时教育相结合，既有利用入队仪式、重要纪念日、节庆日形成的常规教育，又有针对重要事件开展的即时教育。全国少工委正在编写《案例选编》，为辅导员提供分年龄段灌输培养朴素感情具体的操作范例。希望各地通过培育示范点、互观互检、交流通报等方式，推广典型经验，加强探索创新，帮助一线辅导员掌握有效方法。

（4）加强课时保障。载体和内容再好，没有课时保障也不行。部委联发的文件里有“相当于每周2课时”的规定，但是落实情况不理想，大家反映一个主要原因是没有进入课表，另一个原因是受安全问题制约，组织少先队校外活动难度很大，当然有了课时没有好的内容也不行。我们了解到，综合实践课在形式和内容上吸纳了不少原先少先队承担的校园文体、科技和其他活动，也强调实践特色，也在课表上安排了课时，但是里面基本上不提少先队了。我们考虑，少先队活动只有从学科的角度才能保障到位，所以要争取在国家义务教育课程、地方和校本课程中规定，给少先队每周或两周一课时的学科课时保障。鉴于少先队教育是区别于课堂教育的一种教育方式，还特别要善于用好各种课时和非课时的时间段，充分利用综合实践课、德育课、晨会、升旗仪式、大课间、自由活动时间以及课外和假期开展活动。

（5）争取必要的配套保障。明确队室和校园广播站（电视台、网站）等学校少先队阵地的教育功能。争取将红领巾、鼓号、工作用书等纳入教育、财政部门对义务教育经费的保障范围，将大队室纳入义务教育学校标准化建设范围。运用艺术、时尚的元素，开发适合不同年龄段少年儿童的少先队教辅教具。

(6)开展检验激励。学科是有教育效果评价标准的，少先队活动不能只管过程，不管效果。有必要及时对开展朴素感情培养活动的实效进行评估。要调整和完善雏鹰奖章的章目设置和争章程序，充分发挥它对不同年龄段少年儿童思想意识的评价激励作用，各地可根据需要调整特色章目。要把少先队活动能否正常开展、开展的效果纳入对辅导员和学校的评估考核。

(7)推动教研活动。在中小学，以大队辅导员为主，吸收副大队或年级辅导员、中队辅导员成立教研组，对少先队教育的内容、方式、途径进行研究。在各级少工委，发挥总辅导员的骨干和指导作用，联合教育部门开展少先队课题研究、成果评比推广等教研活动。

2. 以高校学科和岗位职称为重点，加强辅导员专业化职业化建设，推动基层组织建设和基层工作

辅导员队伍是加强少先队基层组织建设和基层工作，乃至推动整个少先队工作最重要的力量。在市场经济条件下，在教师队伍建设和保障越来越规范化的今天，辅导员队伍的建设要强调老辅导员、老少先队工作者身上那种忠诚事业、热爱孩子的职业精神，同时必须提高专业素质、构建职业发展和成长路径，也就是做好少先队辅导员与课任教师类似的激励机制设计。我们认为最关键的就是职称，因为职称最能体现社会对教师的认可，与绩效工资、退休工资等实际利益密切相关。而职称是与学科挂钩的，不是与重要性挂钩，所以突破口是学科。

(1)建立高校少先队相关专业体系。推动在国家高等教育专业目录或师范教育专业目录中增设少先队相关专业或方向，在师范院校开设专科、本科到研究生各个层次的少先队培养专业或方向，争取把少先队教育列为师范类小学教育专业的必修课程，从源头上培养辅导员，鼓励辅导员在职深造。

(2)实行双线职称晋升。争取在教师职称中设立少先队教育的科目，制定评聘办法和标准，鼓励有志于长期从事少先队工作的辅导员参评。辅导员也可申报其他学科职称，将从事少先队工作的工作量和科研成果按合适比例折算，计入职称评定。这一点在《关于进一步加强少先队辅导员队伍建设的若干意见》中已体现。

(3)明确岗位双重属性。制定辅导员工作标准，区分管理行为和专业技术行为。参照《普通高等学校辅导员队伍建设规定》中高校辅导员“可评聘思想政治教育学科或其他相关学科的专业技术职务”，同时“确定相应级别的行政待遇”的做法，争取政策，明确大队辅导员既是学校的中层管理人员，又是少先队教育的专业教师。

(4)开展好分级全员年度培训。培训既是提高辅导员能力和职业精神的有效方法，也是体现组织存在的必要手段。全国少工委负责对地级以上总辅导员进行年度全员培训，省级少工委负责县级总辅导员，地级、县级少工委依次类推，争取每位辅导员每年至少能接受一次少先队组织开展的培训。去年我们举办了全国地市总辅导员培训班。各级少工委在开展辅导员培训的时候，要深刻理解陆昊同志指出的“少先队辅导员既不是一个简单的知识传播者，也不是一个简单的活动组织者，应该是帮助少年儿童在成长过程中形成一些重要思想意识的有力引导者和推动者。”所以要本着“干什么、学什么，缺什么、补什么”的原则，紧紧围绕根本任务，帮助辅导员提高少先队工作的能力和素质。现在各地都很重视培训，问题是有的地方培训的覆盖面不够，有的没有找准重点。另外培训效果也要重视，现在远程教学、以赛代训等方式都有运用，但是互动教学

还比较少，效果反馈机制也没有建立起来，这些都需要加强。

3. 以健全协调督导机制为纽带，加强团教合作，发挥好各级少工委推动学科建设和辅导员队伍建设的重要作用

充分发挥全国和省、市少工委的宏观指导、理论支撑、政策支持作用。重点消除区县少工委建设的空白点。特别重要的是，各级少工委要下大力气建立团教合作的具体制度。

(1)完善协调机制。创新和完善少工委组织格局，考虑把那些对少先队学科建设有重要作用的部门和人士吸收进来，比如教育等职能部门同志、相关专家、中小学校长、大队辅导员等。要主动加强与教育、人社等部门的沟通协调，开展经常性协商或定期交流，推动政策制定和落实，特别是要把部门联发文件的内容转化为相关部门的具体制度安排。要健全联合调研、信息通报等制度。

(2)完善督导机制。工作要有落实的机制，其中重要的一条是加强督导。我们要争取联合教育部门定期对政策落实情况进行督导，并综合运用通报、表彰等办法，形成有效的激励约束。特别是要贯彻八部委联发的《关于进一步加强少先队工作的意见》的要求，将少先队工作纳入教育系统的经常性督导之中。

(3)完善总辅导员制度。省、市级团委应当专设一个不低于中层职级的总辅导员。县级团委要采取多种形式设置总辅导员。要按照政策落实总辅导员职级和待遇，发挥好总辅导员对少先队工作的指导、协调和督促作用。

三、继续全身心投入工作，努力完成今年重点工作

今年的任务很多，请大家按照工作报告认真落实，这里主要讲几个重点。

1. 抓住建党90周年契机，深入开展红领巾心向党系列活动。今年是建党90周年，也是灌输培养少年儿童对党和社会主义祖国朴素感情的重大契机。中央要求，全团要抓住契机，广泛开展"学党史、知党情、跟党走"活动，引导广大青少年深刻认识中国共产党的领导是历史的选择、人民的选择，深刻认识党的丰功伟绩、光荣传统和根本宗旨、历史使命，深刻认识只有社会主义才能救中国、只有改革开放才能发展中国，坚决跟党走中国特色社会主义道路。这给共青团、少先队指明了目标任务和活动主题。我们初步考虑，在全团活动的整体框架下，面向基层少先队组织和广大少先队员，继续以红领巾心向党这个品牌，通过主题队日、英雄中队、和党员手拉手、红领巾寻访活动等基层便于采用的载体开展系列活动，以"七一"为高潮，抓住清明、"六一"、"十·一三"等节点，形成全年热潮。有几点具体要求，第一，希望同志们既要善于形成必要的整体态势，更要善于把工作做实、做深。第二，要把这项工作同争当"四好少年"活动，与进一步推动基层组织建设和基层工作有效结合起来。第三，要用好全国少工委将要下发的《灌输培养少年儿童对党和社会主义祖国朴素感情工作读本》、《案例选编》，善于把党的要求转化成孩子听得懂的内容，运用他们喜欢、熟悉、常用的方式和情感、艺术、时尚的元素，达到有效灌输的效果。第四，要充分发挥志愿辅导员的作用。通过在少年儿童中有影响的老革命、当代党员模范、身边的优秀党员和先进人物来向孩子讲党讲社会主义祖国，让孩子们对党有一个切实的感知。

2. 推动学科建设。教育部对这项工作很支持。学科建设需要全国少工委和各级少先队组织齐心协力，一起推进。各地要抓住国家教育改革发展的机遇，立足于本地资源，对于那些条件具备、现实可操作的就普遍做起来，条件不太成熟的就开展试点。比如，探索在本地中小学开设少先队学科，从内容、形式、时间、检验激励、教研等方面进行系统探索。比如，积极推动本省、市的师范院校，开设专科、本科或研究生层次的少先队培养专业或方向，

至少可以争取把少先队教育列为师范类小学教育专业的必修课程。

3. 抓好《关于进一步加强少先队辅导员队伍建设的若干意见》的贯彻落实。这份文件是全国少工委在教育部和人社部的大力支持下形成的很重要的制度性安排。里面很多内容是有突破的，比如岗位待遇、绩效工资等问题，有些预留了很大的空间，比如辅导员职称和学科的表述。各地首先要保证让基层少先队组织、相关部门知道这一文件，还要积极主动地协商教育、人社部门，把文件要求转化为本地可操作的措施。特别是，一要争取明确大队辅导员的岗位双重属性，当前国家调整教师的岗位编制是一个契机，希望大家能取得突破、多出经验。二是争取在教师职称中设立少先队教育科目，鼓励辅导员参评。总之，义务教育具有较大的地方性特点，国家的政策只有转化为各地的具体实践，才能真正落实；地方取得突破和经验，反过来也能推动全国制定政策。

4. 开展专项督导。我们正在商有关部委，打算今年就《关于进一步加强少先队辅导员队伍建设的若干意见》，以及此前八部委联发的《关于进一步加强少先队工作的意见》中的课时等落实情况开展一次专项督导。教育督导是一件严肃的工作，各级少工委要用好这项机制，推动本地开展督导。

5. 开办少儿频道红领巾节目。在中央电视台大力支持下，我们就筹办少儿频道红领巾节目达成一致，即将在每周日晚黄金时间开办30分钟的专题节目，运用艺术、动漫、游戏、流行时尚等元素，集中反映各地最好的少先队活动，突出培养少先队员党、团、队相衔接的组织意识。希望省、市少工委积极支持这一节目，有条件的地方要协调本地电视台开办相应的少先队节目。

6. 做好全国“优秀少先队员、少先队辅导员、少先队集体”表彰。要用好评选过程对广大少先队员、辅导员的影响和带动作用，注重公正、公平、公开，充分体现代表性和基层参与，不能搞成特殊化、小众化。各地在推报名单时，要把争当“四好少年”作为优秀队员的主要标准，把灌输培养朴素感情是否有办法、有效果作为优秀辅导员和志愿辅导员的重要标准，把落实全队重点工作是否有力作为优秀集体的标准。通过宣传一大批先进典型，给全队树立鲜明的工作导向和评价导向。

四、保持干事业、出成果的良好精神状态

这里着重强调几个方面。

1. 要有足够的落实力度。现在少先队要做什么、怎样去做比较清楚了，一些没完全想清楚或者想不全的，要在实践的过程中去完善。目前，最重要的就是形成推动重点工作的足够力度。这要靠内在的自觉性、主动性、坚定性，要看是否有举措、有成效。要把两年来的思想认识成果转化为具体的工作载体和制度性安排，并使之普遍落实到基层，成为千千万万个基层少先队组织的生动实践。

2. 要有推动工作的紧迫感。我们的工作是与教育密切相关的。当前教育改革发展形势逼人，教育部门正在按照《纲要》迅速推进教育改革，如义务教育阶段的课程设置、课程标准、教材教法、中小学编制、职称、高等学校专业等都在改革，这些内容与少先队学科和辅导员职称等息息相关，是推动工作的难得机遇。如果没有纳入这一轮教育改革，势必给今后的少先队工作带来很大的困难，甚至原有的一些少先队制度保障也会丧失，比如课时的规定。而这些内容恰恰是我们原先了解不够的，必须拿出和时间赛跑的精神，边干边学，抓紧推动，才能不耽误这份事业。

3. 要形成上下齐心、各负其责的合力。全国少工委能量再大，直接面对基层组织还是很少的，所以我们主要是在统筹协调上下功夫，就是出思路、给政策、教方法、做示范。各级少

先队组织要善于转化、落实上级的工作安排，在“面”上形成有力的态势。只有全队共同努力，才能在一些重大的、有挑战的工作和制度安排上取得突破，达到预想的效果。

4. 要有一股干工作的钻劲、韧劲、巧劲。第一，当前我们要攻关的一些工作，理论性、专业性、政策性都很强，没有钻劲就研究不透，就难以和业务部门的同志去对话。第二，碰到困难，面对挑战，要有韧劲，敢于迎难而上，不回避不退让，不怕碰钉子，一次谈不成就谈多次。对此我们要有信心，信心来自于我们是在为党、为少年儿童成长做工作，和业务部门的目标本质上是一致的，应当光明正大、理直气壮。第三，要有巧劲。善于用好少工委的制度资源，发挥群团部门善于沟通协调的优点，晓之以理，动之以情，争取有关部门的理解和支持。

让我们紧密团结在以胡锦涛同志为总书记的党中央周围，高举中国特色社会主义伟大旗帜，以邓小平理论和“三个代表”重要思想为指导，深入贯彻落实科学发展观，探索创新，奋发有为，把光荣的红领巾事业继续向前推进，以新的成绩迎接建党90周年！

汪鸿雁同志讲话

汪鸿雁在2011年全国共青团农村工作会议上的讲话

2011年1月17日，根据录音整理

这次全国共青团农村工作会议的主要任务是，贯彻党的十七届五中全会、中央经济工作会议、中央农村工作会议精神，学习贯彻党中央书记处重要指示和王兆国同志重要讲话，全面落实团十六届四中全会部署，总结2010年农村共青团工作，研究安排2011年任务。团中央书记处十分重视农村共青团工作，陆昊同志对开好这次会议、做好今年工作提出明确要求。下面，我代表团中央书记处，讲三点意见。

一、深刻领会中央有关精神和团十六届四中全会部署，进一步明确农村共青团工作的努力方向

做好农村共青团工作，首先要准确把握、不折不扣地贯彻党中央要求，全面落实团中央书记处部署，进一步找准工作定位。

1月7日，党中央书记处专门听取团中央工作汇报，习近平同志和书记处各位同志作了重要指示。12日，王兆国同志代表党中央出席团十六届四中全会并发表了重要讲话。党中央书记处的重要指示和王兆国同志的重要讲话，站在党和国家事业发展的战略高度，对共青团去年工作给予充分肯定，对做好今年工作提出了明确要求和殷切希望，为全团工作指明了方向。陆昊同志在团十六届四中全会上的讲话贯彻党中央要求，紧紧围绕“十二五”时期的目标任务、深入做好新形势下党的青年群众工作，对当前和今后一个时期的共青团工作作了全面部署。总的来讲，领会好党中央和团十六届四中全会对农村战线的要求，主要是三个方面：

1. 结合“十二五”目标任务，找好工作结合点。全会作出了《关于认真学习贯彻党的十七届五中全会精神，团结带领广大团员青年为实现十二五时期奋斗目标作贡献的决定》，强调要把学习贯彻党的十七届五中全会精神的过程，具体化为加强青年思想引导、凝聚青年智慧力量的过程，具体化为深化和推动团的重要品牌和重点工作、团结动员青年为“十二五”目标任务作贡献的过程，具体化为履行团的四项职能、努力实现“两个全体青年”的重要政治目标的过程。我们要按照《决定》要求，在党和国家将以更大力度推进“三农”工作的“十二五”期间，牢牢把握千方百计保证粮食安全、千方百计增加农民收入的要求，找好工作结合点，深入推进农村团的各项工作和建设，着力培养更多农村青年致富带头人，大力发展农村专业合作组织，广泛动员团员青年参与农村基础设施建设和扶贫开发等，为发展现代农业作贡献。

2. 把握青年群众工作重要原则，扎实做好工作。全会贯彻党中央对做好新形势下群众工作的重要要求，把握共青团面临的挑战和工作中存在的薄弱环节，结合近年来在推进各项工作中进行的探索，提出了做好党的青年群众工作必须坚持的五条重要原则：一是把握党团特殊的政治关系，二是始终保持与广大普通青年的密切联系，三是坚持以最大的决心和力度狠抓基层，四是深入生活，准确把握社会机理，五是紧跟时代步伐、勇于探索创新。我们要真正理解这五条重要原则及其形成逻辑、思想方法，注重运用这五条重要原则指导和推动农村共青团工作的实践，努力做好新形势下的农村青年群众工作。

3. 不断深化创新，推动工作发展。

第一，围绕与时俱进的党政工作大局，贯彻落实党中央要求和全会部署，不断深化创新。

要把握政策利好。中央农村工作会议对做好今年“三农”工作作了部署。这里，我强调与农村共青团工作相关的一些政策。一是金融政策。回良玉副总理在中央农村工作会议上提出要扩大农村青年创业小额贷款业务，这是对我们工作的充分肯定，是做好今年工作的重要契机。二是就业创业政策。三是合作社政策。将农民专业合作社出资兴办的加工、营销等实体纳入享受优惠政策范围，有条件的农村专业技术协会可申请承担国家有关涉农项目。四是水利政策。今年中央一号文件聚焦水利，把水利定位为公益性、基础性、战略性公有资源。五是基层党建政策。健全村级组织运转经费保障机制，加强村级组织活动场所建设。这些政策，大家一定要认真学习解读，为更好地推进农村共青团工作争取支持、创造条件。

要把握发展趋势。核心的一条是工业化、城镇化、农业现代化“三化同步”推进，这是谋划和推进“三农”工作的重大原则，对深入推进农村共青团工作提出了新的课题，要求我们进一步找准工作切入点和着力点。如何在“三化同步”进程中促进农村青年持续增收，要从共青团组织的角度，结合农村青年不甘于现状、敢闯敢干、渴望有新的发展的特点，进一步做好促进农村青年就业创业工作，千方百计帮助农村青年增收致富；如何在“三化同步”进程中培养农村青年致富带头人，共青团要服务农业农村发展，很重要的一项任务就是要努力为党培养一批热爱农村、扎根农村、愿意奉献农村，有文化、懂技术、会经营的新型青年农民和致富带头人，真正承担起保证粮食安全、发展现代农业、建设新农村的责任；如何在“三化同步”进程中加强农村专业合作组织和团的基层组织建设，在乡镇政府职能转变、村民自治完善的条件下，面对农村青年群体分化和流动、农村分工分业细化深化的趋势，把农村青年进一步有效组织起来，巩固党执政的农村青年群众基础，是农村团组织肩负的重要职责。

第二，注重发挥基层的创造力，总结推广基层的好做法、好经验。

第三，推进全团重点工作的同时，深化保护母亲河行动，研究赋予工作品牌新的时代内涵、新的工作措施。

二、全面总结去年工作，继续保持农村共青团工作的好势头

2010 年是农村共青团工作方向坚定、力度不减、不断深化、取得新进展的一年。在团中央书记处的正确领导下，农村战线上下齐心协力，真抓实干，各项工作和建设取得了明显成效。主要表现在：一是着眼于破解新时期农村基层团组织建设存在的难点、重点问题，周密设计、扎实开展了农村基层团建和乡镇团的组织格局创新试点工作，探索农村专业合作组织团建的路径和方法，注重从面上加强农村基层团建基础工作，农村团的基层组织建设和基层工作有了积极变化。二是着眼于促进现代农业发展、服务农村青年增收，下大力气推进农村青年就业创业工作，农村青年实用技术和职业技能培训渠道得以拓宽，农村青年创业小额贷款工作形成了面上推进态势，成为农村战线工作的一大亮点。三是坚持把保护母亲河行动作为引导青少年增强节能环保和生态文明理念的重要载体，不断丰富工作手段。在此，我代表团中央书记处，向农村战线各级团组织和广大团干部表示衷心的感谢！

一年来的工作成绩，确实来之不易，应该深入总结。归纳起来，主要是三个方面。

第一，坚持眼睛向下、重心下移，重视基层、支持基层的氛围进一步浓厚。在团中央的带动下，各级团的领导机关更加注重加强对基层的支持、指导，把工作力量、工作资源和工作项目向基层倾斜。全团对基层的支持，重点是县一级，受益最大的是农村。同时，农村战线尽其所能地为基层工作争取政策、提供项目和载体。

第二，按照团中央书记处确定的基本框架和重要原则，各地不断探索创新，不断总结推广经验，扩大了重点工作的影响力和覆盖面，农村共青团工作体系进一步形成。比如，江苏、河南在农村专业合作组织发展和团建方面，贵州、陕西在乡镇团的组织格局创新方面，浙江、吉林、广西、云南在农村青年创业小额贷款方面，都形成了特色做法，为农村共青团工作的整体推进积累了经验。

第三，工作方向稳定，注重推进落实，农村共青团工作的科学化水平进一步提高。在工作传导上，注重把团中央重点工作的思路、部署和要求及时向下级和基层延伸，统一思想认识，并不断强化。在工作理念上，注重工作的普遍性、可操作性和实效性，有没有具体载体、路径和资源保障，基层能不能落实，成为设计、推进工作的重要标准。在工作指导上，注重总结各地和基层经验、及时在面上推广，编制了一系列工作规范、工作流程和工作模式，便于各地操作。在工作督导上，建立了月报、通报、督办制度和网络、飞信平台，表扬先进，鞭策后进，树立了农村战线敢于批评、求真务实、狠抓落实的鲜明导向。

两年多来，我们在实践探索中统一了认识，积累了经验，凝聚了力量，为进一步推进工作奠定了坚实基础；农村战线团干部在真抓实干中经受了锻炼，改进了作风，提升了素质，为进一步推进工作提供了干部保障。

同时，我们还必须清醒、理性地看待目前农村共青团工作中存在的一些问题和困难。一是农村基层团的组织建设和基层工作相对比较薄弱的局面还没有根本改变，持续推进工作的长效机制需继续完善；二是整体的面上推进态势还不够，一些工作还只停留在典型上，缺乏普遍性和扎根基层的生命力；三是部分团组织面对困难、解决问题的能力有待提高，有的还不敢“碰硬”，不敢碰复杂的问题；四是有的团干部作风不够扎实，还不能经常性深入乡村、走进青年，有的基层团组织负责人还搞不清本区域青年的底数、流向和所思所想，缺乏与普通青年的感情。

农村战线各级团组织和广大团干部要进一步增强紧迫感和责任感，以良好的状态、有力的措施和扎实的成效，共同把农村共青团工作的好形势巩固好、发展好。

三、扎实推进今年各项工作，努力开创农村共青团工作新局面

关于2011年农村共青团工作，团中央农村青年工作部印发了工作要点(讨论稿)，祥玉同志还要作详细安排。这里，我强调三个方面。

1. 总体思路。贯彻党的十七届五中全会、中央经济工作会议和中央农村工作会议精神，认真贯彻落实党中央书记处重要指示和团十六届四中全会部署，抓住开展创先争优活动的有利时机，整体推进农村团的基层组织建设和基层工作，大力促进农村青年就业创业，努力深化保护母亲河行动，引领农村青年为完成好“十二五”开局之年工作任务发挥生力军作用。简单讲，就是要继续狠抓基层，着力就业创业，深化品牌工作。

2. 需要重点推进的几项工作。

第一，关于乡镇团的组织格局创新工作。这是今年加强团的基层组织建设和基层工作的重点。为完成党中央提出的把全团面向基层工作的桥头堡推到乡镇、街道一级的任务，团中央书记处深入研究分析了乡镇、街道团组织普遍存在的问题，创造性地提出了乡镇、街道团的组织格局创新工作，并进行了两轮试点，取得了明显成效。党中央书记处指示我们要全面推进乡镇、街道团的组织格局创新工作，通过健全组织网络和增强自身活力，不断扩大青年工作覆盖面，提升基层团组织对广大青年特别是普通青年的吸引力、影响力。推进乡镇团的组织格局创新工作，农村战线责无旁贷。要坚持党建带团建原则，争取党委支持，为开展工作创造良好环境；要深入研究，不断探索创新，推动工作经验转化，提高团干部推进乡镇团的组织格局创新的能力；要注意组织格局创新后运行机制构建和工作内容设计，真正让乡镇团委活起来，发挥桥头堡作用。大家要围绕乡镇团的组织格局创新的工作目标、操作方法和步骤、不同层级团组织的责任等方面，进行集中讨论，提出意见和建议。

第二，关于农村专业合作组织工作。从发展趋势看，农村专业合作组织是推进农业产业化经营、发展现代农业的重要载体，发展农村专业合作组织是市场经济条件下提高农民组织化程度、应对市场风险的必由之路。从农村共青团工作看，农村专业合作组织是农村的新兴领域，是一个全新的阵地，必须予以高度关注。近年来，农村专业合作组织发展很快，目前仅农民专业合作社就有36.5万个。在农村专业合作组织中，聚集着大量的农村青年。农村专业合作组织团建是农村基层团建工作的薄弱环节，但同时也是新的增长点。我们要抓住国家鼓励农村专业合作组织发展的机遇，加强与各级农业部门的合作，一方面要大力推动致富带头人领办农村专业合作组织，帮助、扶持其发展壮大，另一方面，在具备建团条件的协会、合作社建立团的组织，开展团的活动，扩大团的影响。

第三，关于农村青年创业小额贷款工作。实践表明，共青团开展小额贷款工作，抓住了党政工作大局和青年所需，缓解了农村青年创业的资金瓶颈问题，为解决信贷支农作出了积极探索，这是此项工作的重要价值所在。今年，要在继续创新担保方式、扩大工作覆盖面的基础上，夯实与农业银行等金融机构合作的基础，积极争取贴息等优惠政策，为基层开展小额贷款工作创造更多条件；同时，还要开展农村青年信用示范户工作，扩大小额信用贷款，促进农村青年创业小额贷款工作不断深化。

第四，关于农村青年培训工作。今年要重

点抓好与农业部共同实施的农村青年创业培训、基层农技人员知识更新、农业科研杰出青年人才培养、农业科技普及等项目。各地要充分利用这些政策条件,发挥主动性和能动性,扩大与农业等有关部门的合作范围和规模,注意培养农村青年致富带头人;有条件的地方,要动员团员青年参与农村基础设施建设和扶贫开发。

第五,关于保护母亲河行动。目前,团中央对团的重要品牌提出了要坚持、要深化、要体现广泛性和实效性等要求。保护母亲河行动既是共青团服务资源节约型和环境友好型社会建设、为“十二五”目标任务作贡献的有效载体,也是教育引导青少年增强节能环保和生态文明理念的重要载体。团中央书记处将专门就保护母亲河行动的深化工作听取汇报,希望各地能结合形势发展变化和自身实际,积极探索创新,努力推进保护母亲河行动。大家在讨论中要结合各自的工作经验,贡献好的思路和建议,以利于我们进一步深化保护母亲河行动的理念和重点。

3. 农村战线团干部要在农村共青团工作的实践中锻炼成长。我们要认真贯彻王兆国同志、陆昊同志在全会上对团干部的要求,从三个方面进行努力:

第一,讲党性、讲原则、讲纪律,牢牢把握“高度的理论自觉、鲜明的实践品格、深厚的群众根基、奋进的创新精神”的重要要求。

第二,提高青年群众工作本领,增进与农村青年的感情,了解农村青年的想法,多为农村青年服务,办实实在在的好事。

第三,成为农村工作的行家里手,对岗位热爱,干一行、爱一行;对学习坚持,保持开放心态和进取精神;对工作专注,全身心地投入。

汪鸿雁在2011年中央综治委预防青少年违法犯罪工作领导小组全体会议上的讲话

2011年1月20日

根据会议安排,我代表办公室就2010年工作情况及2011年工作打算作简要汇报。

一、2010年预防青少年违法犯罪工作的基本情况

一年来,中央综治委预防领导小组各成员单位按照建国副委员长在2010年全体会议上的讲话部署,全面贯彻落实中央深入推进社会管理创新的各项要求,以“为了明天——预防青少年违法犯罪工程”为主要载体,扎实推进重点青少年群体教育、管理和服务,抓住影响青少年成长和发展的关键环节深入开展教育引导和预防工作,着力解决影响青少年违法犯罪的突出问题,狠抓基层基础建设,推动预防犯罪工作取得了新的发展。

1. 在加强青少年思想教育和引导方面。中宣部、教育部、司法部、广电总局、团中央、全国妇联、关工委等部委充分发挥中小学班主任、法制副校长、公益明星、青少年事务专职社工、志愿者和“五老”人员的作用,将电视、电影、报纸等传统媒体与网络、手机等新媒体相结合,根据不同年龄段、不同类别、不同地域青少年的行为和心理特征广泛开展思想教育、法制教育和心理健康教育。教育部起草了《关于新形势下进一步加强和改进中小学德育工作

的意见》，联合中央电视台制作了以“我的梦中国梦”为主题的电视节目《开学第一课》。司法部下发了关于加强法制宣传教育工作的通知，联合团中央等部委举办了青少年网上普法知识大赛、青少年法制宣传周等活动。广电总局围绕预防青少年违法犯罪工作的热点话题和案例开展宣传报道。团中央联合中央综治办督导室、公安部宣传局先后发布了2010年寒暑假青少年自护提示的文字版、漫画版、语音版、动画版和游戏版，开通了中国青少年自护网。全国妇联组织家庭教育讲师团专家赴新疆开展青少年普法知识宣讲，帮助民族地区妇联建立家长学校并提供支持。关工委动员400多万“五老”人士，组建20多万个“关爱工作团”开展青少年法制宣传，并联合有关部委举办了“关爱明天，普法先行”大型普法活动。这些工作的开展，教育引导青少年提高了法制意识，树立了良好的思想道德观念，进一步夯实了预防犯罪工作的思想基础。

2. 在净化青少年成长社会环境方面。针对互联网和手机媒体管理问题，从2009年12月开始，工业和信息化部、公安部、文化部、工商总局、广电总局、新闻出版总署等九部门组织开展了打击互联网和手机媒体传播淫秽色情信息专项行动，全面清查互联网和手机网站，深入查办大案要案，网络环境得到明显净化。针对校园及周边环境的净化和安全防范问题，中央综治办、教育部和公安部联合下发工作意见，集中开展校园安全保卫工作，及时处置和化解了一批危害校园安全的不稳定因素，有效保障了师生的人身安全。住房和城乡建设部印发了《关于进一步做好全国中小学校舍安全工程有关工作的通知》，并对部分地区的实施情况进行了督查，提高了校舍安全工程质量。针对文化市场整治问题，文化部联合教育部、工业和信息化部、公安部、团中央等部门，联合出台了《“网络游戏未成年人家长监护工程”实施方案》，加强对网络游戏问题的综合治理。文化部、工商总局、新闻出版总署等部委加大了查处违法网络文化产品和非法网络文化经营活动、“扫黄打非”、净化出版物市场环境等方面的工作力度，集中开展打击整治专项行动。这些工作的开展，有力打击了影响青少年健康成长的各种不良因素，推动了青少年文化市场的健康、繁荣和发展。

3. 在加强重点群体的教育帮助和预防犯罪方面。针对重点青少年群体排查摸底和试点工作，中央综治委预防领导小组、中央综治办联合最高法、最高检、教育部、公安部、民政部、司法部、人力资源和社会保障部、团中央等部委深入推进重点青少年群体排查摸底工作，形成《重点青少年群体排查摸底专项行动数据分析及对策建议报告》。中央领导同志高度重视《报告》反映的情况和问题，习近平、周永康、刘云山、刘延东、王乐泉等中央领导同志作出重要批示，王乐泉同志听取了专题工作汇报。以此项工作为基础，中央综治办、中央综治委预防办联合教育部、最高法、最高检、公安部、民政部、司法部等部委成立了专门的工作领导小组，召开试点工作推进会，确定在北京市海淀区等16个城市启动首批重点青少年群体教育帮助和预防犯罪试点工作，分别针对五类重点青少年群体开展试点，并建立了联系点制度和督导检查制度。中央综治委预防办整合信息汇总制度和排查摸底工作的组织架构，设计了重点青少年群体信息监测管理系统，以实现对重点青少年群体信息的动态监测。针对各类重点青少年群体的教育、管理和服务工作，教育部、公安部、民政部、司法部、财政部、人力资源和社会保障部、住房和城乡建设部等部委积极出台政策，依托派出所、居委会、村委会、流浪儿童救助保护机构等基层组织对各类重点群体开展调查分析，根据不同青少年群体的现实需求，有针对性地加强对不良行为的帮教和矫治，积极开展困难帮扶和权益维护，加大对新成长劳动力的就业培训和指导力度，将各类重点青少年群体纳入基层日常教育、管理和服务范围，切实解决成长发展过程中的实际问题。公安部、民政部、工商总局专门针对组织儿童乞讨、强迫未成年人违法犯罪等重点问题开展了整治和督察活动。这些工作的开展，增强了开展教育帮助和预防犯罪工作的针对性，提高了对重点青少年群体进行帮扶和矫治的实际效果。

4. 在加强法制建设和基层基础保障方面。针对未成年人司法制度的完善，团中央联合最高法、最高检、公安部、司法部等有关部委，出台了《关于进一步建立和完善办理未成年人刑事案件配套工作体系的若干意见》，推动各级法院、检察院、公安机关、司法行政机关进一步加强在办理未成年人刑事案件中的衔接和配合。最高法推动成立了中国法学会审判理论研究会少年审判专业委员会，出台了《关于进一步加强少年法庭工作的意见》。最高检完善了办理未成年人刑事案件的相关制度。司法部下发专门文件指导各地加强对包括重点青少年群体在内的特殊人群的教育帮助和法律援助工作。民政部形成了《流浪未成年人救助保护条例（草案稿）》。针对基层工作队伍建设，教育部完成了对中部10省1.8万名教师和10万名中小学班主任的安全教育、安全管理方面的培训工作。人力资源和社会保障部联合民政部开展了包括青少年服务在内的专业化社会工作者人才队伍建设工作，加大人才的培养开发力度。全国妇联举办了妇联系统儿童社会工作研修班和心理援助人才骨干培训项目，创建了全国网上家长学校总校。关工委组建了由31万余名“五老”人士参加的网吧义务监督员队伍。这些工作为基层开展教育、管理和服务工作提供了人力基础保障。针对重点课题的交流和研究，最高法举行了中美少年司法制度研讨会、中国少年司法年度论坛等理论研讨活动。最高检对未成年人犯罪形势进行定期分析研判，对未检工作量进行调研，对未检专门机构的设置进行论证。团中央开展了“儿童青少年精神卫生状况”和“新生代农民工的社会融入”调研；联合研究机构针对青少年吸食新型毒品、新生代农民工权益维护和犯罪预防等课题开展调研。全国妇联针对部分地区儿童信教现象、“独二代”子女成长状况和农民工子女入托等典型问题进行了专项研究。针对加强基层工作保障，财政部、银监会、保监会等部委积极为各级预防青少年违法犯罪工作的开展提供支持，不断加大对各类重点群体的宣传和帮扶力度。这些工作的开展，为基层开展预防犯罪工作提供了制度保障和理论指导，促进了各项工作措施在基层的贯彻落实。

在此，我谨代表预防青少年违法犯罪工作领导小组办公室，向高度重视、大力支持预防青少年违法犯罪工作的各位领导表示衷心的感谢！

二、2011年预防青少年违法犯罪工作重点

2011年工作要点已经印发给各位领导，在此就不再详细汇报。办公室建议，今年重点做好以下四项工作：

1. 以重点青少年群体教育帮助和预防犯罪试点工作为抓手，推动青少年社会管理的机制建设。继续深化重点青少年群体排查摸底工作，按照全国重点青少年群体教育帮助和预防犯罪试点工作推进会的部署，推动各试点城市强化工作保障，落实工作措施，在实践中探索建立青少年社会管理的各项工作机制。主要包括建立学校、社区、教育管理、劳动培训等部门紧密衔接的闲散青少年信息共享和接续教育管理机制；建立以社区为依托，动态反映重点青少年群体情况的信息监测和管理机制；建立以专门学校、专兼职青少年服务社工等专门机构、专业工作力量和志愿者、“五老”等社会力量结合为主，吸收借鉴公、检、法、司等部门专业工作经验开展帮教和矫正的工作机制；

建立基层党政、社会组织等正面力量定期接触重点青少年群体的教育和帮扶机制；建立支持基层派出所、乡镇综治中心、各类社区青少年活动中心等基层单位开展工作的综合协调机制；建立多部门齐抓共管的青少年职业培训、职业介绍、信息咨询和就业保障机制；建立促使流浪青少年、留守儿童等重点青少年群体重新回归稳定的社会系统或社会组织的救助管理机制等。要通过试点工作，形成各部委既各司其职又齐抓共管的工作态势。

2. 加强预防工作载体建设，推动预防犯罪工作的各项措施落到实处。一是继续深化“为了明天——预防青少年违法犯罪工程”，推动各地区、各部门按照统一协调、项目运作和量化考核的原则，积极探索对各类重点青少年群体生活帮扶和思想引导的新途径。二是深入开展“共青团与人大代表、政协委员面对面”活动，认真做好各级人大、政协大会发言和建议、提案工作，集中反映青少年的普遍诉求，通过共青团“倾听日”、“恳谈日”等载体，促进与青年联系的日常化、经常化。三是加强安全自护教育和网络素养教育，推广使用青少年网络素养教材，提高青少年保护自身安全和抵御网络不良信息侵害的意识和能力。四是充分发挥各地预防办和未保办的职能作用，推动各部门加强情况沟通和协作配合，针对涉及多个部门的突出问题开展联合行动，明确牵头单位，形成部门合力，协调配合解决问题。五是以加强社会工作人才队伍建设为契机，强化青少年服务社会工作人才队伍的制度化保障和工作机制建设，逐步建立一支职业化、专业化的社会工作人才队伍。

3. 反映青少年普遍诉求，推动形成预防犯罪领域的相关制度性安排。一是通过联合开展专项督察，促进《关于进一步建立和完善办理未成年人刑事案件配套工作体系的若干意见》的实施，推动未成年人刑事案件配套工作体系在基层的建设完善，推动各级办理未成年人刑事案件专门机构的建设。二是落实各地、各部委在建设完善未成年人司法制度领域的相关制度性安排，推动完成《关于审理未成年人民事案件若干规定》的论证修改和出台。三是推动《预防未成年人犯罪法》的修订工作和各地“两法”配套法规的修订制定工作。四是加强青少年法制教育，针对青少年群体的行为和心理特点，注重发挥感情、信任、友谊因素在真理传播中的作用，通过手机、互联网等新媒体，分年龄段、分群体开展有针对性的法制宣传教育，切实提高青少年群体的法律素养。

4. 深入开展青少年权益保护和预防犯罪问题的研究，夯实预防青少年违法犯罪工作的理论基础。着眼社会关注的重点难点问题，深入研究青少年犯罪问题背后的成因及数量关系，进一步加强对重点青少年群体预防犯罪的对策研究，针对青少年犯罪预防理论体系、青少年犯罪预防指标体系、青少年服务社会工作、青少年法制教育等重点问题开展深入的专题调研。组织专门力量加强对预防犯罪领域基本理论的梳理和对重大实践问题的研究，用大量的数据和高水平的研究成果来指导工作，形成实务工作者可以充分选择和运用的工具。

各位领导、同志们，预防办将按照建国副委员长讲话精神和本次会议要求，认真履行好“参谋、协调、服务”的职能，切实推进预防犯罪各项工作措施的全面落实，与各成员单位一道尽最大努力，完成好今年的工作任务。

汪鸿雁在2011年全国共青团权益工作会议上的讲话

2011年4月15日,根据录音整理

这次会议的主要任务是:学习党的十七届五中全会精神,贯彻党中央书记处重要指示和王兆国同志重要讲话精神,落实团十六届四中全会部署,总结回顾2010年的工作,研究安排2011年全团权益工作。下面,我代表团中央书记处,讲三个方面的意见。

一、2010年全团权益工作的总体情况

2010年,在团中央书记处的正确领导和权益战线全体同志的共同努力下,共青团权益工作在巩固中提高,在创新中发展,各项工作都取得了新的进展。过去的一年是权益工作持续推进、面上铺开、不断深化的关键一年。

一是全面深化和拓展"共青团与人大代表、政协委员面对面"活动,进一步巩固和完善了共青团代表和反映广大青少年普遍性利益诉求的制度安排。全团上下围绕"新生代农民工的社会融入"主题,广泛开展调查研究,按照规范化流程扎实开展活动,目前已将活动拓展到各省、全部地市和全国约70%的县级团委,并逐步向经常化方向发展,活动的制度化成果积累逐渐丰富,社会反响良好,在团内外的影响力进一步增强。

二是全面落实预防青少年违法犯罪和未成年人保护各项措施。深入推进重点青少年群体排查摸底工作,形成数据分析及对策建议报告,中央领导同志对报告作出重要批示。在排查摸底的基础上,启动了全国重点青少年群体教育帮助和预防犯罪试点。推动出台了《关于进一步建立和完善办理未成年人刑事案件配套工作体系的若干意见》,强化了公检法司在办理未成年人刑事案件中的衔接配合。围绕预防工作重点课题开展了多项专题调研。各项工作部署都得到了较好落实,取得明显成效。

此外,各地还大力推进未保法配套法规修订、开展青少年法制宣传教育活动、建设完善12355青少年服务台、做好青少年安全自护教育等工作。

总的来看,过去的一年,权益工作的思路更加清晰,手段更加有效,重点品牌项目的推进扎实有力,履行维护青少年合法权益职能的能力不断提高,权益工作呈现出良好的发展态势。这些成绩的取得,靠的是各级团干部特别是权益战线全体同志的辛勤工作。在这里,我代表团中央书记处,向各级团组织权益战线广大团干部表示亲切的问候和衷心的感谢!

通过过去一年的工作实践,我们认识到有以下几个方面的经验需要继续重视和坚持。

一是要坚持权益工作基本思路不动摇、不松劲。团十六届二中全会通过的《共青团工作五年纲要》明确了权益工作"三个结合、一个制度性安排"的基本思路(即:注重把维护青少年合法权益和引导青少年有序政治参与结合起来,把关注个案与关注普遍性权益问题结合起来,把代表和反映青少年的普遍性利益诉求与相关法律法规的贯彻落实结合起来,探索建立维护青少年合法权益的制度性安排)。两年多的实践证明,"三个结合、一个制度性安排"的基本思路符合权益工作实际。在这一基本思路的指导下,我们优化了权益工作布局、探索了重点工作载体、积累了发展后劲。我们要坚持这一基本思路不放松、不动摇,从而正确认识权益工作在全团工作布局中的定位,正确认识权益工作的格局,准确领会团中央书记处对权益工作重点项目的部署,使权益工作始终沿着正确轨道发展。

二是要坚持普遍性的原则。“两个全体青年”是共青团重要的政治目标，也是开展权益工作的重要任务。坚持“两个全体青年”，真正代表和维护好广大青少年的合法权益，必须坚持普遍性原则。一是用普遍性的问题牵动工作。近几年的“面对面”活动关注了青年就业创业、互联网以及新生代农民工的问题，预防青少年违法犯罪关注了闲散青少年等重点群体、抓住了临界预防这个重点，这些工作实践都贯穿着普遍性的要求。要通过抓普遍性的问题牵动权益工作全局，使各项工作设计和措施更有利于共青团发挥组织功能，切实代表和反映广大青少年的诉求。二是用普遍性的方法推动工作。这里主要是强调法律、政策的路径和各种制度性安排。比如通过人大、政协的渠道反映青少年诉求，比如推动完善未成年人刑事案件办理配套体系和两法地方性配套法规。这些工作可能在短时间内很难取得明显进展，但一旦有所突破，就能产生重大的成效。三是用普遍性的标准衡量工作。要把普遍性的实现程度作为评判工作的重要标准，要看我们的工作是否有更多的普通青年参与，是否使更多的普通青年受益，是否促进实现不断巩固和扩大党执政的青年群众基础这一政治目标。

三是要重视基层基础，紧密结合基层工作推动工作创新。陆昊同志多次强调，普遍性的青年群众工作只能靠基层去做。我们看到，一方面团的领导机关对基层发出什么样的工作信号、给予什么程度的工作指导和支持很重要，另一方面，基层处在团与青年的边界上，对情况最熟悉，最富有结合实际的创新能力，新的探索和好的经验都发生、成长在基层。比如山东青岛在社区建立了人大代表、政协委员联系青少年事务工作站，北京等地定期开展倾听活动、密切和青少年的日常联系，湖南开展了省市县三级“面对面”专题培训，山西充分发挥12355服务平台作用积极运用新媒体收集反映青少年普遍诉求，上海运用“政府购买服务”模式推进针对有不良行为或严重不良行为青少年群体的帮教项目，四川将重点青少年群体教育帮助和预防犯罪工作纳入了本省的“十二五”规划，等等，还有刚才天津等地介绍的经验和会议印发的书面交流材料，都很有启发和借鉴意义。团中央将全力支持各地的创新探索，希望同志们相互学习借鉴，不断创造好的经验。

在充分认识取得成绩的同时，我们也要看到目前制约共青团权益工作发展的问题和不足。一是权益工作的组织体系建设还不够完善，既存在工作覆盖面不足的问题，也存在有覆盖而工作活力不足的问题；二是权益战线工作的整体性不够强，围绕工作重点进行协同作战的意识不足，重点工作突出不够，工作主题突出不够；三是干部的专业素养对应权益工作长期性、整体性、非活动性和科学性的要求还有差距；四是创新探索不足，对经验的总结提炼不足，上升为长期、根本的制度性安排不够，制度建设相对滞后。

希望同志们全面、清醒、理性、辩证地看待我们取得的成绩和存在的不足，继续保持良好的状态和工作韧劲，抓住当前的良好机遇，努力推动共青团权益工作实现新的发展。

二、认真贯彻落实党中央重要指示精神和团十六届四中全会精神，抓住机遇，明确方向，准确把握权益工作新形势

今年年初，党中央书记处专门听取了团中央的工作汇报，习近平同志和书记处各位同志作了重要指示。在团十六届四中全会上，王兆国同志代表党中央出席并发表了重要讲话。党中央书记处的重要指示和王兆国同志的重要讲话，既充分肯定了全团过去一年的工作，又从战略和全局的高度为今年的工作指明了方向。陆昊同志在团十六届四中全会上的讲话贯彻党中央要求，对当前和今后一个时期的共青团工作进行了全面部署，对共青团权益工作提出了明确要求。我们要全面准确把握、不

折不扣落实党中央的要求，全面贯彻落实团中央全会精神，充分认识权益工作在全团工作格局中的重要责任，准确把握权益工作面临的新形势，切实抓住机遇，推动权益工作实现新发展。

1. 准确领会党中央对共青团工作的指示精神，把握“十二五”时期权益工作发展的新机遇，明确权益工作定位

今年，党中央书记处对做好青少年权益工作作出了明确指示，要求“要在维护国家整体利益的同时维护青年具体利益，既注重反映青年的普遍诉求，又引导青年在典型个案上理性表达意见，逐步形成维护青年权益的组织化工作机制和体系，不断提升团组织维护青年权益的整体形象。”这体现出党中央在“十二五”时期社会建设明显加强、人民权益得到切实保障、社会管理制度趋于完善、社会更加和谐稳定的发展目标之下对共青团权益工作的新期待，信号和方向非常明确，工作要求非常具体。《国民经济和社会发展第十二个五年规划纲要》在“标本兼治，加强和创新社会管理”中将“完善维护群众权益机制”单列一章，要求“拓宽社情民意表达渠道”，“发挥人民团体、行业协会、大众传媒等的社会利益表达功能”；“完善社会矛盾调解机制”，“充分发挥工会、共青团、妇联的作用，共同维护群众权益，兼顾好各方面群众关切，积极化解社会矛盾”。团的十六届四中全会作出了《关于认真学习贯彻党的十七届五中全会精神，团结带领广大团员青年为实现十二五时期奋斗目标作贡献的决定》，对代表和维护青少年合法权益如何服务“十二五”时期的目标任务提出了具体要求，陆昊同志在全会上对权益工作进行了具体部署，要求“进一步反映青少年普遍性利益诉求”，“着力加强重点青少年群体的帮教和维权”。

我们要认真学习党中央重要指示精神，全面贯彻陆昊同志在四中全会上对权益工作的具体部署，深入思考权益工作如何为实现“十二五”时期目标任务作贡献，深入思考权益工作如何推动共青团更好履行根本职责，把工作的着力点放在青少年普遍性诉求的反映和维护上，放在引导青年理性表达意见诉求上，不断完善维权的组织化工作机制，同时要加强品牌建设，提升团组织维护青年权益的整体形象。

2. 牢牢抓住加强和创新社会管理的契机，完善维护青少年合法权益机制

党的十七届五中全会突出强调要加强和创新社会管理。今年2月，胡锦涛总书记在省部级主要领导干部社会管理及其创新专题研讨班开班式上发表重要讲话，指出当前和今后一个时期，我国将大力推进社会建设，加强和创新社会管理。这为共青团权益工作直接参与和服务党政中心工作，不断完善维护青少年合法权益的机制和体系带来了难得的机遇。胡锦涛总书记强调要进一步加强和完善党和政府主导的维护群众权益机制，形成科学有效的利益协调机制、诉求表达机制、矛盾调处机制、权益保障机制，统筹协调各方面利益关系，加强社会矛盾源头治理，妥善处理人民内部矛盾，切实维护群众合法权益。

我们既要积极研究共青团参与社会管理的路径、渠道和方式，完善和发挥好共青团的社会利益表达功能，又要“针对流动青少年越来越多、青少年违法犯罪率居高不下的实际，配合有关部门推进青少年社会管理创新，努力形成青少年社会管理的长效机制和工作合力”，在为社会管理创新和推进社会建设作出贡献的过程中推动权益工作实现大发展。

3. 充分认识做好新形势下党的青年群众工作的极端重要性，切实履行维权职能，不断巩固和扩大党执政的青年群众基础

陆昊同志在全会上针对如何牢牢把握中央对做好新形势下群众工作的重要要求，努力为党做好青年群众工作作了深刻阐述，提出了做好党的青年群众工作所必须坚持的五条重

要原则。一是必须牢牢把握党团特殊的政治关系；二是必须始终保持与广大普通青年的密切联系；三是必须坚持以最大的决心和力度狠抓基层；四是必须深入生活，准确把握社会机理；五是必须紧跟时代步伐、勇于探索创新。我们要认真学习、充分认识到这五条原则深刻的理论和实践依据、形成逻辑和思考方法，充分理解共青团在当前经济社会深刻变革的背景下的重要价值所在、最本质的影响力所在和生命力所在，紧跟时代步伐，把握社会机理，注重运用这些重要原则指导和推动共青团权益工作的实践。要充分认识到群众工作是社会管理基础性、经常性、根本性工作，要把做好青年群众工作的要求贯穿到权益工作的始终，把群众工作作为推进权益工作的重要方式。同志们要深入基层、深入青年、深入实际、深入生活，加强对广大普通青少年特别是青年学生和新生代农民工等群体的利益诉求、成长发展路径、价值导向等重大问题的调查研究；要积极鼓励和探索各类加强与青少年经常性、日常化联系的活动载体，挖掘推广好的经验做法；要在深入青年的过程中，锻炼提升做好群众工作的能力，通过切实履行维护青少年合法权益的职能，探索党的政治行为和组织行为在青年中的实现路径，探索党的思想主张在青年中的传播路径和有效方式，不断巩固和扩大党执政的青年群众基础。

这里特别强调一点，希望同志们要按照陆昊同志的要求，原原本本、认认真真地学习中央文件、中央领导指示精神和团中央全会文件精神。要将认真学习文件精神的态度变成一种习惯和自觉，在中央精神和全会精神的指引下思考工作、谋划工作、推动工作、评价工作。

三、加强统筹、集中资源、打造品牌，扎实做好2011年度各项工作

关于今年具体的工作内容和要求，团中央权益部印发了《2011年共青团权益工作要点（讨论稿）》。这里我强调三个方面。

1. 今年工作的总体思路

今年权益工作的总体思路是：贯彻党中央书记处重要指示和王兆国同志重要讲话精神，落实团的十六届四中全会部署，按照“三个结合、一个制度性安排”的思路，全面深化“共青团与人大代表、政协委员面对面”活动，全面落实预防青少年违法犯罪和未成年人保护的各项措施，在有条件的地方积极推进12355青少年服务台建设，逐步形成维护青年权益的组织化工作机制和体系，不断提升团组织维护青年权益的整体形象，配合有关部门推进青少年社会管理创新，努力形成青少年社会管理的长效机制和工作合力。

今年权益工作的格局没有变化，就是要牢牢抓住“共青团与人大代表、政协委员面对面”活动和预防青少年违法犯罪、未成年人保护两项重点，同时在有条件的地方积极推动12355青少年服务台建设，坚持工作方向、力度不减、狠抓落实。

“面对面”活动和相关制度安排是反映青年普遍诉求的一个载体，12355青少年服务台是共青团介入典型个案的一个载体。党中央还特别强调了共青团要配合有关部门推进青少年社会管理创新，这就要求我们针对重点群体做好预防青少年违法犯罪工作，落实保护未成年人的各项措施，重点是抓好16个城市的试点。大家要充分理解和领会书记处的工作部署，明确权益工作在全团整体工作中的定位和方向，集中力量和资源，做好统筹协调，推动各项工作的深化和落实。

2. 需要重点推进的几项工作

（1）关于“面对面”活动

四中全会对“面对面”活动的总体要求是：针对青少年成长发展过程中面临的突出问题，以“面对面”活动为载体，通过共青团的组织化渠道，集中表达青少年利益诉求。

重点要抓好三个结合。一是规范化与日常化相结合。“面对面”活动已经开展了三年，各地在规范活动流程、完善合作机制等方面已经做了大量工作。今年要继续完善并坚持按照规范化流程开展活动;要继续加强与人大代表、政协委员以及人大、政协有关部门的机制化联系,积极推动将有关青少年问题纳入人大、政协执法检查、视察、调研的工作安排,并积极协助组织开展;要大力探索共青团倾听日、恳谈日和建立青少年事务代表小组、青少年权益工作社会化队伍等工作形态和载体,推动"面对面"活动的经常化和代表、委员履职活动的经常化。

二是强调分层分类与推动基层活跃相结合。要深刻认识和理解团的不同层级在"面对面"活动中着力点和工作方式的区别。在团中央的层面要加强综合协调和顶层设计,加大对基层的支持力度和培训指导,发挥好思想库、风向标、作战部的作用。各省级、地市级团委既要搞好自己的活动,又要加强统筹和分类指导,推动基层活跃。今年,我们将开展县级团委"面对面"活动模式创建,提炼总结出几种典型模式,各地可以根据实际情况选择使用,推动活动在县级团委全面开展。

三是解决问题与打造品牌相结合。要充分认识解决问题与品牌建设的辩证统一关系。一方面强化品牌意识,加大宣传力度,充分运用各类媒体特别是新媒体,通过更多青年的参与和关注,影响和赢得他们对我国政治制度和党的思想主张的理解和认同;另一方面,要充分认识了解青少年诉求、反映青少年呼声的过程本身就是解决问题的过程,要明确团组织的职能和定位,在职责范围内力所能及地帮助青少年解决实际问题,通过解决问题来推动提升活动的社会影响力。

(2)关于预防青少年违法犯罪和未成年人保护工作

要积极探索对各类重点群体生活帮扶和思想引导的新途径,努力形成青少年社会管理的长效机制和工作合力。重点做好以下三个方面。

一是抓好重点青少年群体教育帮助和预防犯罪工作。针对闲散青少年,要以教育帮助为主,突出关爱措施;针对有不良行为或严重不良行为的青少年群体,要注重把一般意义上的帮教与专业力量的帮教结合起来;针对服刑在教青少年和有过案底记录的青少年,既要强调社会关爱、物质帮扶和技能培养,也要注重思想碰撞和情感交流;针对外来流动青少年、流浪乞讨青少年、服刑在教人员未成年子女等群体,要动员社会力量,切实做好关爱和帮扶工作。近期我们将召开重点青少年群体教育帮助和预防犯罪试点工作座谈会。同志们要认真学习贯彻陆昊同志在试点工作座谈会上的讲话精神,牢牢把握试点工作的基本原则,努力在提高工作的针对性和实效性上下功夫,下大力气抓出成效。

二是推动完善未成年人司法制度。去年我们联合有关部委共同出台了《关于进一步建立和完善办理未成年人刑事案件配套工作体系的意见》,这项工作历时三年,其间广泛征求了有关部委和基层从业人员的意见,是未成年人司法制度建设方面一个很重要的制度性安排,今年的工作任务就是要推动未成年人刑事案件配套工作体系在基层的建设完善。各地要结合试点工作的开展,通过建立联席会议制度、组织论坛、开展专项督察等方式,进一步强化基层公检法司等部门在未成年人司法领域的经验交流,推动建设各级办理未成年人刑事案件的专门机构,制定出台地方性配套实施细则。

三是夯实预防犯罪工作基层基础。目前预防犯罪工作的重点对象和重点部位都集中在基层,我们在调查中也发现,真正能感动"问题青少年"群体的,很多是基层派出所、少年法庭和管教所的干警和基层干部。这就需要我们眼睛向下、重心下移,以推进试点工作为抓手,不断加大对基层的指导和支持力度,进一步夯实预防犯罪工作的基层基础。要注重加强基层预防犯罪工作的组织建设,纳入基层党组织视野,推进齐抓共管。要积极争取党政支持,解决基层预防机构力量薄弱的问题,强化乡镇(街道)综治维稳中心和村(社区)综治工作站的预防犯罪工作职能。要推动强化基层工作保障,为基层提供更多的政策支持、工作资源和培训机会。

(3)关于 12355 青少年服务台

当前,全国共有 251 个城市建立了 12355 青少年服务台或热线。经过多年的实践,我们看到,12355 确实是团组织直接服务青少年很好的平台,一定程度上代表了未来的方向,这一点要明确肯定。但是我们也看到由于各地经济社会发展程度不同,条件和基础不同,服务台的建设和发展还不平衡。有的服务台作用发挥充分,日均呼入量很大,办公场地独立,专兼职工作队伍稳定,核心服务能力突出,外延服务丰富,有较强的社会资源整合能力。但是也还有一部分服务台呼入量很少,志愿队伍不稳定,运转经费紧张,服务功能单薄,作用发挥有限。因此我们对 12355 的建设没有提出统一的硬性要求,而是希望有条件、有能力的地方,进一步推进服务台建设,提升服务能力,积极探索典型个案的介入机制,为引导青年理性表达诉求,完善组织化工作机制和体系作出有益的尝试。

今年主要是推动完成三项工作:一是完善信息分析机制。信息的收集和分析是一项基础工作。团中央权益部已经开发了服务台信息统计软件,正在最后调试阶段,将首先在试点城市使用,进行修改完善,随后在全国各个服务台推广使用。

二是提升核心服务能力。心理和法律咨询是服务台的主要工作内容,提高其专业水平是服务台建设的关键。团中央近期走访了中国心理学会、全国律协,达成了初步合作意向,下一步要争取建立长期的合作机制,为各地服务台提供后台专家支持;今年也计划通过工作推进会等方式交流经验,促进服务台的发展。

三是扩大社会影响。12355 是直接服务青少年的平台,要走出去,在青少年中间形成影响力。一方面是组织有条件的服务台在统一时间开展"12355 阳光行动",在全国形成声势。另一方面是要注意将 12355 的工作与"面对面"活动、重点青少年群体工作等重点项目相结合,形成合力。

其他还有一些工作,我简单点一下。关于社工队伍的建设,要系统总结青少年社工试点的经验,鼓励有条件的地方继续开展探索,注重借助专业化的知识和方法来强化对青少年特别是重点青少年群体的思想引导和行为干预。关于青少年重大权益问题的研究,我们要放开视野,开阔思路,调动各方力量和资源,可以引入社会组织、专家学者参与,争取形成课题库和研究成果体系。对于优秀的研究成果,去年我们争取了调研补助,今年仍然会给予资助和奖励。要做好"六五"普法规划的贯彻实施,探索符合青少年特点的法制教育宣传方式,提升工作的针对性、有效性。同时,还要继续做好青少年自护教育和网络素养教育试点等工作。

3. 对权益战线团干部的几点要求

抓工作归根结底要靠干部,队伍建设始终是我们开展工作的重要保证。党中央书记处、王兆国同志都对团干部队伍建设提出了重要要求,陆昊同志在全会上也对狠抓干部队伍建设作了明确部署。在这里,我主要强调三点。

一是要抓住工作方向和重点。团十六大以来,在团中央书记处领导下,权益工作已经基本形成了良好的制度框架。今年要仍然保持工作方向不动摇,紧紧围绕工作重点,牢牢把握书记处要求和全会精神,做到信号不减弱,工作有韧劲,时刻注意全团工作的整体性。我们之所以一直强调重点工作,是因为权益工作仍然相对薄弱,如果把有限的资源再进行大规模的分散的话,就很难形成系统的整体性。

所以强调大家要坚持工作方向，不要导致力量和资源的过度分散。在工作中，有的人因为自己的兴趣爱好改变了整个工作的方向，有的时候一个临时的工作插入进来，工作方向从此以后就拐弯了，再也回不到既定工作方向上去了。避免出现这个问题有一个很简单的方法，就是时常思考，核对我们的工作方向。在座的各位是我们权益工作的主力军，因此，一定要看清我们的出发方向，看清我们的工作格局，看清我们的工作重点所在。

二是要加强理论素养和专业精神。王兆国同志在纪念“一二·九”运动75周年座谈会上的讲话，第二部分培养什么样的青年马克思主义者，第一条讲的就是高度的理论自觉。没有高度的理论自觉就不会有坚定的理论信念，只有认清真理、实践真理，才能认清时代，才能坚定发展信心。陆昊同志在全会的总结会上针对出现的问题也说，认识水平决定工作水平，这是密切相关的。权益工作具有科学性、长期性和基础性，在这里，我们对所有的干部提出来，要加强理论素养，具备一些专业知识，至少知道方向在什么地方。

三是加强对基层工作的指导。请各位书记在工作当中给予相应的重视和支持。一个是要重视研究，理解工作的重点和框架；一个是在定方向以后对工作的持续推动。在推动工作的过程中我想讲两个错误倾向：一个是发文件以后就开始打电话，写个总结上去，成为二传手，这是不动脑筋的方式。对于一个文件，你的理论思考出来以后，一定要下去调研，看看你的文件是否有问题，基层出现了什么样的情况。如果你调研出来的只是一个个体问题，你当场就告诉他们应该怎么做；如果出现的是一个共性问题，你就一定要回来研究要作什么样的修正。一定要注意加强领导方式的提高。另外一个错误倾向就是把宣传作为工作的终点。这反映出我们对于工作效果的追求有差异。有时候我们的启动仪式很多，活动很多，很热闹，但所有的效果都应该是以大量普通青年受益作为支撑。我们评价一个活动、一项工作，重要的是看你解决了多少问题，在青年当中有什么样的影响力。

同志们，完成今年的工作任务，关键在于落实。让我们认真学习党中央书记处重要指示精神，深入贯彻落实团十六届四中全会精神，牢牢抓住权益工作发展的难得机遇，振奋精神、鼓足干劲，迎难而上、乘势而上，全身心投入工作，推动共青团权益事业实现新的发展。

学习贯彻全国党史工作会议精神 努力推动青运史工作取得更大成效

——汪鸿雁在全国青运史工作推进会上的讲话

2011年4月25日

今天，全国青运史工作推进会在上海隆重开幕了。我代表团中央书记处向大会的召开表示热烈的祝贺，向长期在青运史领域工作的各位代表和关心支持青运史工作的同志们致以崇高的敬意和诚挚的问候！

去年6月，中共中央下发了《关于加强和

改进新形势下党史工作的意见》，从党和国家事业发展大局的高度，深刻阐述了加强和改进新形势下党史工作的重要意义，明确提出了当前和今后一个时期党史工作的指导思想、基本要求、主要任务和重要措施，是当前和今后一个时期党史工作的纲领性文件，对于全国做好党史工作，具有十分重要的意义。7月，全国党史工作会议在北京召开，对加强和改进新形势下党史工作作出全面部署。

我们这次会议是在学习贯彻中央10号文件和全国党史工作会议精神，迎接建党90周年、建团90周年的特殊背景下召开的。在此，我与大家交流我的思考和建议。

一、提高认识，增进共识，深刻理解新形势下开展青运史工作的重要意义

1. 我国发展呈现一系列新的阶段性特征，教育引导青年任重道远。陆昊同志经常讲，共青团发展面临三大挑战，一是党的历史方位发生了变化，共青团一方面要努力探索跟上执政党执政功能发挥作用的转换路径，另一方面要紧紧跟上党建的步伐，探索在社会生活中发挥作用的路径。二是青年的政治意识表达方式发生了新变化，青年在常态下政治意识淡化，但在有重大事件发生时会有集中表达。三是科技进步特别是信息技术发展对青年的生活方式、行为方式、交流方式和聚集方式带来了深刻影响。这些挑战给教育引导青年提出了新的课题。近年来，共青团在充分调研、集中试点的基础上，正在全面推开对青年的分类引导工作，需要借助包括党史、团史教育在内的多种方法来提高思想教育的实际效果。

2. 青运史、团史是教育引导当代青少年的重要资源。在中国共产党90年的奋斗历程中，不论是革命时期、建设时期，还是改革开放时期，中国青年一直走在时代的前列，共青团工作也积累了大量宝贵的经验。青运史正是这一历史过程的真实记录。从历史事实和逻辑关系上看，青年运动史在中国近现代史中占有重要地位，与党史有着密切关系。青年团是党创建的，团史是党史的组成部分，同时与青运史密不可分。因此，对青少年开展党史教育，离不开对青运史、团史的了解和学习。

3. 新形势下开展青运史研究、教育、学习的目的在于“以史鉴今、以史育人”。对于各级团干部来说，通过学习党史、青运史，明了党团重要的政治关系，可以帮助大家不断加深对共青团的根本职责和基本职能的理解和认识，牢固树立群众观点和群众立场，自觉坚持党的群众路线，始终把目光投向普通青年。对于广大青少年来说，通过党史、青运史的学习，可以普及历史知识，澄清历史事实，深刻理解中国共产党的奋斗历程，明了历史发展的必然趋势，学会用积累的历史感看待党的昨天、今天和未来，进而从内心认同党，将爱党、爱国、爱社会主义统一起来，进一步坚定跟党走中国特色社会主义道路的理想信念。调研显示，在“80”后、“90”后青少年群体中，比较缺乏历史知识，较少会用历史思维去思考问题、观察社会。一些青少年对互联网上的某些观点，现实中某些人的过激言论，不管与历史事实是否相符，只要与主流媒体宣传不合拍，就盲目追捧。青少年的思想认识之所以存在这样的误区，关键是对他们的教育引导不够，或效果不尽如人意。因此，在青少年中广泛开展生动活泼、富有成效的党史、团史、青运史学习，意义重大而深远。

二、抓住机遇，顺势而为，进一步明确青运史工作的主要任务

中央10号文件的下发和全国党史工作会议的召开，为青运史工作注入了新的生机；即将到来的党、团重要纪念日，为青运史发挥作用带来了新的机遇；中组部等六部委《关于在党员、干部、群众和青少年中开展中共党史学习教育的通知》以及团中央、全国少工委《关于在全国青少年中广泛开展“学党史、知党情、跟党走”主题教育活动的通知》的下发，为开展青运史工作营造了浓厚的氛围。现阶段的青运

史工作，应该注重以下几个方面：

1. 各级团委尤其是省级团委要重视青运史工作，加强领导，加大投入。青运史工作是一项具有全局意义和深远影响的工作，不单单是青运史工作者的事，而是全体团干部的职责。从小的方面讲，共青团岗位流动快，积累相对较少，因此保存好各种档案资料，留下历史记录，很有必要。从大的方面讲，要发扬光荣传统，培养历史责任感，必须从历史的长河中汲取营养。希望各省级团委要提高对青运史工作地位和作用的认识，以对历史负责、对后人负责的高度事业心和责任感，切实帮助解决青运史工作中的问题与困难，经常出题目、交任务，形成有力指导和需求拉动，为青运史工作创造条件。

2. 在准确记载和反映团的历史的基础上，深化青运史、团史研究，为共青团现实工作服务。一要从历史、现实和理论的结合上总结经验、加强研究、揭示规律，即在科学理论的指导下，根据现实的需要，把历史上发生的事情放在特定的环境中，对团的历史进行理性考察和研究，从中把握团的历史发展的本质和规律，从历史与现实的统一中把握历史、启迪未来；二要围绕中心、服务大局，加强现实性、战略性专题研究，为共青团提供实效性、针对性、预见性强的资政服务和参考；三要深入研究团史资政工作的特点和规律，切实增强资政服务的有效性。

3. 组织党史、团史的学习教育，帮助团员青年培养历史感，继承发扬光荣传统。党的重要创建人李大钊同志曾指出，历史是“整个的人类生活”，“整个的社会的变革”。青运史反映了不同时期青年在社会变革中的人生追求和政治价值取向。一切历史都是当代史，历史知识是为当代人和当代社会服务的。目前，全团正在广泛开展“学党史、知党情、跟党走”主题教育活动。要通过纪念征文、知识竞赛、主题展览、演讲比赛、报告会、座谈会、编写生动教材等青少年喜闻乐见的形式，使他们加深对党的历史及知识、团的历史及知识的了解和认识，学习继承光荣传统。同时，帮助广大青少年培养历史感，用历史的逻辑、历史的思维方法去看待社会变革和社会进步。

4. 抓紧青运史资料征编，妥善保存团的历史财富。一是继续做好青运史文物文献的征集。继续抢救新民主主义革命时期青运史资料，集中征集社会主义革命和建设时期青运史资料，逐步开展改革开放和社会主义现代化建设新时期青运史资料征集。二是积极抢救“活材料”，整理挖掘口述史料。与依靠文献史料著成的史著不同，口述史作为形象化的历史，可以拉近读者与历史的距离，有一种情感的互动，更易于发挥教育启迪功能。三是做好青运史资料的保管和积累，提高资料管理的电子化、网络化水平。

5. 加强青运史遗址保护和挖掘，促进纪念场馆的建设和利用。一是做好现有场馆的深度开发，精心设计适合青少年的主题活动，在教育引导青少年方面发挥更大作用。二是在青运史资源比较丰富的地区，积极推动纪念场馆的建设。要注重积累，精心筹划，善于借势，努力争取本地党政的支持，争取纳入经济社会发展的大盘子。

三、理清思路，扎实工作，以优异成绩迎接建党建团90周年

今年是建党90周年，明年是建团90周年，既是重大的历史纪念节点，又是加强青运史工作的重要契机。我个人思考，推进新时期青运史工作应该处理好以下几种关系：

1. 处理好学术研究与服务现实的关系。历史和现实之间，从来就没有截然分开的鸿沟。青运史研究的现实性和实践性都很强，研究一定要为现实服务，而且只有寻求历史与现实的呼应，历史研究才会具有更强的生命力。不能把青运史研究搞成书斋学问，与现实社会生活不沾边，游离于团的工作之外，而是要围

绕共青团的现实工作来开展青运史研究。

2. 处理好宣传教育的政治性与实效性的关系。青运史的政治性很强，但板起面孔说教是没有什么效果的。因此，开展宣传教育时，要在坚持历史严肃性的前提下，学会使用青少年语言以贴近青少年，注重运用新媒体和时尚元素以增强感染力，创造出更加灵活的形式以增强吸引力。

3. 处理好纪念场馆“单兵作战”与资源整合的关系。每个纪念场馆都有独特之处，如果能在一定机制下相互配合、形成合力，就可以在社会上产生更大的影响。因此，要努力探索资源整合共享的路径和方法，让现有的青运史资源发挥更大作用。

我作为团中央书记处分工联系青运史工作的书记，愿意与大家一道共同做好青运史工作。我相信，在各方面的共同努力下，青运史工作一定能够取得更大的成绩，在青少年思想教育中发挥更大的作用！

最后，预祝大会取得圆满成功！

周长奎同志讲话

周长奎在 2011 年全团青年志愿者工作会议上的讲话

2011 年 2 月 28 日，根据录音整理

今天，我们召开 2011 年全团青年志愿者工作会议，主要任务是，深入学习贯彻党中央书记处的重要指示精神，认真贯彻落实团的十六届四中全会对青年志愿者工作的重要部署和团中央书记处、陆昊同志关于在我国志愿服务新格局中进一步推进青年志愿者工作的一系列指示要求，全面总结 2010 年工作，研究部署当前和今后一个时期的工作。

党中央对青年志愿者工作高度重视。去年以来，胡锦涛总书记亲自参加青年志愿者的活动，看望慰问上海世博会、广州亚运会、北京红丝带和河北保定长途汽车客运中心站青年志愿者。1 月 7 日，党中央书记处在听取团中央工作汇报时指出：“要继续拓展关爱农民工子女志愿服务行动覆盖面，把这项活动打造成共青团在服务青年方面信得过、可持续的品牌活动”；“要鼓励团员青年到祖国最需要的地方去，深化大学生志愿服务西部计划”；“加大向民族地区派遣西部计划志愿者力度，为促进区域协调发展做贡献”。2010 年 4 月 10 日，王兆国同志专门对共青团关爱农民工子女志愿服务工作作出批示，指出：“团中央开展关爱农民工子女志愿服务行动是围绕中心、服务大局，为党政分忧、为农民工解难的重要工作，既有利于青年农民工的工作、家庭和谐，又有利于他们的子女成长和未来的发展前途；既有现实意义，又很有长远意义。希望切实加强基层团组织建设，增强基层团组织的活力，把志愿者行动开展得生机勃勃、富有成效。”党中央从全局和战略的高度，对共青团围绕党政大局、履行团的职能、吸引凝聚青年开展青年志愿者工作给予充分肯定，为我们不断深化工作品牌、提升青年志愿者工作水平指明了方向。各级团组织、青年志愿者组织和广大团干部一定要

认真学习领会，深入贯彻落实。

团中央书记处就深入学习贯彻党中央书记处重要指示精神，进一步加强青年志愿者工作作出了专门部署。2010年，陆昊同志7次参加青年志愿者活动，对青年志愿者工作作出明确指示，特别是2010年12月5日，陆昊同志在第八届中国青年志愿者优秀奖颁奖仪式暨中国青年志愿者协会第三次会员代表大会上，就深刻认识青年志愿者事业的重大意义、开展青年志愿者工作的重要原则、调动社会力量推进青年志愿者工作等重要问题作了讲话，我们要认真学习、加深理解、深入贯彻，并充分运用这些重要的思想、观点、方法推进青年志愿者工作实现新发展。

广东省是我国青年志愿者行动的重要策源地之一。近年来，在各级党委政府的高度重视和坚强领导下，广东共青团组织充分发挥经济社会发展水平较高、濒临港澳台、志愿服务和公益文化底蕴深、社会动员能力强等方面的优势，把握历史机遇，加强组织领导，抓好工作落实，特别是一茬一茬团干部真抓、实抓、持续抓，推动了广东青年志愿者工作实现了跨越发展，走在了全国前列。这次全团青年志愿者工作会议选在广东召开，就是要进一步学习、推广广东等地在开展青年志愿者工作方面积累的经验，不断推进全团青年志愿者工作再上新台阶。

受陆昊同志委托，我代表团中央书记处，讲三点意见。

一、充分肯定青年志愿者工作在我国新的志愿服务格局中取得的新成绩

去年以来，青年志愿者工作坚持以科学发展观为指导，积极顺应中央对志愿服务工作领导体制的新安排，按照团的十六届三中全会总体部署，着眼“两个全体青年”目标，坚持服务大局、服务社会、服务青年，坚持眼睛向下、重心下移，坚持新老品牌并举发展，提升青年志愿者行动品牌的影响力，青年志愿者工作在新的志愿服务格局中实现良好开局。

（一）整合提升了全团青年志愿者工作的重要品牌。一是启动实施共青团关爱农民工子女志愿服务行动。2010年4月，针对工业化、城市化进程中农民工的实际困难，以关爱农民工子女为切入点，在全国启动实施了共青团关爱农民工子女志愿服务行动。各级团组织积极争取党政支持，切实加强组织领导，坚持组织化动员与社会化动员相结合，围绕学业辅导、亲情陪伴、感受城市、自护教育、爱心捐助等方面，按照“基层团组织或青年志愿者团队+农民工子女+接力”的结对模式广泛开展志愿服务，为农民工子女提供了切实有效的帮助，在全社会形成了较好影响，在团内外初步树立了新品牌。目前，这项工作已在全国2688个县市区开展，已结对农民工子女较集中的学校2万多所，覆盖农民工子女400多万人，团中央筹集项目资金3000多万元。经过全团上下共同努力，这项工作取得了阶段性的成果，中央领导同志对这项工作充分肯定，社会各界对这项工作也给予高度评价。二是不断深化大学生志愿服务西部计划。继续实施了支教、支医、支农等11个专项行动，扩大新疆双语教学专项行动实施规模，2010年全国项目办从1070所高校选拔8619名志愿者，加上2008、2009年2年期、3年期服务的志愿者，全国共有近15000名西部计划志愿者在全国22个省区市和新疆生产建设兵团开展志愿服务。把研究生支教团纳入西部计划管理体系，选派729名研究生支教团志愿者赴中西部19个省区市的82个贫困县开展志愿服务。加强统筹协调，争取了财政部就志愿者生活补贴政策的支持。针对西部计划志愿者参加公务员定向招考工作作出了安排。三是积极稳妥推进海外志愿服务工作。在圆满完成援非300名青年志愿者工作的基础上，按照“巩固非洲、联动东盟、深化拉美”的原则，积极推动有关承办省区市团组织做好向毛里求斯派遣第二批青年志愿者、向塞舌尔派遣第四批青年志愿者、向突尼斯派遣第三批青年志愿者、向拉丁美洲圭亚那派遣第三批青年志愿者等工作,服务了我国外交工作大局。

(二)圆满完成了大型赛会和重大活动、重大事件志愿服务工作任务。一是圆满完成上海世博会志愿者工作任务。党中央对发挥青年志愿者积极作用参与世博会工作提出了明确要求。团中央书记处高度重视,上海团市委加强组织落实,16 个省区市团组织积极配合,形成了全团支持上海团市委服务世博志愿者工作的协调机制。据统计,世博会期间,上海市有 8 万名园区志愿者、10 万名城市站点志愿者和近 200 万名城市文明志愿者上岗服务。二是圆满完成广州亚运会、亚残运会志愿者工作任务。赛会期间,广州团组织共招募 6 万名亚运会赛会志愿者、2. 5 万名亚残运会赛会志愿者以及大约 50 万名城市志愿者。团中央组织协调全国 34 个代表性城市团委为亚运会招募 350 名粤外赛会志愿者参与赛事服务。上海、广州两地团组织还把志愿服务工作与"创先争优"活动、加强团的基层组织建设紧密结合起来。三是及时开展重大自然灾害志愿服务工作。青海、甘肃等省团组织在地震、泥石流发生后,有序有效地组织派遣志愿者队伍,在抢险救援和灾后重建工作中发挥了积极作用。全团共组建 33 支青年志愿服务队,选派 5900 名志愿者深入青海玉树地震灾区开展抗震救灾工作,并选派百名西部计划志愿者赴玉树服务一年;选派 3000 多名志愿者参加甘肃舟曲特大泥石流救援工作;动员全团积极支援西南地区抗旱工作。在开展应急救援志愿服务工作中,逐步探索建立了属地团组织负责、全团参与支持、团中央统筹协调的抢险救灾志愿行动工作机制。

(三)积极推动青年志愿者工作形成合力。一是争取了党政支持。31 个省区市党委、政府和新疆生产建设兵团主要负责同志都曾通过作出批示、开展调研、出席活动等方式,对开展青年志愿服务工作提出明确要求。广东省委、省政府专门出台了进一步发展志愿服务事业的意见。浙江、河南、新疆等省区成立了省级志愿服务工作领导协调机构。中央企业、铁道、民航、金融等行业党委负责同志也多次就加强系统青年志愿服务工作提出要求。二是加强了组织领导。北京市在市委市政府的支持下成立了市志愿服务指导中心,核定了机构编制,形成了"中心 + 协会"的组织格局。江苏、安徽、湖北等省团委与省委组织部、省文明办联合发文,统筹出台了对志愿者的激励政策,并将志愿服务纳入文明城市创建考评体系。上海、浙江等地志愿者协会通过发展社区合作伙伴、法人志愿者等方式,不断整合各类青年自组织的人力、物力、财力等资源,形成了推进青年志愿者工作的合力。三是强化了工作保障。北京、广东、贵州建立了以共青团为主导的志愿者联合会或志愿服务基金会,江苏省志愿者协会积极探索基金运作新模式,建立了江苏省青少年发展基金志愿服务基金。江西团省委开通了 12580 志愿者报名热线,探索青年志愿者社会化动员新途径。重庆团市委与市内 24 个最为活跃的志愿服务类 NGO 建立了联系,形成了良好的沟通机制、合作模式。四川团省委联合省应急办等 14 个部门成立了省应急志愿服务工作领导小组,在 21 个市州 114 个县市区成立了应急志愿服务工作领导小组。

(四)不断推进青年志愿者工作的项目化、社会化、法制化、国际化发展。一是因地制宜实施了地方项目。江西、湖南、广东、贵州等省团组织在冰冻灾害中开展抢险救灾应急志愿服务行动,发挥志愿服务在应急事件中的作用。河北、重庆等省市团组织通过社会化动员方式,吸引凝聚民间志愿者和网络志愿者,稳步壮大了青年志愿者队伍。二是大力弘扬了志愿精神。团中央开展第八届中国青年志愿者优秀个人奖、组织奖、项目奖评选表彰。中国青年志愿者协会召开了第三次会员代表大会,5名青年志愿者代表当选为副会长,10名优秀青年志愿者代表当选为协会常务理事,48名优秀志愿者代表当选为协会理事,为运用社会化动员手段吸引凝聚青年,更好地服务于全团中心工作奠定了良好的基础。各级团组织和青年志愿者组织以重大节日、纪念日和主题活动为依托,利用电视、广播、报纸、网络等媒体进行集中宣传,通过志愿者招募注册、宣誓签名、评选表彰等形式,大力弘扬志愿精神。贵州、重庆等省市也分别召开了青年志愿者协会会员代表大会,扩大了社会有关方面人士和优秀志愿者代表参加协会理事会的比例。三是深入推进了志愿服务立法。各地志愿服务立法工作取得突破,广东省对青年志愿服务条例进行了修改,通过了《广东省志愿服务条例》。陕西省及河北唐山、广东汕头等地相继通过、颁布了志愿服务地方性法规。目前全国已有18个省区市和13个较大市颁布了志愿服务地方性法规。团中央配合全国人大内司委、国务院法制办在成都召开志愿服务立法研讨会,深入开展了志愿服务立法调研、全国性法律法规研究论证等工作。四是积极开展了国际合作与交流。2010年7月,在联合国经社理事会召开的实质性会议上,采纳了非政府组织委员会的推荐意见,授予中国青年志愿者协会特别咨商地位。北京、上海、广东等省市充分借助大型赛会等机遇,加快推进当地志愿服务国际化进程。中国青年志愿者协会与联合国志愿人员组织共同承担、天津志愿者协会承办的"外出务工人员子女志愿服务试点项目"进展顺利,得到联合国评估专家高度评价。

二、努力推动青年志愿者工作在全团新的工作布局中实现新发展

习近平同志指出:"中国青年志愿者事业,是我们党领导的共青团在新的历史条件下创新工作领域、服务社会需求的一大创举。"我们要认真学习领会中央领导同志重要指示精神,充分认识青年志愿者工作在服务党政大局、服务社会需求方面的重要作用,充分认识青年志愿者工作在共青团履行根本职责、做好党的青年工作方面的重要作用,在全团工作布局中谋划好、推动好、发展好青年志愿者工作。2011年,全团青年志愿者工作要坚持以邓小平理论和"三个代表"重要思想为指导,深入贯彻落实科学发展观,认真贯彻党的十七大和十七届五中全会精神,按照团的十六届四中全会部署,重点抓好关爱农民工子女、西部计划、大型赛会和重大活动、海外志愿服务等四项工作,不断加强自身建设,在新的历史条件下进一步深化青年志愿者行动整体品牌,以改革创新精神不断推动青年志愿者工作实现新发展。

(一)扎实推进共青团关爱农民工子女志愿服务行动。这项工作的总体目标是,用3年时间即到2013年6月,通过抓结对、抓项目、抓活动、抓宣传,围绕五项服务内容,按照"先城后乡、先易后难、先集中后分散"的原则逐步推进,努力实现对农民工子女比较集中学校的志愿服务全覆盖,真正把这项工作打造成共青团在服务青年方面信得过、可持续的品牌活动。关心农民工、关爱农民工子女,主要是靠党和政府,社会各个方面参与。我们共青团能不能干好?这是一个考验。这个事非常具体。那么多农民工子女在哪里,那么多农民工子弟学校在哪里,既有城市也有农村,我们共青团要把志愿者动员起来,真正把这项工作变成常态化、机制化、可持续开展的事业。一是抓结对要在夯实服务基础上下功夫。我特别讲一下抓结对的事情。我们提出从结对入手,就要使关爱农民工子女志愿服务行动有序地推开。目前提的结对主要指的是一个团组织或青年志愿者组织和农民工子弟学校进行结队,就是大结对。为什么这么做?就是怕打乱仗。我们要有秩序地开展,分三步走。第一步是摸察农民工子女学校的情况,要做到心中有数。为

什么要提出先从农民工子女比较集中的学校抓起？就是考虑到操作性。现在随着我们国家经济社会的发展，各地已经把农民工子女学校的建设纳入教育目标了，以后农民工子女学校越来越多。据我们的初步调查，处在义务教育阶段的农民工子女，多数要么在所在城市的学校，要么在农村的学校。因此，第一步要先把服务对象的分布搞清楚。这个工作还没有做完，各地一定要做。第二步，就是要找一个高校、找一个企业、事业单位等等的共青团组织，和这个学校进行一对一的大结对。这项工作由城市团委进行统筹。第三步是小结对。我们要专门招募培训关爱农民工子女的志愿者。接力是一个组织行为，也不能完全用组织的力量替代。根据学校的实际情况，也可以在本校招募关爱农民工子女的志愿者，搞小结对。同时，还要采取签订志愿服务协议等方式，明确志愿服务的内容和要求，确保把结对工作落到实处。二是抓项目要在整合社会资源上下功夫。项目是推动这项行动深入发展、整合社会资源、凝聚志愿者的重要载体。团中央准备打造一个在全国统一推广的关爱农民工子女阵地建设的项目。初步设想是，项目主要建在已经结对的地处城乡结合部、条件较差、缺少活动阵地的农民工子女较为集中的学校，作为志愿者开展服务、农民工子女课余活动的阵地和整合社会资源的载体；初步考虑每个项目投入2万元，包括硬件配备投入和数年的运行经费，统一命名、统一建设标准、统一挂牌；各地已经建成的关爱农民工子女的阵地也可以逐步通过改扩建纳入统一项目。我们适时将以此项目，面向社会公开募集资金，用于支持基层团组织建设该项目。各级团组织要结合当地实际，设计便于操作、便于复制、体现实效的志愿服务项目，积极争取地方党政的政策和资金支持；团中央将继续加强全国项目库的建设，打造一批示范项目。三是抓活动要在加强社会化动员上下功夫。要开展集中性活动。抓住“3·5”中国青年志愿者服务日、五四青年节、六一儿童节、建党90周年、“12·5”国际志愿者日等重大节假日、纪念日，集中开展重大活动，上下联动，扩大社会影响。要开展特色活动。坚持因地制宜，充分挖掘活动与党政中心工作的结合点谋划活动方案，紧紧围绕农民工子女实际需求，广泛开展特色活动。要直接面向青年。通过公益广告、项目推介等多种形式，直接面向青年宣传介绍这项工作，吸引和动员更多的青年参与这项行动，提高广大青年志愿者以及全社会对这项行动的关注度、支持度和参与度。四是抓宣传要在提升品牌影响力上下功夫。要加强宣传策划。进行精心的包装和设计，分阶段、分重点、分专题抓好宣传工作。要运用吸引人的新方式。充分利用新媒体和动漫等新形式，通过公益广告、歌曲、感人故事、新闻报道等方式，扩大品牌的认知度和影响力。要加强精神引领。充分利用全党开展创先争优活动的有利契机，选树好典型，通过宣传引导，推动关爱农民工子女志愿服务成为当代青年最易参与、最为喜爱的公益项目。同时，还要注重在宣传工作中凸显共青团在关爱行动中的主导作用。下半年，将适时召开关爱农民工子女志愿服务工作交流会，进一步总结推进这项工作深入开展。

（二）深化实施大学生志愿服务西部计划。今年是西部大开发战略实施第二个10年的开局之年，也是全国大规模援疆工作的关键之年，因此也是实施西部计划的一个新的起点。党中央书记处明确指示要深化大学生志愿服务西部计划、加大向民族地区派遣西部计划志愿者力度。中央人才工作协调小组第30次会议要求把西部计划列为重大人才工程“高校毕业生基层培养计划”子项目。今年，要进一步增强西部计划的针对性、影响力和实效性，加大向民族地区派遣志愿者力度，通过调规模、调结构、调机制即“三调整”的措施，把西部计划打造成共青团促进区域协调发展、服务青年成长成才的重要载体和品牌。一是调规模。主要是扩规模，根据党中央书记处的重要指示精神，结合新疆维吾尔自治区和新疆生产建设兵团申报的需求，经与财政部协调，准备将赴疆的志愿者从每年 2100 人扩大到每年 4200 人。将来的目标是将全国项目逐步扩大并稳定在每年 2 万人左右。各地也要继续巩固和扩大地方项目实施规模。扩大赴疆志愿者实施规模是共青团贯彻落实党中央书记处要求的重要举措，意义重大。前段时间，陆昊同志曾专门赴新疆和兵团调研。对于这项工作，各级团组织要高度重视，把赴疆志愿者工作摆在共青团落实中央要求、深化西部计划品牌建设、服务区域协调发展的全局和战略高度来认识、来对待；要加强统筹，着力探索构建全国项目办统筹协调，新疆自治区和兵团项目办组织负责，相关省级项目办支持配合的工作机制；要注重宣传，充分激发广大高校毕业生参与赴疆志愿服务热情。二是调结构。一方面，加大向民族地区派遣西部计划志愿者的力度，争取从 2010 年的 7200 人扩大到 1 万人。另一方面，按照“大品牌建设”要求，对 12 个专项行动进行研究和整合。三是调机制。各地要抓住人社部统筹实施引导高校毕业生到农村基层服务项目的契机，加大政策协调执行力度，为在岗服务志愿者提供良好的工作生活条件，为期满志愿者扎根西部、择业就业创造条件。同时强化对服务县的工作考核与督查，建立服务县考评机制。

（三）建立健全大型赛会和重大活动志愿服务长效机制。重大活动具有受关注度高、社会影响面广、对青年影响大等特点，要进一步强化“举办地团组织为主、上级团组织协调配合、各地团组织有序参与”的大型活动志愿服务工作机制，探索可复制、好推广、易操作的工作模式。一是推动大型活动青年志愿者工作标准化建设。探索建立“流程标准化、服务专业化、形象时尚化、活动品牌化”的重大活动志愿服务标准。二是形成大型活动青年志愿者工作模式。进一步巩固奥运会、残奥会志愿服务成果，加大世博会、亚运会、亚残运会志愿服务成果的转化力度，在总结提炼实施经验的基础上，形成大型活动青年志愿者工作模式，指导各地形成统一的操作规范，提高工作的科学化水平。三是扩大共青团青年志愿者工作影响力。要做实做透宣传发动、招募培训、管理服务、表彰激励等工作，通过推广志愿彩、志愿礼、志愿歌、志愿时等方式体现志愿服务的时尚化，有效展示共青团形象，有效扩大共青团影响力。

（四）做实做细青年志愿者海外服务工作。青年志愿者海外服务工作是共青团服务党和国家对外友好事业和对外工作需求的重要载体，各地要按照要求，做实做细。一是继续派遣。要按照中央的要求，围绕服务党政工作大局，坚持“巩固非洲、拓展亚洲、深化拉美”的派遣原则，加强向非洲、拉美国家接力派遣工作，推动与欧洲国家互派志愿者工作，并将向东盟国家派遣青年志愿者作为今年工作重点。二是强化管理。要继续强化“一个省区市组建20人左右的‘中国海外志愿服务队’对应非洲一个国家”进行接力服务的原则，形成建制派遣。各地要选派团干部作为专职队长赴受援国进行专职管理，完善“使馆经商处就地管理、承办省区市团委远程管理、志愿者自我管理”的日常管理模式，健全志愿者后勤保障机制。各地派出单位要切实关心海外志愿者的家人，定期了解、定期看望、定期沟通，帮助他们解决家庭实际困难，解决后顾之忧。三是加强培训。团中央将推动建立依托商务部培训中心为基地的国家级的海外计划青年志愿者培训基地，派遣前对志愿者进行为期一个月的集中培训，并探索加大对志愿者的到岸后培训。各地要因地制宜，丰富培训内容，拓展培训方式，特别要加强对语言能力、专业技能、外事纪律等方面的培训工作。

（五）进一步加强青年志愿者工作保障。当前和今后一个时期，要着力加强政策保障、组织保障、队伍保障和制度保障，为推动青年志愿者事业发展奠定坚实基础。一是加强政策保障。青年志愿者工作是一项社会化很强的工作，是一项系统工程，特别需要争取中央有关部门的政策、资金支持，整合社会资源，合力推进我们的事业，而且还要有专门的工作规划，有较为充足的人力、财力来落实。各地团组织要积极争取党委、政府及有关部门的领导和支持，坚持和深化"党政支持、共青团承办、项目化管理、社会化运作"的模式，争取把青年志愿者工作纳入社会建设的总体布局和有关工作的整体规划，为青年志愿者工作提供坚强有力的外部保障，通过建立与社会互动、协作机制等方式，加强志愿服务的能力建设。二是加强组织保障。纵向层面，下大力气狠抓青年志愿者工作部自身建设，着力加强各级共青团志愿者工作部门自身建设。今年，要通过积极推动各地志愿服务立法等方式，重点抓好地市级团委志愿服务工作机构建设。横向层面，大力加强各级协会建设，继续推进"县县建协会"计划，积极推广北京、广东等省市的"指导中心（志工部）+协会+基金会"的"1+2"组织建设模式。三是加强队伍保障。加强管理队伍建设，要把从事青年志愿者工作的团干部队伍建成一支政治坚定、党性很强、群众工作和社会工作能力突出、综合素质强的高素质干部队伍。加强专业志愿者队伍，依托政府部门建设行业型志愿服务队伍，形成行业联动的格局。加强骨干志愿者队伍建设，按照"分层管理、分类培训"的原则加强培训工作，着力建立一支共青团领导、门类齐全、覆盖面广的骨干青年志愿者队伍。四是加强制度保障。一方面，要不断加强志愿者的招募、注册、认证、管理、培训、表彰等制度建设，加强青年志愿者工作的规范化、标准化建设。另一方面，坚持精神引领，立足广大青年就近就便等普遍性原则，在综合考虑志愿者的精神、热情、专长和服务时间等要素基础上，设计、实施青年志愿者项目，通过共青团组织的长期推动、制度建设，形成青年志愿者日常服务长效机制。另外，还要善于运用新媒体，重点做好青年群体的宣传普及工作。加强中国青年志愿者网站建设，体现实用性、互动性、时尚性，建设融指导工作、精神引领、信息发布于一体的综合性工作平台。

三、推动青年志愿者事业科学发展要统筹兼顾的几个问题

当前，青年志愿者工作在领导体制、工作格局、发展趋势等方面已经发生了新变化。如何进一步保护和激发广大青年参与志愿服务的热情，不断推动志愿服务成为当代青年的精神时尚；如何始终坚持把志愿者的精神、热情、专长、服务时间与社会需求有机结合，通过团组织和青年志愿者组织的制度化安排转化为志愿服务的整体力量；如何集中力量把青年志愿者工作品牌做深做透，推动青年志愿者事业科学发展；等等。这些问题，都要求我们认真总结、研究和探索。当前，要统筹兼顾好以下五个方面的问题。

（一）在组织化动员的基础上加强社会化动员。中国特色的青年志愿者活动取得今天的重要成果，组织化动员功不可没。大家应当看到，运用社会化动员的方式推进青年志愿者的工作，这一块还是比较弱的，手段也比较有限，有些同志的意识也不是特别强，所以大家要把握好这么一个关系，更加强调社会化动员。要研究80后、90后对于参与社会公益内在的需求，研究他们参加社会公益是一种精神时尚的新需求，来更好地营造志愿服务的文化，真正使青年成为志愿者的主体，而不是被志愿。怎么使更多的青年发自内心的参与志愿服务？这就需要社会化动员。比如关爱农民工子女志愿服务行动，主要是通过团组织的组织化动员，团内基本形成共识，已经参与启动这项活动的县级组织已经达到2600多个。

2011年要大规模启动社会化动员，要通过一些媒体、直接面向青年动员，要告诉他们、动员他们，现在有这么一个新的项目，要激发他们的成就感。年轻人富有激情，要短时间内激发他们的成就感、荣誉感。让他们主动找团组织参与这个工作，这就是我们的责任。

（二）兼顾好全团重点项目与地方特色品牌工作。我们不排斥各地、各系统、各单位培育发展的地方项目，但重大的品牌工作，大家还是要一起用力，这个关系要摆好。历史的沿革不一样，所以要把地方项目做好，既要做到全国上下一盘棋，也要“村村点火、户户冒烟”。根据中央对志愿服务工作领导体制的新安排，团十六届中央书记处对新格局下青年志愿者工作布局进行了调整，经过全团上下共同努力，打造了几个叫得响的品牌，如关爱农民工子女志愿服务、西部计划等，这对于推动青年志愿者事业发展具有根本性全局性牵动作用。在当前志愿服务的新的条件和环境下，共青团组织必须坚持集中力量、打响品牌。如果四面出击、零敲碎打，势必会丧失多年来我们积累的工作优势，势必会造成我们这项事业被动发展的局面。全团的重大品牌、重点工作，从团中央到各级团组织，都要从组织领导、工作摆布、人力财力物力等各方面加强支持，真正做到全团“一盘棋”。

（三）推动团内志愿服务与团外志愿服务协调发展。近年来，民间志愿者组织如雨后春笋般蓬勃发展，尤其是在经济发达地区，表现更为突出，已经成为推动我国志愿服务事业发展的一支重要力量。一些由民间志愿者组织主导的志愿服务活动已经得到了全社会的广泛关注和许多青年的积极参与。这就要求我们必须主动联络、加强协调，进一步发挥共青团组织在推动青年志愿服务活动中的领导核心作用，通过完善组织领导格局、加大吸引凝聚力度、创新合作方式等举措，进一步吸纳、整合、促进团内团外志愿服务不断发展壮大。在这一过程中，要充分发挥各级青年志愿者协会的作用，把协会建设成管理型、枢纽型组织，进一步体现协会的社会性、包容性和吸纳性，通过找准与团外志愿服务组织在合作模式、工作领域等方面的结合点，共同推进青年志愿者工作。

（四）不断加强机制建设。机制建设带有根本性、全局性、稳定性和长期性。陆昊同志曾指出，认识解决个体问题，机制解决共性问题。在推进青年志愿者事业过程中，我们要把活动和机制很好地统筹起来。比如，在推进关爱农民工子女志愿服务工作中，紧紧抓住“结对+接力”的工作机制，这是有效推动工作的基础和保证，抓住这一条，就抓住了深入推进这项工作的“牛鼻子”，所以要坚持不懈、常抓常新。又比如，在推进西部计划实施中，围绕招募动员、培训派遣、管理服务、总结保障等工作环节推进这项工作协调发展，这本身就是一套务实管用的长效机制。实践表明，机制建设是推动志愿服务事业发展的根本保障，如果不重视建立机制，青年志愿者事业就会倒退，回到若干年前以搞活动为主的初期发展阶段。在今年抓几个全团重大项目的过程中，我们要分门别类设计一些可量化、可操作、可评估、可考核的工作机制，用机制管事、管人、管效果，不能蜻蜓点水、大而化之。机制建好了，尤其是要加大考核工作力度，建立鲜明的工作标准，树立良好的工作导向。各地也要在推进工作的具体阶段、具体环节、具体手段上加强研究，深化机制建设。

（五）注重青年志愿者工作的科学化问题。推动青年志愿者事业发展，要遵循其内在发展规律。开展一项具体的活动，也要结合志愿服务特点和青年特点。比如，关爱农民工子女志愿服务工作，如何关爱？怎么关爱更具有实效性？这其中涉及教育学、心理学等多方面的知识和技能，需要我们认真研究，探索规律。在长期的青年志愿者工作实践中，全团积累了很多宝贵经验，如围绕党政大局和社会发展进步谋划工作、坚持组织化动员与社会化动员相结合、激发广大青年的内在积极性等等，这些经验中，既有宏观的思想方法，也有操作层面的思路措施，体现和深化了我们对志愿服务规律、共青团工作规律、青年工作规律的认识，我们要不断总结、不断继承、不断完善，并用实践检验了的经验规律进一步指导工作实践，不断推动青年志愿者事业实现科学发展。

同志们，新格局、新任务为推动我国青年志愿者事业发展提供了新的历史机遇。舞台非常广阔，使命昭示发展。我们要按照中央要求和全团部署，振奋精神、精心策划，认真组织、狠抓落实，努力实现在新起点上开创青年志愿者工作新局面，为服务党政大局、服务社会和谐、服务广大青年作出新的更大贡献！

周长奎在2011年共青团宣传工作会议上的讲话

2011年3月28日，根据录音整理

共青团是一个思想性、政治性很强的组织，引导青年是共青团的根本任务、战略任务。2008年团十六大之后，团的工作围绕胡锦涛总书记提出的“两个全体青年”和四项基本职能的重要要求，展开了新的布局。其中，在组织青年、服务青年、维护青少年合法权益等方面，团中央书记处都对全团作了清晰、明确的部署。对于引导青年这一全团的根本任务，团中央书记处没有泛泛地抓，而是在坚持正面教育等传统有效做法的同时，根据当代青年思想意识更加多元、多样的背景，围绕探索如何增强引导青年工作的针对性、适用性、普遍性，部署开展了一年多的分类引导青年试点工作。我们要在过去两年团中央书记处整体推进引导青年工作的基础上，进一步研究把这项工作引向深入。同时，青年思想引导工作既是一项长期工作，也有着鲜明的阶段性特征，在不同年份需要把握不同的具体背景和特定的话语氛围。2011年团的宣传思想战线既有一些重要的工作契机，也面临着更高的工作要求。今天的会议，就是要研究如何贯彻党中央书记处重要指示中对今年共青团引导青年工作提出的要求，提出落实的具体思路和举措。因此，这是一次十分重要的会议。

上午，陆昊同志就当前和今后一个时期引导青年工作的方向、内容和要把握的几个关系作了重要讲话。下面，我就贯彻落实陆昊同志讲话精神，做好今年团的宣传思想战线的几项重点工作再讲几点意见。

一、抓住主线，在全团推开分类引导青年工作

无论具体年份面临着什么样的引导契机，分类引导青年工作始终是一项主线、长线工作，必须牢牢扭住，不能忽视，不能放松，不能懈怠。今年推进这项工作，要注意以下三个方面的要求。

第一，要把握全团分类引导青年工作的推进节奏。全团分类引导青年工作总的节奏分为两步。第一步是团中央先组织开展试点。2009、2010这两年，主要就是干了这个工作。可以讲下了很大功夫，用了很长的时间，动的面也不小。在2010年年中形成了初步的工作成果，正式向党中央书记处汇报，得到了党中央书记处的总体认可。之后，又在基层团组织

和青年反馈、互动的基础上，对试点的工作成果进行了再修改、再补充，最后才形成了《四类青年群体思想引导大纲》和案例集，在去年年底之前，通过省级团组织，逐级地往基层团组织复制和发放，供各地团组织作为开展引导青年工作的基本依据和素材。第二步，也就是在2011年以后，要在全团全面铺开和推进分类引导青年工作。这就是我们这项工作的基本节奏。应当讲，这项工作当前具备了在全团推开的条件。一是各地也组织开展了很多试点工作；二是团中央已经为各级团组织提供了一个基本的素材；三是很多基层团组织围绕引导青年这个工作，特别是在引导路径和载体方面，已经作出了许多非常好的探索，积累了不少好做法，形成了一些基本共识和初步的经验。

第二，要深刻理解分类引导青年工作的实质和重要意义。陆昊同志在讲话中指出，分类引导不单纯是一项工作，更是一个重要的思想方法。这也是我们将分类引导青年摆在2011年全团引导青年工作首位的原因。可以说，分类引导青年是共青团在坚持了多年正面教育引导的思想方法的基础之上，提出的教育引导青年的一种新的重要的思想方法。以前，各级团组织更擅长于借助重大契机，通过运用正面素材、树立正面典型等手段，在一个大的面上，告诉青年什么是正确的。这样的方法，实践证明是有效的。但是，在现在青年思想多元、多样、多变的新的背景下，在新一代青年人主体意识不断增强的新的背景下，单靠正面宣传教育是不够的，它难以碰触青年当中一些比较深层次的思想问题。因此，提出分类引导青年这样一种新的思想方法是完全必要的。这种思想方法的最基本内容，就是要针对不同类别、不同群体青年的特定的思想差异和思想症结，来寻求运用不同的话语体系，按照青年人思想形成的特定逻辑进行有针对性的思想引导，以达到增强引导工作针对性、适用性、普遍性的效果。这种新的思想方法，是本届书记处在引导青年方面的一个迈进和创新。它和原来的正面教育引导有机结合、相互补充，成为共青团在引导青年方面两个非常重要的工作方向。大家要从这样的高度和角度来认识分类引导青年工作，将分类引导贯穿于、体现在我们共青团整个引导青年工作当中。目前来看，通过两年的努力，我们已经沿着这个方向有了一些突破，下一步还要用更长的时间，坚定不移地把这项工作推进下去。

第三，要坚持多点推进。2011年全团分类引导青年工作，不同的层级有不同的重点任务。

团中央层面的任务。一是编写一套面向青年的通俗理论读物。现在形成的《思想引导大纲》是供团干部使用的工作辅导材料，今年团中央将在此基础上，直接面向四类青年群体，针对各类青年在一个较长时期内普遍关注的重大理论和现实问题，用通俗化、青年化的语言来进行回答，形成一套多形式、多载体的青年通俗理论读物。二是汇总各地开展思想引导工作的新路径、新载体，再编一套基层团组织可学、可用、可以借鉴的典型案例集。三是结合纪念中国共产党成立90周年和“我与祖国共奋进”形势政策教育，抓一批示范性的思想引导活动。四是建立团中央机关局级以上干部分类引导青年工作基层联系点制度。

地方各级团的领导机关层面的任务。一是对本地分类引导青年工作作出全面部署。二是按照团中央规定的数量要求，省级、地市级、县级团组织都要确定一批单位作为分类引导青年工作首批重点推进单位。要明确首批重点推进单位的具体工作任务，按照团中央提出的五类路径载体进行各有侧重的工作探索，为其他单位探索和积累有效经验。三是直接开展一些示范性的思想引导活动。四是建立基层联系点制度，地方各级团的领导机关中层以上干部每人确定一个基层单位作为分类引导青年工作联系点。

基层团组织层面的任务。一是编写本单位《青年思想引导大纲》。各基层团组织，特别是高校、国有和国有控股企业团组织，要参照团中央下发的《大纲》，研究本单位青年的思想状况，运用本单位的事例和素材，编写本单位的《青年思想引导大纲》。提出这样的要求，既是推动各基层团组织形成一个开展引导青年工作的总的指导性意见，也是对团干部意识形态工作能力的培养和锻炼。二是围绕诠释《大纲》，继续探索符合青年特点、能够传递正确思想准则的新的路径载体。三是努力在新媒体建设方面取得重点突破。2011 年之内，要争取达到每个基层团组织至少能够运用 1 种可持续的新媒体方式开展青年思想引导工作。很多新媒体手段成本较低、操作简便，不少基层团组织也已经在熟练地运用，因此这个目标应该说完全可以实现。

在团中央提出的刚性要求外，各省还可以根据自身情况确定一些“自选动作”。大家要按照团中央下发的实施意见，认真研究，迅速部署落实，切实推动这项工作向前再迈进一步。

二、服务“十二五”开局，大力开展“我与祖国共奋进”形势政策教育活动

形势政策教育是引导青年的一项经常性工作。今年，按照党中央要求，围绕学习贯彻党的十七届五中全会精神，引导青年充分认识我国“十一五”发展成就和“十二五”规划的蓝图，团中央决定全团大力开展“我与祖国共奋进”形势政策教育活动。前一阶段已经专门下发了通知和宣讲提纲，而且，团中央宣传部已经抓了三项活动：一是在 10 个省同时开展报告会，正式启动这项工作；二是两会期间，邀请部分全国人大代表、政协委员开展网络宣讲活动，与青年进行了互动；三是近期专门组织由 12 位专家学者、青年典型组成的宣讲团，赴各地开展报告宣讲。团中央的这些做法，主要意义在于作示范，各地要参照团中央的这些做法，尽快铺开形势政策教育活动。

全团的 5500 场报告会，主要由团的学校、城青、农青战线具体承担。下一阶段，团的宣传部门在推进这项工作中主要有以下几项任务：一是抓好统筹。各地承担的规定任务如何完成，在此基础上是否扩大规模，要由团的宣传部门来统筹。二是抓好服务。宣传口在联系理论界以及有关专家、学者等方面具有一定优势，要在邀请主讲人等方面积极提供协助。三是抓好示范。建议各省级团委宣传部直接组织开展一些示范性的报告会活动。四是抓好督促。从报告会场次、内容等方面督促各战线把宣讲任务落实到位。五是抓好宣传。积极协调本地报刊、电视台、网络等媒体，全方位宣传报道，扩大宣讲活动在青年中的影响。

形势政策教育活动，也有一个分类引导的问题；分类引导工作中，也有一个运用正面成就、正面素材来引导的方法问题。在当前复杂的国内外形势背景下，在青年中扩大正面宣传教育的声势具有更为重要的意义。在宣讲中，我们要努力把成就向青年讲充分，把形势向青年讲透彻，把今后五年的规划和目标向青年讲清楚，在青年中唱响主旋律。

三、围绕纪念中国共产党成立 90 周年，广泛开展“学党史、知党情、跟党走”主题教育活动

党团有着特殊的政治关系。从这个角度出发，我们一定要贯彻好党中央书记处的要求和团中央书记处的部署，把围绕纪念中国共产党成立 90 周年开展的全团“学党史、知党情、跟党走”主题教育活动做出声势、做出深度、做出影响、做出实效。团中央书记处对这项工作是经过反复研究的，按照具体、务实、可行的原则，把能牵动全团的重大活动理清楚，然后下发专项通知进行部署。实践证明，团的许多重要工作，只有在全团范围内统一行动，打响品牌，才能产生强大的影响力。各地在部署纪念中国共产党成立 90 周年活动时，首先要立足

于完成全团统一的重大活动，在此基础上，根据本地的特色和党史资源，将全团规定动作和本地自选动作结合起来。

开展全团“学党史、知党情、跟党走”主题教育活动，要注意把握以下要求。

1. 抓好学习，打好基础

“学党史、知党情、跟党走”，“学”是基础，“知”是结果，“跟”是目的。本次主题教育活动中，学习党史的任务安排得很重。把学习党史这个基础性环节抓实了、抓好了，对于整个主题教育活动的开展和成效具有十分重要的意义。全团有关“学党史”的活动主要有六项：

一是全国青少年“千网联动学党史”活动。考虑到当代青少年的接受习惯以及工作上的便捷可行，我们选择运用网络的方式来吸引青少年学习党史。基本思路是由各地团组织选择和发动一批重点社会网站、团属网站和基层单位局域网站，统一设立青少年学党史专题网页。分解到各个省的参与网站数量，也就是每个省40家左右，这其中还包括了部分团属网站和基层单位局域网站，应该说任务数是实事求是的。团中央将统一提供《青少年学习中共党史丛书》等一批党史学习资料，以及一批党史题材影视片、爱国爱党歌曲，供“千网”统一使用。各地团组织要依托参与网站，积极开展党史专题在线阅读、党史题材影视片在线观看、爱国爱党歌曲在线收听、爱国主义网站在线链接等活动，发动青少年通过网络深入学习了解党史知识。还可以依托参与网站，开展学党史感言征集、党史知识竞赛等活动，深化学习效果。

二是全国团员青年“万场党史学习交流会”活动。各地要发动大中学校、机关、企事业、农村等系统的基层团组织，各自开展至少1次党史学习交流会，让青年在交流中深化对读书、看影视片、参观教育场所等各种渠道所获得的党史知识的理解，全团重点组织的活动在一万场左右。要借此机会，结合不同青年群体思想特点，对基层青年进行一次具有思想深度的正面引导。

三是全国团干部“学党史、强党性、铸信仰”学习教育活动。团干部是青年的表率，在学习党史上也要率先行动。《通知》中提出的《中国共产党历史》等五种图书和电视片，是从中宣部、中组部、中央党史研究室等部门为党员干部推荐的学习书目中精选出来的，具有较强的权威性和代表性。广大团干部要按照《通知》中提出的要求，至少重点学习其中一本，参加一次党史学习讨论，增进对党的历史的了解，增强党性修养。

四是党史题材动漫片编创和观摩活动。动漫是当代青少年喜爱的文化娱乐形式。团中央下决心组织编创一部党史题材动漫片，基本考虑是从党史口号的角度切入，选择建党90年来能反映各个历史时期主题的30个左右著名口号，浓缩地、全景式地向青少年展示党史发展脉络，揭示每一个党史口号的历史背景和思想内涵，使青少年在相对短的时间里、相对轻松的氛围中学习党史，受到教育。制成后将通过电视台、视频网站、手机视频、农村远程教育平台等渠道播出，各级团组织要动员组织青少年观看。

五是全国团媒“学党史、知党情、跟党走”宣传教育活动。各级团组织要按照通知要求，在各自所属报纸、杂志、网站等媒体统一开设专题栏目，在全团营造浓厚的学习党史氛围。

六是“与信仰对话”万场党史报告进校园活动。这项工作主要由团的学校战线推动，也已经对各省作了任务分解，宣传部要做好协调配合和宣传报道工作。

2. 把握节奏，逐次推进

一是清明节期间，开展“永远不能忘记”全国青少年缅怀革命先烈活动。重点是网络缅怀活动。有条件的团组织，可以依托各地的革命遗址、烈士陵园等场所开展现场活动。韶山、井冈山、遵义、延安、西柏坡等著名革命圣地,可以组织开展重点活动。

二是四月中旬至“七一”期间,开展全国青少年“永远跟党走”青春歌会活动。在全国层面,团中央将统筹安排,沿着党“诞生——开辟井冈山根据地——红军长征——延安时期——西柏坡时期——建立新中国”的历史足迹,以及在社会主义建设和改革开放进程中的若干代表性地点,依次由上海、江西等14个省级团组织举办大型青春歌会传唱活动,形成强大声势,用在祖国各地唱响的嘹亮歌声,表达青少年对党的热爱之情。

三是五四期间,开展全团“学党史、知党情、跟党走”主题团日活动。每年的五四青年节,各级团组织都要开展各种主题活动。去年五四的全团活动主题是“关爱农民工子女志愿服务”,团中央书记处七位书记全部到基层青少年中间参加了活动。今年的五四活动,主题就是“学党史、知党情、跟党走”。要统一在这个主题下,以团日活动为基本载体,发动广大团员青年通过多种形式的教育活动,学习党的历史,了解党的成就,感受优秀党员身上的精神力量。活动期间,地市级以上团的领导班子成员要深入青年,分别到基层团员青年中参加主题团日活动。

四是六一期间,开展全队“红领巾心向党”系列活动。这项工作主要由各级少先队组织承办,团的宣传部门要做好相关配合和服务工作。

五是“七一”当天,开展“在光荣的旗帜下——党团队员话成长”主题活动。各地团组织要邀请优秀党员到团员中来,各地少先队组织要邀请优秀党员、优秀团员到少先队员中来,让党、团、队员共同重温党的光荣历史,让优秀党员、优秀团员的成长经历给青少年带来有益启迪。要通过这项活动,促进党、团、队组织意识相互衔接。

团中央书记处在研究部署全团“学党史、知党情、跟党走”主题教育活动时,有两个基本考虑:一是争取把这项工作做得实一些,任务安排得相对具体一些;二是希望能尽可能扩大活动的覆盖面,尽可能走向基层。之所以把其中的许多全团重点活动都“项目化”,就是希望能落到实处,而不流于形式。各省级团委要按照这样的考虑和要求,做好任务分工和衔接,扎扎实实地推进每一项重点活动在本地有效开展。

四、适应信息化迅猛发展形势,探索实施团的新媒体战略

在运用互联网等新媒体方面,共青团“醒得很早”。这些年来,团的新媒体建设有了很大进展,也取得了不少成效。但是,与新媒体技术迅猛发展对青年思想观念、行为方式带来深刻影响的形势相比,团组织应用新媒体的步伐还没有跟上。新媒体发展到今天,已经不仅仅是了解青年舆论、引导青年思想的重要方式,也是组织、联系、服务青年以及了解青年诉求、维护青年权益的重要方式。因此可以说,当前已经到了把新媒体建设上升为共青团新战略的时候。团中央打算今年适当时候召开一次新媒体工作会或工作座谈会,对全团的新媒体建设进行集中研究和谋划。实际上,许多基层团组织已经围绕新媒体建设进行了非常好的探索,有了很多值得推广借鉴的经验。从今年开始,各级团组织要有组织、有意识地加大探索共青团新媒体建设的力度,争取实现新的突破。

根据现在的调研和思考,共青团的新媒体建设,主要有以下两个方面的内容。

第一,加强与其他新媒体机构的合作。现在社会上各方面的新媒体发展很快。如人民网、新华网、央视网等中央重点新闻网站已经完成了股改并准备上市。几大商业网站在专业力量和媒体形式设计、内容供给、产品开发、管理运营等方面占据显著优势,拥有庞大和相对固定的用户群,如腾讯QQ、新浪微博等都已经形成明显的竞争优势。这些新媒体的受众

主要是青少年，它们也希望与共青团加强合作，借助团的组织体系实现自身的推广。因此，我们要善于“借船出海”、“借鸡生蛋”，积极借助社会知名网站和通信运营商的强大影响渠道来开展团的工作。

第二，加强团属新媒体建设。共青团自身的新媒体建设要从两条线路同时推进。一是团的各级领导机关要把自己所属的工作网站、手机报等新媒体阵地建设好。二是庞大的共青团基层组织的新媒体建设。开展团的新媒体建设，不能把目光老是盯着上面、盯着团的领导机关。实际上，共青团新媒体的生命力在于基层。基层团组织在利用和建设新媒体方面走得最早，方式最活，探索最有成效。胡锦涛总书记在视察人民日报时，曾经对“把握媒体对象化、分众化的趋势”提出明确要求。在这样的趋势面前，带“中”字号的全国性媒体遇到的挑战很大。相比之下，一些植根于校园、企业、社区，针对不同群体的“草根媒体”却显示出了强大生命力。我们要积极适应形势，利用离人们生活最近的环境、事件等信息最易为人们关心、关注的特点，以及乡情、友情等因素，依托基层团组织，广泛建立“小型化、分散化、社区化”的新媒体阵地，努力实现新媒体工作在全团“村村点火、户户冒烟”的生动局面，这是我们团的新媒体建设的重中之重。

当前，共青团实施新媒体战略，面临着与十几年前完全不同的格局。我们不能按照老套路按部就班，应迅速着眼于新媒体的最新应用，从最热门的新媒体应用方式切入。就互联网应用而言，当前特别要注重以下三个方面的工具：

一是微博客。微博客具有门槛低、开放性强、传播速度快等特点，既是博客又是社区，受到广大网民追捧，成为当下最时髦的网络表达和交流工具。国外现在发展比较快的很多也是这种网络运用。共青团可以积极探索运用微博。一是团的品牌工作，如青年志愿者行动等，可以开微博。二是团属机构，如团属媒体等，可以开机构微博。三是团干部也可以尝试着开个人微博。

二是SNS社区。社交网站在国内外发展非常迅速。这种网络应用，说白了，就是把现实中的组织、现实中的群组搬到网上，形成一个特定的网络社区。通过网络技术的应用，网络社区既为每个圈子内部成员的沟通联络提供了便捷条件，也为不同圈子之间的信息互动创造了便捷途径。共青团具有比较完整的组织优势，很便于发展网络上的社区组织。通过网络社区，既可以有效地联系、引导和服务组织内的团员青年，还可以吸引、聚合、影响那些组织外零散分布的青年。

三是即时通讯。QQ、MSN、飞信等即时通讯工具，具有覆盖面宽、沟通快捷、免费使用等优点，最适合广大基层团组织建立使用。各地要在以往探索的基础上，积极通过这些新媒体渠道扩大对青年的覆盖和影响。

这些互联网应用的探索，首先要解决的是体现共青团在互联网上“组织存在”的问题，至于影响的广度和深度，那是下一步的目标。

关于手机应用，特别值得各地认真探索。手机应用很多是低成本的，而且联络面最宽、青年普及度最高，非常便于基层团组织在工作中使用。特别是对于农村基层团组织而言，所联系的团员青年平时比较分散，如果能够通过手机短信每个星期与青年联系一次，即使是发条生活信息、问候祝福，都是对青年的一次联系和覆盖。从这个角度来讲，新媒体工具对农村团的基层组织建设也具有十分重大的意义。手机的使用主要可以围绕手机短信和手机报进行探索，有条件的地方可以尝试编发手机报，条件不具备的可以建立手机短信、彩信群发平台，积极运用这些平台联络、动员、服务、引导青年。

总之，团的新媒体建设正处在深化探索创新的重要阶段，希望大家“八仙过海、各显其能”，争取在今年取得较大的进展和突破。

五、抓好基础性工作，加强团的宣传思想阵地建设

团属新闻出版阵地、团校等团属教育阵地、团属青少年活动阵地是共青团主要的三大阵地，这几类阵地与宣传思想战线联系都比较密切，要继续加强阵地建设和管理，为引导青年工作提供可靠的支持和保障。

一要不断巩固和发展共青团新闻出版阵地。要按照中央关于深化文化体制改革的要求，继续做好团属新闻出版单位转企改制工作，鼓励和支持他们通过改革建立适应市场、科学高效的管理运行体制，不断增强参与市场竞争的能力，不断提升服务青年的能力。关于报刊单位的改制工作，现在中央还没有正式出台政策，但是改制是大势所趋。各级团属报刊要有这个意识，要为彻底地进入市场、成为一个市场主体做好准备，先把自己“打扮得漂亮一点”，将来更容易吸引战略投资者。今年，各级各类团属媒体要按照中央对有关活动宣传报道的总体部署，牢牢把握正确的宣传舆论导向，唱响主旋律。要紧密围绕团的重点工作，做好“学党史、知党情、跟党走”主题教育、“我与祖国共奋进”形势政策教育、共青团创先争优等活动以及其他各项全团重点工作的宣传报道，营造良好的舆论氛围。

二要推动青少年文化活动场所建设和发展。继2008年博物馆、纪念馆实现全面免费开放后，去年年底中央又出台通知，推进美术馆、公共图书馆、文化馆免费开放。关于青少年活动场所免费开放问题，今年中央有关部门将继续组织开展调查研究。这项政策对于青少年活动场所的生存发展将会产生重要影响，各地要加强研究，作好相关准备。团中央将继续积极争取财政部门政策性资金支持，扶持团属青少年文化活动场所建设和发展，并继续将扶持重点向民族地区和中西部地区倾斜。各地要切实加强对团属青少年活动场所的日常管理，突出公益性原则，做好各项安全防范工作。各类团属青少年文化活动场所要牢固树立引导青少年的意识，积极承担思想引导功能，努力在培养青少年各项社会化技能的过程中渗透正确的思想观念和价值准则。

三要加强团的理论学习和理论研究工作。团中央书记处从2008年开始建立了集体学习制度，已经连续开展了20期。全国地市级以上团的领导机关要参照这种形式，围绕建设用马克思主义中国化最新成果武装的学习型团组织的目标，普遍建立学习制度，开展经常性学习活动，在全团形成浓厚的学习风气，帮助和促进各级团干部特别是团的领导干部加强对共青团工作重大问题的学习、思考和研究。

宣传口工作面比较宽，而且比较容易务虚，不好抓实。我们的目标是既要着眼于比较高、比较深的工作立意，又要争取工作能够具体有形，能够抓得着。大家要围绕这样的目标，努力把团的宣传工作抓得比较深一些、比较实一点。

回去之后，希望大家一要把这次会议的精神和今年全团引导青年各项重点活动的有关安排向省级团委领导班子汇报，向本地本系统内各级团组织及时传达。二要弹好钢琴，面对今年长线工作、短线工作都很重要的局面，有效贯彻落实好每一项任务。三要和团中央及时做好沟通、联络，有什么工作需要指导可以提出要求，有什么问题可以及时反映。我们的共同目标，就是把今年的工作任务真正落到实处。

周长奎在全团分类引导青年工作电视电话培训会上的讲话

2011年9月28日，根据录音整理

前不久，团中央在全团就推进首批基层团组织完成团中央下发的《青年思想引导大纲》转化工作专门作了部署。今天举办电视电话培训会主要有两点考虑：一是基层团组织《大纲》转化工作具有一定挑战性，各地普遍反映需要团中央举办一次培训。二是考虑到今年许多地方换届，新任团干部对分类引导青年工作不太熟悉。着眼于推进全团引导青年的根本任务，有必要安排一次集中培训，帮助大家进一步统一思想，明确任务要求。

下面，我就全团分类引导青年工作的主要考虑和实践过程，以及基层单位团组织做好《大纲》转化和运用工作，讲三点意见。

一、全团分类引导青年工作的主要考虑和基本实践

做好青年思想引导工作，是党中央书记处对共青团工作的一贯要求，也是共青团的根本政治任务。长期以来，各级团组织坚持通过把握重大契机、运用正面素材、树立青年典型等手段对青年进行正面教育，取得了积极成效。随着实践的发展，在经济社会深刻变革，青年群体深刻变动，青年思想意识日益多元、多样、多变的新形势下，我们发现，仅靠笼统的、"面"上的正面教育，在思想认识针对性、传播方式适用性、引导对象普遍性上有不足，难以触及青年思想中的一些深层次问题。由此，2008年年底团十六届二中全会提出了分类引导青年的任务要求。

考虑到分类引导青年工作涉及意识形态领域的深层次问题，思想性、政治性强，实践要求高，为取得经验、逐步推进，团中央书记处决定在全团先选择一批基层单位先行试点。2009年4月，团的宣传工作会上正式部署了试点任务，团中央在全团选取了369个基层单位进行试点。试点工作持续了一年，主要是团中央直接抓，团省委宣传部和其他相关部门配合。具体包括以下三个步骤：

一是通过大规模问卷调查和深度访谈，调查了解各类青年群体的思想意识关键点及其形成逻辑。团中央围绕爱党、爱国、爱社会主义"三统一"、六个"为什么"等重大理论问题和青年较为关注的重大现实问题，设计四类青年群体结构化调查问卷，面向全国试点单位发放回收调查问卷8万余份，访谈青年8千余人，形成访谈记录近千万字，深入了解掌握四类青年群体的思想意识状况，梳理出四类青年群体的40个思想意识关键点及其背后的143条思考逻辑。这一步工作是分类引导青年工作中最基本的前提性工作，主要目的是对青年的思想状况，特别是对一些重大理论问题和现实问题的思想状况有一个基本的判断和掌握。

二是针对各类青年群体的思想意识关键点及其形成逻辑进行释疑解惑。针对调研中发现的青年思想问题，在吸收各方面理论成果、整理归纳访谈中部分青年发表的正面意见的基础上，探索运用各类青年熟悉的话语体系和逻辑，从历史和现实、理论和实践、宏观和微观相结合的角度，将党的"大道理"转化为各类青年群体易于接受的"小道理"，对他们的思想困惑作出有针对性、有说服力的解答。第二步工作是难度最大的一项工作。"理论源于实践，存在决定意识"，青年对一些重大的政治问题、社会问题的看法，许多源于当前我们国家处于广泛深刻社会变革时期客观存在的一些社会现象。正面触及青年的这些思想问题，就必须把这些问题在理论上的解释和实践中的

发展结合起来，简单的“空对空”很难有真正的说服力。因此，我们在第二步工作中作有针对性的释疑解惑时，十分注重结合我国经济社会变革的实践过程，给出对青年具有说服力的解答。

三是寻找各类青年群体喜闻乐见的路径和载体来传播正确的思想准则。团中央通过对各地团组织推报的931个引导工作案例进行梳理，归纳出17条引导青年的具体路径，精选出112个典型案例拍摄成四类青年群体引导案例教学片，供基层团组织参考借鉴。这一步工作难度不是很大，基层团组织直接探索和创新了许多非常实用的工作载体和路径，团中央主要是借鉴了基层团组织的创造，作了一些梳理和归纳工作，从而使引导路径和载体更具有普遍性。

经过一年多的试点，在面上摸清了四类青年群体的主要思想状况，研究形成了《四类青年群体思想引导大纲》。在此过程中，团中央还专门制作了动漫电教片《团萱漫话》，为基层团组织提供分类引导青年工作的培训教材。

2010年7月5日，党中央书记处第11次办公会议专题听取团中央书记处关于青年思想引导工作的汇报，对分类引导青年试点工作给予充分肯定，对在全团运用、完善《大纲》，开展好分类引导青年工作提出了要求。贯彻党中央书记处要求，团中央于2010年7月11日召开了全团分类引导青年工作会议，之后又印发了《实施意见》，对在全团开展这项工作作出全面部署。

在试点过程中，各省级团委都参与了进来，指导本地一批基层单位进行了试点，并形成了不少认识和工作成果。特别是团中央《实施意见》下发以后，各级团组织按照《意见》要求，主动推进分类引导青年工作，取得了一些实质性的成果。比如，福建在试点工作基础上编写了《什么是引导——案例说法98招》、《引导到哪里去——直面症结40例》等读物，供团干部开展分类引导工作使用；河南收集整理四类青年群体引导案例共215例，编印《领航宝典——河南青年思想引导案例汇编》下发全省各级团组织；广东选出省内70个较有代表性和推广价值的典型案例，编辑出版了《路是走出来的——广东青少年思想引导工作实例》一书；湖北以青年喜爱的漫画形式编写了《湖北省分类引导青年通俗读本》；江西通过试点调研，对“青年关注什么”、“青年喜欢什么”等问题进行了解和梳理，出版《江西青年状况蓝皮书》；河北在《河北青年报》开辟了“青年锐评”思想引导专栏，探索出引导青年的有效工作路径，等等。可以说，从去年下半年到今年上半年，分类引导青年工作在全团已经进入了实质性实践阶段。

今年以来，在结合“十二五”开局开展的“我与祖国共奋进”形势政策教育，以及结合纪念建党90周年开展的“学党史、知党情、跟党走”主题教育等全团重点引导青年活动中，各级团组织积极贯彻分类引导的要求，注重根据不同青年群体的思想实际，运用不同侧重点的思想内容、不同的形式和手段开展教育活动，较好地增强了引导活动的针对性和实效性。

以上就是全团开展分类引导青年工作的基本出发点和主要工作思路，以及迄今为止的大体实践过程。可以说，分类引导青年工作是在全团坚持多年的正面教育引导的思想方法基础上，提出的一种新的重要思想方法。它和正面教育引导有机结合、相互补充、相辅相成，相互之间既有联系而又不能完全替代，成为共青团在引导青年方面两个非常重要的工作方向。

作为一种思想方法，分类引导青年的工作要求要贯穿于全团引导青年各项工作之中；同时，分类引导青年工作还有自己特有的工作内容。专题了解青年思想状况，有针对性地研究形成青年思想引导素材，并探索寻找向青年传播正确思想准则的路径载体，这些就是分类引导青年工作的专项内容。不同的年份，我们可能会遇到不同的重大引导契机，并依此开展相应的不同主题的正面引导活动。比如今年纪念中国共产党成立90周年，各地团组织开展了丰富多彩的主题教育活动，明年建团90周年，各地团组织也会相应组织开展一些纪念活动。但是，分类引导青年工作更注重青年思想问题的基本面，这个基本面相对而言就更具有稳定性和长期性。比如，青年对中国特色社会主义经济、政治、文化、社会制度的认识，对坚持党的领导和党治理腐败等问题的看法，这些都不会因为我们开展几次面上的教育活动就能马上解决。因此，无论引导契机和主题活动有什么变化，分类引导的思想方法和专项内容是必须始终牢牢抓住的。从这个意义上说，分类引导青年工作是全团引导青年的主线工作、长线工作。

二、抓好《大纲》转化和运用，推动分类引导青年工作在全团深入开展

全团分类引导青年试点工作取得的主要成果，集中体现在四类青年群体《思想引导大纲》上。《大纲》所针对的问题，以及在回答问题时展开的具体引导思路，都对应着经过大规模问卷调查和深度访谈之后形成的各类青年群体思想意识关键点及其形成逻辑；《大纲》在释疑解惑时所运用的观点、素材和语言风格，都注意了适应不同类别青年群体的具体特点；《大纲》所列举的引导路径和载体，都是在实践过程中较受各类青年群体欢迎的、较为有效的工作手段和方法。同时，《大纲》还采纳了各方面专家、团干部的建议，吸收了多个轮次实践碰撞中青年反馈的意见。正是因为从问题的产生、问题的解答、引导路径载体的实际操作等各个环节，都经过了工作积累，都注重了面向青年、源于青年，面向实践、源于实践，所以《大纲》形成的过程体现了科学性的要求。这也是党中央书记处对分类引导青年试点工作在提高工作规范化、科学化水平方面给予肯定的一个重要原因。党中央书记处还专门指示，全团要在实践中运用好、修改好、完善好《青年思想引导大纲》，使之成为新形势下加强和改进各类青年思想引导工作的重要教材。可以说，有了这个《大纲》，全团青年思想引导工作就可以避免泛泛地谈、笼统地抓，而是有了基本的章法可以遵循。真正结合实际把《大纲》运用好了，青年思想引导工作的针对性、适用性、普遍性就一定会得到有效增强。

分类引导青年工作既要体现"自转"，又要体现"公转"。体现"公转"最有效的途径，就是全团都充分地享有和运用试点的成果。试点中形成的四类青年群体《思想引导大纲》和动漫电教片《团萱漫话》，团中央已经将其中内容制作成光盘，并在去年底要求和部署各级团组织层层复制、转发到有关基层单位。只要基层团干部花点时间把几张光盘看一看，就可以对这项工作有一个大致的了解。看总会比不看强，只要看了，对这个问题的认识就会深一步。

同时大家要认识到，团中央《大纲》所针对的问题，虽然经过了大规模问卷调查和较大规模的深度访谈，但这些毕竟只是在各个青年群体中较为广泛地存在着的、具有较大普遍性的问题。而现实中具体到某个地区、某个单位的青年，可能还会存在一些别的思想意识关键点，或者同一思想意识关键点的不同形成逻辑；再进一步到基于关键点和形成逻辑而展开的引导思路、引导素材，不同地区、不同单位应该具有更多具体、生动的表达方式；团中央《大纲》所列举的引导路径和载体，在全团带有一定普遍性和推广价值，但实践中各个不同基层单位团组织也应该有更多贴近本单位青年、富有特色的创造。所以，团中央的《大纲》虽然可以作为全团分类引导青年的一个基本遵循和参照，但单有这个《大纲》是远远不够的。为了使面向各个青年群体的引导工作进一步具体化、科学化，必须推动广大基层团组织结合本地、本单位实际，对团中央下发的《大纲》作进一步的“翻译”和转化，使《大纲》在针对性、适用性和可操作性方面进一步增强，使分类引导青年工作在基层真正“落地生根”。因此我们说，转化和运用《大纲》是推进分类引导青年工作在全团扎实开展的最为具体有形的抓手，做好了这项工作，就抓好了分类引导青年工作的“纲”。

在这里我想强调一下，共青团贯彻落实胡锦涛总书记提出的“两个全体青年”的目标任务，其中“团的各项工作和活动影响全体青年”靠什么呢？主要还是靠团的基层组织。因此，做好青年思想引导工作也要强调重在基层、重心下移。只要基层团组织真正把这项工作抓起来了，即使抓的深度不同，有浅有深，分类引导青年工作就能在全团形成局面。目前，这项工作团中央层面的任务已经基本完成了，省级团委和部分地市级团委也已经有所动作，但我们的重点还不仅于此，还要把成果逐步地推向基层。必须让广大基层团组织都动起来，推动这项工作形成全团共同行动的态势。

刚才已经提到，团中央的《大纲》是面上的，只能抓全国青年中一些具有普遍性、根本性和代表性的问题。要真正实现分类引导青年工作在基层的落地生根，基层团组织还必须参照团中央、团省委的做法，对《大纲》进行转化，编写本单位《青年思想引导手册》，这是基层单位团组织必须完成的硬任务。这项任务对基层团组织是一个考验，需要“蹦一蹦”才够得到。之所以“逼”着基层团干部完成《大纲》转化这个具体的事，主要是考虑到宣传思想工作有时候比较“虚”，容易抓不到边际，或者抓了半天没什么有形的效果。作为一任团委书记，总是需要开展调研，了解本单位青年的思想状况，梳理本单位青年思想工作的载体。所以，团中央推出《大纲》“三步走”的思路设计，实际上也可以成为基层团组织推进转化工作的方案。基层单位有了这个工作抓手，按照团中央的要求用三个月的时间完成《手册》的编写，走完工作的全过程，每一个团干部意识形态工作的能力都会得到锻炼和提高。大家不要认为这个事小，真把这个事抓好了，就会对整个青年思想引导工作有一个整体的了解和推动。如果今年首批基层团组织能够把这项工作推进好，就可以为第二批、第三批的团干部、团组织提供借鉴。

我们之所以有信心、有决心做好这项工作，也是因为在试点过程中，很多基层团组织，包括非公有制企业团委和县级团委都做了，而且做得很好。实际上，只要花些精力、肯动脑筋，这项工作下点功夫是能够做出来的，不一定只有省级以上团委、具备较高思想理论水平的同志才做得出来。

初步考虑，全团的《大纲》转化工作将分三个批次进行。前不久，团中央对各省下达了任务，要求今年各省要有不少于总数30%的高校团委、10%的国有及国有控股企业团委、5%的非公有制企业团委和10%的县级团委作为首批单位，于12月底前完成《大纲》转化工作。提出上述指标，既考虑到推进工作的需要，又兼顾了各类基层单位团组织的工作力量、工作基础，总体上是符合实际的。各地本着实事求是的原则，经过认真研究，已经确定了本地的首批重点推进单位。作为首批基层单位团组织负责人要明确责任、大胆探索，为今后继续推进这项工作积累经验。

各基层单位团组织做好《大纲》转化工作，要参照团中央在分类引导青年试点工作中的步骤和方法，着力抓好调查研究、释疑解惑、探索创新引导路径和载体三个环节。

1. 调查研究，了解掌握青年的思想意识关键点及其形成逻辑

掌握青年的思想状况是开展思想引导的第一步。道理非常简单，做人的工作首先得了解他，如果连青年有什么认识、为什么会产生这些认识都搞不清楚，引导的针对性就无从谈

起。因此,各单位要认真开展一次专题调查研究。基层单位在开展调查研究工作的过程中要注意处理好三个关系:

一是共性问题与个性问题的关系。前面提到,团中央在分类引导试点中,已经调查梳理出了一批在四类青年群体中具有一定普遍性的思想意识关键点及其形成逻辑。具体到各个基层单位青年思想的实际状况,可能这些关键点和形成逻辑有的体现得并不明显,有的其他更突出的关键点或形成逻辑可能团中央的调研成果中并没有体现。出现这两种情况都是正常的,所以才需要各基层单位扎扎实实地开展一次深入调研,然后,根据客观的调研结果来确定本单位引导青年工作针对的关键点和思考逻辑,哪些要增加、哪些要减少。这项工作,重点是根据本单位调研的实际情况进行“翻译”和转化,如果本单位青年关心的问题没有那么“高”,那么“深远”,也要从各单位自己的调研结果出发,不能照抄照搬。

二是“大问题”与“小问题”的关系。这是由分类引导青年工作的目标所决定的。共青团是思想性、政治性很强的组织,因此我们必须引导青年坚定跟党走中国特色社会主义道路的信念;引导青年树立正确的人生观、价值观,帮助青年形成健康积极向上的生活态度。这两大工作目标,团中央下发的《实施意见》中也讲得很清楚。围绕第一个目标,我们必须深入调查了解青年对于坚持党的领导、坚持中国特色社会主义道路等意识形态领域若干重大的原则性、根本性问题的态度、观点、想法,弄清楚他们在这些事关党和国家事业发展“大道理”的问题上,有哪些思想意识关键点,形成这些关键点的思考逻辑是什么。围绕第二个目标,我们必须深入调查了解青年对于人生价值及其实现路径,以及如何处理个人与他人、与社会关系等问题的态度、观点和想法,弄清楚他们在幸福观、职业观、奋斗精神、道德观念、人格状况等这些事关人生价值、生活态度等个人发展“小道理”的问题上,有哪些思想意识关键点及其形成逻辑。至于对本地、本单位中心工作、具体政策、成长环境等“中观”层面的问题,要么与党和国家事业发展“大道理”紧密相连,要么与个人发展“小道理”紧密相连,调查了解青年对这些问题的思想认识情况当然也是十分重要的,可以作为重要内容纳入调查研究的范围。

三是问卷调查和深度访谈的关系。大家要重点运用好问卷调查和深度访谈两种基本方法。问卷调查要注意结构合理,围绕引导工作的两大目标,把宏观、中观、微观三个层面的问题科学设计好。调查面要铺得广一些,这样才能使得出的结论在本单位青年中真正具有普遍性、代表性。访谈主要采取“一对一”的方式,当然有的也可以是“一对多”,关键是问的问题要围绕两大目标来展开、切中要害。访谈要有个逐步深入的过程,一般情况下应该“由小及大”、“由近及远”,先问离青年“近”的身边“小问题”,后问离青年“远”的国家、社会发展等“大问题”。访谈中要注意态度上的诚恳和语言上的技巧,努力创造条件,让青年在宽松的场境中把真实的想法表达出来,而不是谈一些空话、套话。

2. 释疑解惑,研究形成帮助青年澄清思想疑惑的引导素材

了解掌握了青年的思想意识关键点及其形成逻辑之后,接下来的任务,就是要努力找到能够帮助青年化解这些思想疑惑的引导材料。团中央《大纲》已经就各类青年群体中的一些普遍性的思想问题作了解答。如果基层单位调研后发现青年存在同样的思想问题,在解答的基本思路上,可以参照团中央《大纲》的相关内容。当然,具体的素材和语言风格还要结合本地、本单位实际进行丰富和转化。

陆昊同志曾经讲过,人的思想意识的形成主要通过三个渠道:一个是理论学习,一个是社会观察,一个是亲身参与实践。正确的思想

认识有这三个来源,错误的思想认识同样也是有这三个来源。由于个人的亲身实践比较难以介入,我们在研究形成帮助青年释疑解惑的思想材料时,重点要在理论认识和社会观察两个方面下工夫。

青年的一些模糊和错误认识,可能与自身掌握的理论知识、理论观点上的偏颇有关,对此,我们必须重点在诠释理论问题、宣传政策上下功夫。在当前社会流动频繁、社会媒体发达的形势下,青年观察社会现象的机会更多、视角更丰富。部分青年由于自身思想认识还不够稳定,对一些社会负面现象可能形成错误的社会观察结论,尤其是对于社会负面现象与原来所接受的正面教育之间的反差难以辨析,往往容易形成错误的思想观点。针对这些现象,我们要引导青年放宽视野、深入思考、把握本质,不为一些个案和表面现象所迷惑和误导,努力形成更全面、更理性、更深刻的思想认识。

帮助青年释疑解惑,还要注重引导事例和素材为青年所熟悉,话语逻辑和语言风格符合青年的接受习惯。各基层单位要结合所要阐析的道理,大量挖掘、广泛运用本地、本单位的事例和素材,尽量运用本单位青年熟悉的话语体系。比如,对于大学生,可以多运用一些学术的和理论的逻辑,可以尝试用网络语言;对于企业青年,要善于用本企业的成就、用未来的发展前景来讲道理;而对于进城务工青年和农村青年,就要多运用事实的逻辑,多运用通俗易懂的大白话,甚至可以用富有乡土特色的“土话”来讲道理。

这个环节难度比较大,对我们团干部的意识形态工作能力是一个挑战。但是我们一定要努力去尝试、去碰。只有通过做这个工作,才可以使我们真正学会做思想工作的方法,寻找一些理论和现实的切入点,回答青年的思想疑惑,最终实现引导青年的目标。

3. 探索创新,寻找本单位青年喜闻乐见的引导路径和载体

通过以上第二个步骤,形成面向青年的正确思想准则及引导素材之后,还要找到合适的路径载体,将这些思想内容传播到青年中去。只有这样,引导青年工作才能最终落到实处。

试点工作中,团中央在各地推报案例的基础上,梳理出了 17 个具有一定推广价值的引导路径,并在电教片《团萱漫话》中分别作了介绍。四类青年群体《思想引导大纲》,每一类也都专门列出了本类青年群体中常见的、较为有效的引导路径和载体。团中央下发的《实施意见》中,专门强调了面对面交流、实践体验、媒体传播、文化熏陶、典型示范 5 个具有普遍意义的引导路径,以及每一个路径之下的可用载体。这些路径载体,各基层单位在实践中都可以根据实际情况参考借鉴。

探索引导路径和载体,有两点需要注意:

一是对于传统的有效做法,必须在坚持中改进。《实施意见》中强调的 5 个引导路径,都是长期以来实践证明行之有效的、最普遍的路径。尤其是面对面交流,无论在哪个年代,都是思想工作中最基本、最常见的工作方式,它所具有的话题针对性强、信息沟通充分、互动探讨深入,以及能发挥情感、信任、友谊等因素的力量等作用特点,都是其他引导路径难以替代的。同时,对于这些传统的有效路径载体,在坚持的前提下,必须根据时代条件变化,对它们进行改进,赋予它们新的形式或内涵。

二是必须根据当代青年喜欢的沟通、交流、联络和聚集方式,大胆探索运用新的路径和载体。比如,动漫是青少年喜爱的文化娱乐载体,具有表达直观、接受起来轻松的特点。团中央推出的动漫版电教片《团萱漫话》,以及在“学党史、知党情、跟党走”活动中编创制作、即将推出的 26 集党史题材动漫片《号角》,就是运用动漫来传播思想准则的尝试。有条件的基层单位团组织,可以尝试运用 FLASH 等动漫形式来诠释道理。比如,青少年热衷于时

尚服饰、时尚语言、时尚行为等各种社会时尚，为此，基层团组织就要注重在引导活动中注入各类时尚元素，增强引导活动对青年的吸引力。

探索路径载体方面，最值得重视的是必须用好新媒体。当今时代，新媒体既是青少年获取信息的第一来源，也是青少年交流聚集的第一场所，对青少年思想、行为方式有着广泛而深刻的影响。因此，全团要将加强新媒体工作作为推进引导青年工作的重要板块，大力探索，争取突破。

现在新媒体发展很快，团干部适应新媒体发展的能力还存在很大局限。当前，不仅引导青年工作，团的组织青年、服务青年、维护青少年合法权益等工作，都对我们加强新媒体工作提出了新的要求。因此，新媒体工作对于全团来讲是全局性的。目前，全团经过近几年的探索，已经形成了发展新媒体的一些思路。我们考虑，全团新媒体工作主要有两条线。第一条线是团的各级领导机关，包括团中央、团省委、地市级团委和县级团委。主要抓两件事情：一是充分用好社会新媒体，要学会借鸡下蛋、借船出海；二是建设好各级团属新媒体阵地。团中央主要抓中国青年网、中国共青团网的改造合并升级，中国未成年人专属网站“未来网”建设，以及中国青少年新媒体协会的建设。省级、地市级、县级团委层面，要力争有自己的网站，开办一些手机报，等等。除此之外，我们还要提出第二条线，就是推动基层团组织广泛建设小型化、分散化、社区化的新媒体平台，这是今后一个阶段非常重要的工作方向。提出这个思路，主要是考虑到当前新媒体已经进入了“草根化”、“分众化”的时代，越是体现特色、能够提供精准的个性化服务，就越能够吸引受众。比如北京大学开办的《北大青年手机报》，主要面向本校的学生，针对性非常强，很有生命力。如果我们每一个基层团组织都能够至少运用一种新媒体手段开展团的工作，共青团对青年的影响力、与青年的联系，都会大大增强。当然，基层团组织抓新媒体工作存在一个主要困难，就是缺乏经费支持。所以我们主张有条件的基层单位团组织可以考虑办网站、开通手机报，条件不具备的基层团组织可以重点利用QQ群、飞信群、MSN群、SNS社区等免费的新媒体资源。

以上《大纲》转化工作的这三个步骤是环环相扣、紧密相连的。做好第一步调查研究工作，把青年思想状况摸准了，把青年思想意识关键点及其形成逻辑弄清楚，引导工作的针对性和有效性才具备最基本的前提。在此基础上，第二步工作，也就是释疑解惑环节才能真正做到有的放矢。接下来的第三步工作，就是要找青年喜闻乐见的路径载体，把第二步中研究形成的对青年具有针对性、符合青年话语表达方式的引导内容传输到青年头脑中去，让它们作用于青年的思想，帮助青年形成正确的认识。第一步工作的成果，也就是关键点和形成逻辑，已经作为释疑解惑的“靶子”，融入到第二步的工作中。这两步工作成果的融合，构成了“思想引导内容”。各基层单位团组织在编写本单位《青年思想引导手册》时，“思想引导内容”就是《手册》的前半部分。第三步工作形成的成果，也就是各基层团组织在实践中探索形成的、适合本单位青年的引导路径和载体，构成了《手册》的后半部分。这两个部分合起来形成的《手册》，就是我们今天培训会核心强调的《大纲》转化工作的最终成果。

需要强调的是，基层团组织编写本单位《手册》的过程中，要把握实事求是的原则，从团组织工作力量、青年思想状况实际出发确定编写内容。基层单位《手册》的编写有弹性，不是要贪全、贪大，还是要注重实用、管用，并不要求所有基层团组织编写的《手册》都像团中央下发的《思想引导大纲》那样系统涉及所有的大小问题。

《手册》形成以后，就可以作为本单位团干

部开展青年思想引导工作的基本教材。《手册》的内容是开放的，今后，随着团干部认识的深化，还可以不断再发展，这是一个实践过程。我们只要在实践中不断发展完善《手册》，通过实践——形成《手册》——指导新的实践——更新完善《手册》如此循环推进的过程，就可以推动青年思想引导工作不断走向深入。

参与本轮次《大纲》转化工作的基层团组织，都要努力完成以上三个步骤。如果没有经过这三个步骤，仅仅为了应付上级团组织走走过场，就没有太大实际意义，也起不到实际效果。我们还是希望能够通过这三个步骤锻炼团干部，为团组织推进青年思想引导工作提供明确方案，指明工作方向和路径，同时提高团干部做意识形态工作的能力。

三、做好《大纲》转化工作的几点基本要求

对于基层团干部来说，转化团中央《大纲》，编写本单位《青年思想引导手册》，是一项全新的任务。在这里，我再提几点基本要求。

1. 思想上要主动而不要被动

作为团的干部，思想上要有抓意识形态工作这根弦儿，说小一点就是要有抓思想工作这根弦儿。我们经常要求对某项工作要高度重视，这里我不用“高度重视”这个词，而用“有这根弦儿”，就是想说作为团的干部，必须得有抓青年思想工作的意识。现在，不少团干部还缺乏这个意识，一年下来总结工作也没有这方面的事情，因此强调树立意识就特别重要。共青团是一个思想性、政治性很强的组织，党、团有特殊的政治关系，因此，做好青年思想引导工作是共青团最根本的政治任务。现在全团加强基层组织建设，但基层组织建设完成之后干什么？不仅仅是把组织建起来，把机构和人员名单挂在墙上这么简单。基层组织建设的最终目的还是要服务于团的根本政治任务，服务于团的基本职能的履行。从这点来看，我们也要把青年思想引导工作提到议事日程上。团十六大以来，全团下大力气狠抓团的基层组织建设，在非公团建、驻外团组织建设等方面取得了突破性的成果，因此我们也已经可以碰一碰青年思想引导工作这个难题、硬题了。从另一个角度看，如果不扎扎实实开展团的工作和活动，或者所开展的工作和活动陷入纯实务化、纯娱乐化，没有任何思想性，共青团就和一个普通的青年社团或市场化的文化单位没有什么区别了，也就不能很好地体现建团的目的。当然，青年思想引导工作不能“硬来”，要有个循序渐进的过程，要贴近青年，要寓教于乐，但这个解决的是“怎样引导”的问题，而不是“要不要引导”的问题。作为团的干部，在“要不要引导”这个问题上没什么可犹豫的，这是由共青团组织的性质决定的。

其次要认识到，转化《大纲》、做引导青年工作，对我们既是考验，也是很大的锻炼。做人的思想工作难度很大，如果我们能把这项工作做实了、做深了、干好了，在熟悉政策、掌握规律、把理论和实践相结合、把握工作技巧、与青年交朋友等方面练就了本事，无论是对于在座的专职团干部今后转岗干其他工作，还是对于兼职团干部提高综合能力，都会有很大帮助。党政工作的很多内容也是群众工作，团的岗位虽没有什么实际权力，但如果大家能够练就一些做群众工作的本领，同样是非常重要的工作收获和工作积累。

2. 作风上要务实而不要应付

思想领域的工作比较抽象，容易“抓虚”，越是“虚”的工作越要努力做扎实。我们把《大纲》的转化和运用作为一条主干，紧紧扭住不放，分批逐步推进，就是希望在全团把分类引导青年工作抓具体、抓实。干这项工作，大家不能搞“一阵风”，不能搞形式主义，不能一抄了事、应付了事。无论是调查研究阶段、释疑解惑阶段，还是探索创新路径载体阶段，不埋下心思认真投入，不扑下身子深入青年，不勤恳工作积极实践，青年的思想问题是挖不出来的，有说服力的思想准则和引导素材是编不出来的，生动有效的引导路径载体是探索不出来的。大家一定要抱着对事业负责，对自己的岗位、自己的能力锻炼负责的态度，把《大纲》转化和运用当作本年度的一项重要工作，当作个人共青团职业生涯中的一次重要历练，认真对待，珍惜机会，真正抓出实效。

团中央书记处强调，抓工作要迎着困难上，敢于碰硬。前面已经说到，推进这项工作挑战性强、有难度。但因为它很重要、很有意义，值得我们千方百计去推动。事情总是一步一步干出来的，我们要发挥团干部富有激情、锐意创新、勤奋敬业的优良传统，敢于迎着困难上，以进一步是一步、进一点是一点的拼劲和韧劲，勇于攻克工作中遇到的每一个难点问题，争取完成好各阶段的任务，按时在今年12月底前拿出有分量、对实践有指导价值的本单位《青年思想引导手册》。

3. 信心上要坚定而不要畏缩

思想上的工作，其素材和动力归根结底来源于现实。说当前思想工作遇到一些挑战，主要是因为现实中经济社会的深刻变革确实给党和国家发展以及个人发展带来不少挑战。但同时我们还要看到，与困难和挑战相比，我们党和国家事业的发展充满着生机，未来走向和蓝图振奋人心，这就给了我们做好青年思想引导工作的信心。实践中，有的青年会以现实中存在官员腐败、贫富差距、民生保障不完善等各种一时难以彻底解决的社会现象，或者“官二代”、“富二代”等现象而质疑理论宣示，但这些毕竟是个案和局部现象，还有媒体放大的效应。一旦我们从历史的视角、国际的视角、全局的视角、发展的视角来看，青年所提的这些质疑都不是不能应答的，关键是我们要引导好。为什么叫“引导”两个字？我觉得还是提得很科学的。第一，引导里面有尊重，我们用的是“思想引导”，引导的前提是承认青年的思想客观上存在多样化的现实。第二，引导同时还明确了一个工作方向，这个方向就是使青年的思想认识更全面、更理性、更深刻。有的青年看问题可能只是从某个角度出发，现在如果能够多些角度，就会更理性、更全面、更深刻。

团章里有一句话，“共青团是广大青年在实践中学习中国特色社会主义和共产主义的学校”，后来被简化为“共青团是个大学校”，很多人忽视了“在实践中”四个字。这四个字其实很有深意，强调“在实践中”，我认为原因有两个方面：第一，思想问题来源于实践，不能把实践和思想问题割裂开来，而解决这些思想问题当然也要借助于实践，所以这就叫“在实践中学习”。脱离了实践，思想引导工作是空洞无力的，是空中楼阁。不在实践中就无法理解中国特色社会主义道路，无法理解改革开放30年取得的伟大成就。第二，共青团开展思想引导工作的手段也要仰仗于实践。无论是大学生社会实践、中学生实践教育、少先队体验教育还是青年志愿者、青年文明号、保护母亲河、手拉手等这些团的品牌工作，本身都是实践活动。所以，我们抓青年思想引导工作也要把握实践性，注重把它与团的各项品牌活动结合起来，这样我们的信心也会更足。

同时，同志们要看到，做好《大纲》转化和运用工作要打“配合战”，除了团干部个人努力，还有组织上的依靠。这项工作虽然落在基层团干部身上，但承担任务的团干部也不是孤军奋战，绝对不是说团的各级领导机关就可以袖手旁观。团中央、团省委、团市委、团县委都要加强对基层团组织开展《大纲》转化运用工作的指导和支持。这个指导要具体。大家在工作中遇到什么困难和问题，也可以直接反馈到团省委、团中央。还有一点很重要的是，大家要善于把服务中心工作与做好《大纲》转化运用结合起来。其实，青年对本地、本单位的方针政策、中心工作思想态度如何，怎么样才能在青年中统一思想、凝聚人心、理顺情绪，各地、各单位的党政领导是很关心的，这项工作一定会得到党政领导的大力支持。

4. 学习上要上进而不要懈怠

教育界有一句话，“要给学生一杯水，自己要有一桶水”，这个道理在引导青年工作中也是一样的。团干部只有自己坚定理想信念，才能够引导青年坚定理想信念；只有自己对党的理论和政策真学、真懂、真用，才能够向青年传播好党的思想主张；只有自己对现实中存在的各种社会现象、社会矛盾、社会问题形成了较理性、深刻、全面的思想认识，才能够引导青年形成正确的社会观察结论。同志们要以承担《大纲》转化和运用工作为契机，努力在学习掌握党的理论、提高思想政治素质上，在了解青年思想、提炼深层次问题上，在熟悉社会生活、挖掘生动素材上，在掌握工作技巧、传播正确道理上提高一个新水平。特别是宣传口的同志，要深入学习中国特色社会主义理论体系，掌握好其中的基本观点和思想精髓；要深入学习胡锦涛总书记“七一”重要讲话，以及近年来中宣部推出的《六个“为什么”》、《七个“怎么看”》、《从“怎么看”到“怎么办”》等理论读物，掌握重要的理论观点以及引导青年社会观察的基本方法；要深入学习四类青年群体《思想引导大纲》和电教片《团萱漫画》，参考借鉴好团中央已有成果。我们这次抓工作的过程，本身就是学习锻炼的过程，这项工作抓好了，对我们团干部提高工作能力必然会起到推动作用。总之，希望同志们加强学习、加强锻炼、加强积累，落实好《大纲》转化和运用的任务。

今天的这个培训会，主要就是与大家面对面地交换这三个方面的情况：一是团中央对这项工作的考虑；二是基层团干部主要承担的几项工作；三是抓这项工作中需要把握的几点要求，主要目的是让大家学习工作方法，明确工作目标，坚定工作信心。工作过程中，团中央要直接指导一部分基层团组织，同时也会加强对这项工作的督促检查。省级团委层面也要做好这项工作，抓好指导单位，对面上的《大纲》转化工作做好督促检查。特别是承担具体任务的基层团干部，希望大家费费心，用点力，在这项工作上取得一些突破。这不仅是对本单位共青团工作的贡献，也是对全团推进分类引导青年工作的贡献。我相信，只要大家共同努力，我们一定能够在今年年底之前取得一些实质性的进展。

第三部分

重 要 文 件

一、综合

关于认真学习贯彻党的十七届五中全会精神团结带领广大团员青年为实现“十二五”时期奋斗目标作贡献的决定

2011年1月14日中国共产主义青年团第十六届中央委员会第四次全体会议通过

中国共产主义青年团第十六届中央委员会第四次全体会议，认真学习了党的十七届五中全会精神，根据新形势下共青团和青年工作的实际，就团结带领广大团员青年为实现“十二五”时期的目标任务作贡献进行了深入研究，作出如下决定。

一、组织广大团员青年认真学习、深刻领会党的十七届五中全会精神

党的十七届五中全会，是在我国即将完成“十一五”规划，进入全面建设小康社会的关键时期召开的一次十分重要的会议。全会审议通过的《中共中央关于制定国民经济和社会发展第十二个五年规划的建议》，站在历史的新高度，从战略全局出发，明确提出了“十二五”规划的指导思想、基本要求、奋斗目标、主要任务、重大举措，描绘了我国在新世纪第三个五年经济社会发展的宏伟蓝图，是动员全党全国各族人民全面建设小康社会、加快推进社会主义现代化的纲领性文件。各级团组织要把组织广大团员青年认真学习、全面贯彻党的十七届五中全会精神，作为当前和今后一个时期重要的政治任务，全面把握基本要求，深刻理解精神实质，切实把思想和行动统一到中央的决策部署上来。

要引导团员青年深刻理解“十一五”时期我国经济社会发展取得的巨大成就和宝贵经验，充分认识到过去五年是我国发展史上极不平凡的五年，是我们党团结带领全国各族人民，积极有效应对国内外环境复杂变化和重大风险挑战，实现社会生产力快速发展、综合国力大幅提升、人民生活明显改善、国际地位和影响力显著提高、国家面貌发生新的历史性变化的五年，是社会主义经济建设、政治建设、文化建设、社会建设以及生态文明建设和党的建设取得重大进展，谱写了中国特色社会主义事业新篇章的五年，从而进一步坚定跟党走中国特色社会主义道路的信念。

要引导团员青年深刻理解“十二五”时期我国经济社会发展面临的国内外环境，正确认识我国发展仍处于可以大有作为的重要战略机遇期，既面临难得的历史机遇，也面临诸多可以预见和难以预见的风险挑战。我们要增强机遇意识和忧患意识，科学把握发展规律，主动适应环境变化，有效化解各种矛盾，更加奋发有为地推进我国改革开放和社会主义现代化建设。

要引导团员青年深刻理解“十二五”时期的指导思想和总体要求，充分认识到“十二五”时期必须高举中国特色社会主义伟大旗帜，以邓小平理论和“三个代表”重要思想为指导，深入贯彻落实科学发展观;必须以科学发展为主题,更加注重以人为本,更加注重全面协调可持续发展,更加注重统筹兼顾,更加注重保障和改善民生,促进社会公平正义;必须以加快转变经济发展方式为主线,坚持把经济结构战略性调整作为主攻方向,坚持把科技进步和创新作为重要支撑,坚持把保障和改善民生作为根本出发点和落脚点,坚持把建设资源节约型、环境友好型社会作为重要着力点,坚持把改革开放作为强大动力,从而不断增强贯彻落实科学发展观的自觉性和坚定性,努力推动经济社会又好又快发展。

要引导团员青年深刻理解“十二五”时期的目标任务和重大举措,充分认识到这些目标任务突出了保持经济平稳较快发展、推进经济结构战略性调整、提高人民生活质量和水平、深化改革开放等各方面的要求,反映了我国改革发展的趋势和要求,回应了广大人民群众对发展的关切和期盼,从而增强使命意识,明确奋斗方向,更加积极地投身到全面建设小康社会的伟大实践中。

团的各级领导机关和领导干部要把党的十七届五中全会的重大决策部署作为理论中心组学习和团干部培训的重点内容认真学习贯彻。基层团组织要以青年的参与度和普遍性为重要标准,采取青年喜闻乐见、易于接受的方式,广泛开展学习宣讲活动。团属新闻舆论阵地要加强宣传引导,努力营造良好的学习氛围。

二、团结动员广大团员青年为实现“十二五”时期的目标任务作贡献

作为党的助手和后备军,共青团在实现“十二五”时期目标任务的进程中肩负着重要责任。全团要按照胡锦涛总书记提出的“两个全体青年”的要求,切实履行组织青年、引导青年、服务青年和维护青少年合法权益的基本职能,深入推进全团重点工作,团结带领广大团员青年为实现“十二五”时期的目标任务贡献智慧和力量。

引导团员青年坚定跟党走中国特色社会主义道路的理想信念。要牢牢把握共青团的根本任务,引导广大团员青年坚持爱国主义、社会主义和党的领导的统一,把民族精神和时代精神相结合,把个人成长与社会责任相结合,坚定跟党走中国特色社会主义道路的理想信念。要按照分类引导青年大纲,针对大学生、企业青年、进城务工青年、农村青年等不同类别青年群体的思想意识关键点及其形成逻辑,深入开展各种形式的分类引导工作,增强引导内容的针对性、传播方式的适用性、工作对象的普遍性。深化“我与祖国共奋进”主题教育实践活动,以迎接中国共产党成立90周年为契机,大力开展“学党史、知党情、跟党走”教育活动,结合纪念辛亥革命100周年,努力在青少年中形成爱国主义教育、国情和形势政策教育的强大声势。扎实开展青年马克思主义者培养工程,注重抓好青年骨干的教育培养。加强和改进未成年人思想道德建设工作,灌输培养少年儿童对党和社会主义祖国的朴素感情。牢牢把握各民族共同团结奋斗、共同繁荣发展的主题,以思想引导和服务青少年成长为主线,结合纪念西藏和平解放60周年,进一步加强民族团结教育,使“三个离不开”、“四个认同”的思想在青少年头脑中深深扎根。深入开展争当“四好少年”活动,引导广大少年儿童德智体美全面发展。善于运用情感、艺术、时尚等元素,通过互联网、手机、动漫、短视频、移动媒体、影视、音乐等手段,切实加强和改进网上青少年工作,增强引导青少年工作的时代感和实效性。

组织动员团员青年为实现经济社会又好又快发展贡献力量。要以农村青年不甘于现状、敢闯敢干、渴望有新的发展为根本动力,着力培养农村青年致富带头人,发展专业合作经济组织,积极优化种养结构,带领农村青年推进现代农业发展,投身社会主义新农村建设。

深入推进青年文明号、青年岗位能手、青工技能振兴计划，增强青年职业精神，推动技术革新，提高青工技能，促进产业技术水平提高，为推动经济结构战略性调整献策出力。广泛开展“挑战杯”竞赛、青少年科技创新奖评选表彰等活动，发挥青年科技工作者协会作用，为促进国家科技进步和创新作出积极贡献。深化保护母亲河行动，开展生态环保宣传教育，引导青少年增强生态文明意识，以实际行动参与资源节约型、环境友好型社会建设。深化大学生志愿服务西部计划、“三下乡”、博士服务团等活动，以青联、青年科技工作者协会等青年组织为依托，吸引海外高层次人才，参与人才、资金、信息、技术等生产要素合理流动，为区域良性互动、协调发展作贡献。积极发现、培养、举荐优秀青年文化人才，广泛开展群众性青年文化活动，参与和推进文化创新和文化事业发展。不断深化青年志愿者行动，广泛动员青年参与抢险救灾、扶贫开发、大型赛会、海外服务等领域的志愿服务，在推动社会建设、提高全社会文明素质中发挥导向作用。

服务青少年成长发展中最普遍、最迫切的需求。要持之以恒地把促进青年就业创业工作作为服务党政工作大局、服务青年成长发展的重要切入点和载体。大力推进小额贷款工作，扩大与金融机构的合作，推进担保方式创新，为青年创业提供有效支持；适应经济结构调整的需要，有针对性地开展青年就业技能培训，重点抓好面向进城务工青年的“订单式”培训；加强青年就业创业见习基地建设，完善见习基地管理，建立长效工作机制，努力为青年提供更多的见习岗位；建好各级青年创业就业基金会，广泛募集资金，支持基层开展青年就业创业工作；推进青年创业国际计划，借鉴国际成熟模式培养青年创业带头人；切实做好民族地区等青年劳务输出、技能培训等工作。大力实施共青团关爱农民工子女志愿服务行动，围绕学业辅导、亲情陪伴、感受城市、自护教育、爱心捐助等内容，形成长期有效的结对、接力帮扶机制，帮助农民工子女健康成长，努力解决农民工的后顾之忧。深化希望工程、济困助学等活动，帮助家庭经济困难青少年顺利完成学业。广泛开展“手拉手”活动，促进少年儿童相互学习、共同成长。

代表和维护青少年合法权益。要注重把维护青少年合法权益与引导青年的有序政治参与结合起来，把关注个案与关注普遍性的权益问题结合起来，把代表和反映青少年的普遍性利益诉求与相关法律法规的贯彻落实结合起来，探索建立维护青少年合法权益的制度性安排。针对青少年成长发展过程中面临的突出问题，以“共青团与人大代表、政协委员面对面”活动为载体，通过共青团的组织化渠道，集中表达青少年利益诉求。建好 12355 青少年服务台，深化“青少年维权岗”创建工作。充分发挥各级未成年人保护委员会办公室和预防青少年违法犯罪工作领导小组办公室的作用，关注重点群体，加强法制宣传，优化青少年成长环境。

要贯彻中央关于港澳台工作的一系列方针政策，加强与港澳台青少年的联系与交流，引导青少年为保持香港、澳门长期繁荣稳定，推进两岸关系和平发展和祖国统一大业作贡献。要围绕党政外交的总体部署，扩大与国外青年的交流，增进与各国青年之间的了解和友谊，引导青年树立世界眼光，培养全球意识，积极参与国际竞争与合作。

三、大力加强团的自身建设

不断加强团的自身建设，是共青团团结带领广大团员青年为实现“十二五”时期的目标任务作贡献的必然要求。各级团组织要按照党的十七届五中全会强调的加强基层组织建设、深入开展创先争优活动的总体部署，进一步加强和改进团的建设，不断增强共青团组织的吸引力、凝聚力和战斗力，进一步做好新形势下党的青年群众工作。

牢牢把握党建带团建的根本原则。认真贯彻落实全国基层党建带团建暨共青团系统深入开展创先争优活动座谈会精神，积极争取党组织的支持和带动，充分发挥团组织自身的积极性、主动性和创造性，找准薄弱环节，突出工作重点，把党建带团建的要求落到实处。积极扩大团组织覆盖，紧跟党建步伐，与党建在基层形成的新格局、新成果主动衔接、努力跟进，使基层团建与党建在工作内容和工作空间上紧密结合。切实加强团员队伍建设，把好“入口关”，做好团员思想教育工作，加强对团员的联系和服务，进一步做好“推优”工作。大力推进团干部队伍建设，履行好团干部协管职责。善于借助农村党员干部现代远程教育终端站点、党员电化教育站点、党员服务中心等党在基层的阵地和资源开展好团的工作和活动。坚持全团带队，支持少先队围绕根本任务创造性地开展工作。

扎实推进团的基层组织建设。团的基层组织和基层工作是团的全部活力的根本标志，决定着共青团最本质的影响力、战斗力和生命力。全团要下最大决心支持和推动这项工作，要继续选派优秀团干部到基层团组织工作，先期选派2600多名高校团干部到团县（市、区）委挂职1年；要整合社会资源对中西部地区团组织提供经费支持，进一步加大基层团干部分级培训力度，切实增强基层团组织对青年的吸引和凝聚。要根据青年喜欢的沟通、交流、联络和聚集的新方式，采取联合建团、区域建团、依托建团、流动建团等各种有效的团建模式，创新团的基层组织设置。大力推进非公有制经济组织和新社会组织团建工作，不断巩固工作成果，扩大团组织覆盖率。着力加强青年农民工团建工作，充分运用乡情等因素，通过派出团工委等多种方式广泛建立团组织。全面推动乡镇、街道团的组织格局创新，努力把团组织面向基层的桥头堡从县级向乡镇一级推进。积极探索统筹城乡、青年自组织、互联网等新兴领域团建工作。认真贯彻落实团中央、教育部、人力资源和社会保障部、全国少工委有关文件精神，进一步加强少先队辅导员队伍建设。

深入开展创先争优活动。开展创先争优活动是共青团组织按照中央的要求和部署，深入学习实践科学发展观，加强团的建设的一项重要的经常性工作。要紧紧围绕本地区本单位中心工作，与全团的重点工作部署紧密结合，以“创建五四红旗团组织，争当优秀共青团员”为主要内容，扎扎实实开展好创先争优活动。要突出党建带动，在同级党组织的带动下把创先争优活动作为重要载体，进一步推动党建带团建在基层的落实。要突出工作结合，把开展创先争优活动与服务各级党政中心工作、着力解决当前存在的突出问题、做好每个人的日常工作有机结合起来。要突出基层作用，依靠基层团组织力量影响带动广大青年的积极参与。要突出典型示范，深入挖掘青年认同的典型，用青年喜欢的方式和路径对典型进行宣传，努力在青年中形成学习先进、争当先进的良好氛围。要发挥共青团的影响力，号召各级青联、学联以及各类青年社团在其成员中开展创先争优活动，形成比先进、学先进、争先进、创先进的热潮。

进一步转变团干部作风。要引导广大团干部按照中央要求，不断增强党的意识、宗旨意识、大局意识和责任意识。要牢固树立群众观点、群众立场，坚持眼睛向下、重心下移，深刻认识共青团的根本生命力在于保持与广大普通青年的密切联系，自觉深入基层、深入青年，认真开展调查研究，在遇到矛盾、困难和挑战不回避、不退让的过程中增强本领、增长才干。要主动接受党内严格政治生活的锻炼，讲党性、讲原则、讲纪律，努力经受住政治、事业、名利和生活的考验，真正做让党放心、青年满意的团干部。

会议号召，广大团员青年要更加紧密地团

结在以胡锦涛同志为总书记的党中央周围，高举中国特色社会主义伟大旗帜，以邓小平理论和“三个代表”重要思想为指导，深入贯彻落实科学发展观，勤奋学习，扎实工作，开拓创新，为实现“十二五”时期的各项任务和全面建设小康社会的宏伟目标而努力奋斗！

关于认真贯彻落实《关于加强新形势下基层党建带团建工作的意见》的通知

2011 年 2 月 1 日

共青团各省、自治区、直辖市委，解放军总政治部组织部，全国铁道团委，全国民航团委，中直机关团工委，中央国家机关团工委，中央金融团工委，中央企业团工委：

日前，中共中央组织部、共青团中央联合下发了《关于加强新形势下基层党建带团建工作的意见》（以下简称《意见》）。这是当前和今后一个时期进一步推进基层党建带团建工作、加强团的基层组织建设和基层工作十分重要的指导性文件。各级团组织要认真学习、深入领会，结合工作实际，切实抓好贯彻落实。现将有关要求通知如下。

1. 要从做好新形势下党的青年群众工作的政治高度充分认识《意见》的重要性。胡锦涛总书记在党的十七届五中全会上深刻阐述了新形势下做好群众工作的重要意义，对共青团等人民团体做好群众工作提出了明确要求。党中央书记处强调共青团要在做好党的青年群众工作上谋求更大作为。各级团组织要充分认识到，团的基层组织和基层工作处在共青团与广大普通青年的边界上，普遍性的青年群众工作主要靠基层干部去做。《意见》的出台对于进一步借助党组织带动来加强团的基层组织建设、密切与广大普通青年的联系具有十分重要的意义。

2. 要向党委分管领导专题汇报，进一步听取做好党建带团建工作的具体要求。各级团组织主要负责同志要尽快向党委分管领导汇报《意见》的下发，汇报团中央推动基层党建带团建工作的基本考虑和工作部署，汇报本部门贯彻落实的初步打算，积极争取党委的支持。要认真听取党委分管领导对于推动当地基层党建带团建工作的具体要求，切实抓好贯彻落实。

3. 要积极主动地加强与党委组织部门的沟通衔接。党委组织部门的支持推动，是落实好基层党建带团建要求的重要保证。各级团组织要积极争取党委组织部门的重视和支持，主动沟通工作推进情况，争取建立例会、联合督导等机制，保证《意见》的各项要求不折不扣地落到实处。

4. 要结合各地实际，研究制定具体实施意见。《意见》作出的制度性安排具有宏观性、原则性、导向性，需要在工作中进一步细化。各级团组织要在深入领会《意见》精神实质的基础上，在党委分管领导、党委组织部门的指导和支持下，根据当地的实际情况，力争出台更具操作性的实施意见。

5. 要努力探索完善加强基层党建带团建的长效机制。基层党建带团建工作是一项打基础、管长远的工作，需要建立长效机制，确保工作长期有效推进。各级团组织要积极争取将基层党建带团建工作列入党委整体工作规划，纳入地方党委领导班子经常性考核项目。

各地贯彻落实情况请及时报团中央组织部。

关于认真学习贯彻胡锦涛总书记重要批示精神在全体团干部中深入开展向杨善洲同志学习活动的通知

2011年4月2日

共青团各省、自治区、直辖市委，解放军总政治部组织部，全国铁道团委，全国民航团委，中直机关团工委，中央国家机关团工委，中央金融团工委，中央企业团工委：

3月7日，胡锦涛总书记对学习杨善洲同志模范事迹和崇高精神作出重要批示，强调全党要向“一辈子忠于党的事业，一辈子全心全意为群众谋利益”的杨善洲同志学习。为认真贯彻落实胡锦涛总书记重要批示精神，根据中组部、中宣部、中央创先争优活动领导小组联合下发的《关于认真学习贯彻胡锦涛同志重要批示精神广泛开展向杨善洲同志学习活动的通知》（中组发〔2011〕9号）要求，共青团中央决定在全体团干部中深入开展向杨善洲同志学习的活动。

杨善洲同志生前曾任云南省施甸区、县主要领导，保山地委副书记、书记。他六十年坚守共产党人的精神家园，始终忠诚党的事业，鞠躬尽瘁、死而后已；始终把人民利益放在第一位，尽心竭力为老百姓干实事、办好事；始终淡泊名利、廉洁奉公，一尘不染、两袖清风；始终艰苦创业，保持劳动人民的朴素本色。杨善洲同志的模范事迹和崇高精神，生动诠释了当代中国共产党人的先进和优秀，为党员干部特别是领导干部为政、干事、做人树立了一面光辉旗帜，是广大团干部最现实最生动的学习榜样。

广大团干部尤其是团的各级领导机关的专职团干部要认真学习杨善洲同志的先进事迹，像他那样坚定理想信念，忠诚党的事业，加强党性修养，始终淡泊名利，团结带领广大团员青年坚定不移地跟党走中国特色社会主义道路。像他那样牢固树立群众观点和群众立场，自觉坚持党的群众路线，心里始终想着普通青年，目光始终投向普通青年；满怀对青年的深厚感情，广泛联系普通青年，真正融入普通青年；真心实意地为青年办实事，力所能及地为青年解难事，不怕事情有多小，关键在于做得实，努力服务好普通青年。

各级团组织要紧密结合创先争优活动的深入开展，通过集体学习、主题团日、座谈交流、专题讨论等多种方式，认真组织、精心安排好向杨善洲同志学习的活动。要把学习活动与迎接建党90周年，广泛开展“学党史、知党情、跟党走”、“我与祖国共奋进”等主题教育活动，引导广大团员青年坚定理想信念结合起来；与深化共青团重点品牌工作，团结带领广大团员青年充分发挥生力军作用，为“十二五”规划开好局作贡献结合起来；与做好服务青年就业创业、关爱农民工子女等为青年排忧解难的工作结合起来；与以更大的力度和韧劲，全力抓好乡镇、街道团的组织格局创新、非公有制企业团建等团的基层组织建设和基层工作结合起来，通过深入的学习活动，把对杨善洲同志的感动和崇敬化为做好本职工作、推动事业发展的强大动力，进一步推动形成学习先进、争当先进、赶超先进的浓厚氛围，不断促进共青团工作实现新的发展。

关于认真学习习近平同志在学习杨善洲精神做人民满意的好党员好干部座谈会上的讲话的通知

2011年4月29日

共青团各省、自治区、直辖市委，解放军总政治部组织部，全国铁道团委，全国民航团委，中直机关团工委，中央国家机关团工委，中央金融团工委，中央企业团工委：

4月13日，中共中央政治局常委、中央书记处书记、国家副主席、中央军委副主席习近平在学习杨善洲精神、做人民满意的好党员好干部座谈会上发表了重要讲话。现将讲话全文印发，请组织广大团干部认真学习领会，把贯彻落实讲话精神与学习贯彻胡锦涛总书记关于向杨善洲同志学习的重要指示结合起来，与深入开展创先争优活动结合起来，自觉以杨善洲同志为榜样，进一步加强党性修养、锤炼优良作风，努力做党放心、青年满意的团干部。

关于组织引导广大团员青年和团干部认真学习贯彻胡锦涛总书记在庆祝中国共产党成立90周年大会上重要讲话的通知

2011年7月2日

共青团各省、自治区、直辖市委，解放军总政治部组织部，全国铁道团委，全国民航团委，中直机关团工委，中央国家机关团工委，中央金融团工委，中央企业团工委：

7月1日，胡锦涛总书记在庆祝中国共产党成立90周年大会上发表了重要讲话。胡锦涛总书记的重要讲话以马克思列宁主义、毛泽东思想、邓小平理论和“三个代表”重要思想为指导，深入贯彻落实科学发展观，坚持解放思想、实事求是、与时俱进，回顾了我们党90年的光辉历程和取得的伟大成就，总结了党和人民创造的宝贵经验，提出了新的历史条件下提高党的建设科学化水平的目标任务，阐述了在新的历史起点上把中国特色社会主义伟大事业全面推向前进的大政方针，是一篇马克思主义的纲领性文献。胡锦涛总书记的重要讲话，思想深刻，内容丰富，对做好党和国家各项工作、推进中国特色社会主义伟大事业和党的建设新的伟大工程具有重大而深远的指导意义。各级团组织要把组织引导广大团员青年和团干部认真学习、深刻领会、坚决贯彻讲话精神作为当前和今后一个时期的重大政治任务,切实抓好落实。现就有关事项通知如下。

一、深刻领会胡锦涛总书记重要讲话的基本内容和精神实质,切实把广大团员青年和团干部的思想统一到讲话精神上来。各级团组织要广泛深入地开展丰富有效的学习宣传活动,引导广大团员青年和团干部深刻领会90年来我们党团结带领全国各族人民走过的光辉历程和取得的伟大成就,全面了解我们党紧紧依靠人民完成和推进的“三件大事”,充分认识到我们党开辟了中国特色社会主义道路、形成了中国特色社会主义理论体系、确立了中国特色社会主义制度;深刻领会党的发展历程得出的重要启示和历史经验,牢牢把握保持和发展马克思主义政党先进性的根本点;深刻领会在新的历史条件下加强和改进党的建设面临的新课题新任务,始终坚持提高党的建设科学化水平的基本要求;深刻领会在新的历史起点上全面推进中国特色社会主义伟大事业的目标任务,积极为全面建设小康社会、实现中华民族伟大复兴作贡献。要通过组织学习,不断深化广大团员青年和团干部对于胡锦涛总书记重要讲话精神的理解,进一步提高贯彻执行党的基本理论、基本路线、基本纲领、基本经验的自觉性和坚定性,进一步提高贯彻落实继续解放思想、坚持改革开放、推动科学发展、促进社会和谐总体要求的自觉性和坚定性。

二、深刻理解党与青年的重要关系,不断增强广大团员青年在党的领导下为发展中国特色社会主义而不懈奋斗的历史责任感。胡锦涛总书记在讲话中深刻阐述了党与青年的重要关系,指出我们党从成立之日起,就始终代表广大青年、赢得广大青年、依靠广大青年;强调我们党的队伍里始终活跃着怀抱崇高理想、充满奋斗激情的青年人,这是我们党历经90年风雨而依然保持蓬勃生机的一个重要保证;强调青年是祖国的未来、民族的希望,也是我们党的未来和希望。各级团组织要引导广大团员青年深刻理解党和人民对青年的关心、关爱和厚望,深刻认识自身肩负的历史责任,更要使新一代年轻的中国共产党人感受到应当肩负的重要使命。要引导广大团员青年在深刻理解党和青年的关系、深刻了解近代以来中国人民和中华民族不懈奋斗的光荣历史和伟大历程的基础上,坚定和清醒地践行胡锦涛总书记对青年提出的永远热爱我们伟大的祖国、永远热爱我们伟大的人民、永远热爱我们伟大的中华民族的要求,坚定理想信念,增长知识本领,锤炼品德意志,矢志奋斗拼搏。

三、以胡锦涛总书记重要讲话精神为指导,全面深入地开展“学党史、知党情、跟党走”主题教育活动。各级团组织要把学习贯彻胡锦涛总书记重要讲话精神与全团正在开展的“学党史、知党情、跟党走”主题教育活动紧密结合起来,引导广大团员青年充分认识到党的全心全意为人民服务的宗旨和实现中华民族伟大复兴的使命是广大人民群众所拥护的;充分认识到党不仅在历史上有着丰功伟绩,建立了新中国,让中国人民“站起来”,而且在现实生活中也带领全国各族人民取得了辉煌成就,让中国人民逐渐“富起来”;充分认识到党带领中国人民走向未来的方向和道路是广大人民群众所拥护的;充分认识到党对自身存在的问题和中国社会发展过程中遇到和可能遇到的问题与矛盾的认识是非常清醒的;充分认识到党对于同广大人民群众关系的把握和理解是清醒、坚定、正确的。要通过深化“学党史、知党情、跟党走”主题教育活动,引导广大团员青年把爱国主义、社会主义和党的领导统一起来,进一步坚定跟党走中国特色社会主义道路的理想信念。

四、以高度的政治责任感,集中时间组织学习胡锦涛总书记重要讲话精神。各级团组织、青联、学联、少先队组织要按照中央的统一要求，集中一定时间通过组织座谈会、学习报告会、理论研讨会等进行专题学习，各级团的领导班子要带头学习，团的专兼职干部要进行集体学习，专职团干部要交流学习体会，要通过适当方式组织全国青联委员、省级青联委员、各级学生会干部、广大少先队工作者进行集体学习，理解讲话提出的重大理论观点，全面把握讲话提出的各项工作要求。在方式、载体上要有创造性，在学习中要有深入思考的过程、针对问题的过程。要注重交流和研讨，既要谈体会，又要重引导；既要碰问题，还要碰思想。要把学习讲话精神融入到开展“学党史、知党情、跟党走”、“我与祖国共奋进”、“红领巾心向党”等主题教育活动之中，设计有针对性的宣讲大纲，积极运用新媒体手段，发挥各级团属新闻舆论阵地的作用，开展有深度的宣传教育，切实增强引导广大青少年的针对性、适用性和普遍性。

各省级团委要及时把学习贯彻胡锦涛总书记重要讲话精神的有关情况报团中央办公厅。

关于认真学习贯彻党的十七届六中全会精神在推动社会主义文化大发展大繁荣中充分发挥共青团组织作用的决议

2011 年 10 月 24 日中国共产主义青年团第十六届中央委员会常委会议通过

中国共产主义青年团第十六届中央委员会常委会认真学习党的十七届六中全会精神，就全团深入贯彻落实全会精神进行研究部署。

会议认为，党的十七届六中全会是在我国全面建设小康社会关键时期和深化改革开放、加快转变经济发展方式的攻坚时期召开的一次十分重要的会议。全会总结了我国文化改革发展的丰富实践和宝贵经验，研究了深化文化体制改革、推动社会主义文化大发展大繁荣若干重大问题，提出了新形势下推进文化改革发展的指导思想、重要方针、目标任务、政策举措，对夺取全面建设小康社会新胜利、开创中国特色社会主义事业新局面具有重大而深远的意义。各级团组织和广大团干部要把认真学习贯彻全会精神作为当前和今后一个时期的重要政治任务，在推动社会主义文化大发展大繁荣中充分发挥作用。

会议作出如下决议：

一、深刻领会党的十七届六中全会精神，切实把思想和行动统一到全会精神上来

各级团组织和广大团干部要集中一段时间，采取多种形式认真学习领会全会精神。

要深刻领会新形势下推进文化建设的重要性和紧迫性。充分认识到，文化是民族的血脉、人民的精神家园；社会主义先进文化是马克思主义政党思想精神上的旗帜，文化建设是中国特色社会主义事业总体布局的重要组成部分；在当代中国，文化越来越成为民族凝聚力和创造力的重要源泉、越来越成为综合国力竞争的重要因素、越来越成为经济社会发展的重要支撑，丰富精神文化生活越来越成为我国人民的热切愿望；没有文化的积极引领，没有人民精神世界的极大丰富，没有全民族精神力量的充分发挥，一个国家、一个民族不可能屹立于世界民族之林；物质贫乏不是社会主义，精神空虚也不是社会主义，必须更加自觉、更

加主动地推动社会主义文化大发展大繁荣，培养高度的文化自觉和文化自信。

要深刻领会坚持中国特色社会主义文化发展道路、建设社会主义文化强国的重要方针。全面把握全会提出的到2020年文化改革发展的奋斗目标，坚持以马克思主义为指导；坚持社会主义先进文化前进方向；坚持以人为本，贴近实际、贴近生活、贴近群众；坚持把社会效益放在首位，实现社会效益与经济效益有机统一；坚持改革开放，着力推进文化体制机制创新。

要深刻领会文化改革发展的重大部署。充分认识到，社会主义核心价值体系是兴国之魂，是社会主义先进文化的精髓，决定着中国特色社会主义发展方向，必须大力推进社会主义核心价值体系建设，在全党全社会形成统一指导思想、共同理想信念、强大精神力量、基本道德规范；必须全面贯彻“二为”方向和“双百”方针，为人民提供更好更多的精神食粮；必须大力发展公益性文化事业，保障人民基本文化权益；必须加快发展文化产业，推动文化产业成为国民经济支柱性产业；必须加快构建有利于文化繁荣发展的体制机制；必须建设宏大的文化人才队伍，为社会主义文化大发展大繁荣提供有力人才支撑。

二、充分发挥共青团组织在社会主义文化建设中的积极作用

共青团作为党领导的先进青年的群众组织，既有思想性、政治性的一面，又有社会性、群众性的一面。这就决定了共青团组织参与社会主义文化建设，一方面要坚持社会主义先进文化的前进方向，突出用社会主义核心价值体系引导青少年；另一方面要善于运用青少年喜闻乐见的文化载体、文化形式，使共青团参与文化建设的工作真正融入广大青少年之中。

在青少年中深入开展理想信念教育。用社会主义核心价值体系引导青少年，核心是要坚定青少年跟党走中国特色社会主义道路的理想信念。要抓住“十二五”规划实施、纪念建党90周年、迎接党的十八大、纪念建团90周年等重大契机，深入学习胡锦涛总书记“七一”重要讲话精神，进一步深化“学党史、知党情、跟党走”、“我与祖国共奋进”、青年马克思主义者培养工程、“红领巾心向党”等工作和活动，引导广大青少年深刻理解党的历史功绩、根本宗旨、伟大使命和优良作风，自觉坚持爱国主义、社会主义、党的领导的统一。要深化“民族团结代代传”等教育活动，积极探索加强青少年民族团结教育的有效路径和载体。要推动分类引导青年工作走向基层，努力增强引导内容的针对性、工作方法的适用性、工作对象的普遍性，帮助青年形成更全面、更理性、更深刻的思想认识。

帮助青少年形成积极健康向上的生活态度和奋斗精神。要引导青少年既看到我国改革开放30多年来经济社会发生翻天覆地变化的国情，又看到我国仍然处于并将长期处于社会主义初级阶段、人均经济总量较小、城乡差距仍然较大、还有不少困难群众和落后地区的国情，在坚定对未来信心的同时，形成合理预期，保持奋斗精神。要引导青少年既看到物质财富的创造对于社会进步所作出的重要贡献，又要看到无论物质财富如何丰富，物质终究不能完全替代精神的力量，始终保持精神追求。要引导青少年充分认识到诚实劳动和艰苦奋斗对青年人成长发展所具有的普遍意义，通过开展各种方式的励志教育，引导帮助广大青少年树立劳动创造财富、奋斗成就人生的价值观念。

培养青少年良好的思想道德品质。要引导青少年大力弘扬以爱国主义为核心的民族精神和以改革创新为核心的时代精神，树立和践行社会主义荣辱观，培养广大青少年形成正直、善良、诚实、有爱心等基本道德观念。要深入推进青年志愿者、希望工程、保护母亲河行动、“手拉手”等活动，引导更多的青少年在道德实践中锤炼品质。要深化青年文明号、青年岗位能手、青年职业技能竞赛等活动，大力培养青年的职业精神。要积极宣传青年五四奖章获得者、道德模范、优秀共青团员、优秀少先队员、优秀青年志愿者等各类典型，善于用青少年身边的先进人物和事迹开展教育引导。要积极探索针对各类青少年群体开展法制教育的有效路径。

分领域、有重点地开展青少年思想文化工作。要贯彻中央精神，把青年学生和青年农民工作为当前思想引导工作的重点群体，同时针对各领域青少年的特点，找准青少年思想文化工作的结合点和切入点。在学校，要把校园文化活动作为共青团、少先队组织开展经常性工作的重要载体；在青年农民工中，要在大力推进非公有制经济组织团建、流动青年驻外团组织建设取得成效的基础上，努力丰富青年农民工的精神文化生活；在企业，要坚持思想性、技能培养性、娱乐性三个层次工作的结合，在参与企业文化建设中更好地吸引凝聚青年；在社区，要围绕社区的便利性、安全性、娱乐性、健康性、互助性功能，组织青少年积极参与社区文化建设；在农村，要在努力把共青团面向基层的桥头堡向乡镇一级推进的过程中，积极开展各类乡村文化活动。要加强与港澳台青少年的文化交流，拓展与国外青少年的文化交流。

积极探索和用好青少年思想文化工作的新载体、新手段。既要看到真理本身的魅力，又要注意艺术、时尚、情感元素在传播重要思想准则中的作用。要积极运用新媒体手段开展工作，倡导文明健康的网络文化，推进中国青年网、中国共青团网的融合提升，办好中国未成年人专属网站“未来网”；适应新媒体分众化、对象化趋势，推动基层团组织运用手机报、即时通讯、微博、社交网站等载体，广泛建设直接面向本地、本单位青年的小型化、分散化、社区化新媒体工作平台；充分借助社会新媒体力量，积极联合青少年大量聚集的社会网站开展工作。要发挥各级青联组织和团属青年社团的优势，广泛团结联系、积极培育各类青年文化人才，积极鼓励青少年的文化创新和创造，充分借助市场力量和艺术力量的作用，努力创作和运用文化艺术精品，服务各类青少年群体的精神文化需求。

三、努力提高共青团参与文化建设的能力和水平

有效推动各级团组织和团干部的能力素质与中央关于文化改革发展的新任务、新要求相适应，是共青团参与文化建设的重要前提和保障。

要始终把思想文化建设摆在共青团建设和工作的突出位置。要推进学习型团组织建设，坚持不懈地用马克思主义中国化最新成果武装全团，引导广大团员、团干部深入学习贯彻党的基本理论、基本路线、基本纲领、基本经验。要把思想文化工作摆在全团工作的突出位置，设计开展思想性强、富有文化内涵的活动，努力使正确的政治方向和先进的文化导向贯穿于团的建设和各项重点工作的始终。

要善于把思想文化工作与履行团的基本职能结合起来。要把贯彻落实中央关于文化改革发展的重要要求与深入落实胡锦涛总书记对共青团提出的“两个全体青年”的目标要求和全面履行组织青年、引导青年、服务青年、维护青少年合法权益的基本职能紧密结合，在广泛联系、吸引和凝聚普通青少年的基础上，传播党的思想主张和价值准则，使青少年在参加团的组织和活动中，思想认识受到启发、得到提高。

要努力提高团干部在思想文化上引领青年的能力。广大团干部要牢牢把握团的根本任务，自觉增强做好思想文化工作的意识和能力。要切实融入青少年，了解青少年的生活方式和表达方式，找到与青少年进行思想文化交流沟通的路径。各级团组织要以团校培训、集

体学习、理论中心组学习等为载体，帮助团干部提高文化素养、完善知识结构，深入研究青少年思想文化工作领域的新情况、新问题，切实增强做好思想文化工作的本领。

要切实增强团属文化单位的整体实力和服务能力。团属新闻出版单位要按照中央深化文化体制改革的统一部署进行转企改制，始终坚持把社会效益放在首位，坚持社会效益和经济效益有机统一；坚持“三贴近”的原则，着力推出融思想性、艺术性于一体，能够给予青少年思想启迪和精神力量的精品佳作。要进一步加强团属青少年文化活动场所建设，坚持公益性方向，努力服务青少年的文化需求。

会议号召，全团要紧密团结在以胡锦涛同志为总书记的党中央周围，高举中国特色社会主义伟大旗帜，以邓小平理论和“三个代表”重要思想为指导，深入贯彻落实科学发展观，团结带领广大团员青年在建设社会主义文化强国进程中奋发有为，以优异的成绩迎接党的十八大召开！

二、组织

关于从全国高等院校选派共青团干部到县级团委挂职工作有关要求的通知

2011年2月12日

共青团各省、自治区、直辖市委：

为切实做好从全国高等院校选派共青团干部到县级团委挂职工作，参照驻点工作做法，现将各级团委的具体职责和对挂职干部的基本要求进一步明确如下。

一、团中央的工作职责

1. 做好统筹安排。加强对高校团干部到县级团委挂职工作的指导、沟通和协调，统筹安排挂职工作，明确工作任务。

2. 加强督导检查。督促各省级团委落实挂职工作职责，通过召开片区会、实地督查、电话抽查等多种方式，督促挂职干部工作并检查工作开展情况。团中央机关干部到外地出差，要注意了解挂职干部工作情况。

3. 研究总结经验。深入挖掘挂职工作中发现的团的基层组织建设和基层工作的成功做法和经验，在全团范围内进行推广。总结选派团干部到基层挂职工作经验，研究建立团的领导机关联系基层和普通青年、进一步加强团干部队伍建设的长效机制。

二、省、市级团委的工作职责

1. 履行挂职的组织程序。在确定挂职岗位和挂职干部的基础上，做好岗位和人员对接工作；由省级团委负责，地市级团委协助，协调县级党委组织部门按照规定履行相关组织程序。

2. 认真开展培训。坚持集中培训和日常培训相结合，对本地区的挂职干部开展多层次、多渠道、有针对性的工作培训，内容应主要包括团的基层组织建设和基层工作的基本情况、全团重大部署和重要工作、挂职工作的任务和要求、如何有针对性地做好挂职工作、调查研究的方法等。

3. 指导检查工作。加大对挂职干部的工作指导力度，采取多种方式与挂职干部保持经常联系，听取他们对挂职工作的意见与建议，及时协调解决问题，有效指导挂职干部工作。建立挂职工作督导检查机制，对挂职干部所在县级团委进行不少于4次的集中督导检查，并做好半年中期考核和年终考核。省级团委要每季度将本省（区、市）挂职工作情况报团中央组织部。

4. 研究总结经验。深入挖掘挂职工作中发现的基层工作典型，认真研究总结挂职工作中取得的关于团的基层组织建设和基层工作的成功做法和经验，提炼出能够有效指导和推动基层工作的方法和规律，总结基层团组织吸引和凝聚青年的有效方式，并在本地进行推广。

5. 加强管理服务。关心挂职干部工作、生活，尽可能地为他们提供一定的帮助。省级团委要严格检查督导，地市级团委要充分行使干部协管职能，加强对挂职干部的监督、管理。严格落实请销假制度，保证挂职干部的工作时间。建立挂职干部出勤情况月报制度，省、市级团委每月检查本地挂职干部出勤情况，并由省级团委于次月初报团中央组织部。地市级以上团委组织战线要担负起主要职责，学校战线协助，做好日常指导检查和管理服务工作。

三、县级团委的工作职责

1. 主动向党政领导报告情况。向本地区党政主要领导和分管领导报告挂职工作相关情况，介绍挂职干部，争取支持。

2. 帮助挂职干部安排食宿。挂职干部住宿一般采取寝办合一方式，用餐统一安排在机关食堂。如不具备条件，可以根据实际情况适当安排。

3. 为挂职干部开展工作提供必要的支持。主动为挂职干部开展工作创造有利条件，与挂职干部建立紧密的工作联系和协作机制，积极支持挂职干部完成好挂职工作。

4. 充分发挥挂职干部作用。安排挂职干部协助县级团委书记和其他班子成员全面参与当地团的工作，在乡镇街道团的组织格局创新、非公企业团建、外出务工青年群体团建、分类引导青年等重点工作中，充分发挥挂职干部的作用。针对基层团建和基层工作中存在的困难和问题，与挂职干部共同研究、推动工作，争取在重点难点问题上有所突破。

四、高校团委的工作职责

1. 加强日常联系。保持与挂职干部的经常联系，关心挂职干部的生活。

2. 支持挂职干部工作。积极利用学校的各种资源支持挂职干部，给予实际帮助，帮助他们顺利开展工作。

3. 严格考核管理。挂职干部实行派出地和挂职地双重管理，高校团委要协助党组织做好挂职干部的教育、管理和考核，对成绩优异、表现突出的挂职干部，主动向党组织推荐评优，并作为考核提拔干部的重要依据。

五、挂职干部的任务和要求

挂职干部要按照《关于从全国高等院校中选派共青团干部到县级团委挂职工作的通知》（中青联发〔2010〕36号）要求，认真了解情况、系统介绍经验、扎实推动工作、积极探索创新、努力锻炼提高，做到全身心投入工作、正确把握好角色定位、做好吃苦准备、严格要求自己、敢于碰难题，切实完成好挂职工作任务。

1. 保证工作时间。挂职干部非节假日离开挂职地，单次时间在2天以内的，须向地市级团委请假；时间在3至4天的，须向省级团委组织部请假；时间在5天以上的，须通过省级团委组织部向团中央组织部请假。挂职干部确因特殊原因，不能完成挂职任务的，须由派出单位另行安排符合条件的人员接替，并由省级团委报团中央备案。

2. 深入了解情况。全面了解挂职所在地团组织的基本情况。深入不同乡镇(街道)的农村、社区、企业、学校、“两新”组织、青年自组织,开展不少于20次的实地调查研究,总时间不少于50天,一对一访谈基层团干部和团员青年的数量分别不少于30、50名。针对当地团的基层组织建设方面的基本情况,至少撰写1篇实证性的调研报告。

3. 系统介绍经验,指导工作。结合全团已有的典型经验以及本校的有关经验,向基层团组织进行介绍。加强与县级团委的沟通交流,注重利用本校的人才、资源等优势,切实推动当地团的工作全面发展。

4. 推动全团重点工作项目的落实。按照团中央书记处要求,配合县级团委班子成员,全面推广乡镇、街道团的组织格局创新,强力推进非公企业团建和外出务工青年群体团建工作,大力推动分类引导青年工作的广泛开展,着力增强中小学团队组织的活力,努力推动农村团建载体创新,力争在落实全团重点工作上取得成效。

5. 挖掘基层典型。挖掘3到5个不同领域的在当地具有一定代表性的基层工作典型,特别是全团重点工作领域的典型,分别形成1000字左右的书面材料,及时报团中央组织部。

6. 书面报告挂职工作情况。要及时对挂职工作进行阶段性总结,并将情况报上级团组织。挂职期满时,与所在县级团委书记共同向团中央、教育部递交1篇书面总结报告,内容主要包括一年来开展了哪些工作、如何推动县级团委和基层团组织的建设和工作、如何协调资源支持基层团组织工作、探索出了哪些好的经验、有何心得体会以及对县级团委工作的客观评价等。

关于全面推进乡镇、街道团的组织格局创新工作的指导意见

2011年3月11日

乡镇、街道团组织作为联系团的领导机关和各类基层团组织的枢纽,承担着结合本区域经济社会发展实际,指导、推动各类基层团组织建设和工作的重要责任。为进一步落实党建带团建的要求,切实做好党的青年群众工作,促进乡镇、街道团组织增强工作力量,拓宽联系青年的渠道,丰富工作资源、载体和内容,经中央同意,团中央在大范围试点的基础上,决定全面实施乡镇、街道团的组织格局创新工作,力争用两年左右的时间,改变乡镇、街道团组织的薄弱现状,使乡镇、街道团组织切实发挥团的基层组织建设的“桥头堡”作用。现提出如下指导意见。

一、在党组织的领导下调整、充实乡镇、街道团(工)委

乡镇、街道团的组织格局创新的首要任务是建设一个代表性强、带动力强、工作热情高的委员会。要在党组织的领导下,放宽用人视野、严格选配标准,采取“编制内与编制外相结合、专兼职相结合”的方式选配团干部,使乡镇、街道团组织人员配置和工作内容更加符合经济社会发展和党的青年群众工作的要求,切实增强凝聚力、战斗力、影响力。

1. 严格选配标准

选拔对象要符合以下基本条件:本地户籍

或在本地长期居住、工作的青年,年龄一般应在35周岁以下;政治面貌为中共党员或共青团员,具有较高的思想政治素质,作风正派;热心共青团和青年工作,在青年中有较高的威信。要特别注意在机关事业单位工作人员、农村致富能人和产业带头人、大学生村官、青年志愿者、非公有制企业和社会组织管理人员、青年社团骨干、优秀青年农民工等人员中选拔兼职团干部。

乡镇、街道团(工)委书记要从政治素质高、工作能力强、学习刻苦、作风扎实的优秀青年党员、团员中选拔,应为公职人员。

2. 把握数量结构

推行团的组织格局创新后,乡镇、街道团(工)委一般由9—21名委员组成。具体数量应根据乡镇、街道青年人口数量,各类社会组织数量以及团组织结构、团员数量等因素确定。团(工)委书记、副书记数量一般不超过委员数量的三分之一。

3. 规范选任程序

一是提名。要按照选配标准的要求,在广泛发动团员青年参与、广泛征求各方面意见的基础上,根据多数团员青年的意见确定委员候选人预备名单,报同级党委同意。

二是产生。乡镇、街道团的委员会由团员大会或团员代表大会选举产生。其中,书记、副书记由委员会全体会议或团员大会选举产生,选举中要注意通过扩大差额比例等有效方式体现竞争性,保障团员的民主权利。处于届中的乡镇、街道团委,书记、副书记也可由同级党组织与上级团组织协商,在取得一致意见后予以指派。街道团工委成员由同级党组织和上级团组织协商产生。处于届中的乡镇、街道团委开展组织格局创新工作不改变原届次,待届满之后再进行换届。

三是报批。选举产生的乡镇、街道团委委员、副书记、书记人选须报同级党组织和上级团组织批准,由同级党组织公布。

4. 明确进度安排

2011年3—5月为准备阶段,各地要通过全面摸底调查切实掌握乡镇、街道团员青年基本情况,确定重点选配对象,并制定具体工作方案。6月起,集中开展专兼职团干部选配和调整工作,原则上年底前全国绝大多数镇、街道以及大部分乡要完成专兼职团干部的选配和调整。

二、明确乡镇、街道团组织的主要工作内容

在完成团(工)委调整工作后,乡镇、街道团组织要按照履行团的四项基本职能的要求,明确工作任务,推动乡镇、街道区域内团的工作走向活跃。

1. 推动团的基层组织建设

紧跟党建步伐,全面推进农村、企业、社区、机关、学校等领域团的基层组织建设,积极推进在非公有制企业、社会组织等领域和青年农民工中建立团的组织,不断扩大团的组织覆盖;加强基层团干部队伍建设,特别是要配合基层党组织选配好基层团组织书记;加强对乡镇、街道区域内基层团组织的团建工作指导,督促指导基层团组织有效开展团的各项工作和活动;充分借助基层党组织阵地,大力整合各类社会资源,因地制宜地推进基层团组织阵地建设。认真、准确、及时地做好团的基本信息采录工作,全面掌握团员青年的基本情况;严把团员入口关,在保证质量的前提下,有计划地做好本区域内团员发展工作;严格按照团内有关规定,按时、按标准收缴团费,规范团费的使用和管理。

2. 开展服务青年工作

抓住青年最关心、最直接、最现实的困难和问题,因地制宜地设计工作项目,做深做实服务青年工作,同时也要注意做好服务团员的工作。要紧紧围绕本地区青年的实际需求,充分调动各类社会资源,设计实施丰富多彩的工作项目,在就业创业、学习成才、交友婚恋、文

体娱乐等方面扎实开展服务青年的工作。

3. 了解青年思想动态

及时掌握本地区青年思想的基本状况，准确把握青年思想认识中的重大问题，找准本地区青年思想认识形成的关键点，及时向同级党组织和上级团组织汇报本地区青年的思想动态，努力做好青年思想引导工作。

4. 反映青年普遍诉求

通过深入的调查研究和日常了解，准确把握本地青年的普遍诉求并及时向上级团组织反映，为上级团组织开展青年维权等工作提供依据。贯彻《未成年人保护法》和《预防未成年人犯罪法》的要求，配合有关部门做好未成年人保护和预防青少年违法犯罪工作。

三、建立有效的工作机制

完善的工作机制是乡镇、街道团组织长期有效运行的重要保障，要在工作中不断加以改进。

1. 建立高效的分工协作机制

在坚持民主集中制的前提下，通过强化内部分工协作，明确专兼职团干部职责，提高团（工）委运转效率。一方面，要根据委员的个人特点确定委员的分工，充分发挥他们的个人特长；另一方面，要通过严格执行团内工作和决策制度，以及建立适应新格局的团（工）委委员沟通协调机制，促进委员之间的协作。要通过分工与协作，形成全体委员共同推进工作的合力，形成团（工）委委员经常性联系青年、整合社会资源的机制。

2. 建立规范的考核评价机制

在党组织的领导下，建立团员青年广泛参与的乡镇、街道团干部考核评价机制。上级团组织对团（工）委委员的考核，可采取年终述职、领导点评、团员评议相结合的方式进行，重点考核团的工作绩效，可划分和评定考核等次，并将考核结果报乡镇、街道党组织。

3. 建立切实有效的培养激励机制

推动党组织将乡镇、街道专兼职团干部纳入基层人才培养视野，采取有效措施帮助专兼职团干部锻炼本领、提高综合素质。积极为专兼职团干部个人成长和事业发展搭建舞台，帮助其拓宽视野、更好地实现社会参与。要深入挖掘和宣传表现优秀、作用突出的乡镇、街道专兼职团干部典型。有条件的地方可以向兼职团干部提供一定的补贴。

四、有关工作要求

1. 提高思想认识

加强乡镇、街道团组织建设既是加强团的基层组织建设的重要内容，也是当前全团推进基层组织建设的一项战略性举措。各级团组织要站在不断巩固和扩大党执政的青年群众基础和做好党的青年群众工作的战略高度，充分认识全面推进乡镇、街道团的组织格局创新工作的重要性和紧迫性，将这项工作摆在更加重要的位置，以高度的政治责任感抓紧抓好。

2. 明确责任分工

省级团委要加强对乡镇、街道团的组织格局创新工作的统筹协调，贯彻落实全国基层党建带团建暨共青团系统深入开展创先争优活动座谈会精神，将这项工作纳入基层党建带团建工作安排，近期召开党建带团建会议的，要争取党委组织部门出台支持政策。地市级团委负责与县级党委组织部门进行沟通、协调，推动出台有关政策，并提出具体工作方案，同时负责对新任职乡镇、街道团干部进行岗前培训。团县（区）委负责这项工作的具体落实，配合乡镇、街道党组织按时完成专兼职团干部的选配和调整工作，帮助乡镇、街道团组织设计工作内容、建立工作机制，在此基础上，要积极争取乡镇、街道党组织将乡镇、街道团的建设纳入基层党建整体格局，为乡镇、街道团组织加强自身建设和开展工作优化环境、创造条件。

3. 加大跟踪和支持力度

团的各级领导机关要及时跟踪乡镇、街道团的组织格局创新工作的动态，发现问题及时改进；要建立工作情况定期上报制度，逐级上报工作推进情况（各省级团委要向团中央组织部报送工作的阶段性成果）。有条件的地方，可对这项工作提供一定的经费和资源支持。

全团创先争优活动联系点工作要求

2011 年 4 月 29 日

1. 开展创先争优活动期间，团中央机关副局级以上干部每人每年至少到联系点实地专题调研 2 次，每次 2—3 天，并对联系点所在省份团的创先争优活动进行督促检查。各省级团委副局级以上干部和承担创先争优活动任务的处级干部，每人每年至少到联系点实地专题调研 2 次，每次 2—3 天，并对联系点所在地市团的创先争优活动进行督促检查。

2. 了解掌握并实地指导联系点创先争优活动，对前一阶段的工作成效特别是全团重点工作的完成情况、下一阶段的工作安排与全团重点工作的结合情况进行点评；研究、解决工作中存在的突出问题。

3. 挖掘、总结联系点在创先争优活动中形成的好做法、好经验，汇总后上报全团创先争优活动领导小组办公室。

4. 结合以上工作要求，在每次到联系点实地专题调研结束后，撰写 1000 字以内的联系点工作情况报告，重点谈调研的收获、存在的问题和有关建议，并上报全团创先争优活动领导小组办公室。

关于进一步加强驻外团组织建设的有关意见

2011 年 6 月 8 日

农民工是改革开放进程中成长起来的一支新型劳动大军，是我国现代产业工人的主体和现代化建设的重要力量。随着我国经济社会的发展，出生于 20 世纪 80 年代以后的青年农民工已经逐渐成为农民工的主体。在青年农民工中加强团的建设，对于落实胡锦涛总书记“两个全体青年”的要求，巩固党执政的青年群众基础，提升基层团组织对广大青年特别是普通青年的吸引力，都具有十分重要的意义。近年来，在全团加快推进非公有制企业团的建设的同时，一些地方积极探索以乡情为纽带、以驻外团组织为主要组织形式开展青年农民工工作的方法，产生了良好的效果。团中央决定进一步广泛推进驻外团组织建设，现提出如下意见。

一、明确现阶段目标任务

到 2012 年底前，在全国青年农民工相对集中的直辖市、省会城市和区域性中心城市普遍建立青年农民工流出的省、市、县驻外团组织，形成流出地和流入地协作共管的工作体系，实现对跨省份流动、省内跨地市流动的青年农民工的组织覆盖和工作覆盖。

二、明确流出地、流入地团组织的主要职责，形成齐抓共管的工作格局

驻外团组织接受流入地对应层级团组织和流出地批准派出团组织的双重领导。在建立驻外团组织的过程中，流出地团组织要发挥主导作用，流入地团组织要积极参与；在驻外团组织建立后，流入地团组织要及时将其纳入工作体系，给予工作指导和物质支持，流出地团组织要予以积极配合。

（一）流出地团组织的主要职责

1. 建好组织体系。要找准组织依托，本着便于联系、便于管理、便于整合资源的原则，灵活运用依托各级政府派出机构，各地商会、青年企业家协会等社会组织，流出地优秀青年创办的各类企业以及依靠热心为同乡服务的青年代表等多种方式，因地制宜地建立各级驻外团工委。要理顺管理机制，同一流出地的省、市、县三级驻外团工委可以按照层次逐级建立，上级领导下级开展工作；也可以单独建立，没有上下级隶属关系，分别独立地开展工作。但无论何种方式，都要建立同一流出地的各级驻外团工委之间的沟通协调机制，加强工作联系、促进相互交流、整合团内资源、增强工作实效。要建立基层组织，根据团员青年的行业和区域分布，指导已建立的驻外团工委发展下级团组织，在扩大团的基层组织覆盖、延伸驻外团工委工作手臂的同时，促进驻外团建与非公企业团建、社区团建的协调配合、共同推进。同时，流出地团组织要积极争取家乡党委和政府的帮助和支持，为驻外团工委开展工作注入资源。

2. 选好领导班子。根据外出青年的数量和职业构成，合理确定驻外团工委的规模和结构。驻外团工委一般由 11 至 21 人组成，原则上设置书记 1 人、副书记 2 至 6 人，书记、副书记人数不超过委员会人数的三分之一。驻外团工委成员，要重点从那些拥护党的领导、对家乡有感情、热心共青团和青年工作、善于联系普通青年、有公益心的青年党团员中选拔，既可以是组织动员能力强、整合资源渠道广的有为青年，也可以是在青年中有威信、有号召力的普通青年。要特别注重驻外团工委书记、副书记的选配工作，通过以流出地团组织为主、流入地团组织参与考察任命或区域内竞争性选任等形式选好配强驻外团工委书记和副书记。同时，流出地团组织还要选派一定数量的专职团干部兼任驻外团工委副书记或委员，帮助驻外团工委做好制订计划、组织活动、沟通协调等方面的工作。

（二）流入地团组织的主要职责

1. 纳入工作体系。要将在本地的驻外团工委作为加强当地青年工作的重要力量和帮手，在部署工作中统筹安排驻外团工委的工作内容，经常性督促、指导驻外团工委的工作。要定期召集各驻外团工委负责人举行工作联席会议，安排协调工作、沟通重要信息、交流工作经验，保证各地驻外团工委与流入地团组织工作协调一致、共同推进。

2. 实行交叉任职。为了便于指导和协助驻外团工委开展工作，要在驻外团工委与流入地团组织之间实行交叉任职。流入地团组织要选派专人兼任驻外团工委的副书记或委员，指导和帮助驻外团工委开展工作，同时，也可根据工作需要将驻外团工委负责人吸收为流入地团的委员会成员或团属各类青年组织的成员。

3. 提供支持保障。流入地团组织要高度重视驻外团工委工作，从政策、资金、人员和活动场地等方面给予大力支持，尽可能为驻外团工委开展工作提供便利，帮助他们解决实际困难。

4. 强化干部培训。以流入地团组织为主、流出地团组织配合，深入开展驻外团工委干部培训工作。要力争通过培训，帮助驻外团工委干部了解青年农民工特点，掌握共青团的基本知识和主要工作方法，明确工作任务和基本要求，切实提高工作水平。

（三）流出地和流入地团组织共同的工作职责

1. 共同做好摸底调查。流出地和流入地团组织都要通过政府有关部门，摸清所在地区流动青年农民工的数量、地区和行业分布以及创业有为青年的基本信息。在此基础上，流出地和流入地团组织要加强对接，及时建立信息共享机制，为合理规划驻外团组织建设和工作提供可靠依据。

2. 共同加强工作指导。流入地团组织要按照属地化管理的原则，确定相应部门和人员负责辖区内所有驻外团工委的联系和指导工作，尤其要加强对新建立驻外团工委的指导，流出地团组织要予以积极配合。对于驻外团工委班子调整、制定工作规划、开展重大活动等重要工作，应在流出地和流入地团组织充分沟通协商的基础上共同组织实施。

3. 共同建立激励机制。流出地和流入地团组织要共同研究针对驻外团工委干部的激励措施，通过把驻外团组织干部纳入团干部培训计划、评选表彰计划和交流出访计划等，使他们感受到团组织的关心和支持，激励他们更加积极主动地做好驻外团组织的工作。

三、合理设计驻外团组织的工作内容

驻外团组织的首要任务是广泛联系到团组织所在地就业的本省、市、县的青年农民工。在此基础上，要针对青年农民工生产、生活的实际，力所能及地开展服务工作。同时，要针对青年农民工成长发展和融入城市过程中的思想困惑，开展思想引导工作。

（一）充分利用乡情纽带，广泛联系青年农民工

1. 开展摸底调查，找到所在地的同乡青年农民工。要以青年农民工聚集度较高的行业和社区为重点，广泛开展青年农民工情况摸底调查，掌握所在地的同乡青年农民工的基本信息，并努力与他们建立直接联系。

2. 通过日常活动加强与青年农民工的联系。在组织开展日常活动中，要努力增强活动的广泛性，使更多的青年农民工参与团组织的活动，加强与青年农民工的联系，加深他们与团组织的感情。充分利用互联网、手机等信息化渠道，及时发布和收集各类有效信息，形成与青年农民工的良性互动，努力保持与更多青年农民工的经常性联系。

（二）深入了解青年农民工的生活状态，反映他们的普遍诉求

1. 了解和掌握青年农民工的思想动态和实际困难。要经常深入青年农民工群体，与他们面对面地交流思想，了解他们在子女教育、社会保障、城市融入等方面的实际困难，及时掌握不同青年农民工群体的思想动态，为流出地、流入地团组织和驻外团组织开展工作提供依据。

2. 通过组织化体系反映青年农民工的普遍利益诉求。一方面，通过上级团组织向党委、政府有关职能部门反映，借助行政力量帮助解决青年农民工群体的困难；另一方面通过“共青团与人大代表、政协委员面对面”等活动，系统反映青年农民工群体的普遍利益诉求，推动有关制度和政策的制定出台。

（三）为青年农民工提供力所能及的帮助，提升团组织的影响力

1. 帮助适应城市生活。驻外团组织要在帮助青年农民工尽快熟悉和融入城市生活中发挥作用。一方面，通过各种途径向青年农民工提供各类实用信息咨询，改变青年农民工信息相对闭塞的状况；另一方面，开展各种社会体验和参与活动，组织青年农民工参观城市标志建筑和著名景观、与普通市民一起参与社会志愿服务和精神文明创建活动，促进青年农民工与市

民的相互了解，帮助青年农民工开阔视野、了解社会、消除隔阂，更好地融入城市生活。

2. 丰富业余文化生活。一方面采用“送进来”的方式，走进青年农民工聚集度较高的社区、企业，经常性开展各类文化体育、学习交流、青年联谊等活动，丰富青年农民工的业余文化生活。另一方面采用“请出去”的方式，组织青年农民工到住地周边的影剧院、图书馆、体育场馆等场所开展活动、参与当地各类群众文化活动，为青年农民工享受各种市民文化服务创造条件。

3. 开展爱心帮扶活动。充分运用亲情和乡情等社会机理，经常性开展青年农民工帮扶活动，帮助他们解决实际困难，减少后顾之忧。要整合社会资源广泛开展青年农民工子女结对帮扶活动，配合流出地团组织积极开展留守儿童、空巢老人关爱行动，给予青年农民工家属更多的关心和帮助。要充分利用各种节庆假日，深入青年农民工聚集的企业和社区，开展形式多样的送温暖活动，让青年农民工感受到团组织的温暖。

4. 关注青年情感需求。要针对青年农民工普遍存在的思乡情绪，充分利用现代通讯手段开展亲情热线、团聚视频等各类情感交流活动，帮助青年缓解思乡情绪、安心本职工作。要围绕青年农民工的婚恋需求，积极组织开展青年喜闻乐见的社交活动，为青年农民工婚恋交友提供帮助。要关注青年农民工心理健康问题，通过定期开展思想交流、心理咨询等活动，了解和疏导青年农民工的思想困惑，帮助他们保持积极健康的心态。

5. 服务青年就业创业。充分发挥所联系的商会、青年企业家协会、各类企业和社会组织的作用，为青年农民工提升就业创业能力创造条件。要主动收集就业信息，加强与用工单位的沟通和联系，做好工岗对接，帮助青年农民工找到就业岗位。要依托各类培训机构，为青年农民工提供各类职业技能培训信息，帮助他们提高就业竞争力。要整合各类社会资源，通过帮助获得小额贷款、项目援助、技术指导等方式，提升青年农民工就业创业能力。

（四）加强与青年农民工的交流，做好他们的思想引导工作

1. 帮助青年解读有关政策法规。通过组织报告会、交流座谈会和参观学习等活动，用通俗易懂的方式为青年农民工解读与他们相关的各种政策法规，展示我国经济社会建设取得的伟大成就，帮助他们正确理解党和政府的大政方针，引导他们坚定跟党走的信念。

2. 引导青年形成正确的社会观察。要通过开展形式多样的面对面交流活动，鼓励青年农民工充分表达思想、情绪，深入了解他们的真实想法，为他们解答各种思想困惑，帮助他们理性认识各种社会现象，引导他们形成健康的思想认识和正确的社会观察。

同时，各地驻外团工委要积极加强自身建设，切实增强组织活力。要加强建设的规范性，力争做到有驻外团工委成立的仪式或会议、有成立驻外团工委的正式文件、有稳定的工作班子及成员职责分工、有联系团员和青年的名册、有日常工作的文字档案和图像资料。要增强工作的普遍性，在工作中针对青年农民工的普遍需求，尽量覆盖广大普通青年农民工，避免工作的“高端化”倾向。

三、宣传

关于组织开展“我与祖国共奋进”形势政策教育活动的通知

2011年2月18日

共青团各省、自治区、直辖市委，解放军总政治部组织部，全国铁道团委，全国民航团委，中直机关团工委，中央国家机关团工委，中央金融团工委，中央企业团工委：

为贯彻党中央书记处对共青团工作的重要指示精神，落实团十六届四中全会部署，在团员青年中进一步唱响“我与祖国共奋进”的主旋律，引导广大团员青年坚定跟党走中国特色社会主义道路的信念，踊跃投身“十二五”建设的伟大实践，团中央决定2011年上半年在全团广泛开展“我与祖国共奋进”形势政策教育活动，重点是集中组织开展宣讲活动。有关事项通知如下。

一、宣讲内容

紧密结合青年思想实际和成长发展需求，深入宣传党的十七届五中全会和2011年全国“两会”精神，宣传“十一五”时期经济社会发展的巨大成就和宝贵经验，宣传“十二五”时期经济社会发展的指导思想、总体思路、目标任务和重大举措，宣传党和国家的重要政策，引导团员青年进一步增强学习贯彻党的十七届五中全会精神的自觉性和主动性，增强贯彻落实科学发展观、加快转变经济发展方式的责任感和紧迫感，积极投身改革开放和社会主义现代化建设，为实现“十二五”目标充分发挥生力军作用。

二、宣讲形式

邀请党政领导、专家学者、企业家、优秀青年等，到基层单位面对面地向团员青年开展宣讲活动。要紧密结合青年关心关注的话题，注重宣讲者与青年之间、青年与青年之间的互动，增强宣讲对青年的吸引力。重点组织报告会、专题讲座，也可以组织座谈交流会。有条件的地方和单位团组织，可将报告会拍摄制作成视频，上传到单位网站或团属网站上供青年下载观看。

三、宣讲规模

全团共举办4000场形势政策宣讲活动。其中，在高校、普通中学和中等职业学校举办3000场，在各类企业举办500场，在农村举办500场。

四、时间安排

各地团组织于2－5月集中组织开展宣讲活动。2月下旬，团中央和部分省级团委同时举办首轮形势政策报告会，启动该项活动。

五、活动要求

1.把握正确导向。报告宣讲的内容要符合中央精神，基本口径要与《“我与祖国共奋进”形势政策教育活动宣讲提纲》（详见附件2）相一致。要坚持正面引导，始终立足于统一思想、凝聚力量、鼓舞士气、振奋精神。宣传成就、分析形势、解读政策要做到实事求是。

2.明确任务分工。在学校举办宣讲活动由团的学校战线负责安排落实，在企业举办宣讲活动由团的城市战线负责安排落实，在农村举办宣讲活动由团的农村战线负责安排落实，各部门在组织过程中要注意兼顾本战线不同层次、不同类别的青年群体。活动的统筹协调、部分宣讲人员的推荐等工作由团的宣传部门负责安排落实。

3. 扩大活动影响。要广泛动员青年参与，通过借助新媒体等多种形式加强对活动的宣传，营造学习氛围，让更多的青年了解宣讲内容，从中受到启发和教育。

各级团的学校、城市、农村战线开展报告宣讲活动的情况，由省级团委汇总，于5月10日前分别报团中央学校部、城市青年工作部、农村青年工作部，同时送团中央宣传部汇总。

军队青年的形势政策教育活动，由解放军总政治部组织部结合本通知精神作出安排。

关于在全国青少年中广泛开展“学党史、知党情、跟党走”主题教育活动的通知

2011年3月21日

各省、自治区、直辖市团委、少工委，解放军总政治部组织部，全国铁道团委，全国民航团委，中直机关团工委，中央国家机关团工委，中央金融团工委，中央企业团工委：

今年是中国共产党成立90周年。为贯彻落实中央关于纪念中国共产党成立90周年有关活动的要求和党中央书记处对共青团工作重要指示精神，以纪念建党90周年为契机，深入推进青少年思想引导工作，激发广大青少年热爱党、热爱祖国、热爱社会主义的感情，引导广大青少年坚定跟党走中国特色社会主义道路的信念，共青团中央、全国少工委决定，今年在全国青少年中广泛开展“学党史、知党情、跟党走”主题教育活动。有关事项通知如下。

一、宣传教育内容

紧密结合当前青少年的思想实际，运用青少年喜闻乐见的方式，通过广泛深入地宣传90年来党把马克思主义和中国实际相结合，团结带领全国各族人民战胜各种艰难险阻，推进中国革命、建设和改革的光辉历程，宣传新中国成立60多年来特别是改革开放30多年来我国社会主义现代化建设取得的重大成就和人民群众生活的新变化，宣传优秀共产党员的先进事迹，在青少年中唱响共产党好、社会主义好、改革开放好、伟大祖国好、各族人民好的时代主旋律。特别要引导广大青少年充分了解和认识历史和人民是怎样选择了中国共产党、选择了社会主义道路、选择了改革开放，了解和认识党全心全意为人民服务的根本宗旨和立党为公、执政为民的本质，从而增强对党和社会主义祖国的认同和热爱，更好地把坚持爱国主义与坚持社会主义和党的领导统一起来，坚定跟党走中国特色社会主义道路的信念，积极传承党的优良传统，踊跃投身全面建设小康社会的伟大实践。

二、全团、全队重点活动安排

紧紧围绕活动主题，抓住清明节、五四、六一、“七一”等重要时间节点逐次推进，不断形成热潮。具体安排如下。

1. “党在我心中”全国青少年学党史系列活动

一是全国青少年“千网联动学党史”活动。充分利用各类网站开展党史学习教育。由团中央联合知名门户网站，并通过各地团组织重

点发动约1000家在青少年中有较大影响力的地方重点网站和高校、企业、中学等单位局域网站，统一设立青少年学党史专题网页，重点提供《青少年学习中共党史丛书》等党史学习资料在线阅读、党史题材影视片在线观看、爱国爱党歌曲在线收听、爱国主义和党史教育基地网上数字展馆链接等服务，同时依托网站开展学党史感言征集、知识竞赛等活动。

二是全国团员青年“万场党史学习交流会”活动。以大中学校、机关、企事业单位、农村等系统的基层团组织为单位，开展一次党史学习交流会，组织团员青年交流阅读党史书籍、观看党史题材影视片、参观党史教育场所等活动的心得，并结合不同青年群体的思想特点，进行一次正面思想引导。全团重点组织的学习交流活动达到万场左右。

三是全国团干部“学党史、强党性、铸信仰”学习教育活动。组织专兼职团干部重点围绕《中国共产党历史》第一卷和第二卷、《中国共产党简史》（可在线阅读）、《复兴之路》（可在线观看）、《苦难辉煌》、《解放战争》等5种图书和电视片开展学习，深入了解党的历史。要把开展党史学习教育作为今年团干部教育的重要内容，与加强团干部作风建设、党性教育、成长观教育和创先争优结合起来。每名专职团干部须至少确定一本必读书、参加一次党史学习讨论并谈个人学习体会；每名兼职团干部也应参加一次一定范围内的党史学习讨论。

四是党史题材动漫片编创和观摩活动。梳理建党90年来能反映各个历史时期主题的著名口号，围绕这些口号的历史背景、思想内涵和故事素材等，结合当代青少年接受程度，由团中央组织创作系列动漫片，通过电视台、视频网站、手机视频、农村远程教育平台等渠道播出，吸引并组织动员青少年观看。

五是全国团媒“学党史、知党情、跟党走”宣传教育活动。4月底至10月底，各级团属报纸、杂志、网站等媒体统一开设青少年“学党史、知党情、跟党走”专题栏目，介绍党史知识，宣传党史人物事迹，报道各地开展主题教育活动情况。

2.“永远不能忘记”全国青少年缅怀革命先烈活动

一是现场活动。清明节期间，各地团队组织利用本地革命遗址、烈士陵园等场所，统一开展“永远不能忘记”青少年缅怀革命先烈活动。清明节当天，在韶山、井冈山、遵义、延安、西柏坡等地组织开展重点活动。

二是网络活动。团中央联合一批重点网站，开展网上献花和留言等缅怀革命先烈活动，各地团队组织要动员青少年积极参与。

3.全国青少年“永远跟党走”青春歌会活动

4月中旬至“七一”期间，各地团组织普遍开展以歌颂党、歌颂祖国、歌颂社会主义为主要内容的青春歌会活动。由团中央重点统筹安排，沿着党“诞生——开辟井冈山根据地——红军长征——延安时期——西柏坡时期——建立新中国”的历史足迹，以及在社会主义建设和改革开放进程中的若干代表性地点，依次由上海、江西、福建、湖南、广东、贵州、四川、重庆、陕西、河北、吉林、新疆、北京等省级团组织，组织举办“永远跟党走”青春歌会传唱活动。

4.全团“学党史、知党情、跟党走”五四主题团日活动

五四期间，各地团组织要统一以“学党史、知党情、跟党走”为主题，集中组织报告会、座谈会、参观考察、红色旅游、文艺汇演、仪式教育等多种形式的主题团日活动。地市以上团的领导班子成员要分别到基层团员青年中参加主题团日活动。

5.“与信仰对话”万场党史报告进校园活动

5月至12月，邀请从事党史研究的专家学者走进大学校园为学生举办报告会，引导大学生铭记历史、坚定信念。团中央在全国100所

高校直接组织100场报告会,全国各类高校合计举办10000场左右,每场参加人数不少于300人。将报告会视频上传至网络,使更多青年学生可以观看。

6. 全队“红领巾心向党”系列活动

广泛动员和组织少先队员参加学唱一首爱党歌曲、了解一个党史故事、观看一部红色影视剧、参观一个革命纪念地、了解一个党的新成就、寻访一位优秀党员等“六个一”活动。六一期间,以“红领巾心向党”为主题,集中开展一次全队统一主题队日活动。全国少工委将运用少年儿童熟悉和喜爱的方式,组织创作一首歌曲MV,制作一部动漫片,开发一款网络游戏,播出一组电视节目。

7. “在光荣的旗帜下——党团队员话成长”七一主题活动

七一当天,由各地团组织邀请优秀党员,由各地少先队组织邀请优秀党员、优秀团员,开展共话成长活动,通过回顾党的历史,讲述优秀党、团员的成长经历,引导团员、队员明确努力方向,按照党的要求健康成长。在活动过程中,要悬挂党旗、团旗、队旗,增强党、团、队相互衔接的组织意识。

8. 青联、学联组织和青年社团宣传教育活动

一是全国青联举办“志愿者艺术团”赴革命老区慰问演出活动。二是全国学联举办“红小鬼动漫故事汇”党史题材原创手机动漫游戏大赛。三是中国青年企业家协会、中国农村青年致富带头人协会向会员推荐要求团干部重点学习的5种党史题材图书和电视片,并在一定范围内组织学习交流活动。四是中国青少年宫协会组织各地青少年宫分别开展“党在我心中”文艺演出活动。

三、活动要求

1. 切实加强组织领导。以中国共产党成立90周年为契机,组织开展“学党史、知党情、跟党走”主题教育活动,是今年全团、全队的一件大事。各级团队组织要充分认识活动的重大意义,加强组织领导,加强统筹协调,做好任务分解,确保工作力量和条件保障,努力将活动办出成效、办出影响。

2. 把握正确导向。要坚持以正面宣传教育为主,引导青少年把握好党的历史的主流和本质。对重大事件和重要人物的评价要符合中央精神,防止否定和歪曲党的历史。

3. 充分发动基层,广泛吸引青少年参与。全团、全队统一活动开展过程中,要注重普遍性、整体性,切实牵动基层。要鼓励基层团组织充分发挥积极性、创造性,围绕活动主题设计开展丰富多彩的教育活动。要在继承传统有效做法的同时,大力创新活动形式和载体,充分运用新媒体手段和文化、艺术、时尚等元素设计开展活动,增强对青少年的吸引力和影响力。

4. 注重与团的重点工作和品牌活动相结合。要将主题教育活动与“我与祖国共奋进”、分类引导青年工作、青年马克思主义者培养工程、未成年人思想道德建设、青年志愿者、青年文明号、手拉手等团的重点工作和重点品牌活动结合起来,使青少年在历史与现实、理论与实践的贯通中更好地深化对党的认识,树立正确的理想信念。

团中央、全国少工委将对一些重点活动提出具体方案和任务分解表。各级团组织要及时掌握活动进度,对主题教育活动的开展次数、参与人数等情况进行了解和统计,报上一级团组织。省级团委要对本省(系统)的活动进行汇总,并分别于7月底、10月底前将活动情况报团中央宣传部。

军队青年的教育活动由解放军总政治部组织部根据本通知精神作出安排。

关于推荐“劳动·创造·奋斗——我的青春故事”励志教育活动优秀青年典型的通知

2011年12月29日

各省、自治区、直辖市团委、青联，解放军总政治部组织部，全国铁道团委，全国民航团委、青联，中直机关团工委、青联，中央国家机关团工委、青联，中央金融团工委、青联，中央企业团工委、青联：

为深入贯彻胡锦涛总书记在庆祝中国共产党成立90周年大会上的重要讲话和党的十七届六中全会精神，认真落实中央领导同志的重要指示，共青团中央、全国青联从2011年12月初开始，组织开展了“劳动·创造·奋斗——我的青春故事”励志教育活动，通过宣传优秀青年典型奋发成才的事迹，引导青少年树立健康向上的人生观、价值观，学习先进、争当先进、励志成才。为全面宣传各地各系统涌现的先进青年典型，有针对性地做好分类引导青年工作，请各地各系统推荐优秀青年典型参加励志教育活动。现将有关事宜通知如下。

1. 紧紧围绕“劳动·创造·奋斗——我的青春故事”的主题推荐人选。要求是：热爱祖国，拥护中国共产党领导，践行社会主义荣辱观；立足岗位，刻苦钻研，业务过硬，勇于创新，在本职工作中取得突出成绩，对激励广大青少年成长成才具有示范作用；年龄一般不超过40岁。

2. 注重推荐长期扎根一线，特别是那些长期在艰苦条件下埋头苦干、无私奉献，创造出不凡业绩的优秀青年。

3. 推荐人选要体现代表性，青年科技工作者、青年知识分子、青年教师、青年创业者、大学生、一线青年工人、进城务工青年、大学生村官、在农村务农和从事农业技术推广的青年分别推荐5—7名。各系统推荐的人选要体现本系统特点，总名额不少于15人。为体现青年典型的代表性、普遍性，已获得历年来共青团中央、全国青联所授予的各种荣誉称号的优秀青年不再推荐。

4. 推荐人选须经省级团委、青联严格审核把关，于2012年1月16日前将推报人选名单（需加盖省级团委公章，附1000字以内的人选情况简介）报共青团中央宣传部理论宣传处。

四、城市

关于在非公有制企业中广泛开展“我与祖国共奋进、我与企业同发展”活动的通知

2011 年 4 月 7 日

共青团各省、自治区、直辖市委，全国铁道团委、全国民航团委、中直机关团工委、中央国家机关团工委、中央金融团工委、中央企业团工委，新疆生产建设兵团团委：

为深入贯彻落实党中央书记处重要指示精神和团的十六届四中全会精神，进一步落实《关于认真学习贯彻党的十七届五中全会精神，团结带领广大团员青年为实现十二五时期奋斗目标作贡献的决定》、《关于组织开展“我与祖国共奋进”形势政策教育活动的通知》、《关于在全国青少年中广泛开展“学党史、知党情、跟党走”主题教育活动的通知》等有关文件要求，有效提升非公有制企业团组织的整体活力，团中央决定在非公有制企业中广泛开展“我与祖国共奋进、我与企业同发展”活动。现将有关事项通知如下。

一、活动主题

我与祖国共奋进、我与企业同发展

二、活动时间和对象

2011 年 4 月至 10 月底，集中在非公有制企业中开展。

三、活动内容和形式

广大非公有制企业团组织要以企业生产经营为前提，找准团的工作切入点，围绕人格塑造、信念养成、能力提高等方面的要求，开展好思想性、技能性、娱乐性活动，为企业团员青年在学习成才、情感婚恋、身心健康、社会融合等方面的普遍性需求提供有效服务。今年要重点开展好以下四个方面工作。

1. 开展一次青年思想状况调查。广大非公有制企业团组织要立足服务企业发展、服务青年成长，密切联系广大团员青年，通过开展思想状况调查，倾听青年呼声、了解青年诉求，摸清团员青年思想状况和合理诉求，畅通与企业管理层的沟通渠道。

2. 开展一次思想教育活动。以“我与祖国共奋进”、“学党史、知党情、跟党走”为主题，结合企业生产经营实际，邀请企业负责人或先进典型，深入车间、厂矿和班组，开展形式多样的形势政策宣讲活动或党团课教育活动。重点宣传中国特色社会主义事业伟大成就，宣传中国共产党的光荣历史和优良传统，宣传企业发展的艰苦历程和奋斗目标，宣传青年典型的职业观念和敬业精神，引导广大团员青年坚定理想信念、塑造道德品质，坚定跟党走中国特色社会主义道路的信心和决心。形势政策宣讲活动和党团课教育活动集中于 4 月至 7 月底开展，省级团委城市部门于每月 28 日将《非公有制企业团组织形势政策报告会及党团课情况汇总表》（见附件）报送至团中央城市青年工作部企业处。

3. 开展一次建言献策活动。动员组织广大团员青年围绕企业生产、经营、技术、管理等业务流程，积极开展“我为企业献一策”活动，

帮助企业优化内部管理、提升核心竞争力。具备条件的非公有制企业,可以结合企业实际开展岗位培训、导师带徒、技能比武、“五小”成果、劳动竞赛、创新创效等活动,帮助团员青年提高技能水平,培养合格的青年员工队伍。

4. 开展一次文体娱乐活动。结合企业团员青年思想、工作和生活实际,通过开展体育竞赛、文艺汇演、交友联谊等丰富多彩的活动,切实增强团员青年之间的联系,帮助团员青年缓解工作压力、增进沟通交流、促进身心健康,营造良好的人文关怀氛围,建设和谐的企业文化。

广大非公有制企业团组织要围绕以上活动内容,结合企业实际情况设计活动载体,具备条件的非公有制企业团组织要积极深化活动内容,完善制度保障,建立长效机制。开展活动时要通过举团旗、带团徽、唱团歌等有形载体,不断增强团员青年的团员意识和组织归属感。

四、有关要求

1. 建立联系,加强培训。各级团的领导机关要加强与新建非公有制企业团组织的联系,理顺组织管理关系,帮助新建非公有制企业团组织规范内部建设。要通过专题讲座、现场交流等方式,对非公有制企业新任职团干部进行一次普遍培训,帮助其尽快熟悉团的业务,开展团的工作。

2. 精心部署,务实推进。各级团的领导机关要设计普遍性强、参与面广的活动载体,促进非公有制企业团组织整体活跃。要深入企业、靠前指导,着力推动形势宣讲报告会和党团课教育活动,抓实非公有制企业新任职团干部培训工作。广大非公有制企业团组织要结合企业实际,精心组织,务实推进,通过开展丰富多彩的活动,有效增强非公有制企业团组织的活力和生命力。

3. 讲求实效,加强宣传。广大非公有制企业团组织要把促进企业发展和服务青年成长有机结合起来,活动要贴近企业实际、贴近青年需求,务求取得实效。要充分利用各种宣传媒介,加大宣传力度,及时通报工作进展,报送工作信息,总结工作经验,营造浓厚活动氛围。

各省级团委城市部门要总结本地区开展活动的情况,于11月20日前报送至团中央城市青年工作部企业处。

关于在非公有制经济组织和社会组织中进一步加强团组织建设的通知

2011年6月30日

各省、自治区、直辖市团委,教育厅(教委),科技厅(委),公安厅(局),民政厅(局),司法厅(局),财政厅(局),人力资源和社会保障厅(局),农业厅(局),商务主管部门,旅游局,工商联:

非公有制经济组织和社会组织是推动经济社会发展的重要力量,是广大团员青年就业的重要领域。在非公有制经济组织和社会组织中加强团组织建设,是新的历史条件下巩固党执政的青年群众基础的必然要求,是贯彻落实胡锦涛总书记提出的“两个全体青年”政治目标的重要途径,是加强团的基层组织建设和基层工作的重要突破口,对于促进非公有制经济组织和社会组织健康发展,服务青年成长成才，具有十分重要的意义。

一、指导思想

坚持以邓小平理论和“三个代表”重要思想为指导，深入贯彻落实科学发展观，全面贯彻落实党的十七届五中全会和党中央书记处有关指示精神，紧紧抓住党群共建创先争优活动有利契机，坚持眼睛向下、重心下移，努力使团的基层组织网络覆盖全体青年，使团的各项工作和活动影响全体青年。根据经济社会变革情况下青年沟通、交流、聚集和联系方式变化，积极探索团的基层组织设置方式，努力扩大团的基层组织覆盖，广泛联系和凝聚团员青年。围绕非公有制经济组织和社会组织的根本任务和功能，找准团的工作切入点，广泛开展思想性、技能性和娱乐性活动，组织引导广大团员青年不断提高思想觉悟、职业素养和技能水平，为本单位本行业的健康发展贡献力量。

二、工作原则

一是坚持党建带动与行业推动相结合。借助党建工作的新格局和新成果，加强团的基层组织建设和基层工作，努力使团的建设跟上党的建设工作步伐。借助政府职能部门或行业协会力量，积极在其管理和服务的非公有制经济组织和社会组织中推动团的建设，并努力探索新时期行业性共青团工作运行模式。

二是坚持服务中心与服务青年相结合。要围绕各类非公有制经济组织和社会组织的根本任务和功能，找准团的工作切入点，有效服务本单位本行业健康发展。要关心青年生产生活，反映青年合理诉求，为青年的成长成才和青年职业生涯发展搭建平台。

三是坚持加强建设与提升活力相结合。要着力扩大团的基层组织覆盖，规范团内基础管理，完善团的工作制度。广泛联系各行各业的团员青年，积极开展团的各项工作和活动，不断增强基层团组织的活力和生命力。

三、重点建团领域

团的各级领导机关要积极争取本地区相关部门支持，结合本地实际加强重点领域建团工作。

1. 加强非公有制经济组织团的建设。联合科技部门重点推动高新技术产业开发区、科技企业孵化器、产业化基地内的高新技术企业建立团组织；联合公安部门重点推动保安行业内保安公司等单位建立团组织；联合农业部门推进农业产业化龙头企业、农村经济合作社等建立团组织；联合商务部门重点推动经济技术开发区（或产业园区）内的非公企业，以及批发零售、餐饮等商贸企业建立团组织；联合旅游部门重点推动星级饭店、旅行社等非公有制企业建立团组织；联合工商联重点推动其会员单位企业建立团组织。

2. 加强社会组织团的建设。联合民政、教育、人力资源和社会保障等部门重点推进民办幼儿园、民办教育机构、民办非学历教育机构、民办职业培训学校等各类社会组织建立团组织；联合司法部门重点推动律师事务所建立团组织；联合财政部门重点推动会计师事务所、资产评估事务所建立团组织。

四、主要工作任务

1. 健全团的基层组织。根据青年沟通、交流、聚集和联系特点，结合其行政关系、业务工作、兴趣爱好等实际情况，灵活建立团的基层组织。凡有3名以上团员的单位应独立建立团的组织，并着力加强内部团的基层组织建设；暂不具备独立建团条件的单位可以联合建立团的组织；28岁以下青年较多、团员较少而不够建团条件的单位，可以先建立青年组织或社团，再适时建立团的组织。

2. 加强团员队伍建设。要在坚持标准、保证质量的前提下，做好经常性发展团员工作，注重在工作一线青年骨干中发展团员。积极开展“推优”入党工作，为党组织输送新鲜血液。应组织吸纳单位所聘用的青年农民工、劳务工参加本单位团组织的工作和活动。

3. 加强团干部队伍建设。青年从业人数较多的单位，具备条件的要争取配备专职团干部，尚不具备条件的单位要配齐配强兼职团干部，注重选拔单位年轻的管理骨干或业务骨干担任团的干部。要切实加强单位内部团的基层委员会建设，保持团干部队伍的稳定性和团的工作延续性。要通过举办培训班、考察交流、实地指导等方式，加强团干部团务知识和业务技能培训，努力提高团干部的实际工作能力和水平。

4. 开展团的各项工作。要把各类经济组织和社会组织在开发人力资源、增强内在凝聚力、树立市场经济意识、优化运行管理机制、拓展沟通交流渠道、培养后备管理人才等方面的需要和青年职工在学习成才、情感婚恋、身心健康、社会融合等方面的普遍需求紧密结合起来，广泛开展思想性、技能性、娱乐性活动，帮助青年职工塑造健全人格、养成坚定信念、提高能力水平，促进经济组织和社会组织发展。要着力加强团员青年思想引导，通过开展“我与祖国共奋进”、青年文明号、青年志愿者等活动，引导广大团员青年坚定跟党走中国特色社会主义道路的理想信念，自觉养成良好的社会公德、职业道德、家庭美德和个人品德。要着力促进团员青年技能提升，通过开展青年岗位能手、技能比武、导师带徒、创新创效等活动，引导广大团员青年爱岗敬业、提升技能，为促进本单位本行业发展贡献力量。要积极丰富团员青年文化娱乐活动的内容和形式，根据青年身心特点和兴趣爱好，帮助团员青年增进交流、缓解工作压力。

五、有关工作要求

1. 加强领导，密切配合。各级教育、科技、公安、民政、司法、财政、人力资源和社会保障、农业、商务、旅游部门和工商联，要结合自身业务职能制定有关措施，支持当地团的领导机关在所管理或联系的非公有制经济组织和社会组织中开展建团工作。条件成熟的，可探索依托民政部门建立社会组织团工委，作为同级团委的派出机构，负责指导各类社会组织的共青团工作；在本部门或行业协会成立行业性团组织，具体推动本行业共青团工作，并加强对所建团组织的管理联系。各级团的领导机关要强化主体责任，在相关行业主管部门或行业协会的支持下，深入到非公有制经济组织和社会组织中，具体负责推动建团工作。

2. 制定方案，深化推进。各级教育、科技、公安、民政、司法、财政、人力资源和社会保障、农业、商务、旅游部门和工商联，要积极配合当地团组织，深入开展建团调查摸底，确定工作任务目标，制定工作推进方案。各级团组织要建立工作责任制，适时召开工作联席会议，通报工作进展，分析和解决工作中存在的突出问题，确保各项工作落到实处。

3. 靠前指导，总结经验。各地团组织要深入基层、靠前指导，帮助基层团干部推动建团工作。要及时梳理有效工作路径，宣传介绍团建工作的好经验好方法，形成推进工作的良好氛围。要加强对新建团组织的联系和管理，要把工作资源向新建团组织倾斜，加强新上岗团干部培训工作，不断增强新建团组织的活力和生命力。要及时总结联合政府部门或行业协会推进团建工作的有益经验，不断向其他行业和领域拓展。

关于进一步加强非公有制企业共青团工作的指导意见(试行)

2011年8月24日

改革开放以来,我国非公有制经济不断发展壮大,非公有制企业已经成为青年就业的主要渠道。为指导各级团组织大力加强非公有制企业共青团工作,不断增强团组织活力和生命力,充分发挥促进企业健康发展和服务青年成长成才的积极作用,提出如下意见。

一、加强非公有制企业共青团工作的重要性和紧迫性

加强非公有制企业共青团工作,是巩固党执政的青年群众基础的迫切要求。共青团是党领导的先进青年的群众组织,是党的助手和后备军。胡锦涛总书记指出“要大力加强自身建设,坚持眼睛向下、重心下移,力争使团的基层组织网络覆盖全体青年,使团的各项工作和活动影响全体青年”,为新时期共青团工作指明了方向、明确了要求。当前我国正处于经济社会快速变革时期,青年的思想观念、行为方式出现了重大变化,团的基层组织建设特别是非公有制企业团建工作存在着突出空白,大量团员青年游离在团的组织之外。加强非公有制企业共青团工作,进一步提高共青团组织青年、服务青年、引导青年和维护青少年合法权益的能力和水平,把广大青年紧紧团结在党的周围,为实现党的任务努力奋斗,是共青团组织肩负的重要使命。

加强非公有制企业共青团工作,是组织动员青年在推动非公有制企业科学发展中发挥生力军和突击队作用的迫切要求。非公有制企业是推动经济社会发展的重要力量,企业青年作用发挥状况决定着企业的现在和未来。当前非公有制企业突出面临着转变发展方式、增强创新能力、提高管理水平等诸多压力,对企业共青团工作提出了新的要求。加强非公有制企业共青团工作,引导广大企业团组织以促进企业发展为前提,把团的根本属性、根本任务与企业根本功能相融合,在辅助企业开发人力资源、辅助企业增强内在凝聚力、引导企业青年增强市场经济条件下所必需的正确思想意识、引导企业青年理解和支持严格管理并形成有效激励约束机制、为企业青年提供非正式交流渠道、为企业培养复合型后备经营管理人才等方面发挥积极作用,是团组织促进非公有制企业科学发展、帮助青年建功立业的重要途径。

加强非公有制企业共青团工作,是服务青年成长发展的迫切要求。服务青年是共青团的重要职能。伴随我国工业化、城镇化进程加快,非公有制企业中的团员青年特别是青年农民工群体呈现出鲜明的代际转换特征,他们在收入与闲暇时间之间、收入与劳动强度之间、收入与精神需求之间的选择关系出现了新变化,在生产生活、职业发展、权益保障等方面诉求日益增加,客观上要求企业实现严格管理与人文关怀的高境界统一。加强非公有制企业共青团工作,围绕团员青年的信念养成、人格塑造、能力提高等方面需求,切实为团员青年提供学习成才、身心健康、情感婚恋、社会融入等普遍性服务,是团组织服务企业青年健康成长、促进社会和谐稳定的重要任务。

各级团组织尤其是团的领导机关要正确认识非公有制企业团建工作中存在的重大差距,切实增强使命感、责任感和紧迫感。

二、总体要求

各级团组织要坚持党建带团建,积极探索建团路径,大胆创新建团方式,形成以规模(限额)以上非公有制企业团组织为支撑、各种联合团组织为重要力量、团组织主导或密切联系的青年社团为延伸，广泛联系广大企业青年职工的组织体系，努力使非公有制企业团建跟上党建步伐。

要坚持服务企业发展与服务青年成长相结合，以企业生产经营为前提找准团的工作切入点，组织开展形式多样、富有实效的思想性、技能性、娱乐性活动，充分调动团员青年的积极性和创造性，努力形成党组织支持、企业需要、青年欢迎的工作局面。

要坚持组织方式创新和运行机制创新相结合，完善企业团组织属地管理体制，理顺企业团组织隶属关系，积极借助行业主管部门力量，探索行业共青团工作运行模式。充分调动各方面资源支持非公有制企业团组织增强活力，努力促进非公有制企业共青团工作整体活跃。

三、非公有制企业团的组织

1. 建立团的基层组织

团的各级领导机关是推动非公有制企业建立团组织的责任主体，要根据非公有制企业的规模和影响，对应确定推动其建团的主责单位。非公有制企业建立团的组织，由负主责的团的领导机关与企业党组织协商确定，尚未建立党组织的与企业管理层协商确定。具备基本建团条件后，由该企业和负主责的团的领导机关按《团章》规定履行申请、批准、成立等程序。

团的各级领导机关要坚持党建带团建，深刻把握社会机理，积极探索和丰富非公有制企业建团路径。积极借助党建工作格局、工会组织资源、行业管理部门及经济园区等工作力量推动非公有企业建立团组织。努力探索依托企业商业模式推动、团属青年社团示范、团的品牌工作影响等有效路径，加大非公有制企业建团力度。

凡有3名以上团员的非公有制企业应独立建立团的组织，团员数量较多的要在分厂、车间、班组、科室等基层单位相应建立团的基层组织，积极探索在生产线、项目组、青年公寓等灵活建立团的基层组织。暂不具备单独建团条件的非公有制企业，要利用业缘、地缘和兴趣爱好等因素，不拘泥于单位和行政格局，采取联合建团、依托建团、兴趣建团等方式建立团的组织。

企业团组织要紧紧围绕青年沟通、交流、聚集和联系方式变化，积极联系和培育对青年学习、生活和工作有益的功能型青年社团，具备建团条件后再适时建立团的组织。

2. 加强团干部队伍建设

坚持专兼职相结合选配团干部。着力加强非公有制企业内部团的各级委员会建设，注重从企业生产、管理、研发等部门选拔思想好、威信高、有热情的青年业务骨干或高层管理人员兼任团干部。团员数量较多的企业宜配备专职团干部。

大力加强团干部业务知识培训。团的各级领导机关要把非公有制企业团干部纳入培训范围，帮助其提高思想认识水平和实际工作能力。非公有制企业团组织要结合企业生产经营实际和团的工作需要，组织内部团干部培训；要探索建立团干部培养选拔机制，积极向企业举荐各类优秀青年人才。

3. 加强团员教育和管理

非公有制企业团组织要按照“创先争优”活动的要求，围绕企业中心工作，引导团员青年立足本职岗位，争当先进、争创优秀，积极发挥示范带头作用。要紧密结合企业团员思想实际，充分发扬团内民主，严格团内组织生活，积极探索增强团员意识的有效途径。要及时发现、大力宣传团员青年中的先进典型，加强对优秀团员的培养教育，及时把优秀团员推荐为党员发展对象。要针对不同岗位团员的实际情况，规范基础团务管理。

4. 理顺团组织的管理关系

已建立党组织的非公有制企业，其团组织的隶属关系一般与党组织的相对应，团组织在党组织领导下开展工作，同时接受上级团组织的领导。尚未建立党组织的非公有制企业，其团组织原则上由批准其成立的团组织进行管理，团组织应取得企业管理层支持，在批准其成立的团组织领导下开展工作。同一企业集团、多级法人体制的，其团组织原则上由企业集团团组织统一管理。由行业团的委员会或工作委员会批准建立的团组织，其组织关系一般以行业归口管理为主。团的各级领导机关要根据非公有制企业团组织规模和影响，对应确定其所隶属的组织管理层级。

四、非公有制企业团的工作

1. 加强团员青年思想引导。非公有制企业团组织要结合企业实际，引导团员青年学习和理解党的方针政策，正确看待世情国情党情，不断坚定跟党走中国特色社会主义道路的信念。要引导团员青年养成市场经济条件下企业发展所需的思想观念，牢固树立竞争意识、风险意识、效率意识、团队意识，做到实现个人价值与促进企业发展有机结合。要引导团员青年爱岗敬业、团结协作、创先争优、乐于奉献，培养良好的职业道德和创业精神。要创新思想教育和引导方法，善于借助文化、艺术、时尚、情感等元素，把党团政治主张、企业发展理念等转化为团员青年易于接受的道理。

2. 提升团员青年技能水平。非公有制企业团组织要立足企业生产经营需要，结合团员青年职业发展需求，组织团员青年广泛参与技能提升活动。面向青年技术工人广泛开展岗位练兵、导师带徒、技术比武等活动，帮助他们提升实际操作能力；面向青年经营管理人员广泛开展培训交流、案例研讨、管理创新等活动，帮助他们增强现代企业经营管理能力；面向青年科技人员广泛开展创新创效、科技攻关等活动，帮助他们提高自主创新能力。要通过开展实效性强、便于参与的技能性活动，为企业科学发展提供有力的青年人才支撑。

3. 丰富团员青年文化生活。非公有制企业团组织要广泛开展学习交流活动，发挥自身组织网络优势，拓宽团员青年学习交流渠道，帮助团员青年丰富业务知识，提高社会化能力。要根据团员青年的特点和兴趣，组织丰富多彩的文化创建、人文关怀和交流联谊等活动，帮助青年增强身心健康、陶冶精神情操。要通过开展志愿服务、扶贫帮困等公益活动，帮助青年解决实际困难、树立互助观念、增强公德意识。注重利用手机短信和互联网等青年人喜闻乐见的方式组织动员青年。

团的各级领导机关要加强对非公有制企业团建工作的组织领导，强化工作措施和力度，调动各方工作资源，努力争取企业的重视和支持，形成推进非公有制企业团建工作的整体合力。要深化对非公有制企业共青团工作的研究，遵循企业生产经营规律，把握企业青年需求特点，找准团的工作切入点，努力提高企业共青团工作科学化水平。要加强对非公有制企业共青团工作的指导，深入企业、走进青年，帮助企业团组织找准工作方向、创新工作载体、完善工作机制，不断增强企业团组织的活力和生命力。

关于组织动员全国窗口单位和服务行业广大团员青年积极参与“为民服务创先争优”活动的通知

2011年8月26日

共青团各省、自治区、直辖市委，解放军总政治部组织部，全国铁道团委，全国民航团委，中直机关团工委，中央国家机关团工委，中央金融团工委，中央企业团工委，全国创建“青年文明号”活动组委会各成员单位：

为深入贯彻胡锦涛总书记在庆祝中国共产党成立90周年大会上的重要讲话精神，落实中央创先争优领导小组关于中央窗口单位和服务行业为民服务创先争优视频会议精神，按照《关于在窗口单位和服务行业深入开展“为民服务创先争优”活动的指导意见》（创先发〔2011〕13号）文件要求，进一步推动窗口单位和服务行业广大团员青年增强服务意识，改进工作作风，提高业务水平，在本职岗位上比贡献、做先锋，更好地为人民群众服务，共青团中央、全国创建“青年文明号”活动组委会决定从今年8月至明年7月组织动员全国窗口单位和服务行业广大团员青年积极参与“为民服务创先争优”活动。现将有关事宜通知如下。

一、活动范围

以全国33万个各级青年文明号集体和争创集体为重点，辐射带动窗口单位和服务行业的青年集体和广大团员青年。

二、活动内容

组织动员窗口单位和服务行业广大团员青年弘扬“敬业、协作、创优、奉献”精神，比技能、比作风、比业绩，争创群众满意窗口，争创优质服务品牌，争创优秀服务标兵。

1. 开展诚信服务活动。引导职业青年熟悉掌握并全面、准确、及时地向顾客介绍相关服务项目和产品的各种信息，让顾客充分享有知情权、选择权；严格遵守服务规范，保护知识产权，杜绝假冒伪劣商品，努力实现服务过程中的“零差错”和服务对象的“零投诉”；全面落实服务承诺制度，及时公开服务事项的环节、手续和涉及服务对象利益的重大事项，在日常管理工作中积极征求服务对象的意见和建议；开展窗口单位和服务行业青年文明号诚信服务监督活动，组建优秀青年代表和其他相关专业人员组成的青年文明号诚信服务监督员队伍，从价格、质量、售后服务、投诉受理等各个方面对窗口单位和服务行业青年文明号集体及争创集体诚信服务情况进行监督。

2. 开展标准服务活动。加强窗口单位和服务行业青年文明号集体及争创集体服务标准化建设，完善窗口建设标准和服务规范，在醒目位置悬挂青年文明号集体及争创标识，佩戴党徽、团徽、青年文明号徽章、服务卡；推行公开服务事项、工作流程、办结时限制度，在展示板、电子显示屏、网络平台等公布青年文明号信用公约和承诺内容，公示服务标准；在坚持优质服务、限时办结等做法的基础上，积极推广“一站式”服务、网络服务、首问负责等做法，不断建立健全代理服务、行风评议、监督问责等制度，打造为民服务的民心工程。

3. 开展温馨服务活动。引导职业青年真诚服务、礼貌服务、热忱服务，熟练掌握普通话、外语、手语等语言技能，坚持使用礼貌用语，禁用服务忌语；工作态度认真、服务周到，做到“服务受理零推诿、服务事项零积压”，切实改变“脸难看、话难听、门难进、事难办”的不良作风，把群众的各项服务诉求落到实处；制作青年文明号服务指南、手册、导图，明确服务项目、信息和流程，为社会公众及时了解、享受良好的服务提供便利；力所能及地美化、优化工作环境，为群众办事提供舒适、便捷的条件。

4. 开展结对帮扶活动。发挥青年文明号集体的组织优势、人才优势和资源优势，主动与进城务工青年子女、城市特困家庭、农村孤寡老人等困难群众结对，为他们提供课业辅导、就业创业、生活照顾、医疗保健等帮扶。积极开展与社区、经济薄弱村结对共建活动，在力所能及的范围内，从人、财、物等方面积极支持结对单位，帮助群众改善生产生活条件，丰富文化生活，美化村居环境。

三、工作要求

1. 坚持党建带动。要紧密结合党组织开展"为民服务创先争优"活动的安排部署，学习并用好党组织开展"为民服务创先争优"活动的思路、方法和推进措施。同时，要以此次活动为契机，在规范青年文明号创建的同时，促进本行业本单位团建工作上水平，促进团的工作整体活跃。要拓展活动领域，动员更多青年集体和青年参与创建，积极为民服务。

2. 严格监督考核。要加强青年文明号集体及争创集体的监督管理，根据"谁评选、谁监管、谁负责"的原则，联合开展活动的行业由组委会成员单位为主进行监管，团组织独立开展活动的行业由团组织负责监管，通过抽查、互检、聘请特约监察员等方式加大日常工作监督的力度，确保青年文明号的先进性，确保为民服务工作落到实处。

3. 加强分类指导。要根据本行业、本地区各类窗口单位的实际情况，分别制定并下发具体实施细则，提出为民服务的具体要求。要建立工作联系点制度，各级团组织和创建"青年文明号"活动组委会要分别确定不少于10个青年文明号集体或争创集体作为工作联系点，定期了解和掌握为民服务工作进展情况，及时给予工作指导。

4. 注重舆论引导。要注重发现、挖掘活动中涌现的优秀典型和先进事迹，用青年喜欢的新媒体等方式和路径，加大宣传力度，扩大活动影响。要及时总结推广各地区、各行业、各集体开展"为民服务创先争优"活动的好经验好做法，促进相互之间的学习借鉴。

请各省级团委、全国创建"青年文明号"活动组委会成员单位分别指定一名同志为本次活动信息员，负责宣传报道和信息报送工作，及时将活动简报、工作经验、先进典型等报送全团创先争优活动领导小组办公室或全国创建"青年文明号"活动组委会办公室。此次活动开展情况，将作为推荐评选各级2011—2012年度青年文明号的重要依据。

五、农村

关于实施农村青年创业就业行动的通知

2011年1月12日

各省、自治区、直辖市(含新疆生产建设兵团)团委、农业(农牧)厅(委、局):

为贯彻落实党的十七届五中全会精神,大力促进农村青年创业就业,根据《共青团中央、农业部关于共同实施农村青年创业就业行动的框架协议》,现就“十二五”期间共同实施农村青年创业就业行动有关事宜通知如下。

一、指导思想

以邓小平理论和“三个代表”重要思想为指导,深入贯彻落实科学发展观,贯彻落实中央关于农业农村工作的方针政策,按照在工业化、城镇化深入发展中同步推进农业现代化的要求,充分发挥共青团系统组织化和社会化动员优势与农业部门职能优势,以促进农村青年创业就业为目标,以提高农村青年职业技能和创收能力为着力点,引导农村青年致富成才、创先争优,为加快转变农业发展方式、推进社会主义新农村建设作贡献。

二、主要内容

1. 开展农村青年创业培训。围绕县域经济和农业产业化发展,依托阳光工程、绿色证书、百万中专生计划、农村实用人才培养等,大力开展创业就业培训,提高农村青年发展种养业、农产品加工业、流通业和农村服务业的能力。全国每年推选2万名优秀农村青年,到认定的培训机构接受创业培训,帮助受训学员提高经营水平、扩大经营规模、领创办经济合作组织、创办农业企业,对参与领创办农民专业合作社的给予支持。加强对农村青年创业的跟踪服务和指导,争取地方政府出台扶持青年创业的优惠政策,推动农村青年带头创业致富、带动农民致富。

2. 促进农业科学技术普及。立足基层,大力加强农业科学技术的普及和宣传,增强农村青年科技致富意识。以各级各类青年创业致富带头人、青年志愿者、大学生村官、农业科技示范户、农业科技推广人员为骨干,组建基层农村青年科普队伍。按照区域固定、交通便利、规模适中的原则,建设一批能为青少年和社会公众了解、体验农业知识特别是农业生物技术提供方便的青少年农业科普示范基地。结合“三下乡”活动和乡村青年文化节,广泛开展农业科普活动,充分利用远程教育、农业科技网络书屋等现代化手段,传播农业科普知识,提高农村青年的科技文化素质。“十二五”期间,向农村基层发放500万份农业科普读本、挂图,建设500个全国青少年农业科普示范基地,支持500个县统一开展农业科普活动和乡村文化活动。

3. 培养青年农业科研杰出人才。着眼于推动农业科技进步和科技支农力度,以青年科研人员为主,培养一批具有创新精神和创新能力、研究领域处于科技前沿和产业高端、能够领导学科发展的农业科研领军人才。抓住农业科研杰出人才及其团队的培养、过程跟踪、考核评价、科技服务等关键环节,建立农业科研杰出人才动态管理机制。组织农业科研杰出人才一对一帮扶对口县，结合专业特长和当地农业主导产业，开展科技服务。2011年-2020年间从国家及省部级重点实验室等科研基地和科技基础条件平台负责人、各国家级科技计划主持人以及现代农业产业技术体系岗位专家中，选拔300名中青年农业科研领军人才给予专项资金支持。

4. 促进青年农技人员知识更新。选拔一批基层优秀青年农技人员，大力开展教育培训，提高他们的科技水平和业务能力，服务农村青年学用科技，促进农业科技成果转化和应用。结合基层农技推广体系改革与建设示范县项目实施，全国重点推选8万名基层青年农技推广人员开展异地知识更新培训，组织1万名有突出贡献青年农技人才到高等农业院校、科研院所、大型农业企业研修，开展区域性的观摩和交流活动。组建农村青年创业服务团，建立农村青年创业专家服务体系，指导农村青年开展新品种、新技术的试验示范和推广活动。

5. 开展农村环境综合整治活动。围绕农民幸福生活的美好家园建设，以农村环境整治活动为牵动，提高农村青少年和农民群众的生态环保意识，倡导科学健康文明的生产生活方式。结合农村清洁工程项目实施，建设农村清洁工程示范村，培育青年示范户。依托全国农村能源建设网络，动员农村青年参加农村沼气和环境建设培训。设立共青团沼气服务网点，为农户提供沼气日常维护和技术咨询，引导乡村物业化管理与服务。针对危害大、扩散快的外来入侵生物，开展集中性防控活动。促进环境整治相关村规民约建立完善，组建青年志愿者服务队。全国每年重点建设100个农村清洁工程示范村，培育100户农村青年环保示范户，培训1万名农村青年沼气和环境建设带头人，扶持建立1000个共青团沼气服务网点。

6. 支持农村青年领创办农民专业合作社。鼓励和引导农村青年、大学生村官特别是团组织联系的一批农村青年能人，依托自身已有的产业、项目和基地，领创办农民专业合作社，走专业化、产业化发展之路。按照农民专业合作社示范社建设行动的要求，创建青年示范社，树立一批可学可比的典型，引导和促进农民专业合作社又好又快发展。加强农民专业合作社建团工作，在符合建团条件的农民专业合作社中建立团组织，开展团的工作和活动。全国每年重点选拔、培训1万名农民专业合作社青年专业人才，创建100个农民专业合作社青年示范社。每两年通过全国农村青年致富带头人表彰活动表彰100名优秀青年农民专业合作社理事长。

三、组织领导

1. 共青团中央、农业部共同成立全国农村青年创业就业行动领导小组（成员名单见附件），由共青团中央书记处同志和农业部领导担任组长，由共青团中央农村青年工作部、农业部科技教育司和农村经济体制与经营管理司相关负责人担任成员，负责行动实施过程中重大事项的研究决策和组织协调。领导小组下设办公室，办公室设在共青团中央农村青年工作部，负责协调落实行动组织实施过程中的具体事宜。

2. 省、地、县三级团委和农业部门要成立相应工作机构，负责本地区、本层级农村青年创业就业行动的组织实施。团组织主要负责活动策划、人员组织、媒体宣传等，农业部门主要负责相关技术服务、业务指导、项目和经费支持。

四、有关要求

1. 高度重视。实施农村青年创业就业行动是“十二五”期间共青团中央、农业部服务农村青年、服务现代农业发展、服务社会主义新农村建设的一项重要举措。各地团组织和农业部门要高度重视，加强组织领导，明确各自工作职责，努力形成统一部署、分工负责、合力推动、层层落实的良好局面。

2. 精心组织。各地要因地制宜，按照《共青团中央、农业部关于共同实施农村青年创业就业行动的框架协议》（可登录中国农村共青团网 www. cryn. net. cn 下载），制定工作方案，分解阶段性工作目标，积极探索具有地方特色的合作模式。要选好当地工作的切入点和突破口，明确合作项目和载体，以点带面推动各项工作有效落实到基层。各地要在 2011 年 5 月底前将有关工作方案和工作机构人员名单报共青团中央、农业部。

3. 加强宣传。要大力挖掘、树立农村青年创业就业的优秀典型，纳入各级农村青年致富带头人表彰范围。总结各地开展的成功做法、先进经验，通过广播、电视、互联网、报纸等各类媒体充分进行宣传，在广大农村积极营造关注、支持农村青年干事创业的良好氛围，扩大行动的社会影响和工作覆盖面。

4. 建立机制。省、地、县三级团组织和农业部门要建立有效的沟通、督导机制，以联发简报、联合调研的形式，及时反馈有关工作信息，指导和推动基层工作。要建立联席会议制度，定期对接、研究工作，解决存在困难和问题，确保农村青年创业就业行动长期可持续发展。

关于印发农村青年创业就业行动有关实施方案的通知

2011 年 4 月 26 日

各省、自治区、直辖市（含新疆生产建设兵团）团委、农业（农牧）厅（委、局）：

为贯彻落实《关于实施农村青年创业就业行动的通知》（中青联发〔2011〕1 号）精神，切实做好农村青年创业就业工作，团中央、农业部就“十二五”期间农村青年创业就业行动的各项工作制定了实施方案。现印发给你们，请结合实际认真贯彻落实。

农村青年创业培训工作实施方案

根据团中央、农业部《关于实施农村青年创业就业行动的通知》（中青联发〔2011〕1 号）要求，现就农村青年创业培训工作制定如下实施方案。

一、目标任务

“十二五”期间，以提高农村青年在种养业、农产品加工业、流通业和农业服务业等领域的创业能力为目标，每年在全国推选 2 万名优秀农村青年，开展创业培训和跟踪服务，5 年全国计划培养农村青年 10 万名。

二、组织实施

（一）任务下达

每年年初，各省级团委与农业部门根据《农村青年创业培训年度任务计划表》（见附表），协商确定本省年度培训计划，并于 3 月中旬（2011 年度于 5 月底前）报送团中央农村青年工作部。

农业部科技教育司根据团中央农村青年工作部汇总和审核后的各省年度培训计划，调整、确认并下达当年各省培训任务。各省级团委和农业部门充分协商后，将推荐名额分解下达到县级团委和农业部门。

（二）学员推荐

1. 学员的基本条件。思想素质好、品德端正、遵纪守法；具有较强创业意愿，有一定产业基础;初中以上文化程度,年龄一般不超过45岁。

2. 推荐程序。县级团委与农业部门根据推荐名额和学员基本条件,组织推荐农村青年参加培训,并将培训学员名单上报省级团委和农业部门。

(三)组织培训

1. 培训地点。经省级农业部门认定的阳光工程培训机构。

2. 培训时间。原则上培训时间不少于120个学时(或20天)。

3. 内容与方式。培训以激发创业激情、提高创业技能、组织创业观摩、开展创业模拟、编制创业计划书为主要内容,以学员自讲、互动式、现场指导交流为主要培训方式,可单独办班,也可与其他创业培训混合编班。团组织可根据实际情况,与农业部门协商,将小额贷款和团务知识等作为教学授课内容。

(四)经费及管理

由阳光工程项目经费列支,原则上每人次2500元左右(以财政部当年下达的资金为准)。按照《阳光工程管理办法》、资金管理要求和阳光工程创业培训规范执行。各级团组织和农业部门要加强合作和沟通,发挥各自优势,指导和监督培训机构落实培训任务。

(五)有关要求

1. 注重宣传引导。各地要挖掘农村青年创业致富和带动群众致富的典型,通过广播、电视、互联网、报纸等媒体,广泛宣传,引导全社会关注农村青年创业工作,营造良好社会氛围。

2. 建立激励机制。对优秀创业学员,推荐参与全国农村青年致富带头人评选表彰活动。

3. 加强创业扶持。各级团组织要将学员纳入农村青年创业小额贷款项目服务范围,着力解决创业资金瓶颈问题,帮助农村青年增收致富。

三、责任部门和责任人

农业部科技教育司责任处室:教育处

责任人:邹萍

联络员:欧宇

团中央农村青年工作部责任处室:农村发展处

责任人:赵宝东、张淑霞

联络员:吴魁秋

农业科学技术普及工作实施方案

根据团中央、农业部《关于实施农村青年创业就业行动的通知》(中青联发〔2011〕1号)要求,现就农业科学技术普及工作制定如下实施方案。

一、目标任务

"十二五"期间,建设认定500个全国青少年农业科普示范基地,依托科普示范基地培育青年农业科普队伍;在500个县开展农业科普活动和乡村青年文化活动;编制、印发500万份农业科普读本、挂图、音像及多媒体制品。

二、组织实施

(一)建设认定全国青少年农业科普示范基地

1. 工作内容。每年认定100个全国青少年农业科普示范基地(示范基地标准另行制定)。每个基地设1名农业科普专家,培育10名县级以下青年农业科普工作者。

2. 时间安排。每年5月由省级农业部门、团委申报;8月底前农业部科技教育司、团中央农村青年工作部联合评审,10月前共同认定;11月起,科普示范基地对青年农业科普工作者进行培训。

3. 经费来源。科普示范基地评审、制牌、督导等过程中发生的费用由农业部科技教育司承担。青年农业科普工作者培训由科普示范基地承担。

4. 责任部门和责任人

农业部科技教育司责任处室:技术推广处

责任人:王青立、孙哲

联络员:徐志宇、冯桂真

团中央农村青年工作部责任处室:生态环

保处

责任人:尹篪

联络员:王素

5. 协办单位:中国农学会

(二)开展农业和农村科普活动

1. 工作内容。以全国青少年农业科普示范基地所在的100个县为重点,每年至少开展2次农业科普活动和乡村青年文化活动。全国其他地方的科普活动,由各级农业部门和团组织结合当地实际联合开展。每年无偿发放给农村青年100万份科普资料。

2. 时间安排。重点结合乡村青年文化节(12月至次年2月)、科技文化卫生"三下乡"(冬春季)、科技活动周(5月)、全国科普日(9月)等开展活动。

3. 经费来源。由基层农技推广体系改革与示范县项目经费列支。

4. 责任部门和责任人

农业部科技教育司责任处室:技术推广处

责任人:王青立、孙哲

联络员:徐志宇、冯桂真

团中央农村青年工作部责任处室:生态环保处

责任人:尹篪

联络员:王素

5. 承办单位。以全国青少年科普示范基地所在县的农业部门、团委为重点。其他地方以县为单位开展,由县农业部门、团委承担。

(三)编创、征集、推介农业科普制品

1. 工作内容。每年组织专家编写、编绘、编制农业科普读本、挂图、音像及多媒体制品;每隔2年开展1次优秀农业科普制品征集推介活动,征集内容丰富、形式多样、通俗易懂、喜闻乐见的农业科普制品,逐渐丰富科普制品资源库。

2. 时间安排。结合相关农业专项或科普活动,不定期制作并向农民发放农业科普制品。2011年下半年,两部门联合征集优秀农业科普制品,2012年初通过媒体推介。2014年下半年,两部门联合征集优秀农业科普制品,2015年初通过媒体推介。

3. 经费来源。农业科普制品编创、征集、推介等费用依托相关项目,由农业部相关事业单位完成,承担有关费用;优秀农业科普制品征集、推介过程中发生的费用由农业部科技教育司承担。

4. 责任部门和责任人

农业部科技教育司责任处室:技术推广处

责任人:王青立、孙哲

联络员:徐志宇、冯桂真

团中央农村青年工作部责任处室:生态环保处

责任人:尹篪

联络员:王素

青年农业科研杰出人才培养计划实施方案

根据团中央、农业部《关于实施农村青年创业就业行动的通知》(中青联发〔2011〕1号)要求,现就青年农业科研杰出人才培养计划制定如下实施方案。

一、目标任务

1. 总体目标任务。2011年到2020年,主要依托转基因重大专项、现代农业产业技术体系、公益性行业(农业)科研专项等,在全国范围内选拔和培养300名青年农业科研杰出人才,给予科研经费等支持。其中,"十二五"和"十三五"期间,分别选拔培养150名。

2. 分领域目标任务。农业各领域选拔参考比例为:农业生物技术领域占15%、农业育种领域占15%、土肥栽培和养殖领域占30%、农业机械领域占15%、资源环境和能源生态领域占15%、加工领域占5%、农业经济领域占5%。

二、组织实施

(一)成立工作小组

农业部科技教育司、团中央农村青年工作

部有关处室联合成立青年农业科研杰出人才培养工作小组，协调指导各级农业部门、团组织以及各级农业科研机构和涉农高校等共同组织实施具体工作。2011年5月底前完成。

（二）选拔青年农业科研杰出人才

“十二五”和“十三五”期间，分别从转基因重大专项课题负责人及其团队成员、现代农业产业技术体系的岗位专家及其团队成员、国家重点实验室和农业部重点实验室中遴选150名青年农业科研杰出人才。各级团组织可通过农业部门择优推荐符合条件的青年农业科研杰出人才。分别于2011年8月底前和2016年8月底前完成。

1. 选拔条件。思路开阔，学风正派，作风扎实，诚信廉洁；具有较好的创新精神、创新能力和组织协调能力；具有较高学术水平，在产学研协作方面业绩突出；年龄在45岁以下，具有博士学位和副高级以上专业技术职称。

2. 选拔程序

6月15日前：通知转基因重大专项课题负责人、产业技术体系首席科学家推荐候选人。

6月30日前：汇总、梳理推荐候选人名单。

7月15日前：征求意见。

7月31日前：农业部科技教育司、团中央农村青年工作部审核。

3. 加大经费支持力度。对确定的青年农业科研杰出人才优先支持其主持或参与转基因重大专项、公益性行业（农业）科研专项等项目，优先引导重点实验室在科研任务安排、综合素质培养等方面采取有效措施，确保每位青年农业科研杰出人才都能得到较好的经费支持。在每年度的7月底前完成。

（三）推进与农业生产紧密结合

依托转基因重大专项产业化和条件能力建设项目、现代农业产业技术体系综合试验站及其辐射带动的示范县，各级团组织和农业部门发挥各自工作优势，结合青年农业科研杰出人才专业特长和县域农业主导产业，共同组织科研杰出人才一对一帮扶对口县，每年到对口县开展2－4周的科技服务，了解生产需求，发现科技问题。2011年8月底前完成对口县的确认，每年12月底前完成科技服务等组织工作。

（四）建立机制制度

1. 动态管理制度。制定青年农业科研杰出人才动态管理办法，对杰出人才及其团队的培养、过程跟踪、科技服务等作出具体规定，推动青年农业科研杰出人才培养持续发展。2011年9月底前完成。

2. 绩效考核制度。制定青年农业科研杰出人才科研与科技服务工作的年度报告制度和5年期满以工作实绩为主的综合考评制度。2011年11月底前完成。

（五）加强宣传引导

积极组织有关媒体，宣传报道青年农业科研杰出人才的成才事迹、对科技进步和产业发展的贡献，展示青年农业科研杰出人才培养工作成效，引导青年农业科研杰出人才积极参与社会活动，努力营造有助于青年农业科研杰出人才成长和培养工作的良好氛围。2011年5月份启动。

三、责任部门和责任人

农业部科技教育司责任处室：高新技术处、产业技术处、技术引进与条件建设处

责任人：张文、张国良、杨礼胜

联络员：窦茂海、张振华、魏锴

团中央农村青年工作部责任处室：农村发展处

责任人：赵宝东

联络员：张淑霞、吴魁秋

青年农技人员知识更新工作实施方案

根据团中央、农业部《关于实施农村青年创业就业行动的通知》（中青联发〔2011〕1号）要求，现就青年农技人员知识更新工作制定如下实施方案。

一、目标任务

“十二五”期间，在全国推选 8 万名基层青年农技人员，开展异地知识更新培训；推选 1 万名有突出贡献的青年农技人员，到高等农业院校、科研院所和大型农业企业研修，通过技能培训、观摩交流，提高其理论水平和业务技能。

二、组织实施

（一）任务下达

每年年初，各省级农业部门和团委根据《青年农技人员知识更新工作年度任务计划表》（见附表），协商确定本省年度任务计划，并于 3 月底前（2011 年度于 5 月底前）报送农业部科技教育司和团中央农村青年工作部。

农业部科技教育司根据各省培训需求，结合当年基层农技推广体系改革与建设示范县项目的总体安排情况，进行总体平衡后，将培训任务下达到各省。各省级农业部门和团委协商将培训任务分解下达到县级农业部门和团委。

（二）学员推荐

1. 学员的基本条件。思想素质好、品德端正、遵纪守法；从事农业技术推广工作 3 年及以上，具有丰富工作经验和良好工作业绩；初中以上文化程度，年龄一般不超过 45 岁。

2. 推荐程序。县级农业部门与团委根据培训任务和选拔条件组织推荐青年农技人员参加培训，并将培训学员信息上报省级农业部门和团委。

（三）组织培训

1. 培训地点。经农业部或省级农业部门认定的现代农业技术培训基地。

2. 培训时间。原则上异地培训时间为 5 天，研修时间为 15 天。

3. 内容与方式。重点开展具有区域特点的新品种、新技术、新模式、新机具以及现代农技推广理论与方法，现代农业理论、农业公共信息服务和经营管理知识以及农业政策、相关法律法规、团务知识等方面的培训。以课堂授课、现场交流为主要培训方式，设置实地考察、交流、实践训练等培训环节。可单独办班，也可与其他基层农技人员混合编班。

（四）经费来源

由基层农技推广体系改革与建设示范县经费中列支。原则上参加异地培训的每人 1000 元左右；参加研修的每人 3000 元左右（以财政部当年下达的资金为准）。

（五）组建农村青年创业服务团

各级团组织和农业部门每年在参加青年农技人员培训的学员中，选拔优秀学员成立农村青年创业服务团，建立农村青年创业专家服务体系，指导农村青年开展新品种、新技术的试验示范推广和区域性观摩活动，加强对农村青年的创业帮扶。

（六）宣传引导

各地要认真总结开展农技推广工作的成功经验，挖掘青年农技人员的典型，通过广播、电视、互联网、报纸等媒体，广泛开展宣传，引导全社会关注农技推广工作，营造有利于科技成果转化推广的良好社会氛围。

三、责任部门和责任人

农业部科技教育司责任处室：教育处、技术推广处、综合处

责任人：邹萍、王青立

联络员：靳红

团中央农村青年工作部责任处室：农村发展处

责任人：赵宝东、张淑霞

联络员：吴魁秋

农村环境综合整治活动实施方案

根据团中央、农业部《关于实施农村青年创业就业行动的通知》（中青联发〔2011〕1 号）要求，现就农村环境综合整治活动制定如下实施方案。

一、目标任务

“十二五”期间，在全国建设 500 个农村清洁工程示范村；扶持建立 5000 个共青团沼气

服务网点，培训50000名农村青年沼气和环境建设带头人；在重点区域组织开展10次外来入侵生物集中防控活动；培育500户农村青年环保示范户。

二、组织实施

（一）建设农村清洁工程示范村

1. 工作内容。每年建设100个农村清洁工程示范村，培育100个示范户。

2. 工作方式。农业部科技教育司负责确定建设示范村所在省份名单。有关省农业厅会同团省委确定示范村，评定示范户。

3. 时间安排。每年4月底前确定示范村所在县名单；5月底前由省农业厅、团省委联合报送示范村名单；6月初由农业部科技教育司和团中央农村青年工作部批复；6月至11月开展农村清洁工程示范村建设；12月初由省农业厅、团省委联合报送农村青年环保示范户名单；12月底由农业部科技教育司和团中央农村青年工作部批复。

4. 实施地点。安徽、湖南、四川、贵州、云南、甘肃等6个省。

5. 经费来源。由农业生态环境保护专项列支。

6. 责任部门和责任人

农业部科技教育司责任处室：资源环境处

责任人：李波

联络员：方放

团中央农村青年工作部责任处室：生态环保处

责任人：尹虓

联络员：王素

（二）培训沼气和环境建设带头人

1. 工作内容。每年培训10000名从事沼气和环境建设的农村青年。

2. 工作方式。农业部科技教育司能源生态处、资源环境处和教育处负责将工作任务纳入年度培训计划。其中，纳入年度农民教育培训计划的由教育处组织实施，其余培训任务纳入年度沼气生产工职业技能培训计划，由能源生态处和资源环境处组织实施。参加培训人员由基层团组织按分配名额推荐，各地农业部门与团组织联合进行培训。

3. 时间安排。每年4月底前分解工作任务，5月至12月培训。

4. 实施地点。有关承担国家沼气项目的县（市、区）。

5. 经费来源。由阳光工程项目经费列支。

6. 责任部门和责任人

农业部科技教育司责任处室：能源生态处、资源环境处、教育处

责任人：李少华、李波、邹萍

联络员：郝先荣、王飞

团中央农村青年工作部责任处室：生态环保处

责任人：尹虓

联络员：王素

（三）建设共青团沼气服务网点

1. 工作内容。每年扶持建设1000个共青团沼气服务网点。

2. 工作方式。由各地农业部门与团组织按分配名额，联合从参加农村沼气和环境建设培训的农村青年中遴选、推报1000个优秀青年，作为共青团沼气服务网点的骨干力量，纳入年度农村沼气服务网点建设计划。

3. 时间安排。每年6月底遴选确定共青团沼气服务网点扶持对象；7月由当地农业部门和团组织联合进行职业道德专门培训，并指导其签订服务承诺书；7月底前下达投资计划；次年6月底之前完成条件建设。

4. 实施地点。有关承担国家沼气项目的重点县（市、区）。

5. 经费来源。由农村沼气项目经费列支。

6. 责任部门和责任人

农业部科技教育司责任处室：能源生态处、资源环境处、教育处

责任人：李少华、李波、邹萍

联络员:郝先荣、王飞

团中央农村青年工作部责任处室:生态环保处

责任人:尹虓

联络员:王素

(四)开展外来入侵生物集中防控

1. 工作内容。每年组织两次外来入侵生物集中灭除活动。

2. 工作方式。农业部科技教育司会同团中央农村青年工作部制定实施计划,有关省份农业资源环境保护站会同省级团委组织集中灭除活动。

3. 时间安排。每年4月底之前制定工作计划,5月至11月组织开展集中灭除活动,具体时间根据外来入侵生物发生情况确定。

4. 实施地点。根据全国外来入侵生物发生情况,确定灭除活动所在省份。

5. 经费来源。由外来入侵生物防治专项列支。

6. 责任部门和责任人

农业部科技教育司责任处室:资源环境处

责任人:李波

联络员:方放

团中央农村青年工作部责任处室:生态环保处

责任人:尹虓

联络员:王素

支持农村青年领创办农民专业合作社工作实施方案

根据团中央、农业部《关于实施农村青年创业就业行动的通知》(中青联发〔2011〕1号)精神,现就支持农村青年领创办农民专业合作社工作制定如下实施方案。

一、目标任务

"十二五"期间,全国每年培训1万名农民专业合作社青年专业人才,创建100个农民专业合作社青年示范社。每两年通过全国农村青年致富带头人表彰活动表彰200名优秀青年农民专业合作社理事长。加强农民专业合作社团建工作,不断提高建团率,力争在"十二五"末实现符合建团条件的农民专业合作社建团率达到90%以上。

二、组织实施

(一)培训农民专业合作社青年专业人才

1. 任务下达

农业部、团中央按每年1万名的规模将农民专业合作社青年专业人才培训任务分解下达到省;各省农业部门与省级团委协商后将培训任务分解下达到各县和培训机构。

2. 学员推荐

(1)学员条件。思想素质好、品德端正、遵纪守法、诚信经营;已经创办农民专业合作社或者对领创办农民专业合作社有较强意愿,高中以上文化程度,年龄一般不超过45岁。注重从大学生村官中推荐学员。

(2)推荐程序。县级团委负责组织推荐,拟定学员建议名单,经与县级农业部门协商一致后,报省级团委和农业部门备案。

3. 组织培训

(1)地点。经省级农业部门认定的培训机构。

(2)时间。原则上培训时间不少于40个学时(或7天)。

(3)内容与方式。培训以讲解农民专业合作社的有关政策法规、创办农民专业合作社的基本知识和操作规程、农民专业合作社的生产、管理和服务技能为主要内容,以专业讲座、导师讲解、经验交流为主要培训方式,有条件的地区应采取单独编班。团组织应主动与农业部门、培训机构协商,积极参与培训内容设计和培训工作的组织。

4. 经费与管理

参照阳光工程项目经费划拨(以财政部当年下达的资金为准)。按照《阳光工程管理办法》、资金管理要求和阳光工程创业培训规范执行。各级农业主管部门要加强与各级团组织的协作和沟通交流，发挥各自优势，形成工作合力，共同推动和服务农村青年领创办农民专业合作社。

（二）创建农民专业合作社青年示范社

1. 创建标准。符合农民专业合作社示范社创建标准，且同时符合以下两项标准的可以申报农民专业合作社青年示范社：（1）理事长年龄在45周岁以下；（2）40岁以下青年社员人数占合作社社员总数50%以上。

2. 创建实施。各省农业部门商省级团委按照《关于开展农民专业合作社示范社建设行动的意见》（农经发〔2009〕10号）具体要求和青年示范社的创建标准，组织实施青年示范社培育创建工作。

3. 创建确定。团中央、农业部每年按照100个青年示范社的创建规模，由各省级团委在与农业部门充分协商的基础上，10月推荐申报名单，12月由团中央、农业部协商确定名单。

（三）表彰优秀青年农民专业合作社理事长

1. 表彰名额。每两年通过全国农村青年致富带头人表彰活动表彰200名优秀青年农民专业合作社理事长。由共青团中央商农业部按照《"全国农村青年致富带头人"评选表彰办法》，在2012、2014两届全国农村青年致富带头人表彰活动中各安排200个名额专项用于表彰优秀青年农民专业合作社理事长。

2. 表彰确定。由各省级团委在与农业部门充分协商的基础上，于表彰当年10月推荐申报名单，12月由团中央、农业部协商确定名单。

（四）加强农民专业合作社团建工作

各级共青团组织在农业部门的支持、配合下，负责在符合建团条件的农民专业合作社中建立团组织，2011年底前，符合建团条件的农民专业合作社建团率力争达到40%；不符合建团条件，但又有团员青年的，采取联建共建等方式，扩大团的组织覆盖。逐步加大农民专业合作社建团力度，力争到"十二五"末实现符合建团条件的农民专业合作社建团率达到90%以上。

省级团委负责制定本省农民专业合作社团建总体推进方案，统筹协调全省工作推进。地市级团委负责协调县级党委、组织部门加强对农村专业合作组织团建工作的领导，推动出台有关政策，并提出具体工作方案，争取人力、经费支持，同时负责对新任职团干部进行岗前培训。县级团委负责具体落实、推动农民专业合作社建团工作，完成建团目标，并负责指导农民专业合作社团组织明确工作内容、设计工作机制，指导农民专业合作社团员青年发挥先锋示范作用。

三、有关要求

1. 加强宣传引导。认真总结各地开展农民专业合作社青年示范社创建和农民专业合作社团建工作的成功经验，深入挖掘农村青年领创办农民专业合作社和农民专业合作社青年专业人才、优秀青年农民专业合作社理事长典型，通过报刊、广播、电视、互联网等，广泛开展宣传，引导全社会关注农民专业合作社发展，营造支持农村青年领创办农民专业合作社工作的良好社会氛围。

2. 注重后续扶持。各级农业部门要积极为农村青年领创办农民专业合作社搭建平台，争取政策、资金、技术、信息扶持；各级团组织要将参训学员及其领创办的合作社纳入农村青年创业小额贷款项目资助范围，加强指导和服务，推动和指导农民专业合作社团组织围绕服务合作社发展开展工作。

四、责任部门和责任人

农业部农村经济体制与经营管理司责任处室：专业合作处

责任人：刘景枢

联络员：郭娜英

团中央农村青年工作部责任处室：农村青年中心建设指导处

责任人：曾锐

联络员：李昊

关于全面开展农村青年信用示范户工作的通知

2011年9月14日

各省(自治区、直辖市)团委,中国人民银行上海总部,各分行、营业管理部,各省会(首府)城市中心支行:

为深入推进农村青年创业小额贷款工作,切实加强农村青年诚信意识教育,促进农村信用体系建设,共青团中央、中国人民银行决定全面开展农村青年信用示范户工作,现将有关事宜通知如下。

一、工作目标

按照"因地制宜、务求实效、协同配合、风险可控"的原则,推动农村青年信用示范户工作覆盖全部县域。建立农村青年电子信用档案,逐步健全农村青年信用评价机制,不断提高农村青年和农村青年领创办的农村经济合作组织的信用意识和履约能力,进一步发挥信用评级对小额贷款发放的促进作用,努力形成评定机制健全、政策扶持到位、金融支持得力、信用激励显著、示范效应明显的工作格局。

二、工作内容

1. 建立健全农村青年信用示范户的评定机制。各级团组织、人民银行分支机构参照《农村青年信用示范户工作流程指引》(见附件1)和《农村青年信用示范户评价标准指引》(见附件2),制定和完善与涉农金融机构审贷标准相适应的农村青年信用示范户工作流程及评价标准。采取有效措施采集和更新农村青年信用信息,建立电子信用档案,共同对农村青年开展信用评定,确定信用示范户等级,授予"农村青年信用示范户"称号,并以此作为农村青年向涉农金融机构申请贷款的重要依据。积极引导涉农金融机构参与农村青年信用信息采集和信用评定,共同建立农村青年信用信息的共享机制,提高评定结果的使用率。

2. 加大对农村青年信用示范户的信贷支持力度。涉农金融机构建立农村青年信用示范户授信管理制度,构建"农村青年+征信+信贷"的融资扶持平台,优化贷款流程,提高审贷效率,有效控制风险。对于有融资需求的农村青年信用示范户,根据信用评定结果和贷款项目的实际情况,提供以小额信用贷款为主要形式的信贷资金支持,并在贷款期限、额度和利率等方面给予优惠。在授信额度内,采取"一次授信、随用随贷、循环使用"的方式发放贷款。针对部分农村创业青年的特殊信贷需求,可结合其他抵押担保方式,适当提高贷款额度,放宽贷款期限。

人民银行各分支机构要积极引导涉农金融机构出台支持农村青年信用示范户的信贷优惠政策,科学合理地运用支农再贷款、再贴现等政策工具,支持涉农金融机构优化信贷结构,加大对农村青年信用示范户的信贷投入。

3. 积极争取地方政府对农村青年信用示范户工作的政策扶持。各级团组织、人民银行分支机构要加强与地方政府的协调沟通力度,争取其将农村青年信用示范户工作纳入金融生态示范县、达标县等金融环境建设考核内容,积极争取人员、经费等保障支持。推动地方政府通过整合、完善、落实相关支农惠农政策,建立健全鼓励农村青年信用示范户创业发展的扶持机制;通过财政贴息、设立担保基金或风险补偿基金等多种方式,建立信贷风险补偿机制;通过税收减免或者奖励基金等方式,大力扶持农村青年信用示范户创业项目,鼓励涉农金融机构为农村青年信用示范户提供信贷支持。

4. 加强对农村青年信用示范户的动态管

理。各级团组织、人民银行分支机构和涉农金融机构共同建立起动态管理机制，对评定的农村青年信用示范户全面跟踪了解，掌握其创业动态及贷款项目的进展情况。对贷款项目中遇到的困难提供帮扶，对可能出现的风险提早防范；对存在的共性问题和困难，采取有力措施加以解决。要根据农村青年信用示范户实际状况定期调整其信用等级，对不符合标准的由授予单位取消其信用示范户称号。

5. 推动农村青年领创办的农村经济合作组织的信用建设。积极探索建立健全农村青年领创办的农村经济合作组织的信用信息征集、信用评定和信贷支持体系，并以这些农村经济合作组织为纽带，进一步深化农村青年信用示范户工作，努力形成组织化、规模化的农户信用信息征集和信用评价机制。

6. 开展农村青年征信和金融知识普及教育工作。充分发挥人民银行、涉农金融机构的专业职能优势以及团的组织化动员和社会化动员优势，以专题培训、实践活动、典型宣传等方式，广泛开展征信及金融知识普及教育工作，帮助农村青年了解金融知识，增强金融意识，引导农村青年诚信劳动、诚信经营、诚信贷款，改善农村信用环境。

三、工作要求

1. 加强组织领导，推动工作落实。各级团组织和人民银行分支机构要充分利用前期试点工作成果，结合本地实际，建立健全省、市、县三级农村青年信用示范户工作领导机构，尽快制定实施方案；要主动深入基层，实地了解工作进展情况，指导和督促工作落实；要通过联席会议等有效工作制度，确保团组织、人民银行、涉农金融机构之间信息畅通，及时研究解决存在问题，促进工作持续开展。

2. 明确职责分工，加强协作配合。各级团组织、人民银行分支机构和涉农金融机构要结合各自工作职责，认真研究和设计工作程序，明确职责分工，加强协作配合，形成工作合力。要注重加强信用信息的安全管理，逐步建立健全农村青年信用示范户信息采集和更新工作制度、评定结果发布及推介制度、全面跟踪动态管理制度及工作统计报告制度。

3. 完善考核机制，强化工作激励。各级团组织和人民银行分支机构要共同研究制定工作考核办法，明确考核内容、形式和奖惩措施，充分调动各参与单位的工作积极性。人民银行分支机构要将农村青年信用示范户工作的开展情况纳入对涉农金融机构的综合评价和考核内容之中。

4. 注重总结推广，加强信息反馈。各级团组织和人民银行分支机构要利用各种新闻媒体，广泛宣传农村青年信用示范户工作的重要意义和工作成效，扩大工作的社会影响力；要全面掌握工作进展情况，及时总结、提炼、推广好经验和好做法；要加强信息反馈，及时向团中央农村青年工作部、中国人民银行团委、征信管理局报送基本数据、工作半年报告及年终总结等材料。

请人民银行各分支机构将本通知转发至辖内各相关金融机构。

六、学校

关于在全国各高校组织开展“与信仰对话——万场党史报告进校园”活动的通知

2011年3月21日

共青团各省、自治区、直辖市委：

为纪念中国共产党成立90周年，落实全团关于“学党史、知党情、跟党走”主题教育活动的安排部署，引导广大青年学生进一步坚定跟党走中国特色社会主义道路的理想信念，共青团中央决定在开展“我与祖国共奋进”形势政策教育活动基础上，在全国各高校组织开展“与信仰对话——万场党史报告进校园”活动。现就有关事项通知如下。

一、时间安排

团中央于“五四”前后启动本次活动。各省（自治区、直辖市）团委、高校团委于5月至12月集中组织开展活动。

二、活动内容

邀请从事与党的历史相关工作的理论工作者、作家、学者、亲历者等，到青年学生中举办面对面的报告会，由主讲人结合研究领域和自身实际阐述对党的历史的理解和认识，引导和帮助青年学生深刻认识党在革命、建设和改革各个历史时期领导人民进行的英勇奋斗、付出的巨大牺牲、作出的重大贡献和取得的光辉业绩，不断加深对党的理论和路线方针政策的理解，不断坚定跟党走中国特色社会主义道路的理想信念。同时，要注重报告会内容与纪念辛亥革命100周年的结合。

三、活动规模

团中央负责组织有关专家学者到全国100所高校举办100场报告会；各普通高校举办场次不少于7场，各高职院校、民办高校和独立学院举办场次不少于3场，共9900场。全国合计举办10000场。参加每场报告会的学生不少于300人。具体名额分配见附件1。

四、有关要求

1. 把握阶段特点。要按照全团关于“学党史、知党情、跟党走”主题教育活动的安排部署，针对青年学生的思想实际，在活动中切实把握重在宣讲党史的要求。共青团学校战线要在“五四”之前完成全团“我与祖国共奋进”形势政策教育活动的3000场任务，“五四”之后全力推进本次活动。

2. 坚持正确导向。要严格把关，认真挑选体现主流价值、具备一定理论水平的主讲人。要突出正面引导，立足于统一思想、凝聚力量、振奋精神，注重针对青年学生存在的理论和现实困惑以及所关注的热点问题进行释疑解惑，注重主讲人与青年学生之间的互动交流，努力使活动更加生动活泼、扎实有效，真正为青年学生接受和欢迎。

3. 明确任务分工。团中央负责活动在全国范围内的统筹、督导、检查工作，并具体组织全国层级的报告会。各省（自治区、直辖市）团委要做好组织协调、名额分配工作，并积极为有实际困难的学校提供推荐、邀请主讲人等帮助，同时还要负责为团中央推荐全国层级报告会主讲人（见附件2）。各高校团委要依照各自分配名额抓好落实。

4. 增强活动效果。要广泛动员青年学生参与，扩大活动的覆盖面。各省（自治区、直辖市）团委、高校团委要借助电视、报纸、广播以及网络等多种形式，加大对活动的全方位、多角度宣传，在校园中营造浓厚氛围，让更多青年学生了解活动内容。有条件的高校团委要将报告会实况制作成视频，上传至相关网站的视频专区进行展播（具体通知另发）。团中央学校部将适时开展“我最受益的报告会”网络投票活动。

各省（自治区、直辖市）团委请于4月15日前将工作落实方案（含责任单位、报告会时间、主讲人）报团中央学校部。

“与信仰对话——万场党史报告进校园”活动宣讲提纲

2011年4月28日

一、中国新民主主义革命胜利的基本经验和伟大意义

（一）从1840年鸦片战争开始，近代中国遭到世界上几乎所有资本——帝国主义国家的侵略。中国成为一个半殖民地半封建国家。帝国主义国家还在对中国的长期侵略中造成一个为其服务的官僚买办资产阶级。这个阶级和原有的封建地主阶级一起，成为帝国主义统治中国的两个主要的社会基础。辛亥革命后的中国，代表帝国主义和封建买办势力利益的，1927年以前主要是北洋军阀，1927年以后主要是国民党统治集团。他们依附并代表不同的帝国主义利益在中国互相争夺，拒绝和反对任何按照人民的意愿促进中国民主化、现代化的改良方案，因而不可能使中国实现真正统一，也不可能使中国的社会政治有什么进步。以蒋介石为首的国民党统治集团，虽然在名义上统一中国，但其内部始终四分五裂、争斗频繁；虽然在一个时期的特定条件下进行了反对日本帝国主义侵略的战争，但很大程度仍受美、英等帝国主义指使。抗日战争胜利后，蒋介石集团无视中国人民建设一个新中国的强烈愿望，坚持独裁统治和内战政策，把全国各族人民推向深渊。帝国主义、封建买办势力对中国人民的残酷压迫和剥削，迫使全国人民不得不团结自救。中国人民走上反对帝国主义、封建主义和官僚资本主义的革命道路，中国新民主主义革命的发生和发展，有着深刻的社会根源和深厚的群众基础。

（二）中国人民的反抗斗争是十分英勇的。在近代历史的前80年，为了挽救空前深重的民族危机和社会危机，中国人民曾经进行过多次不屈不挠的斗争，无数仁人志士苦苦探索救国救民的道路。这些斗争和探索，每一次都对推动中国社会走向进步产生一定影响，但每一次的直接结局都是失败。事实证明，不触动封建根基的自强运动和改良主义，旧式的农民战争，资产阶级革命派领导的民主革命，以及照搬西方资本主义的其他种种方案，都不能完成救亡图存的民族使命和反帝反封建的历史任务。领导反帝反封建的革命斗争、争取民族独立和人民解放、实现振兴中华的伟大使命，历史性地落到中国共产党的身上。中国共产党作为工人阶级的先锋队登上中国政治舞台以

后，中国革命进入到新民主主义革命的历史阶段。中国共产党经过28年艰苦卓绝的英勇斗争，特别是经过北伐战争、土地革命战争、抗日战争和全国解放战争，终于推翻帝国主义、封建主义和官僚资本主义的反动统治，取得了新民主主义革命的伟大胜利。

（三）中国共产党的领导地位，不是单凭任何人的愿望或意志就能造成的。中国在20世纪前半期的很长一段时间里，各种势力为建立一个什么样的国家进行着激烈斗争。一种是先由北洋军阀、后由国民党统治集团所代表的，实行大地主、大资产阶级的专政，使中国继续走半殖民地半封建的道路。一种是由某些中间派别或中间人士代表的，幻想建立资产阶级共和国，使中国社会走向独立发展资本主义的道路。再就是由中国共产党所代表的，建立工人阶级领导的以工农联盟为基础的人民共和国，经过新民主主义走向社会主义的道路。经过中国社会历史发展反复检验的结果是：第一种方案被中国人民抛弃了，代表这个方案的反动统治势力被推翻了；第二种方案没有得到中国人民的赞同，它的代表者的多数后来也承认这个方案在中国无法实现；只有第三种方案最终赢得中国最广大的人民群众的拥护。中国人民接受中国共产党的领导，接受由新民主主义转变到社会主义的道路，是郑重的历史选择。

（四）中国共产党领导中国革命所走过的道路是极其曲折和艰难的，中国人民为赢得革命胜利和社会进步付出了巨大的代价。在这个过程中，中国共产党积累了极其丰富的经验。毛泽东在总结新民主主义革命的历史经验时指出："一个有纪律的，有马克思列宁主义的理论武装的，采取自我批评方法的，联系人民群众的党。一个由这样的党领导的军队。一个由这样的党领导的各革命阶级各革命派别的统一战线。这三件是我们战胜敌人的主要武器。""依靠这三件，使我们取得了基本的胜利。"

（五）作为中国共产党指导思想的马克思列宁主义，是正确认识客观实际的科学理论和方法，并具有与时俱进的理论品格。在长期的复杂的革命斗争中，以毛泽东为主要代表的中国共产党人，克服党内曾经盛行的照搬马克思列宁主义书本和别国经验的错误倾向，经过艰苦的探索，总结极为丰富的具有独创性的革命实践经验，实现了马克思列宁主义基本原理同中国革命实际相结合的第一次历史性飞跃，并由此产生了毛泽东思想。毛泽东思想的形成和发展，使马克思列宁主义在中国大地上深深地扎下了根。中国共产党所以能够把中国革命引向胜利，正是由于它坚持了把马克思列宁主义基本原理同中国革命实际相结合的正确方向，善于把握客观情况的变化和总结人民群众的实践经验，坚持解放思想、实事求是的思想路线，坚定不移地走自己的路。这是总结党的历史得出的最基本的经验。

（六）中国共产党领导的新民主主义革命的特点和优点，是以武装的革命反对武装的反革命。这是因为，在半殖民地半封建的中国，没有民主制度，反动统治势力总是凭借强大的武力对人民实行独裁恐怖统治。这种条件，决定了中国革命只能以长期的武装斗争为主要形式。党从单独地领导中国革命战争时起，即以武装斗争在农村开辟革命根据地，实行土地革命、武装斗争和根据地建设三方面的结合，形成在四周白色政权的包围中若干小块红色政权存在和发展的工农武装割据的局面。党逐步克服以城市斗争为重心、企求速胜的"左"倾错误，将工作重心转入农村，长期以农村根据地为依托，开展武装斗争，并建设了一支具有高度政治觉悟和严格纪律、同群众保持密切联系的新型人民军队，从而在政治上、军事上和组织程度上远远超过历史上旧式的农民起义武装。随着战争形势的发展，党通过人民战争，通过以农村包围城市、最后夺取城市的革命道路，经过22年艰苦卓绝的武装斗争，最后赢得夺取全国政权的伟大胜利。

（七）中国的历史条件，还决定了中国革命有必要和可能建立最广泛的革命统一战线。中国社会是一个两头小中间大的社会。无产阶级只占人口的少数。最广大的人民是农民、小资产阶级和民族资产阶级。在革命统一战线建立的过程中，党始终坚持对农民的领导，紧紧地依靠和团结广大农民，为坚持无产阶级在统一战线中的领导权提供了根本保证。同时，如何处理好同资产阶级的关系也是一个非常重要的问题。党根据对国情的深刻分析，将中国的资产阶级分为两个部分，即依附于帝国主义的反动的官僚资产阶级和既有革命性又有动摇性的民族资产阶级，并有针对性、有区别地实行又团结又斗争、以斗争求团结和进行坚决斗争的革命政策。党还根据统一战线中各种社会力量的不同特性，以及它们在革命发展某一阶段的不同状况，规定和实行发展进步势力、争取中间势力、孤立顽固势力的政策，保证了革命在全国范围的历史性胜利和中国社会经过新民主主义走向社会主义。

（八）中国新民主主义革命的胜利，具有重大而深远的历史意义。中国新民主主义革命的胜利，是20世纪继俄国十月社会主义革命和反法西斯的第二次世界大战之后，世界历史上最重大的政治事件，使中华民族的历史发生了翻天覆地的巨大变化。这一胜利，在辽阔的中国大地上结束了极少数剥削者统治广大劳动人民的历史，结束了帝国主义、殖民主义势力奴役中国各族人民的历史；彻底结束旧中国一盘散沙的局面，实现了国家的统一；实现了近代以来多少仁人志士为之奋斗的民族独立和人民解放的历史任务，使中华民族一洗百年来所蒙受的奇耻大辱而光荣地自立于世界民族之林，使中国人民结束奴隶般的悲惨生活而走向光明幸福的未来；从根本上改变了中国社会的发展方向，从而为实现由新民主主义到社会主义的转变进而建立社会主义制度，为中国摆脱贫穷落后的面貌进而实现国家繁荣富强和人民共同富裕扫清了障碍，创造了必要前提。

（九）新民主主义革命胜利后，中国共产党作为中国工人阶级的先锋队、中国人民和中华民族的先锋队，还要继续领导中国人民，在确立社会主义制度、建设社会主义的过程中，继续把马克思列宁主义的基本原理同中国的具体实际相结合，走更长更艰难的道路，为实现国家繁荣富强和人民共同富裕的又一伟大而艰巨的历史任务，继续坚持不懈地英勇奋斗。

二、党领导社会主义革命和建设的伟大成就及基本经验

从1949年中华人民共和国成立到1978年党的十一届三中全会召开的29年，是中国共产党在马克思列宁主义、毛泽东思想指导下，领导中国人民在取得新民主主义革命胜利的基础上，进行社会主义革命和社会主义建设并取得重大成就的历史时期。

中华人民共和国成立后，党带领全国人民创造性地完成了从新民主主义到社会主义的转变，在中国建立起社会主义基本制度。在全面转入大规模的社会主义建设后，党又带领全国人民对适合中国国情的建设社会主义道路进行艰辛探索，不仅建立起独立的比较完整的工业体系和国民经济体系，而且积累了进行社会主义建设的重要经验。在中国这样一个经济文化落后和地区发展很不平衡的大国建设社会主义，是十分艰巨而复杂的任务。由于国际局势复杂多变，由于国内建设任务的艰巨繁重，由于缺乏领导社会主义建设的现成经验，1957年后发生了把阶级斗争扩大化和在经济建设上急躁冒进的错误，后来，又发生了“文化大革命”这样全局性的、长时间的严重错误。但是，综观新中国成立后29年的历史，中国共产党领导社会主义革命和社会主义建设取得的成就是具有决定意义的，这些成就从根本上改变了中国人民的前途命运，为当代中国发展进步奠定了坚实基础。(1)彻底结束旧中国长期分裂的局面，实现和巩固了全国范围（除台湾等岛屿外）的国家统一。(2)建立人民民主专政的国家政权，中国人民掌握了自己的命运，中国人民和中国社会的面貌由此焕然一新。(3)建立社会主义制度，实现了中国历史上最广泛最深刻的社会变革。(4)实现和巩固了全国各族人民的大团结，极大地增强了中华民族的凝聚力。(5)初步建立起独立的比较完整的国民经济体系，改变了旧中国"一穷二白"的落后面貌。(6)不断发展社会主义文化，人民群众的思想道德素质和科学文化素质有了显著提高。(7)建立起巩固的国防，不断推进人民武装力量建设。(8)国际地位显著提高，为世界和平与进步事业作出重要贡献。(9)党的领导不断巩固加强，党的组织日益发展壮大。

回顾中华人民共和国成立后 29 年的历史，邓小平同志指出："社会主义革命已经使我国大大缩短了同发达资本主义国家在经济发展方面的差距。我们尽管犯过一些错误，但我们还是在三十年间取得了旧中国几百年、几千年所没有取得过的进步。"

江泽民同志指出："在党和毛泽东同志领导下，中国社会发生了天翻地覆的变化。中国从一个半殖民地半封建社会，进入到社会主义新时代。"

胡锦涛同志指出："在社会主义革命和建设时期，我们确立了社会主义基本制度，在一穷二白的基础上建立了独立的比较完整的工业体系和国民经济体系，使古老的中国以崭新的姿态屹立在世界的东方。"

中华人民共和国成立后的 29 年，是深刻影响中国历史发展进程的 29 年；是中国共产党人在探索中前进、党和人民事业在曲折中发展的 29 年。在这 29 年中，党领导全国人民在实践中积累的正反两方面经验，对于中国共产党人和中国人民胜利地走向未来有着深刻的启示。(1)始终坚持以经济建设为中心，大力发展生产力。(2)从基本国情出发，正确判断把握我国社会所处的历史阶段，有步骤分阶段地实现社会主义现代化的发展目标。(3)社会主义生产关系的变革和完善必须适应于生产力的状况，有利于生产的发展。(4)在坚持自力更生的基础上，加强对外交流与合作。(5)正确认识和处理我国社会内部大量存在的不属于阶级斗争范围的各种社会矛盾。(6)按照民主与法制紧密结合的要求，发展社会主义民主政治。(7)重视教育科学和文化事业，加强思想政治工作，不断提高全体社会成员的思想道德素质和科学文化素质。(8)调动一切积极因素，依靠最广大人民群众建设社会主义。(9)准确把握时代特点和国际形势发展变化，制定和及时调整我国的外交战略，积极创造有利于进行社会主义现代化建设的外部条件。(10)高度重视加强和改进党的建设，加强和改善党的领导。

中华人民共和国成立后 29 年的历史证明，推进社会主义建设事业，如同夺取新民主主义革命胜利一样，必须把马克思主义基本原理同中国具体实际相结合，走自己的路。在这一过程中，必须始终坚持党的实事求是的思想路线，一切从实际出发，在实践中检验真理和发展真理；坚持党的群众路线，一切为了群众，一切依靠群众，从群众中来，到群众中去，集中人民群众的实践经验和智慧；坚持独立自主地分析和解决中国的问题，找出适合中国情况的前进道路。国际社会主义运动的历史经验告诉我们，在探索本国自己的建设社会主义道路的过程中，没有一个党是不犯错误的，重要的问题是能否从错误中学习。中国共产党从来就善于总结历史经验教训，特别是善于通过总结教训提高对客观规律的认识，进而纠正错误，使错误成为正确的先导。人民群众对党领导的中国社会主义事业的前途充满信心，这固然因为党领导社会主义事业取得了伟大的成就，也因为党虽然犯过严重错误，但通过总结经验教训，学到许多在没有犯错误以前所不懂得或者不真正懂得的东西，从而更好地指导中国社会主义事业不断前进。

三、党领导的改革开放伟大事业的巨大成就和宝贵经验

1978 年 12 月 18 日，党的十一届三中全会隆重召开。这次会议，实现了新中国成立以来党的历史上具有深远意义的伟大转折，开启了我国改革开放历史新时期。从此，党领导全国各族人民在新的历史条件下开始了新的伟大革命。

党的十一届三中全会是在党和国家面临向何处去的重大历史关头召开的。在邓小平同志领导下和其他老一辈革命家支持下，党的十一届三中全会开始全面认真纠正“文化大革命”中及其以前的“左”倾错误，坚决批判了“两个凡是”的错误方针，充分肯定了必须完整、准确地掌握毛泽东思想的科学体系，高度评价了关于真理标准问题的讨论，确定了解放思想、开动脑筋、实事求是、团结一致向前看的指导方针，果断停止使用“以阶级斗争为纲”的口号，作出了把党和国家工作中心转移到经济建设上来、实行改革开放的历史性决策。

党的十一届三中全会标志着中国共产党重新确立了马克思主义的思想路线、政治路线、组织路线，标志着中国共产党人在新的时代条件下的伟大觉醒，显示了中国共产党顺应时代潮流和人民愿望、勇敢开辟建设社会主义新路的坚强决心。党和国家又充满希望、充满活力地踏上了实现社会主义现代化的伟大征程。

30 多年来，以邓小平同志为核心的党的第二代中央领导集体、以江泽民同志为核心的党的第三代中央领导集体和党的十六大以来以胡锦涛为总书记的中央领导集体，团结带领全党全国各族人民，承前启后，继往开来，接力推进改革开放伟大事业，谱写了中华民族自强不息、顽强奋进新的壮丽史诗。中国共产党先后召开 6 次全国代表大会、47 次中央全会，及时研究新情况、解决新问题、总结新经验，集中全党全国各族人民智慧，形成了党的基本理论、基本路线、基本纲领、基本经验，制定和作出了指导改革开放和社会主义现代化建设的一整套方针政策和工作部署，成功开辟了中国特色社会主义道路。

30 多年来，中国共产党始终以改革开放为强大动力，在新中国成立以后取得成就的基础上，推动党和国家各项事业取得举世瞩目的新的伟大成就。(1)锐意推进各方面体制改革，使我国成功实现了从高度集中的计划经济体制到充满活力的社会主义市场经济体制的伟大历史转折。(2)不断扩大对外开放，使我国成功实现了从封闭半封闭到全方位开放的伟大历史转折。(3)坚持以经济建设为中心，我国综合国力迈上新台阶，经济总量已跃居世界第二。(4)着力保障和改善民生，人民生活总体上达到小康水平。(5)大力发展社会主义民主政治，人民当家做主权利得到更好保障。(6)大力发展社会主义先进文化，人民日益增长的精神文化需求得到更好满足。(7)大力发展社会事业，社会和谐稳定得到巩固和发展。(8)坚持党对军队绝对领导，国防和军队建设取得重大成就。(9)成功实施“一国两制”基本方针，祖国和平统一大业迈出重大步伐。(10)坚持奉行独立自主的和平外交政策，全方位外交取得重大成就。(11)坚持党要管党、从严治党，党在中国特色社会主义事业中的领导核心作用不断增强。

30 多年来，国际局势风云变幻，改革任务艰巨繁重，党和人民经历和战胜了前所未有的严峻考验和挑战。从容应对一系列关系我国主权和安全的国际突发事件，战胜在政治、经济领域和自然界出现的困难和风险。无论是面对东欧剧变、苏联解体和国内严重政治风波，还是面对西化、分化图谋和所谓的“制裁”，无论是面对历史罕见的洪涝、雨雪冰冻、地震等重大自然灾害和非典等重大疫病，还是面对亚洲金融危机和近年来国际金融危机的巨大冲击，党和人民始终同心同德、奋勇向前。特别是在决定党和国家前途命运的重大历史关头，党紧紧依靠全国各族人民，坚持党的十一届三中全会以来的路线不动摇，排除各种干扰，坚定不移地捍卫中国特色社会主义伟大事业，保证了改革开放和社会主义现代化建设航船始终沿着正确方向破浪前进。近年以来，抗击南方部分地区严重低温雨雪冰冻灾害和四川汶川特大地震灾害斗争取得重大胜利，北京奥运会、残奥会和上海世博会圆满成功，神舟七号载人航天飞行任务顺利完成，应对国际金融危机取得积极成效，都生动展现了在改革开放中不断发展壮大的中国共产党和中国社会主义国家政权的伟大力量，展现了阔步前进的13亿中国人民的伟大力量，展现了改革开放的伟大力量，展现了中国特色社会主义的伟大力量。

改革开放以来我国取得一切成绩和进步的根本原因，归结起来就是：开辟了中国特色社会主义道路，形成了中国特色社会主义理论体系。在30多年的创造性实践中，中国共产党经过艰辛探索，积累了宝贵经验。（1）必须把坚持马克思主义基本原理同推进马克思主义中国化结合起来，解放思想、实事求是、与时俱进，以实践基础上的理论创新为改革开放提供理论指导。（2）必须把坚持四项基本原则同坚持改革开放结合起来，牢牢扭住经济建设这个中心，始终保持改革开放的正确方向。（3）必须把尊重人民首创精神同加强和改善党的领导结合起来，坚持执政为民、紧紧依靠人民、切实造福人民，在充分发挥人民创造历史作用中体现党的领导核心作用。（4）必须把坚持社会主义基本制度同发展市场经济结合起来，发挥社会主义制度的优越性和市场配置资源的有效性，使全社会充满改革发展的创造活力。（5）必须把推动经济基础变革同推动上层建筑改革结合起来，不断推进政治体制改革，为改革开放和社会主义现代化建设提供制度保证和法制保障。（6）必须把发展社会生产力同提高全民族文明素质结合起来，推动物质文明和精神文明协调发展，更加自觉、更加主动地推动文化大发展大繁荣。（7）必须把提高效率同促进社会公平结合起来，实现在经济发展的基础上由广大人民共享改革发展成果，推动社会主义和谐社会建设。（8）必须把坚持独立自主同参与经济全球化结合起来，统筹好国内国际两个大局，为促进人类和平与发展的崇高事业作出贡献。（9）必须把促进改革发展同保持社会稳定结合起来，坚持改革力度、发展速度和社会可承受程度的统一，确保社会安定团结、和谐稳定。（10）必须把推进中国特色社会主义伟大事业同推进党的建设新的伟大工程结合起来，加强党的执政能力建设和先进性建设，提高党的领导水平和执政水平、拒腐防变和抵御风险能力。

30多年来，中国共产党在一个十几亿人口的发展中社会主义大国取得的摆脱贫困、加快现代化进程、巩固和发展社会主义的宝贵经验，闪耀着马克思主义的真理光芒，是辩证唯物主义和历史唯物主义的胜利。30多年来，中国共产党的全部理论和全部实践，归结起来就是创造性地探索和回答了什么是马克思主义、怎样对待马克思主义，什么是社会主义、怎样建设社会主义，建设什么样的党、怎样建设党，实现什么样的发展、怎样发展等重大理论和实际问题。30多年的历史经验归结到一点，就是把马克思主义基本原理同中国具体实际相结合，走自己的路，建设中国特色社会主义。

30多年来，党领导全国各族人民取得了伟大成就，但同党的远大目标相比，同人民群众对美好生活的期待相比，没有任何理由骄傲自满、固步自封。必须清醒地看到，我国仍处于并将长期处于社会主义初级阶段的基本国情没有变，人民日益增长的物质文化需要同落后的社会生产之间的矛盾这一社会主要矛盾没有变，当前我国发展呈现出一系列新的阶段性特征。在前进道路上，还会遇到这样那样的困难和风险。改革发展任重道远。这需要全党全国各族人民更加同心同德地奋斗，永远保持和发扬自强不息的进取精神。

在新的国际国内形势下和新的历史起点上，中国共产党将坚定不移地坚持党的十一届三中全会以来开辟的中国特色社会主义道路，坚定不移地坚持党的基本理论、基本路线、基本纲领、基本经验，勇于变革、勇于创新，永不僵化、永不停滞，不为任何风险所惧，不被任何干扰所惑，继续奋勇推进改革开放和社会主义现代化事业。

四、当代青年学生要学党史、知党情，不断坚定跟党走中国特色社会主义道路的理想信念

中国共产党是经历革命、建设、改革长期考验，在异常复杂环境中团结带领我国各族人民创造了伟大奇迹的党。建党 90 年来的历史，是中国共产党和中华民族的宝贵财富，也是推进党的建设新的伟大工程和中国特色社会主义伟大事业的重要力量源泉。青年学生是国家的宝贵人才资源，在开创祖国美好未来的征程上责任重大、使命光荣，要不断增强学党史、知党情、跟党走的自觉性和主动性。

当代青年学生要全面学党史、知党情。通过学习党史，牢牢把握党的历史发展的主题和主线，充分了解和认识党领导全国各族人民取得的中国革命、建设和改革事业举世瞩目的伟大成就，了解和认识历史和人民是怎样选择了中国共产党、选择了社会主义道路、选择了改革开放，了解和认识党全心全意为人民服务的根本宗旨和立党为公、执政为民的本质。要认真学习党的基本理论特别是中国特色社会主义理论体系，充分认识到这个理论体系是全国各族人民团结奋斗的共同思想基础，是不断发展的开放的理论体系，在高度理论自觉的基础上坚定社会主义必胜和为共产主义事业奋斗终生的信心。要在学习党史的过程中切实增强历史感，善于用历史的逻辑、历史的视角和历史的思维方式，从历史的跨度和合理的历史比较中分析看待问题，深刻认识到党的不同阶段的历史是不可分割、一脉相承的，正确看待党的昨天、今天和未来，正确看待党的历史主流和本质。

当代青年学生要坚定理想信念，永远跟党走。通过学习党史，深刻认识到中国特色社会主义道路，是我们党带领全国人民经过长期艰辛的探索，找到的一条实现国家富强和人民幸福的唯一正确道路，在学党史、知党情的基础上，进一步坚定永远跟党走中国特色社会主义道路的信念。要刻苦学习科学文化知识，夯实理论功底，提高专业素养，同时要积极加强自身思想品德修养，把个人成长成才融入祖国和人民的伟大事业之中，以实际行动创造无愧于人民、无愧于时代的业绩，谱写壮丽的青春乐章。要善于思考，提高创新思维能力，不断认识和掌握真理，同时要积极投身社会实践，在基层一线砥砺品质，在同人民群众的密切联系中锤炼作风，掌握建设国家、服务人民的过硬本领，为走上社会、成就事业打下坚实基础。要在发展个人兴趣专长和开发优势潜能的过程中，在正确处理个人、集体、社会关系的基础上，保持个性、彰显本色，实现思想成长、学业进步、身心健康有机结合，努力成为可堪大用、能负重任的栋梁之材。

总之，当代青年学生要把文化知识学习和思想品德修养紧密结合起来，把创新思维和社会实践紧密结合起来，把全面发展和个性发展紧密结合起来，按照党的要求健康成长，切实肩负起实现中华民族伟大复兴的历史使命。

关于加强中学共青团工作的意见

2011年11月22日

为深入贯彻落实《中共中央国务院关于进一步加强和改进未成年人思想道德建设的若干意见》(中发〔2004〕8号)和《国家中长期教育改革和发展规划纲要(2010－2020年)》,充分发挥共青团组织在中学生思想道德建设、促进中学生全面发展中的重要作用,现就加强中学共青团工作提出如下意见。

一、充分认识加强中学共青团工作的重要意义

1. 中学阶段是一个人世界观、人生观、价值观形成的关键时期,也是党、团、队组织意识衔接的重要时期。中学共青团是广大中学生在实践中学习中国特色社会主义和共产主义的学校,在学校育人工作中承担着重要职能。切实加强中学共青团工作,有针对性地开展好面向学生的思想引领和成长服务工作,可以帮助他们形成理想信念,养成良好品德,提升综合素质。这不仅直接关系到广大中学生的健康成长,更关系到中国特色社会主义事业后继有人、兴旺发达。

2. 中学共青团在整个共青团事业中具有基础性和战略性地位。目前中学生团员占全国团员总数的三分之一以上。每年新发展的团员绝大多数来自于中学。团员对共青团的认识、了解和感情,绝大多数在中学阶段培育养成。切实加强中学共青团工作,是从源头上加强团员队伍建设、增强团组织吸引力和凝聚力的必然要求,对实现胡锦涛总书记提出的"力争使团的基层组织网络覆盖全体青年,使团的各项工作和活动影响全体青年"目标具有重要意义。

3. 当代中学生是在经济全球化深入发展和我国改革开放事业不断深化的新形势下成长的一代,是在独生子女或少子女家庭中成长的一代,是在互联网普及的信息社会中成长的一代。国际国内新形势和中学生新特点对中学共青团工作提出了更高要求,与之相比,中学团的建设和工作还存在许多不适应的地方和亟待加强的薄弱环节。有的地方和学校对团的工作认识不足,重视不够,团的组织不健全、团干部配备不到位;有的学校团员发展程序尚需规范、团员意识教育有待加强;有的学校团的工作不够活跃,在工作内容和工作方法上亟须创新。适应新形势、应对新情况,我们必须深刻认识做好中学共青团工作的重要性和紧迫性,采取有效措施切实加强中学团的工作。

二、准确把握中学共青团工作的指导思想、主要任务和载体

4. 当前和今后一个时期,中学共青团工作的指导思想是:高举中国特色社会主义伟大旗帜,以邓小平理论和"三个代表"重要思想为指导,深入贯彻落实科学发展观,全面贯彻党的教育方针,遵循中学教育教学规律和学生成长成才规律,围绕以人为本、全面实施素质教育的主题,以社会主义核心价值体系教育为重点,面向全体学生,系统构建团队一体化分层教育体系,坚持实践育人、文化育人、服务育人,注重工作的普遍性、时代性、针对性,在组织青年、引导青年、服务青年和维护青少年合法权益方面大胆创新,为培养中国特色社会主义事业的合格建设者和可靠接班人作贡献。

5. 中学共青团工作的主要任务是:(1)以理想信念教育为重点,引导学生树立为国家富强、民族复兴而奋发成才的远大理想,初步了解中国特色社会主义理论体系,逐步确立跟党

走中国特色社会主义道路的信念。(2)以思想品德教育为基础,引导学生践行社会主义荣辱观,锤炼意志品格,增强法制意识,明确社会责任,树立积极健康向上的生活态度。(3)以提高综合素质为导向,帮助学生掌握表达、交流、沟通和组织、协调、合作等社会化技能,提高学习能力、实践能力、创新能力和社会观察能力,促进学生全面发展。

6.加强理想信念教育。广泛开展"我与祖国共奋进"主题教育活动,帮助学生了解社会主义初级阶段的基本国情,引导学生树立正确的世界观、人生观、价值观和马克思主义劳动观。根据不同年龄段学生的认知规律和思想实际,生动活泼地组织开展"学党史、知党情、跟党走"主题教育活动,帮助学生了解中国共产党和党开辟的中国特色社会主义道路,引导学生始终坚持爱国主义、社会主义和党的领导的有机统一。加强中学生团校建设,配合学校党组织办好高中生业余党校,科学设计课程内容,积极创新教学方法,引导学生系统学习党团基本知识,了解中国特色社会主义理论体系,形成初步的理论自觉。

7.推进成人主题教育。围绕"长大成人"这一目标,结合学生思想意识形成的关键点,深入开展成人主题系列教育活动。在初中阶段,以14岁集体生日活动为起点,广泛开展主题为"告别金色童年,唱响青春梦想"的迈入青春门教育活动。在高中阶段,以18岁成人宣誓活动为标志,广泛开展主题为"树立远大志向,担当社会责任"的走好成人路教育活动。

8.深化实践育人工作。结合基础教育课程改革的新变化,将共青团活动与综合实践活动课程紧密结合。深入开展参观考察、社区服务、生产劳动等社会实践活动,引导学生在实践中受教育、长才干、作贡献。广泛开展敬老助残、环保宣传、结对帮扶等志愿服务活动,引导学生关心他人、服务社会。积极开展职业体验活动,帮助学生认清自身兴趣和优势,形成初步的职业生涯规划。

9.丰富素质拓展活动。积极配合学校有关部门,组织开展学习讲座、学习方法交流、学习互助等活动,帮助学生端正学习态度,激发学习兴趣,掌握学习方法。精心组织科技竞赛、创意评选、课题研究等活动,引导学生培养创新精神、实践能力和社会观察能力。依托组织生活、集体游戏、情景模拟等载体,帮助学生增加与他人、与社会的接触,不断提高社会化技能。结合青春期特点,通过同伴教育、心理辅导等方式,引导学生正确认识自我,学会面对挫折,身心健康发展。

10.促进校园文化建设。结合青年喜欢的交流、沟通、联络方式,充分运用情感、艺术、时尚等元素,引导学生用好网络、手机等新媒体,努力营造、大力传播积极向上、丰富多彩的校园文化。精心组织离队仪式、入团仪式、艺术节、体育节、社团节等活动,充分发挥校歌、校训、校史的育人作用,组织学生参与校风、班风、学风建设,注重从同学、老师、校友等身边人物中选树可亲、可敬、可学的典型,引导学生在先进文化的熏陶中提高综合素质和精神境界。

三、努力建设高素质的团员队伍和团干部队伍

11.高度重视团员发展工作。按照团章和有关规定,加强培养、坚持标准、规范程序、保证质量,有计划地开展团员发展工作。要充分体现共青团是先进青年群众组织的特点,初中毕业班团员占学生比例按45%左右掌握,高中毕业班团员占学生比例按85%左右掌握。学校团委要认真统筹全校团员发展工作,科学制订年度发展计划,严格执行团员发展程序,确保每学期发展团员不少于一个批次,杜绝全员入团和突击发展现象。团的发展对象必须符合团章规定,在政治上积极要求进步,在品德方面表现优良,在课堂学习、少先队或班级工作、文明礼仪、文艺体育、社会实践、志愿服务、科技创新、社团活动等某方面起模范作用,并

接受不少于 8 课时的中学生团校培训。坚持执行戴团徽、唱团歌、过团日和“三会两制一课”等工作制度,加强团员意识教育。

12. 认真做好团干部的选拔使用。各类学校应选配一名教师担任校团委书记,负责团的工作。学校团委书记班子中,可配备 1 名教师兼职副书记和 1 名学生兼职副书记,规模较大的学校应酌情增加。团委书记要求政治思想好、工作热情高、业务能力强,初任年龄一般不超过 30 周岁,任期一般不超过两届。学校团委书记的调整应按规定履行任免程序,上级团组织要履行好协管职责。建立班级团支部集中换届选举制度,班级团支部委员会由团员大会选举产生,每届任期 1 年。

13. 在政治、工作、学习、生活上关心团干部。学校团委书记按照学校中层干部管理。具备教师资格的团委书记允许适当兼课,但兼课原则上不超过学校同学科教师满课时量的一半。团委书记任职年限在评定职称时等同于担任班主任的工作年限。团委书记的考核要以共青团工作作为主要内容,考核结果和工作成果作为评聘职务和工资分配的重要依据。团干部工作中获得的荣誉和研究成果享受同级教育行政部门表彰的同等待遇。团干部参加职称评定计算工作量时,要将团的工作以一定比例折算成相应的工作量。各地要研究制定团干部评聘教师职务时参加德育和综合实践活动学科组评审的相关政策。加大对团干部的培养和培训,将团干部培训纳入师资培训、党校培训和继续教育体系,将优秀的团干部列入教育系统后备干部培养序列。

14. 坚持全团带队,指导和帮助中学少先队开展工作。初一、初二两个年级有 8 个教学班以上的中学,应配备一名少先队大队辅导员。初一、初二两个年级以班级为单位成立少先队中队,中队辅导员一般由班主任兼任,也可由其他教师兼任。大队辅导员可由学校团委书记或副书记兼任。初中少先队要重点抓好少先队员入团前培养教育、推荐优秀少先队员作团的发展对象的工作。

15. 加强学生会和学生社团工作。学校团委要加强对学生会工作的指导,定期组织召开学生代表大会,选举学生会领导机构,支持学生会依照有关规定独立自主地开展工作,发挥自我教育、自我管理、自我服务的作用。加强对学生社团的指导和管理,支持学生社团、学生兴趣小组开展活动,引导其积极健康发展。

四、切实加强对中学共青团工作的领导和指导

16. 各级教育行政部门要高度重视中学共青团工作,把共青团工作开展情况作为督导评估学校工作的重要内容,并纳入教育部门对中学年度考核的指标体系。教育部门对学校进行年度考核时,要联合同级团组织对学校团的工作进行考核。在中学教育教学工作的总体格局中,特别是在开展综合实践活动、建立发展性评价体系等方面充分发挥共青团的作用。

17. 各级团的领导机关要把加强中学共青团工作作为加强基层组织建设和基层工作的重要内容,加强组织领导,加大资源投入。地市级和县级团委要定期举办中学共青团工作经验交流会和中学团干部培训班。加强中学共青团工作研究,为基层工作开展提供理论指导、项目支持和政策保障。建立中学共青团工作评估体系,联合教育行政部门对团的组织长期不健全、工作开展不力的学校通报批评,督促改进。

18. 学校党组织和行政部门要认真贯彻中共中央组织部、共青团中央《关于加强新形势下基层党建带团建工作的意见》(组通字〔2010〕76 号),完善党建带团建工作机制,从制度安排、干部配备、工作条件创造、工作指导四个方面带动中学团的建设和工作,提供强有力的保障。学校领导班子要把共青团工作列入重要议事日程,每学期至少召开一次专题会议听取团的工作汇报,研究共青团工作。鼓励

和支持团组织与学校相关部门联合承担社区服务、社会实践、研究性学习等综合实践活动课程，安排一定经费专门用于团委开展日常工作，保证班团队活动时间。

七、权益

共青团中央关于贯彻实施“六五”普法规划在青少年中深入开展法制宣传教育的意见

2011年8月26日

法制宣传教育是提高全民法律素质，推进依法治国、建设社会主义法治国家的一项重要基础性工作。抓好青少年的法制宣传教育工作，不断提高青少年的法律素质，是法制宣传教育工作的重要内容，是建设社会主义法治国家的内在要求，对于青少年的健康成长和国家的长治久安具有重要意义。党和国家历来高度重视青少年法制宣传教育。“六五”普法规划强调，要把青少年作为重中之重，深入开展青少年法制宣传教育。为贯彻落实《中共中央、国务院转发〈中央宣传部、司法部关于在公民中开展法制宣传教育的第六个五年规划(2011－2015年)〉的通知》和《全国人民代表大会常务委员会关于进一步加强法制宣传教育的决议》，推动各级团组织扎实做好青少年法制宣传教育工作，现提出如下意见。

一、指导思想

高举中国特色社会主义伟大旗帜，以邓小平理论和“三个代表”重要思想为指导，深入贯彻落实科学发展观，围绕“六五”普法规划要求和青少年成长发展需要，创新青少年社会管理，有针对性地开展青少年法制宣传教育，引导青少年增强法治意识，养成遵纪守法的行为习惯，促进社会和谐稳定。

二、主要任务

1. 深入学习宣传以宪法为统帅的中国特色社会主义法律体系。面向广大青年，抓好宪法的学习宣传教育，大力宣传宪法确立的我国的国体政体、根本制度、根本任务、公民的权利和义务等主要内容和精神，进一步增强其宪法意识和社会主义民主法治观念；抓好中国特色社会主义法律体系的学习宣传教育，针对青年不同需求，学习宣传民法商法、行政法、经济法、社会法、刑法、诉讼与非诉讼法程序法等方面的法律，帮助他们充分认识法律在经济社会发展中的规范、引导、保障作用，培养其法治意识。面向未成年人，重点学习宣传《未成年人保护法》、《预防未成年人犯罪法》和其他与未成年人相关的法律法规，帮助他们培养自我保护意识和能力，养成遵纪守法的行为习惯。

2. 创新青少年法制宣传教育方式，提高工作实效。探索创新法制宣传教育的方式和载体，不断扩大宣传教育覆盖面和青少年参与度，提高法制宣传教育的实效。充分发挥共青团、少先队的组织优势，认真组织抓好法制宣传月、行动周、宣传日等主题教育活动，扩大活动的覆盖面；紧密贴近青少年生活实际，积极运用模拟法庭、知识竞赛、文艺演出、图片展览、法制讲座等互动性、趣味性强的活动载体，增强法制宣传教育实效；探索把时尚、艺术等元素引入法制宣传教育活动当中，充分运用传统媒体和互联网、手机等新兴媒体开展宣传教育活动，提升青少年的参与积极性；依托12355青少年服务台等平台，把法律宣传与法律援助、法律服务、安置帮教、矛盾纠纷排查化解有机结合起来，引导青少年做学法、知法、守法、用法公民；注重围绕青少年普遍关注的热点难点问题和影响社会稳定的突出问题，开展法制宣传教育活动，引导青少年以理性合法的形式表达利益诉求。

3. 加强对特殊青少年群体的法制宣传教育。充分发挥综合协调职能，为各类重点青少年群体提供融教育、管理、服务为一体的法制宣传教育。以推动和促进新生代农民工的社会融入为重点，突出遵纪守法、依法表达利益诉求和维护自身权益等内容的宣传教育，注重法制宣传教育与法律服务相结合，努力提高新生代农民工的法制观念和法律素养；根据流动青少年的分布和流动特征，抓住重要时间节点开展流动青少年的法制宣传教育；针对有不良行为或严重不良行为青少年，把握好其思想意识转变的关键点，加强青少年权益保护、预防青少年违法犯罪等有关法律法规的宣传教育，帮助他们树立正确的人生观，正确看待极端社会现象；针对闲散青少年，以防止失学、技能培训、职业介绍等为主要内容，以培养其遵纪守法的行为习惯为重点做好法制宣传教育工作。

4. 夯实青少年法制宣传教育工作基础。推动《未成年人保护法》、《预防未成年人犯罪法》地方性条例的出台和修订，完善青少年法律法规体系。依托各级各类研究机构和专业组织加强青少年法制工作理论研究，逐步构建符合青少年成长规律、适合不同年龄段青少年掌握的法制教育知识体系。加强对青少年法制宣传骨干的培训，不断培育和壮大青少年法制宣传教育工作力量；加强青少年法制宣传专兼职队伍建设，推进青少年事务社会工作者试点工作，引入专业社工服务为青少年提供法律指导和帮助；重点面向从事法律工作的专业人员和高校法律专业大学生，招募培养青少年法制宣传教育志愿者队伍。加强青少年法制宣传教育阵地建设，充分利用各类青少年教育基地、活动营地、青少年宫及校外教育场所，为青少年法制宣传教育提供有形的阵地依托。

5. 形成青少年法制宣传教育工作整体合力。把法制宣传教育工作与加强社会管理创新结合起来，充分发挥综合治理等工作机制和平台的作用，以及基层派出所、少年法庭、管教所等基层一线干部的优势，形成青少年法制宣传教育工作合力。依托各级预防青少年违法犯罪工作领导小组及其办公室，加强综合协调，规划好和推动好青少年法制宣传教育，努力实现法制宣传教育的常态化。加强与政法、教育等部门的沟通合作，积极争取政策支持，共同推进青少年法制宣传教育工作；努力建设学校、家庭、社会密切配合的青少年法制宣传教育体系，强化学校法制宣传教育主阵地作用，发挥家庭法制宣传教育桥梁纽带作用，优化法制宣传教育社会环境，形成全社会关心和支持青少年法制教育的良好氛围；注重青少年自身在法制宣传教育中的作用，通过青少年动员其家庭成员、同学、朋友积极参与青少年法制宣传教育，使青少年成为法制宣传教育的参与者、倡导者、推动者。

三、工作要求

1. 加强青少年法制宣传教育工作的领导。充分认识青少年法制宣传教育工作的重要意义，加强组织领导和制度建设，落实经费保障。根据本地实际情况，制定本地区开展青少年法制宣传教育的总体规划和详细的阶段性工作计划，有针对性地开展法制宣传教育。

2. 把法制宣传教育与引导青少年结合起

来。把法制宣传教育和思想道德教育、爱国主义教育结合起来，进一步用社会主义核心价值体系加强对青少年的思想引导。通过宣传教育帮助青少年从根本上把握我国近现代社会发展进步的内在逻辑，深刻理解党的领导是社会主义法治的根本保证，只有在中国共产党坚强领导下才能开创中国特色社会主义事业新局面。

3. 把法制宣传教育与促进社会和谐稳定结合起来。把法制宣传教育纳入加强和创新社会管理工作的整体部署，针对当前经济社会发展中存在的矛盾问题，开展法制宣传教育工作，使青少年依法按程序表达诉求、维护权益，把法制宣传教育的过程变成服务青少年、教育青少年、引导青少年、维护青少年合法权益的过程。

4. 建立监督检查和表彰奖励机制。进一步完善青少年法制宣传教育考核评估机制，加强年度考核、阶段性检查。将青少年法制宣传教育工作作为重点工作内容纳入到年度预防青少年违法犯罪工作考核之中，做好督促检查，抓好贯彻落实。对取得显著成绩的组织和个人，团中央将在“六五”普法中期和终期评估验收期间，给予表彰和奖励；对不合格的单位进行通报批评。

八、志愿者

关于向内蒙古、广西、四川、重庆等12个省(区、市)和新疆生产建设兵团部分乡镇文化站选派志愿者开展西部文化建设志愿服务活动的通知

2011年6月3日

内蒙古、广西、四川、重庆、贵州、云南、西藏、陕西、甘肃、青海、宁夏、新疆和新疆生产建设兵团文明办，团委，文化厅，教育厅：

为进一步贯彻落实《关于加强地方县级和城乡基层宣传文化队伍建设的若干意见》和中央领导同志的重要指示精神，引导高校毕业生志愿服务农村基层宣传文化工作，在总结去年向内蒙古、四川部分乡镇文化站选派百名志愿者开展西部文化建设志愿服务活动试点工作基础上，中央文明办、共青团中央、文化部、教育部决定，2011年共同组织开展西部文化建设志愿服务活动，向内蒙古、广西、四川、重庆、贵州、云南、西藏、陕西、甘肃、青海、宁夏、新疆和新疆生产建设兵团部分乡镇文化站选派500名志愿者服务1年。现将有关事项通知如下。

一、工作内容

西部文化建设志愿服务活动参照大学生志愿服务西部计划实施，在2010年开展西部文化建设志愿服务活动试点工作的基础上，按照公开招募、自愿报名、组织选拔、集中派遣的方式，在内蒙古、广西、四川、重庆、贵州、云南、西藏、陕西、甘肃、青海、宁夏、新疆和新疆生产建设兵团

相关普通高等学校中选拔500名应届高校毕业生，到500个乡镇文化站开展文化建设志愿服务。志愿者招募选拔及培训派遣时间为2011年8月，服务至2012年7月。志愿者服务期满后，鼓励其扎根基层或者自主择业。

二、志愿者选拔条件及服务内容

志愿者选拔条件：2011年普通高等学校应届毕业生；品学兼优，有奉献精神，热爱基层宣传文化事业；具有一定宣传文化特长和较强的组织协调能力；具有志愿服务经历或担任过学生干部或参与组织过校内外大型宣传文化活动的优先考虑。

志愿服务内容：服务期间担任乡镇文化站副站长，协助站长负责文化站日常管理与活动组织等工作；按照当地党委、政府工作部署，参与开展政策宣传教育、基层文化活动等工作；按照当地团组织安排，参与团的基层组织建设和基层工作等。

三、政策支持和经费保障

1. 根据2011年西部计划部际联席会精神，参加志愿服务活动的志愿者服务期满、考核合格的，参照大学生志愿服务西部计划有关规定享受服务期为1年的有关鼓励政策。具体政策详见《关于印发〈2011年大学生志愿服务西部计划实施方案〉的通知》（中青联发〔2011〕12号）、《关于统筹实施引导高校毕业生到农村基层服务项目工作的通知》（人社部发〔2009〕42号）等文件。

2. 相关工作所需经费从中央级文化事业建设费中列支，由西部计划全国项目办及内蒙古、广西、四川、重庆、贵州、云南、西藏、陕西、甘肃、青海、宁夏、新疆和新疆生产建设兵团项目办负责按照相关预算规定划拨使用。志愿者服务期间，生活补贴为每人每月760元并按所在服务地享受艰苦边远地区科员津贴，按月发放；交通补贴按志愿者家庭所在地和服务地之间的实际里程核算发放，每年发放两次；由县级项目办和服务单位提供免费住宿；志愿者服务期间党团关系按照有关规定转至服务地。以上工作及入选志愿者体检和集中培训派遣等由内蒙古、广西、四川、重庆、贵州、云南、西藏、陕西、甘肃、青海、宁夏、新疆和新疆生产建设兵团西部计划项目办负责落实。全国项目办负责编制预算和及时拨付经费，并为志愿者统一购买大学生志愿服务综合保障险，为服务期满、考核合格的志愿者制发志愿服务证等。以上经费使用要严格按照预算规定执行，严格财务制度，做到专款专用、及时核发，并按照规定接受审计。

四、时间安排

2011年6月上旬，下发活动通知。

2011年6月中旬，研究确定西部文化建设志愿服务活动西部乡镇文化站点具体名单。

2011年6月至7月，发布招募西部文化建设志愿者信息，完成志愿者招募选拔及培训派遣。

2011年8月至2012年7月，志愿者开展西部文化建设志愿服务。

五、工作要求

1. 高度重视，形成合力。开展西部文化建设志愿服务活动，是落实中央领导同志的重要指示精神、《关于加强地方县级和城乡基层宣传文化队伍建设的若干意见》和深化拓展志愿服务工作、引导大学毕业生积极投身社会实践的重要举措。相关省级和新疆生产建设兵团文明办、团委和文化、教育部门要按照通知要求，高度重视，加强协作配合，形成工作合力，及时处理和解决遇到的各种情况与问题，支持西部计划省级项目办抓好落实。省级文明办要在宣传等方面予以支持和指导；省级文化部门负责提供培训场地、专家和服务期间的业务指导；省级教育部门要在招募选拔等方面予以支持；省级团委要认真制定工作计划，加强对西部计划项目办的工作督导，确保任务落到实处。

2. 精心组织，严格管理。该项目由西部计划相关省级项目办负责志愿者的招募选拔、培训派遣和管理服务、考核评估等日常工作。相关省级项目办要参照西部计划有关文件规定，按照“公开公正、择优选拔”的原则做好选拔及体检工作；按照“谁用人，谁受益，谁负责”和“培养与使用并重”等原则做好日常管理工作；要指导县级项目办将志愿者的安全健康作为日常管理的重点，明确责任，规范程序，会同用人单位，共同做好志愿者免费住宿等生活保障方面的工作。

3. 开拓创新，务求实效。各有关单位要认真总结西部文化建设志愿服务活动的有益经验，结合当前农村宣传文化建设的新形势、新特点、新要求，积极争取各方支持，加强志愿者队伍建设和业务培训，创新工作与活动载体，积极组织各类宣传文化活动，大力宣传优秀典型，不断总结经验，探索长效工作机制，推动西部文化建设志愿服务活动扎实有效开展。

第四部分

重点工作概述

加强团的基层组织建设和基层工作

2011 年，全团认真贯彻落实党中央一系列重要精神和重大部署，紧紧围绕胡锦涛总书记提出的“两个全体青年”的重要要求，继续全力加强团的基层组织建设和基层工作，着力推进乡镇、街道团的组织格局创新、驻外团组织建设等组织创新工作，有效扩大了团的基层组织覆盖。

1. 积极推动党建带团建制度安排的有效落实。各地各系统认真贯彻落实全国基层党建带团建暨共青团系统深入开展创先争优活动座谈会和《关于加强新形势下基层党建带团建工作的意见》精神。截至 2011 年底，全国有 24 个省（区、市）和兵团、解放军系统召开了党建带团建工作会议，20 个省（区、市）和解放军、中央金融系统下发了党建带团建工作文件。省、市、县三级党委和基层党组织普遍建立了党组织书记定期听取共青团工作汇报、参加团的重要会议的制度，各级党组织普遍将团建工作纳入党建工作考核范围。6 个省份对共青团工作经费保障标准作出了明确规定。

2. 进一步加大支持基层力度。一是继续把工作资源向基层倾斜。2011 年团中央共支持县级团组织 6672 万元；全国省市两级团组织向基层提供了 1.92 亿元的资金支持。二是继续做好选派高校团干部到县级团委挂职工作。共从 1600 多所高校中选派了 2610 余名团干部赴县级团委帮助开展工作，其中，2282 人挂职任县级团委副书记，占 87.4%。通过加强挂职干部管理和挂职工作宣传等途径，积极引导和推动高校挂职干部深入基层、密切联系青年，融入县级团委、参与推动重点工作，推动校地合作、协调资源支持基层，取得了良好成效。三是开展大规模分级分类培训。全团共举办各类培训班 1 万余期，培训总人数 106 万人次。培训政策、培训内容、培训形式、培训支持等方面的工作机制进一步完善。

3. 进一步加强青年农民工群体团建工作。一是大力加强流动青年驻外团组织建设。先后下发了《关于进一步加强驻外团组织建设的有关意见》和《关于明确驻外团工委建设重点城市和近期工作任务的通知》，对驻外团工委的工作目标、工作任务和工作方向做出了明确规定。在对 9 个重点流出省份和 7 个重点流入省份督导调研的基础上，召开了全国驻外团组织建设工作推进会和重点城市驻外团工委建设对接会，对驻外团工委建设工作进行重点部署、推动。截至 2011 年底，全团新建省、市、县三级驻外团工委分别为 15 个、358 个、247 个，累计分别达到 74 个、627 个、3182 个，由此派生出基层团组织 2 万多个。二是深入推进非公企业和新社会组织团建工作。全团在 2010 年新建非公企业和新社会组织团组织 12.6 万个的基础上，积极借助党建力量支持，2011 年在非公企业中新建团组织超过 10 万个，在新社会组织中新建团组织超过 1.2 万个，在符合条件的 4.9 万多个农村专业合作组织中建立团组织 2.8 万个，在国有企业中新建团组织 1625 个。共青团独立建立组织的非公企业已累计接近 30 万家，联系团员超过

800万人。

4. 大力推动乡镇、街道团的组织格局创新工作。下发了《关于全面推进乡镇、街道团的组织格局创新工作的指导意见》,对乡镇、街道兼职团干部的选配标准、数量结构、选任程序等进行了规范和明确。召开了全团乡镇、街道组织格局创新及基层工作研讨会,对乡镇、街道团的工作进行了专题研讨。推动全国90%左右的乡镇、街道完成了团的组织格局创新工作。吸收了青年能人、青年企业家、教育工作者、大学生村官、银行信贷员等担任乡镇、街道团委的副书记或委员,增加了兼职团干部近40万人,其中平均每个乡镇、街道团组织增加了10名左右的兼职团干部,初步实现了充实团干部力量、拓宽联系青年渠道、丰富团的工作资源的目标。

"学党史、知党情、跟党走"主题教育活动

2011年,全团牢牢把握纪念中国共产党成立90周年契机,贯彻中央关于纪念中国共产党成立90周年活动的有关要求,以"学党史、知党情、跟党走"为主题,在全国青少年中广泛深入地开展了多种形式的宣传教育活动。

1. 抓好基础学习,加强青少年对党的基本认识了解。围绕引导青少年学习党的历史、为深刻理解中国共产党奠定基础和前提,全团设计开展了六项重点活动。一是全国青少年"千网联动学党史"活动,各级团组织联合全国1300余家知名网站建立了青少年学党史专题网页,在网页上提供《青少年学习中共党史丛书》等党史图书在线阅读、党史题材影视片在线观看、爱国爱党歌曲在线收听、爱国主义网站链接等内容,并开展网上征集交流党史感言、网上党史知识竞赛等活动,活动网站总点击量达1.5亿次。二是全国团员青年"万场党史学习交流会",以企业、农村、机关、学校等各个领域的基层团组织为基本单位,面向基层青年开展普遍性学习,全团共举办党史学习交流活动2万余场,520万人次团员青年参加。三是"与信仰对话"万场党史报告进校园活动,邀请专家学者走进大学校园举办党史报告会,引导大学生铭记党的历史、高扬理想旗帜,团中央直接组织报告会100场,全国各类高校共举办10594场,参加大学生486万余人。四是团干部"学党史、强党性、铸信仰"学习教育活动,组织专兼职团干部深入学习《中国共产党历史》等权威党史图书,撰写、交流心得体会,近100万人次的专兼职团干部参加活动。五是党史题材动漫片编创和观摩活动,团中央组织编创了26集党史题材动漫片《号角》,从党在革命、建设、改革等各个历史时期的著名口号中精选出26条,以《中国共产党历史》和《青少年学习中共党史丛书》中的有关史实和观点为素材来源和基本遵循,运用动漫形式进行诠释,浓缩式地介绍党成立90年来奋斗历程的基本脉络。动漫片通过电视、网络等渠道播出,同时推出根据动漫片改编的漫画丛书《号角——画说党史口号》。六是全国团媒"学党史、知党情、跟党走"宣传教育活动,在全国各级团组织所属的报纸、杂志等媒体上统一开设专题栏目,介绍党史知识和党史人物事迹。

2. 兴起活动热潮,强化青少年对党的认同。主题教育活动中,全团结合清明、"五四"、

“六一”、“七一”等节点，逐次推进各项重点活动，形成了强大声势和良好氛围。一是清明期间，团中央联合人民网、新华网和腾讯、新浪、搜狐、人人等知名网站，开展了“永远不能忘记——青少年缅怀革命先烈”网络专题活动，介绍革命英烈事迹和革命诗抄，开展网上献花、留言活动，参与网友近1600万人次，网上留言超过10万条，同时各地团组织还依托当地烈士陵园、纪念馆等场所开展现场纪念活动。二是“五四”期间，各地团组织围绕“学党史、知党情、跟党走”的主题，集中开展仪式教育、报告会、座谈会、文艺汇演、红色旅游等多种形式的团日活动，参与团员青年近800万人次。三是“六一”期间，各地少先队组织以“红领巾心向党”为主题，广泛开展“学唱一首爱党歌曲、了解一个党史故事、观看一部红色影视剧、参观一个革命纪念地、了解一个党的新成就、寻访一位优秀党员”等“六个一”活动，近20万个少先队组织参加活动。全国少工委还通过少年儿童喜欢、熟悉的方式，组织创作了主题歌曲MV、动漫宣传片和网络小游戏。四是“七一”期间，各地团、队组织广泛开展“在光荣的旗帜下——党团队员话成长”主题活动，组织优秀党、团员与广大共青团员、少先队员共话成长，回顾党的历史、交流成长体会，全团共开展重点活动4000多场。五是“五四”到“七一”期间，各地团组织普遍开展“永远跟党走”青春歌会活动，团中央统筹安排的大型青春歌会传唱活动，沿着党“诞生——开辟井冈山根据地——红军长征——延安时期——西柏坡时期——建立新中国”的历史足迹，以及在社会主义建设和改革开放进程中的若干代表性地点，依次由上海、江西等14个省级团组织举办。全团共举办青春歌会5000多场，吸引420多万青少年参与。六是“七一”之后，各地团组织认真组织学习贯彻胡锦涛总书记“七一”重要讲话，广泛开展报告会、座谈会等活动，领会讲话精神，深化党史知识学习，将“学党史、知党情、跟党走”主题教育活动不断引向深入。

“我与祖国共奋进”形势政策教育活动

2011年，各级团组织按照中央有关要求和部署，广泛开展“我与祖国共奋进”形势政策教育活动，在广大团员青年中深入宣传党的十七届五中全会精神和全国“两会”精神。据不完全统计，全团年内共组织开展形势政策报告会、宣讲会共8268场，直接覆盖团员青年266.5万人，通过视频播放、网络电台、手机微博等多种形式收听收看、参与互动的青年达4000余万人。

1. 全面动员部署，各地积极行动。党的十七届五中全会闭幕后，团中央发出通知，要求各级团组织开展学习宣讲活动，组织团员青年认真学习全会精神。团中央机关率先带头，专门组织两次书记处集体学习，邀请有关部委负责同志、专家学者围绕全会精神作专题讲解。此后，专门下发了开展形势政策教育的文件，组织编写了《宣讲提纲》并推荐宣讲参阅资料，为推动深入开展形势政策教育提供指导。2月下旬，团中央在北京、上海、湖北、江苏、湖南、浙江、辽宁、重庆、山东、贵州等地同时举办报告会，全面启动这项活动。各地各级团组织也积极行动，开展了形式多样的宣讲活动。

2. 抓好示范带动，全团共同推进。团中央专门组建了由12位成员组成的形势政策宣讲团，其中有熟悉政策的党政领导，有理论造诣深厚的专家学者，有参加“两会”的全国人大代表、政协委员以及成才报国的青年典型，其中有3位同志是党的十七届五中全会精神中央宣讲团成员。宣讲团先后深入11个省（市、区）的高校、企业等基层单位开展形势政策宣讲，直接听众近万人。围绕就业创业这一青年最普遍、最迫切的需求，团中央邀请了部分“中国青年创业奖”和提名奖获得者组成“我与祖国共奋进——创业者的足迹”青年创业典型宣讲团，重点面向进城务工青年、中职学校和高职院校学生、高校学生等，开展宣讲交流活动27场。辽宁、江西、重庆等地也组织了不同类型的宣讲团、报告团，有力促进了活动深入开展。

3. 区分不同青年群体，着力释疑解惑。充分考虑和兼顾青年学生、企业青年、进城务工青年、农村青年等不同群体在受教育水平、成长经历、学习工作环境、面临现实问题等方面的差异和思想特点，切实增强宣讲的针对性、适用性、普遍性。同时，从青年普遍关心、与自身成长发展和切身利益紧密相关的收入分配、反腐倡廉、司法公正、就业创业、住房医疗、环境污染、食品安全等问题入手开展宣讲活动，做到既宣传成就、分析形势、明确任务，又直面问题、聚焦热点、解读政策。在组织宣讲会、报告会等活动中，注重运用生动丰富的语言、事例、图片和数据，把道理说充分、说清楚，把难点热点讲透彻、讲明白，努力使形势政策教育深入浅出、通俗易懂。

4. 拓展活动形式和载体，提升活动效果。“两会”期间，团中央举办了“我与祖国共奋进”形势政策网络宣讲会，邀请4位全国人大代表、政协委员与大学生代表、青年网民互动交流。活动期间网络点击量达2400万次，青年网民围绕主题在微博、论坛、社交网站等互动平台上发表话题4.32万条，在活动现场的“微博墙”上发表留言评论10056条，取得了良好社会效果。4月下旬，团中央利用全国农村党员干部现代远程教育卫星数字专用频道，组织全国数十万基层团干部和农村青年在各农村现代远程教育网络终端站点，集中收看形势政策教育活动专题片并开展学习讨论。各级团组织积极探索运用手机、互联网、即时通讯工具、视频点播等新媒体手段开展形势政策教育，大大增强了覆盖面和影响力。各地团组织还将形势政策教育与“两会”召开、重大节庆纪念日、主题团日活动等结合起来，与参观走访、实地考察、展览演出、征文演讲、图书推荐、文艺汇演、座谈交流等活动结合起来，吸引青年广泛参与。

分类引导青年工作

2011年，全团深入贯彻党中央书记处2010年7月5日在听取团中央书记处关于青年思想引导工作专题汇报时的重要指示精神，以在基层团组织转化和运用团中央下发的四类青年群体《思想引导大纲》为主线，推动分类引导青年工作在全团深入开展。9月28日，团中央召开全团分类引导青年工作电视电话培训会，对各省级团委、地市级团委分管宣传工作的副书记、宣传部长，以及全团首批推进单位团组织负责同志1万余人进行了培训。部分省级团委也开展了相应的专项培训。同时，为加强对这项工作的具体指导，团中央宣传部还确定了249个基层团组织作为团中央直接联系和指导的单位，各省级团委也按要求相应确定了一批直接联系和指导的基层单位。按计划，全团的《大纲》转化工作共分3个批次进行。2011年内各省级团组织共推动712个高校、1022个国企、5986个非公企业、420个区县团组织完成了首批《大纲》转化工作。这些基层团组织围绕青年对六个“为什么”、七个“怎么看”等事关党和国家发展的“大问题”，以及对职业观、劳动观、道德观等事关个人成长发展的“小问题”的看法，深入调查了解本单位青年的思想意识关键点及其形成逻辑。在此基础上，运用本单位青年熟悉的话语体系、事例素材，将党的“大道理”转化为青年易于理解和接受的“小道理”，并积极寻找本单位青年喜闻乐见的引导路径和载体来传播正确思想准则，编写出适合本单位使用的《青年思想引导手册》，为今后本单位推进引导青年工作提供了基本遵循。

“与信仰对话”主题教育活动

2011年，以纪念建党90周年为契机，在全团“学党史、知党情、跟党走”主题教育活动总体框架下，全国高校共青团重点开展了“与信仰对话”主题教育活动。

1. 组织“与信仰对话——万场党史报告进校园”活动。分“辛亥篇”、“科技篇”、“文化篇”、“社会篇”、“经济篇”五个篇章，邀请从事与党的历史相关工作的理论工作者、作家、学者、亲历者等，到高校青年学生中举办面对面的报告会，由主讲人结合研究领域和自身实际阐述对党的历史的理解和认识，引导和帮助青年学生深刻认识党在革命、建设和改革各个历史时期领导人民进行的英勇奋斗、付出的巨大牺牲、做出的重大贡献和取得的光辉业绩，深刻认识、理解党执政的历史逻辑，不断加深对党的理论和路线方针政策的理解，不断坚定跟党走中国特色社会主义道路的理想信念。活动于2011年5月4日启动，截至12月底，全国31个省（自治区、直辖市）在各类高校中共举办报告会14544场，直接参与学生达6419648人次。团中央学校部在中国共青团网、优酷网、中青网上开设了活动专题，对活动进行重点推介，利用新媒体手段扩大活动的影响力和受众面。

2. 部署开展纪念建党90周年系列活动。团中央部署全国高校以班级团支部为单位，集中开展“党史我来讲”主题团日活动，以模拟历史情景剧、改编经典电影、讲述党史故事或人物、参访革命纪念场馆、挖掘所在城市的党史等多种形式学习、讲述党史，使学习党史的过程更加鲜活、生动、贴近学生，全国共举办主题团日活动3万余场。2011年5月4日，团中央学校部联合解放日报报业集团在上海复旦大学举办“‘90后’对话九十年”主题讲坛和全国大学生理论学习交流会，邀请了国防大学战略研究所所长金一南、前冬奥会冠军杨扬等4位嘉宾与全国百所高校学生理论社团负责人、上海部分大学生代表进行了交流，引导“90后”在校大学生正确看待党的90年发展历程、国家和民族的发展未来。团中央联合文化部等有关部委，设计开展了全国大中学生“红小鬼动漫故事汇”活动，面向全国高校学生共征集了“红小鬼”动漫人物形象近3000个、红色手机动漫故事作品1万多部，近百万学生参与了“红色动漫风尚榜”的投票评选。

3. 举办其他思想引领类教育实践活动。为纪念“5·12”汶川特大地震三周年，2011年4月团中央学校部与四川团省委共同组织“全国百所高校学生记者四川地震灾区行”活动，125名大学生记者分别在青川、北川、汶川进行了实地采访，全面了解灾区在党的坚强领导下进行灾后重建的生动历程和巨大成就。为纪念辛亥革命100周年，团中央学校部指导湖北团省委组织开展了“两岸四地大学生辛亥革命文化专题辩论赛”。

青年马克思主义者培养工程

2011年，“青年马克思主义者培养工程”以“拓展重点培养群体、完善培养格局”为重点进行深化推进。

继续抓好大学生骨干培养工作。2011年7月24日—8月3日，中国大学生骨干培养学校第四期257名学员在北京、河北两地进行了为期两周的实践锻炼，期间，学员们围绕学习贯彻总书记“七一”重要讲话精神进行了研讨，到北京现代农业科技示范园区参观考察并参加劳动体验，参观了西柏坡纪念馆和中共中央旧址，分成15个组深入到平山县的基层农村村民家里开展民宿活动，与老百姓同吃、同住、同劳动，到唐山考察曹妃甸经济开发区。2011年12月1日—10日，团中央在北京举办中国大学生骨干培养学校第四期学员结业暨第五期开班和理论学习周活动，期间，团中央书记处第一书记陆昊、书记处书记卢雍政分别与学员座谈交流，邀请了中央党校、中国社科院、国家行政学院的专家为学员讲授科学社会主义、中共党史和社会思潮辨析、领导力提升等课程，组织学员到全国人大、外交部等国家部委进行政务参访。2011年团中央共组织近110余名中国大学生骨干培养学校学员参加出访韩国、日本、巴基斯坦、沙特阿拉伯等国家，参加各种对外交流考察活动。同时，全国、省级、校级三级大学生骨干培养格局持续完善，2011年共培养大学生骨干近20万人次。

加强高校专职团干部培养。2011年11月10日至15日在中央团校举办了2011年全国学校团干部培训班，120名来自内蒙古、西藏、上海、山东、浙江等地的大学、中学团干部参加了培训交流。其间，邀请团中央书记处书记卢雍政和中央民族大学、中央团校、中国社科院的专家为学员讲授民族工作及民族团结教育的理论知识，分析研讨提高学校共青团工作科学化水平的路径和方法、新形势下做好党的青年群众工作的艺术与方法；组织学员举办工作论坛，交流各学校共青团品牌工作的深化和创新经验及做法，以及基层组织建设创新和活力提升的有效途径等。2011年，团中央联合教育部党组，从全团高校共选派2610团干部到县级团委挂职工作。高校挂职干部到岗工作后，主动融入当地，迅速投入工作，既推动了全团重点工作在基层的落实，也促进了自身了解基层国情、提高综合素质。据不完全统计，挂职干部共走访基层单位36931个，撰写调研报告4768篇；参与完成乡镇街道团组织格局创新14792个、非公企业团建31355个、建立驻外团工委1963个；帮助青年实施小额贷款项目

30977 个、贷款金额 23.3739 亿元、青年就业创业培训 495186 人次；协调高校资金、物资支持基层累计达到 1.4626 亿元，推动校地建立长期合作。

“红领巾心向党”主题教育活动

1. 组织开展四次全队集中活动。“六一”开展“红领巾心向党”大、中队联欢会，将“红领巾心向党”活动内容编创成形式多样的文艺节目，进行集中宣传教育。“七一”开展“在光荣的旗帜下——党团队员话成长”主题队日活动。7 月 15 日，团中央、全国少工委在北京举行纪念建党 90 周年新创作儿童歌曲发布会暨“红领巾心向党——寻访光荣足迹”少先队员暑期活动启动仪式，中共中央政治局委员、全国人大常委会副委员长王兆国同志出席，团中央书记处第一书记陆昊同志出席并讲话。启动仪式后，各地少先队组织结合夏令营、假日小队活动，寻访考察党史上有代表性的地点。“十一三”建队纪念日开展新老队员交流分享会，举行新队员入队仪式和老队员重温入队誓词仪式。

2. 各地普遍开展“红领巾心向党”六个一活动。按照全队统一部署，各地普遍动员少先队员学唱一首爱党歌曲、了解一个党史故事、观看一部红色影视剧、参观一个革命纪念地、了解党的一个新成就、寻访一位优秀党员。全国少工委办公室开设“红领巾心向党”专题网站，发动全国性队报队刊宣传引导。据统计，全国共有 22316 个大队在“红领巾心向党”专题网站注册，上传活动 54556 个，参加活动的少先队员有 52149983 人次。

3. 加强灌输培养少年儿童对党和社会主义祖国的朴素感情的研究和指导。全国少工委办公室在党史、党建、宣传、教育等方面专家指导下，组织编写了《灌输培养少年儿童对党和社会主义祖国的朴素感情工作读本》（辅导员试用版），寄发全国少工委委员和各省级、地市级团委、少工委，并在中国少年先锋队网、“红领巾心向党”专题网站和未来网上提供全文下载。

4. 运用艺术、时尚、情感元素和新媒体工作。一是制作推出少年儿童喜爱的文化艺术产品。围绕“红领巾心向党”主题，全国少工委邀请著名词曲作家创作两首主题歌曲，向全国少年儿童推荐 6 首新创作歌曲并制作 MV，制作“红领巾心向党”动漫宣传片，创编“红领巾心向党——伟大历程我知道”网络小游戏。二是在少儿电视媒体推出少先队专题节目。全国少工委办公室与中央电视台少儿频道合作制作了 4 期《飘扬的红领巾》专题节目，暑期周日黄金时间连续播出。在少先队建队纪念日期间，举行《红领巾之歌》全国优秀少先队员、少先队辅导员、少先队集体电视颁奖仪式，并在中国教育电视台一频道播出。三是运用网络等新媒体加强教育引导。全国少工委办公室与团中央网络影视中心共同建设未来网“红领巾集结号”，探索少先队工作新的组织和活动形态。建设“红领巾心向党”活动专题网站，在腾讯网等开展“在光荣的旗帜下——党团队员话成长”网络旗帜传递、留言活动。

促进青年就业创业工作

1. 青年就业创业见习基地。2011 年，共青团“青年就业创业见习基地”工作按照“质量优先、管理规范”的原则，通过加强见习基地管理、组织集中对接活动、不断拓展对接渠道、加强见习理宣传念，形成见习基地动态管理机制。全年开展以“见习助就业·牵手毕业生”为主题的见习岗位对接活动 240 余场次，参与见习基地近 6000 家，总计提供见习及就业岗位 75000 余个，近 10 万名青年参加对接活动，近 4 万人成功上岗见习。同时，依托腾讯网建立见习基地微博圈，省级团委见习基地官方微博 21 个，见习基地企业微博 47 个，关注粉丝 6 万余名。下发《关于启用正式版共青团“青年就业创业见习基地”见习证书的通知》，统一印制并发放见习证书 6 万本，在全国推广青年就业创业见习证制度。截至年底，全团城市战线已建立共青团“青年就业创业见习基地”37679 个，其中 2011 年新增见习基地 13066 个，完成上岗见习青年 107216 人，其中 75024 名见习青年见习结束后被见习基地正式录用。

学校战线加强了“大学生就业创业见习基地”建设。建立并严格执行基地工作月度考评制度，建设了学校战线共青团“青年就业创业见习基地”工作台账网络管理系统，对学校战线见习基地建设实行跟踪了解和动态管理。截至 2011 年底，共有 1635 所高校参与基地建设，建成见习基地 17440 个，提供见习岗位 122656 个，已上岗见习的学生人数为 365032 人，其中见习结束后被基地正式聘用 48176 人，占参加见习人数的 13.2%。在增进大学生就业知识方面，聘请“大学生就业创业导师团”，组织“2011 梦想之旅”——中国大学生励志系列讲座，提供职业生涯规划指导和就业培训，有效提升了大学生就业创业的基本能力。

2. 青年创业贷款工作。2011 年，全国城市战线各级团组织继续深化与国家开发银行、中国邮政储蓄银行合作，积极联合地方金融机构，通过探索和创新团银合作模式、争取政府政策支持、发挥青年就业创业基金会作用、探索支持青年创业小额贷款的风险分担机制等举措，不断深化实施青年小额贷款工作。全国新增贷款项目 129698 笔，新增贷款金额 1132042 万元，扶持创业青年 129693 人，带动就业 446111 人。

农村青年创业小额贷款工作进一步深化。一是与金融机构的合作进一步扩大，2751 个县(市)开展了小额贷款工作，覆盖面达 96.3%。联合中国农业银行推进小额贷款项目，全年各级团组织与农行分支机构合作发放小额贷款 24.92 亿元，获贷青年 5.4 万人。二是联合中国人民银行推进农村青年信用示范户工作，召开全国农村青年信用示范户工作推进会，下发《关于全面开展农村青年信用示范户工作通知》，推动工作在全部县域开展。全年共评定信用示范户 21.29 万户，为其中有贷款需求的发放小额贷款 44.42 亿元。联合中国银监会团委继续开展“送金融知识下乡”活动。三是坚持小额贷款工作月报和通报制度，加强数据监测及核查，确保工作数据真实、准确。2011 年，全年累计为 38.75 万名农村青年发放创业小额贷款 177.44 亿元。

3. 中国青年创业奖。评选第六届“中国青年创业奖”获得者 10 名、第六届“中国青年创业奖”提名奖 20 名。2011 年 3 月 22 日，中共中央政治局委员、全国人大常委会副委员长王兆国在人民大会堂接见第六届“中国青年创业奖”获得者并发表重要讲话。王兆国对各级共青团组织与人力资源和社会保障部门深入做好青年创业工作、积极培养一大批自主创业青年典型给予充分肯定，对青年创业先进典型的优秀事迹给予高度评价。他强调，青年一代蕴藏着巨大的创业潜力，要奋发进取、自主创业，为实现“十二五”规划目标任务多作贡献。团中央书记处第一书记陆昊、人力资源和社会保障部副部长信长星等参加会见。2011 年 4 月组织 143 名中国青年创业奖和省级青年创业奖获得者，以“我与祖国共奋进——创业者的足迹”为主题，开展全国性巡回宣讲，覆盖全国 30 个省（区、市）。白手起家的青年创业典范，深入到中职、高职、高校的广大青年学子中，共计开展创业宣讲活动 118 场，与 5 万多名青年面对面交流创业之路，有力弘扬了脚踏实地、艰苦奋斗、自立自强的青年创业文化，产生了良好的社会反响。

4. 农村青年就业创业培训工作扎实有效。一是推动各级团组织结合当地主导产业发展和农村青年实际需求，广泛开展农村青年就业创业培训，进一步提高了培训的实效性和针对性。二是联合农业部实施农村青年创业就业行动，下发《关于实施农村青年创业就业行动的通知》，明确“十二五”期间重点推进农村青年创业培训、促进农业科学技术普及、培养青年农业科研杰出人才、促进农技人员知识更新、开展农村环境整治活动、支持农村青年创办领办农民专业合作社等六方面工作。三是继续实施种都、美涂士等示范培训项目。全年累计培训农村青年 237.89 万人。

5. 农村青年致富带头人培养工作创新发展。联合农业部表彰第七届“全国农村青年致富带头人”500 名，中共中央政治局委员、国务院副总理回良玉出席表彰大会并发表重要讲话。成立中国农村青年致富带头人协会，组织会员赴海南、山西、甘肃、重庆及台湾开展考察交流活动，并在中国农业大学举办了会员培训班。与科技部共同开展农村青年科技特派员创业工作，发挥科技创业引领作用。与央视七套等媒体合作，加强致富带头人事迹宣传。推动广东、河南、江苏、安徽、吉林、海南等省份成立涉农青年组织。

6. 实施大学生 KAB 创业教育项目。2011 年 3 月，召开了“KAB 创业教育年会暨第三届大学生创业教育论坛”，研究 KAB 项目发展如何从规模扩张向质量提升转变，并明确提出下一阶段工作重点是加快 KAB 项目的本土化进程、建立和完善组织化推进机制和深化服务学生就业创业工作体系。截至 2011 年底，KAB 创业教育项目在 1000 余所高校开展了师资培训，KAB 师资超过 4000 人；在 750 多所高校开设了《大学生 KAB 创业基础》课程，30 万多名大学生参加了学习；近 200 所高校创设了 KAB 创业俱乐部，上百万大学生参加了 KAB 项目相关创业实践活动。

7. 开展了 MM 百万青年创业计划。依托中国移动的技术支持，为大学生打造一个基于移动互联网技术的自主创业平台，提供从创意产生、开发、应用到分享的一站式服务。2011 年 4 月，召开了专题工作部署电视电话会议，明确把 MM 计划定位为共青团促进大学生就业创业工作体系的重要环节，发挥 MM 计划在帮助大学生转变就业创业观念、提高就业创业技能、解决就业见习机会、突破创业资金瓶颈制约等方面的作用。截至 2011 年底，有效注册开发者达到 118 万人，征集创业作品 76 万件，其中 9.5 万件作品在 MM 平台上公开发布，累计下载量超过 4.7 亿次，活动覆盖了 2000 多所高校，影响了 3000 多万大学生。同时，注重 MM 计划与 KAB 项目、“挑战杯”竞赛等工作的结合，组织开展了以移动互联网创业为主题的大学生 KAB 创业俱乐部主席夏令营、“挑战杯”竞赛 MM 作品展等活动。

青少年维权工作

2011年,各级共青团组织按照“三个结合、一个制度性安排”的工作思路,继续深化“共青团与人大代表、政协委员面对面”活动,推进12355青少年服务台建设,有效反映青少年普遍性利益诉求;认真落实预防青少年违法犯罪和未成年人保护各项措施,配合有关部门努力形成青少年社会管理的长效机制和工作合力。

1.“共青团与人大代表、政协委员面对面”活动。着力加强机制建设、推动基层活跃,使活动在覆盖面、制度化、经常化方面取得新的进展。一是在省、市两级实现全覆盖的基础上,通过检查督导、编制县级活动手册、补助活动经费等方式,加强对县级开展活动的指导和支持,推动县级活动覆盖面达到81%。二是推动22个省级团委与人大、政协相关机构联合制定制度性文件,通过建立活动领导小组、设立联络员、邀请代表委员担任青少年事务顾问等形式,强化与人大、政协及代表委员的机制化联系。三是积极推动建议、提案的办理落实。团中央提交的《努力促进新生代农民工的社会融入》提案被全国政协列为重点提案;会后,推动将“新生代农民工的社会融入”纳入全国政协年度视察计划,与全国政协办公厅联合组织委员视察团赴浙江、四川视察并形成报告上报中央。

2. 重点青少年群体服务管理和预防犯罪试点工作。一是以中央社会管理综合治理委员会更名和职责调整为契机,确定预防青少年违法犯罪专项组22个成员单位,明确加强不良行为青少年、闲散青少年教育、帮扶、矫治、管理和建立流浪儿童救助机制等12项专题工作,制定人员联络、全体会议、专题会议、信息报送等工作机制,进一步完善预防青少年违法犯罪工作组织体系。二是配合社会管理综合治理整体安排,选择部分城市开展试点工作,研究探索对闲散青少年、有不良行为青少年、服刑在教人员未成年人子女、农村留守儿童、流浪乞讨未成年人等5类重点青少年群体进行教育、帮扶、矫治、管理的有效途径。指导试点城市开展全面排查,摸清各类重点青少年底数,建立信息台账。召开全国试点工作经验交流会,探索完善具有普遍意义的工作模式和推进措施。委托部分省级团委、研究机构开展15项重点研究课题,提高试点工作的专业化水平。联合相关单位开展试点城市中期评估考核,总结试点工作经验,分类评估试点措施和成效。三是推动预防青少年违法犯罪基础性工作。与中央综治办联合开展对《关于进一步建立和完善未成年人刑事案件配套工作体系的若干意见》落实情况的专项督查,向全国人大法工委提交《关于完善我国未成年人刑事诉讼程序的立法建议》,建议在《刑事诉讼法》设立未成年人刑事诉讼专章。四是深化青少年法制宣传教育。联合中央电视台社会与法频道制作青少年法律知识竞赛电视节目“班长对班长”,委托制作“喜羊羊”系列普法动漫作品,联合司法部举办青少年普法动漫作品征集大赛、第八届全国青少年网上普法知识大赛等。

3. 12355青少年服务台建设。一是积极借助社会力量,与中国心理学会建立合作关系,对各地青少年服务台心理咨询师分片开展专业培训,选择15个基础较好的服务台开展为期两年的心理督导工作,切实提升核心服务能力。二是组织开展各类主题活动。中高考前夕,以“轻松备考·与你同行”为主题,集中开展“12355阳光行动”,走进学校、社区3587次,邀请4352位心理专家举办考前减压讲座3527场,服务考生和家长156万人次。组织专业力量编写青少年网络素养教材《网海生存训练营》1万套，协调教育部门在学校广泛开展网络素养教育。三是编制下发通用统计软件，面向全团开放使用12355短信息功能，探索使用微博平台，扩展运用新媒体服务青少年的新渠道。

共青团关爱农民工子女志愿服务行动

“共青团关爱农民工子女志愿服务行动”（简称关爱行动）是团中央、中国青年志愿者协会在全国启动实施的关爱农民工子女重点品牌项目。通过广泛动员青年志愿者与农民工子女结对帮扶，为农民工子女健康成长提供学业辅导、亲情陪伴、感受城市、自护教育、爱心捐赠等志愿服务。2011年是关爱行动实施第二年，各级团组织进一步推进关爱行动各项工作深入开展，初步形成了关爱行动的机制、队伍、内容、阵地“四位一体”的工作格局，为关爱行动健康、持续、科学发展奠定了坚实基础。

1. 健全“结对+接力”工作机制。一是全面提高结对覆盖面。截至2011年底，关爱行动已经在全国2786个县市区旗实施，全国各地已结对农民工子女较集中学校3.2万所，结对农民工子女730万人；参与结对的基层团组织或志愿者组织共5.4万个，参与的志愿者达436万人。二是加强分类指导提高结对质量。通过组织各地自查、电话抽查、综合数据对比等方式，对各省区市和兵团结对工作进行汇总、梳理，并对各省级团委提出指导意见。三是注重调查研究。先后派出16个调研组赴有关省区市进行专题调研，形成了一系列“结对+接力”的理论和实践成果。

2. 启动项目专员制度关爱农民工子女，推进骨干志愿者队伍建设。2011年9月30日，团中央部署建立项目专员队伍有关工作，选拔一批来自基层、覆盖全国的骨干志愿者队伍，促进关爱行动各项工作任务的落实。一是明确项目专员队伍建设的基本条件和工作任务。二是加强工作部署，通过与中国青年网合作举办在线访谈等活动，对项目专员选拔工作任务进行集中布置。三是加强跟踪指导。2011年10月中旬和11月初，分两次与各省区市和兵团联系沟通，及时掌握全国面上的工作落实和推进情况，确保首批1万余名项目专员队伍如期建立。

3. 推行“七彩课堂”工作，深化服务内容。2011年11月初，团中央志愿者工作部印发了推行“七彩课堂”工作的通知，在全国范围内推行集学业辅导、亲情陪伴、感受城市、自护教育、爱心捐赠等五项服务内容于一体、内容形式相对统一的志愿服务普遍性工作载体，深化志愿服务内容，增强志愿服务实效。一是深入调研论证。先后赴重庆、广东、山东、北京、江苏5省市进行专题调研，实地征求不同群体代表的意见建议，召开“七彩课堂”专家论证会。二是科学设置标准。针对农民工子女健康成长的实际需求，设置相对统一的服务内容，并对进城农民工子女和留守农民工子女每年接受志愿服务的基本时次做出具体规定。三是加强管理考核。依托中国青年志愿者网建立“七彩课堂”日常网络管理系统，及时了解、管理、调度和考核全国各地“七彩课堂”推进情况。

4. 加强服务阵地建设和管理。2011年4

月以来，经过充分调查研究，按照统一规划、分步实施的原则，着力推广建设一批标识统一、设施齐全、功能较好的关爱农民工子女志愿服务阵地，率先支持全国31个省区市和兵团建设226个“七彩小屋”，支持24个省区市建设92个“集善之家”，支持基层项目资金1200万元。一是统一阵地品牌标准、统一挂牌。重点选取已结对的农民工子女较集中学校、社区或乡镇作为志愿者开展服务、农民工子女课余活动的阵地和整合社会资源的载体。二是制定下发了“七彩小屋”等阵地建设管理办法，进一步规范服务阵地的建设使用、日常管理、考核评估等工作。三是建立完善服务阵地数据库，详细记录各批次建设服务阵地的有关情况，进一步加强服务阵地的管理使用。

5. 加大宣传力度，加强工作指导。一是把宣传工作作为推进关爱行动的重要手段。在宣传渠道上，逐渐形成中央新闻媒体、主流新闻网站和团属网站并举的格局；在宣传方式上，形成了版面文章和新闻片段、深度访谈、宣传短片等动静结合的效果；在宣传内容上，除动态新闻报道外，加大了对典型集体和个人的宣传报道力度。二是按照“用基层经验指导基层实践”的工作思路，围绕5项志愿服务领域、“结对+接力”工作机制、项目专员队伍建设、“七彩课堂”、阵地建设等工作，对各地探索积累的好思路、好做法、好模式，以工作案例的形式进行征集，经过遴选、修改和点评等工作，形成《工作案例集》，印发全团。三是通过集中性活动，扩大社会影响。全年以来，指导各地集中开展春节元旦关爱活动、“3.5”中国青年志愿者服务日关爱活动、“六一”儿童节和暑期关爱活动等主题活动，通过活动不断扩大社会影响。

6. 搭建综合性信息管理服务平台。通过加强对新媒体的运用，充分发挥团属媒体和新中青网作用，搭建关爱行动综合性工作支撑和品牌宣传平台。一是与中青报开展战略合作。经书记处批准，以中国青年志愿者协会名义，与中青报签订战略合作协议，明确加强中国青年志愿者网站建设、充分发挥团属媒体资源优势、发挥新媒体及网络传播平台作用等问题。二是加强网上信息发布等功能开发，开发完善志愿者博客、微博、项目专员认证及发布统计等功能。三是围绕当前推进关爱行动过程中的几项重点工作，组织专门力量，进行重点开发、重点配合、重点完善。

大学生志愿服务西部计划

2011年，按照胡锦涛总书记给北京大学第十二届研究生支教团回信精神和党中央书记处对深化大学生志愿服务西部计划工作提出的明确指示，团中央与教育部、财政部、人力资源和社会保障部继续按照公开招募、自愿报名、组织选拔、集中派遣的方式，招募普通高等学校应届毕业生，到西部基层开展为期1－3年的教育、卫生、农技、扶贫等志愿服务，巩固和扩大了西部计划和研究生支教团的人才效应。明确将“调规模、调结构、调机制”作为2011年西部计划工作重点，“调规模”就是将中央财政支持的全国项目扩大到了17000人左右，鼓励各地继续并扩大实施地方项目。2011年，共有1000多所高校的72507名应届高校毕业生报名；录取10335名，加上延期服务的5915人，共计16250人参与服务。“调结构”就是将服务专项调整为基础教育、农业科技、医疗卫生、基层青年工作、基层社会管理等7个专项。启动西部计划服务新疆、服务西藏专项，新增的2600名志愿者全部派往新疆、西藏等边疆民族地区，从而使在民族地区服务的志愿者达到万人，并将研究生支教团纳入西部计划基础教育专项实施，研究生支教团志愿者生活补贴等纳入西部计划年度预算；组建第十四届研究支教团共846人。实施基层青年工作专项，派遣2300多名志愿者到中西部22个省（区、市）及新疆生产建设兵团的2100多个县级团委开展基层青年工作。“调机制”就是不断完善西部计划招募、派遣、志愿者保障以及就业服务等相关政策，鼓励志愿者扎根基层，有2073人扎根西部基层。7月，在北京航空航天大学举行2011年西部计划暨第十三届研究生支教团出征仪式，团中央书记处第一书记陆昊出席并讲话，人力资源和社会保障部副部长王晓初，财政部党组成员、部长助理胡静林，团中央书记处书记周长奎，教育部高校学生司负责同志以及来自首都高校的200多名西部计划暨研究生支教团志愿者代表出席。

2011年5月10日，中共中央总书记、国家主席、中央军委主席胡锦涛给北京大学第十二届研究生支教团成员回信，对支教扶贫青年志愿者不怕艰苦，竭诚奉献，为推动西部地区教育事业发展所发挥的积极作用以及在支教扶贫实践中的成长进步，给予了充分肯定，对不断推进支教扶贫工作和青年学生在实践中锻炼成才提出了殷切希望，为当代青年特别是青年学生健康成长、为青年志愿服务事业发展进一步指明了方向。团中央书记处第一书记陆昊对学习贯彻胡锦涛总书记回信精神作出明确部署，要求各级团组织把组织学习贯彻胡锦涛总书记回信精神作为一项重要的政治任务来抓，通过下发学习通知、召开座谈会、深化品牌工作等方式，引导广大青年进一步明确正确的成长道路，努力推动青年志愿服务事业不断实现新发展。5月25日，团中央、教育部在北京大学召开座谈会，认真学习胡锦涛总书记回信精神。团中央书记处常务书记、全国青联主席王晓，教育部副部长李卫红出席座谈会并与参会人员进行了座谈交流。11月17日，为进一步学习贯彻胡锦涛总书记5月给北京大学第十二届研究生支教团成员的回信精神以及中央领导同志对西部支教扶贫工作的批示精神，团中央青年志愿者工作部、教育部高校学生司在武汉理工大学召开中国青年志愿者研究生支教团座谈会。会议传达了中共中央政治局常委、中央书记处书记、国家副主席习近平今年11月2日在新华社《研究生赴西部支教扶贫成效、问题及对策》一文上的重要批示全文内容，座谈交流了支教团各高校、服务地的实施经验，认真听取了各方面的意见、建议，就深化实施研究生支教团各项工作进行了进一步部署。

2011年，通过西部计划主办部委和统筹实施引导高校毕业生到农村基层服务项目部际协调机制，提高了志愿者生活待遇，将志愿者生活补贴由每人每月680元上调为每人每月760元，并参照《关于调整艰苦边远地区津贴标准的通知》提高了志愿者四、五、六类艰苦边远地区津贴标准。配合人社部对志愿者参加社会保险的各项具体问题进行探讨。推动各地为服务期满志愿者就业创业、鼓励其扎根西部基层、跟踪培养等提供相应的政策支持。江西省财政厅、团省委联合下发通知，为在江西服务的西部计划志愿者每月提高540元工作生活补贴。

实践证明，西部计划紧密围绕国家党政大局，以志愿服务的方式，探索了鼓励和引导高校毕业生到农村基层服务创业的新途径，有效促进了区域协调发展；作为国家首个鼓励和引导高校毕业到基层就业创业的项目，培养了一大批“懂国情、讲奉献、高素质”的综合型青年人才；西部计划志愿者以实际行动弘扬了“奉献、友爱、互助、进步”的志愿精神，有效推动青年志愿者事业的持续发展；西部计划作为新时期下共青团品牌工作，加强了基层团组织力量，促进了基层团建，为团组织实现“两个全体青年”的要求作出了积极努力。

青年志愿者海外服务计划

2002年5月，共青团中央、中国青年志愿者协会启动实施了青年志愿者海外服务计划，通过公开招募、自愿报名、集中派遣的方式，派遣中国青年志愿者前往政局稳定、医疗卫生和自然条件较好、对我友好且有接受中国志愿者迫切愿望的发展中国家开展志愿服务工作。截止目前，已向老挝、泰国、塞舌尔、毛里求斯、圭亚那等19个国家派遣了519名青年志愿者，开展为期一年的汉语教学、体育教学、音乐教学、信息技术、农业科技、医疗卫生，地质矿产等多个领域的志愿服务。

海外计划的实施，探索了民间外交和对外援助工作的新途径，有利于树立中国负责任大国的国际形象、促进中外友好与合作，有助于培养具有国际视野的优秀青年人才，是中国青年工作同国际接轨的一个切入点。

2011年，团中央联合商务部先后派遣了28名志愿者前往塞舌尔、圭亚那、毛里求斯3个国家服务；进一步健全机制，完善了规划协调制度和地方团组织项目承办机制；启动建设中国青年志愿者人才库，为海外计划的深入实施提供人才储备；引起了国内外的广泛关注，有上千名青年踊跃报名参加海外计划，国内外媒体也刊发文章，将派遣青年志愿者到海外服务作为中国软实力提升的标志之一。

海外计划工作受到了党中央、国务院的高度重视和充分肯定。2011年中国首次发布《中国的对外援助》白皮书，将中国援外青年志愿者列为对外援助的8种方式之一。中国青年志愿者在海外克服了环境、生活等困难，为增进中外友好作出了积极的贡献。服务于塞舌尔青年志愿者谭晓睿作为一名小提琴教师志愿者，用琴弦和管弦奏响了中塞两国之间远传万里的友好乐章。圭亚那服务队队长崔勇在圭亚那总统办公室作为助理，用自己的专业技术为圭亚那国家矿产业发展贡献了智慧，树立了中国青年志愿者的良好形象。

青年文明号活动

1. 开展“百城万店青年文明号信用示范周”活动。2011年3月15日至22日，组织全国各大中城市商业(服务业)企业青年文明号集体及争创集体以“共铸诚信，创先争优”为主题，围绕百姓关心的食品安全、药品安全、物流服务等热点问题，开展如公开承诺、加强社会监督、开展联查联评、健全评价体系等集中性诚信示范实践活动，为促进社会诚信体系建设做贡献。

2. 深入持续开展“青年文明号创先争优”主题活动。2011年1月，下发《关于开展青年文明号创先争优活动的通知》，在全国范围启动青年文明号创先争优活动。2011年5月，组织“青年文明号创先争优服务月”活动，动员22个省(市、区)和14个行业系统的青年文明号集体，重点围绕公共秩序维护、应急救援、节能减排、社区医疗、助老助残、关爱农民工子女等六方面，提供志愿服务。2011年7月，重点动员17个窗口单位和服务行业开展青年文明号“为民服务创先争优”活动。组织动员各基层集体以转变服务态度、提高服务技能、创新服务方式、创造服务品牌等方面为着力点，努力为人民群众办实事、做好事、解难事，提高为民服务的自觉性和服务水平，并将“青年文明号创先争优活动”持续引向深入。

全国青年岗位能手

近年来，各地区、各行业、各企事业单位团组织深入开展争当青年岗位能手活动，扎实推进青年职工技能培养工作，激励广大青年职工立足本职岗位，学习新知识，掌握新技术，创造新业绩，一大批熟练掌握专业知识技能、立足岗位创新创效的青年岗位能手在活动中脱颖而出。为表彰先进，树立典型，共青团中央、人力资源和社会保障部联合启动了全国青年岗位能手(标兵)评选活动，在综合考察技能竞赛、重点工程实施和日常工作实践等方面情况的基础上，经逐级选拔、择优推荐、严格审核，决定授予沈阳造币有限公司造币一部生产保障班班长王崴等30名同志“全国青年岗位能手标兵”称号，授予首钢矿业公司水厂铁矿磁选车间大作业长刘小东等445名同志“全国青年岗位能手”称号。

第七届“振兴杯”全国青年职业技能大赛

2011年全国30个省(区、市)及金融、铁道2个行业系统组织了计算机程序设计员、车工、工业自动化仪器仪表与装置装配工3个工种的省级初赛。决赛共有267名选手参赛,包括非公有制企业参赛选手31人,农民工7人,女性选手43人。以大赛为牵动,各级团组织广泛开展网络编辑员、制图员、家用电子产品维修工等各类青年职业技能竞赛,共涉及150余个工种,吸引近400万名青年职工参与,竞赛规模有了较大提升。

全国青年安全生产示范岗

全国各级团组织、安全监管部门全面贯彻落实科学发展观,认真学习贯彻党的十七大、十七届五中全会精神,广泛开展了安全生产宣传教育,各级各类安全生产知识竞赛和安全生产座谈会,组织安全生产技能培训和安全生产操作法推广等活动,进一步激励引导广大青年职工强化安全生产意识,提高安全生产技能,参与安全生产管理。共青团中央、国家安全生产监督管理总局决定认定北京现代汽车有限公司轿车二厂涂装车间等182个单位为2010年度全国青年安全生产示范岗。

保护母亲河行动

2011年,努力整合各方资源,积极创新工作载体,充分发挥基层主体作用,动员青年普遍参与,推动全国保护母亲河行动呈现蓬勃发展势头。

1. 资源向基层倾斜力度加大。与全国绿委、国家林业局合作,支持瑞金、遵义等革命纪念地500多万元建设纪念林。与农业部共同在西藏阿里地区投入460万元开展种草护草活动。在解放军总政治部支持下,投资190万元新开工3片、总规划面积为8500亩的解放军青年林。投入美涂士、欧莱雅专项基金200万元,资助基层植树造林。辽宁、吉林、陕西、江西、山东等省份不断强化与政府部门合作和社会筹资,支持基层开展保护母亲河行动。

2. 植树造林成效明显。开展“保护母亲河——2011年长江流域青少年植树行动”,组织长江流域11个省份的团组织联动进行植树,并成立长江流域青少年生态环保社团联盟。广泛开展“保护母亲河——2011年度青少年植树行动”，确定全国统一行动日，形成了面上推进的工作态势。广西、重庆、江苏、内蒙古、宁夏、黑龙江等省份围绕江河的生态保护，动员青少年开展义务植树。2011年，各级团组织共动员300多万人次青少年参与保护母亲河行动，植树2000多万株。

3. 生态环保宣传教育广泛开展。开通保护母亲河行动官方微博，开展“绿色卫士”勋章传递和网络植树活动，60.6万多网友参与。培训101名青少年生态环保社团骨干，资助50家青少年生态环保社团开展“为了母亲河”主题活动。表彰第五届“母亲河奖”，全国人大常委会副委员长陈至立出席颁奖仪式。与国家林业局、教育部共同命名10个国家生态文明教育基地。湖南、浙江、河南、上海、湖北、云南、天津等省份也开展了多种形式的宣传实践活动，营造了保护母亲河、保护生态环境的浓厚氛围。

全国大中专学生志愿者暑期“三下乡”社会实践活动

2011年，为积极贯彻胡锦涛总书记向青年学生发出的“向实践学习、向人民群众学习”的号召，充分发挥实践育人的优势，团中央、全国学联联合中宣部、中央文明办、教育部以纪念建党90周年为重要契机，以“十二五”规划启动实施为动力，共同开展了以“投身‘十二五’，献礼九十年”为主题的全国大中专学生志愿者暑期“三下乡”社会实践活动，动员近500万青年学生深入广大农村基层开展了党史宣讲、政策宣讲、国情考察、教育帮扶、科技支农、文化惠民、医疗卫生服务等内容丰富的实践服务。

抓住契机。围绕纪念建党90周年和“十二五”开局，全国重点组织了“百支大中专学生‘追寻红色足迹’实践服务团”和“百支大中专学生‘十二五’规划宣讲服务团”，省级、校级、院系级相关团队近5000支、8万学生直接参与。2011年6月23日，教育部、团中央联合在北京大学举办了全国高校学生“永远跟党走”主题暑期社会实践活动启动仪式，中共中央政治局委员、国务委员刘延东出席启动仪式并讲话。

务求实效。2011年4—5月团中央部署在全国、省、学校三级开展了基层需求大调研，在“三下乡”社会实践专题网站上建立需求信息发布、对接平台，推行“按需设项、据项组团、双向受益”的项目化管理。全国层级组织了600支重点服务团队。其中，赴西部地区服务的120支重点团队由团中央学校部面向全国公开竞标招募，为西部基层送去种植、养殖等农用科技和医疗卫生、教育帮扶、文化演出、产业帮扶等服务，取得良好成效。

力求创新。2011年，各级团组织“三下乡”社会实践活动的组织、宣传、动员中更加主动、充分地利用大众传媒、校园媒体以及微博、社交媒体、手机报等新媒体工具，特别是发挥新媒体的传播优势，引导青年学生把实践中的所见所闻、所思所为进行展示和分享。团中央学校部联合新浪微博于6月下旬推出“微说三下乡”行动，开通了以“青春三下乡”官方微博，获得近23万粉丝拥护，为青年学生提供了一个“网下实践、网上交流”的新平台。

此外，团中央学校部、教育部思政司共同支持了远洋之帆公益基金会承办的第三届远洋地产“探海者”大学生社会实践奖，重点关注教育助学和环境保护两个方向，全国400多个项目申报参选，共评选产生全国优秀奖20名（一等奖2名、二等奖6名、三等奖12名）、校级优秀奖100名。

第十二届“挑战杯”全国大学生课外学术科技作品竞赛

2011年10月16日至19日，由共青团中央、中国科协、教育部、全国学联和辽宁省人民政府共同主办的第十二届“挑战杯”全国大学生课外学术科技作品竞赛终审决赛在大连理工大学举行。本届竞赛于2010年11月启动，历时一年。2011年6月，竞赛作品网络申报工作开始，全国共有1405件作品进行了申报，并经学校和省级组委会审核通过。经过网络匿名初评和现场复评，来自内地305所高校的1252件作品和港澳地区12所大学的55件作品参加了决赛。经过4天的激烈角逐，上海交通大学以总分450分的成绩捧得本届“挑战杯”，共有31件作品获得特等奖，108件作品获得一等奖，294件作品获得二等奖，736件作品获得三等奖。组委会还联合西安世园会执委会设立了世园会专项竞赛，倡导青年学生践行低碳、环保的生活理念。

竞赛期间，还举办了“挑战学子话挑战”访谈会、“挑战青春、创新未来”院士专家报告会、国际青年创新论坛、MM百万青年创业计划展示、成果转化签约仪式暨创业政策宣讲会等丰富多彩的交流活动，直接受众万人次。

围绕品牌深化，本届竞赛有如下几点工作创新。一是“两转变”+“两增强”，即注重引导各级赛事由精英型向兼顾群众型的转变、由比赛时的集中展示向日常化的科技创新活动转变，进一步增强竞赛的学术性和权威性、增强竞赛的实践性和社会性，推动竞赛理念创新。二是“逐级报备”+“抽查督查”，夯实比赛督促机制创新。三是“4A服务”+“4个平台”，即借助新兴媒体，打造Anytime（任何时间）、Anywhere（任何地方）、Anyteam（任何团队）、Anyway（任何方式）不受时间、地域、团队和方式限制的4A信息化工作体系，除现场比赛外还开通了“挑战杯”官方网站、新浪实名微博、人人网公共主页等线上线下平台，强化竞赛手段和载体创新。四是“留学生”+“主宾国”，即邀请外国在华留学生代表团参赛参展，并首次重点邀请俄罗斯作为主宾国组团参赛，推动竞赛国际化和开放性创新。

第五届寻访“中国大学生自强之星”活动

由共青团中央、全国学联共同主办的第五届寻访“中国大学生自强之星”活动于2010年12月12日在清华大学正式启动，除主承办单位领导外、新东方教育科技集团董事长俞敏洪、中国著名女子速滑运动员叶乔波、中国十大杰出青年金晶等也作为特邀嘉宾参加了活动,他们不仅向现场数百名大学生讲述了自己的奋斗历程和对自强精神的理解,还与现场学生进行了互动交流。

在随后的报名环节中,组委会共收到"网络实名推荐"总数超过 80 万人次,共有 1092 所高校 7727 名大学生成为候选人。4 月初,由 11 位相关专家组成的专家委员会,集中召开会议,经过充分酝酿讨论后,从各省级团委推荐的"中国大学生自强之星标兵"名单中,考虑到爱国奉献、科技创新、自主创业、身残志坚等几个方面,充分讨论后投票确定了 10 位"中国大学生自强之星标兵",100 名自强之星和 754 名自强之星提名奖。北京大学马清源、东北电力大学李晗、天津理工大学豆本加、重庆城市管理职业学院廖克力、云南大学李强、西藏大学农牧学院付秋霖、内蒙古科技大学冯化超、上海对外贸易学院向鸿杰、武汉生物工程学院许大卉、陕西科技大学李明勇等 10 人获得"中国大学生自强之星标兵"称号。

2011 年 4 月 29 日,2010 年度寻访"中国大学生自强之星"颁奖仪式在湖南师范大学举行。"中国大学生自强之星标兵"还参与了中国青年报社与湖南卫视、共青团湖南省委联合举办的"五四成人礼晚会"的现场录制。

"手拉手"活动

1. 举办"各族少年手拉手"夏令营。作为青少年民族团结交流万人计划的组成部分和"各族少年手拉手"的标志性活动,7 月 27 日至 31 日在北京举办了"各族少年手拉手"夏令营,来自全国各地 56 个民族的 180 对"手拉手"小伙伴参加了活动。夏令营安排了各族"手拉手"小伙伴同吃、同住,一同开展了丰富多彩、有教育意义的活动。其间,还对营员进行了问卷调查和当面访谈,形成调研报告。湖南、海南、山东、江苏等多地少先队组织也开展了多种形式的"各族少年手拉手"活动。

2. 联合安利公益基金会启动"城乡少年手拉手·安利阳光成长计划"。通过农民工子女学校与普通学校"手拉手"的方式,在农民工子女学校创建"阳光图书馆·手拉手红领巾书屋",帮助农民工随迁子女开展以个人兴趣与特长学习为主要内容的"手拉手安利阳光红领巾小社团"活动,对活动成果显著的学校和表现突出的个人给予鼓励支持。项目 3 年将投入 1200 万元,覆盖全国所有农民工子女学校和与之结对的普通学校(约 4000 对)。

3. 推进"手拉手红领巾书屋"创建工作。联合长江商学院扎实推进"长江手拉手红领巾书屋"创建工作,形成了书目选定、物流配送、书架配备等较为完善的工作流程。截至 2011 年底,投入资金 896 万元,创建书屋 448 所,涉及 22 个省份的基层学校。

少先队学科建设

为提高少先队工作的科学化水平，切实为党培养好中国特色社会主义合格建设者和可靠接班人，第六次全国少代会以来，贯彻中央精神，在教育部门大力支持下，在总结提炼少先队60多年实践经验基础上，联合高校和科研院所，开展少先队学科建设工作，探索在教育学下构建与少先队组织根本任务密切相关的“少年儿童组织与思想意识教育”二级学科。

1. 构建少先队学科基本理论。联合北京师范大学、中国青年政治学院等单位，拜访100多位专家学者，以教育学为基础，融合心理学、马克思主义理论、政治学、社会学、传播学、管理学相关重要理论和少先队建队以来科研成果，编写学科基本理论书稿。

2. 推动高校开设少先队相关辅修专业、方向和课程。推动首都师范大学2011年起在“小学教育”本科专业下开设少先队兼教方向，上海师范大学在思想政治教育本科专业下增设少先队工作辅修专业，河北师范大学、宁波大学教育学院开设以少先队基础知识为主要内容的选修课。

3. 推动中小学少先队活动课程建设。面向全国6000所小学和1000所初中开展中小学少先队活动课时网上调查，在7省(区、市)实地调查，形成调研报告。联合中央教科所等专业机构，开展少先队活动课程课题研究，研究起草《少先队活动课程指导纲要》。争取教育部支持，在国家层面对中小学少先队活动课时给予保障。

少先队辅导员专业化职业化建设

少先队辅导员是少先队工作最为重要的力量，基本上决定着少先队工作的成效。为提高辅导员落实少先队组织根本任务的专业素质，构建职业发展路径，开展辅导员职业化专业化建设。

1. 落实辅导员待遇。督导各地落实团中央、教育部、人力资源和社会保障部、全国少工委《关于进一步加强少先队辅导员队伍建设的若干意见》。31个省(区、市)转发或下发文件，制定落实措施。

2. 推动辅导员参评中小学教师职称试点。积极争取教育部、人力资源和社会保障部支持，推动各地探索辅导员职称评聘。河北有12人以少先队辅导员身份获得中学或小学高级教师职称。

3. 组织开展辅导员分级全员培训。研究制定全国少先队辅导员分级全员培训计划，开通辅导员培训专题网站。举办“胡锦涛同志在庆祝中国共产党成立90周年大会上的讲话”学习交流会暨全国地市级以上少先队总辅导员培训班和实训活动，全国地市级以上少先队总辅导员、省级团委少年部长等270余人参加。争取教育部支持，首次在国家层面将辅导员培训纳入中小学教师培训计划。举办“国培计划”骨干少先队大队辅导员培训班，100 名大队辅导员参加 60 学时的培训；在“知行中国”中小学班主任远程培训项目中增加 4 学时中队辅导员培训内容，覆盖 5 万名初中班主任教师兼中队辅导员。

4. 推动专职总辅导员设置。开展省、市、县三级总辅导员设置情况调研，广泛征求意见，研究总辅导员制度。大力推动省级少工委设立专职总辅导员，已有上海、江苏、浙江、福建、重庆、四川、云南等省份配备。

全国青联活动

1. 团中央、全国青联志愿者艺术团。2011 年，团中央、全国青联志愿者艺术团先后在山西太原、江西井冈山、陕西延安、北京等地举办了慰问演出活动。1 月 28 日，团中央书记处第一书记陆昊，团中央书记处常务书记、全国青联主席王晓率团中央、全国青联志愿者艺术团到山西省太原市开展慰问活动。6 月 7 日至 8 日，团中央书记处第一书记陆昊，团中央书记处常务书记、全国青联主席王晓率团中央、全国青联志愿者艺术团来到革命圣地井冈山慰问演出，并走访慰问部分群众。6 月 9 日，团中央书记处常务书记、全国青联主席王晓率团中央、全国青联志愿者艺术团，来到革命圣地延安开展“青春颂歌献给党”慰问演出，走访慰问部分老红军、老八路、老党员及当地群众。7 月 12 日，团中央、全国青联志愿者艺术团在北京人民大会堂参加两岸万名青年大交流主题联欢活动。团中央书记处第一书记陆昊，团中央书记处常务书记、全国青联主席王晓出席并观看演出。

团中央、全国青联志愿者艺术团自 2000 年成立至今，以“回报社会、奉献人民，培养德艺双馨艺术家”为宗旨，每年组织文化艺术界别新老委员及青年文艺工作者开展大型慰问演出活动，迄今为止足迹遍及中西部地区、革命老区、少数民族地区、边疆地区和其他欠发达地区、国家重点工程建设一线、非典一线、震灾、洪灾一线，其演出的公益性、观众的慰问性和参演人员的义务性成为这一工作的鲜明特点，活动得到文艺界委员以及文艺工作者的广泛认可，受到青年群众的热烈欢迎。

2.“创先争优跟党走，青春建功十二五”主题实践活动。2011 年，全国青联以“创先争优”活动为统揽，深入贯彻落实共青团中央、全国青联《关于在青联组织和青联委员中广泛开展创先争优活动意见》的要求，广泛开展“创先争优跟党走，青春建功十二五”主题实践活动，充分发挥青联委员代表性强、联系面广的优势，动员全国、省、市三级全体青联委员组成“青春成长导师团”、“科技之光服务团”、“青年专家咨询团”、“社区文艺交流团”，通过进校园、进农村、进企业、进社区等方式，与青年面对面直接交流，帮助青年办实事、办好事、解难事，引导他们以实际行动践行创先争优的价值追求，影响带动各族各界青年在实施“十二五”规划的进程中成长成才、建功立业。

1 月 22 日上午，全国青联农业界别以“关爱农民工，构建和谐社会”为主题，以困难家庭为对象，组织青联委员前往北京新发地双桥农副产品批发市场慰问留京农民工家庭，开展农民工在城市生活技能培训、生活工作交流座谈多种活动，还精心组织了慰问文艺演出，并向农民工子女赠送了学习用品，向30个困难农民工家庭送去了大米、食用油等节日生活用品。全国青联文化艺术、医药卫生、社会科学和经济等界别近20余位委员参加活动。7月24日，全国青联金融界别组成“青年专家咨询团”，赴河南省济源市开展“创先争优跟党走，青春建功十二五”主题实践活动，青联委员们结合济源经济发展战略，围绕金融服务、企业上市、并购重组等问题开展了建言献策等活动，全国青联委员以及河南省银监局、省直金融机构的有关部门负责人等40余位专家、学者参加。12月3日下午，全国青联体育界别在京举办“创先争优跟党走，青春建功十二五”走进社区活动，全国青联副主席、体育界别主任委员、冠军基金发起人杨扬与部分在京体育界别委员走进丰台区和义街道，为外来务工人员子女学校和经济适用房社区的青少年捐助篮球场，并与社区学生、家长志愿者进行篮球赛互动。12月23日下午，全国青联在中国人民大学举办以“创先争优跟党走，青春建功十二五”为主题的“共享成长——青联委员进校园”活动，华威美林控股集团董事长汪宏坤，北京中文在线文化发展有限公司董事长、总裁童之磊，国家行政学院办公厅副主任姜秀谦，中央电视台新闻中心新闻播音部副主任康辉，中国农业大学副教授刘广利等全国青联委员与人大学子分享自己的人生经历和成长故事，近200名青年学生参加交流。12月29日晚，全国青联在中国青年政治学院举办以“创先争优跟党走，青春建功十二五”为主题的“共享成长——青联委员进校园”活动，新华社中国图片社党委书记、总经理陈磊，北京启明星辰信息技术股份有限公司首席执行官严望佳，奥运游泳冠军罗雪娟，人民日报社教科文部主任记者赵亚辉，国家话剧院演员张晶晶，中国农业发展集团公司首席财务官张沛军等全国青联委员与中青学子分享自己的成长故事并寄语广大学子，100多名学生代表参加交流。

3. 全国青联建言献策研讨会。2011年，全国青联充分发挥青联组织人才荟萃、智力密集、联系广泛优势，紧密围绕关系国家发展和青年成长的重大课题进行深入研究，举办了3场建言献策研讨活动。9月16日、28日，全国青联在京举办为“十二五”规划建言献策研讨会。来自经济、金融、科技、农业、文化艺术、社会科学、医药卫生、社会中介、海外等界别的青联委员，围绕如何深入贯彻落实科学发展观、科学编制“十二五”规划进行了热烈而深入的研讨。10月28日下午，全国青联在京召开“金融与企业发展”专题研讨会。团中央书记处第一书记陆昊，团中央书记处常务书记、全国青联主席王晓出席研讨会并与委员们进行了深入交流。20位青联常委、委员，围绕“金融与企业发展”的主题，分析了金融与企业的关系，研讨了金融支持民营经济的现状和在政策环境、企业、金融部门等方面存在的问题，并就进一步加强对民营经济的金融支持提出对策建议。

自2008年以来，全国青联先后围绕社会主义核心价值体系与青年工作、宗教与社会主义社会相适应、我国经济中长期发展趋势、“十二五”规划、金融与企业发展等主题举办研讨会，增强了青联活动的思想内涵，形成了一些具有实用价值的意见和建议，为有关方面决策提供了参考。

博士服务团

博士服务团是团中央配合中组部，贯彻落实西部大开发战略和人才强国战略的一项重要举措。自1999年以来，已先后从中央国家机关、部分企事业单位和东部8省市选派了12批1506名博士服务团成员，服务范围包括西部12个省区市和新疆生产建设兵团，江西、福建两省的革命老区以及吉林延边、湖北恩施、湖南湘西三个少数民族自治州。选派单位扩大到45个中央部委、企事业单位、科研院所和北京、天津、辽宁、上海、江苏、浙江、山东、广东等8省市。

十二年来，博士服务团工作以服务西部、锻炼人才为目的，创造了一种人才工作服务西部大开发的新模式和促进高层次人才锻炼成长的新途径。先后到西部服务锻炼的一千多名青年博士，立足自身优势，充分运用所学专业知识，以饱满的热情、扎实的作风，在不同的岗位上拼搏奉献，在西部经济社会发展和科技进步中发挥了积极作用。

1. 发挥了科技参谋作用。博士服务团是一支高层次的专业人才队伍，他们紧紧依托各自的专业优势和工作背景，积极为地方政府和部门建言献策，组织科技攻关，解决科技难题。有的同志比较熟悉宏观经济和产业政策，针对当地发展的重点难点问题出谋划策。有的同志掌握科技及产业发展动态，结合挂职地区的实际，制定了具有前瞻性、操作性的发展规划。有的同志帮助当地解决了一批关键技术问题，促进了技术改造和科技成果转化。同时，在应对重大自然灾害和突发事件中，博士服务团成员也发挥了重要作用。

2. 发挥了桥梁纽带作用。博士服务团成员来自中央部委、知名院校、大型国企和沿海发达地区，在派出单位的大力支持下，他们积极牵线搭桥，促进合作，吸引了大量资金、技术和项目向西部地区转移。有的同志争取国家政策的支持，优化了产业发展环境。有的同志协调了一批重点项目落户西部，促进了地方产业结构的调整和经济社会的发展。有的同志多种融资渠道并举，着力解决制约西部发展的资金瓶颈。还有不少同志积极帮助地方与有关方面开展长期的科技合作项目，为地方科技进步注入持续动力。

3. 发挥了培养人才的作用。实际工作中，许多博士服务团成员通过论坛、讲座、培训班等形式，言传身教，帮助当地干部群众学习新知、更新理念。有的同志为当地促成人才培养项目，利用东部教育资源培训西部人才。博士服务团成员在为西部发展做出贡献的同时，自身也在服务基层、投身实践的过程中得到了锻炼。在基层、在第一线、在与人民群众一起摸爬滚打中，特别是在处理解决复杂矛盾和突出问题中，博士服务团成员进一步坚定了理想信念，提高了能力素质，密切了与人民群众的感情，提高了服务和推动科学发展的本领。

2011年，中央组织部、共青团中央选派的138名第11批博士服务团成员分别来自47家中央单位和北京、天津、上海、江苏、浙江、山东、广东、大连等8省市，平均年龄40岁，具有高级职称的105人。他们分别前往西部12个省区市、福建省、江西省、河南省、新疆生产建设兵团和吉林延边、湖南湘西、湖北恩施等3个少数民族自治州服务锻炼。

海外学人回国创业周

改革开放以来,随着我国经济社会的快速发展和人才强国战略的深入实施,随着我们国家和世界的关系发生历史性的变化,越来越多的中国青年走出国门、走向世界,同时,越来越多的海外留学人员顺应时代潮流、把握历史机遇,回到国内创业发展。在这样一种新的历史背景下,为了适应时代发展要求,充分发挥共青团、青联组织的广泛联系优势,为海外学人回国创业和为国服务牵线搭桥,从 2001 年开始,团中央、全国青联联合欧美同学会连续举办了 11 届以"创新创业、报效祖国"为主题的海外学人回国创业周活动,先后有来自美国、加拿大、日本、英国、法国、德国等 26 个国家和地区的 3700 多名海外学人到国内 20 个省(区、市)的 60 多个园区开展产品发布、项目洽谈和交流,涉及计算机、通信、网络、医药、生物工程等众多领域。

2011 年 12 月,由共青团中央、全国青联、欧美同学会共同主办的"2011 海外学人回国创业周"活动在河北举行。本届创业周活动共吸引了来自美、英、日、德、法等 13 个留学国家的 106 名海外留学人员及各界人士参加。相关领导与海外学人代表与河北省相关部门和企事业单位对接洽谈,并分别组成青年专家咨询团、科技之光服务团、社区文艺交流团赴平山县西柏坡开展服务活动。

青少年民族团结交流万人计划

青少年民族团结交流万人计划于 2010 年获得财政部立项,2011 年共组织近 2300 名各族青少年参加了不同形式的交流活动。

1. 全国少数民族大学生骨干暑期社会实践活动。活动以"向实践学习,向人民群众学习"为主题,于 7 月 25 日至 8 月 3 日在北京、河北两地举行。200 名来自内蒙古、广西、四川、云南、西藏、甘肃、青海、宁夏、新疆等 9 个省区 35 个少数民族的大学生骨干以及中国大学生骨干培养学校第四期学员共同参加了活动。活动期间,各民族大学生学员一起听取了学习贯彻胡锦涛总书记"七一"重要讲话精神、新马克思主义与中国道路等理论辅导课程,在北大红楼、西柏坡纪念馆和中共中央旧址举行了纪念活动,分赴平山县 4 个乡镇、12 个村开展志愿服务和生产锻炼活动,举办"向实践学习、向人民群众学习"主题论坛;参观了中国移动、百度、新浪、腾讯等高科技企业以及顺义现代农业示范区、首钢京唐钢铁有限责任公司、曹妃甸新区等。通过活动,引导各民族大学生增强对党领导各族人民走社会主义道路的理解和认同,培养与劳动人民的朴素情感。

2. 全国少数民族大学生社会实践与社会观察活动。活动以"认知中华民族,立志报效祖国"为主题,于 7 月 20 日至 7 月 30 日在湖北举办,共有 34 个民族的 500 名学生参加。活动期间,围绕国情考察调研、追寻红色足迹、开展志愿服务,各民族大学生一起参观了"第一将军县”黄冈市红安县、红色圣地麻城以及武汉市内各记录中国革命光荣历史的重要地点，深入当地社区、农村、学校、企业开展志愿服务。围绕“青年视点——社会调研专项实践活动”、“青春梦想——大学生就业创业专题调研”等八个课题进行了调研，并开展了“微访谈”和“微辩论”活动。此外，还举办了“中华民族园”、“红色漂流瓶”、“民族团结大拼盘”等特色活动。通过多角度的观察、体验和实践，增强了各民族大学生对中华民族的认同，激发了他们求知的渴望和立志建设家乡、报效祖国的责任感。

3. 全国各民族中学生暑期同心营。活动以“同是一家人，共爱我中华”为主题，第1期于7月16日至7月25日在福建举办，第2期于7月28日至8月5日在陕西举行，共有来自新疆、西藏、内蒙古、广西、宁夏等省（区）的520名各民族中学生参加了活动。福建分营共设计了“感受红土地，坚定政治信仰”、“感受嘉庚精神，弘扬爱国主义”、“感受海西建设，体会祖国发展”、“感受客家文化，体验家庭民俗”、“感受民族情谊，共促民族团结”五个活动篇章，营员们在龙岩上杭古田会址重温入团誓词，参观了集美大学校史展览馆、嘉庚纪念馆等爱国主义教育基地，感受福建发展和海西建设，还开展了民宿体验、“我们是快乐一家人”、走访客家民居等活动。陕西分营中，营员们在革命圣地延安参观了枣园、杨家岭、王家坪、凤凰山革命旧址，瞻仰了延安革命纪念馆，开展了魅力延安专题讲座，聆听了现场教学课《纪念白求恩》；在西安集体参观了秦始皇兵马俑、西安世界园艺博览会、西安卫星测控中心等。同心营活动内容充实、形式多样、寓教于乐，使各族学生在参观中开拓视野、在活动中加深友谊、在实践中促进团结。

4. 各族少年儿童手拉手夏令营。活动以“手拉手心连心一家亲”为主题，于7月27日至31日在北京举办，来自全国各地56个民族的180对“手拉手”小伙伴相聚首都共同参加活动。开营式上，各族少年儿童代表用从家乡带来的土壤一起拼成中国地图沙盘模型，共同播种“民族团结树”。活动期间，各族少年儿童代表观看了天安门广场升旗仪式，参观了国家博物馆“复兴之路”展览，重温了胡锦涛总书记与少年儿童共同参加活动的感人时刻，聆听了航天英雄杨利伟讲述航天人报效祖国的故事，共同创作完成了“民族大团结”长卷画，开展了劳动岗位体验、民族大团结表心声交流、制作和互赠“手拉手”交流卡、民族团结主题文艺表演等活动。还安排了少数民族营员到汉族“手拉手”小伙伴家里作客留宿。夏令营活动促进了各族少年儿童的情感交融，培养了他们的民族团结意识以及对党和社会主义祖国的朴素感情。

5. 西藏农牧民青年致富带头人学习考察活动。12月18日至23日，来自西藏七个地市的农牧民青年致富带头人、优秀基层团干部及优秀大学生村官等一行50人在河南进行了为期6天的学习考察活动。活动期间，考察团一行先后赴洛阳、焦作、郑州等地实地考察了洛阳生生乳业有限公司、焦作市协和生猪养殖专业合作社和好想你枣业股份有限公司，参观了郑州市金水区马渡村，召开了豫藏农村青年致富带头人交流座谈会。

6. 新疆青少年民族团结感恩·塑形·融情教育活动。活动以组织疆内14个地州市及兵团12个师之间的青少年结成手拉手对子为主要内容，开展了“手拉手”小伙伴互通电话、书信往来、网络联系、沟通情感等活动。暑假期间，各地州及兵团各师广泛组织开展“红歌唱给党·融情实践营”活动，促进各民族青少年在同吃、同住、同学习、同活动、同唱红色歌曲中达到心与心交流、情与情交融，引导新疆各民族少年儿童树立民族团结意识，增强爱国主义情感。

7. 藏传佛教青年代表人士学习考察活动。11月22日至28日，团中央、全国青联在湖北举办了藏传佛教青年代表人士学习考察活动。来自内蒙古、云南、西藏、陕西、甘肃、青海等民族地区的近30名藏传佛教青年代表参加了活动。活动期间,考察团一行拜会了湖北省民族宗教事务委员会和湖北省佛教协会,听取湖北省民族宗教工作专题报告并当地宗教人士进行了座谈交流。参观了辛亥革命纪念馆、武汉市新农村建设示范点石榴红村、武汉经济技术开发区和东湖高新技术开发区等。

8. 新疆伊斯兰教青年代表人士学习考察活动。11 月 13 日至 22 日,团中央、全国青联在浙江、广东两省举办了新疆伊斯兰教青年代表人士学习考察活动。来自新疆的 15 名伊斯兰教青年代表参加了活动。活动期间,考察团一行听取了浙江省、广东省伊斯兰教工作专题报告,到当地清真寺参观考察,与当地青年阿訇围绕"依法管理宗教事务,为社会管理做好服务"等进行了面对面交流。走进杭州龙冠实业有限公司、广州本田汽车厂、蒙娜袜业等国内知名企业,听取了"深圳特区发展"专题报告,参观了辛亥革命纪念馆、海战博物馆等革命教育基地。

对台青少年交流工作

1. 两岸万名青年大型主题交流活动暨第六届"两岸青年联欢节"。中央台办、团中央联合教育部、中央统战部、北京市政府等部门共同举办"两岸同心我们同行"两岸万名青年大型主题交流活动。7 月 12 日,中共中央总书记胡锦涛在北京人民大会堂会见了参加活动的青年代表并发表重要讲话,中共中央政治局委员、中央书记处书记、中宣部部长刘云山,中共中央政治局委员、国务委员刘延东,中共中央书记处书记,中央办公厅主任令计划等领导同志和中共中央台办主任王毅、共青团中央书记处第一书记陆昊等主办单位负责同志陪同会见。第六届"两岸青年联欢节"作为此项活动的重要组成部分,由全国青联主办,以"一节多点"的方式,7 月至 9 月分别在北京、山西、辽宁、河北、福建、河南、重庆等省市举办,近 3000 名两岸青年参加了活动。

2. 第九届"海峡青年论坛"。6 月 12 日至 14 日,全国青联与台湾中华青年交流协会、台湾中国青年创业协会总会共同在主办,首次在台湾岛内进行,本届论坛以"ECFA 愿景下的两岸青年交流与合作"为主题,来自两岸、港澳地区以及海外的青年代表、企业家 200 多人参加论坛。大陆青年代表团分农业、信息技术、教育等 3 个分团开展交流,大陆青年代表分赴高雄、嘉义、南投、台中等地,走进企业、走进基层、走进高校,与台湾青年进行了深入交流。

3. 第三届"两岸青年社团负责人圆桌会议"。6 月 11 日在厦门举行,来自两岸及港澳地区的 55 家青年社团组织负责人参加了会议。会议期间,两岸及港澳地区青年社团负责人结合两岸关系发展的新形势和青年的现实需求,交流了两岸青年交流工作的经验,确定了本年度两岸青少年交流项目合作计划,并对两岸青年社团的合作机制作了安排。

4."2011 年两岸青年菁英论坛"。为加强国共两党青年骨干的交流,全国青联与台湾中华中兴菁英发展协会 4 月 18 日,首次共同在台湾主办两岸青年菁英论坛。全国青联组织文化创意、生物技术和金融领域的大陆杰出青年赴台湾岛内,与国民党中常委、中委等青年骨干开展深入研讨,并以此项活动为平台全国青联与台湾中华中兴青年菁英发展协会建立机制化合作关系。

5. 第七届“两岸大学校园歌手邀请赛”。9月24日至29日，全国青联与台湾中华青年交流协会共同在台湾举办。本届邀请赛“青春相约，唱响明天”为主题，坚持“以歌会友、交流为主”的主旨，将比赛与交流相结合，邀请两岸知名高校近百名校园歌手参赛，两岸近千名青年学生参与配套交流活动。本届比赛首次实现决赛在台湾举行，来自大陆和台湾34所高校的37名选手参加了最后的决赛。

对港澳青少年交流工作

1. 首期“香港大学生暑期内地实习计划”。由团中央、全国青联和香港中联办共同举办的首期“香港大学生暑期内地实习计划”于6月19日至9月20日在北京、上海、山东、广东、江苏、浙江、福建等省市举行。来自香港各高校的903名大学生,分别到内地101家企业开展为期一个月的暑期工作实习。实习期间,还组织香港学生开展了丰富多彩的交流活动。

2. 内地杰出青年赴港交流活动。6月下旬至12月下旬,团中央、全国青联组织了来自科技、教育、经济、金融、文艺、新闻出版、体育、医药和社会中介等界别的全国青联委员,围绕青少年健康成长、报效祖国的主题,以座谈会、分享会等形式,与香港青少年进行面对面的交流。62位青联委员出席了由香港中联办和青年社团安排举办的111场交流分享会,参加交流的香港青年及大中学生总计32986人。

3. 举办港澳青少年“红色之旅”系列活动。6月6日至14日,应全国青联邀请,香港树仁大学“陕西政经历史文化之旅”一行23人赴陕西省西安市和延安市考察交流。其间,交流团观看了团中央、全国青联志愿者艺术团庆祝建党90周年大型慰问演出,与全国青联委员进行了座谈交流,拜访了西安交通大学、西北农林科技大学,听取了民俗专家的讲座并参观了延安革命博物馆、西安世界园艺博览会、兵马俑等。10月12日至20日,澳门青年联合会“青年议政能力训练计划”访问团一行34人访问了北京和大连。访问团拜访了外交部、国务院港澳办和全国青联,与清华大学学生进行了交流。12月16日至19日,香港青年联会、香港志愿者协会组织的“香港青年齐鲁行”交流团访问了山东省。代表团与山东青年企业家和青年学生代表举行了分组座谈,参观了山东省青年政治学院、雪野现代农业科技示范园和莱芜市口镇金城中心学校,并在曲阜听取了儒家文化主题讲座。

4. 2011年“香港200”优秀中学(领袖)培训计划。12月24日至30日,由全国青联、香港青年协会共同主办的2011“香港200”优秀中学生(领袖)培训计划在湖北省举行,参加该培训计划的120名师生访问了武汉市和宜昌市。交流团在中国长江三峡集团公司和武汉大学进行了座谈交流,参观了武汉大学、三峡大坝、三峡左岸电厂、武钢集团博物馆和热轧生产线以及辛亥革命纪念馆、首义广场、湖北省博物馆、黄鹤楼等,考察了青年空间项目并与当地中学生代表交流。

5. 全国青年社团骨干培训班赴港澳培训交流。4月17日至23日，由21位内地青年社团骨干组成的全国青年社团骨干培训班赴港澳开展为期7天的培训交流。在港澳期间，学员们听取了经济发展、社团运行管理、政府架构及公务员培训等专题讲座，拜会了香港贸易发展局、香港菁英会、香港童军总会、国际青年商会香港总会、香港青年协会、澳门青年联合会等机构。

6. 内地大学生暑期赴港实习。由全国青联、香港青年联会、香港志愿者协会共同主办，香港特区政府民政事务局、香港中联办等单位支持的第二期“内地大学生赴港实习计划”于8月在香港实施。来自内地31个省（区、市）的76名优秀大学生分别在香港15家知名企业和机构开展为期一个月的实习工作。实习期间，组织学员参观了市区重建局、香港大学、香港科技大学等，并与香港杰出青年代表交流联谊。

青年对外交流计划

1. 中日青少年大规模互访交流。根据中日两国政府2007年12月签署的《关于“中日青少年友好交流年”活动的备忘录》及相关协议，全国青联与日本外务省分别作为中日两国实施窗口，于2011年继续开展中日青少年大规模互访交流活动。全年共实现两批共计720人规模中国青年代表团和两批共计936人规模日本青年代表团的互访交流。

6月29日至7月6日，应日本外务省邀请，以中华全国青年联合会常务委员、中国国际交流协会副秘书长倪健为总团长的中国青年代表团一行304人分赴东京都、京都府、大阪府、福井县、爱知县、兵库县、新潟县、山梨县、长野县等地进行友好访问。

8月24日至31日，应日本外务省邀请，以共青团中央书记处书记罗梅为总团长的中国青年代表团一行416人分赴东京都、北海道、爱知县、大阪府、岛根县、山形县、枥木县、奈良县、京都府、神奈川县、长野县等地进行友好访问。在日期间，日本众议院议员、外务大臣政务官菊田真纪子会见代表团主要成员并宴请全团。

10月12日至18日，应全国青联邀请，以日本外务大臣政务官中野让为总团长的日本青少年友好使者代表团一行462人访问了我国北京、郑州、成都、武昌、上海、长沙、深圳、长春、大连等地。在京期间，代表团总团先后拜会了中日友好协会名誉顾问唐家璇、中联部副部长刘结一、外交部常务副部长张志军。

11月23日至29日应中国政府邀请，以日本前参议院前议长、民主党最高顾问江田五月为总团长，由日本各界青年代表组成的日本青少年友好使者代表团一行474人分4路访问了我国北京、上海、广州、福州、昆明、南昌、济南、烟台和曲阜等地。在京期间，代表团总团先后拜会了中日友好协会名誉顾问唐家璇和团中央书记处第一书记陆昊；团中央书记处书记卢雍政会见了代表团主要成员并宴请全团。

2. 中韩青少年大规模互访交流。根据2009年中韩两国政府签署的《关于青少年交流的协定》，由全国青联与韩国女性家族部分别作为中韩国实施窗口，于2011年继续开展中韩青少年大规模互访交流活动。全年共实现两批共计 383 人规模中国青年代表团和一批共计 197 人规模韩国青年代表团的互访交流。

5 月 17 日至 26 日，应全国青联邀请，以韩国女性家族部青少年家族政策室室长李馥实为总团长的韩国青年代表团一行 197 人，访问了我国北京、重庆、厦门、贵州、广州。

6 月 15 日至 24 日，应韩国女性家族部邀请，以共青团中央宣传部副部长袁民为总团长的中国青年代表团一行 190 人访问了韩国首尔、釜山、庆州、济州。

10 月 26 日至 11 月 4 日，应韩国女性家族部邀请，以团中央书记处书记罗梅为名誉总团长，中国少先队事业发展中心主任李文革为总团长的中国青年代表团一行 193 人，访问了韩国首尔、龙仁、庆州、全州、光州、济州等地。李克强副总理在访韩的繁忙行程中，专程前往位于京畿道龙仁市的韩国民俗村，与中韩双方青年代表进行了互动交流。

3. 中蒙青年大联欢。8 月 27 日至 9 月 2 日，应共青团中央、中华全国青年联合会邀请，以社会民主青年联盟主席鲁 · 奥云额尔德奈为代表的蒙古国人民党青年干部代表 100 人，以及以对外关系和贸易部战略规划监督研究评估局局长戈 · 巴特加尔格勒为代表的蒙古国社会各界青年代表 100 人，访问了北京、内蒙古两地，并参加了我在内蒙古举办的中蒙青年友好联欢活动。访华期间，中共中央政治局委员、中央书记处书记、中组部部长李源潮，中共中央对外联络部部长王家瑞，中共内蒙古自治区区委书记胡春华，团中央书记处第一书记陆昊，内蒙古自治区主席巴特尔，以及蒙古人民党总书记呼尔勒苏赫等，在呼和浩特市亲切接见了三百余名来自两国的各界青年代表，中共中央政治局委员、中央书记处书记、中组部部长李源潮，蒙古人民党总书记呼尔勒苏赫分别发表了热情洋溢的讲话，寄语两国青年并合影留念，并共同观看了中蒙青年友好联欢文艺晚会。

4. 朝鲜百名青年访华。11 月 17 日至 22 日，为落实温家宝总理与朝鲜领导人 2009 年达成的开展两国百名青年隔年互访交流的共识，应共青团中央邀请，以朝鲜金日成社会主义青年同盟中央委员会第一书记李勇哲为团长、国际书记吉哲赫为副团长的朝鲜青年友好代表团一行 100 人访问了我国北京、南京和扬州。

在华期间，中共中央政治局常委、国家副主席习近平会见了代表团主要成员并与全体团员合影留念。团中央书记处第一书记陆昊会见了代表团主要成员，并为代表团举办了欢迎与欢送晚宴；团中央书记处常务书记王晓、书记处书记贺军科、卢雍政、罗梅、周长奎分别出席或陪同代表团在华参观访问交流活动。中共江苏省委副书记石泰峰、扬州市委副书记赵昊分别会见并宴请了代表团。代表团还与国家乒乓球队队员及中方青年代表进行了乒乓球友谊赛。

5. 中国—东盟系列青年交流活动。为落实温家宝总理在第十次中国与东盟领导人会议上宣布今后 5 年邀请 1000 名东盟青少年访华的有关指示，以及在第十一次中国与东盟领导人会议上关于“继续邀请东盟青少年访华，主办青年营、夏令营、青年企业家论坛等交流对话项目”的倡议，全国青联与东盟秘书处及东盟各国友好组织合作，于 2011 年开展了一系列内容丰富、形式多样、具有一定规模的青年交流活动，深化了中国与东盟各国青年之间的了解和友谊，促进了中国与东盟各国青年在各领域的友好交流与合作。

4 月 19 日至 23 日，应印度尼西亚青年企业家协会邀请，以中国青年企业家协会副会长陈晓东为团长的中国青年企业家代表团一行 12 人赴印尼雅加达参加第三届“中国—东盟青年企业家论坛”。来自中国和东盟各国的青年企业家和企业家组织代表以及印尼各省青年企业家协会负责人共计160余人参加活动。此次论坛是中国—东盟青年企业家协会首次在东盟国家举办活动。印尼副总统布迪伊诺、贸易部长冯慧兰、经济统筹部长哈达拉贾萨、文化旅游部长瓦西克、中小企业部长夏利富等分别参加论坛有关活动。论坛最后发表了《雅加达宣言》,并正式通过了由我方提交各国青年企业家协会讨论、酝酿已久的《中国—东盟青年企业家协会章程》。

10月12日至15日,应越南青年企业家协会邀请,以中国青年企业家协会副会长陈远东为团长的中国青年企业家代表团一行9人赴河内参加第四届"中国—东盟青年企业家论坛"。来自中国和东盟9个国家(缅甸未参会)的青年企业家、企业家组织代表及越南各省青年企业家协会负责人共计百余人参加活动。越共中央委员、越南祖国统一阵线副主席武重金和越南胡志明共青团中央第一书记阮得荣等出席论坛有关活动。论坛期间举办了首届"中国—东盟优秀青年企业家"颁奖仪式,来自我国广东、广西和云南三省的5名优秀青年企业家受到表彰。

10月19日至21日,应越南国家青年委员会邀请,团中央书记处书记、全国青联副主席卢雍政率中国青年代表团一行3人赴越南河内出席第三届东盟与中日韩青年事务部长会议。

11月3日至10日,应全国青联邀请,东盟10国77名青年代表来华参加第六届中国—东盟青年营活动。本届活动以"友好·合作·共赢"为主题,配套举办了"中国—东盟青年营:青年记者的社会责任与义务"专题论坛、"我眼中的中国—东盟"征文比赛等活动。

6. 庆祝中老建交50周年青年友好交流活动。2011年是中国与老挝建交50周年。为深化两国人民特别是青年之间的友谊,增进年轻一代的了解与交流,共创中老关系新篇章,我与云南省人民政府合作,在云南举办以"百名中老优秀青年互访"和"万名边境青年大联欢"为主要内容的庆祝中老建交50周年青年友好交流活动。

4月13日至19日,应共青团中央邀请,以老挝人民革命党中央委员、老挝人民革命青年团中央第一书记坎潘·西提达帕为团长的老挝青年代表团一行166人访问云南省西双版纳州、普洱市和昆明市。代表团此访标志着庆祝中老建交50周年青年友好交流活动正式启动。11月19日至25日,以团云南省委副书记陆平为团长的中国青年代表团一行100人回访老挝。

7. 中越青年友好会见活动。"中越青年友好会见"活动是落实中越两党领导人达成的共识以及中越两国联合声明有关要求的重要举措,旨在"加强青少年之间的友好交往,使中越两国的友好事业全面发展,后继有人。"自2000年以来,在两国党和政府的关怀和支持下,两国共青团组织已成功举办12届"中越青年友好会见"活动,在中越两国青年中产生了广泛影响。

8月27日至9月3日,应共青团中央邀请,以越南胡志明共青团中央书记处书记潘文买为团长的越南青年代表团一行99人访华,并参加第十一届中越青年友好会见活动。在京期间,全国政协副主席孙家正会见代表团主要成员并与全体成员合影留念。

12月18日至25日,应越南胡志明共青团中央邀请,以团中央书记处第一书记陆昊为团长的中国青年代表团一行100人访问越南,并参加在越举办的第十二届中越青年友好会见活动。在越期间,正在越南进行正式访问的中共中央政治局常委、国家副主席习近平与越共中央政治局委员、书记处常务书记黎鸿英在河内国际会议中心共同会见两国青年代表,发表热情洋溢的讲话,并与两国青年代表合影留念。在中越两国领导人的见证下,陆昊同志与越南胡志明共青团中央书记处第一书记阮得荣签署了《中国共青团与越南胡志明共青团

2012年至2013年合作协议》。越共中央书记处书记、民运部部长何氏洁，越共中央委员、对外部部长黄平君分别会见代表团主要成员，阮得荣同志与陆昊同志进行工作会谈并宴请代表团。代表团参加了以“非公企业团建”和“青年参与新农村建设”为主题的中越青年论坛，瞻仰了胡志明陵，参观了胡志明博物馆、主席府旧址，考察了广宁省红砖公司等企业，并与越南青年进行了联欢交流。

8. 中巴百名青年互访项目。为落实胡锦涛主席2006年访问巴基斯坦时提出今后5年内邀请500名巴基斯坦青年访华的指示，并根据随后巴基斯坦政府提出500名中国青年同期访巴的邀请，我与巴基斯坦有关方面合作，于2007年至2011年间每年开展中巴百名青年互访。中巴两国大规模青年交流的持续开展，对于推动中巴两国青年的友好交流与合作、增进中巴青年之间的相互了解、扩大中巴传统友谊在两国青年中的影响、推动中巴全天候战略合作伙伴关系的持续发展具有积极意义。

1月7日至13日，应巴基斯坦经济事务部邀请，以全国青联主席助理倪健为团长的中国青年代表团一行99人访问巴基斯坦。在卡拉奇，巴基斯坦总统扎尔达里会见代表团。

4月22日至29日，应全国青联邀请，以巴基斯坦经济事务部联秘穆罕默德·阿希夫为团长的巴基斯坦青年代表团一行98人访问了北京、南昌、广州和东莞。在京期间，中共中央政治局委员、全国人大常委会副委员长王兆国会见代表团主要成员，并与全体成员合影留念。

9. 印度500名青年访华项目。2010年12月，温家宝总理访印期间，中印两国发表联合公报，宣布“2011年为‘中印交流年’，中方将邀请500名印度各界青年于2011年访华”。

9月20日至29日，为落实中央指示精神，我以全国青联名义邀请以印度青年事务与体育部国务部长阿贾伊·麦肯为团长的印度青年代表团一行491人访华。该代表团是迄今访华规模最大的印度青年代表团。在京期间，国务院总理温家宝会见代表团。第一分团由191名印度各界青年组成，访问了河南和陕西。第二分团由200名印度各界青年组成，访问了江苏和上海。第三分团由100名度各界青年组成，访问了湖北和广东。

10. 第二届中沙青年友好会见。为纪念中沙建交20周年，响应沙特国王关于加强中沙青年交流的倡议，我于2010年9月与沙特商工会合作在华举办了首届中沙青年友好会见活动。2011年的活动是第二届。中沙青年友好会见活动的持续举办，对于加强两国青年间的相互了解和友谊、促进中沙战略性友好关系长期持续稳定发展具有重要意义。

10月17日至22日，应沙特外交部和沙特商工会邀请，以全国青联副主席贺军科为团长的中国青年代表团一行20人访问沙特阿拉伯王国并参加第二届中沙青年友好会见活动。该团是近年来我向阿拉伯国家派遣的最大规模的青年学生代表团。访问期间，中沙两国青年就文化、经济、科技等主题数次举行专题讨论会，并最终形成了《中沙青年友好会见行动计划》。

11. 中尼30名青年互访项目。为落实中尼两国政府《关于加强中尼青年交流的谅解备忘录》，进一步扩大中尼两国人文领域的交流，推动两国青年组织开展对话与合作，增进两国青年之间的相互了解和友谊，我与尼泊尔开展了30名青年代表隔年互访活动。

7月16日至21日，应尼泊尔青年、体育与文化部邀请，团中央统战部副部长、全国青联副秘书长达娃次仁率中国青年代表团一行30人访问尼泊尔。

12. 中土40名青年互访项目。为落实2010年10月国务院总理温家宝与土耳其总理埃尔多安就加强两国青年交流达成的共识，并庆祝中土建交40周年，我与土耳其开展了40

名青年互访项目。

6月15日至24日，应全国青联邀请，以土耳其青年体育总局副局长努里·德米尔吉为团长的土耳其青年代表团一行41人访华。10月17日至26日，应土耳其青年与体育部邀请，团中央书记处书记、全国青联副主席贺军科率中国青年代表团一行40人访问土耳其。此访是我迄今向土派出的规模最大的中国青年代表团。

13. 东盟青年干部培训班。为贯彻落实党和政府的周边外交政策，培养东盟各国对华友好的青年一代，我自2002年3月起，依托中国（广西）国际青年交流学院，启动了东盟青年干部培训班项目。项目通过安排东盟各国青年干部来华开展教学、考察和交流活动，帮助他们深入了解中国国情，感受中国人民特别是青年的热情友好，增进了中国与东盟各国青年之间的相互了解和传统友谊。参加培训的东盟各国青年绝大多数在其组织内担任一定领导职务，具有良好的发展前景。目前，已有部分学员在回国后担任重要领导职务。

截至2011年底，我已委托该学院共举办东盟青年干部培训班26期，为东盟十国培训青年干部1123名。其中，2011年培训194人，包括老挝39人、越南38人、柬埔寨35人、缅甸30人、文莱10人、印度尼西亚13人、马来西亚5人、菲律宾9人、新加坡5人、泰国10人。

14. 首届中非青年领导人论坛。5月18日至27日，以团中央书记处书记周长奎为团长的中国青年代表团一行11人赴纳米比亚首都温得和克参加首届"中非青年领导人论坛"活动。该活动由中共中央对外联络部和纳米比亚人组党共同举办，是"中非合作论坛"框架下首个由非洲国家发起的项目。本次论坛主题为"传承友谊，携手共进"，来自南非、安哥拉、津巴布韦、莫桑比克、博茨瓦纳、赞比亚、坦桑尼亚、埃塞俄比亚、毛里求斯、加纳、喀麦隆、尼日利亚、马里、卢旺达、刚果（金）、阿尔及利亚、苏丹等非洲17国的60多名代表和中、纳青年领导人代表、青年企业家代表共同参加有关活动。

正在纳米比亚进行国事访问的中国全国人大常委会委员长吴邦国和纳米比亚总统波汉巴共同出席开幕式并讲话。在论坛开幕式上，中纳双方代表在两国领导人的见证下签订了中国青少年发展基金会向纳教育部提供100万美元援助用于建设"中非友谊希望小学"的合作备忘录。会议期间，中非各国青年领导人围绕中非传统友谊及其在新时期的传承与发展、中非友好合作与青年发展等议题进行了讨论，最终形成并发表了《中非青年领导人温得和克宣言》。与会代表还访问了位于温得和克市郊的高线中学，举行了中非青年友谊林主题植树活动。中纳双方青年企业家举行了见面会并进行了商务洽谈。

15. 中俄人文合作委员会青年领域内相关活动。2010年11月，中俄人文合作委员会第十一次会议决定在委员会框架内成立青年合作分委会，作为统筹中俄两国青年领域交流合作的协调机制。

4月21日至25日，我在京举办了中俄人文合作委员会青年合作分委会第一次会议。双方共同审议并通过了分委会工作条例、分委会组成原则和2011年度工作计划，并签署了第一次会议纪要。

5月至7月，我与中国青年报合作，面向中国高校大学生举办"中俄携手同行"——纪念《中俄睦邻友好合作条约》签署10周年征文比赛。共评选出12篇优秀征文作品并集结成册。

5月14日至18日，我派中国大学生艺术团赴俄参加了"大学生之春"艺术节。俄方将我代表团作为主宾国贵宾接待。

8月10日，借举办世界大学生运动会契机，我邀请俄罗斯秋明国立大学和俄罗斯秋明石油天然气大学的艺术团体参加深圳大运会世界大学生沙滩音乐会。

10月15日至23日，应全国青联邀请，俄罗斯作为首届主宾国组派大学生代表团来华参加第十二届全国大学生“挑战杯”课外学术科技作品竞赛。这是“挑战杯”活动首次设置主宾国活动。

11月29日，我与俄驻华使馆共同组织举办了“中国青年对话俄罗斯大使”活动。

16. 第二届中英青年领导者圆桌会议。5月22日至28日，应全国青联邀请，以英国国会议员、工党影阁就业与养老金大臣利亚姆·伯恩为团长的英国青年政治家代表团一行11人访问了北京和内蒙古，并参加了第二届中英青年领导者圆桌会议。代表团还参加了“与世界对话”活动，与高校学生记者进行了对话交流。在内蒙古期间，自治区党委书记胡春华会见了代表团，自治区人民政府副主席布小林宴请了代表团。

17. 第二届志奋领青年领导人培训。7月11日至9月14日，根据全国青联与英国驻华使馆的合作协议，应英国外交和联邦事务部和英国诺丁汉大学邀请，以河北团省委副书记韩立群同志为团长的中国青年代表团一行15人赴英国参加了第二期志奋领青年领导人培训项目。培训班在宁波进行了为期1周的预培训并参加了“中欧公民社会对话”活动；在英国进行了为期9周的系统培训，就“气候变化经济学”、“政府与公民社会关系”、“改革、管理与公共服务”三个课题进行了深入的学习交流。

18. 法国500名青年访华项目。2010年11月4日，胡锦涛主席访问法国期间与法总统萨科奇在会谈中就发展中法关系提出“发挥优势，密切人文交流”的建议，希望密切两国青年交往，表示中方愿在今后5年邀请500名法国青年访华。

为落实胡主席指示，10月10日至18日，应全国青联邀请，以法国参议院副议长、前总理、展望与创新基金会主席让-皮埃尔·拉法兰为团长的首批法国青年代表团一行27人访问了北京和四川。该代表团主要由法国各地著名商学院学生组成。在京期间，团中央书记处书记、全国青联负责人罗梅宴请了代表团。在四川期间，四川省人大常委会副主任王宇坤宴请了代表团。

19. 团中央书记处第一书记访问巴西、阿根廷和比利时。5月18日至19日，应欧盟委员会、阿根廷青年企业家联盟和巴西劳工党全国青年委员会邀请，团中央书记处第一书记陆昊率中国青年代表团一行117人赴比利时出席了“中欧青年周”（“中欧青年交流年”旗舰活动）主要活动，并于5月20日至29日率中国青年代表团一行6人访问了阿根廷和巴西。在布鲁塞尔期间，陆昊作为“中欧青年交流年”中方组委会主席与欧盟委员会教育、文化、语言多样性及青年事务委员瓦西利乌共同出席了中欧青年创业论坛开幕式，并与欧洲青年论坛主席彼得·马特加思克等欧洲青年组织领导人进行了座谈。在阿根廷，阿根廷劳动、就业和社会保障部国务秘书恩里克·德贝会见了代表团，代表团与阿根廷政党青年组织、学生组织、有关社会组织及青年企业家代表进行了座谈。在巴西，巴西劳工党总书记埃洛伊·皮耶塔会见了代表团，代表团与巴西劳工党全国青年委员会书记巴尔德米尔·巴斯瓜和巴西青年署署长塞维利妮·马赛多进行了会谈，参观了巴西利亚大学并与青年学生进行了座谈。此访对进一步深化中欧及中阿、中巴青年领导人对话，推动双边青年交流发挥了积极作用。

20. 中美人文交流高层磋商机制青年领域交流活动。2011年，团中央作为中美人文交流高层磋商机制中方成员单位，开展了以下活动：

出席第二轮中美人文交流高层磋商活动。4月10日至17日，机制中方成员，团中央书记处书记、全国青联副主席卢雍政赴美出席了第二轮中美人文交流高层磋商有关活动。

实施中美青年政治家交流项目。2011 年，我与美国青年政治领袖理事会完成了新一轮中美青年政治家互访。9 月 17 日至 30 日，全国金融青联主席宋宏谋率中国青年代表团一行 8 人访问了美国华盛顿特区、北卡罗来纳州和俄勒冈州，拜会了美国行政、立法和司法机构以及企业、社区、学校等，并同美政界、商界和民间组织等各阶层人士进行广泛深入的交流。12 月 3 日至 16 日，美国青年领导人一行 9 人访问北京、湖北和江苏，并分别围绕中国传统文化和辛亥革命 100 周年举办交流座谈会，增进中美青年领导者之间的了解。

实施中美学生领袖交流项目。3 月 27 日至 4 月 3 日，全国学联执行主席刘静率全国学联代表团一行 8 人访问了美国，与美国常青藤联盟中的耶鲁大学、哥伦比亚大学、普林斯顿大学和宾夕法尼亚大学的学生领袖进行交流，并结合美国学生组织发展状况、大学生就业及中美历史文化等议题与美有关人士进行了交流。

实施中美青年联合社会实践项目。8 月 25 日至 9 月 5 日，我以全国青联名义组织了 20 名美国常青藤高校大学生、10 余名美国在华青年代表和 60 名中国大学生在华试点实施了中美青年联合社会实践活动。

举办中美青年思想者圆桌会议。2011 年 12 月，配合美国青年政治领袖理事会代表团访华，在南京举办第二届中美青年思想者圆桌会议。会议以"历史在中美政治发展中的角色"为主题，结合近现代中美两国发展过程中重大历史事件，邀请双方政府、企业、学界及民间社会代表进行了广泛的交流和深入的探讨，从而进一步增进了中美青年领导人对彼此国家发展历程的了解。

21. 中澳青年政治家交流项目。2011 年，我与澳大利亚政治交流理事会实施了新一轮中澳青年政治家交流项目。6 月 5 日至 11 日，以澳大利亚维多利亚州议员罗宾·斯科特为团长的澳大利亚政治交流理事会代表团一行 7 人访问了北京、宁夏、上海。11 月 19 日至 26，以广电总局信息中心副主任蒙继长为团长的中国青年代表团一行 5 人访问了澳大利亚。

22. 第二届拉美政党青年干部研修班。4 月 9 日至 22 日，应中共中央对外联络部和共青团中央邀请，来自阿根廷、智利、哥伦比亚、墨西哥和乌拉圭 5 国主要政党的青年干部和青年组织负责人一行 20 人来华参加主题为"了解当代中国和中国青年"的第二届拉美政党青年干部研修班。除北京外，研修班访问了江西和上海。

23. 中美青年领导人社会建设培训项目。6 月 21 日至 7 月 6 日，应国际美慈组织邀请，以中国青年企业家协会副秘书长鲁亚为团长的中国青年代表团一行 17 人赴美国俄勒冈州波特兰市参加了中美青年领导人社会建设培训项目。

24. 2011"中欧青年交流年"。为贯彻落实中欧领导人共同倡议和温家宝总理的有关指示精神，在外交部、中联部的大力支持和正确指导下，在中宣部、对外友协、贸促会等中央部委的积极配合下，我以全国青联名义牵头成立"中欧青年交流年"中方组委会，与欧盟委员会及其相关机构共同组织实施交流年各项活动。中欧双方合作开展了包括旗舰活动、重点活动、伙伴活动、媒体宣传活动在内的百余项交流活动，组织了 1 万多名中欧青少年直接参与活动，动员了 16 万名中欧青少年通过新媒体参与活动，覆盖了亿万中欧青少年群体，产生了广泛的积极影响。

交流年期间，温家宝总理出席中欧青年交流年中方开幕式，并发表讲话。欧盟委员会主席巴罗佐为中方开幕式发来视频讲话。团中央书记处第一书记陆昊率中国青年代表团访问比利时，出席在比举办的中欧青年周活动。

团中央书记处常务书记、全国青联主席王晓率团出席在比利时举办的交流年欧方开幕式系列活动，并与欧盟委员会教育、文化、语言多样性及青年事务委员瓦西利乌分别代表全国青联和欧盟委员会签署《中华全国青年联合会与欧盟委员会关于中欧青年领域对话合作的联合声明》。团中央书记处书记、全国青联副主席卢雍政出席中欧青年未来营等。

在思想交流方面，我与欧方合作举办了中欧青年文化论坛、中欧青年创业论坛、中欧青年语言论坛、中欧青年可持续发展论坛、中欧青年论坛、中欧青年组织发展论坛等7个主题论坛。在传播路径方面，除利用传统媒体外，我首次邀请公关公司、智库、学生、媒体等参与策划媒体宣传活动，设计并举办了中欧青年辩论赛、中欧使馆使团青年开放日活动，进行了交流年形象大使的推选活动等；首次制作交流年公益宣传片、成果宣传片，交流年和新媒体宣传片；首次使用户外广告媒体，地铁、公交等移动媒体，脸谱、推特等社交媒体；首次设立和开通交流年官网和官方微博；首次使用手机网络电视等。在机制建设方面，通过举办旗舰活动，中欧双方建立了中欧青年对话机制；通过举办伙伴活动，中欧地方青年组织之间建立了定期交流机制；通过举办媒体宣传活动和伙伴活动，中欧建立项目征集机制和平台；通过举办重点活动，中方建立了与各部委的联系合作机制。在资源介入方面，我牵头成立了由外交部、中宣部等13家单位组成的中方组委会，成立了由媒体、中介组织、策划公司和学术机构等组成的推广委员会，搭建起组织动员和社会动员相结合的资源共享平台。同时，积极借助市场力量，采取公开招投标方式，寻找合作伙伴、筹集项目资金、推广品牌活动，形成了多方参与、资源互补、合力推进的有效模式，在对欧公共外交和加强对欧青年工作方面实现了新的创新和超越。

25.“与世界对话”国际交流与传播系列活动。2011年，全国青联与中国青年报社、中国高校传媒联盟继续合作举办“与世界对话”活动，全年共举办26场，直接参与的中国大学生人数为3600余人，其中参与“中欧青年交流年”活动的人数为2500余人。

活动以与外国政治家、驻华大使及国外青年代表团展开对话的方式为主。在此基础上，活动借力“中欧青年交流年”，为中欧青年加深理解提供平台，直接参与了3场开、闭幕式活动，1场对话国际政要活动，6场对话外国代表团活动，9场“驻华大使馆开放日”活动，在中欧青年中产生深远影响；开辟互动交流新通道，在澳大利亚举办中澳青年论坛，扩大活动在海外的影响力；与央视合作，对话英国前首相布莱尔，社会反响强烈，开创了与电视媒体合作的新模式。

第五部分

重 要 表 彰

中国青年五四奖章

第十五届“中国青年五四奖章”

（共25人，按姓氏笔画排序）

马金永　中国人民解放军63713部队光学测量二中队分队长

王冬新　江西绿环牧业有限公司总经理

王玉屏（女）　四川省屏山县锦屏镇锦屏集翠村联合党总支书记

王钦峰　山东豪迈机械科技股份有限公司模具技术部电火花科研小组组长

卢英威　国家密码管理局高级工程师

亚克甫·赛买提（维吾尔族）　新疆维吾尔自治区库尔勒市哈拉玉宫乡铁斯杆村四组农民

刘　岩（女）　北京舞蹈学院青年舞团演员

刘　林　北京城市学院党委书记、校长

孙　军　吉林省公安消防总队长春市支队特勤大队一中队中队长助理

孙正勇　贵州省紫云县水塘镇水塘小学教师

安宏伟　中国人民武装警察部队新疆维吾尔自治区总队第二支队特勤中队中队长

宋庆国　中国飞行试验研究院副院长、中航工业飞行产业发展公司总经理

张　浩　上海市公安局刑事侦查总队五支队副支队长

张广秀（女）　山东省烟台市福山区福新街道垆上居委会主任助理兼团支部书记

张建廷　中国人民解放军96117部队某导弹发射营营长

张勉之　天津市公安医院肾内科主任

张康奇（羌族）　四川省北川羌族自治县招商局局长

张雪松（回族）　中国北车集团唐山轨道客车有限责任公司铝合金厂工人

杨晓霞（女）　宁波维科精华集团人丰家纺有限公司制品分厂质检员

陈筠力　上海航天技术研究院遥感六号卫星总设计师

周明明　厦门航空有限公司飞行技术部副总经理、波音737机长

罗雪琴（女）　广东省东莞市以纯集团华隆服装有限公司华隆制衣厂厂长

哈斯敖登（女，蒙古族）　内蒙古民族歌剧院院长助理、内蒙古民族歌剧院歌舞团艺术总监

郎　坤（女，满族）　武汉理工大学管理学院管理科学与工程专业2009级硕士研究生

高会军　哈尔滨工业大学智能控制与系统研究所所长

“中国青年五四奖章集体”

（共2个）

中国海洋石油总公司渤海油田勘探开发研究院辽东湾勘探项目队

中国人民解放军77363部队

加授“中国青年五四奖章”

（共10人）

吕新广　中国航天科技集团公司第一研究院北京航天自动控制研究所制导系统主任设计师

马晓兵　中国航天科技集团公司第五研究院载人航天总体部载人飞船总体设计师助理

王春民　中国航天科技集团公司第六研究院航天推进技术研究所型号设计师

陆海滨　中国航天科技集团公司第八研究院上海航天设备制造总厂飞船型号项目经理

陈艳红　中国科学院空间科学与应用研究中心副研究员

于华男　中国航天科工集团公司第三研究院第三十三研究所一室副主任

习　靖　中国电子科技集团公司第54研究所遥控遥测专业部项目总设计师

刘晓祥　解放军63698部队工程师

钱　山　解放军63767部队工程师

仇梦跃　解放军63999部队工程师

加授“中国青年五四奖章集体”

（共8个）

中国航天科技集团公司第一研究院第一设计部运载火箭型号总体研究设计室

中国航天科技集团公司第五研究院首次交会对接任务研制团队

中国航天科技集团公司第八研究院上海宇航系统工程研究所空间对接机构研究室

中国科学院空间应用工程与技术中心（筹）应用总体室

中国航天科工集团第二研究院二十五研究所无线电设备总体技术研究室

中国电子科技集团公司第二十七研究所光电与雷达系统事业部激光雷达室

解放军63601部队三室

解放军63921部队二室

全国优秀共青团员、全国优秀共青团干部、全国五四红旗团委（团支部）

2010年度“全国优秀共青团员”名单

（共132人）

王　冲　北京市古船食品有限公司品研部中心化验室检验员

王　珏（女）　北京市海淀区今典小学教师

陈　渝（女）　首都师范大学资源环境与旅游学院旅游管理专业2008级学生

崔宏泰　天津大学软件学院动画专业2007级1班学生

唐言迪（女）　河北省石家庄市第四十三中学高二1班学生

魏天宇　河北省石家庄外国语学校高一9班学生

王　健　河北省秦皇岛市政府服务中心质量技术监督局科员

郭嘉艺（女）　唐山师范学院基础教育部普幼专业2008级1班学生

吕希庆　河北省沧州市第二中学高一1班学生

王腾飞　河北省武强县人民检察院干警

安群飞　河北省邯郸市第一中学高三19班学生
刘舒宁(女)　山西省阳泉市第十一中学高二251班学生
张文雯(女)　山西省榆次第一中学高一1001班学生
欧　军　伊利集团液态奶事业部生产管理处改善项目经理
敖其尔(蒙古族)　内蒙古自治区陈巴尔虎旗巴彦哈达苏木巴彦哈达嘎查副嘎查
达乔慧(女)　内蒙古自治区包头市九原区沙河第一小学教师
孙志琼(女)　辽宁省电力有限公司盘锦供电公司双台子供电分公司营业班核算员
张　帆(女)　辽宁省本溪市法律援助中心副主任科员
刘恒宇　吉林大学附属中学高一7班学生
陈　立(女)　白城师范学院历史系人文教育专业2007级学生
李　鹏　吉林省长白山保护开发区管理委员会社会管理办公室民政科科员
李　端　吉林省长春外国语学校高三4班学生
于　晶(女)　黑龙江省穆棱市八面通镇靠河村农民
杨洪超　黑龙江省消防总队伊春市消防支队铁力大队下士
刘成宝　黑龙江省佳木斯市向阳区广汇同源家居有限公司小店卖区经理
陈　波　华东师范大学中文系汉语言文学专业2009级1班学生
张毅伟　上海市青浦区河道水闸管理所西北片区水利控制中心信息员
王生泉　光明食品(集团)有限公司东海总公司上海鲜花港企业发展有限公司展示园副经理
臧圣洁(女)　上海申通地铁集团有限公司上海地铁第四运营有限公司8号线站务员
郭　秦(女)　江苏省张家港市暨阳高级中学高一9班学生
吴国庆　江苏省宿迁市宿豫区地方税务局办公室副主任
杨　潇　南京医科大学第一临床医学院2007级临床医学专业学生
蔡松青(女)　南通高等师范学校外语系2006级英语3班学生
葛瑞阳　江苏省盐城市景山中学高二4班学生
周　好(女)　江苏大学附属医院重症监护室护士
鞠　鑫　江苏省靖江市第一高级中学教师
薛兴国　江苏省金陵监狱政治处科员
胡　铮　浙江省临安市板桥镇秋口村团支部副书记
谢莹艳(女)　浙江省嵊泗县广播电视台记者
郑晓慧(女)　浙江省临海市古城街道白云社区主任助理
王欢平　安徽合力股份有限公司装备事业部加工中心工人
沈夏斌　安徽省淮南市大通区九龙岗镇畜牧兽医站站长
孙鹏艳　安徽省地质矿产局勘查局311地质队地质矿产技术员
王　磊(女)　安徽省明光市中医院急诊科护士
聂　文　安徽省阜阳第一中学高二15班学生
周钦宗　安徽省淮北矿业工程建设公司海孜矿建项目部技术经理
王丽莉(女)　福建省漳州电视台总编室副主任
张　辉　福建省龙岩市公安局警察公共关系处科员
黄俊华　福建警察学院公安管理系2008级学

生
蔡俊宇　福建省电力有限公司厦门市电业局思明分局电缆班技术员
韩　竣　江西省南昌外国语学校高一2班学生
李　羽(女)　江西省电力有限公司萍乡供电公司95598服务热线班长
肖玉玲(女)　江西省芦溪县宣风镇中学九年级3班学生
展肖华(女)　山东省青岛农信葡萄园艺场总经理
扈福勇　山东省东营市公路管理局科员
李福娟(女)　山东省诸城市实验中学高三25班学生
王　帅　山东省曲阜鑫都食用菌研发专业合作社经理
李军浩　山东省威海市公安局巡逻警察支队一大队科员
厉成伟　山东省日照金禾生化有限公司发酵车间技术员
刘　盖　德州学院政法系法律专业2007级学生
杨　杨(女)　济南广播电视台新闻中心记者
润　昊　济南铁路局济南车辆段济南动车所机械师
梁林栋　河南省郑州市公安局特警支队民警
周文丽(女)　河南省平顶山市新华区焦店镇焦店村村委会副主任
李　旋　河南省洛阳市公安局交警支队高速交警大队交警
李轶峰　河南省平顶山市中平能华集团二矿综采一队技术员
代　政　河南师范大学附属中学高三4班学生
张娟娟(女)　河南省鹤壁市鹤山区鹤壁集镇杨庄村村主任助理
龙新梅(女)　中国石油化工股份有限公司河南石油分公司新乡石油分公司小寺加油站站长
刘　慧(女)　河南省南阳市中心医院护士
黄　燕(女)　河南省信阳市第一实验小学教师
王　玲(女)　湖北省应城市城中街道保丰村团支部书记
胡瑞琪(女)　华中师范大学附中高三29班学生
张　果　武汉铁路局武汉动车基地助理工程师
向　超　湖北省竹山县广播电视台新闻部主任
汪　鹤　湖北省鄂州市玉泉自来水有限责任公司职工
董伊格(女)　湖南省长沙市长郡中学高三0802班学生
谌彦涛　湖南省安化县田庄乡鹊坪村农民
曹丹娜(女)　湖南省郴州市第四人民医院护士
何　冲　广东体育运动技术学院跳水运动管理中心运动员
陈遂华(女)　广东省惠州市第三人民医院护士
陈梓钧　广东省珠海市第一中学高三19班学生
曾海韵(女)　广东实验中学高二3班学生
彭星源　广州大学公共管理学院行政管理专业08级一班学生
林福荣　广东省佛山市体育运动学校运动员
钟健威　中山大学数学与计算科学学院数学与应用数学专业2008级学生
杨　明　广东省广州日报社政文新闻中心记者
许仕伦　广东省广州市珠海区青年志愿者协会工作人员
宁亮忠　广西壮族自治区贺州市中医院检验科检验员
杨昕翰　右江民族医学院2008级临床专业1

班学生

班华旺(壮族)　广西玉柴重工有限公司技术质量部金工现场室技术员

谭　敏(女)　广西壮族自治区钟山县实验小学教师

莫耀敏(女)　广西壮族自治区钟山县国家税务局纳税服务股科员

刘　容(女)　粤海铁路责任有限公司海口电务综合维修车间信号工

王　丽(女)　重庆交通运输控股(集团)有限公司站务中心汽车北站广播询问组组长

马成骁　重庆市万盛区广播电视台新闻部副主任

崔　凯　重庆工商大学法学院法学专业2007级学生

李燕均　四川省洪雅县将军乡新野肉兔养殖合作社理事长

邓玉平(女)　四川省宜宾市第一中学高二23班学生

涂瀚宇　四川省南充高级中学高一6班学生

郑　强　四川储备物资管理局一五七处重庆储渝石油销售有限责任公司输油工

徐　洲　四川省地质调查院地球化学勘查中心助理工程师

任　豪　四川省岳池中学高三22班学生

卓　樾　中国东方电气集团有限公司工程分公司印尼龙湾项目部商务工程师

刘　倩(女)　四川省万源市第四中学西部计划志愿者

朱念嶔(女)　贵州省六盘水市第三中学高三17班学生

王雪丹(女,仡佬族)　贵州省凤冈县第二中学高三1班学生

郑　虎　贵州航天天马机电科技有限公司研究所设计员

雷　宇　云南省公安厅出入境管理局科员

袁　婷(女,纳西族)　云南省香格里拉县第一中学高三115班学生

晋晓琴(女)　云南省游泳队运动员

次仁卓嘎(女,藏族)　西藏自治区拉萨市第三高级中学高三1班学生

孙青昭(女)　陕西省咸阳市杨陵区杨陵中学高三14班学生

吴　颖　陕西省机械工业勘察设计研究院技术员

徐　珲(女,苗族)　陕西省宝鸡市中心医院妇产科医生

王　垚　长安大学公路学院2008级桥梁工程专业学生

张　健　陕西科技大学设计与艺术学院服装设计与工程专业2007级学生

党梦琪(女)　陕西省榆林市第一中学高三4班学生

陈田田(女)　陕西省安康中学高三15班学生

冯　丽(女)　甘肃省嘉峪关市第一中学教师

周定洲　甘肃省高台县新坝乡暖泉村农民

邱振雷　青海大学化工学院化工机械系过程装备与控制工程专业2007级学生

朱雨桐(女)　宁夏回族自治区石嘴山市第三中学高一5班学生

阿力扑铁肯·依玛木(维吾尔族)　新疆财经大学金融学院金融专业2006级2班学生

沈统安　新疆生产建设兵团农二师三十团二连技术员

靳凯凯　军事科学院院务部警卫勤务连纠察班班长

朱承杰　国防大学警卫连十班班长

李　振　军委办公厅勤务汽车队勤务班班长

陈千也　中国人民武装警察部队辽宁总队二支队班长

敬　军　沈阳铁路局沈阳电务段大石桥信号车间技术员

瞿　芃　中国纪检监察报社要闻部编辑

吉建福　中国水电顾问集团中南勘测设计研

究院国际工程部利比亚项目部综合部主管

追授“全国优秀共青团员”

何　川　生前系山东省滨州技术学院机械工程系机械加工专业 2008 级 1 班学生

2010 年度“全国优秀共青团干部”名单

（共 104 人）

杨　霞（女）　北京电子控股有限责任公司团委书记

屈杰伟（女）　团北京市东城区委干事

穆伟然（女）　天津市北辰区宜兴埠镇团委书记

张　元（回族）　天津市物资集团总公司团委副书记

王　静（女）　天津港（集团）有限公司机关团委书记

刘亚男（女）　天津师范大学团委书记

田国良（满族）　河北建工集团有限责任公司团委书记

单耀军　河北大学团委书记

程　华（女）　团河北省石家庄市裕华区委书记

池海峰　团河北省遵化市委书记

王　娜（女）　团河北省冀州市委书记

冀小明（女）　团山西省汾阳市委书记

斯　钦（蒙古族）　内蒙古师范大学团委书记

刘　波（女）　团内蒙古自治区通辽市科尔沁区委书记

张　德　团辽宁省沈阳市委办公室主任

王子洋　团辽宁省营口市委组织部部长

王立波　延边大学团委书记

赵楠楠　吉林省四平市公安局团委书记

殷敬伟　哈尔滨工程大学团委书记

苏加标　团黑龙江省鸡西市委组织部部长

陈　鲁　上海市市级机关团工委书记

王志俊（女）　上海市科学技术团工委书记

陈立俊　华东理工大学团委书记

施　慧（女）　上海市金山区山阳镇团委书记

赵海燕（女）　江苏省盐业集团有限责任公司团委书记

徐　婕（女）　江苏省人民医院团委书记

马　艳（女）　南京艺术学院团委书记

胡莹洁（女）　团江苏省江阴市委书记

潘井亚　团江苏省太仓市委书记

郑宏恩　团江苏省灌南县委书记

汤小南　团江苏省南京市江宁区委书记

王志凤（女）　江苏经贸职业技术学院团委书记

张辉虎　浙江省建设投资集团有限公司团委书记

叶秀贝　团浙江省宁波市委联络部部长

杨丽萍（女）　浙江省嘉善县罗星街道团委书记

王迎欢（女）　团浙江省台州市路桥区委办公室主任

曾　骊（女）　丽水职业技术学院团委书记

姚　实　中国水利顾问集团华东勘测设计研究院团委书记

胡　丞　安徽省芜湖市镜湖区天门山街道团工委书记

李　欣　安徽省合肥市蜀山新产业园区团工委书记

曹晓甜（女）　安徽省马鞍山市公安局团委副书记

邓小卫　安徽省宁国市津河中学团委书记

林建忠　团福建省福清市委书记

柯枫伟　团福建省晋江市委书记

李艳萍（女）　江西新余钢铁集团有限公司团委副书记

王芳芳（女）　江西省南昌市公安局团委书记

李永卉　兖矿集团有限公司团委书记

张传萍（女）　山东安信木业有限公司团支部书记

朱爱青（女）　淄博职业学院团委书记

赵新英(女)　山东省滨州市人民医院团委书记
吴绪永　青岛大学团委书记
冀　锋　山东钢铁集团有限公司莱钢集团有限公司自动化部团委书记
白　钰　中国移动通信集团河南有限公司机关团委书记
洪　军(回族)　黄淮学院团委书记
张　伟　团河南省确山县委书记
李月亮　团河南省安阳市委宣传部部长
袁　亮　武汉工业学院团委书记
吴华军　团湖北省蕲春县委书记
廖　莉(女)　中国石化集团江汉石油管理局团委副书记
晏　昱(女)　湖南师范大学团委书记
陈　鹏　中国水电顾问集团中南勘测设计研究院团委书记
谭　琥　湖南中医药大学团委书记
吴小芳(女)　团湖南省永州市委办公室主任
张　丽(女,满族)　广东省水电集团有限公司团委书记
王　宏　南方医科大学团委书记
王智丰　中共广州市委组织部团总支书记
巩会贞(女)　珠海天威飞马打印机耗材有限公司团委书记
陈向宗　广东省东莞市厚街镇团委书记
李志华(女)　团广东省广州市番禺区委书记
朱俊峰　广西柳州钢铁(集团)公司团委书记
戴三军(壮族)　团广西壮族自治区防城港市委办公室主任
孙副林　团海南省海口市琼山区委书记
陈　俊　团重庆市丰都县委书记
吴　冬　重庆钢铁(集团)有限责任公司团委书记
胡建军　西南大学团委书记
方和俊　团四川省绵竹市委书记
周　刚　四川省大英县蓬莱镇团委书记
袁雅逊(藏族)　团四川省康定县委书记
蒋志勇　西华大学团委书记
赵海英(女,土家族)　贵州电视台团总支书记
黄　杰　首钢水城钢铁(集团)有限责任公司团委书记
秦　园(女)　昆明海关机关团委副书记
张友燕(女)　团云南省文山壮族苗族自治州委青少部部长
余婷婷(女)　团云南省景东县委书记
王全伟　西藏自治区林芝地区第一高级中学团委书记
刘　炜　团陕西省黄陵县委书记
雷敏学　团陕西省澄城县委书记
张　腾　中国交通建设股份有限公司第二公路工程局有限公司团委书记
赵　敏(女)　兰州石化职业技术学院团委书记
杨治国　白银有色集团股份有限公司团委书记
关汉卿　团甘肃省定西市委办公室主任
李晓芬(女)　青海省互助县第一中学团委书记
陈志红(女)　团宁夏回族自治区盐池县委书记
田　洁(女)　新疆维吾尔自治区乌鲁木齐市第六十六中学团委书记
陈　方(女)　新疆生产建设兵团农十四师二二四团团委副书记
谌应新　北京军区空军政治部组织处副处长
刘占峰　海军工程大学政治部组织处处长、校团委副书记
张光宇　国防科技大学航天与材料工程学院政治部正营职干事、院团委副书记
姚建光　中国人民武装警察部队浙江省总队嘉兴市支队政治处主任、团委书记
谢　霞(女)　兰州铁路局武威南车务段团委书记
张秉楠　中国南方航空集团公司团委干事
宁　宇(女)　中央党史研究室机关团委书记

盛保晨　国家工商行政管理总局直属机关团委书记

贾怡芸(女)　宝钢集团有限公司团委书记

追授“全国优秀共青团干部”

王媛媛(女,土家族)　生前系贵州省江口县闵孝镇团委书记兼党建办主任

2010年度“全国五四红旗团委(团支部)”名单

(共357个)

北汽福田汽车股份有限公司团委

清华大学团委

北京市一零一中学团委

安利(中国)日用品有限公司北京分公司团委

北京康特荣宝电子有限公司团支部

北京市古城外国语学校教工团支部

北京市石景山区图书馆团支部

北京利达海洋生物馆有限公司计划财务团支部

北京市京科兴业科技发展有限公司团支部

北京市朝阳区芳草地国际学校教工团支部

北京市四方继保自动化股份有限公司生产中心团支部

北京市第四中学高二7班团支部

天津市第一商业学校团委

天津市公安消防总队团委

中国铁建十八局集团有限公司团委

天津市公共交通三公司八路车队团支部

天津市农垦东方实业有限公司华北城团支部

天津市南开区晟嘉培训中心团总支

天津市第一中学环保社团支部

天津市丰田合成有限公司内外装制造部工程改善课团支部

南开大学经济学院2008级国际经济贸易系团支部

河北钢铁集团有限公司团委

河北沧州供电公司团委

承德医学院团委

东北大学秦皇岛分校团委

保定职业技术学院团委

河北省石家庄市第四十二中学团委

河北建投新能源有限公司团支部

华北电网有限公司承德供电公司客户服务中心团支部

河北省肃宁县公安局团总支

河北省衡水市邮政局营业科团支部

河北省衡水市第二人民医院团支部

河北省乐亭县李大钊纪念馆团支部

河北西柏坡发电有限责任公司检修团支部

河北省沙河市财政局团支部

河北省青龙满族自治县县医院团总支

河北省东明国际家具博览有限公司团总支

河北省邯郸市第一中学高中部团总支

冀中能源邯郸矿业集团陶二煤矿洗煤厂团支部

大同煤矿集团有限责任公司团委

山西焦煤集团西山煤电有限责任公司团委

晋中职业技术学院团委

山西省怀仁县云中镇团委

山西省定襄县蒋村乡团委

山西省林业厅造林局团支部

山西省财政厅信息网络中心联合团支部

山西省大同市国家税务局机关团支部

山西焦煤集团有限责任公司汾西矿业新峪公司综采三队团支部

山西省太原市卫生学校高级护理22班团支部

山西省长治市城区市容监察队团总支

山西省鸿基科技股份有限公司细纱装配车间团支部

山西省晋中市榆次第二中学高三年级300班团支部

山西省梅芝园艺有限公司团支部

山西中医学院中医系2007级传统中医班团支部

内蒙古自治区巴彦淖尔市临河区第三中学团委
中国石油长庆石油分公司第三采气厂团委
呼和浩特铁路局乌海工务段碱柜线路车间碱柜线路工区团支部
内蒙古自治区阿拉善左旗乌兰牧骑团支部
内蒙古自治区西乌珠穆沁旗哈达图煤炭有限责任公司团支部
渤海造船厂集团有限公司团委
辽宁省抚顺市新抚区非公有制经济组织团工委
中国石油辽河油田公司曙光采油厂团委
中国医科大学本溪中心医院外科团支部
沈阳化工大学外语系团支部
安利(中国)日用品有限公司大连分公司团支部
辽宁省大商集团锦州百货大楼有限公司名品业种团支部
中国人民武装警察部队阜新消防支队开发区中队团支部
长春职业技术学院团委
吉林国贸集团团委
吉林省通化市地方税务局团委
吉林省长春市物业维修资金管理中心团支部
中国联合网络通信有限公司吉林省分公司客服呼叫中心团总支
吉林省长春市鼎庆经贸有限责任公司团总支
吉林省吉林市第二中学高二 11 班团支部
吉林省通化葡萄酒股份有限公司万吨车间团支部
一汽—大众汽车有限公司轿车一厂焊装车间团总支
哈尔滨工业大学团委
中国石油大庆油田有限责任公司团委
黑龙江省大庆宝丽摄影服务有限公司团委
齐齐哈尔职业学院团委
黑龙江省哈尔滨市道里区爱建街道爱建社区团支部
黑龙江省鹤岗市第四中学团总支
黑龙江省实验中学教工团支部
黑龙江省齐齐哈尔市第一中学 08 级 18 班团支部
黑龙江省绥芬河亿通数字科技有限公司绥芬河数码港团总支
上海师范大学团委
上海市静安区石门二路社区团工委
上海比亚迪有限公司团委
上海市行知中学团委
东华大学环境学院建筑 09 级团支部
上海市公安局国际机场分局虹桥国际机场东警务区团支部
上海烟草集团有限公司上海卷烟厂二车间团总支
上海图书馆上海科学技术情报研究所第二联合团支部
上海市血液中心采供血第一团支部
上海市青浦区赵巷镇大学生村官团支部
上海市富大胶带制品有限公司团支部
上海市浦东新区陆家嘴社区(街道)仁恒滨江园小区团支部
江苏出入境检验检疫局团委
江苏省无锡市南长区迎龙桥街道团工委
江苏省宿迁市地方税务局团委
江苏省电力公司扬州供电公司团委
江苏省南京外国语学校团委
南通职业大学团委
国家电网电力科学研究院团委
江苏省无锡监狱团委
江苏省金陵科技学院园艺学院团总支
江苏省无锡市惠山区洛社镇梅泾村团总支
江苏省徐州市泉山区城市管理局团支部
江苏省如东县地方税务局团支部
江苏省东海县人民检察院团支部
中国人民武装警察部队江苏消防总队无锡支队南长区
大队华清路中队团支部

江苏省盐城卫生职业技术学院护理系团总支
江苏省阜宁县地方税务局第六税务分局团支部
江苏省镇江市润州区教育局幼教联合团支部
江苏省常州大酒店有限公司前厅团支部
江苏省常州市第四中学教工团支部
江苏省泰州海阳农村合作银行第二团支部
江苏省徐州红星美凯龙国际家具装饰城有限公司团支部
南京大学信息管理系2007级本科生团支部
浙江省能源集团有限公司团委
浙江省杭州市西湖风景名胜区团工委
浙江传媒学院团委
浙江省丽水电业局团委
浙江省台州市椒江区白云街道团工委
浙江省电力公司杭州市电力局调度所团支部
浙江省杭州市余杭区径山镇小古城村团总支
浙江省血液中心体采科团支部
浙江省宁波市鄞州区钟公庙街道后庙社区团支部
浙江省金洲集团有限公司团总支
浙江省江山市双塔街道民声社区团总支
浙江省舟山市普陀区沈家门街道大蒲湾社区团总支
浙江省玉环县国税局机关团支部
浙江省嘉兴市秀洲区桑和蚕桑专业合作社团支部
浙江省松阳县西屏镇十二村团支部
浙江海洋学院数理与信息学院师范类2007级数学专业团支部
安徽省舒城县百神庙镇团委
徽商银行六安分行团委
安徽省日立建机(中国)有限公司团委
安徽省黄山卫生学校团委
皖能铜陵发电有限公司团委
安徽省马鞍山市花山区教育局团总支
安徽省蚌埠玻璃工业设计研究院实体部门团支部
安徽省广德县东亭乡高峰村团总支
安徽省合肥市公安局指挥中心团支部
安徽省阜阳市第四中学团总支
安徽省芜湖县红杨镇初级中学团总支
安徽省安联控股集团团总支
安徽省含山县林头中学高三3班团支部
福州大学阳光学院团委
福建省福州市鼓楼区软件园团工委
三明学院团委
福建省电力有限公司宁德电业局团委
福建省厦门市双十中学团委
福建省公安厅边防总队漳州市边防支队直属船艇大队团总支
福建省电力有限公司永定县供电有限公司团总支
福建省龙岩市新罗区西城街道西安社区团支部
福建省电力有限公司福州超高压输变电局500千伏东台变电所团支部
福建省晋江市季延初级中学团总支
福建省福州春伦茶业有限公司团支部
福建炼油化工有限公司生产部化工二联合团队团支部
中共江西省委办公厅团委
江西师范大学附属中学团委
江西昌河铃木汽车有限公司景德镇工厂焊装车间团支部
江西省煤炭集团公司萍乡矿业集团有限公司安源煤矿运输区团支部
赣南师范学院商学院团总支
江西省莲花县琴亭镇花塘村团支部
江西省抚州市公安局特警支队团支部
中国石油化工股份有限公司齐鲁分公司烯烃厂团委
新汶矿业集团有限责任公司团委
山东新星集团有限公司团委
山东省菏泽市公路管理局团委
山东玲珑集团有限公司团委

山东省泉林纸业夏津有限公司团委
山东大学团委
鲁东大学团委
山东省济南市皮肤病防治院团支部
山东省淄博市博山区城东街道安上社区团总支
山东省枣庄市立第二医院第一团支部
山东省高密市夏庄镇张家官庄二村团支部
山东省东营胜利农村合作银行东城支行团支部
山东省邹城市钢山街道后八里村团支部
山东省日照市东港区石臼街道荣安社区团支部
山东省乐陵市住房和城乡建设局团支部
山东省淄博矿业集团有限责任公司矿山救护大队团支部
山东省滨州市市区国家税务局团支部
胜利石油管理局胜利采油厂采油三矿十六队团支部
山东钢铁莱钢能源动力厂老区锅炉车间团支部
哈尔滨工业大学威海分校信息科学与工程学院自动化专业 2007 级 1 班团支部
山东省孚日集团股份有限公司毛巾二公司团支部
河南财经政法大学团委
河南省濮阳市油田教育中心团工委
河南省电力公司周口供电公司团委
河南省郑州外国语学校团委
河南省舞钢中加矿业发展有限公司团委
河南省济源市天坛街道团工委
中铁隧道股份有限公司郑州地铁项目部团支部
河南省开封市供水总公司开封县分公司团支部
河南省巩义市通达中原耐火技术有限公司团支部
河南省三门峡市财政局团总支
黄河勘测规划设计有限公司地质勘探院团支部
中铁十五局集团第二工程有限公司桥梁三队团支部
河南农业大学牧医工程学院 08 级动物检疫 1 班团支部
河南省焦作市广兴化工有限责任公司团支部
河南省漯河市亿博橡胶科技有限公司团支部
河南省商丘市回民中学青年教工团支部
河南省信阳亚洲新能源控股有限公司制气车间团支部
武汉钢铁(集团)公司团委
湖北省武汉市硚口区宗关街团工委
湖北白云边股份有限公司团委
湖北省大冶市第一中学团委
湖北省丹江口市三官殿办事处团委
中国十五冶金建设有限公司第三工程公司金属结构厂团支部
湖北省楚天金报编辑部团总支
湖北省大冶有色金属有限公司铜绿山铜铁矿选矿车间团总支
湖北省三峡坤艳工贸有限责任公司团总支
湖北省洪湖市峰口镇楚天高速·官厅村城乡联合共建团支部
湖北省随县三里岗镇吉祥寺村团支部
湖北省武汉岱家山物业服务有限公司团支部
湖北省宜昌市水利电力学校学生团总支
娄底职业技术学院团委
湖南省衡阳县人民医院团委
湖南省邵东县第一中学团委
湖南亚新科南岳(衡阳)有限公司团委
湖南省汉寿县第二中学团委
湖南省岳阳市第一人民医院团总支
湖南省电力公司张家界武陵源电力局团支部
湖南省益阳市资阳区大码头街道金花坪社区团支部
湖南出入境检验检疫局机关团支部
湖南省常德市鼎城区地方税务局团支部

湖南省长沙市公安局高新区分局雷锋派出所团支部
湖南省湘潭市工业贸易中等专业学校实验部团总支
湖南省杉杉新材料有限公司团支部
湖南省开源集团开源鑫城酒店管理有限公司团支部
南车株洲电力机车研究所有限公司时代新材料弹性元件事业本部制造团支部
广东省东莞市长安镇团委
广东省林业职业技术学校团委
广东商学院团委
广东省江门市江海区礼乐街道威西村团支部
广东省四会市公安消防大队直属中队团支部
广东工业大学政法学院团总支
广东省机械高级技工学校教职工第四团支部
广东省中山市新达经贸有限公司团支部
广东省清远市连州爱地旅游发展有限公司连州地下河景区团支部
广东省惠州商贸旅游高级职业技术学校商务外语系团总支
交通运输部南海救助局救助船队团总支
广西师范大学团委
广西贺州华安汽车运输有限责任公司团委
广西壮族自治区东兴市江平镇团委
广西壮族自治区桂林市秀峰区丽君街道丽君社区团支部
广西壮族自治区凭祥出入境检验检疫局团支部
广西壮族自治区平果县东宁口腔病防治院团支部
广西壮族自治区丰林木业集团股份有限公司团总支
广西壮族自治区蒙山县职业技术学校团总支
广西壮族自治区富川瑶族自治县柳家乡洞井村团支部
琼州学院团委
海南省工业学校2008级数控技术运用4班团支部
海南省三亚市斯顿芒果农民专业合作社团支部
海南省东方市农村信用合作联社小额信贷团支部
重庆大学团委
重庆师范大学团委
重庆市南岸区鸡冠石镇团委
重庆商社(集团)有限公司团委
重庆市少年儿童图书馆团支部
重庆长途汽车运输(集团)有限公司江津公司团支部
中国电信股份有限公司重庆市大坪营业厅团支部
重庆科技学院冶金与材料工程学院团总支
重庆市北碚区人民检察院团支部
重庆市巴蜀中学初三10班团支部
重庆市聚兴交通机械有限公司团支部
重庆市江北区陶然鸿恩大观园团支部
中国国际航空股份有限公司西南分公司团委
中国石油西南油气田分公司团委
攀枝花煤业(集团)有限责任公司团委
四川省成都市实验外国语学校团委
四川明珠集团有限责任公司团委
四川省成都市锦江区三圣街道团工委
四川省宜宾普什模具有限公司团支部
四川省攀枝花钢城集团有限公司废旧物资分公司团总支
四川省泸州高级中学教工团支部
四川省大竹县庙坝镇寨峰村团支部
四川省壤塘县上壤塘乡康垄村团支部
四川省内江师范学院音乐学院团总支
四川省昭觉县公安局团总支
四川省地矿局华地建设工程有限责任公司工程一公司团支部
贵州久联企业集团有限责任公司团委
贵州大学团委
贵州省凯里汽车运输总公司客车站团支部

中航工业黎阳航空发动机(集团)有限公司叶片制造分厂团支部
贵州省遵义市汇川区董公寺镇和平村团支部
云南省昆明市财经商贸学校团委
云南省昆明星耀集团实业有限公司团委
云南省马龙县纳章镇团委
云南省玉溪市第二幼儿园团支部
云南省楚雄师范学院附中普高部团总支
云南省通海斯贝佳食品有限公司团支部
云南省龙赢投资集团有限公司团支部
云南省兰坪白族普米族自治县河西乡大羊村团总支
中国电信集团公司那曲分公司团支部
陕西省西安供电局团委
西安理工大学团委
陕西省铜川市第一中学团委
陕西省咸阳市秦都区沣东街道团工委
陕西省凤翔县道路运输管理所团总支
陕西省铜川市声威建材有限责任公司制成车间团支部
陕西省柞水县杏坪中学教职工团支部
陕西省皇城玉全机械制造(集团)有限公司团支部
陕西省白河县城郊建筑安装公司团支部
中国电子科技集团公司第二十研究所导航事业部团支部
兰州大学法学院团委
酒泉钢铁(集团)有限责任公司团委
甘肃省敦煌市市场管理局团委
甘肃省渭源县会川镇西关村团支部
甘肃省兰州市七里河区西站街道建西东路社区团支部
甘肃省民乐县六坝镇六坝村团支部
甘肃省永昌县河西堡镇沙窝村团支部
青海民族大学团委
中国铝业青海分公司碳素厂检修车间团支部
宁夏回族自治区隆德县沙塘镇团委
宁夏回族自治区中宁县大战场中学团总支
宁夏回族自治区西吉县明星客运汽车出租有限责任公司团总支
中国石油天然气集团宁夏石化公司安装检修厂团总支
新疆维吾尔自治区沙雅县努尔巴克乡团委
新疆维吾尔自治区乌鲁木齐市第一中学团委
新疆生产建设兵团农一师七团团委
新疆维吾尔自治区吉木乃县恰勒什海乡阿克木扎村团支部
新疆维吾尔自治区阿勒泰地区第二高级中学教工团支部
新疆农业大学水利与土木工程学院土木工程2008级2班团支部
新疆生产建设兵团农三师四十五团第一中学团总支
新疆生产建设兵团农九师一六一团十一连孙龙珍民兵班团支部
中国人民解放军第四军医大学护理士官系团委
中国人民解放军91128部队团委
中国人民解放军96512部队团委
中国人民解放军66284部队团委
中国人民解放军71770部队团委
中国人民解放军73086部队团委
中国人民解放军75140部队团委
中国人民解放军77281部队团委
中国人民武装警察部队广东省总队佛山市支队团委
解放军理工大学工程兵工程学院学员旅七队团总支
解放军报社管理局团支部
中国人民解放军63876部队试射连团支部
中国人民解放军94686部队61分队团支部
中国人民解放军65322部队67分队团支部
中国人民解放军69231部队72分队团支部
上海铁路局团委
广州铁路(集团)公司广深铁路股份有限公司广九客运段武广动车队团总支
成都铁路局贵阳客运段广州车队贵广八组团

支部
中国国际航空股份有限公司团委
中共中央对外联络部信息编研室团支部
人民日报社总编室团总支
外交部机关团委
国务院国有资产监督管理委员会产权管理局团支部
中铁一局集团新运工程有限公司团委
中国核工业集团公司中国原子能科学研究院反应堆工程研究设计部团支部
中国交通建设集团第三航务工程勘察设计院综合设计研究所团总支
中国建设银行股份有限公司贵阳市河滨支行团支部
中国农业银行股份有限公司重庆市渝北支行团总支

全国青年文明号

2009—2010年度全国青年文明号

铁道系统

济南铁路局青岛客运段动车队
广州铁路(集团)公司广州客运段沪海三组
北京铁路局北京客运段沪直车队
武汉铁路局武汉客运段Z25/6次列车
上海铁路局上海客运段D32/31次列车
上海铁路局上海南站5499青年服务台
上海铁路公安局杭州乘警支队
上海世博会中国铁路馆客服组

交通运输系统

上海市邮政公司市南邮政局世博浦西园区邮政服务团队
上海地铁第四运营有限公司耀华路站
上海市城市综合交通规划研究所世博交通研究中心
大众调度中心青年先锋班组
G50申渝高速公路沪苏收费站
上海海事局吴泾海事处政务中心
东海救助局应急救助反应队
中华人民共和国镇江大港海事处
上海市邮政公司松江区邮政局泗泾邮政支局
上海打捞局工程船队潜水队
巴士一汽修理分公司申沃特约维修站申沃小组

工业和信息化系统

中国电信上海公司百事应信息有限公司
中国电信上海公司网络运行部传输线路维护中心浦东维护班组
中国电信上海公司中区局维护中心
中国移动上海公司世博村营业厅
中国移动上海公司计划发展部研发中心
中国移动上海公司网络优化中心应急通信部
中国联通上海联通移动网管中心系统支撑处
中国联通上海联通管线维护中心东区维护处
中国联通上海联通西区分公司志丹路营业厅

公安系统

上海公安高等专科学校2009级(春季)第二专科交通专业学员大队
上海市公安局浦东分局世博治安派出所
上海市公安局交通警察总队机动支队特勤二大队三警组
江苏省昆山市公安局城中派出所
浙江省公安厅高速公路交警总队嘉兴支队一大队

安徽省池州市公安局特警支队特勤大队
福建省公安边防总队海警第一支队海警 35001 艇
山东省青岛市公安局交通警察支队市南大队香港西路中队
河南省永城市公安局芒山派出所
上海出入境边防检查总站上海机场边检站二队

住房和城乡建设系统

上海明华物业公司中国馆管理处
上海市城市管理执法总队世博园区城管执法青年分队
上海市自来水市南有限公司管线管理所 GIS 项目组
上海市第四建筑有限公司世博会中国馆项目部
山东省文登市房地产交易中心
江苏省南京市中山陵园管理局票务中心
浙江省杭州市数字城管信息处置中心
江西省井冈山风景名胜区龙潭景区管理处
安徽省马鞍山市建管处安全站
福建省厦门市建设管理服务中心
上海燃气浦东销售公司输配管理所管网信息科

商贸系统

上海老城隍庙小吃王国世博店
上海联华超市股份有限公司(快客)世博园区长清店
上海友谊南方商城有限公司总服务台
上海梅龙镇酒家卧龙园班组
苏宁电器股份有限公司上海分公司
江苏舜天海外旅游有限公司
百大集团股份有限公司杭州百货大楼总服务台
杭州大厦购物城营业推广部宾客助理班组

卫生系统

上海市卫生局应急管理办公室世博园区指挥协调团队
曙光医院世博园区医疗保障队
复旦大学附属华山医院老年科青年医护组
上海市中医医院脾胃病科
仁济医院青年医疗服务队
上海交通大学医学院附属瑞金医院世博园区青年文明号
东方医院驻世博园区 A 片区医疗队护理组
瑞金医院(卢湾分院)心血管科
苏州大学附属儿童医院血液科五病区
昆山市中医医院

海关系统

上海海关驻上海世博会园区监管服务中心查验科
上海海关驻邮局办事处印刷品监管科
吴淞海关通关二科
上海浦东国际机场海关缉私分局侦查一科
上海海关学院世博志愿者服务队
南京海关驻禄口机场办事处旅检科
义乌海关
宁波机场海关旅检科

旅游系统

上海旅游集散中心上体场站
上海银河宾馆宴会厅班组
上海大厦十七楼餐饮部宴会厅班组
上海国旅世博园区奥地利馆青年班组
江苏康辉国际旅行社票务中心新区营业部
浙江省中青国际旅游有限公司导游部
安徽中国青年旅行社有限责任公司
福建天福茶博物院——石雕园导览部
江西光大国际旅行社有限公司
山东大厦前厅部总台

金融系统

中国人民银行
中国人民银行巴彦淖尔市中心支行办公室
中国人民银行泰州市中心支行营业室
中国人民银行安阳市中心支行办公室
中国人民银行九江市中心支行营业室
中国人民银行云浮市中心支行科技科

中国人民银行西安市分行金融研究处
中国人民银行重庆营业管理部资本项目管理处外资管理科
上海造币有限公司设计制模部机雕组

银监会

中国华融资产管理公司广州办事处创新业务部
中国银行业监督管理委员会广东银监局外资银行监管处
中国银行业监督管理委员会政策研究局
上海银监局统计信息处科技科
招商银行南昌分行北京西路支行
招商银行北京分行营业部
招商银行上海分行
中国民生银行金融市场部
中国民生银行上海市西支行
上海浦东发展银行陆家嘴支行营业部

证监会

中国证监会浙江证监局
中国证监会广东证监局
上海证券交易所

保监会

中国保监会福建监管局办公室
中国人民财产保险股份有限公司江苏省南京市下关支公司
中国人民财产保险股份有限公司四川省分公司国际业务营业部
中国人民财产保险股份有限公司西藏自治区那曲支公司
中国人寿保险股份有限公司北京市分公司直属销售部
中国人寿保险股份有限公司吉林省长春市宽城支公司
中国人寿保险股份有限公司云南省景洪市支公司
太平人寿烟台中心支公司
中国出口信用保险公司浙江分公司营业部
中国出口信用保险公司第一营业部
中国人保馆场馆服务团队
人保财险上海分公司世博营销服务部

国家开发银行

国家开发银行新疆分行财会处
国家开发银行山西省分行客户一处

中国进出口银行

中国进出口银行会计管理营运中心中间业务处
中国进出口银行湖南省分行公司业务处
中国进出口银行浙江省分行公司业务二处

中国农业发展银行

中国农业发展银行云南省迪庆藏族自治州分行营业部
中国农业发展银行贵州省兴仁县支行
中国农业发展银行新疆维吾尔自治区阜康市支行财务会计部

中国工商银行

中国工商银行北京海淀西区支行营业部财富管理中心
中国工商银行山西长治汇通支行
中国工商银行辽宁本溪解放路支行
中国工商银行上海分行人民广场支行
中国工商银行上海市分行电子银行部
中国工商银行江苏省分行营业部新街口支行财富管理中心
中国工商银行江西上饶信州支行营业厅
中国工商银行张家界分行武陵源支行
中国工商银行云南昆明北京路支行营业室
中国工商银行新疆石河子百大城支行
中国工商银行牡丹卡中心营业部柜面业务科

中国农业银行

中国农业银行上海市浦东分行营业部
中国农业银行江苏省分行营业部广州路支行
中国农业银行山东省东营市大王支行
中国农业银行甘肃省嘉峪关市酒钢支行
中国农业银行大连市分行营业部营业室
中国农业银行青岛市崂山支行营业室
中国农业银行深圳市分行营业部营业室

中国农业银行安徽省淮北市分行营业部
中国农业银行广东省东莞市虎门支行营业部
中国农业银行新疆乌鲁木齐市犁铧街(兵团)支行
中国农业银行宁波市镇明路支行
中国农业银行北京市铁道支行

中国银行

中国银行北京市海淀新世纪饭店支行
中国银行股份有限公司上海市淮海中路第二支行
中国银行江西省南昌北湖支行营业部
中国银行总行信息中心网络通讯团队
中国银行江苏省南通海门支行营业部
中国银行浙江省舟山市普陀山支行
中国银行上海市分行资金业务部交易室
中国银行山东省东营广饶支行
中国银行苏州高新技术产业开发区支行
中国银行福建省龙岩新罗支行
中国银行广东省光州番禺支行营业部

中国建设银行

中国建设银行北京市分行财富管理与私人银行部
中国建设银行山西省分行晋城新市西街支行
中国建设银行辽宁省阜新分行大众支行
中国建设银行安徽省马鞍山分行湖东路支行
中国建设银行江西省分行婺源天佑分理处
中国建设银行河南省分行郑州航海东路支行
中国建设银行四川省宜宾分行营业部
中国建设银行西藏那曲分行营业部
中国建设银行新疆分行阿克苏市健康路支行
中国建设银行总行信用卡中心客户服务团队

交通银行

交通银行办公室综合管理部
交通银行北京三元支行营业室
交通银行湖北省分行营业部会计科
交通银行南京玄武支行
交通银行上海浦东分行团总支
交通银行上海期货大厦支行
交通银行深圳分行电子银行部
交通银行苏州吴中支行营业部
交通银行湖北武汉金童服务中心电话征信一班

中国中信集团公司

中信银行成都东城根街支行
中信银行西安东大街支行
中信银行郑州南阳路支行

中国光大(集团)总公司

中国光大银行太原分行营业部
中国光大银行上海闵行支行
光大证券股份有限公司东莞云河东一路证券营业部

民航系统

北京首都机场航空安保有限公司东区业务部三科
中国东方航空股份有限公司“凌燕”乘务示范组
中国国际航空股份有限公司浙江分公司客舱部“春晓”乘务组
中国南方航空股份有限公司保卫部(空警三支部)“金盾”组
上海航空有限公司“金鹤”品牌乘务组
厦门航空有限公司配餐部生产线
深圳航空有限责任公司“魏巍”优质服务示范组
东北空管局沈阳空管技术开发有限公司
上海国际机场股份公司安检护卫保障部国际一科一分队
广州白云国际机场股份有限公司航空运输服务分公司国内值机部值机主任柜台
郑州新郑国际机场管理有限公司贵宾服务部贵宾室
三亚凤凰国际机场有限责任公司地面服务部贵宾室
重庆机场空港服务公司机场宾馆前厅部“玫瑰班组”
沈阳桃仙国际机场股份有限公司实业开发公

司停车场管理部
中国航油集团云南石油有限公司机场加油一站
国航股份浙江分公司客舱服务部“春晓”乘务组
中国东方航空股份有限公司工程技术公司上海定检维修部发动机车间机械一组
中国东方航空股份有限公司上海保障部浦东客运离港一部“金钥匙”头等舱地面服务小组
中国东方航空股份有限公司北京分公司地面服务部两舱休息室京燕组
厦门航空有限公司旅客服务部乘务队
上海虹桥国际机场航空服务分公司客运科服务“艳阳”组
上海浦东机场运行指挥中心 AOC
民航华东空中交通管理局终端管制中心浦东塔台管制室

国家物资储备系统

山西储备物资管理局一五二处保卫科消防班
辽宁储备物资管理局二三九处物流服务中心
安徽储备物资管理局六三四处消防班
湖北储备物资管理局五七六处物管科
湖南储备物资管理局一五四处消防队
青海储备物资管理局二五一处专职消防队
国家物资储备局上海办事处九三六仓库
国家物资储备局天津八三三处综合办公室

2009—2010 年度团组织独立开展的全国青年文明号

北京市

北京首都农业集团艾莱发喜食品有限公司
安利(中国)日用品有限公司北京分公司业务部
房山区云居寺导游班
北京邮政公司西区邮电局万寿路邮电支局营业班
北京公共交通(控股)集团有限公司专线客运分公司 601 路车队
朝阳区道路养护中心工程组

天津市

天津滨海泰达酒店开发有限公司万丽泰达酒店
天津市财政局国库支付中心
天津天铁冶金集团有限公司炼铁厂二#高炉炉内班
天津市电力公司客户服务中心
天津地铁一号线运营公司

河北省

邢台金牛大酒店
鹿泉市环境监察大队
木兰围场国有林场管理局林业调查规划设计院
衡水市财政集中支付中心
邯郸市第一物资再生利用总公司汽车报废科

山西省

和顺县会计核算中心
山西省环境监测中心站
山西焦煤集团西山煤电铁路运营分公司机务车间
太原晚报新闻热线
大同市商业银行营业部
山西省人才开发交流服务中心

内蒙古自治区

内蒙古自治区人民政府机关幼儿园
北方联合电力有限责任公司达特拉发电厂运行一部
内蒙古鑫达公路发展有限公司收费三所
乌审旗怡海实业发展有限责任公司东收费站

辽宁省

沈阳市会计人员服务中心
大连海洋渔业集团公司安全处消防队
本溪市商业银行东宫支行
锦州新时代集装箱码头有限公司
辽宁省省直住房资金管理中心综合服务大厅

吉林省

吉林省松苑宾馆

梨树县阳光职业技术学校
敦化市会计核算中心
长春英派斯健身俱乐部民康路馆
延吉市文化市场稽查大队
通化市城乡规划设计院一室

黑龙江省

黑龙江省龙建路桥第二工程有限公司第十一项目经理部
方正县财政局机关事业单位会计核算中心
海伦市财政局预算股
中国邮政储蓄银行集贤县支行
哈尔滨住房公积金管理中心办事大厅
尚志市电业局客户服务中心

上海市

上海绿波廊酒楼三楼服务组
上海普环实业有限公司第三分公司业务经营部
上海里奥纤维企业发展有限公司生产技术部
上海申银万国证券研究所有限公司永达96818客户服务中心
上海市人民检察院第一分院公诉科
上海市消费者申(投)诉举报中心来电受理科
上海广播电视台广播新闻中心滚动新闻编辑部
上海市电力公司浦东供电公司客户与业务发展中心陆家嘴分中心营业室(高压)
上海现代工程咨询有限公司项目管理所
上海市双拥活动中心接待服务组
上海市环境科学研究院环境实验与检测中心
上海银行电子银行部客服中心
上海农村商业银行北蔡支行
上海金枫酒业股份有限公司市场部
上海市无线电管理局台站管理处
上海世博会中国民营企业联合馆
上海世博会中国馆运营团队
东方明珠安舒茨文化体育发展(上海)有限公司
上海一茶一坐餐饮有限公司世博大道店
新华社上海分社世博会前方报道组
上海世博会事务协调局园区志愿者部
城市最佳实践区百联物业服务中心客服部
上海世博会事务协调局非洲联合馆管理部"非洲号"青年团队
上海城市建设投资开发总公司世博志愿者服务队
上海世博会事务协调局参展者服务中心

江苏省

常州市城市管理行政执法支队受理指挥中心
无锡市北塘区人民检察院未成年人犯罪检察室
南京市江宁区财政局
吴江市人才服务中心
安利(中国)日用品有限公司南通分公司
江苏省省级机关第一幼儿园青年教学组
江苏苏星物业管理有限公司安保部

浙江省

华数数字电视传媒集团有限公司黄龙营业厅
浙江新安化工集团股份有限公司建德热电厂电运岗位
浙江大学紫金港接待餐厅
嘉城旅游发展有限公司游客服务中心
衢州市公路路政管理支队高速公路路政管理大队

安徽省

中共安徽省委办公厅综合调研室
徽商银行合肥花园街支行
淮沪煤电有限公司田集发电厂热控班
合肥市就业服务管理中心

福建省

福州农村商业银行股份有限公司营业部
福建武夷山景区股份公司监票大队云窝监票处
长汀县国土资源局服务大厅
福建棉花滩水电开发有限公司一号发电机组
泉州南安海事处

江西省

江西省财政厅预算编制中心

景德镇市三龙超限超载车辆检查站
江西省未成年犯管教所一管区
南昌市城乡建设委员会驻市行政服务中心办证服务窗口
鹰潭市市政工程管理处路灯所

山东省

济南市勘察测绘研究院研究开发部
济宁市财政集中支付核算中心
潍坊市社会保险事业管理中心服务大厅
山东省省级机关政府采购中心
山东齐商银行(原淄博市商业银行)中心路支行
山东钢铁济南钢铁集团中厚板厂3500热轧精整生产线

河南省

开封兰考焦裕禄纪念园管理处
许昌瑞贝卡自来水有限公司供水服务中心
平顶山市平高集团技术中心试制厂装配车间
项城市财政国库支付中心
河南煤化工集团焦煤公司赵固一矿综采一队

湖北省

东湖宾馆
武汉市汉阳区人民检察院反贪污贿赂局
湖北天域工程建设有限公司方胜利青年突击队
荆州市国库收付局

湖南省

湖南省机场管理集团空港实业有限公司商旅服务部
湘潭市医疗生育保险管理服务大厅
临澧县人力资源和社会保障局服务大厅
湘西土家族苗族自治州国库集中支付核算局
长沙市产权交易所

广东省

广州白云山和记黄埔中药有限公司现代中药研究院
惠州市土地与矿业交易中心
广东粤电靖海发电有限公司综合部
广州珠江啤酒股份有限公司生产部调度中心
广州市荔湾区房地产登记交易中心
广东省电力调度中心调度组

广西壮族自治区

来宾市电视台《政府在线》栏目组
广西贵港北控水务有限公司营业部收费班
崇左市财政国库集中支付中心
桂林银行秀峰支行
百色海事处

海南省

海南省工商局12315消费者投诉举报指挥中心
海南博鳌亚洲论坛成立会址景区
中石化海南经济开发有限公司黄金海景大酒店三十一楼旋转餐厅

重庆市

江北区机关后勤服务中心
重庆银行营业部
重庆珞璜发电有限责任公司燃料脱硫部脱硫运行五班
重庆市北碚土地房屋权属登记中心
重庆市轨道交通(集团)有限公司杨家坪车站

四川省

攀枝花市就业创业服务大厅
四川华西集团有限公司第三建筑工程公司四分公司
四川大学华西医院骨科
乐山夹江天福观光茶园
四川广旺集团广元国际大酒店前厅部

贵州省

遵义会议纪念馆宣教部
中国贵州人才市场
贵州茅台酒股份有限公司制酒八车间20班

云南省

玉溪卷烟厂制丝二车间电气修理作业区
云南省反腐倡廉警示教育基地
昆明市人民政府市长热线电话办公室

西藏自治区

西藏自治区大气环境科学研究所资料信息处理室
西藏拉萨邮区中心局邮件处理中心包刷班

陕西省

陕西省财政厅社会保障处

汉中市非税收入管理局

陕西煤业化工集团彬长矿区物资供销有限责任公司大佛寺供应站

延安高第集团华庭大酒店有限公司前厅销售部

西安银行高新支行营业室

甘肃省

酒泉市春晖有限责任公司

兰州市城关区新东方学校

八冶建设集团有限公司第八建设公司

青海省

湟中县多巴镇西宁监狱三监区

祁连县工商行政管理局

青海桥头铝电股份有限公司炭素分公司煅烧车间运行三班

宁夏回族自治区

宁夏银行营业部营业室

南京证券有限责任公司银川中山北街证券营业部

中卫市清源供水有限公司

新疆维吾尔自治区

自治区劳教局乌鲁木齐劳教所警戒大队

乌鲁木齐市儿童福利院特殊教育部

新疆机场(集团)公司安全检查总站行李检查室

中共新疆维吾尔自治区委员会机要局密码通讯处

新疆生产建设兵团

农八师天业化工离子膜车间

农十师屯南煤业有限责任公司矿山救护中队

中直机关

中央办公厅秘书局会议处

中国儿童中心实验幼儿园

中国科技馆窗口服务青年先锋队

中央编译局文献部法文处

中国出版集团公司荣宝斋木版水印工艺坊

中央国家机关

国务院办公厅秘书一局信息处

中国科学院计算机技术研究所龙芯课题组

国土资源部违法线索处理中心

全国人大大会堂管理局餐厅处

国家知识产权局初审及流程管理部专利受理窗口

外交部信息中心

农业部行政审批综合办公室

中国青年创业奖

第六届“中国青年创业奖”名单

(共10名,按姓氏笔画为序)

马春彪　吉林神农医药集团有限公司董事长

马晓明　辽宁鞍山量子炉材集团有限公司董事长

王贤俊　浙江温州市维日康生物科技有限公司、温州市维基诺康生物科技有限公司董事长

王　辉　宁夏伟帝珍品有限责任公司董事长

米克热阿依·西热甫(女)　新疆库车县乌孜古凉皮加盟店总经理

张建功　山西大同富乔垃圾焚烧发电有限公司董事长

张　涛　湖南九子餐饮管理有限公司董事长

姚　欣　上海聚力传媒技术有限公司总裁
钱俊冬　陕西西安三人行广告传媒有限公司总裁
龚兴兰(女)　四川北川羌族自治县震兴生猪养殖农民专业合作社理事长

“母亲河”奖

第五届“母亲河奖”获奖名单
(2011年)

组织类(5个)
中国大学生环境教育基地
贵州省遵义市余庆县龙家小学
浙江省杭州市环保志愿服务总队
吉林农业大学“绿野”青年志愿协会
黑龙江省杜尔伯特蒙古族自治县林业局

个人类(10个)
陈　飞　浙江省永嘉县绿色环保志愿者协会会长
吐地·艾力　新疆慧光创新科技开发有限公司总经理
董　皎(女)　云南省呈贡县团委书记
刘古军　重庆市万州区市政局环卫处清漂队队长
林永法　浙江省宁波市象山县石浦镇石浦渔村主任
李倦生　长沙环境保护职业技术学院院长
黄东亮　福建省漳州市环保开发公司总工程师
徐成立　河北省木兰围场国有林场管理局局长
杨树宏　山西省长治市城区淮海小学校长
刘思宇　山东工商学院政法学院09级学生

保护母亲河行动特别贡献奖(1个)
中国人民解放军68006部队

中国青少年科技创新奖

第七届中国青少年科技创新奖获奖学生名单
(共100名)

北　京
殷　岳(女,满族)　北京师范大学附属实验中学高中三年级学生
王　博(女)　北京财贸职业学院金融系2008级高职生
胡嘉仲　清华大学物理系2007级本科生
李　航　北京航空航天大学航空科学与工程学院2007级本科生
张国华　北京科技大学冶金与生态工程学院2007级博士生

天　津
张楚然(女)　天津市第四中学高中二年级学生

陈　智　南开大学化学学院2009级硕士生

河　北

张诗贺（女）　河北师范大学附属小学六年级学生

王家琛　河北省保定市第一中学高中二年级学生

山　西

曲奕成　太原大学外语师范学院第三附属小学六年级学生

王子硕　山西省太原市三十七中初中二年级学生

内蒙古

珊　娜（女，蒙古族）　内蒙古呼和浩特市第二中学高中一年级学生

辽　宁

崔　航　大连大学机械工程学院2008级本科生

孙捷夫　辽宁工程技术大学机械工程学院2008级本科生

张欣桐（女）　东北大学信息科学与工程学院2007级本科生

周震寰　大连理工大学运载工程与力学学部2006级博士生

吉　林

李浩源　东北师范大学第二附属小学六年级学生

杨春巳　东北师范大学附属中学初中三年级学生

谢天鸽　东北师范大学附属中学高中二年级学生

徐　硕　吉林省实验中学高中三年级学生

宋　航（女）　东北师范大学附属中学高中三年级学生

黄　虎　吉林大学机械科学与工程学院2010级硕士生

黑龙江

刘　远　哈尔滨工业大学理学院2007级本科生

关桦楠（满族）　东北林业大学生命科学学院2008级博士生

上　海

沈涣超　上海市杨浦区控江二村小学五年级学生

邱嘉韵（女）　上海市西南位育中学初中一年级学生

陈　菲（女）　上海市向明中学高中三年级学生

郑　曌　上海交通大学电子信息与电气工程学院2007级本科生

何　杰　同济大学汽车学院2007级本科生

徐　薇（女）　复旦大学生命科学学院2006级博士生

胡文钦（女）　中国科学院上海生命科学研究院2006级博士生

江　苏

王鑫研（女）　江苏省南京外国语学校仙林分校小学六年级学生

陈　淦（女）　江苏省南通特殊教育中心聋部小学九年级学生

刁逸君（女）　江苏省扬州中学教育集团树人学校初中一年级学生

曹　朋　中国矿业大学矿业工程学院2008级本科生

陈思易（女）　南京财经大学经济学院2007级本科生

张　宴　南京大学环境学院2009级博士生

范大明（蒙古族）　江南大学食品学院2008级博士生

戎　保　南京理工大学能源与动力工程学院2006级博士生

浙　江

颜哲锟　浙江省舟山市南海实验学校初中二年级学生

边望之（女）　浙江省象山中学高中三年级学生

钱锦远　浙江大学竺可桢学院2007级本科生

周文俊　中国计量学院光学与电子科技学院2008级硕士生
陈飞飞　宁波大学信息科学与技术学院2008级博士生

安　徽

王彦博　安徽省合肥一中高中三年级学生
蒯　龙　安徽师范大学化学与材料科学学院2007级本科生
尚　睿　中国科学技术大学化学与材料科学学院2009级硕士生

福　建

林翰桢　福建省福州市第十八中学初中二年级学生
苏晖阳　福建省厦门双十中学高中二年级学生
洪振生　福州大学化学化工学院2010级博士生

江　西

姚　凯　南昌大学理学院2009级硕士生
胡　斌　东华理工大学研究生部2008级硕士生

山　东

魏志方　山东省诸城市繁华中学高中一年级学生
胡超然　中国石油大学(华东)信息与控制工程学院2008级本科生

河　南

陈钦钦(女)　河南省濮阳市油田第六小学五年级学生
赵宇飞　河南省濮阳市油田第一中学高中二年级学生
李哲源　河南大学数学与信息科学学院2007级本科生
赵快乐　河南科技大学材料科学与工程学院2009级硕士生

湖　北

苗典武　襄樊职业技术学院电子信息工程学院2008级高职生
陶海龙　华中农业大学工学院2007级本科生
刘　超　武汉大学化学与分子科学学院2009级博士生
丁运鸿　华中科技大学光电子科学与工程学院2006级博士生

湖　南

陈砚卿(女)　湖南省株洲市枫叶中学初中三年级学生
谭伊麟(女)　湖南省长沙市雅礼中学高中二年级学生
柏克寒　湖南省娄底市第一中学高中三年级学生
刘　成　湖南科技大学潇湘学院2008级本科生
赵树山　中南大学湘雅医学院临床2005级本科生

广　东

庄烨杨　广东省深圳市龙岗区龙城小学六年级学生
冯杰伟　华南师范大学附属中学高中二年级学生
郑汉忠　广东工业大学物理与光电工程学院2008级本科生
金　鑫　华南理工大学生物科学与工程学院2010级硕士生
林焦敏　广州大学化学化工学院2009级硕士生

广　西

黄良力(壮族)　广西壮族自治区防城港二中初中三年级学生
佘　加　广西大学材料科学与工程技术学院2008级硕士生

海　南

赖永平　海南师范大学数学与统计学院2007级本科生

四　川

杨锐涵　四川省成都市七中育才学校初中三年级学生

薛银松　四川省成都外国语学校高中二年级学生
杨　川　西南交通大学信息科学与技术学院2007级本科生
黄　鑫　四川大学轻纺与食品学院2009级博士生

重　庆

杨嘉灏　重庆市珊瑚实验小学五年级学生
邓睿凡　重庆南开中学高中一年级学生
周兴亚　重庆大学自动化学院2007级本科生
彭卫民　西南政法大学政治与公共事务学院2007级本科生

贵　州

黄小华　贵州省大方县大方镇中学初中三年级学生

云　南

刘晓明　昆明理工大学电力工程学院2007级本科生

西　藏

刘严亮　西藏大学工学院2008级本科生

陕　西

韦继锋　陕西科技大学材料科学与工程学院2008级硕士生

甘　肃

王　馨(女)　甘肃省临洮县第二实验小学六年级学生
张怡鸥(女)　甘肃省敦煌中学高中三年级学生

青　海

王云思(女)　青海大学机械工程学院2007级本科生

宁　夏

施　健　宁夏大学物理电气信息学院2007级本科生

新　疆

费丹棣(女)　新疆兵团二中高中二年级学生
胡　成　新疆大学数学与系统科学学院2009级博士生解放军
陶　治　新疆马兰中学高中二年级学生
尹洁昕(女)　解放军信息工程大学信息工程学院2007级本科生

香港特别行政区

李伟晗　香港浸会大学理学院2008级本科生
陈　超　香港中文大学机械与自动化工程学系2008级博士生

澳门特别行政区

陈耀棠　澳门镜平学校高中三年级学生

海外留学生

邓　伟　日本东京工业大学理工学研究院2009级博士生
胡旻卉(女)　法国巴黎第六大学(皮埃尔和玛丽居里大学)物理专业2008级博士生

全国优秀少先队员、全国优秀少先队辅导员、全国优秀少先队集体

"全国优秀少先队员"名单

张旭阔(女)　北京市大兴区庞各庄镇第二中心小学
李丽妍(女)　北京市顺义区东风小学
陈曼媛(女)　北京市东城区分司厅小学
白雪杨(回族)　北京市朝阳区酒仙桥中心小

学

郝瑀然（女） 北京市朝阳区劲松第四小学

姚　畅 北京市海淀区苏家坨中心小学

顾馨悦（女） 北京市海淀区中关村第三小学

赵　唯 北京市石景山区古城第二小学

叶　静（女） 北京市通州区中山街小学

杨琇涵（女） 天津市南开区洪沅里小学

于铠宁（女） 天津市和平区昆明路小学

潘一乔（女） 天津市西青区实验小学

金国泉（朝鲜族） 天津市东丽区实验小学

宗瑞瑶（女） 天津市宝坻区霍各庄镇刘举人庄中心小学

刘翎羽（女） 天津市宁河县造甲城中心小学

马洪飞（回族） 天津市河东区互助道小学

董佳霖 天津市河西区上海道小学

张雅童（女） 天津市河北区新开小学

杨馨然（女） 河北省石家庄市友谊大街小学

芦　畅（女，满族） 河北省承德市双滦区滦河民族小学

瞿　嘉（女） 河北省保定市县学街小学

孙一婧（女） 河北省海兴县育红小学

冯浩楠（女） 河北省邢台市特殊教育学校

张英睿 河北省衡水市枣强县第一小学

贡小清（女） 河北省滦县第三实验小学

杜轶凡（女） 河北省怀来县沙城镇第四小学

刘　顺（满族） 河北省抚宁县骊城学区邴各庄小学

宋晨英（女） 河北省涉县龙北小学

宋浩哲 河北省武安市实验小学

关琦凡（女） 山西省垣曲县新建小学

晋欣宇（女） 山西省临汾市尧都区临钢小学校

李甜田（女） 山西省长治市城区太行东街小学校

鹿中一（女） 山西省平定县实验小学校

周洋帆（女） 山西省忻州市长征路小学

常　龙 山西省大同市北岳中学小学部

王鉉洋 太原大学外语师范学院第二附属小学

柴冠乔 山西省太原志达中学

李思尧（女） 山西省太原市迎泽区青年路小学校

白子明（女，蒙古族） 内蒙古自治区乌拉特前旗第一小学

乌其日拉赛汗（女，蒙古族） 内蒙古自治区锡林浩特市蒙古族第二小学

于　军（女，蒙古族） 内蒙古自治区赤峰第十二中学

刘浩宇 内蒙古自治区通辽市科尔沁区铁路第一小学

格根珠勒（女，蒙古族） 内蒙古自治区扎兰屯市实验小学

韩姝敏（女） 内蒙古自治区包头市九原区沙河第一小学

常西睿（女，蒙古族） 内蒙古自治区呼和浩特市实验中学

王鹏杰（蒙古族） 内蒙古自治区阿拉善盟孪井滩九年一贯制学校

王　蕊（女） 内蒙古自治区乌海市海南区老石旦小学

于庭懿 辽宁省鞍山市铁东区胜利小学

柳佳璐（女） 辽宁省铁岭县凡河镇中心小学

杨烁佳（女，满族） 辽宁省沈阳市皇姑区岐山路第一小学

代　安（女，满族） 辽宁省阜新蒙古族自治县实验小学

张雨祺（女，蒙古族） 辽宁省黑山北关实验学校

肖乃维（满族） 辽宁省本溪市平山区群力小学

柴思齐（女，满族） 辽宁省葫芦岛市第二实验小学

金芳羽（女，满族） 辽宁省抚顺市第五十中学

刘懿莹（女） 辽宁省大连市甘井子区实验小学

安　康(女,朝鲜族)　吉林省延吉市公园小学
吴　逊(女)　吉林省辉南县实验小学
武佳乐(女)　吉林省吉林市龙潭区实验学校
石珂盈(女,回族)　吉林省长春市南关区西五小学
蔡　枭　吉林省白山市第二十一中学
包　爽(女,蒙古族)　吉林省前郭尔罗斯蒙古族自治县长山镇长电街学校
侯俊宇　吉林省辽源市龙山区多寿路小学校
莫婉樱(女,满族)　吉林省长春外国语实验学校
尚佳一(女)　吉林省长春市朝阳实验小学校
魏浩然　黑龙江省哈尔滨市经纬小学校
王嘉璐(女)　黑龙江省农垦九三管理局局直小学
张潇文(女)　黑龙江省加格达奇区第一小学校
胡馨文(女)　黑龙江省逊克县实验小学校
沈翔夫　黑龙江省绥化市尚志小学
刘嘉琪(女,满族)　黑龙江省鹤岗市育民小学
满炎桥(女,回族)　黑龙江省七台河市第十小学
唐　婕(女)　黑龙江省伊春市南岔区东方红小学
邵竞莹(女)　黑龙江省齐齐哈尔市铁锋区东方红小学校
朱　喆(女)　上海市普陀区朝春中心小学
陆一歆(女)　上海市罗星中学
吴国艳(女)　上海市松江区叶榭学校
赵储珺(女)　上海市徐汇区建襄小学
陈思思(女)　上海市市西初级中学
陆超群(女)　上海市民办新复兴初级中学
陈千敖　上海市嘉定区普通小学
毛冰峰　上海市西延安中学
黄泽骋　上海市宝山区第三中心小学
陈　卓(女)　江苏省南京市琅琊路小学
蒋露叶(女)　江苏省无锡市连元街小学
李笑笑(女)　江苏省丰县孙楼镇沙元小学
胡继汕　江苏省东海县徐海路小学
杨玉慧(女)　江苏省金湖县塔集镇夹沟中心小学
于子诚　江苏省泰州市城东中心小学
邱淑仪(女)　江苏省镇江市索普实验学校
张季量　江苏省如东县掘港小学
王延俊　江苏省扬州市文津中学
朱奕霖(女)　江苏省盐城市实验小学
郭子豪　浙江省舟山市普陀区沈家门小学
钟晨晰(女,畲族)　浙江省龙泉市西新小学
郑梦雯(女)　浙江省衢州市柯城区九华乡中心小学
吴亿焓　浙江省兰溪市云山小学
黄子瑶(女)　浙江省新昌县实验小学
程　羽　浙江省海盐县实验小学
苏奕丹(女)　浙江省温州市实验小学
崔　涵(女)　浙江省宁波市海曙区镇明中心小学
谭　源(女)　浙江省杭州市崇文实验学校
方宇欣(女)　安徽省祁门县阊江小学
郭尚书(女)　安徽省界首市第四中学
刘成龙　安徽省肥东县店埠学区中心学校
秦　畅(女)　安徽省岳西县响肠中心学校
檀逸飞　安徽省淮南师范附属小学
王春晓(女)　安徽省凤阳县武店镇中心小学
杨瑾茹(女)　安徽省淮北市第三实验小学
叶斯畅　安徽省霍山县衡山镇中心学校
张奕林　安徽省芜湖市育红小学
赵楚楚(女)　安徽省无为第三中学
陈诗昀(女)　福建省福州教育学院附属第一小学
叶子璇(女)　福建省南平实验小学
叶炜堃　福建省泉州师范学院附属小学
林芊颖(女)　福建省仙游县实验小学
汤晓雯(女)　福建省三明市实验小学
廖梦洁(女)　福建省龙岩师范附属小学
陈涵林(女)　福建省柘荣县实验小学

黄　劼(女)　福建省漳州市实验小学
林暄淇(女)　福建省厦门实验小学
谭　骁　江西省芦溪县芦溪小学
周怡妙(女)　江西省九江市同文中学
谢天傲　江西省鹰潭市第五小学
彭可人(女)　江西省乐平市第一小学
石宇哲　江西省德兴市银城第二小学
刘一诺　江西省吉安师范学校附属小学
文　怡(女)　江西省赣州市第一中学
李孟栖(女)　江西省新余市第一中学
邹泽宇　江西省南昌市育新学校
席博宇(女)　山东省潍坊中新双语学校
白一凡(女)　山东省淄博市张店区第七中学
吴子言(女)　山东省莱芜市莱城区花园学校
高凯歌(女)　山东省东营市育才学校
刘小凡(女)　山东省胶州市向阳小学
康　锴　山东省日照市新营小学
钱程锦　山东省济宁学院附属小学
王子扬　山东省荣成市石岛实验小学
宁砚紫(女)　山东省临沂第二实验小学
段嘉歆(女)　山东省枣庄市立新小学
李若怡(女)　山东省新泰市第一实验小学
徐涵茜(女)　山东省实验小学
高　爽(女)　河南省西平县出山小学
李雪溦(女)　河南省安阳市钢城小学
李金铭(女)　河南省鹤壁市山城区第九小学
单煜浩　河南省新乡市实验小学
朱博达　河南省郑州市中原区互助路小学分校
李维枫　河南省开封县半坡店乡第二初级中学
党婉莹(女)　河南省平顶山市第十四中学
张心澈　河南省开封市第二师范附属小学
王泽辉　河南省温县第二实验小学
陈钦钦(女)　河南省濮阳市油田第六小学
贺礼乐(女)　河南省南阳市油田第一小学
刘航宇　河南省罗山县第一中学
梁　慧(女,侗族)　湖北省宣恩县民族实验小学
邓梦醒(女,土家族)　湖北省建始县业州镇七里坪中学
陈　炜　湖北省阳新县兴国镇中心小学
吕康晨　湖北省鄂州市吴都小学
彭袁峡(女)　湖北省宜昌市点军区点军小学
向煜垚(女,土家族)　湖北省来凤县实验小学
刘晓琬(女)　湖北省神农架林区实验小学
程　雨(女)　湖北省谷城县粉阳路小学
孙士婕(女)　湖北省潜江市第二实验小学
刘明喆(女)　湖北省武汉市青山区红钢城小学
廖雨青(女,苗族)　湖南省第一师范第二附属小学
邹　越(女,苗族)　湖南省邵阳市资江学校
黄岸菲(女)　湖南省涟源市实验学校
肖雪灵(女)　湖南省安化县东坪镇东坪完小
向敏超(女,苗族)　湖南省沅陵县盘古乡舒溪口九年一贯制学校
黄珊娇(女)　湖南省郴州市弘扬文武学校
李诗田(女)　湖南省郴州市第三完全小学
李云起　湖南省韶山市韶山学校小学部
钱奕君　湖南省长沙市岳麓区高新博才寄宿小学
张　晰　湖南省常德芷兰实验学校
周雨亭(女)　湖南省衡阳市成章实验中学
雷　蕾(女)　广东省东莞市长安镇中心小学
陈　增　华南师范大学附属小学
傅晨茜(女)　广东省河源市第一小学
潘　晨(女)　广东省肇庆市龙禧小学
何宇轩　广东省广州市天河区华景小学
温　昕(女)　广东省深圳市龙岗区葵涌街道第二小学
张依宁(女)　广东实验中学
李保仪(女)　广东省阳东广雅小学
廖嘉瑶(女)　广东省佛山市顺德区勒流育贤实验学校初中部
李晶晶(女,壮族)　广东省连山壮族瑶族自治

县加田初级中学
何菀菡(女) 广东省翁源县龙仙第一小学
刘 笑(女) 广东省湛江一中培才学校
傅冠杰(回族) 广西壮族自治区桂林市育才小学
尤小源(蒙古族) 广西壮族自治区玉林市玉州区东成小学
李梓宁(女) 广西壮族自治区钦州市实验小学
欧芷扬(女,壮族) 广西壮族自治区南宁市民主路小学
周扬凯(壮族) 广西壮族自治区南宁市星湖小学
韦圣彬 广西壮族自治区梧州市第一中学
黄海峰(壮族) 广西壮族自治区宜州市实验小学
余佳微(女) 广西壮族自治区贺州市八步实验小学
何欣妮(女,仫佬族) 广西壮族自治区柳州市驾鹤路小学
马紫晛(女) 广西壮族自治区桂平市逸夫实验小学
覃雨轩(女,壮族) 广西壮族自治区大新县桃城镇第二小学
林静影(女) 海南省五指山市第一小学
王书含(女) 海南省洋浦第一小学
蔡昀运 海南省海口市第二十五小学海甸分校
陆圣通 海南省文昌市第一小学
王 雁(女) 海南省定安县第一小学
黄泓毓 海南省海口市琼山第四小学
张 沁(女) 海南省海口市英才小学
石 珂(女) 海南省东方市第四小学
黄海雪(女) 海南屯昌思源实验学校
侯华琳(女) 重庆市永川区上游小学校
张敬知(女) 重庆市渝中区人和街小学校
谭丰果(女) 重庆市万州区电报路小学
李源秋(女) 重庆市南岸区珊瑚实验小学校
梁晏铭 重庆市彭水苗族土家族自治县汉葭镇第一小学校
冀妍霏(女) 重庆市人民小学校
陈渝欣(女,土家族) 重庆市酉阳土家族苗族自治县龙潭希望小学
刘 铭(女) 重庆市璧山县三合小学校
吴贞润 重庆市丰都县第一小学校
王浩澜 四川省南充市行知小学
卓汐聪 四川省眉山市第一小学
王思维(藏族) 四川省阿坝州理县杂谷脑小学校
万清清(女) 四川省中江县广福五粮春希望小学校
许中政 四川省都江堰市顶新新建小学
韩 瑞(女) 四川省泸州市实验小学校
程立炜 四川省康定县回民小学
沈玉璐(女,苗族) 四川省乐山市马边彝族自治县民建小学校
黄上上(女) 四川省广安市广安区思源小学校
钟承志 四川省宜宾市屏山县西城小学校
邓琨瑶(女) 四川省天全县城区第二完全小学
刘栖萍(女) 四川省资中县重龙镇中心学校
封婉玉(女,侗族) 贵州省黎平县城关第一小学
封雅颂(女,彝族) 贵州省盘县第一小学
周熙玲(女,土家族) 贵州省印江土家族苗族自治县峨岭镇第一完全小学
郭彦君(女,布依族) 贵州省织金县第一小学
徐司琪(女,仡佬族) 贵州省遵义市务川仡佬族苗族自治县实验学校
王海霞(女,布依族) 贵州省册亨县者楼镇中心小学
沈 霄 贵州省贵阳市南明区都市路小学
兰 媛(女,苗族) 贵州省龙里县城关第二小学校

刘子歆月(女)　贵州省贵阳市环西小学
左雪梅(女,穿青人)　贵州省清镇市红枫第五小学
李风和(女)　云南省临沧市云县爱华镇田心完小
张海月(女,布朗族)　云南省保山市施甸县摆榔乡中心学校
包雨禾(女,回族)　云南省红河州开远市东城小学
李杨睿婷(女,白族)　云南省大理州鹤庆一中初中部
李莹霖(女,傈僳族)　云南省怒江傈僳族自治州实验小学
王炳蔚(彝族)　云南省昭通市镇雄县第一小学
胡伟伟　云南省楚雄市元谋县物茂小学
王诗雨(女)　云南省普洱市澜沧拉祜族自治县县小
史永强　云南省曲靖市麒麟区茨营乡示范小学
余　堃(女,纳西族)　云南省丽江市古城区福慧学校
黄　涵(女,壮族)　云南省文山壮族苗族自治州实验小学
普　珍(女,藏族)　西藏自治区萨迦县萨迦镇中心小学
曲永卓玛(女,藏族)　西藏自治区昌都县俄洛镇中心小学
达瓦曲珍(女,藏族)　西藏自治区阿里地区中心小学
扎西平措(藏族)　西藏自治区巴青县本塔乡小学
韩浩悦(女)　西藏自治区林芝地区第二小学
次仁久美(藏族)　西藏自治区拉萨市曲水县完全小学
田心怡(女,壮族)　陕西省西安市实验小学
郝　运(女)　陕西省宝鸡市店子街中学
武星宇　陕西省咸阳市彬县城关小学
高睿雪(女)　陕西省延安慧泽小学
苏　琦　陕西省府谷县第三小学
马博然(回族)　陕西省安康市汉滨区红旗小学
张丁凡(女)　陕西省洛南县西街小学
冯宇欣　陕西省长安大学附属小学
王宇菲(女)　陕西省西安交通大学附属小学
杨　琛(女)　甘肃省兰化公司中小学总校第四小学
何　婷(女)　甘肃省会宁县如东友好小学
张　楠(女)　甘肃省文县城关第一小学
聂雨琪(女)　甘肃省酒泉师范学校附属小学
雷　强　甘肃省庆阳市宁县城关小学
张海娇(女)　甘肃省山丹县东街小学
王子涵(女)　甘肃省天水市麦积区桥南小学
才让东知(藏族)　甘肃省玛曲县寄宿制藏族小学
范　颖(女)　青海省西宁市湟源县城关第二小学
陈　庆　青海省乐都县桥北学校
何文琪(女)　青海省都兰县第一完全小学
岗盖叶忠(女,藏族)　青海省贵南县城关寄宿制小学
张晓玥(女)　青海省门源回族自治县城关第一小学
才仁旦周(藏族)　青海省玉树州红旗小学
王　柯　宁夏回族自治区隆德县城关镇二小
马漪如(女,回族)　宁夏回族自治区吴忠市利通街第一小学
叶　颖(女)　宁夏回族自治区中宁县第一小学
许佳昕(女)　宁夏回族自治区石嘴山市第二十六小学
马　潇(回族)　宁夏回族自治区灵武市郝家桥小学
徐　乐(女)　宁夏回族自治区银川市第二十一小学
塞比哈·艾里下提(女,维吾尔族)　新疆维吾

尔自治区乌鲁木齐市第七十三中学
诺　敏(女,蒙古族)　新疆维吾尔自治区塔城地区乌苏市第三小学
阿日帕提·杰恩西(柯尔克孜族)　新疆维吾尔自治区阿合奇县同心中学
迪丽米热·克力木江(女,塔吉克族)　新疆维吾尔自治区喀什地区塔什库尔干塔吉克自治县城乡寄宿制小学
努尔麦麦提·麦麦提江(维吾尔族)　新疆维吾尔自治区策勒县策勒乡小学
张璐宇(女)　新疆维吾尔自治区哈密市第九中学
马思源(回族)　新疆维吾尔自治区昌吉回族自治州第二中学
程思涵　新疆维吾尔自治区巴州市尉犁县第一小学
布力布力·哈那提别克(女,哈萨克族)　新疆维吾尔自治区富蕴县第一初级中学
张诗莹(女)　新疆生产建设兵团农二师二十二团中学
蒋　文　新疆生产建设兵团农三师第一中学
张金梦(女)　新疆生产建设兵团农四师六十三团场中学
美合日班·依沙克(女,维吾尔族)　新疆生产建设兵团农十三师柳树泉农场学校
潘明龙　内蒙古自治区阿荣旗明德小学
刘振鹏(女)　河南省登封市告成镇八方村小学
徐　航　湖北省竹山县宝丰镇黄栗小学
潘思雅(女)　广西壮族自治区南宁市天桃实验学校
陈　容(女)　重庆市武隆县石桥乡贾角小学
杨昀鹰　贵州省贵阳市南明小学
段红艳(女)　陕西省靖边县第四中学

“全国优秀少先队辅导员”名单

代淑娥(女)　北京市丰台区丰台第一小学少先队大队辅导员
章　军　北京市海淀区少先队总辅导员
房炳云(女)　北京市大兴区第三小学少先队大队辅导员
张莞霏(女)　北京市东城区培新小学少先队大队辅导员
孙爱凤(女)　北京市石景山区杨庄小学少先队大队辅导员
王　珂(女)　北京市育才学校少先队大队辅导员
杨海松　北京市朝阳区管庄学区少先队总辅导员
王湛鑫(女)　北京市通州区官园小学少先队大队辅导员
刘军艳(女)　北京市门头沟区龙泉雾小学少先队大队辅导员
刘学菊(女)　天津市津南区葛沽第二小学少先队大队辅导员
赵顺岑(女)　天津市滨海新区大港福源小学少先队大队辅导员
胡月梅(女)　天津市静海县静海镇第四小学少先队大队辅导员
霍玉梅(女)　天津市蓟县城关小学少先队大队辅导员
马　莹(女,回族)　天津市红桥区少先队总辅导员
王守阳　天津市滨海新区汉沽河西第一小学教师、少先队志愿辅导员
杨　莹(女)　天津市北辰区宜兴埠第一小学少先队大队辅导员
杨　玉(女)　天津市武清区杨村第八小学少先队大队辅导员
李志强　天津天铁冶金集团少先队总辅导员
苏　娜(女)　河北省石家庄市新华区少先队总辅导员
王　律　石家庄日报社副主任、少先队志愿辅导员
张　莉(女)　河北省邯郸市峰峰矿区少先队

总辅导员

尚宇辉(女)　河北省唐海县第二实验小学少先队大队辅导员

葛永生　河北省徐水县徐水小学少先队大队辅导员

徐义亮　河北省巨鹿县育红小学少先队大队辅导员

王新梅(女)　河北省张北县北辰路实验小学少先队大队辅导员

李宏伟(女,满族)　河北省宽城满族自治县峪耳崖小学少先队大队辅导员

黄黎梅(女)　河北省昌黎县两山乡两山完全小学少先队大队辅导员

王红心(女)　河北省沧州市公安局团委书记、少先队志愿辅导员

刘志强　河北省衡水市公安消防支队防火监督处处长、少先队志愿辅导员

许　泽　山西省芮城县陌南联校少先队大队辅导员

陈彩梅(女)　山西省泽州县周村小学校少先队大队辅导员

牛宇飞　山西省长治市城区惠丰小学校少先队大队辅导员

李小琴(女)　山西省汾阳市府学街小学少先队大队辅导员

王瑞明　山西省阳泉市实验小学少先队大队辅导员

张旭萍(女)　山西省灵石县第二小学少先队大队辅导员

蒋　梅(女)　山西广播电视台少儿频道副总监、少先队志愿辅导员

高志强　山西省太原市实验小学少先队大队辅导员

商　辉　内蒙古自治区呼和浩特市新城区北垣小学少先队大队辅导员

樊建勇　内蒙古自治区额济纳旗公安局达来呼布派出所科员、少先队志愿辅导员

孙安琴(女)　内蒙古自治区乌海市少先队总辅导员

赵彩云(女,蒙古族)　内蒙古自治区五原县第一完全小学少先队大队辅导员

张少军　内蒙古自治区商都县春明小学少先队大队辅导员

刘　颖(女,蒙古族)　内蒙古自治区通辽市奈曼旗大沁他拉镇第三小学少先队大队辅导员

包斯琴(女,蒙古族)　内蒙古自治区兴安盟科右中旗巴彦呼舒第七小学少先队大队辅导员

王绍珍(女,鄂伦春族)　内蒙古自治区扎兰屯市道东小学少先队大队辅导员

张文悦(女)　辽宁省丹东市振兴区少先队总辅导员

夏　晶(女)　辽宁省大连市金州区南山小学少先队大队辅导员

高　峰　辽宁省盘锦市实验小学少先队大队辅导员

刘亚男(女)　辽宁省辽阳市师范附属小学少先队大队辅导员

刘　洋(女)　辽宁省营口市站前区建设小学少先队大队辅导员

赵　越(女,满族)　辽宁省阜新市海州区中华路小学少先队大队辅导员

韩　莹(女,锡伯族)　辽宁省朝阳市双塔区燕都小学少先队大队辅导员

刘敬一(女)　辽宁省沈阳市沈河区文艺路第二小学少先队大队辅导员

尚燕宁(女)　共青团鞍山市委青少年教育办公室主任、少先队志愿辅导员

冷朋静(女)　吉林省四平市第二实验小学少先队大队辅导员

杨　波(女)　吉林省长春市第一实验小学少

先队中队辅导员
陶丽梅(女,满族) 吉林省白城市文化小学少先队大队辅导员
尹丽影(女) 东北师范大学附属小学少先队大队辅导员
陆东春(朝鲜族) 吉林省延吉市北山街道丹春社区关工委副主任、少先队志愿辅导员
潘 颖(女) 吉林省梅河口市第三实验小学少先队大队辅导员
田金运 吉林省东兴建设开发集团有限公司董事长、少先队志愿辅导员
麦 辉(女) 吉林省白山市外国语学校少先队大队辅导员
才正红(女) 吉林省吉林市昌邑区少先队总辅导员
鞠 妍(女) 黑龙江省鸡西市和平小学少先队大队辅导员
李茂文 黑龙江省大庆石化教育中心少先队总辅导员
陈 丽(女) 黑龙江省佳木斯市第六小学少先队大队辅导员
刘 岢(女) 黑龙江省牡丹江市长安小学少先队大队辅导员
董增伟 黑龙江省齐齐哈尔市公安局副局长、少先队志愿辅导员
郭鹏程 黑龙江省哈尔滨市师范附属小学校少先队大队辅导员
宫桂花(女) 黑龙江省七星农场第二中学少先队大队辅导员
高 薇(女) 黑龙江省大兴安岭林业育才小学少先队大队辅导员
苏丽娜(女) 黑龙江省双鸭山市平行路小学校少先队大队辅导员
叶 莺(女) 上海市徐汇区爱菊小学少先队大队辅导员
朱华丽(女) 上海市奉贤区奉城第二小学少先队大队辅导员
苏明慧(女) 上海市尚文中学少先队大队辅导员
王冬梅(女) 上海市卢湾区教师进修学院支部主委、少先队志愿辅导员
徐蓓娜(女) 上海市普陀区少先队总辅导员
龚 丹(女) 上海市闸北区福建北路小学少先队大队辅导员
毛艳艳(女) 上海市崇明县西门小学少先队大队辅导员
张振杰 上海市浦东新区少先队总辅导员
马燕婷(女) 上海市杨浦区六一小学副校长、少先队志愿辅导员
龚莉娜(女) 江苏省常州市武进区湖塘桥实验小学少先队大队辅导员
林卫云(女) 江苏省东台市实验小学少先队大队辅导员
杜 玲(女) 江苏省苏州工业园区少先队总辅导员
臧光亮 江苏省宿迁市少先队总辅导员
华莉莉(女) 江苏省无锡市少先队总辅导员
朱 涌 江苏省南通华腾国际货运代理有限公司副总经理、少先队志愿辅导员
王 萍(女) 江苏省南京市玄武区人民法院未成年人案件审判庭庭长、少先队志愿辅导员
杨广祥 江苏省仪征市实验小学少先队大队辅导员
张明敏(女) 江苏省赣榆县柘汪镇第二中心小学少先队大队辅导员
陈 浩 江苏省淮安市深圳路小学少先队大队辅导员
吴志强 浙江省嘉兴市秀洲区王江泾镇中心小学少先队大队辅导员
周 云(女) 浙江省湖州市少先队总辅导员
杜丽君(女) 浙江省温州市瓯海区丽岙街道少先队总辅导员
周 怡(女) 浙江省宁波市鄞州区钟公庙中心小学少先队大队辅导员

黄　佳　浙江省杭州市江干区少先队总辅导员

林　玲（女）　浙江省舟山市少先队总辅导员

施雪轩　浙江省台州市公安局交通警察支队路桥大队民警、少先队志愿辅导员

毛芳芳（女）　浙江省衢州市实验学校少先队大队辅导员

沈　兵　浙江省东阳市教育局教育科学研究所所长、少先队志愿辅导员

连榴英（女）　浙江省上虞市少先队总辅导员

陈永青　安徽省铜陵市映湖小学少先队大队辅导员

陈祖梅（女）　安徽省桐城市东关小学少先队大队辅导员

徐玲玲（女，回族）　安徽省亳州市谯城区风华小学少先队大队辅导员

韩　林　安徽省临泉县城关镇第一中心学校少先队大队辅导员

晋　娜（女）　安徽省合肥市庐阳区少先队总辅导员

李　艳（女）　安徽省蚌埠市涂山路第二小学少先队大队辅导员

强春晖　安徽省繁昌县平铺镇中心小学少先队大队辅导员

石　强　安徽省马钢第二轧钢厂退休职工、少先队志愿辅导员

王　峰　安徽省黄山市屯溪黎阳小学少先队大队辅导员、屯溪区总辅导员

臧胜阳　安徽省池州市贵池区人民检察院检察官、少先队志愿辅导员

张　丽（女）　安徽省萧县实验小学少先队大队辅导员

陈美月（女）　福建省长乐市洞江小学少先队大队辅导员

陈　清（女）　福建省建瓯市第一小学少先队大队辅导员

赵艺玲（女）　福建省泉州市实验小学少先队大队辅导员

陈慧玲（女）　福建省莆田市实验小学少先队大队辅导员

顾　真（女）　福建省三明市梅列区第二实验小学少先队大队辅导员

黄丽萍（女）　福建省连城县实验小学少先队大队辅导员

刘小春（女）　福建省宁德师范学校附属小学少先队大队辅导员

简莉敏（女）　福建省南靖县山城中心小学少先队大队辅导员

张亚丽（女）　福建省厦门市集美区灌口中心小学少先队大队辅导员

谭群梅（女）　江西省鹰潭市逸夫小学少先队大队辅导员

钱　琪（女，回族）　江西省九江市九江小学少先队大队辅导员

郭金梅（女）　江西省莲花县城厢小学少先队大队辅导员

潘元俊（女）　江西省赣州市文清路小学少先队大队辅导员

江　妍（女）　江西省丰城市新城中心学校少先队大队辅导员

邹　一　江西省抚州市实验学校少先队大队辅导员

万莉琪（女）　江西省上饶市逸夫小学少先队中队辅导员

张建文　江西省遂川县泉江镇少先队总辅导员

黄　娟（女）　江西省南昌市站前路小学少先队大队辅导员

李　云（女）　山东省禹城市市中街道办事处三友小学少先队大队辅导员

秦呈玲（女）　山东省莱芜市实验小学少先队大队辅导员

孙军艳（女）　山东省东营市海河小学少先队大队辅导员

安秀红（女）　山东省日照市金海岸小学少先队大队辅导员

王艳俊　山东省临沂市白沙埠镇中心小学退休教师、少先队志愿辅导员

郗新梅（女）　山东省沂源县实验小学少先队大队辅导员

杨秀梅（女）　山东省诸城市府前新艺学校少先队大队辅导员

赵春红（女）　山东省青岛洛阳路第二小学少先队大队辅导员

刘荣贵　山东省济南市槐荫区少先队总辅导员

吕延艺（女）　山东省烟台市芝罘区少先队总辅导员

张丽华（女）　山东省聊城市东昌府区少先队总辅导员

王　静（女）　山东省济宁市东门大街小学少先队大队辅导员

都小霞（女）　河南省济源市实验中学少先队大队辅导员

安继辉（女）　河南省洛阳市教育局直属第四小学少先队大队辅导员

罗祎璠（女）　河南省郑州市金水区少先队总辅导员

张　政　河南省周口市第一实验小学少先队大队辅导员

刘金英（女）　河南省安阳市殷都区少先队总辅导员

陶毓敏（女）　河南省开封市少先队总辅导员

齐书红（女）　河南省潢川县实验小学少先队大队辅导员

姚　铭　河南省洛阳市涧西区关心下一代工作委员会委员、少先队志愿辅导员

石晓辉　河南省三门峡市实验小学少先队中队辅导员

王艳芝（女）　河南省商丘市第一实验小学少先队大队辅导员

张　燕（女）　河南省邓州市教育体育局宣传干事、少先队志愿辅导员

杨　燕（女）　河南省第二实验中学少先队大队辅导员

陶　晶（女）　湖北省武汉市江汉区少先队总辅导员

杨智勇　湖北省襄阳市第一实验小学少先队大队辅导员

刘娣逢（女）　湖北省仙桃市大新路小学少先队大队辅导员

涂　丽（女）　湖北省潜江市园林第一小学少先队大队辅导员

邓丽琼（女）　湖北省荆州市沙市实验小学少先队大队辅导员

王　军　湖北省鄂州市新民街小学少先队大队辅导员

刘发英（女，土家族）　湖北省长阳土家族自治县龙舟坪镇花坪小学副校长、少先队志愿辅导员

罗金凤（女）　湖北省十堰市东风六一小学少先队大队辅导员

曹　丽（女）　湖北省随州市曾都区少先队总辅导员

曾　莹（女）　湖北省黄石市广场路小学少先队大队辅导员

刘丰华　湖南省长沙高新区雷锋镇雷锋小学少先队大队辅导员

李　丰　湖南省南县南洲镇第五完全小学少先队大队辅导员

袁红莉（女）　湖南省郴州市第十完全小学少先队大队辅导员

龚景辉（女）　湖南省株洲市九方小学少先队大队辅导员

李　密（女，苗族）　湖南省吉首大学师范学院附属小学少先队大队辅导员

仇蔚苗（女）　湖南省邵东县两市镇第三完全小学少先队大队辅导员

陈思璐（女）　湖南省湘潭市和平小学少先队大队辅导员、市副总辅导员

宁　丽(女)　湖南省长沙市雨花区少先队总辅导员

刘运程　湖南省永州职业技术学院附属学校少先队大队辅导员、市总辅导员

张红艳(女)　湖南省岳阳市长炼学校少先队大队辅导员

廖建隆　广东省梅县新城中心小学少先队大队辅导员

刘旭斌(女)　广东省揭东第一小学少先队中队辅导员

庞晓平(女)　广东省湛江市第八小学少先队大队辅导员

郑桂忠　广东省清远市新北江小学少先队大队辅导员、市总辅导员

杨伟文　广东省广州市海珠区少先队总辅导员

陈　伟　广东省南雄市公安消防大队大队长、少先队志愿辅导员

黄权标　广东省中山市实验小学少先队大队辅导员

陈颖林(女)　广东省惠州市惠城区少先队总辅导员

李兆鹏　广东省东莞市高埗镇少先队总辅导员

梁瑞芳(女)　广东省肇庆市第十六小学少先队大队辅导员

余永昌　广东省阳江职业技术学院附属实验学校少先队大队辅导员

陈赛婵(女)　广东省佛山市南海区桂城街道少先队总辅导员

秦海燕(女)　广西壮族自治区桂林市榕湖小学少先队大队辅导员

何　卓(女)　广西壮族自治区梧州市第二实验小学少先队大队辅导员

凌　全(女)　广西壮族自治区玉林市玉州区古定中心小学少先队中队辅导员

凌华艳(女,壮族)　广西壮族自治区百色市特殊教育学校少先队大队辅导员

苏海华(女)　广西壮族自治区南宁市第二十六中学少先队大队辅导员

杨　莉(女)　广西壮族自治区贵港市港北区贵城镇西江中心小学少先队大队辅导员、区总辅导员

黄敏丹(女,壮族)　广西壮族自治区河池市金城江区第三小学少先队大队辅导员

黄美华(女,壮族)　广西壮族自治区防城港市港口区第二小学少先队大队辅导员

李　中　广西壮族自治区少先队总辅导员

江柳明(女)　广西人民广播电台主任播音员、少先队志愿辅导员

龚晓方　广西区综治委铁路护路联防工作领导小组办公室副主任、少先队志愿辅导员

黄友泽(黎族)　海南保亭思源实验学校小学部少先队大队辅导员

陈绵发　海南省海口市公安局交通警察支队龙华大队科员、少先队志愿辅导员

曾丽香(女)　海南省临高县实验小学少先队大队辅导员

黄　蔚(女,黎族)　海南省五指山市第一小学少先队大队辅导员

郑玲玲(女,黎族)　海南省白沙黎族自治县第一小学少先队大队辅导员

韦婷婷(女,黎族)　海南省乐东黎族自治县第一小学少先队大队辅导员

傅白玉(女)　海南省儋州市那大第一小学少先队大队辅导员

孙瑗钦(女)　海南省三亚市第一小学少先队大队辅导员

鲁　莎(女)　海南省海口市英才小学少先队大队辅导员

吴建霏(女)　重庆市奉节师范学校附属小学

少先队大队辅导员
何劲松　重庆市开县汉丰第五中心小学少先队大队辅导员
闫嘉琳(女,土家族)　重庆市石柱土家族自治县南宾镇小学校少先队大队辅导员
杨莉娜(女)　重庆市江北区劳卫小学校少先队大队辅导员
陶元红(女)　重庆市教育科学研究院德育教研员、少先队志愿辅导员
蔡　倩(女)　重庆市巴南区鱼洞第四小学校少先队大队辅导员
代静静(女)　重庆市渝北实验小学校少先队大队辅导员
王欢欢(女)　重庆市铜梁县第一实验小学少先队大队辅导员
梅　琼(女)　重庆市涪陵区荔枝希望小学校少先队大队辅导员
张贤友(女)　四川省泸县兆雅镇明德小学少先队大队辅导员
沈杨波(女)　四川省广元市实验小学校少先队大队辅导员
吴　畅　四川省成都市泡桐树小学少先队大队辅导员
王明强　四川省双流县棠湖小学少先队大队辅导员
陶　志　四川省绵竹市公安局城南派出所科员、少先队志愿辅导员
阎博英　四川九洲电器集团有限责任公司高级工程师、少先队志愿辅导员
廖婷英(女)　四川省蓬溪县蓬南镇小学校少先队大队辅导员
邓　娟(女)　四川省宜宾市武庙街小学校少先队大队辅导员
陈志坚(女)　四川省攀枝花市第二小学校少先队大队辅导员
李绍华(彝族)　四川省木里藏族自治县李子坪乡小学校黄泥巴村小少先队中队辅导员
陈方树　四川省大竹县实验小学少先队大队辅导员
江　慧(女)　四川省资阳市雁江区第七小学少先队大队辅导员
马良刚(土家族)　贵州省遵义航天小学少先队大队辅导员
何　琴(女)　贵州省黔西南州兴义市红星路小学少先队大队辅导员
林　艳(女,白族)　贵州省织金县第三小学少先队大队辅导员
赵　佳(女)　贵州省贵阳市实验小学少先队大队辅导员
朱　丹(女)　贵州省贵阳市第二实验小学少先队大队辅导员
张仁强(水族)　贵州省三都水族自治县人民法院副院长、少先队志愿辅导员
徐春刚(满族)　贵州省六盘水市少先队总辅导员
赵宇红(女)　贵州省铜仁市第二小学少先队大队辅导员
邓名江(女)　贵州省贵阳市南明区富水路小学少先队大队辅导员
张　梅(女)　贵州省毕节地区实验学校少先队大队辅导员
罗　雪(女,彝族)　云南省楚雄州永仁县永定小学少先队大队辅导员
兰州云　云南省昌宁县公安局交通警察大队城区中队中队长、少先队志愿辅导员
王春雷　云南省公安边防总队雷允边防工作站副营职副站长、少先队志愿辅导员
李春艳(女)　云南省玉溪市澂江县凤山小学少先队大队辅导员
陈　欣(瑶族)　云南省西双版纳傣族自治州允景洪小学少先队大队辅导员
刘　华(女)　云南省文山州砚山县第二小学

少先队大队辅导员

郑子明(哈尼族) 云南省普洱市镇沅彝族哈尼族拉祜族自治县古城乡少先队总辅导员

夏举俊 云南省昭通市昭阳区第二小学少先队大队辅导员

柴 玮(女,回族) 云南省曲靖市马龙县通泉小学少先队大队辅导员

谭 能 云南省昆明市总辅导员

季汝萍(女) 云南省永胜县程海镇中心小学少先队大队辅导员

聪 吉(女,藏族) 西藏自治区林芝地区少先队总辅导员

米玛次仁(藏族) 西藏自治区山南地区扎囊县桑耶镇完小少先队大队辅导员

仓 吉(女,藏族) 武警西藏总队年堆希望小学少先队大队辅导员

王红英(女) 西藏自治区拉萨市师范学校附属小学少先队大队辅导员

达瓦顿点(藏族) 西藏自治区那曲地区安多县完全小学少先队大队辅导员

王拥喜(女,藏族) 西藏自治区昌都地区实验小学少先队大队辅导员

路 洋(女) 陕西省西安师范附属小学少先队大队辅导员

王艺雯(女) 陕西省西安高新第一小学少先队大队辅导员

苏晓华(女) 陕西省凤翔县糜杆桥镇糜杆桥中心小学少先队中队辅导员

付丽婷(女) 陕西省咸阳天王小学少先队大队辅导员

李媛媛(女) 陕西省榆林市星元小学少先队大队辅导员

强 烨(女) 陕西省延安市宝塔区实验小学少先队大队辅导员

张晓辉(女) 陕西省汉中师范附属小学少先队大队辅导员

王 琪(女) 陕西省商洛市小学少先队中队辅导员

史 晶(女) 陕西省杨凌高新小学少先队大队辅导员

陈桂花(女) 甘肃省武威市民勤县东关小学少先队大队辅导员

郭咪咪(女) 甘肃省酒泉市北关小学少先队大队辅导员

李 琼(女) 甘肃省庆阳特殊教育学校少先队中队辅导员

郑 玲(女) 甘肃省兰州市七里河区少先队总辅导员

呼志锋 甘肃省通渭县平襄镇店子学校少先队大队辅导员

周丽娜(女) 甘肃省兰化公司中小学总校第一小学少先队大队辅导员

张宏举 甘肃省永靖县刘家峡川北小学少先队大队辅导员

全翠花(女,土族) 甘肃省张掖市肃南裕固族自治县第一中学少先队中队辅导员

严慧娉(女) 青海省西宁市西关街小学少先队大队辅导员

晁 明(蒙古族) 青海省海西州德令哈市第六中学少先队大队辅导员

蔡秀梅(女) 青海省贵德县河阴小学少先队大队辅导员

刘志虎(藏族) 青海省果洛州玛多县藏文中学少先队大队辅导员

殷志平 青海省同仁县第三完小少先队大队辅导员

崔国富(藏族) 青海省玉树藏族自治州人民检察院反渎局局长、少先队志愿辅导员

贾 婉(女) 宁夏回族自治区银川市兴庆区回民第一小学少先队大队辅导员

马　斌(回族)　宁夏回族自治区青铜峡市第三小学少先队大队辅导员

马存梅(女,回族)　宁夏回族自治区西吉县第一小学少先队中队辅导员

刘凤香(女)　宁夏长庆小学少先队中队辅导员

孙丽娜(女)　宁夏回族自治区石嘴山市第十五小学少先队大队辅导员

杨宝玉　宁夏回族自治区中宁县宁安镇古城完全小学退休教师、少先队志愿辅导员

帕提古丽·依萨木(女,维吾尔族)　新疆维吾尔自治区阿克苏新和县第一小学少先队大队辅导员

米娜古丽·艾斯卡尔(女,哈萨克族)　新疆维吾尔自治区伊宁市喀尔墩乡英阿牙提小学少先队大队辅导员

苏　惠(女)　新疆维吾尔自治区乌鲁木齐市第三十五小学少先队大队辅导员

王玉彬　新疆维吾尔自治区克拉玛依市独山子石化公司炼油厂团委干事、少先队志愿辅导员

米日古丽·买提肉孜(女,维吾尔族)　新疆维吾尔自治区和田市古江巴格乡小学少先队大队辅导员

刘兴娟(女)　新疆维吾尔自治区吐哈油田教育分局外国语学校少先队大队辅导员

韩春燕(女,回族)　新疆维吾尔自治区玛纳斯县第二小学校少先队大队辅导员

萨如丽(女,蒙古族)　新疆维吾尔自治区博尔塔拉蒙古自治州博乐市第一中学少先队大队辅导员

米日古丽·塔西(女,维吾尔族)　新疆维吾尔自治区巴州且末县小学少先队大队辅导员

邓雪琴(女)　新疆生产建设兵团农一师十一团中学少先队大队辅导员

任　华(女)　新疆兵团农六师 101 团五家渠第二中学少先队大队辅导员

王金英(女)　新疆生产建设兵团农九师小白杨中学少先队中队辅导员

邹　湘　新疆生产建设兵团第二中学少先队大队辅导员

“全国优秀少先队集体”名单

大队(200 个)

北京市密云县太师屯镇中心小学少先队大队

北京市石景山区实验小学少先队大队

北京大学附属小学少先队大队

北京市朝阳区呼家楼中心小学三校区联合少先队大队

北京第二实验小学少先队大队

北京第一师范学校附属小学少先队大队

天津师范大学第二附属小学少先队大队

天津市和平区岳阳道小学少先队大队

天津市河东区中心东道小学少先队大队

天津市宝坻区华苑小学少先队大队

天津市宁河县芦台镇第一小学少先队大队

天津市河北区昆纬路第一小学少先队大队

河北省石家庄市实验小学少先队大队

河北省邢台市英华教育集团完全小学少先队大队

河北省张家口市桥西区蒙古营小学少先队大队

河北省唐山市路南区文北小学少先队大队

河北省沧县旧州镇东关学校少先队大队

河北省衡水市康复街小学少先队大队

河北省保定市前卫路小学少先队大队

山西省闻喜县桐城镇西街示范小学少先队大队

山西省临汾市南街小学校少先队大队

山西省长治市实验小学校少先队大队

山西省阳泉市郊区实验小学少先队大队
山西省太原市小店区沙河街小学校少先队大队
山西省太原市迎泽区青年路小学校少先队大队
内蒙古自治区呼和浩特市回民区贝尔路小学少先队大队
内蒙古自治区乌海市实验小学少先队大队
内蒙古自治区乌兰察布市集宁区新体路小学少先队大队
内蒙古自治区锡林浩特市第三中学少先队大队
内蒙古自治区陈巴尔虎旗民族小学少先队大队
内蒙古自治区包钢第五小学少先队大队
辽宁省本溪市明山区联丰小学少先队大队
辽宁省辽河油田兴隆台第一小学少先队大队
辽宁省辽阳市白塔区青年街小学少先队大队
辽宁省营口市实验小学少先队大队
辽宁省实验学校少先队大队
辽宁省沈阳市和平区望湖路小学少先队大队
吉林省延吉市北山小学少先队大队
吉林省长白山保护开发区池北区第二小学少先队大队
吉林省辽源市第一实验小学校少先队大队
吉林省吉林油田实验小学少先队大队
吉林省吉林市第一实验小学校少先队大队
吉林省榆树市第二实验小学校少先队大队
黑龙江省黑河市黑河小学少先队大队
黑龙江省肇东市三友小学校少先队大队
黑龙江省伊春市伊春区黎明小学校少先队大队
黑龙江省双鸭山市师范附属小学少先队大队
黑龙江省七台河市第五小学少先队大队
黑龙江省鹤岗市红军小学少先队大队
上海市青浦区重固小学少先队大队
上海市向明初级中学少先队大队
上海市浦兴中学少先队大队
上海市崇明县东门小学少先队大队
上海师范大学附属外国语小学少先队大队
上海市闵行区实验小学少先队大队
江苏省镇江市穆源民族学校少先队大队
江苏省扬州中学教育集团树人学校少先队大队
江苏省南京市雨花台区实验小学少先队大队
江苏省邳州市八义集镇中心小学少先队大队
江苏省泰州市大浦中心小学少先队大队
江苏省淮安市实验小学少先队大队
江苏省无锡市天一实验小学少先队大队
浙江省杭州市学军小学少先队大队
浙江省湖州市白雀学校少先队大队
浙江省桐乡市濮院小学少先队大队
浙江省绍兴县安昌镇中心小学少先队大队
浙江省武义县实验小学少先队大队
浙江省舟山市南海实验学校小学部少先队大队
浙江省遂昌县大柘镇中心小学少先队大队
安徽省利辛县实验小学少先队大队
安徽省砀山县民族学校少先队大队
安徽省合肥市师范附属小学少先队大队
安徽省和县历阳镇第四小学少先队大队
安徽省淮南市田家庵区第十八小学少先队大队
安徽省歙县新安学校少先队大队
安徽省铜陵县实验小学少先队大队
福建省厦门市群惠小学少先队大队
福建省漳浦县八一希望小学少先队大队
福建省三明学院附属小学少先队大队
福建省永定县城关中心小学少先队大队
福建省莆田市涵江区实验小学少先队大队
福建省晋江市实验小学少先队大队
江西省萍乡市安源区城北小学少先队大队
江西省共青城西湖小学少先队大队
江西省井冈山市龙市小学少先队大队
江西省宜春市实验小学少先队大队
江西省鹰潭市第一小学少先队大队

江西省南昌市阳明学校少先队大队
山东省滕州市实验小学少先队大队
山东省济南市制锦市街小学少先队大队
山东省单县实验小学少先队大队
山东省嘉祥县实验小学少先队大队
山东省青岛嘉峪关学校少先队大队
山东省日照市岚山区安东卫街道明珠路小学少先队大队
山东省威海市荣成市府新小学少先队大队
山东省淄博市张店区潘南小学少先队大队
河南省实验小学少先队大队
河南省濮阳市实验小学少先队大队
河南省许昌实验小学少先队大队
河南省新乡市育才小学少先队大队
河南省安阳高新技术产业开发区银杏小学少先队大队
河南省商丘市第一实验小学少先队大队
河南省舞钢市实验小学少先队大队
河南省郑州市管城回族区创新街小学少先队大队
湖北省武汉市武昌区候补街小学少先队大队
湖北省武汉市江夏区法泗镇桥头小学少先队大队
湖北省天门市岳口镇健康小学少先队大队
湖北省仙桃市实验小学少先队大队
湖北省荆州市荆州实验小学少先队大队
湖北省随州市曾都区铁树学校少先队大队
湖北省黄冈市黄州区实验小学少先队大队
湖南省株洲市芦淞区何家坳小学少先队大队
湖南省长沙市天心区仰天湖教育集团青园小学少先队大队
湖南省岳阳市岳阳楼区东方红小学少先队大队
湖南省慈利县金慈实验小学少先队大队
湖南省石门县楚江镇第一完全小学少先队大队
湖南省怀化市迎丰路完全小学少先队大队
湖南省保靖县实验小学少先队大队
广东省珠海高新区金鼎第一小学少先队大队
广东省东莞市虎门镇沙角小学少先队大队
广东省陆河县实验小学少先队大队
广东省中山市东区雍景园小学少先队大队
广东省肇庆市百花园小学少先队大队
广东省广州市越秀区东风西路小学少先队大队
广东省江门市范罗冈小学少先队大队
广东省佛山市同济小学少先队大队
广西壮族自治区南宁市东葛路小学少先队大队
广西壮族自治区岑溪市第一小学少先队大队
广西壮族自治区河池市金城江区实验小学少先队大队
广西壮族自治区贵港市港北区贵城镇西江中心小学少先队大队
广西壮族自治区北海市海城区第八小学少先队大队
广西壮族自治区桂林市民主小学少先队大队
广西壮族自治区钦州市实验小学少先队大队
海南省澄迈县加乐中心学校少先队大队
海南省陵水黎族自治县北斗小学少先队大队
海南省文昌市潭牛中心小学少先队大队
海南省屯昌县屯城镇屯昌小学少先队大队
海南省三亚市第九小学少先队大队
海南省琼海市实验小学少先队大队
重庆大同实验学校少先队大队
重庆市沙坪坝区第一实验小学校少先队大队
重庆市巴蜀小学校少先队大队
重庆市九龙坡区谢家湾小学校少先队大队
重庆市长寿区第二实验小学校少先队大队
重庆市江津区四牌坊小学校少先队大队
四川省武胜县沿口镇小学校少先队大队
四川省荥经县胡长保小学少先队大队
四川省达州市通川区第一小学校少先队大队
四川省绵阳市先锋路小学校少先队大队
四川省自贡市自流井区檀木林小学校少先队大队

四川省什邡市北京小学少先队大队
四川省成都市龙江路小学(南区)少先队大队
四川省泸州市龙马潭区小街子小学校少先队大队
贵州省黄平县新州第一小学少先队大队
贵州省安顺市第八小学少先队大队
贵州省贵阳市南明区甲秀小学少先队大队
贵州省六盘水市实验小学少先队大队
贵州省望谟县复兴镇第二小学少先队大队
贵州省都匀市第三完全小学校少先队大队
贵州省贵阳市省府路小学少先队大队
云南师范大学附属小学少先队大队
云南省大理市下关第八完全小学少先队大队
云南省玉溪第一小学少先队大队
云南省文山壮族苗族自治州实验小学少先队大队
云南省昆明市官渡区南站小学少先队大队
云南省维西傈僳族自治县民族小学少先队大队
云南省景洪市第一小学少先队大队
西藏自治区林芝地区第二小学少先队大队
西藏自治区类乌齐县小学少先队大队
西藏自治区那曲地区第二小学少先队大队
西藏自治区日喀则市第一小学校少先队大队
陕西省西安市未央区大明宫小学少先队大队
陕西省眉县实验小学少先队大队
陕西省咸阳风轮小学少先队大队
陕西省铜川市红旗街小学少先队大队
陕西省榆林实验小学少先队大队
陕西省西安高新第三小学少先队大队
甘肃省金昌市金川集团有限公司中小学总校第三小学少先队大队
甘肃省民乐县洪水小学少先队大队
甘肃省酒泉师范学校附属小学少先队大队
甘肃省嘉峪关市五一路小学少先队大队
甘肃省兰州市城关区通渭路小学少先队大队
甘肃省镇原县东街小学少先队大队
青海省西宁市虎台中学少先队大队
青海省乐都县马家湾小学少先队大队
青海省果洛州甘德县藏文中学少先队大队
青海油田第二小学少先队大队
宁夏回族自治区银川市兴庆区第十六小学少先队大队
宁夏回族自治区中卫市第六小学少先队大队
宁夏回族自治区固原市原州区城关第六小学少先队大队
宁夏回族自治区吴忠市裕民小学少先队大队
新疆维吾尔自治区哈巴河县第一小学少先队大队
新疆维吾尔自治区克拉玛依市实验小学少先队大队
新疆维吾尔自治区洛浦县多鲁乡小学少先队大队
新疆维吾尔自治区昌吉市第三小学少先队大队
新疆维吾尔自治区焉耆回族自治县第一小学少先队大队
新疆维吾尔自治区乌鲁木齐市第三十二小学校少先队大队
新疆生产建设兵团农十二师104团中心小学少先队大队
新疆生产建设兵团农七师一二三团小学少先队大队
新疆生产建设兵团石河子市第二小学校少先队大队

中队(196个)

北京市顺义区木林中心小学校六(3)中队
北京市大兴区第二小学六(5)中队
北京市平谷区城关第四小学四(5)中队
北京市怀柔区实验小学四(2)中队
北京医科大学附属小学四(3)中队
北京市东城区西中街小学五(1)中队
天津市南开区南开小学五(1)中队
天津经济技术开发区国际学校六(2)中队
天津市东丽区津门小学五(7)“寸草心”感恩中队

天津市西青区蔡台中心小学五(4)中队
天津市滨海新区汉沽区河西第一小学五(2)中队
天津市塘沽区贻成小学五(2)中队
河北省张家口市宣化区阁西街小学五(1)中队
河北省邯郸市丛台区沁河小学“左权”中队
河北省邢台市东关逸夫小学“求知”中队
河北省滦平县第三小学校五(2)中队
河北省唐山市丰南区第一实验小学五(5)中队
河北省保定市实验小学五(8)中队
河北省卢龙县第三实验小学六(1)中队
山西省晋城市中原街小学四(1)“阳光小荷”中队
山西省长治市城区康园学校小学部五(7)中队
山西省吕梁市离石区城内小学校六(4)“低碳达人”中队
山西省盂县逸夫实验小学五(4)中队
山西省晋中市榆次区太行小学五(179)中队
山西省太原市万柏林区大唐实验小学三(2)中队
内蒙古自治区阿拉善左旗蒙古族第二实验小学六(1)中队
内蒙古自治区巴彦淖尔市临河区第三小学六(3)“快乐阳光”中队
内蒙古自治区鄂尔多斯市东胜区第四小学五(3)中队
内蒙古自治区敖汉旗新惠第二小学四(3)中队
内蒙古自治区通辽市蒙古族学校三(1)中队
内蒙古自治区乌兰浩特市兴安第一小学五(3)中队
辽宁省铁岭市银州区第十八小学一(3)中队
辽宁省丹东市金汤小学六(6)中队
辽宁省葫芦岛市连山区实验小学五(7)中队
辽宁省抚顺市新抚区民主小学四(3)“阳光”中队
辽宁省锦州市古塔区保安第二小学校三(1)中队
辽宁省建平县第三小学“朱瑞”英雄中队
吉林省汪清县第一实验小学三(1)中队
吉林省通化市东昌区靖宇小学校“靖宇”中队
吉林省白山市江源区实验小学五(4)中队
吉林省长春市第一实验小学五(7)中队
吉林省长春东师中信实验学校四(1)中队
吉林省辽源市龙山区多寿路小学校四(9)中队
黑龙江省大庆市铁人小学三(1)中队
黑龙江省佳木斯市第二十小学校四(2)中队
黑龙江省牡丹江市平安小学五(5)中队
黑龙江省齐齐哈尔市龙沙区龙沙小学校五(3)中队
黑龙江省哈尔滨市花园小学校四(2)中队
黑龙江省鸡西市师范附属小学校三(6)中队
上海市奉贤区教师进修学院附属实验小学四(4)“海宝”中队
上海市建青实验学校七(1)“魔方”中队
上海市宝山区第一中心小学三(1)“绿芽”中队
上海市梅园中学八(2)“团结”中队
上海市金山区朱泾第二小学五(3)“海洋”中队
上海市大宁国际小学五(1)“活力加油站”中队
江苏省常州市第二实验小学三(1)中队
江苏省南通市通州区石港小学六(5)中队
南京师范大学附属小学“斯霞”中队
江苏省宿迁市宿豫区余娟实验小学“韩余娟”中队
江苏省昆山市培本实验小学“希望风帆”中队
江苏省灌南县新安镇中心小学六(5)中队
江苏省大丰市草堰镇中心小学“粟裕”中队
浙江省杭州市萧山区第一实验小学 504“太阳花”中队
浙江省宁波市孙文英小学 503 中队
浙江省温州市永嘉县瓯北镇第七小学五(5)“兰韵”中队
浙江省湖州市湖州东风小学 605 和 205 结对联谊中队

浙江省衢州市柯城区实验小学三(1)中队
浙江省玉环县林森火小学六(6)中队
浙江省缙云县七里小学四(2)中队
安徽省蚌埠第二实验小学三(2)中队
安徽省滁州市城南小学五(1)中队
安徽省六安市人民路小学五(1)“雨露”中队
安徽省马鞍山实验小学四(2)中队
安徽省宁国市实验小学四(6)中队
安徽省濉溪县南坪中心小学五(1)中队
安徽省池州市贵池区实验小学百荷分校601中队
福建省福州市钱塘小学四(7)“蒲公英”中队
福建省顺昌县实验小学五(2)中队
福建省福鼎市山前中心小学六(3)中队
福建省平潭县城东小学四(5)中队
福建省福州实验小学三(5)中队
福建师范大学附属小学五(7)中队
江西省抚州市实验学校六(5)“三人行”中队
江西省德兴市银城第二小学六(2)中队
江西省宜春市第三小学五(9)中队
江西省新余市暨阳学校四(5)中队
江西省瑞金市八一小学“朱德”中队
江西省景德镇市第一小学三(10)中队
山东省广饶县大王镇第一完全小学“红领巾志愿者”中队
山东省威海经济技术开发区实验小学五(1)中队
山东省东平县彭集镇第一中心小学五(1)中队
山东省青岛人民路第一小学六(1)中队
山东省济南市经五路小学四(5)中队
山东省高密市柴沟镇注沟小学六(2)中队
山东省莘县中心希望小学四(3)中队
山东省海阳市朱吴镇第一小学三(1)中队
河南省三门峡市外国语小学六(7)中队
河南省郑州市二七区长江东路小学校五(3)“糖果咖啡”中队
河南省开封市第一师范附属小学四(1)中队
河南省漯河市实验小学六(6)中队
河南省驻马店市第三小学校四(1)中队
河南省扶沟县城关镇红卫小学六(2)中队
河南省洛阳市西工区樱桃沟小学六年级“红蓓蕾”中队
河南省焦作市学生路小学五(1)中队
湖北省孝感市实验小学四(12)班“谭之平”中队
湖北省鄂州市明塘小学五(5)中队
湖北省随州市曾都区西城岁丰中心学校六(1)“雄鹰”中队
湖北省宜昌市实验小学“郜丽华”先锋中队
湖北省黄石市湖滨路小学四(1)中队
湖北省宜昌市伍家岗区伍家岗小学四(3)“雏鹰”中队
湖北省谷城县实验小学五(2)中队
湖南省桃江县桃花江镇桃花江小学131“桃花”中队
湖南省沅江市莲花塘学校五(246)中队
湖南省长沙市雨花区天华寄宿制学校六(6)中队
湖南省株洲市芦淞区南方第一小学五(2)中队
湖南省湘潭云龙实验学校四(27)“新蕊”中队
湖南省常宁市宜阳小学四(5)中队
湖南省长沙市开福区三角塘小学六(1)中队
广东省饶平县师范学校附属小学305中队
广东省湛江市特殊教育学校七(1)中队
广东省云浮市第二小学五(3)“阳光”中队
广东省汕头市濠江区河南小学604中队
广东省广州市白云区景泰小学四(4)“好少年”中队
广东省深圳市宝安区大浪小学五(4)“乐韵悠扬”中队
广东省惠州市水北小学四(2)中队
广东省高州市第一小学四(1)中队
广西壮族自治区南宁市五一路小学四(2)“李明瑞”中队
广西壮族自治区柳州市弯塘路小学2007(1)中队

广西壮族自治区北流市北流镇松花中心小学四(1)中队
广西壮族自治区大新县桃城镇第一小学 072 中队
广西壮族自治区象州县城东小学五(3)中队
广西壮族自治区田东县第一小学四(5)中队
广西壮族自治区贺州市平桂管理区实验小学三(1)中队
海南省东方市第六小学五(3)中队
海南省澄迈县金江中心学校五(3)中队
海南省琼中黎族苗族自治县第一小学五(2)中队
海南省陵水黎族自治县中山小学二(3)中队
海南省琼海市嘉积镇中心学校四(1)中队
海南省儋州市那大实验小学四(3)“朝霞”中队
重庆市江北区港城小学校五(4)中队
重庆市武隆县实验小学五(8)“合作园”中队
重庆市南岸区江南小学校五(2)中队
重庆市綦江县营盘山小学校五(2)中队
重庆市合川区杨柳街小学四(3)中队
重庆市渝北区五星路小学校五(4)中队
四川省成都市青白江区实验小学四(4)中队
四川省西华师范大学附属小学校四(2)中队
四川省青神县学道街小学校二(4)中队
四川省广元市八二一中学小学部五(1)“快乐精灵”中队
四川省遂宁市船山区城北小学校六(4)中队
四川省南江县南江镇第二小学四(3)中队
四川省资阳市安岳实验小学五(2)中队
四川省内江市第六小学校二(3)中队
贵州省安顺市西秀区双堡镇双堡小学第一中队
贵州省镇远县城关第五小学校二(2)中队
贵州省务川仡佬族苗族自治县实验学校三(8)“刻苦号”中队
贵州省贵阳市第十八中学初二(5)中队
贵州省龙里县城关第三小学校三(1)中队
贵州省贵阳市第十九中学初一(9)中队
贵州省贞丰县第三小学五(3)中队
云南省峨山彝族自治县富良棚中心小学校五(2)中队
云南省瑞丽市民族小学五(2)中队
云南省德钦县民族小学第四中队
云南省沧源佤族自治县勐董镇中心完小四(2)“同舟共济”中队
云南省龙陵县龙山镇中心学校三(1)中队
云南省红河州弥勒县弥阳镇第二小学五(1)中队
云南省曲靖市麒麟区麒麟小学五(9)“幼林”中队
陕西省渭南市临渭区北塘实验小学三(6)中队
陕西省延安职业技术学院附属小学二(3)中队
陕西省汉中市实验小学三(7)中队
陕西省安康市第二小学六(5)中队
陕西省西安小学四(4)中队
陕西省西安工业大学附属小学五(1)中队
甘肃省兰州市安宁区十里店小学五(3)中队
甘肃省高台县解放街小学五(4)中队
甘肃省天水市逸夫实验中学七(1)中队
甘肃省卓尼县柳林小学五(7)中队
甘肃省嘉峪关市胜利路小学六(1)中队
甘肃省庆城县庆城小学第十三中队
青海省互助土族自治县城南学校五(3)“阳光”中队
青海省海南州同德县民族寄宿制完小二(1)中队
青海省海晏县城镇小学三(1)中队
青海省同仁县第一完小四(2)中队
宁夏回族自治区银川市西夏区第九小学四(1)中队
宁夏回族自治区平罗县城关第四小学四(2)中队“阳光”中队
宁夏回族自治区盐池县大水坑镇第二小学二(4)中队
宁夏回族自治区彭阳县第一小学五(1)中队

新疆维吾尔自治区阿克苏地区沙雅县第三小学五(3)中队
新疆维吾尔自治区伊宁县第一小学“精灵”中队
新疆维吾尔自治区吐鲁番地区托克逊县第一中学七(11)“快乐”中队
新疆维吾尔自治区塔城地区裕民县第一小学五(4)中队
新疆维吾尔自治区阿图什市育才学校三(2)中队
新疆维吾尔自治区博乐市逸夫小学五(1)“超越”中队
新疆生产建设兵团农十师北屯中学五(3)中队
新疆生产建设兵团建筑工程师第五中学三(1)“向日葵”中队
新疆生产建设兵团十四师224团中学五(4)中队

第六部分

省级团委工作简介

北京团的工作

北京共青团按照团中央和市委要求，认真落实党的十七大及十七届五中、六中全会精神、团的十六届四中全会精神、市委十届八次、九次全会精神，以开展创先争优活动为契机，紧密围绕“两个全体青年”政治目标，认真履行四项基本职能，以学习促建设，以服务促发展，主动破解难题，全面活跃基层，带领全市各级团组织和广大团员青年在推动“人文北京、科技北京、绿色北京”战略，建设中国特色世界城市的伟大进程中做出新贡献，实现“十二五”时期首都青少年事业发展的良好开局。

一、以建党90周年为契机强化青少年思想政治教育，进一步深化党建带团建和创先争优工作

1. 持续深化青少年思想政治工作。深入学习贯彻总书记建党90周年大会讲话精神，以“学党史、知党情、跟党走”主题教育实践活动、“我与祖国共奋进”形势政策教育等为主线，坚持在青少年中加强社会主义核心价值体系教育。围绕纪念建党90周年，统筹开展21个市级示范项目、200余项基层重点活动。各级团组织举办1000余场党史学习交流会、3200余场“永远跟党走”青少年歌咏活动、1000多场形势政策报告会、1900场“红领巾心向党”故事会和主题队会，覆盖影响300余万青少年。继承革命传统，举办“建党90周年与北京青年运动”理论座谈会，推动北京青运史展览陈列馆等筹建。扎实推进青年马克思主义者培养工程，组建134支市级重点、5000多支首都大学生暑期社会实践团，选派近10万青年学生分赴全国各地开展“七一”讲话精神宣讲及社会实践活动；培养坚定的青年马克思主义者，继续深化北京市红领巾学校、少年先锋团校、中学生业余党校、大学生英才学校、市团校等从中小学生到职业青年的培养链条。探索青年思想引导工作规律，制定并下发《关于开展分类引导青年工作的实施意见》，选取107家基层团组织重点推进分类引导青年工作。

2. 不断开创全市基层党团建设新局面。贯彻落实全国基层党建带团建座谈会精神，召开全市党建带团建暨深入推进共青团系统创先争优活动工作会议，建立党建带团建联席会议制度；下发出台市委《关于加强新形势下全市党建带团建工作的意见》及基层团组织、团干部队伍和青年人才三个配套意见，对今后一个时期全市党建带团建工作进行全面部署；各区县及市直机关系统先后召开党建带团建工作会议，相继出台实施意见及配套规定；各级党组织书记和领导班子定期听取共青团工作汇报、研究团的工作、参加团的活动、召开联席会议等制度进一步完善。深化全团带队工作，召开北京市第六次少代会。

3. 扎实开展共青团系统创先争优活动。贯彻落实中央、市委关于党群共建创先争优部署要求，大力实施“青春领航工程”、“青春聚力工程”、“青春先锋工程”，把广大团员青年的思想和行动统一到党团共建创先争优上。抓典型，通过“创先争优青年先锋——青春点将台”、北京市青年五四奖章等活动，加强青年榜样选树；抓宣传，运用新闻媒体和团属宣传平台进行专题报道和深入宣传，在全市形成学习先进、争当先进、赶超先进的浓厚氛围；抓项目，联合市人保局、市国资委、市总工会开展北京市“百万青工岗位建功”行动，开展现场学习会2285场次，技能培训5742场次，岗位练兵、技能比武活动13064场次，创新创效活动4112场次，青年建言献策38292条，青年参与达94万余人次。同时，与卫戍区共建、与装甲六师“互学互帮互促共同创先争优”主题活动促进军地青少年健康成长发展，得到市委和卫戍区领导积极肯定。

二、坚持围绕党政中心工作，共青团服务大局能力进一步提升

1.“人文北京”青年行动计划助推首都文化发展繁荣。贯彻落实十七届六中全会精神，推出青年文化“领航、示范、精品、普及、人才”五大工程。通过“七一”征文、“北京精神”征文演讲、“北京精神与北京青年特质”青年沙龙、“青春北京·2011北京青年艺术节”、北京青年艺术团走基层演出活动等深入践行“北京精神”，以中国特色社会主义先进文化引领青年；筹建北京国学院，推动国学进社区、乡村、机关、校园、企业、军营“六进”活动，开展14岁青春门、18岁成人等传统仪式教育，用优秀传统文化影响青少年；举办第六届北京高校青春歌会、第二届首都青少年公益节、第七届北京青少年公益电影节、第八届青年学习节、各类青年文化节等青少年文化体育活动，用时尚文化吸引青年。

2.“科技北京”青年行动计划服务首都创新驱动发展。完善以营造青年科技创新氛围、增强青年科技创新能力为目标，以青年大学生、青年科学家、青年海外科技人才等为对象的工作格局；服务首都创新驱动发展，举办首届青年创新创业博览会，筹建北京青年科学家协会、青年产学联盟，举办北京青年学习节、走进科普的春天等系列活动；大力开展科技活动，开展首都大学生城市发展服务计划、青年科普工作等，北京代表团在第十二届挑战杯课外学术科技竞赛中，获特等奖作品5件，一等奖作品14件，二等奖作品18件，三等奖作品43件，充分展示了首都青年科技创新水平和自主创新能力。

3.“绿色北京”青年行动计划引领带动作用不断显现。引领市民绿色出行，大力倡导践行“三公里步行、五公里骑车、十公里公交、远距离绿色驾驶”3510行动，开展“百万车友齐行动，减少拥堵一小时”、“高考日畅通计划”、“公交志愿服务示范岗”等40多场大型示范活动，推行首届北京自行车文化节4个系列近20场骑行示范活动，辐射带动数百万人次市民参与和支持绿色出行。推进绿色生活理念，深化“爱绿日”、“绿色伙伴”、京郊生态环保游等市级示范项目，约8.3万青年参与上千次植树活动，种植14.3万株，种植面积达700余亩。发展、壮大绿色环保志愿者队伍，通过“青少年绿色环保论坛”等活动，联系培育青年生态环保社团60多个，吸引带动超过30万名青少年参与“绿色北京”建设的工作项目。

同时，“人文北京、科技北京、绿色北京”少年行动计划继续深入推进。

4. 积极服务中国特色世界城市建设。发挥市青联委员、青商会企业家等作用，开展与港澳台青年组织交流互访，创立“京津沪渝港澳”青联高峰年会，举办“物联世界智慧北京”青联先锋论坛、国际长走大会等，为建设世界城市提供人才资源和智力支持。服务首都党政外交，围绕中欧青年交流年，新开辟北京－勃兰登堡州青年互访等项目，举办第十届中韩志愿者交流营，组派北京青少年代表团参加“第45届国际儿童运动会”，营造世界城市良好氛围。发挥青年民间外交作用，成立北京青年国际交流促进会，全年共组派及协助组派出国(境)代表团 42 个,接待国外代表团来访 21 个。

同时,北京团在重要时间节点和敏感日期,发挥共青团组织优势,服务首都稳定大局;积极承担并完成市委市政府交办的国庆 62 周年向人民英雄纪念碑敬献花篮仪式的群众组织等工作,并以此为契机大力开展爱国主义教育,积极展示首都青少年良好形象。

三、立足社会管理创新,共青团枢纽型社会组织服务首都社会建设的成效得到进一步增强

1. 创新推进共青团“枢纽型”社会组织建设。构建“党政主导、全团联动、社团协同、青年参与”的工作格局,努力创新社会服务、社会管理、社会动员的新机制。实施青少年社团“伙伴计划”,开展北京青少年社团文化季,推进社团示范项目千个,辐射带动青少年社会组织 8058 家。大力培育青少年社会组织,成立北京青少年社团发展促进中心。进一步加强市青联、学联、社联等组织建设,开展“民族团结代代传”、民族地区骨干青年培养计划、青联委员区县行活动、长阳音乐节等,促进民族团结和宗教和谐,服务区域经济发展。

2. 不断推动首都志愿服务事业常态化发展。不断完善和规范志愿者组织网络体系和体制机制,全面推进志愿者注册工作,规划 7 大类志愿服务项目体系,重点打造“春风行动”、“蓝立方计划”等“志愿北京”系列品牌,深化“志愿北京之蓝天行动”关爱农民工子女志愿服务工作。落实中央和市委指示精神,创新“志愿服务 + 革命传统教育”的毛主席纪念堂志愿服务新模式;会同市应急办建立专业应急志愿者队伍 24 支,应急志愿者达到 19 万人。发挥志愿服务窗口职能,接待来自欧洲、亚洲、北美洲、中国香港等国家和地区及各省市志愿者组织、社会团体来访 3747 人次。全年共 118 万余人参与志愿服务,服务时间超过 1.57 亿小时。

3. 建设终端载体深化青年流动人口管理服务工作。按照“青年身边、组织终端”的思路推进“社区(乡村)青年汇”平台建设,目前已在全市建立市级青年汇 500 家,开展各类活动 7500 余次,直接联系服务和辐射带动青少年 257 万人次。落实市委关于“共青团走在前面,做好青年流动人口帮扶试点工作”指示精神,在市流管办等相关部门支持下,选择西城德外新居民学校、朝阳老君堂村等 21 个青年流动人口聚集区域,运用社区青年汇平台,为青年流动人口提供就业促进、职业规划、心理辅导等 10 项服务。

四、以“十二五”时期青少年事业发展规划为统揽,共青团服务青少年成长成才的水平得到进一步提高

1. 科学规划青少年事业发展蓝图。联合市发改委、教工委等 20 多个部门制定发布《北京市“十二五”时期青少年事业发展规划》,并首次纳入市政府专项规划。《规划》注重资源整合,全市统筹,紧密结合青少年身心健康、成长成才、事业发展、社会参与、权益维护等 5 类需求,确定了 23 项重点任务,提出加强组织领导、整合社会资源、注重监测评估等 5 项保障措施。

2. 稳步推进发展青年创业就业。以“促进青年创业,创业带动就业”为主线,打造“组织、政策、资金、培训、发展”五个平台。搭建组织平台,加强覆盖创业青年能力。搭建政策平台,推动市级层面政策集成和解读服务,发布《北京青年创业服务手册》。搭建资金平台,筹集 1000 万元市级青年创业引导基金,新增 YBC 服务站 6 家,推进“贷动青春”小额贷款,为 601 名创业青年提供贷款 5023.5 万元。搭建培训平台,与相关政府部门、行业协会、社会机构合作为 19874 人提供各类技能培训,就业 6667 人。搭建发展平台,新建青年创业园 6 家共 59 万平方米,孵化企业 733 家,带动就业 8200 人;新增见习基地 132 家,提供 3210 岗位供4592人参加见习。

3. 有效运用新媒体服务青少年。深化已有新媒体载体建设，成立北京青少年网络文化发展中心，启动北京青少年网络服务平台立项申报工作；青檬网络电台日均收听用户达12万，收听时长超过90分钟，纸条互动达3000次，青檬手机报全年编发近百期，12355北京市青少年服务台全年接受热线咨询1万余次。实现与网络青年有效互动，正式推出团市委政务微博“青年说”，北京共青团网站页面类频道达1063个，日点击量超5万次。

4. 切实维护青少年合法权益。积极发挥未保委、预防委“两委”作用，通过倾听热线、“青少年信箱”、“共青团与人大代表、政协委员面对面”等形式，倾听青少年心声。推动重点青少年群体服务管理和预防犯罪试点工作，全面梳理规范青少年维权岗，建立70个国家级，374个市级维权岗台账，加强星光自护学校建设，帮扶特殊青少年群体。以“和谐北京·温暖之都”为主题，深化推进“两节送温暖”、“100365首善行动”等，为新生代农民工及其子女送去各类服务，共募集和发动社会捐助款物折合4141.1万元，活动项目总数456个，覆盖青少年近30万人。

5. 推进北京团属十大平台发展。按照“坚持公益性、支持社会性、鼓励市场性”的工作原则，依托直属单位打造北京共青团十大支撑服务平台，促进各事业平台的合作、发展、共赢。完成青少年音像出版社转企改制、北青报国内外相关投资和股权调整、青年宫装修改造等工作；推进青年宫债务清偿和异地重建选址、禁毒教育基地验收、青年实业集团债务重组等工作。希望工程北京捐助中心（北京青少年发展基金会）全年共募集捐赠款物3291.6万元，以青商会为依托，开展“100365首善行动”等，为20余万名青少年提供各类帮扶服务；援建希望小学10所，惠及河北、内蒙古、江西等省市2.2万余名青少年。

五、全面加强团的自身建设，不断增强团建科学化水平

1. 进一步加强思想建设。深化团干部的成长观、事业观和大局观教育，锻炼团干部做好引导青年、凝聚青年、服务青年等青年群众工作的本领。围绕首都青年工作重大课题开展理论研究，以首都青年群体、青年现象、青年问题、青年政策为研究对象，发布战略课题和一般课题计划，共立项课题60项；完成《北京志·青年组织志》第一轮出版及第二轮篇目备案；编发《北京青年工作研究》近90万字，含《建党90周年与北京青年运动》特刊4期；编印《北京青年动态》、《青年工作决策参考》近100万字，征集全市优秀调研报告100余篇，共青团及青少年工作研究在机关和基层取得明显成果。

2. 进一步加强组织建设。大力实施基层团组织活力工程，开展团组织“六个有”、“团建百强”、“达标创优”等活动，激发基层组织活力。传统领域基层组织建设不断巩固，区县以乡镇、街道团委为枢纽，青年汇为依托，在16区县3833个行政村实现团组织全覆盖；企业建立团委加青年工作部的组织体系，85.9%的企业建立了党团联席会制度，81.8%的企业建立或完善了青年组织；大学中职建立以院校团委为枢纽，强化学联、社联的团结带动作用，加强对青年学生、教师、员工和留学生全覆盖；以“团建十佳中学”和“千优带队”创建工程为引领，深化中学共青团“青春·理想”、“青春·活力”、“青春·成长”三大系列行动。新兴领域团的组织建设不断突破，探索行业、市场、楼宇、园区及联合建团，新建非公经济组织和社会组织团4424家。加强外来务工和流动团员青年管理服务，全年新建省级驻京团工委7个，地市级12个，县级19个，建立三级联席会议制度，制定出台《北京共青团驻京团工委干部交叉任职暂行办法》，切实把驻京团组织纳入北京共青团组织体系。

3. 进一步加强能力建设。不断提高团干部自身综合能力，深入开展提拔、交流、轮岗、驻点、挂职、培训等“六个一批”活动，选派115名团青骨干到中央单位及北京、内蒙古、新疆的团区县委、街道乡镇等挂职锻炼。切实有效开展团干部和青年骨干培训工作，举办区县局级单位团委书记等各类培训班，共培训团干部和青年骨干1.4万人次。积极做好团市委系统干部参加中组部、团中央、市委组织部培训班各项服务工作，全年共有15人次参加上级调训。

4. 进一步加强作风建设。继续坚持“眼睛向下、重心下移”，深化共青团“倾听”活动，以“走出去，请进来”的方式，全年团市委共开展“倾听”活动29次，16区县团委共开展“倾听”活动362次，各领域青年约9000余人参加，收集处理青年关心的各类问题1500余件次。全面部署和推进“三进两促”工作，以密云县不老屯镇陈家峪村为“试验田”，深入开展“帮村扶户”工作，形成栗树蘑种植、柴鸡养殖等帮扶项目，与25户贫困户结对帮扶，局级干部共进村帮扶40余人次，普通干部进村70余批次、1000余人次。坚持把深入基层调查研究作为促进领导机关和领导干部转变作风、推动工作的重要途径，落实机关干部驻区县指导、局级干部蹲点、团干部基层联系点等制度安排，开展“送研究下基层”、“三下乡”等活动并取得实效。

5. 进一步加强制度建设。围绕建立和完善调查研究工作制度，明确各级干部参加调查研究、报送调研成果及重大决策需经调研的机制；充分发挥常委会、全委会、7个专题委员会作用，统筹破解难题。实现重大工作集体决策制度，每周召开书记会，定期召开一次常委会或常委扩大会，每季度召开一次全委会，研究重点问题，调度重点工作。建立完善工作运行机制，通过继续开展与新任职团委班子集体谈话，加大对团委工作的指导和团干部的协管力度；完善选树青年典型工作机制及以重点工作折子工程完善工作督查考核的机制。严格执行中央、市委、团中央廉洁自律规章制度，制定廉政风险防范体系，落实党风廉政建设责任制。

天津团的工作

2011年是“十二五”开局之年，适逢中国共产党成立90周年、五四运动92周年。一年来，在市委的正确领导下，团市委团结带领全市广大团员青年，高举中国特色社会主义伟大旗帜，以邓小平理论和“三个代表”重要思想为指导，深入贯彻落实科学发展观和胡锦涛总书记对天津工作的一系列重要要求，紧紧围绕全市工作方向，为实现天津市2011年经济社会发展的各项任务和“十二五”规划作出了新的贡献。

一、筑牢思想道德基础，加大以社会主义核心价值体系教育青少年工作力度

1. 高举爱党爱国伟大旗帜，强化对青少年的思想引领。召开了纪念五四运动92周年暨迎接中国共产党成立90周年座谈会，引导广大青年以强烈的爱国热情、高度的社会责任感、崇高的奉献精神，为天津科学发展和谐发展率先发展作出贡献。在“学党史、知党情、跟党走”纪念建党90周年主题教育实践活动中，全市共举办“与信仰对话——党史报告进校

园”活动近500场，团员青年党史学习交流会1500多场，团干部“学党史、强党性、铸信仰”学习教育活动近2000场。开展了“唱响革命红歌·弘扬民族精神”青工唱红歌活动，全市各级企业团组织共举办大小规模唱红歌活动130余场，参与青年达万余人次，激发了企业青年的民族自豪感、自尊心和自信心，树立了与时代进步潮流相适应的思想观念、价值取向和行为方式。“红领巾心向党”主题教育活动以学唱一首爱党歌曲、了解一个党史故事、观看一部红色影视剧、参观一个革命纪念地、了解党的一个新成就、寻访一位优秀党员的“六个一”活动为主要内容，组织动员全市近53万名少先队员共开展活动14574个，参与活动人次达560余万，在综合评比中名列全国第一，进一步增强了全市少年儿童对党和社会主义祖国的朴素感情。

2. 推进分类引导青年工作，增强对广大青年的吸引凝聚。召开天津共青团分类引导青年工作会议，全面分析、总结分类引导试点工作成果，启动全市分类引导青年工作，针对大学生、进城务工青年、企业青年、农村青年以及其他领域青年等各类别青年群体，提出了相应的引导内容和工作要求。积极推进四类青年思想引导大纲转化工作，在全市遴选出284家单位作为天津首批转化工作基层团组织，涵盖国有及国有控股企业团委8个、高校团委16个、非公有制企业团委245个、乡镇团委15个，其中优选出8个团组织作为团中央直接指导工作单位，另有8个团组织作为团市委直接指导工作单位，均已编写《分类引导工作手册》，顺利完成首批团中央大纲转化工作。分类引导青年工作全年共收集各区县团委开展工作的好做法近百条，对团市委直接联系单位进行电话指导110余次，指导各直接联系单位发放调研问卷3000份，访谈青年共3500人，梳理青年思想意识关键点20多条，撰写编印了《天津市青年思想引导大纲》、《天津市青年思想引导活动案例集锦》，启发各级团组织在引导青年思想的路径和载体上不断创新，指导各区县团委对本辖区内的非公有制企业和涉农乡镇团组织负责人进行培训，广泛深入开展青年思想状况调研。

3. 开展主题教育实践活动，坚定青少年的理想信念。开展“青春给力新天津”百万青年走进大项目好项目和“天津精神为青春引航”等系列主题教育活动，组织各界青年代表积极参与“天津精神”大讨论，参观本市大项目、好项目，让广大青年关注天津发展，体验天津成果，进一步激发他们投身天津建设的豪情壮志。开展“我与祖国共奋进”十八岁成人教育系列活动，增进广大青少年的民族自豪感，引导青年在实践中锻炼，在奉献中成长。举办第五期天津市大学生骨干培训学校，组织来自全市50多所高校的近200名学生干部开展理论学习、调查研究和社会实践，进一步坚定了青年学生骨干跟党走中国特色社会主义道路的理想信念。开展“争当‘四好少年’——快乐成长我能行”立志达标活动、争当“四好少年”新创作歌曲传唱等活动，使广大少年儿童明确努力方向和成长目标。开展“红领巾关注‘十二五’共绘天津新蓝图”实践活动成效显著，号召全市少年儿童从我做起，人人贡献“红领巾金点子”，参与“红领巾大体验”，制定“红领巾好计划”，用少年儿童喜欢的活动方式关注天津发展，累计征集红领巾金点子19022条，146449名少先队员参与其中。

二、充分发挥共青团职能作用，为实现天津经济社会跨越发展作贡献

1. 致力于团结带领团员青年投身经济社会建设，共青团组织职能进一步凸显。全市团组织紧扣时代发展脉搏，服务大局多措并举，彰显了共青团服务天津经济社会发展的新作为。努力深化青字号工程建设，开展创新创效活动，推出创新创效成果项目6419项，被企业采纳应用5545项，获得专利348项，实现效益

16.5亿元。开展“迎接‘十二五’新挑战·青年突击队建新功”青年突击队竞赛活动,激励带领广大青年在市重点工程建设中发挥“急先锋”、“排头兵”作用。积极推进青工技能振兴计划,选拔10名优秀青年技术能手参加第七届“振兴杯”全国青年职业技能大赛决赛。评选表彰一批市级“青年岗位能手”和“青年安全生产示范岗”。开展“天津市服务行业青年职工百千万工程”活动,评选100个青年文明示范岗和1000名青年服务之星,开展了“天津市服务行业青年职工素质状况”大调研,引领和带动本市服务行业职业青年提升自身素质和服务质量。开展青年文明号“为‘十二五’发展建言献策”活动,提出建设性意见和建议3000余条。大力开展“保护母亲河——绿化津城植树造林”活动,共植树30万余株,绿化面积达50余万平方米。以“绿色家园,你我共建”为主题,开展青少年绿色家园建设,投入50万元资金创建10个市级绿色家园。依托环保社团,联合市水务局、水产局等单位开展纪念世界水日宣传、保护母亲河增殖放流活动,青少年生态环保工作理念深入人心。积极推动青少年社会组织体系建设,召开市青联十二届一次全委会和市学联第十三次代表大会,选举产生新的领导机构,进一步延伸共青团工作手臂,切实发挥智力人才联结优势,为天津经济发展献计出力。市青企协、市青乡企协组织青年企业家对外考察访问,对内培训提升,举办多场经贸洽谈活动,积极参与新疆对口援建工作和社会公益事业,为服务全市经济发展和社会和谐做出贡献。

2. 致力于做好青少年成长领路人,共青团引导职能进一步凸显。全市团组织积极拓展宣传渠道,通过选树先进典型、加强对外交流、开展志愿服务等。利用飞信、QQ等快捷通信工具,让广大青年及时了解团市委的各项重点工作和活动,城市青年手机报累计发送110期,覆盖全市青年20余万人。今年,全市各主流媒体发布团市委消息和动态共572篇,约23万字。其中,中央媒体95篇,市属媒体477篇;在“两报两台”发稿233篇;在各主流报纸头版发稿数量达到68篇,较去年增长四成。继续探索实施“红网工程”,在完善高校、高职、中学中职、学联四个网络联系QQ群的同时,建立了学校共青团微博和学联“人人网”公共主页,加强用互联网等新媒体开展对青年学生的思想引领工作。开展第十二届天津市“十佳中学生”评选活动,牛子牛等10名同学当选天津市“十佳中学生”,为广大中学生树立了榜样。开展第十届普教系统“十佳青年教师”评选活动,王慧等20名教师被评为天津市“十佳青年教师”和“优秀青年教师”。开展“天津市优秀少先队辅导员”评选活动,110名优秀辅导员受到表彰。开展“感动校园之公德楷模”天津大学生2011年度人物评选活动,王建航等10名同学获选。继续深化“体验本土文化争当红领巾小导游”品牌活动,活动覆盖率和社会影响力进一步提升。联合市综治办等19个单位开展第六届“天津杰出(优秀)青年卫士”评选活动,选树在市政法、综合治理、行政执法、经济监督管理战线工作的青年典型。为进一步拓展本市青年对外交流的渠道和领域,全年先后派出团组13批次近40人,涉及科技、医疗、教育、文化艺术及青年工作等各领域,赴日本、韩国、朝鲜、乌克兰、比利时、卢森堡、匈牙利、美国、新加坡等国家开展友好交流,与西班牙、匈牙利等国家的青年组织签订了合作交流协议,接待国外来访团组4个,总人数达200余人。组派青联代表团赴台湾交流访问,其间成功举办了首届“汇聚两岸青年才俊·倾力津台合作共赢”津台青年企业家发展论坛。着力提升青年志愿者品牌,完善各级志愿服务网络,截至年底,全市注册青年志愿者达到25万余人,年度新增注册志愿者6万余人。推进关爱农民工子女志愿服务行动,组织青年志愿者与42389名农民工子女形成长期结对帮扶。完成中国—联合国青年农民工项目“天津外出务工人员子女培训志愿服务试点专题项目”。圆满完成环渤海区域合作市长联席会第十五次市长会议、第五届中国企业国际融资洽谈会、2011天津·台湾名品博览会、深圳2011世界大学生运动会、首届中国天津国际直升机博览会、第十三届中国科协年会等一系列大型活动的志愿服务工作。招募130名西部计划大学生志愿者赴甘肃、新疆、重庆开展为期1—3年的志愿服务。

3. 致力于服务青少年成长成才,共青团服务职能进一步凸显。全市团组织健全工作机制、创新服务方式,切实发挥服务职能,以创业就业、人才培养和解决青少年需求为抓手,在服务青少年领域不断创造新业绩。实施青年创业就业绩效考核,极大地推动了全市各级团组织服务青年创业就业工作。目前,全市共建立青年创业中心(创业园)18个,培育了一批具有广阔发展前景的青年经济实体;全年建立孵化器47家,成功孵化出一批具有竞争力的好项目、好企业;共建立见习基地702家,提供见习岗位4501个,通过见习实现上岗7382人,切实做到为政府分忧、为青年解困、为社会解难;全年共培训45609人,其中创业培训12527人,技能培训33082人,提高了创业者的竞争力;成立天津青年创业金融服务中心,年内共发放小额贷款1475笔,贷款金额89717.7万元,同时评选表彰了100名市级农村青年信用示范户。组织创业青年参加“中国天津技术创业大赛”,5个项目分获大奖。深化了万名农村青年人才培训工程,累计招生数达到10740人,超额完成了总体招生任务,其中已有3100余人取得高等教育自学考试和天津广播电视大学联合颁发的大专学历证书,工程实施以来培养了大批农村青年创业致富带头人,探索出了具有天津特色的农村青年人才培训的新模式。启动共青团服务大学生村官创业行动,设立总额为500万元的大学生村官创业专项基金,助推大学生村官创业。大力做好经济困难学生帮扶工作,共筹措资金20余万元帮助经济困难学生完成学业。开展了“天津——新疆少年儿童手拉手”活动,向新疆和田地区捐赠“天津青少年爱心图书角”建设款100多万元。

4. 致力于优化青少年成长环境,共青团维护青少年合法权益职能进一步凸显。全市团组织以巩固党执政的青年群众基础为目标,强化服务手段,完善工作机制,构建了预防青少年违法犯罪和维护青少年合法权益的新格局。以“丰富新生代农民工精神文化生活”为主题,举办“共青团与人大代表、政协委员面对面”活动,加强了人大代表、政协委员与新生代农民工的沟通和交流。开展立法调研与论证,调研成果分获全国调研省市级二等奖,地方级一等奖和二等奖,并在此基础上草拟了《天津市预防未成年人违法犯罪条例》,推进了地方未成年人法制建设。邀请青年律师志愿者进学校、进社区、进企业深入开展“两法一例”法制宣传教育活动,覆盖60余万青少年,切实增强了青少年学法普法的热情。不断完善预防青少年违法犯罪工作机制,开展青少年权益保护情景剧大赛、红丝带健康包“百校进千企”、国际禁毒日“不让毒品进校园”、创建“青少年维权岗”活动,进一步加强了对重点青少年群体的教育、服务和管理,切实维护青少年合法权益。推进重点青少年动态信息系统建设,以12355平台为抓手,开通“新市民服务热线”,举办“爱心牵手,共享阳光”公益夏令营、“轻松备考”、“携手天航,魅力扮津城”等一系列活动,惠及青少年近十万人次,极大提升了“12355”公益品牌效应。

三、加强团的自身建设,团的基层组织格局创新和非公组织团建工作卓有成效

1. 坚持党建带团建工作原则,深入开展共青团系统创先争优活动。联合市委组织部召开了全市基层党建带团建暨共青团系统深入开展创先争优活动座谈会,下发了《关于加强新形势下基层党建带团建工作的实施意见》，明确了带团干部队伍建设方向、带组织建设工作标准和带创先争优工作内容，将党建带团建工作纳入党委领导班子党建工作的考核内容，并作为党组织书记述职报告内容，探索建立健全党团组织工作考评机制，逐步建立市、区县局和基层三级党团组织建设考核评价体系。继续深入开展共青团系统创先争优活动，在全市6个区县、37个基层团组织建立了创先争优活动联系点，团市委、区县团委领导班子定期深入联系点指导检查工作，为联系点提供资金和物资支持近500万元。以纪念五四青年节为契机，选树了一批优秀团员青年和先进基层团组织典型，其中张勉之同志获得第十五届"中国青年五四奖章"称号，崔宏泰同志获得全国优秀共青团员称号，穆伟然等4名同志获得全国优秀共青团干部称号，天津市公安消防总队团委等9个基层团组织获得全国五四红旗团委(团支部)称号，在全市团员青年和基层团组织中营造了创先争优的浓厚氛围。

2. 积极做好重点领域团建工作，不断扩大团组织对团员青年的覆盖。按照团中央的要求，积极推进全市非公有制企业、社会组织和驻津团组织团建工作，不断加大建团力度，扩大了团组织对团员青年的覆盖。召开全市非公有制企业和社会组织团建工作推动会，与区县团委签订了《2011年度非公有制企业和社会组织团建工作目标责任书》，建立团建工作一把手负责制。专门编印《这里的团旗别样红——天津市非公有制企业和社会组织团建宣传手册》，通过税务、工商等部门发放到全市非公有制企业和社会组织，在宣传上实现全覆盖。开展"1+1千团共建"活动，发动200多个区县局级团委专职团干部与2010年新成立的非公有制企业和社会组织团组织完成"三个一"共建任务，联合市司法局、民政局在律师事务所等社会组织中开展团建工作，全年新建非公有制企业团组织2743个、社会组织团组织243个，超额完成了团中央下达的任务指标，新增覆盖团员4.8万余人，35岁以下青年8.8万余人。结合大批青年农民工来津务工的现状，大力推进各级驻津团组织建设，加强与河南、河北、新疆、云南等省级团委的合作，建立了省级驻津团工委共建机制，明确了组织共建、人员共管、工作共促、资源共享的工作要求，将驻津团工委纳入团市委的整体工作体系，围绕"教育服务、就业创业、权益维护、关爱帮扶"等工作内容，指导省级驻津团工委打造有效服务务工青年的平台。积极推动外省地市级、县级团委建立驻津团组织，促成市区县团委与其合作关系，签订合作共管协议，指导多个地市级驻津团工委建立了网站、微博、博客和老乡QQ群，覆盖影响了一大批在津务工青年。

3. 全面推动乡镇、街道组织格局创新，切实增强基层团组织的活力。结合天津共青团实际，积极推进全市乡镇、街道团的组织格局创新工作和农村专业合作组织团建工作，全面推进全市乡镇、街道团的组织格局创新工作，建立了组织格局创新工作联系点制度，团市委书记班子成员、相关部门负责同志每人联系1—3个区县团委，区县团委书记班子成员、部门每人联系1—2个乡镇、街道团委，定期深入联系点推动工作开展。积极争取市司法局支持，为全市每个乡镇、街道选配了一名青年律师担任兼职团(工)委副书记，完善了全市乡镇、街道团组织法律服务职能。结合各涉农区县实际情况从青年聚集度较高的行业领域选拔乡镇团干部，共为全市241个乡镇、街道团组织选配了748名副书记、1726名委员，平均年龄为29.1岁，完成了人员、经费、待遇及工作机制"四个全部"的工作目标，巩固了广大农村乡镇团的桥头堡的地位。在此基础上，积极争取市农委等单位的支持，大力推进农村专业合作组织团建工作，在全市143个农村专业合作组织建立了基层团组织，切实增强了农村团组织的活力。

4. 大力推进团干部队伍建设，进一步提高团干部的综合素质。进一步做好各级团干部的培训工作，联合市委组织部举办了“全市区县局级团干部培训班”，对全市300余名区县局级团委书记、副书记进行了集中培训。举办了2011年企业团干部培训班，由团市委副书记、相关部门负责同志对全市60余名局级企业团委书记进行了为期3天的集中培训。指导各区县局级团委组织各类团干部培训班110余期，共培训各领域基层团干部5600余名。继续联合南开大学举办了公共管理硕士（MPA）专业学位研究生班，为团干部在职攻读硕士开辟了渠道、创造了条件。举办2011年中职学校团委书记培训班，50余人参加培训。加大了团干部的交流力度，共选拔48名优秀高校团干部分别赴甘肃、新疆和本市县级团委挂职，联合市委组织部分三批共选派了24名优秀高校团干部到区县经济一线部门挂职，其中10名团干部采取“双挂职双锻炼”的模式，在经济一线挂职发挥作用、提高本领，同时协助做好挂职所在区县团的各项重点工作。精心安排来自青海、西藏的4名团干部挂职锻炼，推荐了1名团干部到团中央挂职，从基层选拔了4名优秀团干部到团市委机关挂职锻炼，团干部的综合素质普遍提高。制定实施《天津市少先队辅导员培训大纲》，全年培训基层辅导员万余名，29项理论成果受到全国少先队学会表彰。

5. 努力延伸工作手臂，着力提升团属事业发展水平。直属单位不断发挥主观能动性和自身优势，加强青少年服务载体建设，以有形的载体服务深化共青团对青少年的思想引领。制定下发了《关于加强共青团天津市委员会直属单位管理的规定》，从财务管理、干部管理、资产管理、考核奖惩等方面做出了制度性规定。青年宫积极开展公益性文化活动，开展“历史的记忆”电影巡映与征文活动、“爱心牵手”公益夏令营、“缘随心动爱在七夕”大型公益青年交友活动等各类活动350余场次，服务青少年20余万人次。少年宫开展天津市第二届中小学生“自强之星”评选活动，推选出10名“自强之星”和20名自强少年，少年宫艺术团代表中国少年儿童赴白俄罗斯参加第十一届“金蜂蜜”国际儿童艺术节，获集体项目金奖。青年职业学院承办2011年全国职业院校技能大赛烹饪技能比赛，来自全国的214名选手参加了比赛，此外，多名同学在全国各类比赛中荣获金奖，职业教育取得丰硕成果。青少年报刊总社有效提高“两报一刊”办刊质量，《天津中学生》杂志被评为“少儿报刊六一奖”金奖，《红领巾报》被评为“少儿报刊六一奖”优秀奖。红领巾凤凰山营地对教育设施进行提升改造，提高教育服务质量，打造校外教育品牌，接待青少年10万余人次，开展成人教育培训5100人次。市青基会实施品牌战略，创新社会化运作模式，拓宽融资渠道，服务社会能力不断增强。青少年活动中心组织各类青少年培训活动100余项，培训28377人次，参加青少年达10万人次，承办天津市第三届“十佳自强青少年”、“十佳助残爱心大使”评选颁奖晚会，阳光乐园和室外游乐园建设与招商工作均取得明显成效。青年友好使者艺术团圆满完成了“党旗颂、巾帼情”庆祝中国共产党成立90周年文艺晚会等50余场重要演出活动，组建天津青年“滨海情”艺术团到重点工程项目工地开展慰问巡演活动10场。青少年绿色文明基地积极提升教育水平，全年累计培训4.2万余人次。天津中国青年旅行社统一思想，狠抓服务，创新设计组织法瑞奥出境自驾游、阿联酋迪拜自组团等精品线路，“盛世婚典”蜜月主题婚礼活动成功举办。青年联合实业公司不断完善企业内部管理机制，做好股权结构调整和企业服务工作，超额完成了全年收益计划。未来集团加强企业管理体系建设，深入探索企业改制难题，全力做好职工稳定工作。

河北团的工作

共青团河北省第十三届四次全委会以来，全省各级团组织在省委和团中央的正确领导下，深入学习实践科学发展观，认真贯彻落实省委七届六次全会、省八次党代会和团中央十六届四中全会精神，按照“两个全体青年”目标要求，坚持眼睛向下、重心下移，切实履行四项基本职能，突出重点，锐意创新，扎实工作，取得了较为明显的成效。

一、以乡镇街道团组织格局创新为重点，狠抓基层组织建设和基层工作

一是党建带团建工作不断深化。联合省委组织部召开了全省基层党建带团建工作电视电话会议，出台了《关于加强新形势下基层党建带团建工作的实施意见》，在工作经费保障、团干部政治待遇等方面实现了突破。团中央书记处第一书记陆昊同志对此项工作作出批示。二是进一步加大对基层的指导和支持力度。选派163名高校团干部、160名青年志愿者到县级团委工作1年，开展各类培训530期，累计2.9万余人参训。三是全力推进各项团建工作。在全国率先完成1989个乡镇、274个街道团组织格局创新工作，选拔2.3万余名各类优秀青年担任乡镇街道专兼职团干部。4631家非公有制企业建团，完成全年任务的115.7%，覆盖青年23.5万余人。建立省级驻外团工委2个、下属基层团组织240多个，市级驻外团组织16个，县级驻外团组织27个。大力加强村级团组织建设。借助村“两委”换届的有利契机，召开“全省村级团组织集中换届选举工作电视电话会议”，对村级团组织集中换届选举工作进行总体部署，1.03万人参加了会议。全团带队工作成效显著，市县两级少工委组织建设得到了巩固。联合教育厅下发《关于加强我省中等职业学校共青团工作的意见》，大力开展“我的团日我做主”自主团日活动。中学、“两新组织”团建有序推进。

二、以建党90周年为契机，有效深化青少年思想引导工作

一是广泛开展主题教育活动。以“团旗飘扬·青春河北”——庆祝建党90周年河北省千万青少年红色巡礼活动为统揽，深入开展“唱红歌、举红旗、到红地、访红人、做红事”等主题教育实践活动。制作、发放活动海报5万张、《河北省红色巡礼地图》1万张，《河北红色旅游护照》8000本。组织全省20余万大中专学生开展“追寻红色足迹”主题活动，举办“青春大讲堂——党史报告会”626场。二是积极探索研究新媒体。开通河北共青团和青联官方腾讯微博和新浪微博，通过开展燕赵红微博大赛、“共青名片地市在线”等系列活动，腾讯微博粉丝达10万人，新浪微博粉丝达8.5万人。研发手机简讯平台，累计发送《河北青年工作简讯》、《常青藤》手机报分别为47期、30期。三是深入开展分类引导青年工作。推进四类青年群体《思想引导大纲》在基层的转化工作，首批确定305个团组织编写适合基层团干部使用的《青年思想引导手册》。在媒体开设“劳动·创造·奋斗——我的青春故事”专栏、专页，宣传河北优秀青年创业、成才事迹，组织先进青年事迹巡讲活动113场。开展了“河北省农村青年致富带头人”、首届“河北青年创业奖”、“青少年科技创新奖”、“校园明星”、“青春风尚文明导航”等评选活动，进一步加强对青少年的典型带动。以“家乡文化大搜索”活动为载体，在广大中小学生中大力倡导社会主义核心价值体系。

三、以促进青年就业创业为重点，全力提升服务青年的能力和水平

一是平台建设不断拓展。引入社会资源，

实施“河北省促进大学生就业创业”移动专项行动和电信专项行动，为大学生提高就业创业能力搭建平台。城市战线新建见习基地648家，实际参加见习2万人次，1.4万人被正式聘用。学校战线新建“共青团就业创业见习基地”226家，基地总数达到927家，为大中专学生提供就业创业见习机会24.6万人次。二是资金支持不断加强。城市青年方面，累计发放青年创业小额贷款5502笔，贷款金额3.24亿元，带动就业1.9万人。农村青年方面，累计发放小额贷款11.28亿元，受益农村青年2万余名，全省135个县（市）实施小额贷款项目，覆盖率达到99.3%。同时，积极开展农村青年信用示范户试点工作。三是培训力度继续加大。针对进城务工青年开展“订单式”技能培训，累计培训2.2万余人，上岗1.5万余人。针对农村青年，落实培训资金263.1万元，开展金融知识专项培训629场，全年累计培训农村青年17.36万人。启动“河北省上海种都蔬菜培训项目”。四是创业帮扶成效显著。与省人社厅联合开展“创业帮扶行动”，帮扶创业青年1099人，实现成功创业322人，带动就业681人。五是氛围营造不断强化。开展了“冀中能源杯”河北省青年职业技能大赛暨“振兴杯”全国青年职业技能大赛河北省初赛，积极参与第七届“振兴杯”全国青年职业技能大赛决赛。在大中专院校举办“青春大讲堂”就业创业报告会3000余场。

四、以促进新生代农民工社会融入为重点，切实维护青少年合法权益

一是大力开展新生代农民工社会融入工作。实施“春风送暖”——助推新生代农民工社会融入行动，有力形成省、市、县、乡四级联动的工作态势。扎实推进共青团关爱农民工子女志愿服务行动。截至目前，企事业团体与1624所农民工子女集中的学校结成帮扶对子，结对率达100%；志愿者与录入团中央系统农民工子女结对率达98%。二是预防青少年违法犯罪工作持续深化。切实履行预防办工作职能，不断加强12355青少年服务台建设，定期开展“法制安全大讲堂”进校园活动。三是青少年合理利益诉求渠道有效畅通。建立人大代表、政协委员“储备数据库”、“河北省青少年维权监督员”队伍，不断深化“共青团与人大代表、政协委员面对面”活动。四是有效参与加强和创新社会管理。开展服务特殊青少年群体“五创、五访、五帮”活动，加强“未成年人刑事案件社会调查基地”建设。

五、以团干部能力成长工程为重点，着力加强团干部队伍建设

一是深入开展创先争优活动。通过开展共青团“五红”党日、党员“双生日”、庆“七一”表彰会等活动，依托党员先锋岗、团员示范岗、青年志愿服务岗、青年文明号、青年之星评选等载体，深化创先争优活动，形成了事业争先进、岗位争一流、个人争优秀的良好局面。二是大力加强共青团系统文化建设。团省委机关开展“青春导航计划”，建立常态学习机制，截至目前，共编发“每日一省”80期，开展“每周一讲”12期，“部长论坛”6期，支部、党小组学习63次；各基层团组织广泛开展青年干部素质提升、“每月一讲”等活动，参与团干部5000余人。三是深化青年马克思主义者培养工程。团省委全年共培训包括大学生、团干部在内的青年骨干720名，积极建立省市校三级“青年马克思主义者培养工程”培训体系。四是开展团干部直接联系普通青年工作。下发《共青团河北省委关于开展专职团干部直接联系普通青年工作的实施意见》，召开全省专职团干部直接联系普通青年电视电话动员会，对直接联系普通青年工作进行动员和部署。五是全面加强青少年理论研究工作。先后围绕大学生就业创业、青少年法制教育、新媒体、社会管理等课题开展专题调研。通过调研形成的《高度关注新媒体对青少年的影响》政协提案，得到省委书记张庆黎同志批示。

此外,全团扎实推进其他各项工作。一是青联和青年外事交流工作进一步深化。围绕环首都绿色经济圈建设,启动"青春建功新战略",组织青联委员走进环首都市、县,开展调研19次,走访基层活动87次,帮扶慰问弱势青少年群体资金累计81万元。做好与港澳台青少年交流和青年对外交流工作,全年共派遣出访团组12批40余人次,接待来访团组4批450余人次,成功举办了"冀台心·两岸情"、"冀港心·两地情"、"海外学人回国创业周"等活动。二是青少年阵地建设不断巩固。积极争取团中央校外活动场所建设资金200万元,用于青少年活动中心建设。三是青年志愿者工作扎实开展。民间、网络志愿者联盟自身建设进一步加强。大学生志愿服务西部计划、健康行动计划稳步推进。组织大学生志愿者圆满完成"央企走进河北战略合作恳谈会"、深圳第26届世界大学生夏季运动会的志愿服务工作。四是举办2011年"挑战杯"河北省大学生课外学术科技作品竞赛,58所高校、667件作品参赛,在第十二届"挑战杯"全国大赛中再创佳绩。五是保护母亲河行动深入开展。设立两处"保护母亲河——青年纪念林",建设总面积1072亩。全年各地植绿护绿1450余亩,10万余名青少年参与其中。六是少先队学科建设和辅导员职称评定工作走在全国前列。加强与省人社厅、教育厅的合作,在出台政策文件、加强少先队辅导员队伍培训、推动辅导员职称评定、高校开设《少先队学》选修课等方面取得实质性进展。2011年,团省委各项工作得到省委、省政府领导批示40次,团中央领导批示4次;中央级重要媒体新闻报道14次;《河北日报》等省级媒体报道216次。

山西团的工作

山西共青团紧紧围绕全省"转型跨越发展、再造一个新山西"的宏伟战略,认真履行四项职能,扎实推进基层组织建设和基层工作,狠抓青年就业创业和青少年维权,大力加强自身建设,各项工作取得明显成效,全省共青团事业呈现蓬勃发展的良好态势。

一、实施分类引导,青少年思想教育不断深化

1. 深入开展青少年理想信念教育。以纪念建党90周年、辛亥革命100周年等重大节日为契机,普遍开展"学党史、知党情、跟党走"主题教育活动,教育引导广大青少年坚定跟党走的理想信念。全省950万青少年普遍参与了"党在我心中"党史学习、"永远跟党走"主题团日、"与信仰对话"百场党史报告进校园等系列活动。全省万余所中小学校的300余万少年儿童普遍参与了以"学、访、传、唱"为主要内容的"红领巾心向党"活动。参与手机"红色传递"活动的青少年达3.2亿人次。

2. 扎实开展形势政策教育。围绕山西转型跨越发展,专门编印了宣讲提纲,深入宣传山西转型跨越发展的深刻内涵,引导广大青少年建功立业,施展才华。"五四"期间,开展了主题为"转型跨越做贡献,青春建功新山西"的青年群英会系列活动,全省万名青年进行"转型跨越"宣誓;隆重表彰1000名"转型跨越山西青年五四特别奖章(奖状)",受表彰的1000名青年典型分赴全省各地,通过报告会、交流

会等形式走进机关、高校、企业、两新组织、社区、农村开展形势政策宣讲活动1012场，影响带动了31万名青年。300多名青年代表走进发改委、科技、教育、农业、财政、人社等10个政府厅局，与厅局长面对面，学习政策、了解情况、互动交流。

3. 分类开展思想教育。利用省移动公司专门针对大学生开发的“高校通”手机信息平台，以手机报形式对全省50万在校大学生开展思想引导，及时提供学习、就业、校园文化、心理、法律、权益维护等方面的资讯。进一步拓展青年马克思主义者培养工程的培训对象，组织大学生骨干、青年企业家、青年科技工作者、青年农民致富带头人、高校青年教师、机关青年干部共500余人，开展了以“追寻红色足迹、锤炼坚定信仰”为主题的青年马克思主义者培训班。以“学习七一讲话，建设新山西”为主题，根据不同青年群体特点开展培训。针对进城务工青年，印发《城市生活引导手册》和《法制宣传手册》，广泛开展送温暖活动。《山西青年报》开设师德、医德、孝道等专版1400多个，选树青年典型1160人，激励青年创先争优；举行中华优秀传统文化教育宣讲活动1500余场，受众达50万余人次。

二、深化团的品牌，服务经济大局举措有力

1. 深化“青年安全生产示范岗”活动，促进全省安全发展。以青年安全生产示范岗“百千万”竞赛活动为牵动，联合省安监局开展了青年安全生产示范岗创建评选工作，在认定167个的基础上，又命名了89个“青年安全生产示范岗”，推动“青年安全生产示范岗”在全省安全生产领域实现了全覆盖。

2. 深化“青年文明号”创建活动，促进行风转变。组织全省各级青年文明号集体集中开展了“百城万店青年文明号信用示范周”活动。对200多个青年文明号集体和争创集体进行了交叉互检，对200余名省级青年文明号争创集体负责人进行了培训，推动青年文明号在引领行风转变上发挥作用。

3. 深化青年志愿者活动，促进社会和谐。青年志愿者新注册10.2万名，结对农民工子女学校708所，“一助一”帮扶结对9.48万对，参与关爱农民工子女服务行动240万人次。参与服务西部计划志愿者168名。800名青年志愿者热忱服务第六届中博会，赢得社会各界的广泛赞誉。

4. 深化大学生“挑战杯”竞赛活动，促进全省科技创新。大学生“挑战杯”科技创新大赛经过层层选拔，全省选送全国组委会35件作品，19件作品获奖，其中特等奖1件、二等奖4件，三等奖14件，6所高校获得校级优秀组织奖。在“中国青少年科技创新奖”评选中，全省2名代表获奖，实现了全省在科技类作品竞赛中的历史性突破。

5. 深化大学生暑期“三下乡”社会实践活动，促进农村发展。按照“全省联动、项目带动、校地互动”的创新思路，以社会需求为导向，以专业知识为优势，以项目团队为主体，组织全省5万名大中专学生广泛开展了主题为“永远跟党走、建功新山西”的“三下乡”社会实践活动，开创了大学生社会实践活动组织的新模式。

6. 深化青年对外交流活动，促进对外开放。全年共组织279名优秀青少年出访学习，接待17个团336名青少年来访，并与德国、日本、朝鲜等国家和港台地区的青年组织签订了互访协议。

三、结合青少年实际，服务青少年成长发展扎实有效

1. 服务青年就业创业。一是深化青年创业小额贷款工作。进一步拓展与金融机构的合作，多渠道搭建融资平台，全年共为6.13万名青年提供小额贷款47.42亿元，带动12.93万人就业。二是扩大青年培训规模。整合各类培训资源，全年共培训青年5.51万人，实现

就业2.91万人。围绕"一县一业、一村一品"以及"三区"建设,针对性地组织农村青年致富带头人和大学生村干部,到农业高等院校和大型农业企业,开展农业产业化专题培训1200余场,培训农村青年致富带头人1.53万人次。利用网络创新"共青团劳务输出大篷车"品牌工作,全年共开展劳务输出洽谈会253场,参与人数达到10万余人,达成用工意向2.3万个,实现转移就业1.16万人。三是加强就业见习基地规范化建设。与金融、电信、科技、连锁销售等行业单位合作,新建精品优质基地26家,新增见习岗位1500余个。全年确保青年就业创业见习基地保有量达到1375家,共组织1.64万名青年上岗见习。

2. 服务青少年健康成长。一是开展"共青团与人大代表、政协委员面对面"活动。省市两级普遍建立了"共青团与人大代表、政协委员面对面"活动的联系制度,县级正逐步推开。围绕"新生代农民工的社会融入",集中开展"面对面"活动183次,形成调研报告69篇、提案建议145份。二是加强青少年法制宣传教育。联合公安、司法部门积极开展青少年法制宣传活动,为10万名务工青年发放《法制宣传手册》。开展"与法同行"、"法律进校园"、"模拟法庭"等多种实践教育活动,增强了广大青少年的遵法守法意识。三是进一步拓展12355青少年服务平台的服务功能,为青少年提供法律援助、心理疏导等服务18890人次,维权救助青少年119名。四是完成《山西省志愿服务条例》调研论证。在学习调研的基础上,先后三次邀请相关人员和志愿者代表就《山西省志愿服务条例》进行了讨论修改。已提请省政府法制办将《山西省志愿服务条例》列入2012年正式立法项目。

3. 服务重点青少年群体。一是会同综治、公、检、法、司、民政、教育等系统,组织动员全省各级团干部,集中1个半月的时间,就重点青少年群体和青少年违法犯罪情况进行调研。团省委班子成员分别带队到11个市30多个县(市、区),深入未管所、戒毒所、福利院、特殊教育学校以及社区、农村、机关开展调研,形成了《孤残流浪儿童、不良行为青少年和社会闲散青少年现状及管理与对策建议》、《当前青少年违法犯罪情况调查分析与对策建议》两个调研报告。为省委、省政府加强和创新社会管理提供了重要依据。二是拓展希望工程筹资渠道,全年共筹集善款1200万元,资助困难、大病青少年15669人,援建希望小学11所。三是实施多级联动,在全省中小学校中开展摸底调研工作,全面掌握了农民工子女的生活学习情况和服务需求。为农民工子女举办专场红领巾新年音乐会,现场为300余名农民工子女捐赠了价值5万元的新年礼物。少先队"手拉手"互助活动为农民工子女和孤残儿童等发放1万多份大礼包,实施"红领巾手拉手文化体育健康乐园"项目。

四、夯实团的基层基础,基层组织建设和工作活力明显增强

1. 基层党建带团建不断深化。及时与省委组织部联合下发了《关于转发中共中央组织部、共青团中央〈关于加强新形势下基层党建带团建工作的意见〉的通知》。组织专门力量,深入基层广泛开展专题调研,系统梳理基层党建带团建的经验做法和问题建议,进一步理清了新形势下基层党建带团建的工作思路。

2. 乡镇、街道团的组织格局创新工作全面完成。与省委组织部围绕干部配备、工作内容、机制建设等联合出台了《关于全面推进乡镇、街道团的组织格局创新工作的指导意见》。在全省开展了"增收致富我带头、村村(社区)都有好青年"评选表彰活动,并将获表彰青年作为乡镇、街道兼职团干部候选人,充实工作力量。按照"省级统筹、市级推动、县级主抓"的思路,全省1196个乡镇、196个街道全部完成组织格局创新工作。此项工作得到团中央认可并在山西省召开了全国乡镇团的组织格

局创新工作(北方片区)推进会。

3. 传统及新兴领域团建工作得到巩固。召开了全省中学共青团工作座谈会,形成全省中学共青团工作调研报告。省属国有企业团组织实现了全覆盖。新建非公企业团组织1804个,新社会组织建团395个。农民专业合作社建团472个。首家驻外团工委在京正式成立。

4. 对基层的支持力度持续加大。坚持把工作资源、工作力量、工作项目向县、乡两级投放。一是继续为县级团委配备1名大学生志愿者,派驻1名高校挂职干部;二是为县级团委提供物资支持171万元;三是筹集资金300万元,支持乡镇、街道团组织开展工作;四是投入180万元建成了覆盖各级团组织的办公自动化系统和团员青年数据库。

5. 切实履行全团带队职责。各级团组织加强对少先队工作的指导与支持。采取以会代训、党史讲座、外出学习、经验交流等方式,省市县三级少工委分层培训少先队工作者和辅导员2000多名。与省内相关高校协调,探索在小学教育专业试点开设少先队教育必修课。通过转发文件、普及宣传、重点推进等形式,省市县三级分层落实《关于进一步加强少先队辅导员队伍建设的若干意见》精神。以信息终端建设为牵动,进一步健全了全省少先队"网站+队伍信息库+手机信息平台+少先队QQ群"的快速动员信息体系。

五、狠抓团省委机关建设,团的自身建设日益加强

1. 抓团省委班子建设。不断健全完善党组会议制度、书记办公会议事规则等决策机制,严格按照"集体领导,民主集中、个别酝酿、会议决定"的原则,把民主集中制贯穿于工作决策的全过程。定时召开民主生活会,开展批评与自我批评,各抒己见,相互学习,使班子进一步凝聚了力量,增进了团结,提高了工作效率。坚持年中及年终述职制度,听取各市级团委和机关各部门的工作述职,面对面地交流看法和认识,认真听取意见和建议,及时改进工作中存在的问题,进一步提高了书记班子的决策水平。

2. 抓团干部队伍建设。一是注重培养。年初班子成员围绕转型跨越发展等专题,轮流进行形势政策辅导,为机关干部起到了良好的示范带动作用;先后邀请专家学者专题辅导11次,使机关干部坚定了信念、开阔了眼界、理清了思路;坚持每周二下午进行主题党课、支部集中学习、个人自学等多种形式学习,及时学习了中央、省委和团中央有关会议精神;为机关系统55名干部专门办理了网络学习账号,利用网络平台推动干部学习;班子成员分别带队深入11个市30多个县(市、区),就共青团组织参与社会管理创新,进行了专题调研,教会了方法,形成了成果;分别带队深入到太谷县5个村开展下乡驻村"贴心工程",用一周时间和青年群众同吃、同住、同劳动、同学习。机关干部在接"地气"中,自觉增强了服务青年群众的意识。二是严格管理。坚持团要管团,从严治团,把落实党风廉政建设责任制工作纳入党组的中心工作,精心部署,狠抓落实。通过组织警示教育报告会、观看警示教育片、专题民主生活会、年度述职述廉、廉政谈话等,引导党员干部严格遵守党纪,时刻保持警醒,自觉抵制各种错误思想和不良风气的侵蚀。党组成员经常与所分管部门干部交流谈心,对苗头性问题和不良作风及时纠正。

3. 抓团属事业建设。青年职业学院成功转制并喜迁新校区。青少年报刊社会影响持续提升。青旅完成脱钩改制工作。黄河影视社完成电视剧《晋阳秋》的制作。《山西省志·共青团志》完成收集整理工作。

内蒙古团的工作

2011年,团内蒙古区委按照团中央、自治区党委的要求部署,紧密结合实际,牢牢把握"两个全体青年"的要求,认真履行共青团组织青年、引导青年、服务青年、维护青少年合法权益的基本职能,团结带领广大团员青年为自治区科学发展、富民强区作出了应有贡献。

一、切实加强团的基层组织建设和基层工作,扩大组织覆盖,增强组织活力

1. 深化党建带团建,扎实推进创先争优活动。抓住中组部、团中央出台《关于加强新形势下基层党建带团建工作的意见》的有利契机,积极向自治区党委组织部汇报协调,研究制定并联合下发了《关于贯彻落实〈关于加强新形势下基层党建带团建工作的意见〉的通知》,对团干部队伍建设、基层团组织建设、乡镇街道团组织格局创新、党团共建创先争优、党建带团建长效机制等作出了明确具体的规定,为基层团组织开展工作提供了有力的政策依据,切实强化了基层组织建设和基层工作。全面贯彻落实《关于以党建带团建推进共青团组织创先争优活动的指导意见》,在全区深入开展"创先争优—青年在行动"主题实践活动,形成了共青团创先争优活动的热潮。

2. 加强团干部队伍建设。强化团干部的作风建设,对全区团干部提出了"七要七个绝不能"的明确要求。选拔79名高校团干部赴旗县团委挂职副书记,举办专题培训、工作座谈会,加强工作督导和服务,帮助挂职干部在推动基层团的工作中发挥作用。统筹安排部署全年培训工作的主要内容及具体班次,自治区团委本级安排了旗县团委书记培训班等7个班次484人次的培训,并带动全区各级团组织对基层团干部就理论热点、能力素养、团的业务知识进行了培训、轮训,使全区团干部整体素质得到了进一步提高。

3. 积极推进非公企业和新社会组织团建工作。要求各盟市级团委明确团建目标,创新团建模式,扎实推进非公有制企业和新社会组织团建。一年来,新建非公有制企业团组织1857家,社会组织建团257家,农村牧区产业协会建团521家。积极在外来务工青年、外出务工青年集中地建立驻外和驻地团工委41家,自治区团委在北京成立了直属驻京团工委,在流动青年中扩大了团组织覆盖面。

4. 扎实推进团的组织格局创新工作。为强化乡镇、街道一级团的工作,团中央提出在乡镇、街道团工委中积极推进团的组织格局创新,通过体制内外相结合的方式,吸纳各界优秀青年,为乡镇苏木、街道团委配备9-21人的委员会班子。2011年,自治区团委与盟市团委签订目标责任状,细化分解任务,加强督促检查,全区100%乡镇苏木、街道团委顺利完成了团委班子选配,整合了资源、壮大了力量,活跃了乡镇苏木和街道团的工作。

5. 研究加强高校、中学和中职共青团工作。学校共青团工作在团的工作中具有基础性战略地位,学生群体是青年中的重点群体。为了认真分析学校共青团工作面临的形势、存在的困难和问题,强有力地推动学校共青团工作,结合贯彻落实胡锦涛总书记和胡春华书记五四期间重要讲话精神,去年12月,协调以自治区党委办公厅的名义成功召开全区学校共青团工作会议,全区有关委办厅局、各盟市党委、政府、行署有关领导和团委书记、教育局长、团委学校部负责同志,全区各普通高等院校党委有关领导和团委书记,各盟市部分中学校长和团委书记代表约700人参加会议。自治区团委联合自治区高校工委、教育厅出台了

《关于进一步加强全区高等学校共青团工作意见》、《关于进一步加强全区中等职业学校共青团工作意见》、《关于进一步加强全区中学共青团工作意见》，就明确各类学校团组织隶属关系、加强学校团组织建设和学生社团管理及服务、提高学校团干部待遇、增强做好学生思想引领和成长服务工作的能力等作出了具体规定，有力地推动了全区学校共青团工作，为进一步巩固学校共青团的基础性战略地位奠定了扎实的基础。

二、以纪念建党90周年为契机，有效引导青年

1. 大力开展爱国主义教育。围绕建党90周年，旗帜鲜明地在青少年中深入开展社会主义核心价值体系普及教育，广泛开展“学党史、知党情、跟党走”主题教育活动，邀请百余名专家学者举办“我与祖国共奋进”形势政策教育报告会650场次，“与信仰对话——百场报告进校园”223场次，在19所高校开展“百场红色经典电影进校园”47场次，全面开展“党史我来讲”主题团日活动。以“在光荣的旗帜下，党员团员话成长”为主题，开展团员青年党史学习交流会700场次，在中职院校举办“我的青春故事—优秀中职毕业生报告会”45场次。开设“学党史、知党情、跟党走”主题网站，日点击量达5000次以上。在全区各级少先队组织中广泛开展“红领巾心向党”、“争当四好少年”活动。在“七一”及自治区第九次党代会胜利闭幕之际，第一时间召开“内蒙古各族各界青年学习胡锦涛总书记七一讲话精神座谈会”和“各族各界青年代表学习自治区第九次党代会精神座谈会”，对全区各级团组织、广大团干部及团员青年贯彻落实总书记七一讲话及自治区第九次党代会精神进行了部署，在全区共青团组织中形成了学讲话、抓落实、促工作的良好氛围。

2. 切实加强青少年民族团结进步教育。以“民族青少年思想认同”为主题开展了专题调研。围绕蒙语授课大学毕业生就业难、牧区困难家庭青少年入学难等问题，专门召开座谈会研究解决路径，积极向自治区有关部门建言献策。大力宣传马克思主义民族理论和党的民族政策，积极开展“加强民族团结，建设美好家园”、“民族团结大讲堂、大家谈”等活动，推动“三个离不开”观念在青少年中入脑入心。协助自治区党委、政府做好青年思想工作，为维护社会稳定、维护民族团结发挥了积极作用。

3. 深入实施青年马克思主义者培养工程。按照《青年马克思主义者培养工程实施纲要》，以学校和院系为依托，举办青年马克思主义者培养工程—第四期全区大学生菁英骨干培训班，开展了“与信仰对话90年—大学生骨干学习总书记七一重要讲话论坛”等活动。一年来，自治区高校本级全年培训大学生骨干5000多人。

4. 认真开展分类引导青年工作。贯彻落实团中央分类引导工作电视电话会议精神，充分运用四类青年群体《思想引导大纲》开展工作。在全区165个分类引导青年工作试点单位中部署大纲转化工作，按时完成了分类引导青年《工作手册》的编制任务。全区各级团组织通过面对面交流、实践体验、媒体传播、文化熏陶、典型示范等形式，积极向青年传播党的意识形态和思想主张。

5. 不断深化青年志愿者、保护母亲河等品牌活动。扎实推进共青团关爱农民工子女志愿服务行动，创造性地开展了亲情电话卡、爱心电脑教室等10个项目，对全区843所农牧民工子女相对集中的学校进行摸查，全区累计参加志愿服务活动志愿者达6.8万人，与农牧民工子女结对1300对，直接服务4.2万余人。新招募西部计划志愿者453名。对全区青年志愿者进行了重新统计和注册。招募5000多名大学生，圆满完成了全国第11届中学生运动会、深圳第26届世界大学生运动会及中蒙青年交流活动志愿服务工作。启动以“草原儿女心向党，植绿护绿筑北疆”为主题的保护母亲河行动，全区各级团组织累计投入资金近220万元，完成植树面积7140亩，种植各类树木78万余株。

6. 扎实推进“三下乡”社会实践活动。按照“按需设项、按项组团、双向受益”的原则，以“永远跟党走、青春献祖国”为主题，围绕宣讲总书记七一重要讲话精神，宣传党中央、国务院对内蒙古的关心与支持，鼓励大学生开展区情民情考察、文化惠民、医疗卫生等服务活动，组织国家级重点服务团队15支，区级重点服务团队103支，校级重点服务团队500支，推动大中专学生在社会实践活动中受教育、长才干、作贡献。

7. 积极发挥新媒体作用。进一步完善团属网站建设，开展“千网联动学党史、草原儿女心向党”主题活动，全区团属网站日点击率达2万余次。开通编发了8期《内蒙古共青团手机报》。开通建立了自治区团委官方微博及全区12355青少年服务台微博，通过协调全区旗县以上团委全部开通微博，并通过了实名认证。仅全区各族各界青年学习贯彻自治区第九次党代会精神座谈会微博，关注人数就达6万余人。学校共青团“红网工程”全面推进。

三、大力促进青年就业创业，竭诚服务青年

1. 全面启动实施共青团青年就业创业“东西互助”行动。根据自治区东西发展不平衡的现状和青年劳动力资源的分布特点，立足于促进青年就业创业、促进区域协调发展、提升团的各项工作水平，自治区团委全面启动共青团内蒙古青年就业创业“东西互助”行动，目的是推动东部盟市青年富余劳动力到以呼包鄂为代表的西部较发达盟市就业，吸纳西部较发达盟市、区外发达省市，特别是周边的京津冀、黑吉辽地区产业转移，搭建平台，让青年企业家到东部相对欠发达的盟市投资兴业，并同步推进务工青年群体团建、思想引导、维权、志愿服务等工作，把团的各项职能植入“东西互助”行动中，推动整体工作的发展。活动启动一年来，全区为转移就业青年提供岗位3.3万个，1.2万名东部盟市青年到呼包鄂地区转移就业。工作启动以来，得到了各地党委、政府的高度重视、大力支持和青年的好评。此项工作是落实团中央部署、结合内蒙古实际、服务青年、促进发展的很好结合点，将坚持不懈地抓好抓实。

2. 深入开展见习基地、小额贷款、技能培训等工作。进一步完善见习基地遴选评估机制，建立《见习证书》考评发放制度，逐步规范见习基地信息发布、岗位对接、见习管理、评估考核等制度，提高了共青团组织与见习青年和见习基地之间的对接率。截至目前，全区建立三级青年就业创业见习基地1196个，提供见习岗位2.3万个，1.6万名青年上岗见习，6668名青年通过见习被企业正式聘用。向1.6万名青年发放贷款8.5亿元，带动就业3.3万人，举办金融知识培训班197期，培训7752名青年。依托“东西互助”行动，积极开展引导性和“订单式”培训。一年来，全区“订单式”技能培训青年6722人次，其中3627名青年成功就业。培训青年农牧民11.2万人次，落实培训机构122家，落实培训资金1200万元，实现就业2.9万人次。

3. 进一步发展壮大希望工程。今年以来，希望工程筹集捐款1070万元，在建希望小学58所，其中新立项希望小学13所，建设竣工希望小学23所。充分利用募集资金积极为全区中小学改善办学条件。一年来，共为全区135所农村牧区希望小学配备了图书室、音乐教室、体育教室、多媒体教学设备以及希望厨房。通过开展圆梦大学等活动，全年资助大学生1286名，资助中小学生4870名。

四、突出机制建设，切实维护青少年合法权益

1. 积极探索共青团参与社会建设与管理

工作。认真贯彻落实全区社会建设与管理工作会议精神，成立领导小组，深入分析共青团参与社会建设和管理创新的有效结合点、难点和突破点，加强工作理论研究和实践探索，赴北京、上海、广东等地进行专题考察学习，探索共青团参与社会建设和管理创新工作的新路径、新载体、新机制。近期将召开专题会议，对共青团参与社会管理创新工作进行全面部署。

2. 全面开展“共青团与人大代表、政协委员面对面”活动。去年“两会”期间，全区各级团组织集中组织“面对面”座谈会近20场，提交提案、议案近30份，多份素材被采用。开展“新生代农民工的社会融入”主题调研报告评选活动，自治区1项调研报告被团中央全国通报表彰并评为全国市级城市优秀调研成果。通过“面对面”活动，搭建起了共青团和人大代表、政协委员交流与沟通的平台，畅通了青少年利益诉求表达渠道，解决了一些困扰青少年发展的热点、难点问题，维护了青少年合法权益。

3. 不断强化12355青少年服务台建设。按照全面实施、重点推进的原则，升级内蒙古12355维权网站。全区广泛开展了12355阳光行动，活动涵盖了轻松备考、依法保护未成年人等多个方面，扩大了12355服务在青少年群体中的影响力。

4. 进一步完善预防办和未保办工作职能。新修订的《内蒙古自治区未成年人保护条例》去年起开始实施，全区各级团组织积极开展了《未保条例》进学校、进社区、进工厂等宣传教育活动，在全社会形成了关注未成年人成长的良好氛围。

5. 扎实做好特殊青少年摸排和帮教工作。联合司法、教育等部门在全区开展重点青少年群体调查摸底专项工作，建立重点青少年群体动态数据库，广泛开展了流浪未成年人保护工作，重点走访了未管所、孤儿院等多家单位，开展慰问演出，送去慰问品，使他们充分感受党的关爱，引导他们树立起融入社会新生活的信心。

五、团的外围组织活力进一步增强，团属阵地得到进一步巩固

1. 青联、学联等团的外围组织工作实现新发展。成功召开自治区青联第十一届委员会第一次全体会议、学联第八次代表大会。发挥青联组织对外联络优势，围绕自治区区域协调发展，组织青联开展了青联委员、青联北京联谊会盟市行等活动，积极扩大与区外、国外青年组织的交流与合作。配合自治区政府圆满完成了“内蒙古香港经贸活动周”各项任务，在香港成立了“蒙港青年交流促进会”，为蒙港青年在多领域的合作与交流创造机会、搭建平台。开展了“青联委员八千里边防行”主题实践活动，积极为巩固祖国北疆安全稳定屏障做贡献。成功接待了200多人的蒙古国青年代表团在内蒙古期间的访问交流活动，此次接待工作是国家层面的外事活动，规模大、要求高，也是自治区近年来承担的最高规格的外事活动。自治区团委调动机关全部力量，抽调高素质的青年志愿者，圆满完成了各项任务，得到了自治区党委及团中央的充分认可。

2. 团属事业蓬勃开展。内蒙古团校（内蒙古师范大学青年政治学院）办学水平得到新的提升，“双基地”作用得到有效发挥。积极推动实现了团校（青政院）行政级别提升为副厅级，为学校进一步发展奠定了扎实的基础。对“内蒙古共青团”网站进行重建改版，并正式投入运行。《内蒙古青年》、《花蕾》、《这一代》、《北方少年报》和“内蒙古共青团”网站等团属舆论阵地坚持弘扬主旋律，发挥了引导和服务青少年、指导工作的作用。进一步加强内蒙古青少年生态园建设，推动全区各地建设了一批青少年活动阵地，各类阵地在服务青少年健康成长中发挥了显著作用。

六、切实加强领导班子和机关建设

坚持把加强领导班子建设与促进党员干

部讲党性、重品行、作表率紧密结合起来，紧紧围绕机关中心工作，结合实际，着眼长远，以建设学习型机关为主题，以创先争优活动为载体，努力在加强领导班子和机关自身建设上见实效、求突破。

1. 抓好学习。以中心组学习、机关全体学习、支部学习等为依托，通过丰富多彩的活动不断加强学习型机关建设，进一步提高了党员干部对全局性、战略性问题深入分析把握，推动全区共青团事业科学发展的能力和水平。要求全区各级团组织大兴学习之风，大兴调查研究之风，营造了勤读书、讲学习的良好氛围。通过学习，全区各级团组织和团干部思考问题、推动工作的能力得到进一步增强。

2. 强化作风建设。坚持民主集中制原则，不断强化班子成员贯彻民主集中制的自觉性，对重大问题进行科学民主决策。完善领导班子监督制约机制，把领导班子建设置于有效的监督之下，完善领导班子责任机制，分工负责，协同配合，推动全局工作协调健康发展。始终强调团的各级机关、广大团干部要自觉肩负起党赋予的历史重任，培养奋发有为的工作状态、求真务实的扎实作风，形成了信念坚定、理想远大，朝气蓬勃、奋发有为，风清气正、团结和谐的内蒙古共青团良好风气。

3. 抓好廉政建设。班子成员以身作则，廉洁自律，狠抓各项廉政制度的落实，自觉克服和抵制各种不正之风。强化学习教育和制度建设，时刻教育警示干部自尊自爱，切实加大了从源头上预防和治理腐败的力度，积极构建勤政、廉政的机关氛围，为推动各项事业的良好发展提供了有力的保障。

4. 深化帮扶工作。按照自治区党委、政府和直属机关工委的有关要求，自治区团委成立了领导小组，制定了工作规划。2011 年，团自治区委帮扶兴安盟大中小学生 321 人，资助金额 40 万元。投入 116 万元，帮助 3 所学校改善办学条件，拨款 10 万元支持兴安盟青年就业创业，帮助 1996 名青年实现到呼包鄂转移就业。

辽宁团的工作

辽宁各级团组织在团中央和省委的领导下，认真贯彻落实党的十七大和十七届三中、四中全会精神，坚持以邓小平理论和“三个代表”重要思想为指导，深入贯彻落实科学发展观，按照“推动科学发展、促进全面振兴、服务青年成才、加强组织建设”的主题，以“扩大组织覆盖、增强组织活力，增强团员意识、发挥带头作用，加强队伍建设、强化能力作风”为总体要求，紧紧围绕省委、省政府中心工作大局，切实履行组织青年、引导青年、服务青年、维护青少年合法权益的基本职能，以“雷锋精神”为旗帜，统筹推进团的创先争优活动，团结带领广大团员青年在实现辽宁老工业基地全面振兴的伟大实践中建功立业。

一、夯实组织建设，强化工作覆盖和工作活跃

1. 新兴领域抓覆盖，传统领域抓活跃。“两新”组织建团新增 9316 家，完成团中央任务 207%，排名全国第一。积极探索“三便利一家亲”模式（便于工作、便于维权、便于回家，打造新市民之家），实现涉农县区全覆盖，新增青年农民工驻外团组织 81 家。联合省委组织部

全力推进乡镇(街道)团的组织格局创新工作,全省所有乡镇(街道)专兼职团干部选配调整工作全部完成。乡镇专兼职团干部达到1.5万名,乡镇团组织格局创新工作提前半年完成团中央任务,并始终位列全国第一,此项工作的全国现场会在辽宁召开。全省实名制新建省、市、县、校四级英雄中队4233个,增长1.8倍。成功召开省青学联和少工委换届大会。

2. 狠抓作风建设,团干部队伍形象焕然一新。辽宁共青团初步探索了作风建设的实践框架,在实践中总结了作风建设的原则、目标和要求,明确了“通过工作锤炼作风,通过作风推动工作”的总体原则,制定了“满怀激情、干事创业、求真务实、勇争一流”的总体目标,提出了“既要精心部署,又要扎实推动,重在扎实推动;既要轰轰烈烈的过程,又要实实在在的效果,重在实实在在的效果;既要突出阶段性,又要强调持久性,重在持久性;既要培育典型,又要强化覆盖,重在强化覆盖;既要总体指导,又要靠前指挥,重在靠前指挥”的工作要求。

在实践中初步形成“五种作风”。一是狠抓落实的工作作风。通过高标准设定目标,量化考核,责任制、季度会等方法,将工作信号传达至基层,狠抓落实成为全省团干部的共识。二是深入青年、深入基层的工作作风。积极开展“走进青少年”实践活动,全省共联系青少年31.9万人次,建立帮扶对子4.04万个,团干部在实践中提升了群众工作能力。下大气力支持基层,全年省市两级团组织为基层争取政策支持123项,资金支持7152.9万元,物资支持价值1113.6万元,智力支持3100人次。三是勤于学习、善于思考的工作作风。团省委坚持每周五学习制度,并要求县级以上团组织率先开展“学习型机关”创建活动,个人学习平均414学时,完成115%;班子集体学习平均29天,完成121%。团干部针对工作认真研究、深入思考的氛围已初步形成。广泛开展各级各类团干部培训,省市县三级共培训88期1.34万人,增长160%。四是敢碰难题、善解难题的工作作风。全团对矛盾的普遍性和对立统一性有了深入的认识,在正确对待矛盾、勇于解决矛盾的过程中,工作能力不断提升。五是勇争一流的工作作风。通过锁定目标、靠前指挥、全力推进、坚韧不拔,全省各级团组织形成了唯旗必夺、奋勇争先的氛围,全团的工作劲头更加充足、工作信心更加坚定。

二、打造平台开拓渠道,引领青年服务经济社会发展

1. 围绕产业集群,服务区域发展。依托青联、青企协平台,深化“辽宁青年服务区域发展行动”,全省各级共青团、青联组织先后开展服务区域发展行动117次,全国、省、市青联委员以及高校专家学者共有5100余人次积极参与,通过各种活动吸引近2000名海内外学子关注辽宁的发展建设。其中,组织台湾青年企业家交流协会、台湾青商总会、中青企协等省内外青年企业家进行交流对接,开展围绕全省重点产业集群大型主题活动15次,全省各地共促成115个市级以上招商项目对接落地,实际到位98.6亿元,合同金额898.5亿元。

2. 打造平台,激发青年科技创新活力。全国率先建立2000万元的青年科技创新基金,成立全国首家青年科技创新创业服务中心。开展首届“中国(辽宁)青年科技创新创业大赛”,“甘薯资源引进创新品种选育及配套技术”等3个项目获得一等奖,5个项目现场获得企业投资。本届大赛着重瞄准服务产业集群,选拔项目集中在新能源、电子信息、生物医药、智能装备、新材料、节能环保等8个领域。通过专家学者、企业、园区、风险投资负责人“四位一体”的筛选模式和26场次的科技成果转化推介会,有7个项目对接成功,实现落地资金3.48亿元,另有60多个项目在洽谈的过程中。承办全国“挑战杯”大学生科技作品竞赛,获奖总数65件,创历届之最。辽宁团省委作为唯一一家省级团委获全国《全民科学素质行

动计划纲要》实施工作先进集体。

3. 立足岗位创优，参与结构调整。开展省级“振兴杯”青年职业技能大赛，来自全省的近500名青年技术精英参加了比赛，参与人数创历史之最，比赛工种首次由二产向三产拓展、首次与各地产业集群紧密结合。同时，团辽宁省委在沈阳承办第七届“振兴杯”全国青年职业技能大赛，来自全国的267名选手分别参加计算机程序设计员、车工、工业自动化仪器仪表与装置装配工3个工种的角逐，其中，工业自动化仪器仪表与装置装配工是首次在全国一类赛事中出现，与往届相比，本届竞赛得到了非公有制企业的积极参与。最终，辽宁代表团获得全国第一名，并第七次捧得“振兴杯”。开展“创先争优—青年文明号在行动”主题活动，全省396家国家级、2169家省级、1万家市级青年文明号集体中的50多万名青年在活动中发挥了先锋模范带头作用，带动了创先争优活动在共青团系统和广大青年群体中的广泛开展。深入开展创先争优活动，全力打造“郭明义文明号、郭明义示范岗、郭明义突击队、郭明义岗位能手”，实现行业全覆盖、各级青年文明号全参与。活动影响和带动全省近50万青年参与。中组部创先争优简报第1847期刊登团省委的有关做法。

4. 突出重点，服务生态省建设。以“百团大战绿辽宁，争创生态示范村”活动为载体参与全省村屯绿化，首次实现覆盖全部村屯，与省林业厅联合检查统计共植树260万株，造林3.4万亩，分别增长2.7倍和3.5倍。广泛开展“爱护辽河”、“爱护凌河”行动，参与辽河、凌河治理保护，并取得初步成果。全省各级团组织在辽河干流沿岸建立38个青少年“爱护辽河”志愿服务区，招募3600余名青年志愿者成立82支青少年“爱护辽河”生态实践先锋队，41支辽宁省青少年“爱护辽河”生态实践行动校外辅导员工作队，各工作队伍定期通过在辽河沿岸捡拾白色垃圾、管护河堤树木、走进学校开展生态环保宣传活动，极大改善了辽河沿岸生态环境和青少年参与“爱护辽河”的责任意识。深入实施“百万青少年手拉手减碳行动”，新增覆盖24.71万少先队员及家庭，增长147%。

5. 强化项目牵动，扎实服务“十二运”。2011年5月，全面启动十二运会志愿者各项基础筹备工作。在学习借鉴北京奥运会、广州亚运会、山东全运会等志愿者工作经验基础上，确立了十二运会志愿者工作总体思路，起草了《十二运会志愿者行动计划》、《十二运会志愿者工作实施方案》、《十二运会赛会志愿者招募培训方案》、《十二运会社会志愿者工作计划》等主体工作文件。10月20日，举行了“迎全运”社会志愿服务启动新闻发布会，面向全社会启动了十二运会志愿者标识、主题口号，以及“迎全运”社会志愿服务站（“V站”）征集活动，编制发布《“迎全运”首批社会志愿服务项目册》，启动“迎全运”社会志愿者招募工作。开展“迎全运、讲文明、树新风”青年志愿者示范行动，组织50余万青年志愿者开展服务，全省新增社会志愿项目300个，超过前两年志愿项目总和。此外，全运会组委会志愿者工作部还通过推行“机构志愿者”合作等一系列举措，吸引整合各类机构和社会资源为十二运会志愿者工作提供支持与服务。

6. 大学生志愿服务辽西北计划稳步实施。2011年，是大学生志愿服务辽西北计划实施的第九年。团省委、辽西北计划省项目办按照“公开招募、自愿报名、组织选拔、集中派遣”的方式，坚持“专业对口、择优录取、生源地优先”的基本原则，继续选派318名高校毕业生入选该计划。2011年辽西北计划大学生志愿者岗前培训班在沈阳工程学院（省团校）举办。岗前培训为期一周，重点围绕胡锦涛总书记“七一”讲话、省情形势教育、辽西北计划相关政策及要求、基层岗位技能和相关知识、志愿服务理念和往届志愿者经验交流，以及心理健康知识等内容，有效帮助大家提前做好上岗准备。培训结束后，全体大学生志愿者统一出征，分赴辽西北地区基层，从事为期2年的扶贫开发与管理、基层青少年工作等志愿服务。

三、创新引导青年新模式，深化青少年思想教育工作

1. 增强载体针对性，推进青年分类引导。在做好各类青年群体思想引导工作的同时，重点做好大学生和进城务工青年群体的思想引导。坚持"三性"、"一结合"的工作原则开展各类活动（"三性"即针对性、适用性、普遍性，"一结合"是实现路径与面对面结合起来）。以建党90周年为契机，扎实推进"红色青春文化"活动，精心设计六项主体活动，即红色青春诗文推广活动、红色青春歌曲传唱活动、红色青春宣讲活动、红色青春达人大赛活动、红色青春榜样学习活动和红色青春时尚引领活动。其中"五走进"348场次、红歌传唱323场次、榜样学习活动408场次、时尚引领活动108场次，覆盖青年509.1万人，"红色青春文化"活动得到了各级主流媒体的广泛关注和积极报道，《人民日报》、《辽宁日报》、辽宁广播电视台、东北新闻网等19家媒体累计报道34次。新华社《内部参考》、新华社辽宁分社《辽宁领导参考》分别刊发题为《辽宁开展"红色青春文化"活动引领青少年主流价值观》的文章；中国青年报头版头条报道《团辽宁省委通过红色青春文化活动凝聚青年——红色时尚引领百万青少年》。此项工作得到省委常委、宣传部长张江的批示。团省委"青春红诗会"被评为全省群众文化品牌项目，团省委宣传部获得全省"红诗辽宁"群众性诗歌咏诵活动先进集体。

2. 坚守引导青年传统阵地不动摇。开展"我与祖国共奋进"报告会2391场次，超出团中央任务2倍以上。开展"学党史、知党情、跟党走"主题教育活动，精心设计了8项重点活动："党在我心中"全省青少年学党史系列活动，"百首经典红歌，青春唱响百县"活动，五四主题团日活动，大中学校"千场主题报告会"活动，"红领巾心向党"活动，英雄中队创建活动，"在光荣的旗帜下——党团队员话成长"七一主题活动，青联、学联、青企协和青少年宫协宣传教育活动。举办团员青年"党史学习交流会"活动481场次，参与人数45万人次；举办团干部"学党史、强党性、铸信仰"活动174场次，参与人数7万余人；联合省委组织部、党史研究室、新浪网开展网上"党史知识大赛"，活动期间日均千人参与。举办"辽宁青年讲堂"235场，24人次厅局级以上领导主讲，7.15万人参加。"青年马克思主义者培养工程"首次实现本科院校全覆盖，开展培训467次，培训大学生骨干5.43万人，实现翻倍增长，青马工程教材《马克思的故事》被中宣部评为第三届全国优秀通俗理论读物。根据中国少年先锋队网站实名制统计显示，2011年辽宁开展"红领巾心向党"活动6000余次，共参与1051万人次，全国动态排名第一。

3. 积极运用新媒体，创新引导青年新模式。在开展活动的过程中，始终强调将新媒体作为推动工作的重要手段。在省委宣传部和省直机关工委的关怀和支持下，团省委成为全省首批21家党政机关开设微博试点单位之一，官方微博"辽宁共青团"累计发布微博1768条，粉丝95073人。利用微博开展青年的思想引导工作，已经成为辽宁共青团新的战略，全国率先实现县级以上团组织全部开通微博，设立青年舆情信息直报点1151个，覆盖全省，编写《青年舆情》25期。通过飞信、微信、QQ群等与各级少先队组织实时沟通；通过辽宁少年雏鹰网和短信平台，发布工作安排，系统化部署全省活动；通过新浪微博展示全省少先队活动成果，将活动情况及时上报至中国少年先锋队网站和未来网，与其他省市加强互动，取长补短，全面推动全省少先队工作的新发展。

四、切实服务青年和维护青少年合法权益

1. 形成框架体系青年就业创业工作蓬勃发展。既为创业青年的高端科技需求、又为普遍性需求;既针对城市青年,又面向农村青年提供全方位的就业创业服务,构建了培训、导师、金融、信用、孵化为支撑的立体化就业创业帮扶体系。以实名制确保青年就业创业扎实推动。就业技能培训 2.97 万人,完成 148.6%;扶持创业 1.35 万人,完成团中央任务 356%;创业带动就业 6.32 万人,完成 126.5%;新增见习基地 1495 家,完成 149.5%;新增上岗见习 2.05 万人,完成团中央任务 171.2%;YBC 发放扶持资金 853 万元,新增扶持项目 346 个,是 YBC 创立以来扶持项目总和;完成青年创业小额贷款 8.1 亿元,排名首次进入全国前三。以信用建设为突破口,扶持农村青年创业,实现就业创业培训 6.2 万人次,完成 150%;发放农村青年创业小额贷款 3.24 亿元(其中信用贷款 1.56 亿元,增长 174%),支持 7120 名农村青年创业,分别增长 268% 和 161%,全国率先实现农村青年信用示范户工作县域全覆盖,评定信用示范户 6150 户,增长 195%。全国农村青年信用示范户工作推进会在辽宁举行。截止到目前,全省已评定农村青年信用示范户数量为 6150 户,已发放信用贷款 1.56 亿元人民币,同比去年分别增长 195% 和 174%。

2. 扩大覆盖大力帮扶特殊青少年群体。辽宁推出关爱农民工子女“千语千寻”圆梦行动,通过梦想采集、梦想对接、梦想实现三个主要阶段,为农民工子女及其家庭提供持续关爱。“千语千寻”圆梦行动入选全国“共青团关爱农民工子女志愿服务行动”首批 15 个优秀推广案例,覆盖农民工子女 19.4 万人,志愿者与农民工子女个体结对率达 83.5%,完成团中央任务 126.5%。以“希望工程快乐校园行动”、“曙光行动”为依托,创新捐助形式,募集捐款 2405 万元,资助贫困学生 1.5 万人。在希望工程快乐校园行动中,为贫困地区配备体育器材 576 个,折合人民币 145.6 万元;电脑室 67 个,折合人民币 167.9 万元;图书室 138 个,折合人民币 182.13 万元;音乐室 63 个,折合人民币 104.52 元;希望厨房 28 个,折合人民币 183.5 万元;开展校运动会 552 次、音乐歌会 491 次、其他活动 85 次;开展绿化希望小学活动参与学校 727 所,植树 144857 棵;开展教师培训 2803 人次、希望(爱心)之旅 58 次。在希望工程曙光行动中,为帮助家庭经济困难学生顺利完成学业,全省资助大中小学生人数 27056 人次,资助金额 1798.76 万元。扎实推进希望小学建设,总数增至 1046 所,继续保持全国第一。省青少年发展基金会获“全国先进社会组织”,是全省唯一获此殊荣的基金会。春节期间开展“佩戴团徽送温暖、争做明义献爱心”扶贫帮困活动,1.7 万余名困难青少年直接受益。

3. 办好实事切实维护青少年合法权益。出台细则,完善办理未成年人刑事案件配套工作体系。开展“共青团与人大代表、政协委员面对面”活动,2011 年全省“走进青少年”活动全年共联系青少年 31.9 万人次,达成帮扶对子 4.04 万个,建立起了广泛的联系倾听青少年的工作制度。并向各级“两会”提交议案、提案 196 件。全省各地首次尝试推出针对青少年普遍需求的维权实事 52 件。2011 年全省 14 个地级市的 12355 青少年服务台(服务热线)接听解决各类青少年诉求达 68000 余次。深化青少年违法犯罪社区预防计划,全省 60% 以上的街道(乡镇)实现了“四有”标准,促进工作活跃。深入开展不良行为青少年预防犯罪试点工作,不断完善青少年社工工作,对接服务 3462 人。

辽宁团的工作全年得到省领导、团中央领导批示 21 次,团中央书记处共有 6 人次来到辽宁指导工作。全面超额完成团中央下达的

各项任务指标，“两新”组织团建、乡镇团组织格局创新、“红领巾心向党”、“振兴杯”技能竞赛、希望工程等5项工作全国排名第一。代表全团工作成果的“组织全省青少年开展绿化辽西北荒山行动”、“开展‘千语千寻’志愿服务，帮助3.5万余名农民工子女圆梦”和“团省委6亿小额贷款助推农村青年就业创业”3项工作获省直机关季评最佳实事。

吉林团的工作

团吉林省委在吉林省委和团中央的正确领导下，以邓小平理论和“三个代表”重要思想为指导，认真贯彻落实科学发展观，坚持“一手抓带领青年成才创业促吉林全面振兴，一手抓团的建设促团的事业全面发展”的工作思路，紧扣党政中心，贴近青年需求，认识履行四项基本职能，各项工作成效显著，为推动吉林振兴发展作出了积极贡献。

一、坚定理想信念，注重社会主义核心价值体系建设，青少年思想引领扎实有效

1. 广泛开展“学党史、知党情、跟党走”主题教育活动。抓住建党90周年的重大契机，广泛开展系列教育活动。全省累计举办“与信仰对话”党史教育宣讲活动300余场次、“党史学习交流会”300余场次、团干部“学党史、强党性、铸信仰”学习教育活动160余场次，覆盖青年10万余人；利用各团属媒体平台，开设“学党史、知党情、跟党走”专栏，覆盖青年及团干部5万余人；组织承办了全国青少年“永远跟党走”青春歌会·吉林传唱活动，开展以歌颂党、歌颂祖国、歌颂社会主义为主要内容的青春歌会30余场次。

2. 广泛开展教育引导工作。组织开展“我与祖国共奋进”、“青年心向党、建功促成长”、“我的青春故事——优秀中职毕业生报告会”等活动，全省累计举办各类活动374场次，覆盖青年近10万人。实施“青年马克思主义者培养工程”，对全省56所高校的220名大学生骨干进行了培训。组织开展“红领巾心向党”系列活动，参与少先队员达196万人。发挥典型示范带动作用，评选表彰了第七届吉林青年五四奖章、第五届吉林青年创业奖、第一届吉林省农村青年致富带头人等一批优秀青年和先进集体典型。

3. 积极推动新媒体建设。开通《吉林手机报—青年版》，以手机短信方式向大学生、企业青年、进城务工青年、农村青年等四类青年群体发送手机报700余期近11000条，青年测试用户近4万人。启动“青春吉林”共青团飞信网络办公系统，覆盖全省12类7392名专兼职团干部。发挥“听听·青春之声”网络广播电台作用，设置青少年喜闻乐见的科普、文化、心理、音乐等节目15档，日均直播15小时，累计独立IP收听数超过30万个，同时在线最高IP数9855个。各地也纷纷采取开通微博、合作开办电台、电视台栏目等形式推进新媒体建设。

4. 深入推进分类引导青年工作。形成大学生、企业青年、进城务工青年和农村青年四类青年群体的《思想引导大纲》，积极推进分类引导青年工作从理论到实践、从试点到实施。着重做好首批120家单位《分类引导手册》转化试点工作，专门针对非公组织召开分类引导工作现场会，举办试点单位负责人培训会5

场，指导各试点单位召开座谈会60余次。各试点单位结合本单位实际情况及青年特点，全面完成《大纲》转化工作，实现了分类引导青年工作的有形化。

5. 不断加强青年文化建设。联合省科技厅开展“科技之春”活动，免费发放科普读物10万余册，举办60场具有浓郁吉林乡土气息的乡村青年文化活动。深化大学生“三下乡”社会实践活动和中学生“四个一”主题实践活动，全省20余万名大中专学生组成1503支服务团队，围绕“永远跟党走青春献祖国”主题，深入省内外100余个县区开展社会实践，并在省内新建66个实践基地。组织开展保护母亲河行动——“青年心向党，绿动抗联路”主题实践活动，在全省建设“保护母亲河—青年抗联纪念林”2万余亩，10万余名青少年参加了植树活动。吉林农业大学“绿野”志愿者协会荣获全国第五届“母亲河”奖。

二、坚持改革创新，夯实工作基础，基层组织建设和基层工作扎实推进

1. 全面推进乡镇、街道组织格局创新工作。联合省委组织部下发《关于加强全省乡镇（街道）团的组织格局创新工作的指导意见》，全面推行“1+4+N”乡镇（街道）组织格局创新模式。在全省范围内推行乡镇信用社外勤副主任（主任助理）或信贷员兼任体制外乡镇团委副书记制度。全省610个乡镇和272个街道全部完成换届，14577名编外团委副书记和委员充实到基层组织中来。全省统一设计了“乡镇（街道）团（工）委工作展示板”，编印乡镇（街道）、村（社区）团干部《工作指导手册》和《工作实录》并免费下发，统一制作工作年历，根据乡镇、街道团（工）委每个月的工作重点确定一个主题，围绕主题开展相关工作。

2. 稳步推进重点领域团建工作。加大非公有制经济组织和新社会组织团建力度，联合省直各相关部门制定下发了《关于在全省个体私营企业开展党团共建工作的通知》等文件，拓展团建工作路径。积极探索农民工聚集地团建模式，联合省交通运输厅、省住房和城乡建设厅分别下发了《在全省交通运输行业开展农民工团建工作的通知》和《关于在全省住房和城乡建设系统企业中开展团建工作的通知》，实现“把团组织建到工地”的工作目标。着力加强机关事业单位和国有企业团建，分别与省直机关工委、省国资委联合下发了《关于加强省直机关事业单位共青团和青年工作的意见》和《关于进一步加强和改进全省国有企业共青团和青年工作的意见》。全年新增非公有制企业建团2695家，新社会组织建团691家，农村专业合作组织建团3003家，农民工聚集地团组织73个，驻外团工委82个。

3. 进一步加大对基层的支持力度。联合省财政厅下发《关于加强基层共青团工作经费保障的通知》，明确要求市、县两级财政按照35岁以下青少年人均1—2元标准，在年度预算中安排本级团委工作经费。多方筹集266.4万元专项资金作为组织格局创新后乡镇（街道）团（工）委工作经费，按照每个乡镇（街道）3000元标准下拨，为组织格局创新工作顺利开展提供切实保障。积极为基层文化阵地建设争取资金，全年向团中央、财政部申请青少年活动阵地建设经费160万元。

4. 认真推进党团共建创先争优活动。联合省委组织部共同召开工作会议，转发中组部、团中央《关于加强新形势下基层党建带团建工作的意见》，结合贯彻落实省委办公厅《关于进一步加强新形势下基层党建带团建工作的实施办法》，全面推进基层党建带团建工作。

5. 扎实做好团干部培训工作。制定下发《2011年全省团干部教育培训方案》，指导各地开展团干部培训工作。举办全省团干部革命传统与理想信念教育专题培训班3期，培训各级团干部116名。组织基层团干部培训班12期，对全省所有县级团委领导班子成员、乡镇（街道）团委书记和74所中职学校团委书记进行了集中培训。各市(州)、县(市、区)团委共举办各级团干部培训班 282 期,培训 21964 人次。

三、围绕全省大局,助推“三化三动”战略,服务经济建设成效显著

1. 积极搭建经贸合作平台。组织承办了第四届“东北亚青年企业家发展论坛”。来自日本、韩国、欧洲青年论坛组织,欧洲华侨华人青年联会,中国香港、台湾和大陆的 300 余名青年企业家代表应邀出席,围绕“科学发展与青年企业家成长”主题进行深入交流研讨,为吉林振兴发展增智助力。论坛期间,签署投资项目合同 4 个,总投资额 33.3 亿元。

2. 组织开展中国青年创业奖走进吉林活动。邀请历届“中国青年创业奖”获得者到吉林参观考察,推介、宣传吉林省支柱、优势、特色产业,为省内外青年企业家搭建广泛的经贸交流与项目合作平台。考察团深入省内 5 个地市进行实地考察,共举办投资环境说明会 5 场,项目洽谈会 4 场,形成初步合作意向 8 项。

3. 不断深化青年岗位建功和科技创新活动。继续推进青年文明号、青年岗位能手、青年安全生产示范岗、青工技能竞赛等活动。成功举办 2011 年吉林省“挑战杯”大学生课外学术科技作品竞赛,全省 26 所高校 239 件作品参赛。青少年科技创新实践活动蓬勃开展,举办了 2011 年吉林省“挑战杯”大学生课外学术科技作品竞赛和第 25 届吉林省青少年科技创新大赛;与科技厅、教育厅等联合开展首届吉林省青少年科技创新省长奖评选活动;全省有 6 名学生荣获第七届中国青少年科技创新奖,有 3 件作品获全国“挑战杯”竞赛一等奖。

四、着力服务民生,创新社会管理,促进社会和谐贡献突出

1. 深入开展“三帮扶”工作。全面落实吉林省委“三帮扶”工作整体部署,扎实推进共青团系统“三帮扶”工作。作为牵头责任部门组织开展了 10 万名党团员志愿者结对帮扶 10 万名低保对象工作,全年累计捐款捐物 728.66 万元。扎实推进共青团关爱农民工子女志愿服务行动,组织 497 所农民工子女较集中的学校与基层团组织或志愿服务组织结成帮扶对子,建立关爱农民工子女志愿服务基地 36 个、“七彩小屋”15 个,帮扶农民工子女 29285 人,爱心捐款捐物达 225.4 万元。积极发挥志愿辅导员协会的社会化运作优势,协调社会力量援建“手拉手红领书屋”,全年共捐建“手拉手红领巾书屋”118 个,图书 20 万余册,总价值达 230 余万元。深入实施希望工程,全年募集捐款 905 万元,立项新建“希望小学”22 所、竣工 12 所。扎实开展“圆梦大学”爱心助学活动,发放助学资金 331.4 万元,帮助贫困学子 1007 名。积极推进对口支援新疆阿勒泰地区工作,为当地培训团干部 18 名。

2. 全面推进青年志愿服务行动。加强志愿服务机制建设,组织召开了吉林省青年志愿者协会第二次会员代表大会。深入实施大学生志愿服务西部计划,选拔招募了 157 名志愿者赴新疆、宁夏及省内开展志愿服务。组织开展春运志愿服务行动,招募 80 余名大学生志愿者为旅客提供引导、购票、候车等服务。全力做好赛会志愿服务,成功为深圳第 26 届世界大学生运动会、2011 年中国(长春)国际轨道交通展览会暨高峰论坛、第十二届全国冬季运动会、第七届东北亚博览会等重大赛会提供志愿服务。抓住“3·5”中国志愿者日、“5·12”全国防灾减灾日、“12·5”国际志愿者日等契机,广泛开展志愿服务理念宣传普及工作,积极培育志愿服务文化,为志愿服务的深入开展营造良好社会氛围。

3. 开展重点青少年群体服务管理和预防犯罪试点工作。针对六类重点青少年群体的状况和特征,制定了符合不同群体类型的“闲散青少年引导行动”、“有不良行为或严重不良行为青少年矫正计划”、“服刑在教人员未成年子女阳光成长计划”、“流浪乞讨青少年保护行动”、“农村留守儿童志愿服务行动”和“刑释解教青少年关爱帮扶工程”等帮扶项目。

4. 强化未成年人保护工作。修订《吉林省实施〈中华人民共和国未成年人保护法〉办法》,制定下发《关于进一步加强未成年人保护工作的意见》,完善未成年人保护工作的制度保障。设立全国第一家省级未成年人保护基金,向 155 名困难未成年人发放救助基金 31 万元,进一步营造了有利于未成年人健康成长的社会环境。

5. 加强青少年维权载体建设。制定下发《“共青团与人大代表、政协委员面对面”活动制度》,与农工党吉林省委签署《关于共同开展“面对面”活动的合作协议》,推动“共青团与人大代表、政协委员面对面”活动的制度化和经常化。以“丰富新生代农民工精神文化生活”为主题,开展了“面对面”集中活动。加强 12355 青少年服务台建设,新建服务台 2 个;进一步拓宽服务领域,集中开展了“轻松备考与你同行”——12355 阳光行动,为中高考学生提供学习、心理等方面的咨询和帮助。

五、把握青年需求,创新工作模式,服务青年成才创业工作持续深入

1. 不断深化青年就业创业行动。大力建设吉林青年创业园,全省 6 家省级青年创业园现有在园企业 221 家,2011 年共实现产值 2.5 亿元,带动青年就业 2086 人。深入实施农村青年就业创业行动,全省累计建立农村青年创业创富示范基地 120 家。联合省科技厅开展农村青年科技特派员创业行动,在全省选拔了 90 名农村青年科技特派员,对 18 个青年农民专业合作社进行重点帮扶。认定 9 家农村青年科技培训基地,培训了 900 名农村青年科技创业带头人。推进吉林省大学生青春创业行动,通过举办全省大学生青春创业论坛、评选第五届吉林省高校毕业生十大创业先锋、开展大学生青春创业大讲堂、实施 KAB 教育课程、“MM”百万青年创业计划等项目,促进大学生就业创业。加强青年就业创业见习基地建设,全年建设青年就业创业见习基地 964 个,累计到岗见习青年 10367 人,其中 3485 人见习结束后被见习单位正式聘用。全力推动青年创业小额贷款项目,联合金融单位开发了面向城市青年和农村青年的特色金融产品——“吉青时贷”和“青创时贷”,全年累计发放贷款 5.69 亿元,带动就业 30064 人。联合省农联社开展农村青年信用示范户工作,在全省评定信用示范户 10268 户。发挥省青年创业就业基金会作用,联合省工信厅、国家开发银行吉林省分行共同实施青年金融助业贷款工程,全年发放贷款 1.28 亿元,累计创造就业岗位 1105 个,带动青年就业 5000 多人。广泛开展多种形式的就业创业培训,“订单式”培训进城务工青年 8434 人,5847 人实现上岗;采取多种方式加大农村青年培训力度,共培训农村青年 55880 人,实现就业 12960 人。

2. 大力加强青年人才培养。召开吉林青年人才培养计划新闻发布会,全面启动实施《吉林青年人才培养计划》,力争用 3 年时间,培养 10000 名城市青年创业人才、10000 名农村青年致富星火带头人、5000 名各类青年志愿者骨干,选树 100 名“吉林省杰出青年岗位能手”、1000 名“吉林省青年岗位能手”,吸引 50 名青年海外留学人员来吉创业,初步形成各类青年人才竞相涌现的良好局面。

3. 启动村村青年致富星火培养计划。按照“一村一人、一人一业”(即一个村至少有一名致富星火带头人,每个带头人都有一项产业)的目标,遴选出 8944 名农村青年列为培养对象,录入“吉林省村村青年致富星火培养计划管理系统”。开发制作“致富带头人卡”,培养对象持卡可在全省 200 余家协议单位享受包括购买农资产品、免费法律援助等优惠。

六、加强信息调研,做好全团带队,整体推进团的各项工作前进

1. 加强信息、调研和青少年研究工作。积极开展全省各级团组织工作信息采集、整理、上报工作。通过“共青团县县上网”,全年向团中央网站上传工作信息655条,刊发463条。在《吉林信息》刊发16条,荣获2011年度全省党委系统信息工作先进单位。组织实施2011年度吉林省青少年发展研究计划,通过公开招标的方式,确定研究专题13个。组织开展促进青年就业创业、关爱农民工子女行动、青年分类引导工作、大学生思想状况等专题调研,并形成了调研报告。

2. 进一步做好全团带队工作。深入开展争当“四好少年”活动,举办了争当“四好少年”全省少先队员体验教育训练营和全省少先队小干部集训班活动。进一步加强辅导员队伍建设。联合省教育厅下发《关于进一步加强全省少先队总辅导员队伍建设的若干意见》,完成了市县两级总辅导员的配备工作;联合省教育厅、省人社厅积极探索在国家一级学科教育学下设与少先队组织根本任务紧密相关的二级学科。开展2011年度吉林省少先队辅导员的网上培训工作,对140名县(区)级以上的总辅导员和部分省级优秀辅导员进行了培训。

3. 整体推进团的外围组织和团属事业单位建设。省青联、省学联、省青企协和各类青年社团组织不断健全和壮大。组织召开了省青联第十一届全会、省青企协第七次会员大会、省农村青年致富带头人协会第一次会员大会和省学联八届二次全体会议。青年外事工作全面活跃,成立吉港青年交流促进会,联合举办了吉港青年经济高峰论坛;与台湾国际青商总会签订友好交流协议,建立互访机制,为两地青年企业家建立合作关系开辟新的渠道。省团校、省青少年报刊总社、省青少年发展中心、省少先队事业发展中心、省青少年宣传教育中心等单位的改革和发展不断深入。组织召开了省团校建校60周年庆祝大会,全面总结了省团校艰苦创业、拼搏进取的光辉历程。

黑龙江团的工作

2011年,全省各级团组织在团中央和黑龙江省委的正确领导下,紧紧围绕黑龙江省“十二五”开局之年的目标任务,以推动全省共青团工作和建设再上新台阶为工作主线,广泛深入开展创先争优活动,努力做好新形势下的青年群众工作,着力推进团省委十二届四次全会确定的六项重点工作任务落实,团的各项工作和建设实现了新的发展。

一、夯实了工作基础

1. 扩大了团的组织覆盖。乡镇、街道团的组织格局创新工作实现了全省883个乡镇、382条街道全覆盖。全省“两新”团组织新建3413个,总数达到7957个。具备建团条件的民办、成人中专和技工学校实现全部建团。在外出务工青年聚集度比较高的地区新建驻外团组织22个。各地团组织加强了对青年自组织的联系和引导,在参与社会管理中的枢纽型组织作用日益显现。

2. 切实提高了团干部素质。省、市、县三级团干部积极参与“团干部素质提升年”活动,通过加强读书学习提高了理论水平;通过健全规范日常政治生活加强了党性修养;通过实施青年群众工作大调研,进一步掌握了基层和青年的实际情况、接受了科学调研的训练、开展了一次生动的青年群众工作实践。

3. 制度建设实现突破。团省委与省委组织部联合下发了《关于加强新形势下基层党建带团建工作的实施意见》，与省教育厅、省人保厅联合下发了《关于进一步加强黑龙江省少先队辅导员队伍建设的实施意见》，与省人大常委会办公厅、省政协办公厅联合下发了《关于在全省深入开展"共青团与人大代表、政协委员面对面"活动的通知》，通过主动协调争取，把良好的外部环境进一步转化为制度性安排。

二、提高了创新水平

1. 推动了工作手段创新。着力推进共青团新媒体工作，依托网络阵地开展了党团史知识竞赛、"青春励志读书汇"、致富实用技能培训等活动，组建了全省团干部微博群，推动新媒体功能由信息单向发布向互动服务转变。加强了与黑龙江广播电台的全面合作，拓展了传统媒体对青年的服务功能。在团的系统内推行电子政务，提高了办公效率、节约了工作成本。

2. 推动了工作形式创新。省第六次少代会首次制作了卡通版工作报告，加入了视频、音乐元素，提高了少年儿童的兴趣和认知度。开辟专题网页，对169场"我与祖国共奋进，我与龙江同发展"形势政策报告会进行多媒体展示和宣传，增强了活动效果。省青联创新招商引资形式，首次在韩国忠清北道举办了招商引资说明会，成功举办了香港青年企业家龙江园区行经贸考察活动。

3. 推动了工作载体创新。以影响青少年健康成长的主要因素为依据，整合相关部门的工作载体，创新开展了"远离毒品、远离邪教、远离赌博、绿色上网"主题教育活动。着眼于志愿者工作项目化运行机制建设，举办了首届"我的志愿"黑龙江省青年志愿者文化节活动。积极为青年搭建自主创业平台，建立了以"共青团西城汇青年创业园"为代表的一批青年创业基地。首次将省级青工岗位技能大赛拓展到非公企业领域，与行业协会、有关厅局和中省直企业合作，组织了32个工种的技能大赛130场，促进了优秀青年人才脱颖而出。

三、增强了组织战斗力

1. 认真贯彻落实省委省政府的工作要求。按照省委指示，团省委积极参与共青农场建设，认真开展调查研究，深入挖掘共青垦荒精神的丰富内涵，自去年11月以来连续举办了三期省级、地市级和高校团干部创业精神培训班，取得了良好效果，得到了省委充分肯定。按照省委要求，连续第二年承担清除白色垃圾任务，组织集中行动日活动6次，清理街道509条、社区716个，清除白色垃圾近100吨。出色完成了全国图书交易博览会、哈尔滨国际经济贸易洽谈会、首届中国新材料产业博览会等大型展会的志愿服务任务，受到了组委会的认可，进一步扩大了青年志愿者活动的影响。

2. 齐心协力完成阶段性重要工作任务。在高校团组织和地方团组织的主动衔接、密切配合下，"万名大学生进万村"社会实践服务行动成功组织2000余名涉农专业大学生与村屯结成对子，去年共培训农村青年近1.8万人，解决农业技术问题3600余个。各地团组织步调一致，高标准推进组织格局创新工作，三个月内完成街道工作任务、半年内完成乡镇工作任务。在团组织的共同努力下，纪念建党90周年"永远跟党走"大型主题团队会和"红领巾太阳花、好少年心向党"少先队员风采展演也取得了圆满成功，在全省各界产生了深远影响。

四、转变了工作作风

1. 与青年的联系更加紧密。全省各级团组织建立并完善与青年的日常沟通联系机制，开展共青团"倾听"活动130余场，与广大普通青年零距离沟通，进一步了解了青年利益诉求。在包县驻乡暨"四进两同"活动中，团的县级以上机关干部深入全省128县（市、区）的400余个学校、社区、农村、企业，与普通青年同吃同住，锤炼了作风，加深了对青年群众的感情。坚持开展"双岗双责"活动，进一步提高了社区团组织的影响力。

2. 对青少年的服务更有实效。与龙广97频道共同创办了《12355青少年成长导航》栏目,创建了"12355青少年成长导航网",实现了台网联动,为青少年提供了多渠道的互动服务平台。"青春暖流"共青团送温暖活动广泛开展,截至目前,全省各级共青团、青联及志愿者组织共为农民工子女、贫困大学生、残疾青年等捐款捐物79.53万元。全省新建青年就业创业见习基地492家,省青年创业就业基金会为98个创业团队的278名青年大学生提供了创业资金的支持。希望工程克服不利因素影响,全年募集善款1801万元,援建希望小学12所,资助贫困学生、农民工子女5489人次。

五、取得了积极的工作成效

一年来,全省团的工作得到了团中央和省委的充分肯定。全省建立人大代表青少年事务代表小组的做法得到中共中央政治局委员、全国人大副委员长王兆国同志的重要批示。省委书记吉炳轩同志对共青农场的建设工作做出了重要指示,省委副书记杜家毫同志和省委常委、宣传部长张效廉同志共同出席了共青农场省级爱国主义教育基地揭牌仪式。全年的工作得到省部级以上领导批示8次,出席活动24人次,被省级以上新闻媒体报道340次,被省委、省政府信息刊载22次,在团中央网站发布工作信息601条。在全国重点青少年群体的教育帮助和预防犯罪试点工作年底综合考评中,哈尔滨市在同类试点单位中排名第一。全省有30件作品在全国"挑战杯"大学生课外学术科技作品竞赛中获得奖项。青年马克思主义者培养工程全年培训大学生骨干1.3万余名。分类引导青年工作征集案例86个,首批84个基层单位团组织开展了分类引导大纲的转化工作。"48个生活细节"养成教育活动和"红领巾太阳花,好少年心向党"主题教育活动的覆盖面进一步扩大,赢得了广泛认同。全年发展农村青年信用示范户4330户,为1.4万余名农村创业青年发放小额贷款3.9亿元。深入贯彻"学习青联、贡献青联、公益青联、人才青联、联系青联"的理念,青年统战和外事工作不断发展。

上海团的工作

上海共青团在市委和团中央的领导下,紧紧围绕全市中心工作和团中央总体部署,以"进一步密切团青关系"为主方向,凝心聚力、真抓实干,全面履行组织青年、引导青年、服务青年、维护青少年合法权益的职能,较好地完成了年初确定的各项目标任务。概括来说,重点抓了十方面工作。

一、广泛开展庆祝建党90周年主题教育实践活动

抓住庆祝建党90周年的重要契机,针对青少年的思想实际和思维特点,坚持以理想信念为核心,以实践体验为途径,广泛开展形式多样、内容丰富的教育实践活动,在广大青少年中唱响"永远跟党走"的时代主旋律。

1. 深入学习贯彻"七一"重要讲话精神。组织全市团员青年收听收看胡锦涛总书记在庆祝建党90周年大会上的重要讲话,明确提出"贵在准确把握精神实质、重在紧密结合工作实际、根本在于自觉实践群众路线"的学习贯彻要求,举办"党员团员话成长"上海各界青年学习座谈会,开展以“投身十二五、献礼九十年”为主题的大学生暑期社会实践活动。

2. 广泛开展“学党史、知党情、跟党走”主题教育活动。先后推出理论宣讲播真理、理想之路访英模、青春之歌唱心声、理想火炬大接力、少先队员心向党等八大版块教育活动,并通过五四、六一、七一的主题集会,使教育活动声势不断扩大,共开展“真理的力量”理论宣讲160场、“我与祖国共奋进”形势政策宣讲135场,组织“理想之路”寻访队伍100多支。同时,运用微博、切客、网络视频等新媒体技术,开展“红色七一・我YOUNG我秀”系列活动,吸引百万人次网友积极参与。

二、积极搭建青年建功成才的广阔舞台

积极面向经济建设主战场,注重把建功和育人有机结合起来,不断深化“号、手、队”等品牌项目,着力加强青年人力资源开发,激励广大团员青年在城市建设和发展一线竞展风采、脱颖而出。

1. 大力实施“青春建功”行动。开展“魅力都市、闪耀青春”青年文明号示范街(城)共建活动,在优质便民服务集中月期间,组织近300场专场服务,动员近万名青年参与;启动“青春铸辉煌、建功十二五”青年突击队、青年工程立功竞赛活动,组织680余支青年突击队参与“四队四赛”;举办“创新驱动、智慧前行”2011上海IT青年创新峰会,为建设“智慧城市”建言献策;积极参与上海对口支援工作,通过青联、青企协筹集专项捐款1000多万元,并推动落实了一批援建项目。

2. 切实凝聚和服务青年人才。大力实施青年马克思主义者培养工程、青工技能振兴计划、上海青年高端创意人才促进计划等项目,不断完善培养各类青年人才的工作载体;依托青联和青企协、IT青年人才协会等团属专业社团,广泛发现和汇聚各领域青年人才,评选表彰“IT青年十大新锐”等,充分发挥青年典型的示范带动作用,激励更多青年成长成才。

三、深入推进青年志愿者行动

认真总结和传承世博会志愿者工作的宝贵经验,积极探索以项目为核心、以团队为主体的工作新机制,努力推动青年志愿者工作向社会化、专业化、常态化方向发展,使志愿服务真正成为青年时尚、城市风尚。

1. 着力抓好青年志愿者工作重大项目。完善赛会志愿服务的基本流程和运行机制,组织3000余名青年志愿者为第14届国际泳联世界锦标赛提供服务保障;深化大学生志愿服务西部计划、赴滇扶贫接力计划、博士服务团等品牌项目,启动青年志愿者援疆服务接力计划,年内共选派222名青年赴西部地区开展志愿服务;举办“为了生命的希望工程”造血干细胞捐献志愿者行动十周年纪念活动,目前已成功捐献226例;深化保护母亲河行动,评选首届“母亲河奖”,各级团组织全年共义务植树73亩、8000余株。

2. 推动形成青年志愿公益风尚。发起“一团一志愿”行动,鼓励基层培育各具特色的志愿服务团队和项目;启动联合国上海志愿服务发展项目,计划四年内投入资金150万美元,促进上海地区志愿者组织能力建设;举办“青年影响社会”上海十大公益项目评选和“微行动”计划,依托上海人民广播电台《直通990》栏目每日发布“公益观察员”信息,引导青年社会组织开展生态环保、社区融合、公共安全等公益服务项目。

四、大力支持青年创新创意创业

围绕建设创新型城市、打造时尚创意之都的目标,从观念养成、能力培养、社会支持、成果展示、氛围营造等多方面入手,最大程度地激发青年的创造潜能和创造活力,切实发挥青年在“创新驱动、转型发展”中的生力军作用。

1. 培养青年创新能力。进一步完善从少年科学院到大学生科创社团、从各类创新创意竞赛到科技创新市长奖评选的工作体系,组队参加全国大学生课外学术科技作品竞赛,上海

交通大学以创纪录的成绩捧得“挑战杯”。

2. 激发青年创意热情。以“创意城市·创意未来”为主题，举办2011上海青年创意日，综合了优秀创意大展、高端创意人才论坛、创意帐篷设计展等12个活动版块，汇聚了沪上100多家创意企业和社团，吸引近4万人次参与，营造出浓厚的青年创意文化氛围。

3. 扶持青年创业实践。举办百场“接力世博·牵手梦想”青年就业创业大讲堂，承办“创业者的足迹”青年创业典型宣讲交流活动；开展上海青年创新创业大赛、IT青年创新创业行动，为青年创业项目搭建展示平台；深化青年创业服务平台建设，建立121个线下咨询点，为近万人次提供咨询服务；成立青年创业就业促进会，做大做强青年创业就业基金会，与各金融机构合作发放青年创业小额贷款3.8亿元。据不完全统计，全年累计扶持1500余名青年成功创业。

五、全面实施以服务来沪青少年为重点的“牵手行动”

以“牵手同行、融汇浦江”为主题，整合全团力量，推出统一标识，全面实施“融汇”、“成长”、“乐业”、“护航”、“平安”、“共进”等六大计划，全年累计服务来沪青少年30余万人，为他们创造更多“喜欢上海的理由”。

1. 在教育学习方面，推动青年志愿者团队和志愿者与358所来沪务工人员子女学校、168931名来沪务工人员子女建立结对关系；建设“集善之家”、“爱心小屋”等志愿服务阵地，开设暑期爱心课堂，为来沪青少年提供学业辅导；免费培训全市来沪务工人员子女学校大队辅导员，捐建“手拉手”红领巾书屋20个、标准化鼓号队20支、标准化少先队队室10个。

2. 在身心健康方面，举办“牵手健康行”、“牵手红丝带”等活动，为2800名来沪务工人员子女提供免费健康检查，向10000名来沪务工人员发放防艾健康礼包；开展“爱心陪伴”、“爱汇浦江”、“知闻上海校园行”、“经典伴读”等活动，增强来沪青少年的城市归属感。

3. 在就业帮扶方面，开展“工岗直通车”活动，为春节后返沪的农民工提供50000余个岗位信息；推进青年农民工订单式培训，累计培训8224人，帮助6579人实现就业。

六、不断探索协助政府管理青少年事务的有效途径

按照“区分层次、聚焦重点”的要求，进一步深化对共青团协助政府管理青少年事务的思考，加强市区两级青年工作联席会议制度建设，努力创新介入方式和实现路径。

1. 推动制定青年公共政策。编制完成《上海市青少年发展“十二五”规划》，开展2011年度上海市青少年发展指标监测；推动浦东、闸北等八个区县编制区级青少年发展规划，部分已纳入区县“十二五”规划序列。

2. 推进青少年权益保护工作。推动成立12355青少年公共服务中心，努力把12355平台建设成为青少年权益问题的介入、转置、处理中心，及时回应青少年维权诉求；推进“共青团与人大代表、政协委员面对面”工作，在市区两级“两会”上共提交112份提案和书面意见。

3. 完善预防青少年违法犯罪工作体制机制。与市人大有关部门积极协调，推动《上海市预防未成年人犯罪条例》立法工作；构建预防青少年违法犯罪工作核心指标体系，与市高院签署《上海法院审理未成年人民事、行政案件开展社会观护工作的实施意见》，指导闵行区开展有不良行为或严重不良行为青少年教育帮助和预防犯罪试点工作。

七、扎实推进团建基础工程

紧密结合“创先争优”活动的推进，坚持党建带团建，强化眼睛向下、重心下移的意识，下大力气加强基层组织建设和基层工作，统筹强化“组织存在”与“组织活力”，显著扩大了基层团组织的覆盖面。

与市委组织部联合召开全市基层党建带团建工作会议，出台相关实施意见，推动党建

带团建工作列为市委组织部基层党建责任制检查的重点内容之一。大力推动非公有制企业和新社会组织团建工作，规范“三找三定七步走”工作流程，设立约300万元的专项扶持资金，全年新建非公企业团组织7610家（累计12856家）、新社会组织团组织606家（累计901家）、农民工聚集地团组织67家。以优化委员班子和团建机制为重点，全面完成110个乡镇和99个街道团的组织格局创新。出台《关于进一步加强驻沪团组织建设的实施意见》，目前已协助建立省市县三级驻沪团工委102家。积极运用信息化手段推动共青团组织效能提升，建立覆盖全市团组织的上海共青团基本信息管理系统，并推出地理信息服务。进一步加强团干部队伍建设，全年培训各级团干部4600余人次，并与市委组织部联合举办第一期团干部党性教育专题培训班；举办第三届上海市团干部运动会，1000余名团干部在同场竞技中联情联谊。

八、大力推进青年社会组织枢纽工程

把促进青年社会组织健康发展作为参与社会建设和管理的重要内容，与市民政局、社团局联合下发《关于进一步做好本市青年社会组织服务管理工作的若干意见》，专门召开青年社会组织工作推进会，充分发挥共青团在凝聚青年社会组织方面的枢纽作用。

1. 加强对各类青年社会组织的联系和培育。组织“2011·尚海·尚爱”上海青年风尚节，吸引逾300家青年社会组织、数万名青年参与；依托青年家园民间组织服务中心，举办青年社会组织领袖培训班、青年社团领袖沙龙等，不断深化对青年社会组织骨干的联系服务，助推青年社会组织健康发展。

2. 探索对青年社会组织的枢纽式管理。支持优秀青年社会组织在市、区两级登记注册，试点开展规范化建设评估服务；探索建立“项目链”公益项目平台，以“公益定制”的形式推动公益项目的需求对接和落地实施；推动浦东、徐汇、长宁、虹口、杨浦等区创建青年公益服务支持中心，在组织建设、人才培养、项目培育、资源保障等方面为青年社会组织搭建服务平台。

九、逐步建立促进团青良性互动的制度化安排

认真贯彻落实市委“加强和改进工青妇等人民团体工作做好新形势下党的群众工作座谈会”精神，深入开展青年群众工作专题调研，着力加强与普通青年的直接联系和有效互动，不断增强团组织的亲和力、影响力。

1. 开展“走千访万·听研评荐”主题活动。发动全市各级团干部走千家基层团组织、访万名普通青年，围绕“听”、“研”、“评”、“荐”等四方面内容开展工作，近千名专职团干部在深入基层、服务青年的过程中锤炼自身作风、展示组织形象。

2. 建设和运用微博等网络新媒体。开通“青春上海”官方微博，打造上海共青团发布资讯、联系青年的综合性微博平台；12355微博及时关注和介入解救乞讨儿童等青少年权益事件，青年志愿者微博开展“快乐志愿e起来”活动，青年报微博直播团市委全会，都取得良好反响，其中12355微博粉丝数达50余万人。据不完全统计，全市已有276家基层团组织开通认证微博。

十、积极推动团的各项事业稳步发展

大力支持团属机构的改革和发展，进一步活跃青联、学联、少先队工作，进一步提升团办企事业单位的可持续发展能力。

市青联举办2011沪港澳青年经济发展论坛、第四届沪台民间论坛等，全年完成外事接待、组团出访共49批、1075人次，积极促进海内外青年交流；市学联召开第十五次代表大会，开展上海学子“感动校园”人物评选，研究加强各级学联、学生会组织建设的制度措施，积极回应社会关切；上海少先队联合市教委首次开展少先队工作专项督导，还积极举办“汇聚浦江，欢乐共享”——上海·喀什青少年“手

拉手”夏令营。上海青年管理干部学院隆重庆祝建校60周年,承办以“社会管理创新与青少年工作”为主题的第七届中国青少年发展论坛;市青少年活动中心承办全国青运史工作推进会,开展“红色印记”党史团史教育系列活动;青年报发起“寻找我们身边的安全隐患”活动,带动上万名热心读者争当城市安全志愿者;市希望办开展援助新疆喀什地区“千所希望卫生室”大行动,全年募集捐款300余万元,援建卫生室100所。团办实业进一步加强国资监管的制度建设,青旅、城市酒店等企业的运行质量和综合效益进一步提升。

江苏团的工作

到2011年底,全省新发展团员283963人。全省累计有团员5107864人,占14~28周岁青年总数的28.3%。共有93131名团员入党,其中经“推优”入党的团员85148人,占团员入党总数的91.43%。全省现有基层团(工)委8409个,团总支7575个,团支部137809个。

一、基层组织建设和基层工作

1. 深入实施党建带团建。联合省委组织部开展党建带团建工作调研,召开全省党建带团建创先争优电视电话会议,出台《基层党建带团建“三结对一创争”活动意见》,督查考核全省基层党团组织党建带团建工作。全省各市、县党团组织均已制定具体实施方案,农村和城市社区基本实现党团组织阵地共建共享,各县(市、区)及其直属基层团组织的同级党委领导班子成员普遍建立党建带团建工作联系点。

2. 稳步推进各领域团建工作。一是开展创业务工青年团建工作。推广新镇江青年、太仓集宿地、驻外团工委等十大团建工作法,党政团协同推进流动团员青年群体团建。召开全省创业务工青年团建工作现场推进会,总结推广各地创业务工青年团建好经验、好做法,集中成立一批驻外团工委。二是开展规模以下非公企业、社会组织和合作社团建工作。依托开发区、产业链、楼宇、商业综合体、协会等非公企业和社会组织聚集载体,以灵活的工作方法和丰富的工作载体推动工作开展。三是开展新兴领域团建工作。依托青年自组织孵化基地、地方门户网站等载体,加强对青年自组织骨干、网络意见领袖的培养和引导,推进青年自组织、互联网等新兴领域团建。全省共新建规模以下非公企业团组织11109家,外来务工青年团组织986家,外省驻江苏各级团工委66家(其中省级7家),在青年自组织、社会组织、互联网等新兴领域建立团组织741家,覆盖团员青年170余万人。

全面促进基层活跃。一是推进乡镇(街道)团的组织格局创新工作。将推进乡镇(街道)团的组织格局创新与推动乡镇(街道)团组织集中换届相结合,选优配强乡镇(街道)团的领导班子。全省乡镇(街道)全部完成团的组织格局创新工作,配备专兼职团干部15509人,乡镇、街道团干部平均年龄分别为27.71岁、28.6岁。二是继续开展分批分类推进团的基层组织建设工作。命名2010年度“江苏省基层团建示范点”100个,确定10137个单位为2011年度分类推进团的基层组织建设实施单位。三是继续在全省开展团干部挂钩联系、团组织结对共建工作。全省190名省、市团的领导机关中层以上干部与111个县(市、区)、开发区团(工)委进行了挂钩联系,建立联系点570个;178个省部属高校、企业、科研院所团委及省级机关团组织与108个县(市、区)团委、开发区团(工)委进行了结对共建。

二、促进青年就业创业

1. 继续抓好"青年就业创业见习基地"建设。推进"同城结对"合作模式,围绕深化校地合作、完善人岗对接、加强后续管理、广泛选树典型,建立健全就业创业见习基地管理机制。新建基地2930个,22184人上岗见习,7048名青年结束见习后被见习基地单位正式录用。

2. 稳步推进青年创业小额贷款工作。分别与省农信社、农行联合制定下发《江苏省农村青年创业小额贷款实施意见》,推广青年信用示范户创建试点经验,开展"送金融知识下乡、进社区"活动,确保实现青年创业小额贷款工作县域全覆盖。采集农村青年信用档案近25万份,评定青年信用示范户1万余户,发放贷款近13.4亿元。

3. 大力实施青年就业创业培训工作。开展进城青年农民工"订单式"培训、农村青年就业创业培训,培训青年农民工18909人。开展企业青年职工技能培训活动1000多场次,培训青年职工5万多人。举办SYB培训班200多场次,培训青年创业者5000多人次。建立"两后生"组织动员、培训见习、就业介绍服务体系,培训农村青年67835人次。

4. 深入开展服务青年就业创业专项活动。一是推进农村青年创业就业行动,开展职业农民培育和农村青年创业项目扶持工作,确定五年投入不低于3000万,200万项目资金已落实到位,联系苏果超市、丽华快餐等农产品销售市场及快餐企业,探索农超对接、农企对接。二是通过市场化方式整合社会资源,做大做强省青年就业创业基金会。三是以农村青年致富带头人评选、农村青年创业协会、农村青年创业项目大赛、农村青年科技特派员等活动为载体,培育青年职业农民。四是举办2011年度全省青年职业技能大赛,并获得全国青年职业技能大赛团体第二;评选2010年度江苏省青年岗位能手,推报全国岗位能手;开展2010年度江苏省青年安全生产示范岗创建活动,推报2010年度全国青年安全生产示范岗创建单位。

三、青少年教育引导

1. 围绕纪念建党90周年广泛开展各类主题教育活动。一是以"学党史、知党情、跟党走"为主题,开展"百网联动学党史"活动,13个市级团属网站和100多个县级团属网站以及高校、企业团组织网站建立链接,"党在我心中"专题网页点击量超过14万人次。开展纪念建党90周年党团史知识竞赛,全省共有7.5万名团员青年参与竞赛,累计参赛达150万人次。二是深化"青年马克思主义者培养工程",组织培养对象与大学生村官结对,在基层接受锻炼,省级层面举办第五期菁英人才学校培训班,差额10%确定181名培养对象为培训学员,全省新增校级学员42231人、院系学员145605人。三是组织"红色校园文化年"各类专题活动600余场次、形势政策报告会883场、"与信仰对话——万场党史报告进校园"活动907场、"我的青春故事"江苏省大学生成长故事会475场。四是开展"红领巾寻访党的足迹"活动,组织1000余支小记者团,收到寻访稿件2000余篇;开展"英雄中队"创建活动,命名95支省级"英雄中队";开展"我与共产党员大朋友手拉手"活动,1940所中小学参与,参加人数达110余万人次;举行百场"红领巾故事大王"宣讲活动,命名123名少先队员为江苏省"红领巾故事大王";开展"红领巾心向党"活动,全省近7000个少先队大队、620万人次参与;开展江苏新疆少年儿童手拉手"一十百千"工程,捐赠物资总价值300余万元,结成互助对子16000余对。

2. 深入实施分类引导。实施"青春导航

行动”，围绕科学理论武装青年、形势政策教育青年、先进文化熏陶青年、优秀典型激励青年、实践体验培育青年、运用媒体影响青年、深入基层面对青年等7种思想引导路径，灵活设计具体引导载体，生动有效地传播党的意识形态和思想主张。一是运用团中央下发的《思想引导大纲》，选取1068家基层团组织承担首批转化工作任务，指导16家基层团组织编写《青年思想引导手册》。二是开展“我与祖国共奋进——立足新起点，建功‘十二五’”形势政策教育活动，开展宣讲活动400场，覆盖青少年10万余人。开展“百万少年争戴四好奖章”活动，全省6000多所中小学近100万名少年儿童参与。三是在省第十二次党代会前后，举办“高举团旗跟党走，青春给力党代会”系列青春微访谈，邀请省党政部门领导、权威专家学者、党代表、先进青年代表等，与青年在线交流，激励全省广大团员青年立足岗位为又好又快推进“两个率先”作贡献。网友提问千余条，在线回答162条，辐射听众200万。四是编发《江苏省青春导航行动简报》17期，为各地提供理论和实践指导。五是采用“百网联动”的方式，在全省开展“我们身边的好青年”大型网络推荐活动，专题网页浏览量达243万，推荐产生普通青年典型4748名，隆重发布“2011江苏好青年百人榜”。六是开展团队一体化分层教育试点，完善爱党教育体系，开展灌输培养少年儿童对党和社会主义祖国的朴素感情工作的试点。

3. 加强宣传思想工作保障机制建设。一是开展“未成年人心理健康教育大讲堂”校园行、乡村行、社区行活动，举办“爱心飞翔，快乐成长”未成年人千场暑期公益夏令营1200余场，35000余名未成年人参与。二是筹建“青春导航行动”专项基金和导师团，加强青少年活动阵地和青少年教育基地建设。三是开展“江苏共青团运用新媒体引导青年创新案例”征集评选活动，收到工作案例200余个，评选江苏共青团运用新媒体引导青年创新案例奖100个。

四、维护青少年合法权益

1. 着力提高青少年事业发展水平。一是推进闲散青少年等6类重点青少年群体教育帮助和犯罪预防工作试点，确定试点县（市、区）近20个。二是围绕“社会闲散青少年”、“在校生意外伤害”两个年度重点课题，开展大规模社会调查和分析研判。三是在全省逐步开设“共青团周末剧场”，丰富新生代农民工的业余文化生活。

2. 全面推进维护青少年合法权益工作。一是以“新生代农民工的社会融入”为主题，在省、市、县（市、区）全面开展“共青团与人大代表、政协委员面对面”活动166场，向各级“两会”提交提案、建议122个，推动在各级人大建立青少年事务代表小组，依托基层社区人大代表工作站建立“人大代表、政协委员联系青少年事务工作站”，出台《共青团与人大代表、政协委员面对面活动意见》。二是推进青少年维权岗、12355青少年服务台和青少年事务社工队伍建设，确定省级“青少年维权岗”创建单位583家；统一全省12355的软件使用，开展“轻松备考12355与你同行”66场次，服务学生、家长2.5万人次；成立“江苏省律师协会青少年法律维权工作站”，加强办理未成年人刑事案件专门机构和专门队伍建设。三是创新青少年法制宣传教育、自护教育和校外教育活动，深化“未成年人零犯罪社区（村）”创建工作。

3. 不断提升服务青少年的社会动员能力。一是加强青年志愿者组织建设，全省注册志愿者超过330万人，成立志愿者服务站（服务中心）13487个，建立志愿者服务基地4271个。二是推动青年志愿服务的项目化、品牌化建设，招募大学生志愿服务“西部计划”230人、“苏北计划”700人、“绵竹计划”50人，组织17名中国青年志愿者赴圭亚那开展为期1年的志愿服务，立项确定第三批百优志愿项目110个，完成第二批100个项目的结项答辩。三是打造共青团关爱农民工子女志愿服务品牌，2090所农民工子女学校100%完成结对，农民工子女完成结对63.2万人，在全省建设一批共青团关爱农民工子女志愿服务阵地——“希望来吧”，选拔确定首批关爱行动项目专员511人，确保每个县（市、区）项目专员数量均不少于3人。四是深化希望工程项目，接受各类社会捐款2735万元，资助家庭经济困难大学新生4916名，结对资助663名家庭经济困难学生，筹建希望小学13所，建成配备一批希望工程图书室、体育器材室及希望厨房。

五、团的自身建设

1. 不断加强团干部队伍建设。一是落实大学生村官“4个100%”工作目标。全省实现大学生村官100%兼任团的干部，符合条件的乡镇、街道100%建立大学生村官团组织，市县两级100%建立大学生村官联谊会，大学生村官团干部100%确立并实施1个团建项目，建立大学生村官团组织1297个，确定团建项目7593个，16000多名大学生村官兼任乡、村团干部，选拔471名大学生村官任乡镇（街道）团工委书记、副书记，11名大学生村官任团县（市、区）委书记、副书记，2名大学生村官任团市委副书记。二是做好团干部培训工作。召开两次全省共青团干部学习会，分别传达学习中央领导在江苏调研工青妇工作时的讲话精神、省委十一届十次全会以及省第十二次党代会精神；培训全省80余名新任职团市、县（市、区）委班子成员；举行乡镇（街道）团委干部培训班，培训1万余名乡镇（街道）团委干部；举办第1期青年干部理论培训班，培训新任职团县（市、区）委副书记、省辖市团委机关中层干部、市属高校团委书记、省部属高校院系团委书记、省直单位所辖团委书记49人。三是做好全省团干部挂职锻炼和高校团干部到县级团委挂职工作。选拔17名省辖市团委、省部属高校、企业和科研院所团干部到省内县（市、区）、乡镇的党政岗位和团省委机关岗位开展为期1年的挂职锻炼。选派165名高校团干部到西藏、河南、河北和省内县级团委挂职，高校挂职团干部走访基层单位4334个，访谈青年20027名，召开座谈会1673场，撰写调研报告330篇，推动完成乡镇街道团组织格局创新1145个，帮助青年实施贷款项目3786个、贷款28867万元，培训青年68349人。四是加强少先队辅导员队伍建设。推进辅导员专业化和职业化建设，下发《关于进一步加强少先队辅导员队伍建设若干意见》，抓好总辅导员队伍建设，全省专职市总辅导员配备已达四分之三；在苏南、苏中、苏北各设一个市为少先队辅导员职称评定试点城市；培训全省各市（县、区）辅导员近400名；举办全省辅导员风采大赛。

2. 充分发挥团的外围组织作用。一是活跃青年商会工作。成立江苏省青年商会驻京分会，评选首届“江苏青年创业奖”，组织参加第一期中国青年企业家高级培训班；举办江苏省青年企业家创新发展峰会，举办江苏省青年企业家学习贯彻省委十一届十次全会精神主题活动日，组织江苏青年商会副会长、常务理事等23人参加“南京重大项目投资洽谈会”（高淳专场）；组织会员赴井冈山开展红色体验，参加“苏港澳青年精英论坛”、“青年企业家南新走廊行”。二是加强青年自组织服务引导。召开全省青年组织服务社会管理创新和党建团建工作现场推进会，编印《江苏省青年社团之家管理办法》，依托青年社团之家，建立社团团工委和社会服务中心。

3. 不断扩大品牌活动社会影响。一是深化青年文明号创建活动。以“创新创效展风采、创先争优促发展”为主题，开展全省青年文明号集体创新创效示范行动；命名2009年度省级青年文明号，举办2010年度省级青年文明号争创单位负责人培训班。二是深化保护母亲河行动。开通“江苏保护母亲河行动”官方微博，发动70家环保社团、5000多名志愿者注册腾讯微博;联合绿委、环保等部门启动“母亲河奖”评选工作;开展以“绿动传递·绿动江苏”为主题的2011年保护母亲河行动,全省13个市完成各100亩的红色青年纪念林建设,近10万青少年种植约13万棵树,面积4000余亩,投入资金600万元;指导各市建立青少年生态环保社团网络社区,成立长江流域青少年生态环保社团联盟江苏秘书处。

4. 提升信息宣传工作水平。一是推广“江苏省共青团新闻联播”系统。全省119家县以上团组织中,开通共青团网站有91家,其中已经开通新闻联播65家(13个省辖市全覆盖,区县团委52家);省属部属高校68家,已建设网站56家,其中开通新闻联播系统29家。二是信息工作全面加强。修订完善《全省省辖市团委信息工作考核办法》,调整全省共青团系统信息员队伍。省委共采用信息29篇,其中快报20篇、江苏信息8篇、快报专刊1篇、《调查与研究》和《群众》杂志各1篇;团中央共采用信息240条;编发《江苏共青团工作周报》44期、《江苏共青团工作信息》20期、《共青团江苏省委书记办公会议纪要》30期、《情况通报》10期;流转批办上级来文400件,办理基层来文79件,其中书记批示件15篇;编发《团苏党报》15篇、《团苏委报》34篇。三是加强宣传体系建设。团省委在省级以上各类新闻媒体播发新闻共415篇(条),其中,央视《新闻联播》2条、《朝闻天下》1条,人民日报1篇、中国青年报51篇、新华日报47篇、《江苏新时空》15条。

浙江团的工作

全省各级团组织紧紧围绕团中央和省委的决策部署,全面履行团的基本职能,突出工作重点,狠抓项目落实,推动团的事业不断取得新发展,为浙江实现“十二五”良好开局发挥了生力军作用。

一、坚持把引导青年坚定信念跟党走作为首要政治任务,青少年思想政治教育工作取得新成效

广泛开展“学党史、知党情、跟党走”主题教育活动。紧紧抓住纪念建党90周年、五四运动92周年等有利契机,坚持用科学的理论武装青少年,用生动的主题教育感染青少年。广泛开展“高举旗帜跟党走、青春建功十二五、创先争优作表率”、“与祖国共奋进、与浙江同发展”、“红领巾心向党、四好少年我争当”等主题教育活动,省委书记赵洪祝赴浙江大学为广大师生作中共党史专题报告。代省长夏宝龙为全省团干部作学习贯彻胡锦涛总书记“七一”重要讲话专题报告,迅速兴起广大青少年学理论、用理论的热潮,进一步坚定了广大青少年跟党走中国特色社会主义道路的理想信念。举行“青春之歌”——浙江青少年纪念中国共产党成立90周年主题大会,代省长夏宝龙在会上作讲话,来自全省各行各业的6000余名青年代表参加了活动。举行“飘扬的红领巾”——浙江省少先队庆“六一”暨2011“浙江四好少年”颁奖晚会,省委书记赵洪祝致贺信,来自全省的近千名少先队员和辅导员代表参加了活动。全省各级团组织还广泛开展“歌颂党、歌颂祖国、歌颂社会主义”主题青春歌会800余场,直接参与10余万人。广泛开展“永远跟党走、青春献祖国”大中学生暑期社会实践活动，大力推进以“寻访红色印记、寻访奋斗青春”为主题的系列红色寻访活动，引导青少年在生动的实践中接受革命传统教育。全省共有5万余支团队、40余万团员青年参加了暑期社会实践和系列寻访活动。扎实推进分类引导青年工作。面向大学生群体，以深入推进“青年马克思主义者培养工程”为抓手，不断完善大学生骨干的省、市、校分级培养格局，积极探索正面灌输、新媒体传播、社会实践体验等路径，全年共培养大学生骨干1000余名。面向农村青年群体，以深入实施“村村都有好青年”人才发展计划为抓手，积极探索知识文化引领、增收致富服务、典型激励影响等路径，评选出“好青年”2.3万余名，其中2800余名通过法定程序进入村“两委”班子，5600余名当选为基层团干部，2200余名推优入党，同时积极为自主创业的“好青年”提供配套服务。面向企业青年群体，以“青工技能振兴计划”为抓手，通过职业发展导航、提升技能素质、企业文化熏陶等路径，引导他们立足岗位建功成才，牢固树立劳动致富、奋斗成才的正确观念，成功举办全省青工技能大赛，共涵盖200余个职业和工种，参与青工近50万人，全年创建国家级和省级“青年文明号”735家，评选出国家级和省级“青年岗位能手”270余人。面向进城务工青年群体，以“进城务工青年发展计划”为抓手，通过素质提升、情感关爱、心理疏导等路径，引导他们客观评价收入差距、城乡差距等现实问题，树立正确的劳动观，全省累计投入资金100多万元，建成进城务工青年文化活动室66家。面向青年海防官兵群体，以开展“爱在金秋、情定军营”军地青年联谊活动为抓手，进一步加强军地交流，着力帮助解决青年海防官兵在交友婚恋方面的实际困难，使他们能够安心扎根海岛，奉献无悔青春。不断改进教育引导工作的方式方法，以青少年校外活动场所建设、新媒体运用和青少年先进典型选树为重点，积极探索加强青少年思想政治教育的新途径、新手段。扎实推动未成年人校外活动场所建设和管理，认真编制完成《浙江省青少年学生校外活动场所建设与发展“十二五”规划》，全年共分配下拨彩票公益金、青教费等各类补助资金900余万元，用于青少年校外活动场所的基础建设和功能提升，广泛开展“流动少年宫”进农村（社区、学校）等活动，全年共举办320余场，参与青少年达16.5万余人次。探索运用新媒体加强对青少年的教育引导，认真研究青少年群体特点，把握新媒体发展规律，推动各级团组织广泛建立务实、灵活、多样的新媒体平台，全省共建有各级各类共青团官方微博840余个，90个县（市、区）、各省属高校和省属企业全部建立了短信群发平台，39个市县开发了共青团和青年工作手机报，定期向所在区域的团员青年编发。广泛挖掘和树立各类青少年先进典型，通过精心组织开展“杰出青年”、“新锐浙商”、“十佳大学生”、“十佳百优大学生村官”、“四好少年”等评比活动，以身边的先进人物为榜样，有效激励广大青少年刻苦学习、奋发成才。

二、坚持把组织青年在服务大局中建功立业作为工作主线，为全省加快推进科学发展作出新贡献

围绕“创业富民，创新强省”总战略的深入实施，找准团工作的切入点，在加快经济转型升级中发挥青年的生力军作用。全面启动“蓝色海洋·青春建功”——浙江青少年服务海洋经济发展系列行动。积极助推浙江海洋经济发展示范区建设，举行“蓝色海洋·青春建功”行动启动仪式，设立规模为1亿元的“青创海洋产业投资基金”，并通过组织投资考察、经贸洽谈等活动，推动达成投资意向1.8亿元。组织科研院所的青年专家学者，开展硕博士服务团活动，实施“渔农村青年素质提升行动”，落实渔农村青年培训资金60余万元，培训渔农村青年7000余人，为海洋经济发展提供人才保障和智力支持。全省各级团组织累计开展各类宣讲活动300余场，组建实践服务团队30余支，成立海洋生态环保志愿者队伍10万余支，220万余人次参与了各类海洋生态环保志愿服务活动，择优扶持渔农村青年创业项目50余个。动员青年弘扬大陈垦荒精神，积极投身"青春岛"建设，召开"共青团参与青春岛建设座谈会"，组织团省委机关团干部到"青春岛"举行团日活动，以项目为牵动，实行结对支持，组织更多的青联委员、青企协会员为"青春岛"建设贡献力量。深入推进大学生科技创新活动。实施大学生科技创新活动计划（新苗人才计划），共择优资助71所高校的1612个学生科研项目，累计发放资助金额达1000万元。在"挑战杯"全国大学生课外学术科技作品竞赛中，共获特等奖3件、一等奖10件，参赛成绩创历史新高，共吸引4万余名大学生参与赛事。广泛开展"青春助推转型升级"活动。围绕宏观经济形势走向，结合企业发展实际，广泛开展"青年大讲堂"、技能比武、"五小"攻关、创新创效等活动，助推企业加快转型升级，促进企业健康发展。扎实有效维护青少年权益。以"新生代农民工社会融入"为主题，深入开展2011年"共青团与人大代表、政协委员面对面"活动，在全省各级"两会"期间，累计提出议案（建议）、提案和大会发言165件，帮助新生代农民工解决了一大批面临的实际困难。部署启动青少年舆情监测系统建设，在全省11个市、33个县（市、区）分行业、分领域建立了舆情监测点和舆情监测员、舆情监测样本员队伍。扎实推进12355青少年服务台建设，全省服务台已受理咨询案例19.12万件，办结案例18.84万件，办结率达98.5%。扎实推进预防青少年违法犯罪工作。召开省综治委预防青少年违法犯罪工作领导小组第五次全体成员会议，扎实做好闲散青少年、流浪乞讨青少年、农村留守儿童等重点青少年群体的服务管理和预防犯罪工作，制定下发实施意见，积极做好舟山闲散青少年群体服务管理和预防犯罪全国试点工作。扎实推进志愿服务工作。积极做好大型赛会志愿服务，共组织1.3万名志愿者为第八届全国残运会提供了高效优质的志愿服务。扎实做好大学生志愿服务"两项计划"工作，积极推动服务期满"两项计划"大学生志愿者与"一村（社区）一名大学生"计划的有序衔接，促进"两项计划"的可持续实施。积极深化平安志愿者工作，继续推进社区矫正志愿者阳光行动、"青春红丝带"、青少年青春健康教育等活动，认真做好湖州禁毒志愿服务全国试点工作。"7·23"甬温线特大铁路交通事故中，第一时间组织动员广大团员青年、志愿者积极投身事故救援工作，共有150多支志愿服务团队和6000余名志愿者参与救援工作。

三、坚持把竭诚服务青少年成长发展需求作为根本出发点和落脚点，改善青少年群体民生工作取得新进展

积极服务青年就业创业的迫切需求，不断深化"全团促进青年就业创业服务体系建设试点省"工作，着力构建融资金支持、技能培训、实践锻炼、导师辅导、政策保障于一体的青年就业创业服务体系。扎实做好"青年就业创业见习基地"工作，开展"见习基地岗位对接月"活动，切实提高见习岗位与青年的对接成功率。全省共建立各级各类就业创业见习基地7500余个，累计为青年提供就业见习岗位6.4万个，实现岗位对接5.8万人，自主创业近6000人，全年新增见习基地3381个，为青年提供见习岗位8281个，实现岗位对接2.5万余人。大力推进小额贷款扶持青年创业工作，联合邮政储蓄银行、农信联社、地方商业银行等金融机构，积极拓展融资渠道，创新担保方式，切实帮助青年解决创业资金短缺问题，全省90个县（市、区）全部开展小额贷款扶持青年创业工作，累计贷款120余亿元，扶持青年创业近10万人，全年新增小额贷款65亿元，带动青年就业17.6万人。切实抓好青年就业创业技能培训，抓住企业青工、农村青年、青年农民工等重点群体,按照企业用工需求“订单式”培训青年,会同有关职能部门,依托社会中介机构,共培训青年 26 万人,落实培训经费 2600 余万元。大力实施青年创业人才培养工程。主动关注大学生“村官”群体,从职业规划引导、小额贷款支持、创业技能培训等方面为大学生“村官”创业提供多方面服务。依托高等院校、职业院所、企业园区、科技企业孵化器等,全省成立青年创业学院 28 家,聘请创业导师 4000 余人,开展青年创业“导师带徒”活动,结对创业青年 1 万余人,培训创业青年 20 余万人。切实回应困难青少年群体的利益诉求,以实施浙江青少年关爱行动为重点,大力帮扶弱势青少年群体,不断改善困难青少年群体民生。深入开展“低收入农户青少年关爱行动”,以“助困、助学、助医、助业”为主要内容,依托网络优势和媒体资源,通过开展“微笑私家车”、“助跑学子工程”等活动,有效整合社会力量参与帮扶,全年共募集爱心款 1170 余万元。扎实推进“共青团关爱农民工子女志愿服务行动”,按照“基层团组织或青年志愿者团队 + 农民工子女 + 接力”的项目实施模式,广泛发动组织青年志愿者与农民工子女结对帮扶,全省完成结对各类农民工子弟学校 1300 余所,覆盖农民工子女近 50 万人,占摸底总人数的 82.9%。不断深化“希望工程”等传统品牌项目。深入推进“希望工程”、大学生助学计划等工作,接受捐款 3700.43 万元,奖励和资助大、中、小学生 9179 人次。隆重举行纪念浙江省希望工程实施 20 周年系列活动,代省长夏宝龙出席。

四、坚持把加强团的基层组织建设和基层基础工作作为重要保障,团的建设科学化水平取得新提升

坚持把贯彻落实全国党建带团建暨共青团系统深入开展创先争优活动座谈会精神相结合,进一步深化全省基层党建带团建工作。大力加强团的基层组织建设。进一步推进“全团统筹城乡团建试点省”工作,着力扩大团组织的覆盖面,提升团组织的凝聚力。统筹推进团的基层组织建设。大力推进“两新”组织团建工作,坚持“建团”与“团建”并重,全省新增非公企业团组织 7800 余家,建立新社会组织团组织 1200 余家。积极开展在浙青年农民工群体团建工作,指导 10 个省(市)驻浙团工委开展团的工作和活动,共建立市、县两级驻浙团工委 81 家。积极探索在商圈市场、总部楼宇、农村专业合作社、青年自组织、网络虚拟空间等新领域开展团建,广泛联系和有效覆盖更多青年。探索创新团的基层组织格局。继续深化乡镇(街道)团的组织格局创新工作,全省所有乡镇(街道)增配大批编制外团委副书记、委员,基层团组织的工作力量得到有力壮大。主动参与“网格化管理、组团式服务”工作,以“网格化”定位,调整完善团的基层组织建设,以“组团式”要求,不断提升基层组织的服务能力。积极稳妥地推进团内基层民主建设。全省 346 个乡镇(街道)团委书记通过直选方式产生,超过 50% 的团支部(总支)推行海选,全省 73 个县(市、区)、884 个乡镇(街道)探索实行团代表大会常任制。在基层团组织中普遍推行团员青年民主恳谈、团务公开、团员民主评议等制度,切实保障团员青年的知情权、建议权、选择权和监督权。切实加强团干部队伍建设。把开展创先争优活动与团干部成长观学习教育活动有机结合起来,引导机关干部立标杆、创先进、争优秀。开展“学党史、强党性、铸信仰”学习教育活动,创建团省委机关学习型党支部,组织广大团干部认真学习领会胡锦涛总书记“七一”重要讲话、党的十七届六中全会、团中央十六届四中全会等重要精神,帮助党员干部深刻领会中央和团中央、省委的决策部署,确保在思想上做到高度统一。加大培训力度,全年共依托省团校免费培训基层团干部 817 人次。紧紧抓住县、乡、村集中换届契机,争取党委组织部门的重视支持,积极助推各级团干部转岗使用。创新基层团干部选配方式,探索选拔好青年、“两项计划”志愿者、大学生村官、各类青年能人担任团干部或参与团工作，不断拓宽团干部的来源渠道。建立健全团的领导干部联系基层工作制度，推行“基层一线工作法”，定期赴联系点调研指导，努力把联系点建设成为创先争优活动示范点。选派111名高校团干部分赴省内和山西省基层开展挂职工作，选拔244名大学生志愿者赴省内外40个县(市、区)开展服务，省本级累计筹集资金2260万元，用于支持基层开展工作。

省第十三次团代会于11月22日至24日在杭州胜利召开，大会认真总结了省第十二次团代会以来的工作，明确了今后五年全省共青团的工作任务，并选举产生了新一届团省委领导班子。围绕服务党政外交和统战大局，积极做好青年统战和青年外事工作。全年共接待日本、莫桑比克、阿根廷等3批48人次国外青年考察团，应邀选派7批、55人次参加团中央和全国青联组织的代表团，赴韩国、日本、英国、瑞士等国家以及港澳台进行访问交流。省团校进一步深化青少年理论研究工作，在服务团队干部培训工作中发挥积极作用。青年时报深化完善业务体系构建。省青少年事务所社会影响力继续提升。中国钢笔书法杂志社稳步发展。中青旅继续保持良好增长势头。

安徽团的工作

2011年，安徽全省各级团组织以“凝聚青年跟党走、兴皖富民献青春”为主题，履行团的职能，推进重点工作，团结带领广大团员青年积极投身兴皖富民大业。

一、加强青少年思想政治教育，引导团员青年增进共同理想信念

坚持整体引导与分类引导相结合，紧扣时代脉搏，突出重点人群，强化实践环节，把广大青少年的思想凝聚到加速崛起、兴皖富民、建设美好安徽的宏伟目标上来。

1. 抓住重要节点开展主题活动。以纪念建党90周年和五四运动92周年等为契机，开展了“学党史、知党情、跟党走”、“学规划、明省情、比贡献”、“百万少年看安徽”、“与信仰对话——万场党史报告进校园”等党史党情和形势政策教育活动1651余场次，直接参与青年75万人次。“六一”、“七一”期间，全省各地共计226多万少先队员参加“红领巾心向党”、“在光荣的旗帜下——党团队员话成长”主题队日活动。

2. 突出重点人群实施分类引导。注重增强引导内容的针对性、工作方法的适用性、工作对象的普遍性。向全省301个基层团组织发放了7720套分类引导青年的《思想引导大纲》和案例视频光盘。加强对大学生、企业青年、进城务工青年、农村青年四类群体的引导工作，构建完善团队一体化分层教育体系，在高校扎实推进“青年马克思主义者培养工程”，全年培训团学骨干2万名。完成西藏山南地区21名团干部在皖为期50天的培训任务。

3. 强化实践环节深化志愿服务。组建420支省级大中专学生志愿者暑期“三下乡”重点团队，赴全国各地进行社会实践活动。坚持把关爱农民工子女志愿服务作为志愿者工作的重要内容，全省共结对帮扶农民工子女54.5万人，参与活动的志愿者25万多人次，捐

款捐物480万元。构建志愿服务体系，全省注册青年志愿者超过63万人。完成了全国文化体制改革工作会议、深圳世界大运会、中国农歌会等重大赛会的志愿者招募培训和服务工作。

4. 积极运用新媒体和文化载体创新拓宽引导渠道。针对当代青少年生活、行为、交流、聚集方式发生巨大变化的特点，更加注重借助艺术、时尚、情感等元素，运用符合各类青年群体的思维方式、话语体系引导青年。各级团组织先后在新浪、腾讯网站开通团组织官方微博103个，安徽共青团腾讯、新浪微博吸引了近40万名粉丝关注。全面加强与文化产业各企业集团的合作。与省出版集团合作，在其文艺出版社畅销20余万册的“青少年成长必读系列图书”封面上，增加设计团徽和“共青团安徽省委员会推荐”字样，合作开展系列青少年文化产品开发和活动策划。与省演艺集团合作，编排黄梅戏、庐剧等安徽优秀地方剧目，赴北京、浙江等安徽省外出务工青年较多的省份慰问演出。与省新华发行集团合作，开展青少年快乐阅读等系列活动。安徽日报报业集团在《安徽手机报》中增设共青团要讯、青少年视野、青春加油站等内容，拓宽宣传引导青年渠道。

二、围绕青年迫切需求，服务青年就业创新创业

紧紧围绕“十二五”规划和省委、省政府的重大决策部署，坚持以创新促进创业，以创业带动就业。

1. 引导青年自主创新创业。实施了青年科技创新“双百示范工程”，评选表彰了安徽青年创业奖和科技创新奖，开展了省青年创业大赛、省青年创新论坛、全省中学生创新设计竞赛和青年科技志愿者“四进四助”活动，组织青联委员和青年企业家开展“江淮行”、“进校园”活动，举办就业创业报告会530余场次。开展了大学生创新创业活动周，举办了“挑战杯”课外学术科技作品竞赛，共选拔49所高校252件作品参加全省复赛，全省累计5万大学生参与。在第四届全国“挑战杯”竞赛中，安徽代表队荣获1个特等奖、8个一等奖，总成绩在全国居于领先地位。

2. 促进青年立足基层创业就业。以“见习基地、青年创业就业基金、青年小额贷款、创业培训”等为抓手，服务青年就业创业。共建立青年就业创业见习基地1293家，提供见习岗位1.52万个，累计上岗见习青年1.67万人。连续8年举办共青团服务大学生就业专场招聘会，累计有2200多家企业提供就业（见习）岗位5万多个。结合用工需求，组织参与培训农村青年5.36万名。联合金融机构，开展了“万名农村青年创业信贷扶持计划”，共为1.98万名创业青年发放小额贷款13.48亿元。实施皖北青年创业小额贷款贴息工作，2010年以来连续两年共为4979名青年创业项目贴息资金2000万元，涉及贷款2.79亿元。在33个县级单位开展创建农村青年信用示范户工作，为农村青年建立信用档案2.99万份，评定省、市、县三级农村青年信用示范户2470名。强化支持青年创业平台建设。成立省青年创业者协会、省金融系统青年联合会，扶持青年创业就业体系不断健全完善。

三、维护青年合法权益，组织青年在加强和创新社会管理中发挥作用

注重把维权工作与传播党的重要思想主张相结合，关注青年普遍性利益诉求，通过团的组织化渠道引导青年有序政治参与，创新社会管理，凝聚发展力量，促进和谐稳定。

1. 关注普遍诉求，依法有序维权。集中举办“共青团与人大代表、政协委员面对面”活动，提出涉青提案、议案、建议145件。积极发挥预防青少年犯罪和未成年人保护领导小组办公室职能作用，建立完善“青少年维权岗”、青少年法制教育基地1452个。12355青少年服务台共接听热线6400余起，跟踪处理256例

典型个案。

2. 帮扶弱势群体，竭诚服务青年。开展“未成年人保护行动”和“为了明天——预防青少年违法犯罪工程”。开展五类重点青少年群体教育管理试点工作，实施“阳光关爱”行动，筹资52万元，累计帮扶596名服刑在教人员未成年子女就学。

3. 关注舆情动态，促进和谐稳定。以在校大学生和青年农民工为重点，各级团组织、青联、学联和驻外团组织分级建立了青年舆情信息员队伍。采取问卷调查、访谈等形式，开展经常性青年思想状况调查与分析。在高校定期召开学生思想动态座谈会和高校团委书记座谈会，各级共青团及外围青年组织积极发挥在和谐社会建设中的作用。

四、落实“两个全体青年”要求，巩固加强基层组织建设和基层工作

坚持青年聚集在哪里、团组织就建在哪里、团的活动就开展到哪里。

1. 抓好党建带团建制度措施落实。认真贯彻全国和省基层党建带团建工作座谈会精神，与省委组织部联合出台了《关于加强新形势下基层党建带团建工作的实施意见》，省委办公厅予以转发。全省共13个省辖市、57个县(市、区)、31所大学和25家省属企业分别召开了党建带团建会议，印发或转发了相关文件。扎实推进创先争优活动，指导各省辖市、县(市、区)全部制定了党团共建创先争优活动方案。

2. 扎实开展基层走访活动。按照省委“五级书记带头大走访”活动要求，在全省共青团系统部署开展了“强基础、增活力、促发展”基层集中走访活动，确立了省、市、县三级团委501名专职团干部与全省全部乡镇、街道团组织对应联系，不断建立健全加强基层群众工作的长效机制。

3. 推进基层团组织格局创新。全省完成了1266个乡镇、282个街道团组织格局创新工作，为基层充实了1.4万名团的兼职工作人员。推进驻外团组织建设，共建立省、市、县三级驻外团工委分别达7个、56个和90个，建设各级团组织共计465个，覆盖在外务工团员青年70多万人。推进“两新”组织建团力度，全省共新建非公企业团组织3222家，新社会组织团组织414家，超额完成了团中央部署的工作任务。

4. 加强对基层的工作指导。完成四批105名市以上团的机关干部派驻县级团委指导工作，选派118名高校团干部和243名大学毕业生到县级团委挂职锻炼和志愿服务，编印发放了《中学共青团工作案例》、《企业共青团工作手册》、《非公企业团建工作指导手册》等，指导基层开展工作。

5. 坚持抓班子带队伍。坚持力度不减、方向不变，不断完善工作考评和督查机制，严格管理教育团干部讲党性、讲原则、讲纪律。加强对团干部的教育培训，2011年共培训新任职市、县团委书记210人，乡镇(街道)、村级团组织负责人7093人，两新、驻外组织团干部3780人。

6. 推进团的事业建设。团省委还成功召开了省青年联合会第十届委员会全体会议、省学联第八次代表大会和省青年企业家协会第七次会员大会。希望工程全年筹资2900万元，新建希望小学27所，救助各类困难学生6247多名。少年博览杂志全年发行量在全国少儿期刊中名列前茅。省团校、安徽青年报社等团属事业单位积极努力，各项工作稳步推进。

福建团的工作

2011 年,在省委和团中央的正确领导下,福建共青团深入学习贯彻中央、省委和团中央一系列重要会议精神和重大决策部署,认真履职,有效作为,团结带领全省广大青年为“打好‘五大战役’、大干‘十二五’开局之年”,推动福建科学发展跨越发展贡献力量。

一、围绕落实《海西发展规划》,引领青年推动跨越发展有新作为

1. 深入开展“青春奋进促跨越”主题实践活动。举行全省青年突击队誓师大会,组织1000 多支青年突击队奋战在重点项目、在建工程、科技攻关、灾后重建等一线。组织 2653 个全国级和省级青年文明号集体统一开展优质服务示范月、“号队”联建促跨越、“为民服务,创先争优”等活动,努力提供一流服务。成功举办中国青年企业家走进海西、海西青年企业家“环三行”等活动,促进资金、项目对接。

2. 积极参与生态省建设。组织动员 47.28 万名团员青年、少先队员踊跃投身“保护母亲河青少年绿色环保行动”和“城乡环境卫生整洁青年行动周”活动,植树 77.9 万多棵,有力推进“森林福建”建设,进一步优化美化环境。

3. 大力推动青年科技创新。成功举办了第五届中国青年科技创新馆,征集、展示青年科技创新成果 247 项,促进青年科技创新成果的转化。成功举办了第十届“挑战杯”福建省大学生课外学术科技作品竞赛,组织优胜作品参加全国决赛,有 2 件作品获特等奖、4 件作品获一等奖,厦门大学、福建农林大学捧得“优胜杯”,福建省代表团获得省级优秀组织奖,创下福建省参赛以来的历史最好成绩。

4. 广泛开展青年志愿服务活动。招募 1 万多名青年志愿者为海峡论坛、“5.18”、“6.18”、“9.8”、第 26 届世界大学生夏季运动会、福州市创建全国文明城市等重大项目活动提供志愿服务。选拔 424 名大学生志愿者赴宁夏、新疆、甘肃和福建省三明、龙岩、南平、宁德地区从事志愿服务。

二、抓住纪念中国共产党成立 90 周年等重大契机,青少年思想引导工作得到新加强

1. 深入学习中央和省委的重大决策部署。召开各界青年代表座谈会,举办各类专题辅导讲座、团干部培训班等,在广大团干部和团员青年中掀起学习胡锦涛总书记“七一”重要讲话、党的十七届六中全会、省第九次党代会精神和《海峡西岸经济区发展规划》的热潮。

2. 主题活动丰富多彩。深入开展“学党史、知党情、跟党走”、“与信仰对话”党史国情报告会、“永远跟党走”青春歌会、“青春中国红”红色经典交响音乐会、“红领巾心向党”主题队会等主题活动,全面启动福建少先队先锋行动,引导青少年坚定跟党走的信念。召开纪念五四运动 92 周年暨先进青年典型座谈会,组织受表彰的青年典型和团干部走进基层与一线青年交流。成功举办省第六次少代会,中国少先队队歌纪念馆在厦门落成。广泛开展大中专学生暑期“三下乡”和中学生暑期社会实践活动,组织 20 万名大中学生走进基层,在实践锻炼中成长。“红歌唱响青春校园”全省大中学校优秀播客作品网络展播评选和“永远不能忘记”青少年缅怀革命先烈等网络时尚活动深入开展,受到广大青少年的喜爱和欢迎。

3. 分类引导扎实推进。总结分类引导青年试点工作经验,认真做好团中央《思想引导大纲》的转化工作。编印《什么是引导——案例说法 98 招》、《引导到哪里去——直面症结 40 例》等教材。组织 300 多名省、市、县三级团

委机关科级以上干部走进高校或中学开展面对面的思想引导工作。

4. 舆论阵地建设不断加强。认真做好《中国青年报》、《创业天下》等团报团刊的发行工作,2011 年《中国青年报》在福建省的发行量达到2 万多份,《创业天下》杂志发行量达到15 万份,其中覆盖大学生村官 6 万名。积极探索运用新媒体引导青年,建立了福建共青团手机报群和工作微博群。目前,福建共青团手机报覆盖专兼职团干部近 8000 名,已编发手机报 180 多期;"海西新青年"微博粉丝达到 17 万余人。成功召开福建省青少年网络协会成立大会,有效整合了青少年网络资源。

三、坚持以人为本,服务青少年工作取得新成效

1. 大力促进青年就业创业。积极发挥中国青年创业国际计划(YBC)项目的带动作用,着力从观念引导、技能培训、创业实践、资金扶持等方面入手,积极帮助青年就业创业。全省已成立市级 YBC 促进会(协会)6 个、县级服务站 152 个、在册导师达到 1218 名;累计扶持创业青年 1047 名,其中325 名创业青年获得免息免担保贷款 1345.5 万元。36133 名青年参加了金融知识、海西创业大讲堂等培训,6479 名进城务工青年参加了"订单式"技能培训。30347 名青年到共青团青年就业创业见习基地见习,见习后直接受聘 6438 人。6743 名创业青年通过"青年卡"项目获得小额贷款 3.58 亿元。在全省 30 个县(市、区)开展农村青年信用示范户试点工作,评定示范户 3341 个,发放信用贷款 3202.86 万元。启动"千名大学生创业扶持计划",140 名创业大学生获得补助金 128.5 万元。福建海西青年创业基金会募集资金 2770 万元,其中社会资金 1580 万元。

2. 积极关爱进城务工青年和农民工子女。在全省开展"我们在一起"联系和服务进城务工青年主题活动,以共青团"周末流动剧场"、"吃团圆饭"等活动为载体,联系和服务进城务工青年 2 万多人。深入实施"共青团关爱农民工子女志愿服务行动",截至 2011 年底,已结对农民工子女学校 1331 所,覆盖在校农民工子女 296807 人,建成 33 个共青团关爱农民工子女志愿服务行动示范基地。

3. 深入推进青少年公益事业。举办 2011 年福建各界青年公益酒会暨新春音乐会,募集青少年公益金 1700 万元。深入开展 2011 年"希望工程·圆梦大学"行动,全省共筹措资金 1510.18 万元,资助了 4120 名家庭贫困大学新生。

四、推进机制化维权,维护青少年合法权益工作有新提升

1. "面对面"活动成效初显。举办青少年事务通气会,向省人大代表、政协委员通报当前全省青年就业创业、互联网与手机不良信息整治、社会闲散青少年教育管理与服务等方面的情况,形成一批关于青少年事务的人大代表建议和政协委员提案,其中《关于加强社会闲散青少年教育帮助工作的建议》被列为 2011 年省政协重点督办提案,并被评为优秀提案。

2. 社会闲散青少年帮扶力度加大。联合 11 家省直厅局组成 4 个调研督导组赴全省开展社会闲散青少年专题调研,牵头召开了 3 场省综治委预防青少年违法犯罪工作领导小组成员单位座谈会,形成了《关于加强社会闲散青少年教育管理和服务工作的意见(草案)》。编写并出版《福建省社会闲散青少年研究》。

3. 载体平台不断完善。召开省综治委预防青少年违法犯罪工作会议,进一步发挥省综治委预防青少年违法犯罪工作领导小组各成员单位的作用,共同推进预防青少年违法犯罪工作。大力加强 12355 青少年服务台建设,为青少年提供心理咨询、法律援助等服务。广泛开展"轻松备考 12355 阳光行动",全省共举办讲座 148 场,吸引考生和家长 31269 人参加,接听考前咨询电话 1958 例。

五、突出先行先试，闽台青少年交流实现新突破。

1. 首次在台湾岛内举办海峡青年论坛。第九届海峡青年论坛在台湾成功举办。由全国青联从北京、福建等省市遴选的90名优秀青年代表组成信息技术、教育和农业三个分团，走进台湾的企业、高校和南部农村，与台湾青年进行深入交流。

2. 扩大交流规模。成功举办了第六届“两岸青年联欢节·海峡西岸行”活动，1200多名台湾青年学生、300多名香港、澳门青年学生和近千名大陆学生参加了中医药传统文化研习营、走进世界文化遗产福建土楼、五人制足球赛、燎原论坛等活动。第七届两岸大学校园歌手赛和“2011阳光海峡——两岸快乐小天使活动营”分别在台湾成功举办，进一步扩大与台湾青少年的交流，增进台湾青少年对祖国的文化认同和情感认同。

3. 提升交流层次。组织省青少年社会教育工作者考察团、省青年企业家协会代表团等7个青年代表团赴台考察，先后接待了台湾农民协会等10多个团组来闽参访，并为中青企协与台湾青创总会合作牵线搭桥，促进了两岸青年在经贸、科技、教育等领域的交流合作。

4. 完善交流机制。成功承办了第三届两岸青年社团负责人圆桌会议，来自两岸及港澳地区的55家青年社团负责人参加会议，并确定了2011－2012年度两岸青少年交流项目合作计划，使圆桌会议成为两岸青年社团交流合作的机制化平台。由福建青年杂志社主办的《城市天下》杂志于2011年6月正式在岛内创办发行，这是大陆媒体首次入岛办刊，成为推动两岸青少年交流的新平台。此外，还大力推进闽港澳和对外青年交流，邀请香港青年企业家参访团赴漳州考察，组织省青联交流团、省青少年事务交流团赴香港交流，热情接待日本青少年友好使者代表团经济分团、友好分团等团组来闽访问。

六、狠抓基层基础，团的自身建设有新发展

1. 加大团建力度。联合省总工会启动“工团联建”，扩大对非公企业的组织覆盖，新建非公企业团组织3143家。大力推进农村专业合作社团建工作，新建农村专业合作组织团组织217家。大力加强驻外团组织建设，重庆等九省市区在闽建立9个省级团工委、36个市县级团工委和256个务工青年团组织；福建省在外建立了15个市县级驻外团组织。

2. 深入开展创先争优活动。组织团省委领导和处级以上团干部深入基层大走访，到联系点督导调研53次，有效推动创先争优活动深入开展。认真落实县(市、区)团委人均1元团队工作经费和村团支部书记每月100元津贴政策，县(市、区)团队工作经费有明显增加。依托创先争优网站和手机报，宣传各类青年典型1000多人次。

3. 扎实推进县乡团委换届和乡镇(街道)组织格局创新工作。联合省委组织部出台县乡团委换届等政策性文件，有换届任务的县级团委基本完成换届。从省内高校选派80名团干部到县(市、区)团委挂职，并向挂职干部所在的县(市、区)团委各拨付工作经费1万元。全省1102个乡镇(街道)团委班子调整和增配工作全部完成。

4. 狠抓团干部队伍建设。创新开展了晨会、夜校、文化讲坛等特色学习活动，扎实推进学习型团组织建设。继续大规模培训基层团干部，举办免费培训班8期，培训新任团县委书记76名、新任乡镇、街道团(工)委书记436名、高校团干部472名、直属企业团委干部62名。举办“青少年事务”香港培训班1期。深入开展创先争优党员履职践诺、“学厦航，打造优质软环境”、学习詹红荔先进事迹等活动，强化对团干部的管理和约束，激励团干部把全部心思和精力倾注到工作上。深入开展“深入基层大走访”专题调研活动，转变团干部作风。

面向全省公开选拔团省委机关副部长1名、公开遴选科级及以下年轻干部6名；各地也通过公开选拔等方式遴选配备团干部，特别是漳州市公开选拔团县（区）委书记10名，树立正确的选人用人导向，取得了良好的社会反响。此外，总投资4173万元的省团校教学大楼批准立项，青年广场项目顺利落成，团属事业有了新发展。

江西团的工作

2011年，在省委和团中央的领导下，江西各级团组织围绕“两个全体青年”的总体目标，全面履行四项基本职能，深入实施年初确定的“双十战略”，积极谋求新作为，推动事业新发展。回顾一年来的工作，主要是抓好了以下五个方面。

一、抓引导，切实加强青少年形势政策和理想信念教育

将加强青少年思想引导作为共青团的根本任务，紧紧抓住2011年大事要事喜事多的契机，以“学党史、知党情、跟党走”为主题，切实加强青少年形势政策和理想信念教育，引导青少年紧跟党走。

开展了丰富多彩的纪念建党90周年系列活动。认真学习胡锦涛总书记“七一”重要讲话精神，通过专题会议、各界青年座谈会、辅导讲座等方式，在团员青年中迅速掀起了学习热潮。重点开展了“青春给力、紧跟党走”百县百场百万青年“青春红歌会”活动，全省100个县（市、区）、75所高校以及机关、部队、企业举办了200余场唱红歌活动，参与青少年近230万人次。开展了“微博记录身边变化——纪念建党90周年红色微博大赛”、微博拍客大赛，1万多名青年网民参与。举办112场“我与祖国共奋进”形势政策报告会，举办了50余万青年学生参加的“永远跟党走”全省大学生演讲比赛和大中专院校社团文化艺术节，在活动中加深了团员青年对党的理解。

深入学习贯彻省第十三次党代会精神。会前，组织开展了“喜迎党代会、青春建功业”主题实践活动，举办了“喜迎党代会——我的青春故事”网络访谈，30余万网友在线观看。会后，迅速发动共青团、青联、学联、少先队组织深入学习党代会精神，召开了全省各界青年代表学习党代会精神座谈会，开展了“青年对话党代表”宣讲活动，组织28名党代表深入基层，与青年进行面对面交流，创新了宣讲形式，促进党代会精神深入青年心中。

深入推进红色教育。省委苏荣书记在“五四”前夕给赣南师范学院“红色班级”同学回信，对全省团员青年提出殷切期望。在学习贯彻好苏荣书记回信精神的基础上，在全省开展了红色文化进校园活动。依托江西丰富的红色资源，通过理论培训、现场教学、实践锻炼相结合的方式，培养各级“井冈之星”大学生骨干35000人。开展了少先队“红领巾心向党”、“我是江西好少年”、“在光荣的旗帜下——党团队员话成长”主题活动，覆盖1.8万个基层少先队组织和420万名少先队员。

积极创新教育引导的形式。发挥艺术引导的鼓舞作用，广泛深入开展乡村青年文化节、高校社团文化艺术节、环境艺术节等活动，团中央书记处第一书记陆昊、团中央书记处常务书记王晓亲率团中央全国青联志愿者艺术团赴井冈山慰问演出，给老区群众带去党团组织的关心和温暖。发挥新媒体引导的重要作用，开通省市县三级团委官方微博，各级团组织和团干部开设微博5797个、博客3318个、建立即时通信群3552个，团省委官方微博粉丝突破14万，被评为“2011腾讯微博十大团委影响力官方微博”，定期编发网络舆情参阅。发挥典型的示范带动作用，开展了创先争优青年典型、青年创业典型、大学生西部计划志愿者、优秀大学生村官事迹巡回宣讲，10多万青年收看宣讲，激发了学先进、赶先进、当先进的新动力。

二、抓重点，始终坚持围绕中心服务大局

1. 全力支持共青城发展。通过宣传推介提升注意力优势，通过项目建设促进产业升级，通过协调服务落实支持事项，有效助推共青城崛起。团省委帮助引进的13个重大项目有9个实现投产，投资30亿日元的中日智能电网项目正式落户。团省委筹资2200万元建设的“江西希望工程阳光成长中心”投入使用，中央团校共青城培训基地正式挂牌运营。

2. 积极服务鄱阳湖生态经济区建设。大力实施“青春唱红鄱阳湖、青春扮绿鄱阳湖、青春创新鄱阳湖”“红绿蓝”三色战略，通过招募万名绿鄱志愿者、开展高校环保社团宣传、建设生态希望学校、实施保护母亲河行动，助力生态建设。通过青年岗位能手、青工技能大赛、青年文明号、博士服务团考察、“三下乡”社会实践等方式，助力生态低碳经济发展。

3. 配合抓好全国青少年井冈山革命传统教育基地建设。按照实用、节俭、安全、有弹性的要求，配合抓好工程建设的各项工作，同时，根据安全、有序、务实的原则，积极配合团中央做好基地运营的前期工作。

4. 为“七城会”和第七届“泛珠大会”提供志愿服务。招募7000多名志愿者为大会提供了优质服务，展示了江西青年的时代风采。

三、抓终端，竭诚服务青少年成长成才

立足青年所需、团组织所能，努力使团的服务工作成效充分体现在青年这个终端上。

1. 服务青年就业创业。组织开展了5万多名大学生参与的“挑战杯”课外学术科技作品竞赛，20多万青年参与“赢在江西”青年创业大赛，为获奖的创业选手提供500余万元的启动资金扶持。规范保留青年就业创业见习基地1738家，到岗见习青年10317人。新增培养农村青年致富带头人1000名，培训进城务工青年28500多人。发放青年就业创业贷款7.5亿元，帮扶、带动45000多名城乡青年实现就业创业。

2. 服务青少年综合素质提升。举办“相约校园、成长对话——名家讲坛”478场，覆盖大学生50多万人。依托“青联讲坛”、十杰青年联谊会、青企协青商会活动等平台，服务各界青年才俊提升境界。拓展青年外事工作，组织23名优秀青年赴日本、尼泊尔、匈牙利等6个国家学习考察，接待美国、日本、世界青年领袖组织等外国来访团组326人，宣传推介了江西，帮助青年扩大国际视野。

3. 服务特殊青少年群体。以纪念希望工程实施20周年为契机，全年募集款物1900万元，援建希望小学27所，资助贫困学生1189名，资助养育贫困孤儿268名。“1%工程”影响力日益扩大，创建了江西第一家社会公益企业——江西百分之一实业有限公司，“奉献1%，爱心100%”的理念日益深入人心，全年募集爱心款物180余万元，特别是捐助九江修水县矽肺病困难群体工作产生了良好社会反响。全面推进“杜鹃花——江西共青团关爱农民工子女志愿服务行动”，结对学校1360所，结对农民工子女46万人，建立“杜鹃花爱心小屋”等服务阵地400多所。组织开展了“青春暖冬”行动，在元旦春节期间集中开展共青团送温暖工作。

4. 加大维权工作力度。“共青团与人大代表、政协委员面对面”活动在全省广泛开展，推动省市县三级人大代表、政协委员形成有关青少年的建议、提案551份。积极推进吉安市农村留守儿童帮扶全国试点和其他省级分类试点，鼓励基层探索了农村留守儿童帮扶“阳光家园”、闲散青少年职业教育培训“雏鹰计划”等经验。“青果援”关爱服刑在教人员子女行动常态推进，结对2786对，帮扶款物365万元。探索建立了一批“我帮你青春工作室”、实施了“让梦想照亮未来”关爱务工青年行动，招募了90名务工青年权益使者、设立了100个务工青年维权站、开展了100场面对面交流活动，维权工作呈现良好态势。

四、抓基础，大力加强团的基层组织建设和基层工作坚持将基层基础工作作为共青团的生命力工程，各级团组织抓基层打基础的意识更加坚定，力度更加强化，成效更加明显。

1. 争取政策支持。联合省委组织部召开了全省基层党建带团建工作会议，下发了《关于加强新形势下基层党建带团建工作的实施意见》，一些设区市和团省委直属团委相应召开了会议或下发了文件。争取省委组织部、省财政厅、省教育厅等部门支持，做好了100名高校团干部赴县挂职选派工作，为130名在县级团委工作的大学生西部计划专项行动志愿者争取到每月增加540元生活补贴。

2. 完善基层组织网络。继续强化层级化的组织载体，以体制内、体制外人员相结合的方式，在全省1400个乡镇、139个街道全面开展团的组织格局创新，目前全省乡镇、街道团委共有团干部12621人，其中体制外6268人，占49.9%。大力推动非层级化的组织载体，全年新建非公企业团组织2596家，新社会组织建团295家，农村专业合作社建团614个，驻外团组织293个，新覆盖团员青年50多万人。创建少先队示范学校200所，促进了基层少先队工作活跃。

3. 大力支持基层。坚持眼睛向下、重心下移，团省委为基层团组织提供款物支持700多万元，全省各级团的领导机关共为基层团组织提供款物支持1452万元。团赣州市委积极整合资源，筹资9.4万元，建设市级团建示范点94个；争取“两新”组织党建带团建专项工作经费10万元，创建示范点35个；并募集微型面包车50辆，将配发给县、乡开展“送政策、送温暖、送服务”活动。

4. 深化“双创双促双提高”创先争优活动。建立省市两级团委班子成员创先争优联系点375个，开展了领导干部点评活动，65000多个基层团组织、180多万团员参与点评，“青年文明号为民服务创先争优”等活动取得实效。开展了“江西共青团2011年十件大事”评选，形成了争先进位的良好导向。

五、抓关键，全面加强团干部队伍建设。始终抓住干部这个事业发展的关键，坚持“工作上水平、队伍有成长”的理念，把抓班子带队伍摆在工作重要地位。

1. 注重锤炼党性。将强化党性作为团干部队伍建设的首要任务，组织106名省市县三级团干部在井冈山举办了“传承井冈精神，强化党性锻炼”专题培训班。在瑞金中央苏维埃政府旧址、兴国苏区干部好作风纪念馆等地建立“团干部党性锻炼教育基地”20个，依托基地开展了各种党性教育活动，引导团干部锤炼坚强党性。

2. 注重联系青年。按照中央书记处和团中央的要求，开展了新形势下青年群众工作大调研，坚持“思想真正动起来、身子真正沉下去、情况真正摸上来”，做到与青年同吃、同住、同劳动。团省委机关牵头的11个课题组，共发放问卷21000多份，走访青年8300多人次，走访机关、学校、企业、社区等基层单位355家，形成调研报告11篇20多万字。

3. 注重强化培训。以新任职的基层团干部为主体，通过分级负责，采取集中培训、电视电话培训、网络培训、收听收看培训录像等方式，共培训专兼职团干部13000多人次，帮助新任职团干部迅速理解共青团、融入共青团、奉献共青团。

4. 注重严格纪律。严格执行团中央《关于严格管理团的专职干部的几项规定》，从严要求团干部。把抓落实作为团干部作风建设的重要目标，坚持每月召开工作例会、每季度对设区市团委实行排名通报、每半年开展工作述职、每年向地方党委反馈工作情况，促进了全团重点工作在基层得到有效落实。

山东团的工作

全省各级共青团组织认真学习贯彻党的十七大、十七届六中全会，共青团十六届四中全会和省委九届十三次全体会议精神，坚持以科学发展为主题，以"建设有强大凝聚力的山东共青团"为发展目标，以"全面提升共青团事业发展水平"为工作主线，在服务党政大局中出实招，在做好青年工作中见实效，在夯实基层基础中求实绩，团的事业呈现出整体推进、重点突出、稳步发展的良好局面。

一、融入中心，服务经济文化强省建设作出新贡献

1. 服务重点战略实施，促进转方式调结构。围绕"蓝黄战略"等重点区域带动战略，成立省青企协区域经济研究会，广泛开展座谈会、研讨会，为山东经济社会发展建言献策；联合主办"中国青年企业家蓝色经济齐鲁行"活动，近200名全国各地青年企业家深入潍坊、东营等地寻求合作，团省委与中青企协、省蓝办签署战略合作协议，推动166亿元项目签约。围绕产业结构优化升级，着力提高青年劳动者素质，深化实施"青工技能振兴计划"，举办第七届全省青年职业技能大赛，引领青年职工学技能、强素质。促进节能减排，积极开展"绿色低碳山东行"活动，首次以社会化动员方式，发动67万青少年参与春季植树活动，种植树木454万株。

2. 服务文化强省建设，青年文化活动创新发展。以"信念、创新、未来"为主题，成功举办第十二届省大学生科技文化艺术节，超过10万名大学生直接参与活动。广泛开展乡村青年文化节、社团文化节等青年文化活动，组建首家省级青少年交响乐团和合唱团，"山青流动少年宫"列为山东省文化惠民工程示范项目。组织红色经典民族歌剧《党的女儿》巡演，引起较大反响。广泛开展"三下乡"社会实践和"调研山东"大学生社会调查活动，形成有价值调查报告400余篇，省委书记、省人大常委会主任姜异康对其中《从大学生对沿海四市的调查看农村文化建设》一篇作出重要批示。

3. 服务重大紧急任务，发挥生力军和突击队作用。开展对口援疆工作，签署了全国首个共青团援疆工作协议，7月赴喀什开展了援疆集中行动，支援新疆喀什四县款物达279.5万元，向新疆派遣西部计划志愿者760名，共青团援疆工作列入省援疆工作总体规划。服务急难险重任务，针对本省严重旱情，积极开展"爱心抗旱送甘露，青春建功新农村"特别行动，组织团员青年送水、送技术、帮建青年水井；组建各类应急青年志愿者队伍和青年突击队，在森林火灾、地质灾害等突发事件中快速反应。

二、固本强基，狠抓团的基层组织建设和基层工作实现新突破

1. 党建带团建工作取得突破性进展。着

力加强基层党建带团建政策的制定和落实，联合省委组织部召开全省基层党建带团建工作会议，制定出台《关于加强新形势下基层党建带团建工作的实施意见》、《关于进一步加强共青团干部双重管理的意见》和《省基层党建带团建工作联席会议制度》。集中推进县及县以下团委书记列席同级党的常委会或委员会、市县两级团委书记进入同级党的委员会等工作。部署开展全省基层党建带团建专项检查，重点围绕党建带团建工作机制制度建设、基层团组织建设、团干部队伍建设等三个方面进行核查，并将检查结果作为基层党建年度工作考核和创先争优活动评选表彰依据之一。

2.“两新”组织团建和务工青年群体团建稳步推进。推广实施非公企业建团“六大工程”和“七个一”工作流程。2011年，全省新建立非公经济团组织8183个，新社会组织团组织2383个，新增覆盖35岁以下青年、团员分别达45.7万人、24.6万人。支持安徽、新疆成立驻鲁团工委。

3. 基层团组织活力不断得到加强。全面完成县乡团委集中换届工作。1281个乡镇、614个街道开展组织格局创新工作，委员会的调整充实全部完成，全省配备编制外副书记、委员分别达6660名、14003名。大力推进村级团组织换届选举和村团组织书记进“两委”工作，全省66207个村团组织完成换届，占99.86%，村团组织书记是“两委”成员的达59.4%。农村专业合作社建立团组织2283家，建团率达44.7%。出台《县域共青团组织规范化建设工作意见》，对县乡村三级团组织的班子配备、经费保障、工作内容等进行规范。选派156名高校团干部到县市区挂职。

三、创新方式，强化青少年教育引导取得新成效

1. 扎实开展纪念建党90周年活动。以“学党史、知党情、跟党走”为主题，扎实开展青春耀齐鲁、红领巾心向党、老少颂党恩、齐鲁红色行等建党90周年系列活动。成立“我与祖国共奋进”形势政策宣讲团，组织形势报告会623场，直接参加活动青少年达28万人次。举办“与信仰对话—党史报告进校园”活动609场、党史学习交流会425场，24.7万名青年参与。开展团干部“学党史、强党性、铸信仰”学习教育活动303场，3.1万名团干部参与。

2. 积极推进分类引导青年工作。11月初，中共中央政治局常委、中央书记处书记、国家副主席、中央军委副主席习近平给蒙阴县小学生吕文凯复信，全省各级团组织迅速贯彻落实复信精神。组织基层团组织和团干部学好、用好团中央《思想引导大纲》，推进首批1300余家单位制定适用于本单位的《青年思想引导手册》。广泛开展向大学生村官张广秀学习活动和青年五四奖章、十佳大学生村官、青年榜样等评选表彰工作，两人次获中国青年五四奖章称号，增强典型引导的感染力。组织大学生骨干“蓝黄两区”学习考察活动，引导形成正确社会观察。

3. 着力探索运用新媒体教育引导青年。深化共青团网络电视频道建设，举办频道主持人大赛，开办《对话青春》栏目、与SOHU网络合作举办青年创业大赛，目前已播出视频节目260多期，点击量超过240万人次。实施全省学校共青团“红网工程”，开办青春山东“手机报”，提升运用新媒体引导青年能力。开展“舞动手指、挥写绿色家园”青少年绿色短信大赛，收到绿色短信3.3万条。首次开发的青少年绿色公益网游——“佳驿林场”，进入百度百科词条。青少年金融知识有奖竞赛活动参与广泛，全国31个省(自治区、直辖市)34万人次青少年参加活动。

四、突出重点，服务青少年成长成才呈现新进展

1. 全力促进青年就业创业工作。一是加大资金扶持力度。深化城市、农村青年小额贷款项目，全年发放贷款30.92亿元，带动13.5

万名青年就业创业。良性运作省青年创业就业基金会,扶持创业项目 31 个。二是创新贷款担保方式。发挥省每年 300 万元青春创业贴息专项资金的撬动作用,为青年创业融资进行担保,探索推广“大联保体”、“活体抵押”、“农村信用示范户创建”等方式,促进解决贷款担保难问题。三是为青年送技能送岗位。深入开展转移就业培训行动,共培训农村青年 14.3 万人,3.8 万人实现就业。加强见习基地建设,推行“星级化”管理。全省新增“就业创业见习基地”1171 个,2 万余名青年到岗见习,1.4 万名青年见习后被录用。集中开展“百校千企送岗”活动,提供就业岗位 1 万多个,4000 名学生达成签约意向。四是搭建青年创业服务平台。“联通未来青春创业社”覆盖 112 所高校,大学生创业团队达 298 个,创业社骨干队员 6802 人。举办全省青年创业大赛,1.3 万名青年参与,获奖选手最高获得 1000 万元的信贷授信和 10 万元创业扶持资金。

2. 积极为青少年办实事解难事。深化“青春助力行动”,全省结对学校 1236 所,帮扶结对 22.3 万对,受助农民工子女 46.9 万人,累计服务 864.1 万小时。开展“爱心同行送温暖”行动,帮扶困难家庭子女 5.9 万人。希望工程年内筹资 1656 万元,资助贫困学生 3413 名。开展“送岗助学、低碳畅行”山东省大学生勤工助学活动,首批为 5000 名贫困大学生提供助学机会。开展“共青团周末剧场”公益活动,丰富青年农民工及子女精神文化生活。

五、务求实效,维护青少年合法权益展现新作为

1. 畅通青少年诉求表达渠道。出台深化“共青团与人大代表、政协委员面对面”活动的意见,推动活动覆盖到县一级,全省各级“两会”期间共举行座谈和集中见面会 145 场,提出建议和提案 110 份。常态化开展“走进青年—团委书记恳谈日”活动,省、市、县三级团干部定期蹲点恳谈,全年 3390 人次深入基层,与普通青年同吃同住同劳动,收集意见建议 10790 余件。制度化搭建“团委书记信箱”联系平台,在省级媒体公布了省市县三级 159 位团委书记电子信箱,即时解答、办理青年反映的问题,共收到有效邮件 5900 余件,办理 4300 余件。其中,团省委书记信箱公开答复 74 件,青年满意率为 100%。

2. 加强预防青少年违法犯罪工作。积极做好重点青少年群体教育帮助和预防犯罪全国及省级试点工作,争取省委办公厅、省政府办公厅出台文件,为工作开展提供制度保障。全国重点青少年群体教育帮助和预防犯罪试点工作座谈会在泰安召开,对全省经验做法进行了推广。推进未成年人保护司法制度探索,联合出台办理未成年人刑事案件配套工作体系的实施意见。开展《山东省未成年人保护条例》集中宣传、“让青少年远离危险水域”、“关爱青春拒绝毒品”车友齐鲁行等系列活动。全省青少年违法犯罪率明显下降,本省预防青少年违法犯罪考核继续名列全国第一。

3. 强化青少年维权载体建设。加强 12355 青少年公共服务平台建设,山东 12355 青少年公共服务网改版上线运行,全年受理青少年咨询、投诉个案 19796 件。中高考前,与省广播电台联合推出“12355 轻松备考”专题节目,组织开展系列活动,直接服务学生和家长 16.9 万人次。继续深化青少年维权岗创建活动,开展全省青少年维权先进(标兵)个人的评选,动员各方力量共同维护青少年合法权益。

六、持之以恒,推进团的自身建设和各项事业开创新局面

1. 团干部队伍建设和作风建设不断加强。加强党性锻炼,部署开展“学党章、强党性”等活动,深入开展创先争优活动,强化宗旨意识,提高党性修养。推进学习型团组织建设,各地通过“名师讲坛”、“青年干部成长论坛”、“书记部长上讲台”等活动,着力打造“学习型、高效型、服务型、责任型、团结型”团组织和团干部队伍。加强机制建设，健全激励和问责相结合的动力传导机制，建立工作推进责任制和工作落实督导制度，年内组织两次全省共青团工作观摩会，推动重点工作在基层有效落实；健全目标考核和经常性考核相结合的工作评价机制，实行月度例会量化评议，建立团中央对口部门评议、机关内部评议、各市级团委参与评议的三维考核评价体系；健全“以人的才能增长为核心”的干部成长激励机制，加强成长观教育，坚持德才兼备、以德为先的用人标准，推动团干部自觉提升素质、增强能力、养成良好作风。加强群众观教育，开展“走进青年”等多种形式的下基层活动，带动全省团干部进一步形成深入基层、走进青年的好风气。加强能力建设，全年举办571期培训班，培训团干部3万余名。开展“走出去”活动，组织部分团干部到先进省份学习考察，开拓视野，提升境界。

2. 青年统战和对外交流深度拓展。山东青年代表团应邀赴港澳广泛接触进步青年团体，与港澳青年组织签订正式交流合作协议。“港深青年齐鲁行”交流团来鲁访问，实现互访交流。组派山东青年代表团参加“孔子故里、好客山东”台湾行活动和“中华两岸四地青年IT创新创业合作论坛”，进一步加强鲁台青少年交往合作。积极开展与德国、日本、韩国、俄罗斯、美国等国青少年的交流访问活动，国际青年交流与合作不断拓展。积极开展民族团结教育，做好宗教界别青联委员学习考察、少数民族团干部挂职锻炼等工作。

3. 团的理论研究和宣传工作进一步强化。坚持理论联系实际，科学设计2011年度共青团和青年工作课题，健全完善申报制度，加强调度指导，全年完成174项课题研究。“山东共青团”网站全年采用基层信息7541条。突出抓好团的新闻宣传工作，全年在中国青年报刊登团的新闻稿件91篇，在大众日报刊登60篇，在山东新闻联播播出42条。其中，中国青年报头版头条和头版连续刊发四篇文章，对全省工作进行系列报道。

4. 团属事业蓬勃发展。成立团省委社会组织党委，创建“一刊一群一网一平台”，青联组织服务能力得到提升。建立年度目标考核责任制，服务团的中心工作积极主动，社会效益、经济效益全面提升，团的物质依托和工作依托更加巩固。山东青年杂志、山东青年报和齐鲁少年报不断提高办刊质量，发行量稳中有升，覆盖面和影响力进一步扩大。省青少年活动中心突出教育特色，全年服务青少年达到23.2万人次，山青世界完成二期工程建设。省青少年素质教育中心完成总体规划，举办大学生职业能力拓展大赛。机关后勤服务保障服务能力有了新的提升。山东省中国青年旅行社大力拓展发展空间，加强运行管理，品牌影响持续扩大。

河南团的工作

2011年，在省委和团中央的正确领导下，河南省各级团组织紧紧围绕团河南省十三届六次全会提出的工作目标，深入贯彻落实中央十七届六中全会、省九次党代会和团中央十六届四中全会精神，按照“一体四轮”工作格局，攻坚克难、务实重干，扎实推进“中原经济区青春建功行动”，通过抓思想凝聚、项目作为、组织建设、能力先行，切实履行团的根本职责，在团结带领全省广大团员青年积极投身中原经济区建设的过程中，着力建功，彰显作为。

一、抓思想凝聚，青少年理论武装工作得到新加强

1. 坚持以先进思想促凝聚。抓住建党90周年重要契机，广泛开展“学党史、知党情、跟党走”主题教育系列活动，先后举办“信仰的力量”全省各族各界青年纪念建党90周年仪式典礼、“与信仰对话——党史国情报告进校园”、“我与祖国共奋进”形势政策教育、“红领巾心向党”主题教育、“党在我心中——寻访红色足迹”、“共产党好”——纪念中国共产党建党90周年青少年读书教育等系列活动，全省各级团组织共举办党史交流、报告、座谈会700余场，参与青少年达30万人次；扎实推进“青年马克思主义者培养工程”，培养青年近2万人；积极探索新形势下的分类引导青年工作，围绕大纲转化工作举行专题培训，确定省级联系点63个，基层试点单位345家，有力推进了全省分类引导大纲转化工作，不断加深广大团员青年对马克思主义中国化最新成果的理解和认识，坚定了永远跟党走中国特色社会主义道路的信念。

2. 坚持以宏伟目标促凝聚。组织广大团员青年深入学习省九次党代会精神，认真领会中原经济区建设的重大意义，召开各族各界青年专题座谈会，举办“大学生百校万团青春汇”等专题学习活动，灵活运用青年喜闻乐见的新载体学习党代会精神，利用微博开展“我学党代会”专题“博学会”，编写宣传省九次党代会和中原经济区建设相关精神解读动漫，以通俗易懂的形式吸引凝聚广大团员青年积极投身中原经济区建设。

3. 坚持以先进文化促凝聚。启动实施“弘扬中原大文化，增辉中原经济区”家乡文化大寻访活动，开展河南·浙江青年书法家作品交流展、河南省青年美术作品展、摄影作品展，百名优秀青年书法家作品展等优秀艺术作品展览，举办各级各类乡村青年文化活动800余次，吸引农村青年近40万人参加。持续建设河南“三平”精神青年激励榜，召开“弘扬‘三平’精神、建功中原经济区”河南青年五四群英会，为青年树立了可学可敬的身边典型，产生了广泛的社会反响。

4. 坚持以权益维护促凝聚。深入开展“共青团与人大代表、政协委员面对面”，两会期间共提交涉及新生代农民工的提案议案88份；切实发挥“两办”工作职能，积极推进“12355”服务台建设，开展重点青少年群体帮教和预防犯罪试点工作，促进未成年人刑事案件配套工作体系完善；努力拓展与青少年思想交流互动的新平台，建立共青团新闻发言人制度，确定了河南共青团网络新闻发言人卡通形象，加强豫青E网、河南青年手机报等新媒体建设，先后集中开通了一批团干部和基层团组织微博，建立省、校、班级统一的三级高校团组织微博体系，直接影响覆盖90万名青年，密切了团组织与广大普通青年的血肉联系。

二、抓项目作为，服务中原经济区建设做出新贡献

紧紧围绕中原经济区建设，以项目实施推动团组织服务中原经济区建设规范化、持久化，全省团组织共实施青年人才培育、青年就业创业等10个重点类别102个工作项目，募集社会资金41.4亿元、政府资金6941万元，受益青少年727.4万多人。

1. 实施“青春助力”项目。服务农村经济社会发展。联合相关单位开展河南青年“三夏”建功行动和河南青年抗旱浇麦服务活动，组建抗旱浇麦技术服务队140余支，青年志愿者服务队360余支，累计浇灌40余万亩。深化开展河南农村青年科技特派员活动，联系培养农村青年科技特派员248名，帮扶青年农民专业合作社657个，建立农村青年科技培训基地18个，培训农村青年科技创业带头人693名，重点推广农业实用技术和科技项目20余项。服务全省大招商。扩大青年对外交流合作,开展“全国青年企业家中原行”、中央企业青联委员“走进中原经济区”等活动中的商贸洽谈,达成50多个项目合作协议,协议金额达515亿元;组织青年企业家参加“2011年河南省承接产业和技术转移合作交流洽谈会”、“第八届世界华裔杰出青年华夏行河南行”等省内重大经贸活动;加大“请进来、走出去”的力度,先后接待来访的莫桑比克、印度、韩国、日本等国家和港澳台等地区青年代表团600余人次,安排出访65人次,不断扩大河南青年的对外交流与合作。服务生态文明建设。持续深化保护母亲河行动,组织开展河南青年黄河流域植树活动,积极推进保护母亲河宣传实践活动。组织青少年参与植树造林活动22余万人次,植树面积达10169亩;深化青少年环保队伍建设,开展“行知大河”河南省青少年生态环保实践系列活动、“地球一小时,低碳我先行”河南青年生态环保专题宣传实践活动17场次,2300多个企事业单位和近10万名青少年签署承诺书,发放宣传资料2万余册。服务社会和谐。弘扬“奉献、友爱、互助、进步”的志愿精神,扎实推进志愿服务,切实履行省志愿服务工作领导小组办公室职责,加强与各成员单位协作,持续深化平安志愿者、旅游志愿者、环保志愿者、消防志愿者、暑期大学生党员志愿者等专项活动。做好深圳大运会、郑开马拉松等省内外举办的大型赛事和重大活动志愿服务工作。招募683名大学生志愿服务西部计划、贫困县计划志愿者,赴新疆及全省贫困县开展志愿服务,积极引导大学毕业生到基层去,到祖国和人民最需要的地方去。目前全省注册志愿者已达242.4万名,累计为社会提供12.7亿小时的志愿服务。

2. 实施“青年人才”培育项目。开展“金蓝领”青年技术工人技能振兴培育项目,举办2011年全省万名青年职业技能大赛,推进河南省导师带徒工作,评选出60对“明星师徒”。开展“金土地”河南省千名农村青年致富带头人培育项目,培养农村青年科技特派员189名,选树农村青年科技创业带头人839名,评选“河南省农村青年创业致富带头人”60名;开展“金苗子”河南省百名创新青年领军人物培育项目,举办河南省青少年科技创新奖评选活动,46名青少年科技创新人才脱颖而出。举办第九届河南省大学生课外学术科技作品竞赛,科技成果转让总金额达2411.6万元。组建29支国家级重点团队、500支省级重点团队、2000多支校级重点团队、12000多支实践小分队,开展大中学生“三下乡”和“四个一”社会实践活动,不断丰富共青团组织育人方法与渠道。

3. 实施“创业服务”项目。紧紧抓住青年就业创业的现实需求,服务农村青年就业创业,开展春季培训、“三夏”返乡务工青年和农村“两后生”就业创业培训,培训农村青年17.7万;服务青年创业融资,帮助31893名青年获得30万元以下小额贷款共计17.76亿元,带动57974名青年成功实现就业;扎实推进河南省助业贷款工程,累计已向679家企业发放21.698亿元,带动就业10万余人;服务大学生就业创业,设立河南省大学生村干部发展基金2000万元,建立共青团见习基地2101个,提供共青团见习岗位41451个。

4. 实施“共青团关爱”项目。针对河南农民工子女现状,按照“青年志愿者小组(或团队)+农民工子女+接力”的项目实施模式,采取“一助一”、“多助一”等形式,招募志愿者与农民工子女广泛建立结对关系,形成长期有效的接力帮扶。实施“微笑·成长”项目,在全省建立“微笑吧”150余个,举办“微笑成长营”活动800余次。全省结对农民工子女301876人,志愿者组织与农民工子女相对集中的学校结对1323所,参与结对的志愿者达23万名。发挥希望工程品牌效应,全力打造“希望百分百·四季有爱”、“河南希望工程圆梦行动”、

"青年影响社会·爱心汇聚中原"、"融入爱"河南省新生代农民工圆梦行动、"温暖冬天·2011希望工程爱心大动员"、"大学生成长基金"等公益品牌,共筹集款项2470万元,资助学生6496人。

三、抓组织建设,团的基层组织和基层工作迈上新台阶

1. 坚持党建带团建,着力破解机制体制性问题。联合省委组织部出台了7份意见,对基层、国有企业、非公有制经济组织、社会组织、乡镇街道、高等学校、驻外团工委等各个领域党建带团建工作进行了专题部署;先后联合省发展改革委、教育厅、工信厅、财政厅、人力资源和社会保障厅、农业厅、少工委出台指导意见,对团的各项建设进行制度性安排,不断增强基层团组织的工作活力。

2. 初步形成"三网合一"的团工委覆盖模式。探索设立220万元河南驻外团工委建设发展专项基金,先后与北京、天津、陕西等地签订了双向共管协议,省市县三级团工委实现有效对接182个,对接率达到43.3%;探索成立河南青年农民专业合作社联合会,首批筛选511家合作社为联合会成员单位,覆盖青年50余万人;推广"4+X"团建模式,以标准化团室建设和"非公企业共青团优秀活动项目竞赛"为载体,推动非公企业团组织建设,全省新建非公企业团组织4426家,完成团中央下达新建团任务的147%。

3. 持续深化共青团系统创先争优活动。以"立足本职弘扬'三平'精神,创先争优竞展青春风采"为主题,以创先争优"百千万"集中行动为载体,提升基层团组织对团员青年的吸引力、凝聚力,影响带动广大团员青年积极参与创先争优活动。

4. 继续推动乡镇街道组织格局创新。全省1882个乡镇完成选配工作,共选配团干部(委员)24477名,选配书记1882个、副书记6587个。

成功召开省青联十一届第一次全体会议、省学联第九次代表大会,完成换届工作。遴选131名高校团干部到全省县级团委挂职一年,强化基层团的工作力量,推进基层团的工作创新发展。

四、抓能力先行,团干部队伍建设得到全面提升

1. 团干部党性锻炼进一步加强。大力倡导"学做实效、重在先行"的风气,开展"一融三同"党性实践锻炼和做好新形势下青年群众工作大调研活动,全省专职团干部每2个月至少有3天主动融入青年"同学习、同劳动、同生活",自活动开展以来,团的各级干部纷纷深入企业、农村、餐馆、学校等基层一线,与广大青年同学习、同劳动、同生活,成效明显,全省10766名专职团干部直接联系服务青年达20余万,覆盖影响150余万青年。

2. 团干部作风建设进一步强化。组织全省团干部深入开展"一文九论十八谈"学习活动,促进团干部思想观念、领导方式和工作作风的明显转变,树立敢于直面矛盾和问题,敢于提出破解矛盾和问题的扎实作风。加强团干部成长观教育、党风廉政教育,举办省直机关青年干部成长论坛和共青团干部坚定信念、廉洁从政座谈会,营造浓厚的廉政文化氛围,引导广大团干部树立正确成长观,筑牢拒腐防变思想防线。

3. 团干部培训力度进一步加大。在省委组织部的支持下,每年都有2期团干部培训班纳入省委组织部干部培训主体班。按照《2011年全省团干部培训计划》,全年共培训团县(市、区)委班子成员10期290人、培训各级专兼职团干部19532人。机关每月举办两次干部读书学习交流会,开办了"共青夜校",每周二、周四晚上3个学时,累计学习已达148小时。全省各级团组织领办并结项课题42项,编辑、整理、形成了《凝聚、建功、活力、先行——2011河南青年工作理论与实践成果集》。

4. 团干部协管职能进一步增强。联合省委组织部制定下发《关于进一步加强团干部队伍建设的意见》，对全省团干部队伍建设进行了规范。争取省委组织部的支持出台了“关于团省委中层干部转岗的五项规定”，得到了全省团干部高度评价。主动协助地方党委组织部门做好省辖市团委和直属单位团委领导班子的选拔配备工作。今年以来，有8名优秀年轻干部进入到省辖市团委领导班子，高标准选拔配备了40名同志进入县级团的领导班子，4名同志进入直属单位团委领导班子，9名同志进入省管高校团委领导班子。

与此同时，团校、团报、团刊坚持正确的办校办报办刊方向，围绕全省团的工作大局，积极开展服务；河南青年创业就业基金会积极整合社会资源，持续推进重点项目，运行机制不断完善；青旅、图书发行社、营地、新媒体中心等团办实业积极开拓市场，在改革中取得新的发展。

湖北团的工作

湖北团省委紧紧围绕省委的战略决策和团中央工作部署，以做好新形势下党的青年群众工作为主题，以“传承、创新、跨越”为主线，以“全团争位次、全省创一流”为目标，认真履行组织青年、引导青年、服务青年和维护青少年合法权益的基本职能，着力推动全省共青团事业科学发展、跨越发展，各项工作取得了新成绩。

一、突出思想引领，在坚定青年理想信念上实现了新跨越

以纪念建党90周年为重要契机，认真抓好引导青年这一根本任务，把握分类引导规律，精心策划重大主题教育活动，推动思想教育与实践体验相结合，增强了青年思想引领的普遍性、针对性和实效性。

1. 青年理论学习活动深入开展。采取报告会、培训班、宣讲团、“共青求是”大讲堂等形式，充分利用网络、手机等新媒体，组织广大团员青年学习党的十七届六中全会、胡锦涛总书记在庆祝建党90周年大会上的重要讲话和视察湖北时的重要讲话、温家宝总理视察湖北时的重要讲话等精神以及中央、省“十二五”规划等重大方针政策。举办党的青年群众工作和社会管理创新等培训班，深入实施青年马克思主义者培养工程，利用荆楚英才学校等载体，组织重大理论观点和重大方针政策的学习活动，坚持不懈地用中国特色社会主义理论体系武装青年，集中培训了1000名大学生骨干和1200名青年骨干。

2. 主题教育活动有声有色。突出红色教育、革命教育、党史教育，以“我与祖国共奋进”为主题，以“学党史、知党情、跟党走”为主线，组织开展“十万青年重走大别山”、“红色电影映荆楚”、“千网联动学党史”、“两岸四地青少年纪念辛亥革命百年”、“启明学堂”中学生成长励志报告会、“红领巾心向党”等特色鲜明的主题活动，吸引数百万青少年积极参与，形成了思想引领“大浪头、长流水”的局面，激发了广大青年爱党、爱国、爱社会主义、爱人民、爱家乡的热情。与荆楚网联合推出“献礼建党90周年”专题网页，点击量达到60多万次；与腾讯·大楚网推出“红色记忆”专题网页，发布微

博1.3万条，转播次数达200万次，听众总数逾40万。

3. 分类引导工作不断深化。创新分类引导青年的路径载体，组织编写《分类引导青年通俗读本》系列丛书，编印湖北共青团分类引导青年创新案例精选，指导和推动基层团组织广泛开展分类引导工作。组织开展“时代新青年、身边好榜样”等活动，树立了“中国青年五四奖章”获得者郎坤、“大学生自强之星标兵”许大卉、“杰出青年志愿者”杨子威等一批先进典型。58人获得湖北青年五四奖章。

4. 引导青年途径不断拓宽。举办湖北青年相亲文化节、大学生社团文化节、乡村青年文化节、“全民创新阅读”、“书送希望”大型公益活动、“时尚新锐”第三届时尚文化节评选表彰等活动，满足不同领域青少年的精神文化需求。启动共青团新媒体运用工作，广泛借助知名网站和通信运营商的专业优势宣传团的工作、开展思想引领。举办新媒体运用专题培训班，县级以上团委全部开通了官方微博。加强共青团新闻宣传策划，建立新闻发言人制度，与湖北日报联合开办《炫酷青春》周刊，广泛利用媒体扩大共青团组织影响力，全年在中央、省级媒体发布新闻1480余条(篇)。在19个市县建立青少年舆情动态监测点，对重点青少年群体问题进行动态监测和统计分析。

二、突出青年参与，在服务湖北跨越式发展中实现了新跨越

坚持在党政中心工作中找准共青团工作的切入点，最大限度地凝聚青年力量，提升共青团组织服务经济社会发展的参与度和贡献率，引领广大青年为实现“十二五”良好开局建功立业。

1. 服务重大发展战略成效初显。紧紧围绕湖北“两圈一带”、“一主两副”、荆州“壮腰工程”和大别山革命老区、武陵山少数民族经济社会发展试验区建设等重大发展战略，举行“重走大别山、建功十二五”誓师大会，与襄阳、荆州、黄冈、孝感等地签订战略合作框架协议，启动“鄂西圈旅游志愿服务行动”，实施区域共建。结合各地经济社会发展和共青团工作实际，在武汉建设“两新”组织团建和乡镇、街道团的组织格局创新示范区，在襄阳建设青年创业就业示范区，在荆州建设农村青年“双带双新”工程示范区，在宜昌开展共青团参与社会管理创新试点，在鄂州开展共青团参与城乡统筹建设试点，在恩施、天门、五峰开展“616”对口支援及新农村建设试点。联合省委组织部实施“博士服务团”服务基层计划，选派100名青年博士赴大别山、武陵山试验区服务锻炼。评选表彰首届“湖北跨越发展青年先锋”20人、“湖北优秀青年企业家”30人。全年累计投入4600多万元支持市县经济社会和青少年事业发展。

2. 岗位建功活动激发活力。以窗口单位、服务行业为重点，在基层团组织中广泛开展“三岗一号”联创、“两联系两服务”、“五亮五比五创”等创先争优活动，形成学习先进、争当先进的良好氛围，建立共青团示范岗1.2万余个、青年文明号2160余家；省、市团的领导机关共建立基层联系点175个。在全省企事业单位中广泛开展以“创业育英才、创新促发展、创效助跨越、创优强团建”为主要内容的“四创建功”活动，组织开展青年人才创新创业论坛、青工技能大赛，引导广大青年立足岗位建功立业。启动实施农村青年“双带双新”工程，大力培育农村青年致富带头人，发展农民专业合作社，推广普及农业科技，加强农村文明新风建设和环境综合整治，全方位服务新农村建设。实施农村青年就业创业项目188个，评定农村青年信用示范户7719户，启动建设一批示范基地。深入开展大中专学生志愿者暑期“三下乡”社会实践活动，发动50余万大学生、1000多支重点团队深入基层和农村，开展各种服务活动。

3. 青年志愿服务深入推进。加强志愿服

务队伍建设，全省新注册志愿者17.5万人。推进志愿服务项目建设，完善项目考核和推广机制，结项第二批“情系湖北”志愿服务项目98个，新增第三批扶持项目110个，打造了“情系湖北”大别山小亭支教团等一批示范项目；深入实施“西部计划”，共派遣西部计划志愿者367名分赴西部地区和湖北恩施等地开展服务，其中首次选派87名志愿者赴新疆维吾尔自治区和生产建设兵团服务；实施保护母亲河行动，动员50万名青少年植树205万株、造林近6万亩。招募近千名志愿者参与了纪念建党90周年、纪念辛亥百年、第26届亚洲男篮锦标赛、第26届世界大学生夏季运动会等重大活动的志愿服务。顺利完成援外青年志愿者招募选派工作，推进了志愿服务“国际化”。启动全省青年志愿服务示范岗创建工作，带动160余万人次志愿者开展志愿服务活动。通过基层团建创新和志愿服务活动积极参与社会管理，承担全省性社会管理创新项目6个，推进了共青团作为青年类社会枢纽型组织建设。

4. 青年交流合作更趋活跃。依托青联交流平台，促进青年人才交流交往，全年接待国(境)外14个团组2288人次来鄂访问交流，选派242人次出访多个国家和地区。与鄂港青年交流促进会联合举办了鄂、港、澳、台两岸四地青少年“纪念辛亥革命百年”系列主题活动。组织青年代表参加“香港五四青年节2011‘同梦同心’两岸四地青年梦想起航行动”、台湾首届两岸四地IT青年创新创业合作论坛、香港青年联会成立19周年庆典、澳门青联成立5周年庆典等活动，接待了香港“2011新纪元行政管理精英培训计划”代表团、“爱我中华两岸四地青少年大汇聚火车团”、香港树仁大学交流团等青少年交流团，鄂港澳台青年交流迈上常规化道路。首次独立组团赴印尼、马来西亚考察，对外青年交流更加活跃，层次更高。承办团中央、全国青联举办的首次藏传佛教青年代表团内地交流考察工作，加强了汉藏青年间的交流。

三、突出创业就业，在解决青年民生问题上实现了新跨越

紧紧抓住创业就业这一党政关心、社会关注、青年关切的重要民生问题，进一步搭建创业平台，构建服务体系，完善推进措施，着力打造“青创工程”品牌，把服务青年的工作做深做细做实，努力使大多数青年获得实实在在的好处。

1. 搭建“五位一体”创业平台。着力建好青创中心、青年人才创业园、青年企业孵化器、青年创业基金、青年创业就业见习基地等创业载体，打造创业人才集聚、项目孵化、信贷融资、见习实践等平台，全面推进青年创业就业工作。建设了30个县市级青年(大学生村官)创业园；在武汉、襄阳、宜昌、黄石、荆门等5个城市建成总面积达3万平方米的8个省级青年企业孵化器，可免费吸纳1000个创业项目入驻孵化；其中，湖北青年企业孵化器已成功孵化企业9家，孵化“3551”人才计划、“千人计划”等项目13个。省青年创业就业基金会面向社会筹集“留本捐息”基金1亿元，设立了5000万元青年创业风险投资基金和2000万元青年创业信贷担保基金；“青创工程”获金融机构授信15亿元，全年评定农村青年信用示范户7719户，评定城市青年小额贷款3201笔，发放城乡青年创业小额贷款16.4亿元。全省建立见习基地2158家，开发见习岗位6.4万个，组织上岗见习4.9万人；完成订单式技能培训2.96万人次。举办“百企万岗”大学生就业公益招聘会15场，提供就业岗位10万个。

2. 完善“五务合一”服务体系。在全国率先建立了省“青年创业就业服务中心”，并在襄阳、麻城、宜都、恩施、郧县、谷城等地开展市县青创服务中心建设试点，集中信息咨询、创业培训、融资服务、见习实践、权益维护五项服务资源，实行窗口式、综合化办公，做到“五务合一”。探索与政府就业和再就业工作体系相衔接、体现共青团特色的青年创业服务体系，完善了省、市、县、街道（乡镇）、社区（村）等服务青年创业五级联动机制，建立了以共青团远程视频教育网络为载体的信息化服务网络，壮大了以专家学者、青联委员、青年企业家和创业成功人士为主体的“一对一”专业化服务队伍，为广大农村青年提供全方位、系统化的创业就业服务。

3. 落实“五措并举”工作措施。坚持抓观念、抓项目、抓典型、抓环境、抓品牌“五措并举”，形成推动青年创业就业的整体合力。通过开展创业教育、职业导航、“挑战杯”大学生课外学术科技作品竞赛等活动，引导城乡青年能人、大学毕业生转变观念、自主创业。通过项目化推进，直接投入资金361.5万元，资助“艳阳天”项目30个、“扬帆计划”项目98个、“田园小康”项目91个。创新青年创业就业载体，与中南财经政法大学联合创办湖北青年创业学院；集中开展“湖北青年创业月”活动，提供“1+6+10”的系统服务，提高了共青团服务青年创业就业工作的社会影响力和吸引力。

四、突出权益维护，在服务青年健康成长上实现了新跨越

按照“三个结合一个制度性安排”的要求，关注重点群体，建设维权实体，完善维权机制，探索建立符合社会管理创新要求的青少年维权工作体系，实现维权和预防工作相互促进。

1. 青少年维权工作不断深化。全面深化“共青团与人大代表、政协委员面对面”活动。围绕“新生代农民工社会融入问题”、“丰富新生代农民工精神文化生活”主题进行调研论证，开展“湖北共青团倾听月—走进新生代农民工”统一行动，组织召开“面对面”活动座谈会，协助各级人大代表、政协委员提出建议案、提案120余件。推动成立湖北省未成年人保护委员会，进一步完善组织化动员机制。组织开展重点青少年群体服务管理和预防犯罪示范社区（村）创建工作，不断加强闲散和有不良行为青少年等群体的服务管理工作。深化宜昌共青团参与社会管理创新试点和预防青少年犯罪试点工作，推行青少年信息和事务网格化管理，加强社区团干部、网格管理员、志愿者队伍建设，探索具有普遍性、可操作性的做法和经验。举办青少年法制教育宣传活动，通过维权岗结对社区走进校园、开设网络普法宣传等方式，为青少年提供法律咨询和援助服务。开展青少年网络素养集中教育培训，在全省推广“网海生存训练营”，帮助和引导青少年提升网络素养。不断完善维权机制和载体。推进12355青少年服务台和青少年维权岗建设，创建“四无社区”，大力开展青少年法制宣传教育，提高青少年自护能力。开展“关爱心灵·完美人生”活动，依托心理咨询专业机构，定期为农民工子女提供心理辅导志愿服务。湖北12355阳光行动为12.7万名青少年举办轻松备考心理减压辅导讲座243场。

2. 青少年关爱行动成效明显。广泛开展“关爱农民工子女志愿服务行动”，覆盖1216所农民工子弟学校；开展“畅游江城”、“爱心午餐”、“四点半学校”等活动，惠及农民工子女和留守儿童37.8万余人。不断提升希望工程品牌效益，成功举办希望工程第二届慈善晚宴，倡导“微公益”理念，畅通大众捐零渠道，投放200余台“希望工程多媒体爱心捐零箱”，启动“关爱城市流动花朵”腾讯月捐计划，建立“10639885”手机捐零平台，设立“荆楚希望工程公益日”，组织开展“一日捐”、“志愿服务”、“城乡大互换”、“义演义卖”等公益活动，希望工程省级筹资5660余万元，新建希望小学46所，资助贫困学生1.1万人次，完成快乐音乐教室、体育园地、希望厨房、希望卫生室等各类项目60余个，实现了筹资规模和资助人数“双翻番”。

3.“三万”活动成果丰富。在全省共青团系统开展“三进三访三促”活动，省、市、县、乡专职团干部全部下到农村，大范围走访青年，大样本调查研究，大力度兴办实事，联系和走访各类农村青年6万余人，形成70余万字的访谈实录和160篇调研成果，走访慰问农村困难家庭3856户，办实事好事21715件。《湖北农村青年发展状况调查报告》得到李鸿忠、陆昊、张昌尔等领导批示并转发全团借鉴。结合新一轮“三万”活动要求，组织开展“三进三联三助”活动，在完成清塘挖堰硬任务的同时，组织万名青年人才与万名农村创业青年、万名青年志愿者与万名留守儿童、万名团干部与万个基层团组织开展结对联系和帮扶。

五、突出基层基础，在扩大团的组织和工作覆盖面上实现了新跨越

坚持眼睛向下、重心下移，不断加大对基层的联系、指导、投入和服务力度，着力夯实团的基层基础，扩大团的组织覆盖和工作覆盖。

1. 党建带团建机制不断完善。争取省委组织部重视支持，出台了《关于加强新形势下基层党建带团建工作的意见》、《关于发挥共青团职能作用服务年轻干部健康成长的通知》、《关于加强党建带团建全面推进乡镇、街道团的组织格局创新工作的通知》和《关于在全省村级组织换届中同步做好村级团组织换届工作的通知》等政策文件，在基层团的组织建设、队伍建设、阵地建设、党团共建创先争优和党建带团建工作机制等方面形成了一系列政策措施，明确了基层团建工作目标、任务和要求，并将组织格局创新工作纳入基层党建总体格局、纳入创先争优活动部署、纳入基层换届工作安排，作为基层党建年度考评“一票否决”内容，有力促进了团的基层组织建设和基层工作。

2. 乡镇、街道团组织格局创新任务全面落实。采取编制内外相结合、体制内外相结合、专兼职相结合和“1+1+x”方式，把各方面的优秀年轻干部和青年人才吸纳到团的岗位上来，充实了乡镇、街道团的工作力量。全省943个乡镇、285个街道团组织委员会平均人数达到16人，35岁以下青年占到委员总数的80.5%，党政班子成员兼任团(工)委书记的比例达到98.7%。积极探索村、社区团建新路子，专业合作组织团建、网格化团建、青年自组织团建取得新进展，一大批青年致富能手、回乡大中专毕业生、农民专业合作社领办人等进入村级团组织班子。按照“固基础、管长远、促发展”的要求，围绕分工协作、考核评价、培养激励等方面，着力完善基层团的工作机制，全省基层团的工作活力进一步提升。

3. 非公企业和社会组织团建不断拓展。开展“百日攻坚”行动，成立10个重点行业协会团(工)委，编印非公团建指导手册，遴选和扶持非公企业团建示范项目，不断深化非公企业和社会组织团建工作。完善“抓龙头，带动一个链条；抓协会，带动一个行业；抓商会，带动一个商圈；抓园区，带动一个区域”的团建举措，探索推行“党建+工建+团建”、“总部+基地+团建”、“协会+企业+团建”、“园区+企业+团建”、“专业市场+销售网点+团建”、“社区+楼宇+团建”、“互联网+青年自组织+团建”等团建模式。全年新建非公企业团组织4658家、社会组织团组织697家、农村专业合作社团组织982家。

4. 驻外团组织建设实现扩面增活力。依托政府驻外办事机构、驻外党组织、在外商会、中介机构、湖北籍企业家所在企业，深入推进驻外团组织建设；根据外出务工青年的特点和需求，积极搭建教育管理、就业创业、权益维护、关爱帮扶、人才培养“五大平台”，力所能及地开展服务工作，增强对务工青年的吸引和凝聚。全省共建立省级驻外团工委8个，指导各地建设驻外团组织1037个、青年自组织团组织770个，1600余名代表性强、带动力强、工作热情高的各领域青年带头人被聘任为驻外团组织兼职干部，联系外出务工青年31万余人。

5. 支持基层工作力度不断加大。坚持重心下移、资源下沉，推进项目化运作，在全省范围内实施青少年思想文化项目、青年创业项目、"希望工程"助学项目、"情系湖北"志愿服务项目、基层团建规范化项目、非公企业团建示范项目和青少年问题调研项目共1280多个，统筹项目资金支持基层团的建设和工作。组织全省乡镇、街道、驻外团组织、非公有制企业和社会组织开展基层团建和团的工作创新竞赛、展示、交流活动，通过以奖代补，加大对基层的支持，促进和带动全省基层团的工作整体活跃。

六、强化队伍建设，在提高做党的青年群众工作能力上实现了新跨越

以"争创六型机关，争做让党放心、让青年满意团干部"活动为载体，统筹推进团的领导机关和干部队伍建设，切实改进作风、严明纪律，努力造就政治强、业务精、作风正、服务优、纪律严、素质高的团干部队伍。

1. 团干部队伍建设取得新进步。加大干部学习培养、竞争选拔、轮岗交流和挂职锻炼力度，出台《关于加强和规范全省共青团教育培训工作的意见》，按照分级负责的原则，举办各类培训班254期，培训团干部和少先队辅导员30126人次。从全省95所高校中选拔131名优秀团干部，分别选派到省内和河北、四川、贵州等地县市区团委挂职锻炼。实施共青团服务年轻干部成长工程，推动团干部健康成长。各市州、直管市团委班子成员转（提）任41人，县（市、区）团委负责人转（提）任143人，占编制数的62%。团省委机关提（选）任处级干部12人，交流轮岗39人次。

2. "双争"和治庸问责活动扎实推进。围绕"双争"活动，开展每月读一本好书、专家讲坛、写作竞赛、理论成果展示等活动，建立早操、作息打卡等制度，严肃"六个不准"纪律，力倡"三短一简"，树立了青年机关的良好形象。深入开展治庸问责工作，通过"五问五查"、"五亮五评"、"五严五抓"等活动载体，有效治理庸懒散软，促进了干部精神面貌、工作作风的转变。团省委支持基层、服务青年的"六件实事"得到较好落实

此外，围绕党政关注的重点和青年关心的热点，深入开展调查研究，形成了一批优秀调研成果。充分发挥"湖北共青团"网站、《青年工作纵横》、《团的情况》、《青联人》、《湖北青年企业家》等团属信息宣传阵地的作用，及时发布团情信息，交流团的工作。省青联、省学联、省少工委、省青企协、省志愿者协会等青年组织高质量、高规格、高水平地完成了换届工作，配齐配强了领导班子和工作队伍，组织开展了一系列卓有成效的活动，为共青团和青少年事业开辟了更为广阔的发展空间。湖北青年职业学院（省团校）、省中青旅、省青年人才交流培训中心等团属事业健康发展。

湖南团的工作

2011年，湖南共青团在省委、省政府和团中央的正确领导下，以深入开展创先争优活动为总揽，以助推"四化两型"建设为主题，以切实履行四项基本职能为主线，紧贴中心求作为，紧贴青年促发展，紧贴基层抓建设，团的各项工作和事业实现了新发展。

一、引导青年工作取得新成效

一年来，全省各级团组织始终坚持用社会主义核心价值体系教育武装青年，抓住纪念中国共产党成立90周年、辛亥革命100周年等

重要契机，以“我与祖国共奋进，我与湖南同发展”为主题，广泛开展“学党史、知党情、跟党走”、“红领巾心向党”等主题教育和形势政策宣讲活动，共举办2000多场“在光荣的旗帜下——党团队员话成长”、“与信仰对话——党史报告进校园”、“青年典型进校园”和“青年创业者足迹”主题活动和宣讲交流活动，唱响了爱党、爱祖国、爱社会主义、爱家乡的主旋律。组织全省广大团员青年学习实践省第十次党代会精神，深入开展“我与湖南同发展，我为‘四化两型’作贡献”主题实践活动，开展主题形势报告会122场。切实加强未成年人思想道德建设，积极实施青年马克思主义培养工程，着力构建了团、队一体化的分层教育体系。针对不同青年群体思想和行为特征，探索创新分类引导的手段和载体，“12355湖南数字共青团”全面启动，湖南共青团门户网站改版升级，全省“共青团县县上网”工程全面完成，“大学生手机报”在全团率先推出，“保护母亲河”等284个共青团官方博客、微博相继开通，“成人礼”2011晚会、红歌会、“文明短信传三湘”、“天天向上”大学生志愿者西部计划专场等一大批深受青少年喜爱的活动和栏目成功举办。全年争取建设资金200多万元支持基层青少年活动阵地建设，省青少年活动中心龙头作用进一步发挥，湖南青运史陈列馆接待5万余名青少年开展红色励志教育。

二、服务中心大局创造新业绩

坚持紧贴党政中心，围绕工作大局，充分发挥青年在推进湖南“四化两型”建设中的生力军作用。

1. 开展“四化两型，青年争先”主题活动。组织青联委员、青年企业家为“四化两型”献计献策；举办“挑战杯”全省大学生课外学术作品竞赛，成果转化签约3500余万元；深入实施“青年创新创效”行动和“青工技能振兴计划”，鼓励青年立足岗位干事创业，培养青年高技能创新人才2000余人；深入开展“青春建功新农村行动”，开展农村科技培训和“订单式”技能培训50946人(次)，培养农村青年致富带头人1.2万余人，帮扶农村青年专业合作经济组织174个，100名大学生村官通过团组织的项目、资金扶持，带领农村青年创业成才；省青联、省青企协组织开展了“中央企业青联湖南经贸考察活动”、“中日青年高峰论坛湖南考察活动”，积极参与了湘商大会等重要经贸活动。选树了207名“青年五四奖章”等青年先进典型，争取省政府为90人记功。

2. 深化“保护母亲河”主题活动。以“给力绿色湖南，共建两型社会”为主题，开展了“千万青少年绿色承诺行动”，设立了青少年生态监护站和监督岗，成立了省环保社团联合会，全面完成“中日青年湘阴、安化生态绿化示范林”第四期工程，启动了日本永旺集团湘江植树国际合作项目。全年活动共吸引青少年和社会公众302万人次参与，植树1600万棵，面积13.53万亩。

3. 大力推进“青年志愿者行动”。全年发展注册志愿者26万余人，青年志愿者组织300余个，累计提供志愿服务2000多万小时。选拔优秀志愿者为深圳大学生运动会和全省大型活动、赛会提供优质服务。在长沙市成功开展“雷锋号”志愿者工作站试点，目前正在全省城市社区、重点青少年集中的单位、农民工子女集中的学校和条件成熟的农村全面开展创建工作。积极开展“青年文明号”、“手拉手”、“三下乡”等精神文明创建活动，有力促进构建和谐湖南。

三、服务青年成长开创新局面

坚持把竭诚服务青年作为工作的出发点和落脚点，帮助青年成长成才。

1. 大力促进青年就业创业。全省共建立40所“湖南共青团城市新青年创业学校”、1174家青年就业创业见习基地，参加见习14870人，提供见习岗位1000余类15504个，12264人签约解决就业。湖南青年创业就业基金会被正式批准为财政全额拨款事业单位，全年筹集资金1580万元，组织实施“动感地带校园创业大赛”、“芙蓉学子”等项目，为700多名青年提供创业资助，与金融部门和机构合作发放青年创业小额贷款19.5亿元，9593名青年获得创业贷款扶持。

2. 深入开展关爱青年农民工和关爱农民工子女志愿服务行动。评选了首届湖南杰出（优秀）青年农民工，省委周强书记亲切会见获奖农民工代表并座谈；举办了“青春感动深圳、湘情沟通未来”湘籍在深务工青年文化节、杰出（优秀）青年农民工颁奖晚会、“我们约会吧——青年农民工专场”节目；设立了35个湘籍外出青年农民工维权工作站。深入开展“伴你成长——湖南共青团关爱农民工子女志愿服务行动”，成立省级关爱农民工子女专项基金，启动“关爱农民工子女基金——圆梦红土地一日捐”活动，通过微公益方式募集基金近300万元。目前，全省各级志愿者组织与农民工子女学校结对1948所，结对农民工子女23.9万余人，基本实现对农民工子女较集中学校的全覆盖。

3. 积极维护青少年合法权益。以“新生代农民工社会融入”为主题，在全省14个市州和98个县市区开展“共青团与人大代表、政协委员面对面”活动；在衡阳县等5个县市开展重点青少年群体教育帮助和预防犯罪工作试点；加强对重点、困难青少年群体的关爱、帮扶力度，开展“2011温暖同行”慰问活动，筹集慰问资金、物资400余万元，走访慰问困难青少年近万人次。希望工程筹款4607万元，援建希望小学25所，资助5000余名困难学生完成学业。青少年法制教育和自护教育不断加强，“12355青少年服务台”日趋规范，“青少年维权岗”等创建工作不断深化，禁毒防艾宣传教育深入开展，校园治安和重点青少年群体防控有效加强，为优化青少年成长环境、维护社会稳定发挥了积极作用。

四、强化组织凝聚实现新突破

以最大的决心和力度狠抓团的基层组织建设和基层工作，基层基础不断夯实、功能和活力明显增强。

1. 深入开展创先争优活动。按照扩大组织覆盖，增强组织活力，发挥带头作用的要求，深入推进共青团系统创先争优活动。组织开展“我身边的优秀共青团员和优秀青年”群众推荐、“社会管理创新与青年群众工作”专题调研等工作和活动，特别是自5月开展“三进三同”主题活动以来，全省共建立联系点300多个，全省9500余名团干部先后参与了主题活动，为基层和青年解决实际问题和困难2000余件，密切了与广大青年的血肉联系。

2. 基层工作环境持续优化。深入贯彻落实全省党建带团建工作会议精神，出台了《加强全省中职中专学校共青团工作》、《关于在全省村级组织换届选举中抓好村级团组织换届选举工作的通知》等文件，召开了全省中职中专学校共青团工作会议。支持基层力度不断加强，千方百计整合资源，全年省市两级团委支持基层工作经费和项目经费近5113.5万元。选派132名高校团干部到县级团委挂职（其中10名在四川），协调吸纳4000多名大学生村官、选调生、“三支一扶”人员和西部计划志愿者担任兼职团干，完成对12057万名团干部、少先队辅导员的轮训。

3. 团建创新工程扎实推进。全省新建非公企业团组织2800家、新社会组织团组织624家、农村专业合作协会团组织156家，有效覆盖团员青年30余万；全省2160个乡镇、255个街道全面开展了乡镇、街道组织格局创新工作；在广东、深圳、浙江建立了146家省市县三级驻外团工委，扩大了对体制外青年和团建空白点的有效覆盖。

五、干部队伍建设不断加强

围绕纪念建党90周年，教育团干部不断增强政治敏锐性和鉴别力，始终与党中央保持高度一致，讲党性、讲原则、讲纪律。推动团的各级领导机关干部和高校团干部下基层驻点和挂职，改进工作作风，增进与广大普通青年的感情，不断增强党的群众观点和群众立场。深入开展"争创学习型团组织、争当学习型团干部"主题活动，严格落实"五个一"的具体要求，专职团干部坚持做到"每天平均学习一小时以上，每月至少读一本书，每季度参加一次学习心得交流，每半年撰写一篇文章，每年牵头或参与一个课题调研"。通过开展双争活动，全省团干部队伍综合素质明显提升，学习力、思考力、执行力和创造力明显增强。深入开展"牢固树立正确成长观"主题教育活动，强化党风廉政责任制，建立健全与党委分管领导的纵向沟通机制、市级团委年中述职制度，科学实施全省共青团工作年度考核，各级班子的结构进一步优化，共青团系统管理和纪律进一步强化，形成了抓机关带基层、风清气正、心齐劲足的良好局面。

广东团的工作

2011 年，全省各级团组织紧紧围绕"为党不断巩固和扩大执政的青年群众基础"这一根本职责，努力为省委做好新形势下的青年群众工作，结合广东实际和青年特点创造性地开展各项活动，使工作贴近青年，资源下到基层，干部得到锻炼，在团结带领广大青少年为"加快转型升级、建设幸福广东"作贡献中发挥了积极的作用。

一、着力巩固和扩大党执政的青年群众基础

1. 大力传播党的思想主张。在深圳大运会志愿服务中建立临时党团支部和党团员示范岗，充分发挥党团组织的战斗堡垒作用和党团员的先锋模范作用。在"幸福广东 · 健康同行"扶贫"双到"行动中，组织 1 万名基层医疗志愿者到 3409 个贫困村为 66 万贫困户送去价值 6600 万元的爱心药包，志愿者打出党旗、团旗，亮出党员、团员身份，并在药包上印上党徽、团徽和省委"永远和人民群众在一起"的号召，让广大人民群众感受到党的关怀和温暖。

2. 引导青少年坚定信念跟党走。扎实推进青年思想分类引导工作，针对不同青年群体制定《思想引导大纲（广东版）》及各地市《青年思想引导手册》，编写广东青年马克思主义者培养工程系列"口袋书"；举办 1022 场纪念建党 90 周年"永远跟党走 · 与信仰对话"党史形势报告会；组织团员青年开展 1612 场党史学习交流会，171163 人次参与；创造性举办首届五四网络青年节，200 多万青年直接参与活动，通过微博覆盖 1000 多万青年；开展"红领巾心向党"系列主题教育实践活动，1333 万少先队员参加；举办全国（广东省）青少年"永远跟党走"纪念建党 90 周年青春歌会；开展"10 · 13"建队日主题活动，覆盖全省少先队大队总数的 65%；开展"爱心汇聚小鸟巢"活动，"邀请老党员和少先队辅导员于七一"期间赴 91 个"希望家园"与 17400 多名留守儿童一起唱红歌、讲红色故事、开展红色知识竞赛等活动，培养少年儿童对党和社会主义祖国的朴素感情。

3. 实施五个"青马工程"。在大学生中，选取中山大学等 12 所高校开展"青年马克思主义者培养工程"试点，探索青年马克思主义者培养的标准化模式，并向全省 124 所高校推

广，每年为党培养万名青年马克思主义者；在新生代农民工中，以"北大100"项目为蓝本，打造推广农民工"高考"的标准化模式，全省共9656名优秀新生代农民工入围"圆梦计划"，每年可培养万名农民工基本依靠力量；在青年企业家中，组织100多位青年企业家上井冈山学习，加强革命教育，成为能够担当时代重任的"红色"青年企业家；在农村青年中，创建广东青年现代农业发展促进会，培育农村青年致富带头人，强化党团在农村基层的骨干力量；在青年公务员中，以"学党史、读马列、强党性"系列活动强化思想武装，推动青年公务员成为坚定的马克思主义者。

二、积极投身"加快转型升级、建设幸福广东"

1. 打造青年建功立业的舞台。实施"广东青年领军企业上市孵化工程"，联合省证监局、省科技厅、省工商联在全省遴选出100家青年领军企业集中孵化上市，打造企业上市集群"航母"，使之成为推动广东经济发展的先锋舰队；举办广东省各界青年代表中秋恳谈会和广东青年企业家应对"中等收入陷阱"研讨会，献计"加快转型升级、建设幸福广东"；举办厅长与青农会会员"面对面"活动，分别邀请省直厅局领导就农业、林业、工商、税收、金融等领域问题与青农会会员面对面交流；举办首届粤港澳青年电影盛典，服务广东文化强省建设；举办"责任·机遇·发展——2011年中美菁英智慧峰会"，邀请旅美科技专家组成的美中科技文化交流协会把脉广东发展；开展"2011粤商菁英年度人物评选"活动，为广东青年企业家塑造粤商文化、助力跨越"中等收入陷阱"选树典型。

2. 探索参与社会管理新模式。在进一步做实做好志愿服务工作的基础上，推出"爱·大家"首届珠江公益节，在全省扶持千个优秀公益项目，培育千个优秀公益社团，选树百名公益达人，实现公益项目对接公益资金6109万元、物资价值4270万元；启动"一元捐"志愿服务扶贫济困活动，组织1万多名青年志愿者和少先队员，周末分赴全省1592个募捐点开展募捐；发起设立广东红领巾基金，部署"捐赠爱心压岁钱，幸福广东第一棒"活动，共筹得少先队员捐款近1000万元，初步建立了困难少年儿童救助资金募集机制；开展"民生事·学子心"大学生信访工作志愿者行动试点；联合省委办公厅、省信访局选拔"青年马克思主义者培养工程"学员到省信访局担任信访工作志愿者。

三、把握青年普遍性、迫切性、根本性诉求，形成竭诚服务青年的项目体系

梳理细分重点青年群体，针对不同青年群体诉求打造工作项目，形成服务体系。面向农民工群体：举办首届农民工"玫瑰节"，全省累计举办活动300多场，覆盖超过100万新生代农民工；成立全国首家省级青年产业工人作家协会，邀请文化名人担任顾问，近200位农民工作家、文学爱好者为首批会员，圆广大农民工的"文学梦"；推出广东青工学堂，每天早晚发送2条信息，覆盖新生代农民工120万；开通手机电台青工学堂频道，每月收听量约12000人次；对26184位进城青年农民工进行"订单式"技能培训，累积签订用工意向协议24832人，促进16976人上岗就业。面向大学生群体：以大学生校园文化艺术节、科技学术节为载体，增强大学生综合素质；以创业竞赛和就业创业基地为抓手，服务大学生就业创业；组织42万名大中专学生开展"青春辉映党旗·实践创造幸福"暑期"三下乡"社会实践活动，投入资金物资价值总计4000多万元，撰写调研报告3855篇，为粤东西北山区的676万大多基层群众提供服务；组织全省高校近千支大学生社会公益服务团队创新形式服务社会建设，服务群众超过48万人次。开展第二届广东大学生"U势界"创业项目大赛，设立5000万元的广东大学生(聚晖)创业基金，为有志于

创业的大学生团队提供最高500万元的资金支持。面向农村青年群体：创建省市县镇四级广东青年现代农业发展促进会，以“春季大培训”、“金融大服务”、“市场大对接”等六大项目为载体，切实服务农村青年。其中，“金融大服务”发放小额贷款1.9亿元，带动8853名农村青年实现创业就业。面向城市青年群体：建立“青年就业创业见习基地”2111家，提供见习岗位5077个，岗位需求总人数达到42505人，岗位对接率高达92.2%，见习结束后被所在见习单位正式聘用率达34.8%；发放青年创业小额贷款6.08亿元扶持12224个青年成功创业，辐射带动31216个青年实现就业。面向少年儿童群体：打造“小红帽”红领巾应急避险教育计划、“稻草人”社区少年儿童守护计划等六大“红领巾幸福大礼包”，培养少年儿童“有理想、会学习、善思考”，服务他们健康快乐成长。面向困难青少年群体：开展“幸福广东·青春情暖”活动，筹措1700多万元慰问帮扶困难青少年50多万人；组织10万名志愿者与农民工子女结对帮扶；筹集社会资源创建299所关爱农村留守少年儿童的“希望家园”；筹资400多万元的资金和物资启动贫困地区小学“幸福厨房”建设，让山区孩子让吃上热腾腾、香喷喷的午餐；“南粤会亲”活动在省市县三级同步举行，5000多名孤儿、单亲家庭子女得到400多万元的资助；“七彩梦·飞起来”留守少年儿童夏令营从省推广到21个地市。在全国率先实现将“共青团与人大代表、政协委员面对面”工作延伸到县一级，全面反映青少年的诉求和呼声。

四、创新团的组织格局，夯实团的基层基础

与时俱进创新团的组织形态，从过去“青年追随组织”向现在“组织承载青年”转变。一是“开门办团”，吸收“体制外”优秀青年代表进入乡镇、街道团委班子。开展镇街团的组织格局创新，100%完成1145个乡镇团委人员的选配工作，其中353个乡镇团委书记由镇党政班子成员兼任，占全省乡镇比例的30.83%。全省437个街道完成了团的组织格局创新工作，共吸纳2412个体制外人员成为团干。二是以乡情、亲情为纽带，建立地籍团组织。联合湖南、四川等10省成立驻粤团组织1000多家，通过乡情、亲情对流动青年群体进行组织化梳理、组织化对接和组织化承载。三是借助党政资源，实现依托建团。联合劳动保障部门试点建设100个青工学习成才服务站，强化对非公有企业和新社会组织团组织的联系和管理，增强联系青年的渠道和力量。截至目前，全省新建立非公企业团组织7337家、新社会组织团组织1320家，覆盖团员青年近百万人。

五、拓宽资源配置渠道，为团的事业提供有力保障

1. 在社会财富第三次分配中承载社会资源。联合运营商开通手机短信捐款平台；通过“珠江公益节”实现公益项目和公益资源有效对接，组建公益评审团对公益项目进行社会化监理，强化公信力。上半年新增筹资达到1.65亿元。

2. 省下、挤出、争取经费投放到基层。把“干部下基层的多与少、资源下基层的多与少、活动项目对青年覆盖的多与少”作为团组织自我评价的重要标准，截至目前已经以项目的形式下拨2000万元给基层，为全省38个没有工作用车的县级团委配备工作用车。

3. 提升团组织承接政府购买公共服务的能力。推动共青团从“有多少钱办多少事”向“有多少事争取多少钱”转变，抓住政府购买公共服务的契机，主动承接公共资源，广州、深圳、珠海、佛山、中山等市团组织探索了对接公共资源、承接公共服务的有效做法。

六、应对“四个考验”、“四个危险”，历练过硬干部队伍

1. 开展“两进三同”，促进作风转变。根据汪洋书记2008年1月视察团省委机关时提出的“用扎实的作风去务实而不是去务官，到农村去、到工厂去，真正和青年群众打成一片”指示精神，组织全省1.6万名专职团干部，每季度5个工作日，走进基层、走进青年，同劳动、同学习、同生活。今年春季，全省团干部在春节后上班的第一、第二周，集中开展“两进三同”；在夏季，围绕“四万四百”（万名团干推进千家基层团组织格局创新、办万件实事、结对万名骨干、展示万张图片；评选百个“两进三同”感人故事、百件基层工作案例、百篇调研报告，推荐培养百名基层骨干）开展“两进三同”；在秋季，以“到非公企业去，和新生代农民工交朋友”为主题开展“两进三同”。

2. 创建学习型团组织，促进能力提高。摘选党报评论、政策解读等，每天向全省团干部和青联委员发送“粤团早读”、“粤青早读”；每周举办网络青年夜校，为全省团干部“充电”；利用远程教育平台为镇村团干部和农村青年举办农青学堂；每个工作日中午举办机关午餐论坛；创建“青年领袖基金”，支持机关干部和地市团委班子成员读书深造。实施广东共青团骨干培养工程，联合中央团校等单位举办3期全省团干部培训班，成建制地对团省委中层以上干部、市级团委班子成员、县区团委及东莞、中山镇级团委书记300多人进行系统集中培训。

3. 以实践锻炼，促进执行力、战斗力增强。从全省各高校中选拔158名共青团干部到本省及广西、贵州等省的基层县区挂职；选派优秀年轻干部到财政部、工信部及基层挂职，实行团省委机关和直属单位干部竞争上岗等，并在工作实践中以善于“打大仗”、敢于“连续作战”推动团干部执行力、战斗力提升，培养一支讲政治、懂经济、会社会建设、能推动科学发展的优秀团干部队伍。

4. 启动广东共青团微博改革。积极应对新媒体时代，运用微博引导服务青年。邀请专家讲授微博知识，组织召开微博应用和管理研讨会，制定《广东共青团微博改革应用方案》，全面推动广东共青团微博改革。截至2011年底，广东共青团新浪和腾讯微博粉丝量均已超过66万，微博转发评论总量达24861条，居全国共青团系统之首。

七、立足顶层设计，打造标准化模式，形成制度性安排

联合省委组织部召开基层党建带团建暨共青团系统深入开展创先争优活动座谈会，出台党建带团建实施意见，将党建带团建纳入地方政绩考核、加大团干部竞争性选拔力度、吸收体制外力量进入团组织、加大驻粤团组织建设力度、进一步服务社会建设等多项创新性举措写入文件，探索新形势下党建带团建的制度创新。同时，按照重点时段、关键节点的需求和重点青年群体的诉求，探索工作项目的标准化，实现工作牵引的纵深化，推动工作运行的链条化，谋求共青团工作的科学化。在不同时间节点，有春夏秋冬“两进三同”、五四“网络青年节”、六一“幸福大礼包”、七一“与信仰对话”、八月“珠江公益节”、国庆“我与祖国共奋进”、“10·13”新老少先队员分享交流会、春节“青春情暖”等；针对不同青年群体，有农村青年的“科技文化活动月”，新生代农民工的“圆梦计划”，大学生的“艺术节”、“科技节”，少年儿童“幸福大礼包”，留守少年儿童“希望家园”，港澳青年的“电影盛典”等，并把系列工作项目写进了省委省政府关于社会建设的决定中，借助得党政政策资源实现共青团工作的制度化。

广西团的工作

广西各级团组织以深入开展创先争优活动和中国共产党成立90周年、辛亥革命100周年为契机,以求真务实、开放开拓、朝气蓬勃、锐意进取为动力,以项目化、社会化、事业化为方式,着力深化广西青年就业创业行动、服务“两区一带”发展生力军工程、“温暖同行”广西青年志愿者行动、党建带团建——团建基础工程等重点工作,全力实施保护母亲河行动和广西百万青少年造林绿化行动,团结带领广大团员青年为实现全区“十二五”良好开局做出了积极的贡献。

一、理论武装与体验教育并举,青少年思想政治教育工作扎实有效

1. 用科学发展观武装青少年。组织青少年认真学习贯彻党的十七届五中、六中全会精神、胡锦涛总书记“七一”重要讲话及自治区第十次党代会精神,通过召开座谈会、学习辅导网络视频会、讨论会、主题演讲比赛、撰写心得体会、组建宣讲团等多种形式,进一步引导青少年坚定跟党走中国特色社会主义道路的信念。深入实施青年马克思主义者培养工程,举办“青马工程”培训班,培训团干、大学生骨干5000多人次。

2. 开展青少年思想道德教育活动。开展纪念中国共产党成立90周年系列活动。筹资1000万元开展“青春励志报效党”——广西百场大型校园巡演活动,参与学生6.6万人。开展“与信仰对话”——千场党史报告进校园活动,召开全区青少年纪念建党90周年“永跟党走”宣讲大会、“学党史、跟党走、促发展”座谈会,举办“我们广西的年轻人”——广西青少年喜迎中国共产党成立90周年大型主题晚会,全区共开展党史报告会、座谈会、演讲比赛2640场,参与青少年达300多万人。

3. 开展红色体验活动。一是开展广西百万青少年“重走小平路”红色体验活动,以“开展一次红色体验活动、举办一次主题巡回宣传、组织一次感悟活动、参与一次‘红色网络游’、举行摄影、摄像、征文等一系列大型主题活动”等“五个一”为内容,通过《广西日报》等向全区青少年推荐遍布全区109个县(市、区)的110条红色体验线路、300个红色景点景区以及体验项目和一批红色网站。计划一年半内组织百万青少年参加活动,2011年全区有36.5万青少年参加了红色体验。二是举办首届广西青少年读书节,向青少年推荐红色经典书籍300多种,参与人数达30万人次。三是开展“红领巾心向党”活动。通过组织开展“永远跟党走”——广西百万青少年红歌传唱、“红领巾重走小平路”暑期红色体验、“我们都是接班人”——广西少先队喜迎中国共产党建党90周年“六一”主题队会、“在光荣的旗帜下——党团队员话成长”、少先队员与党团员结对等活动,灌输培养少年儿童对党和社会主义祖国的朴素感情。全区有15890个少先队大队共480多万少先队员参加活动。

4. 运用新媒体引导青年。开通“广西共青团”、“广西青年志愿者协会”、“西部计划广西项目办”、“重走小平路”和“广西高校共青团”等广西共青团官方微博,发布活动信息,对重大事件和热点问题进行积极正确地引导,受到青年的欢迎。收听人数突破70万。“广西共青团”官方微博被新浪微博评为“政务微博风尚奖”。

5. 选树一批青年典型。选树了伍思东、周军等一批青年典型,吸收中国达人秀总冠军卓君、花儿朵朵全国总冠军汪小敏等为广西青联委员,利用优秀青年的影响力引导广大青少年树立健康向上的文化，在青少年中营造学习先进、争当先进的浓厚氛围。

二、深入开展广西青年就业创业行动，服务青年就业创业力度加大

1. 深入推进广西青年创业信贷扶持计划。2011年全区团组织共发放青年创业小额贷款9.1亿元，扶持2.94万名青年创业。一是争取自治区党委、政府把青年创业贷款工作纳入《广西小额担保贷款实施管理办法》财政全额贴息范围，全区有6684名青年通过团委、人社和银行审核，获贴息约793.3万元。二是引入申报和竞争机制，在全区创建了7个团银合作示范区，全区共有1235名银行信贷主管挂任乡镇团委编制外副书记。三是加强对基层工作的指导，总结和提炼出南宁市宾阳县与林业部门整镇整村推进青年创业林权抵押贷款；柳州市鹿寨县建立青年诚信创业资金，为会员创业贷款提供担保和服务；贺州市手机连锁公司各网点建立县、乡青年创业服务窗口等信贷新模式。四是创新金融服务，在乡镇创建400个"三农金融服务站"，为创业青年提供贷款政策咨询和贷款申请。五是推进农村青年信用示范户试点工作，全区评定3610个青年信用示范户，发放信用贷款8327万元。

2. 扎实推进青年就业创业培训。全年共培训城乡青年14.58万人次。

3. 加强服务平台建设。全区新建青年就业创业见习基地759家，服务10813名青年见习就业。整合资源在全区建设3178个农村青年成才创业图书室，将图书室建成集图书、创业小额贷款、培训、技术、种苗和市场服务"六位一体"的扶持青年创业基地。

4. 强化青年创业意识引导。继续开展广西青年创业明星、广西青年创业榜样评选表彰活动，积极宣传创业先进典型。与广西电台开办"青春创业吧"节目，收听率排在全区电台类节目前十名，听众达138万多人次。

三、围绕中心，服务大局，带领广大团员青年在加快实现富民强桂新跨越中作出新贡献

1. 深入实施广西百万青少年造林绿化行动。全区各级团组织发动青少年植树造林1150多万株，绿化面积超过25万亩，创建青少年绿色基地322个，开展青少年生态环保教育5000多次，参与青少年超过230万人次，筹集保护母亲河基金580万元。主要做法有：一是整合职能部门资源，连续两年共争取到林业厅200万元造林绿化经费和1000万株树苗支持；争取住建厅支持，将青少年造林绿化行动纳入城镇园林绿化总体规划；争取中国移动广西公司支持，联合开展"我酷我炫GREEN行动"，发动11256名青少年参与移动积分兑换树苗活动。二是基地化推进造林绿化行动，在每个县建立一个以上青少年绿色基地，组织广大青少年依托基地开展党团共建林、入党纪念林、红领巾林、青年文明号林、博士林、大学生林、结婚纪念林、友谊林、生日林等一系列植树造林活动。三是大力扶持青年林业创业。全区共扶持6812名青年发展林业创业，发放创业贷款18649万元，其中，林权抵押贷款9700多万元。四是牵头推动桂粤港澳青年共护西江母亲河行动。争取中央人民政府驻香港联络办公室、中央人民政府驻澳门联络办公室、广东团省委、香港青年联会、珠江水利委等机构支持，共同开展"同饮一江水"——桂粤港澳青年共护西江母亲河行动。目前已完成青少年千里西江绿色走廊规划，成功举办了"同饮一江水"——桂港青年绿满西江交流合作活动，达成了《桂港青年共建青少年千里西江绿色走廊行动协议》。

2. 青少年对外交流活动蓬勃开展。一是加快推进中国—东盟青少年交流活动中心建设。在第八届中国—东盟博览会开幕式上，温家宝总理和东盟各国领导人共同为中国—东盟青少年交流活动中心揭牌，标志着中国—东盟青少年交流活动中心建设进入了一个新的里程碑。二是成功开展中国青年企业家南新走廊行活动。组织来自北京、香港、广西等地的青年企业家76人先后访问了越南、老挝、缅甸、泰国、柬埔寨、马来西亚和新加坡七国，紧紧围绕“南新经济走廊，青年共建共享”的主题，开展投资贸易考察洽谈、青年交流、文化交流等活动。这是首次由省级团委组织的大型青年企业家代表团多国经贸交流合作活动。三是深入开展对台青少年交流活动。组织47名青年企业家随自治区马飚主席赴台湾开展桂台现代农业合作与青年发展论坛、快乐时空·桂台小朋友代表手拉手结对暨广西青联委员捐助花莲原住民少年儿童之家、与花莲少数民族青少年联欢等活动。做好台湾花莲县青少年代表团接待工作。举行“桂台手拉手童心创未来”——桂台少年儿童科技与未来主题活动、桂台少年儿童圆梦中秋联欢活动等。四是大力开展对东盟青年交流活动。承办了2011年中国—东盟青年营、第十一届中越青年友好会见活动，举办了2011中国—东盟青年艺术品创作大赛、中国—东盟礼仪形象大使大赛等。中国广西国际青年交流学院全年共举办培训班4期，培训东盟10国的青年干部194名。五是进一步加强与港澳青年交流。举办首期“香港青年代表人士国情研修班”，组织32名香港青年代表到自治区党校学习培训。接待澳门青年国情考察团，促进广西青年与澳门青年交流。2011年全区共选派广西青年295人次到港澳台及国外进行学习考察，接待了来自港澳台及东盟等青年762人次。

3. 创先争优活动扎实开展。一是开展2011年广西十万大学生党团员创先争优寒假社会服务活动。来自全国1200多所高校的10.26万名大学生党团员志愿者深入全区1126个乡镇，围绕“青年学生心向党，创先争优展风采”的主题，深入开展了“十个一”活动，共慰问基层老党员10万人，组织返乡青年和大学生听党课1500多场次，放映红色经典电影1.5万多场，举办文艺演出和政策宣讲活动1200多场次，结对农民工子女10.1万名，开展农业科技知识培训活动1500多场次，举办篮球友谊赛1.5万场，开展金融和创业政策宣传活动1500场次，采访了创先争优典型19142名，建立了一批“入党积极分子后备人才库”。出版《党员干部在基层》系列丛书一套共18本2000多万字。大学生党团员志愿者在服务基层群众中创先争优，切实帮助群众解决实际困难，密切了大学生党团员与基层群众的关系。二是开展“广西百万青年立足岗位创先争优促发展大行动”。引领不同行业、不同领域团员青年以“立足岗位做奉献”为主题，广泛开展创先争优活动。三是首创在青年农民工中开展创先争优活动，全区共评选表彰优秀外出务工青年1万名。四是开展广西青年文明号党团共建创先争优公开承诺暨群众评议活动。全区35个系统5572个各级青年集体、10万多个窗口行业青年积极参与，面向社会公开承诺，主动接受群众监督和评议。五是实施创先争优服务青年学生就业创业——MM百万青年创业计划。充分运用互联网、手机等新媒体，主动联合中国移动广西公司、中国联通广西公司为青年学生打造一个零门槛、零成本、零风险的网络创业平台，提供一系列免费的创业教育、创业培训和创业激励，引领青年学生更好地投身到创业大潮中。

四、服务青少年健康成长，促进社会和谐建设取得新成绩

1. 围绕“温暖同行”主题，扎实开展志愿服务行动。志愿服务活动广泛开展。扎实做好大学生志愿服务西部计划，新招募575名西部计划和文化建设志愿者。组织6000多名志愿者服务第八届中国—东盟博览会、中国—东盟矿业合作论坛、广西第十二届运动会、世客会等大型赛会。建设关爱农民工子女志愿服务基地1332个，为志愿者和社会各界爱心人士搭建了一个奉献爱心开展志愿服务活动的平台。全区全年参与志愿服务青年达808.3万人次。青年志愿者工作走在全国前列,2012年2月24日,团中央将在广西南宁召开全团志愿者工作暨共青团关爱农民工子女志愿服务行动经验交流会,总结并推广广西经验。

2. 大力加强青少年维权工作。争取政策,落实人员和经费。全区14个市预防办均落实了10万元以上工作经费及聘用1名专职人员,全区111个县(市、区)落实了3万元以上的预防工作经费及聘用1名专职人员。2011年自治区预防办的工作经费由列入财政预算的6万元增加至64万元。自治区预防工作领导小组成员单位由14家增加到24家,明确了各自的工作职责,并纳入自治区绩效考核工作体系。制定全区预防工作信息报送管理办法。深化与人大代表、政协委员面对面活动,主题调研报告获全团省级二类奖。全区各级团组织紧紧围绕青少年网络犯罪、关爱农民工子女、禁毒防艾等问题开展主题活动,形成调研报告130多篇,在各级"两会"提出建议和提案60多份,其中《关于维护新生代农民工合法权益》的提案被列入自治区重点提案进行督办。积极参与社会管理与创新,在全区2个市、8个县参与社会管理创新试点工作。

3. 希望工程不断深化。深入实施希望小学、希望教师培训、希望高中、快乐体育园地、希望图书室、希望厨房、希望卫生室等项目,全年广西希望工程共筹集资金3996.26万元,资助贫困生8489名,资助金额1949.51万元;援建希望小学21所,援建金额785万元,建筑面积1万平方米,受益师生7765人,援建希望卫生室11个,直接受益村民66774人;为全区农村青年和希望小学配备全新图书价值190万元、体育器材价值69.33万元、厨房设施价值120万元。

4. 大力开展关爱外出务工青年工作。开展"光荣回乡路——广西优秀进城务工青年2011年春节温暖回乡行动"主题系列活动,在广东和广西评选表彰2000名(其中广东350名,广西1650名)优秀进城务工青年,为他们颁发荣誉证书,赠送新春大礼包,并提供车辆免费接送他们返回家乡过年。重点组织开展好广西共青团"青春暖流行动"。行动以广西十万大学生党团员创先争优寒假社会服务活动、结对帮扶10万名农民工子女、组织万名以上志愿者服务春运、向万名以上冰冻灾害受灾群众、孤寡老人和农民工提供爱心服务、筹措发放1万个爱心大礼包等"五个万"为内容,组织广大团员青年在春节期间向进城务工青年、孤寡老人、受灾群众给予力所能及的帮助,奉献爱心,服务社会。

五、面向基层,狠抓基层,团的基层组织建设和基层工作不断加强

1. 深入推进党建带团建工作。首次召开全区党建带团建暨共青团系统深入开展创先争优活动座谈会,出台《关于进一步加强新形势下党建带团建工作的意见》,深入推进党建带团建工作。

2. 100%完成乡镇(街道)组织格局创新。全区共选调659名高校团干、志愿者驻109个县工作一年,900多名高校学生骨干驻乡或任编外团委书记,首开了由在校大学生兼任乡镇团委副书记的新路子。

3. 加强"两新"组织团建工作。以"两新"组织和外出务工青年群体团建为重点,努力扩大团的组织覆盖。全区非公有制经济组织新建团组织2722家,新社会组织新建团组织503家,覆盖35岁以下青年7.64万人,团员4.04万人。

4. 实施广西农村团干部"青春引擎"全员培训计划。全年培训团干部1.4万人。

六、深入基层,转变作风,共青团自身建设再上新台阶

1. 注重作风建设,始终保持与青年的血肉联系。继续把2011年确定为广西共青团"服务基层年”、“作风建设年”，眼睛向下，重心下移，切实增强各级团干部的群众工作能力。把“六戒”具体化和细化为考核指标，纳入全区共青团年终目标管理考核体系。建立完善机关各部门联系市级团委制度、机关干部联系基层制度等。要求机关干部联系4—5个县级团委，每个月下基层调研指导工作不少于3天，深入青年了解需求，帮助基层解决实际困难。2011年春节刚过，团区委班子成员就带领全区所有专职团干部“三进三同”（进基层、进农村、进农户，同吃、同住、同劳动）。建立了挂点联系县（市、区）、高校团组织、结对联系大学生、基层青年、外出务工青年等重要青年群体和就近兼任住地基层团支部副书记等机制，以现场服务、恳谈交流、日常联系帮助等形式加强与青年群众的联系。全年先后3次组织机关干部分组深入到14个市开展工作调研。

2. 狠抓学习型组织建设，切实提升团干部的素质能力。严格按照《团的领导干部学习大纲》要求，组织机关全体同志认真学习政治理论、政策法规、业务知识以及相关学科知识。并将团中央领导的讲话稿整理编印成学习资料，要求各级团干部认真学习。机关将每周一上午定为集中学习时间，班子成员为机关干部讲党课、讲工作方法及工作思考，组织集中学习38次，中心组学习19次。

3. 加强制度建设，全区团组织执行力不断增强。初步建立重点青年群体舆情反映制度、共青团青年群众工作评价制度。要求各级团干部及时了解和掌握青年群众的思想动态，大面积地开展青年群众共青团工作满意度调查，并把这一结果列入年度目标管理考核办法，以此带动了全区团干部青年群众工作观念和能力的逐步提升。

海南团的工作

2011年是“十二五”的开局之年，也是国际旅游岛建设发展的关键之年。全省各级团组织在省委和团中央的正确领导下，紧紧围绕国际旅游岛建设大局，切实履行组织青年、引导青年、服务青年和维护青少年权益的职能作用，解放思想，务实创新，锐意进取，奋发有为，团结带领全省广大青少年踊跃参加海南文明大行动，积极投身国际旅游岛建设，为海南又好又快发展贡献青春智慧和力量。

一、注重结合，选树典型，党团共建创先争优活动覆盖广

注重抓好团的重点工作与创先争优活动的结合，切实加大典型事迹宣传力度，广泛开展党团共建创先争优活动。

1. 强化制度保障。联合省委组织部出台《关于进一步加强新形势下党建带团建工作的实施意见》，就党团共建创先争优活动同推进、同点评、同表彰作出制度性安排。

2. 完善工作机制。成立省、市县级专项工作领导小组，建立联系点、公开承诺、信息沟通、监督检查和评比、领导点评5项制度，创办“海南共青团创先争优网”和活动专刊；开展直属团委承诺兑现活动，点评团员34.24万人次，比例达84%；点评基层团委850个，比例达100%。

3. 树立宣传典型。选树省五四红旗团委、团支部等先进青年集体308个，“海南青年五四奖章”、优秀团干、团员等优秀青年典型387名，发挥典型示范作用，营造齐争共创氛围。

二、注重调研，强化督导，新时期基层团组织建设“强活力”工程有成效

加强基层工作问题的调查分析和研究解决，帮助基层团组织争取支持、整合资源、创造条件、优化环境，有效改善团的基层组织薄弱、活力不够的状况，整体提升团组织的影响力、战斗力和生命力。

1. 全面完成乡镇、街道团组织格局创新。联合省委组织部下发《关于在全省乡镇党委换届选举中抓好同级团组织格局创新工作的通知》和《关于做好街道团的组织格局创新工作的通知》，建立专项工作联系点、专题会议和本级工作制度，开展团情摸查，举办专题培训，紧跟第三季度启动的同级党组织换届工作，完成全省18个市县203个乡镇18个街道的团组织格局创新。

2. 致力扩大基层团组织覆盖。以涉旅行业为突破口，以两新组织为着力点，以农村专业合作社组织为切入点，构建省级和12个市县级团工委上下联动的旅游行业团建工作格局，成立非公有制经济组织、社会组织、西南中沙群岛和驻北京省级团工委4家，完善组织领导，强化目标责任，切实加大城乡基层团建力度。年内，全省新建非公企业团组织694家（含旅游行业团组织134家，覆盖团员青年3.15万人）、新社会组织团组织40家。目前，全省农村专业合作组织2920个，符合建团条件的338个，已建团组织134个；基层团委850个，基层团支部（总支）1.1万个，覆盖团员44.59万人和14－28岁青年156.41万人。

3. 切实加强团干部队伍建设。采取全省集中面授、电视电话培训和属地分级培训相结合的方式，举办全省直属团组织新任职领导班子成员、农村团组织负责人、首期中等职业学校团委书记、旅游行业团干部培训班和新任职县级团委书记、少先队辅导员和乡镇（街道）团干部电视电话培训等9期。全省全年培训各级团干部4947人次，比去年同期增长120%。做好20名高校挂职团干部和189名选任专兼职乡镇（街道）团委副书记基层专项志愿者、优秀信贷员的培训、派遣、任职、管理和服务工作。目前，全省在岗乡镇和村级团组织书记（负责人）共2963人（其中，专职336人，占总数的11.3%；进入村两委班子1708人，占村级团组织负责人总数的62.1%）。年初签订责任书，年中开展中期督查、情况通报和工作交流推进会，年终实施检查考核，全年推行“约谈、督办、通报”制度，有效提升全省18个市县及18所高校团干部重点工作执行力。

三、注重引领，丰富内容，青春建功国际旅游岛行动影响大

深化青年人才、志愿服务和青年文明号品牌项目，实施青少年文明大行动，引领青少年在国际旅游岛建设生动实践中强化主人翁意识，提升全方面素质，确立生力军地位，发挥突击队作用。

1. 深化青年人才工作，夯实文明行动基础。成立各级专项工作领导小组31个，制定专项工作三年规划，落实农村青年创业致富带头人培养、海外高层次青年人才服务引进、大学生志愿服务中西部计划等5项重点任务，切实加大青年人才培养、凝聚、举荐和配置力度。年内培养农村青年创业致富带头人3000名，支持农村青年能人、大学生村官、志愿者等领头创办农村专业合作社639个，成立省青年企业家协会农村青年致富带头人分会和省农村青年致富带头人协会，创建跟踪服务3164人的“海南省农村青年致富带头人基础信息管理系统”，引进第十二批“博士服务团”8位博士到8个中西部市县挂职副市（县）长1年。大学生志愿服务中西部计划8年累计招募志愿者2128人，在岗志愿者达517人，围绕支教、支医、支农、农村区域化建设和基层人民检察院、开发性金融服务6方面工作，服务全省18个市县128个乡镇322个单位。

2. 深化志愿服务活动，弘扬社会文明风

尚。实施2011国际旅游岛文明礼仪导航行动，开展百场文明礼仪知识大巡讲、大学生礼仪风采大赛、文明礼仪志愿服务活动。共举办文明礼仪知识巡讲100场，20万大学生参加礼仪风采大赛，活动官方微博粉丝达12万，现场发布微博累计31万余条；362名优秀文明礼仪选手参加专项志愿服务行动28次，共发放《海南国际旅游岛公民手册》2200册、宣传资料1万多份。深化国际旅游岛志愿服务，组建文明交通志愿服务中队，围绕文明出行、秩序维护、环境整治、景区共建、关爱未成年人、孤寡和空巢老人等内容，开展"做文明有礼的海南人，从志愿者做起"志愿服务月活动，参与志愿者达2万多人次，服务群众近10万人次；在美兰机场、海口火车东站和呀诺达等景点及交通口岸单位建成志愿服务岗17个，提供游客引导、文明旅游宣传、便民服务等结对服务；成立省爱心艺术团，举办巡演和合演活动28场次；实施保护母亲河行动，开展河滩清理17次，冲洗沿河岸道20公里，转运垃圾200余吨，植树2万余株。全省注册志愿者达20万名，志愿服务队4000多支，志愿者协会43个。

3. 深化青年文明号工作，倡导文明诚信服务。举办窗口文明服务礼仪和青年文明号负责人培训，开展以真品真货、生活服务、打假辨真、维权服务进社区为主题的"百城万店青年文明号信用示范周"活动。发挥100个"微笑窗口"和100名"微笑使者"示范带头作用，组织全省32个行业(系统)的国家、省、市县三级青年文明号集体开展公开承诺、形象展示、示范点争创和结对共建活动，规范17条"青年文明号旅游服务线"建设管理。

四、注重实效，强化扶持，促进青年就业创业行动举措多

资金扶持、技能培训、项目带动、基地建设、信息服务5举措并举，全方位、多角度、实效性服务青年就业创业。

1. 加大资金扶持力度。构建与农信社、农业银行、邮政储蓄银行等长期合作的贷款平台，建立由基层小额信贷员、乡镇团委干部、农村青年志愿者等组成的专项工作队伍，推行集金融结账、团务管理等多项服务于一体的"青年卡"，提供贷款宣传、贴息资金整合、信用培养、技术培训支持、贷后管理等特色服务。截至12月31日，全省累计发放小额贷款1.7亿元，受益青年达8974人，分别比去年同期增长188%和157%，带动就业1.38万人。

2. 提升技能培训实效。争取省财政300万资金支持，实施2000名返乡大学生免费创业培训项目；联合省农业厅开展200名农村青年、100名专业合作社青年和250名农村青年沼气和环境建设带头人创业培训。截至12月31日，全省各级团组织联合劳动、农业、科技、扶贫等部门建立培训机构35个，落实培训资金385万元，培训青年3.39万人次。

3. 发挥项目带动作用。联合人行海口支行、省农信联社、农行省分行，开展海南农村青年信用示范户试点工作，从740名申请者中筛选评定信用示范户110个；在海南生态软件园成立海南青年创业平台，为创业青年提供一站式、零成本、全方位的创业指导、财务和法律顾问等服务，帮助解决融资担保、人才招募、市场推广等问题，孵化青年创业项目15个，申报计算机软件著作权2项和国家发明专利1项，营业总额约200万；成立省青年创业就业服务中心、海南青年创业投资担保公司和含30个会员单位的海南青年创业信用促进会，规范省青年创业就业基金会233万元资金管理使用。

4. 完善见习基地建设和信息服务。截至12月31日，全省上岗见习青年2469人，录用见习青年1553人；青年就业创业信息服务网络平台收录简历64.40万份，移动平台接收青年就业创业咨询1.10万人次。

五、注重宣教，紧扣根本，青少年成长导航行动途径多

紧扣引导青少年的根本任务，围绕服务青

少年全面发展的行动目标，扎实做好青少年思想引领、成长服务和权益维护工作。

1. 不断丰富主题实践教育途径。以“学党史、知党情、跟党走”为主题，创建“党在我心中——千网联动学党史”专题网页，开展“与信仰对话——百场报告进校园”、“红领巾心向党”海南省少先队纪念建党 90 周年、团干部“学党史、强党性、铸信仰”、“党团队员共话成长”等学习教育和“我与祖国共奋进”形势教育。全省共组织教育活动 856 场，参与人数 161356 人；专题网页参与单位达 74 家。

2. 巩固提升分类引导青年工作。组织各级团干部专题学习大学生、农村青年、企业青年、进城务工青年四类青年群体《思想引导大纲》和《分类引导青年工作电教片》，完成海南大学生思想状况、海南青年实践参与国际旅游岛建设、新生代农民工精神文化生活状况等调研，探索分类引导青年的有效途径。开设《海南团员青年手机报》和海南共青团、志愿者、学联与你同行、12355、省青联等微博 5 个，共有粉丝 29. 86 万；创建覆盖省、市县、乡镇三级 4000 多名团干部的短信平台，广泛运用新兴媒体引导青年。

3. 持续加大农民工子女关爱力度。全省共有 160 所农民工子女较集中的学校和志愿者组织结对，结对农民工子女达 2. 67 万人，占 4. 51 万摸查人数的 59. 2%；建成“关爱农民工子女志愿服务基地”90 家，总建设资金达 31. 45 万元；共建爱心图书室 194 家、课余学习活动场所“七彩小屋”3 个和示范阵地“集善之家”4 个，组建专项志愿服务队 202 支，参与行动志愿者达 1. 79 万名，捐赠学习用品等物资总价值 100 余万。

4. 全面提升权益维护工作水平。举办“新生代农民工的社会融入”共青团与人大代表、政协委员面对面活动，成立青少年事务专家顾问团，促成人大建议 4 份、政协提案 9 个。推进预防青少年违法犯罪工作，开展五类重点青少年群体预防犯罪工作和法制、禁毒、防艾等宣传活动；扎实推进试点工作，指导起草《关于海口市开展试点工作的实施方案》，开展试点工作的理论研究和调研并形成了《重点青少年群体教育帮助和预防犯罪体系的构建研究》调研报告，协调海南三源公司对未成人法制教育中心的学员进行后续帮教，探索建立重点青少年群体后续帮教基金，指导海口市筹建专职社工队伍。帮助海口争取全国重点青少年群体教育帮助和预防犯罪试点城市工作专项经费 135 万元。12355 海南省青少年服务台全年共招募具有心理、法律、文明礼仪三个类别特长的专家志愿者 300 名，共举办团体咨询和沙龙研讨 204 次，建立“心灵花园”海口市福利院工作站，开展中高考生服务 12355 阳光行动。

此外，希望工程成效突出，省第五次少代会召开，青年企业家协会完成换届。全省已建希望小学 102 所，在四川宝兴和青海玉树分别投资 350 万元和 580 万元援建“海南共青希望小学”；“三亚百年农工子弟职业学校”共有 2 期 178 名学生，获建行 200 万元资助。2011 年希望工程圆梦行动共设长效助学基金 10 个，收到捐款 1319 万元，资助贫困大学生 2659 名，使该行动接收捐款总额达 6512. 59 余万元，资助贫困大学生 1. 22 万名，中职生 274 名。

重庆团的工作

重庆共青团紧紧围绕“两个全体青年”目标，切实履行团的四项基本职能，大力实施“青春聚力、青年争先、青春和谐”三项行动，努力推进“全国统筹城乡团建试验区、青年群众工作和参与社会管理创新能力”两项建设，团结带领全市广大团员青年为促进重庆经济社会又好又快发展贡献力量。

一、团的基层基础不断夯实

1. 加强重点领域团建工作。推动《中共重庆市委关于加强共青团基层组织建设的意见》贯彻落实，市委督察室牵头开展了专门督察。及时出台《重庆市中学共青团工作意见》，下发《关于“两新”组织共青团组织活动经费问题的通知》，“两新”团组织经费保障取得实质性突破。加强外出农民工集聚地、农民工公寓、园区等“地缘型”团组织建设，在上海、江苏建立省级驻外团工委2个，新建驻外团组织842个。加强专业合作组织、专业市场、产业链等“业缘型”团组织建设，建立“两新”团组织8437个，超额完成团中央年度指标。探索兴趣小组（社团）、网络、QQ群（MSN群）等“趣缘型”团组织建设，建立团组织368个。加强人才市场、技能培训学校等“技缘型”团组织建设，建立团组织162个。

2. 全面完成乡镇街道团的组织格局创新。全市833个乡镇、178个街道全面完成班子选配工作任务，选配乡镇（街道）团（工）委委员11538名。积极推动42个乡镇（街道）35岁以下的党委班子成员兼任团委书记。选派51名高校团干部到区县团委工作。成系统吸纳670名优秀青年党团员进入乡镇街道团（工）委班子。

3. 全面完成村居团组织换届。全市10487个村（社区）团组织完成集中换届，其中4512个村（社区）团组织书记实现“公推直选”，公推直选率达43%，82%村（社区）团组织书记进“两委”，1/3的区县村（社区）团支部书记100%进“两委”。

4. 青少年工作阵地实现“市—区县—乡镇—村居”四级覆盖。在主城区打造“青春家园·团员青年服务中心”市级示范点15个，建设“青春家园·团员青年服务中心（站）”659个，在全市挂牌成立“青少年之家”10920个，在15个区县政府行政审批服务大厅设立青少年事务服务窗口。全面推广“青春联线·电子团员证管理系统暨城乡统筹团员青年综合服务平台”，覆盖139万名团员。

5. 加强基层团干部培训。启动编写基层团干部培训教材，制发全市团干部培训总体规划，组织新任职区县团委书记培训，开办周末团校，举办各类培训125期，2.5万余名区县、高校、中职、中学、驻外团工委、“两新”组织团干部，少先队辅导员参加。

6. 探索建立以“会议沟通、信息沟通、面对面沟通、工作沟通、干部协管沟通”等为主要内容的上级团组织与各地各部门各单位党委的沟通机制。全市38个区县、50个大型企业、22所高校相继建立相应机制。区县党委分管领导连续3年参加重庆共青团年度工作会。建设完成共青团视频会议系统，成功召开8000多名团干部同时参加的电视电话会议。

7. 全面提升团的新闻宣传能力。举办自主新闻发布会6场，中央电视台、新华社、人民日报、新华网、人民网等媒体宣传报道重庆共青团工作1200余次。与重庆电视台卫视频道联合开展“自有后来人”青年党员、团员寻访大型新闻系列报道。与重庆电视台《天天630》栏目联合开展“冬日阳光·温暖你我”——贫困留守儿童关爱行动。开设省级少儿频道少先队专属栏目，与重庆电视台少儿频道联合打造《领巾飞扬》栏目。《人民日报》内参（第1740期）、新华社《国内动态清样》第4142期、市政府《决策要参》第7期刊登团市委稿件，中国青年出版社出版发行重庆市首个青少年发展报告，青少年发展监测报告纳入《重庆市经济社会发展蓝皮书》。

二、分类引导青少年取得新突破

1. 认真做好《分类引导大纲》转化运用工作。编制分类引导大纲地方版，把大纲纳入团校培训体系。完善"青年马克思主义者"培养体系，培训市级骨干200人、校级9000多人。成功举办京、津、沪、渝大学生骨干"知行合一·实践成才"重庆实践锻炼活动、香港大学生重庆社会实践活动、第六届"两岸青年联欢节"台湾青少年"同根同心"重庆行活动。在大学生中重点开展带薪实习、种树、学农、学工、学军和调研"六个一"社会实践活动，组织4962支团队、近40万名青年学生走进基层，建立大学生"三下乡"社会实践基地162个、"三进三同"实践基地187个。

2. 广泛开展青少年"学党史、知党情、跟党走"主题教育活动。成功承办全国青少年"永远跟党走"青春歌会重庆站活动。深化党史理论教育，开展"党团队员话成长"、"青春与党同行"主题活动，举办"我与祖国共奋进"形势政策教育371场、"党在我心中"知识竞赛1000场，组织"红岩先锋"和"青春榜样"报告会100场、党团课1000场，开展各类党史学习交流活动698场，10万名青少年参加"红色之旅"活动。开展团干部"学党史、强党性、铸信仰"学习教育活动，组织机关干部分四批赴上海、井冈山、延安、西柏坡"重走革命路"。开展"与信仰对话"主题团日和"红领巾心向党"主题队会10万场次。

3. 深化青少年文化品牌活动。市少年宫"小萝卜头"艺术团在全国"第10届CCTV少儿艺术大赛"中摘得三枚金奖。在"挑战杯"全国大学生课外学术科技作品竞赛中获奖54项，蝉联西南省市第一。少年先锋报在中国第四届优秀少儿报刊评选活动中再次荣获中国优秀少儿报刊金奖。

4. 注重利用新媒体引导青年。"红岩网校"荣获高校校园文化建设优秀成果一等奖。开通重庆市校外教育网。各级团组织开通官方微博1325个，开设区域性手机报6个。"重庆共青团"、"共青团重庆市12355"入选重庆十大人气政务微博，"共青团重庆市12355"入选重庆十大影响力微博。

5. 在区县探索开展少先队工作创新试点。探索开展少先队学科建设，探索少先队辅导员职称评定体系。开通辅导员注册管理信息系统。

三、促进青年就业创业工作取得新业绩

1. 积极组织青年见习。累计建成见习基地960个，提供见习岗位17897个，接纳见习青年10023名，聘用4851名。组织2.21万名大学生带薪实习，1.1万名大学生"学工"。

2. 加大资金帮扶力度。全年累计发放青年小额贷款11719笔，贷款金额首次突破10亿元大关，带动青年就业32250名，帮助1050名青年创办微企。争取团中央、人保部支持，将重庆列为农村青年创业小额贷款保证保险四个试点省市之一，创新推出有团徽标记的"青年创业信用卡"，具有免抵押、免杂费、低利率、分期还款等特点。联合有关金融机构合作开展青年信用示范户认定工作，10578名青年受益。筹资200万元设立"大学生村官"创业基金，支持大学生村官创业。

3. 强化就业创业培训。开展"订单式"培训青年10351人次，新型农民免费培训"新芽计划"培训新型农民1.27万人次。联合市工商局印发《关于鼓励和扶持青年创办微型企业的通知》，发放微型企业创办手册1000册，扶持1050名青年创办微型企业。

4. 举办青工职业技能大赛。注重向非公企业和农民工拓展，开辟青年职工技能鉴定绿色通道，设立竞赛工种21个，超过15万名青年参与，创历年新高，294名青年获得国家职业资格证书，103名青年破格晋升技师。成功组织第三届农民工职业技能大赛园林项目竞赛。

四、维护青少年合法权益工作取得新进展

1. 切实做好未成年人保护和预防青少年违法犯罪工作。首次以市委、市政府办公厅名义出台年度工作要点，在17个区县（自治县）启动重点青少年群体教育帮助和预防犯罪工作试点，未保工作先进集体和先进个人纳入市政府（省部级）常规表彰项目，市财政明确每年为未保专项工作小组支持专门工作经费。深入贯彻落实《重庆市未成年人保护条例》，40个区县全部成立未保委，30%的乡镇（街道）建立未保机构，34个区县（自治县）出台配套文件。推动市综治委出台《关于加强重点青少年群体教育管理和服务工作的意见》，联合市民政局、市公安局下发《关于进一步加强流浪乞讨儿童救助保护的通知》，未成年人犯罪率连续4年下降。

2. 进一步畅通青少年利益诉求渠道。联合市政协办公厅出台《关于进一步强化共青团界别、青联界别代表和反映青少年普遍利益诉求的意见》，“共青团与人大代表、政协委员面对面”活动实现区县全覆盖，提出涉及青少年成长发展的建议、提案187件。重庆市12355服务台成为首批全国15个心理督导基地之一，实行24小时人工在线服务，受理电话咨询个案7156个。

3. 加大个案维权和服务困难青少年群体力度。介入垫江县留守儿童谭雅琳、新疆籍汉族小女孩阿丽亚、白血病小女孩赵惠平等未成年人维权个案183件。筹集资金1671.02万元，援建希望小学15所，资助贫困青少年22832名。争取青年人大代表、青年政协委员积极呼吁将“蚁族”青年等纳入公租房保障范围。

五、服务党政中心工作作出新贡献

1. 探索开办共青团市民学校。建立市级共青团市民学校示范点15个，围绕专题培训讲座、社区文化活动、“一老一小”结对帮扶、社区居民互助等方面策划实施工作项目，突出抓好少儿艺术团、烹饪培训班、“爱心储蓄银行”三项工作，受到社区居民的充分认可。

2. 服务笔电基地建设。在西永微电园、保税港区生活配套区开辟服务IT青年的专门活动阵地，在各大IT企业配备青年专业心理咨询师，组建青年兴趣社团21个，并组织高校与社团进行“一对一”结对，经常性开展慰问帮扶，实现“周周有活动、月月有讲座、处处有关爱”。

3. 大力关爱农民工子女。开展“冬日阳光·温暖你我”关爱留守儿童公益行动等慰问活动，覆盖农民工子女20余万名。“流动少年宫”免费培训农民工子女31908名，组织1万名农村留守儿童进城体验。建成“手拉手红领巾书屋”、“少先队爱心活动室”、“留守儿童·希望家园”220个、“渝电春苗之家”100个、“中奥七彩小屋”40个，集善之家2个，援建希望小学25所。招募13.9万名知心哥哥（姐姐），结对农民工子女较为集中的学校2187所，建立各类关爱农民工子女志愿服务站点2300个。

4. 深化保护母亲河行动。积极参与森林重庆建设，组织开展“共青林”、“青年长征纪念林”、“解放军青年林”、“中日友好纪念林”、“思源林”等植树活动，植树200余万株，面积近6万亩。市青商会为“保护母亲河·绿化长江”行动累计捐款1330.5万元。联合长江流域11个省区市开展植树行动。

5. 积极助推农户增收。组织170家企业对口支持170个两翼地区行政村，捐助资金、物资近2000万元，实施帮助农户增收项目103个，惠及3500户农户。

6. 扩大青年对外交流合作。成功举办百名全国青联委员“走进大西部·感受新重庆”创先争优主题实践活动。中国重庆·青年人才论坛吸引200多万名青年参与。先后接待市外优秀青年团体共246人次来渝交流考察，接待国外优秀青年代表团179人次来渝交流访问，组织33名青年赴外交流访问。发挥“博士服务团”作用，组织21名博士服务团和博士生服务队成员开展赴永川区、铜梁县植树暨调研新农村建设等活动10次，为重庆引进项目18个，协议引资金额252.6亿元。

7. 青年志愿服务、青年文明号、青年岗位能手、青年突击队、青年安全生产示范岗等“青”字号工作品牌进一步深化。扶贫接力、研究生支教、援外、应急、赛会、西部文化建设等志愿服务进一步深化，选派1601名大学生“村官”驻村服务，选拔700名志愿者服务第八届中国(重庆)国际园林博览会。帮扶空巢老人，开展“孝心接力，志愿传递”助老帮扶行动，组织青年志愿者深入福利院、残障中心、社区等开展助老敬老、送医送药、免费义诊等志愿服务活动1364场次，服务空巢老人48316人。

六、党团共建创先争优活动取得新实效

1. 落实党建带团建一系列安排。与市委组织部联合下发《关于加强新形势下基层党建带团建工作的实施意见》、《关于全面开展乡镇、街道团组织格局创新工作的通知》等文件。

2. 扎实开展党团共建创先争优活动。联合市委组织部召开专门推进会，出台意见，在基层团组织全面推行“一讲二评三公示”。在全市窗口单位和服务行业青年群体中深入开展“为民服务创先争优”活动。成功创建市直机关党建工作先进单位。

3. 全面开展“四入四同”密切联系青年实践锻炼活动。组织全市各级团干部和少先队辅导员深入基层、深入青年、深入实际、深入生活，与普通青年同吃、同住、同劳动、同学习，8633名团队干部参与。组织机关全体党员干部深入开县河堰镇等地开展“三进三同”、“结穷亲”、“大下访”活动。中青报以“组织接地气、团干添活力”头版报道重庆经验，市委“三进三同”“结穷亲”活动办公室专门编发简报介绍团市委做法。

4. 深入推进青春倡廉行动。以“弘正气跟党走”为主题，开展“争做诚实守信好孩子”、“培养廉洁自律好习惯”、“争做廉洁自律好青年”、“廉政短信微博传”等主题示范活动，评选重庆市首批“青春倡廉示范岗”61个。

四川团的工作

2011年，四川各级团组织在中共四川省委和共青团中央的坚强领导下，深入学习贯彻省委九届八次、九次全委会和团十六届四中全会精神，深入贯彻落实科学发展观，紧紧围绕“两个加快”工作大局，认真按照“两个全体青年”目标要求，有力助推跨越发展，切实履行四项职能，深入开展创先争优，全省共青团工作高位求进、加快发展，为全省经济社会发展新跨越作出了有力贡献。

一、全面助推“两个加快”，服务经济社会发展成效明显

1. 参与灾后重建有力有为。地震期间捐建的246所希望小学按时保质竣工，全团援建的汶川青少年活动中心圆满建成开放，香港童军总会援建项目有序有力推进。成功举办“走进美好新家园”——全国百所高校学生、全国百名抗震救灾志愿者灾区行活动，广泛动员校媒记者、“9+3”学生、“三下乡”社会实践队等青少年群体进灾区学习考察，用伟大抗震救灾精神和灾后重建奇迹教育青少年感恩奋进。专程赴江苏、香港、河南、重庆、新疆等地感恩回访、深化合作。坚持开展“暖冬”大行动、爱心助孤活动，广泛开展城乡环境综合治理、应急抢险、阳光助残等志愿服务，累计建设志愿服务站2912个，开展志愿服务72万余人（次）。由于共青团参与灾后重建志愿服务工作成绩突出，2011年省委、省政府授予团省委青年志愿者工作部“记一等功公务员集体”称号。

2. 参与民生工程成绩突出。留守学生之家建设、志愿者服务队伍建设、农村青年技能培训、藏区青少年活动中心建设、青年创业小额贷款、西部计划等纳入省政府民生工程工作全面超额完成。圆满完成10万顶新型帐篷搬运任务，积极参与彝区健康文明新生活运动。省青基会2011年新增捐款4954万元，支出公益基金9629万元，资助4116名学生。在干旱地区建成3174口共青水池。

3. 参与省“十二五”规划制定主动有效。争取青年就业创业、志愿服务等多项内容纳入全省“十二五”规划纲要，推动青少年活动场所建设、重点青少年群体教育帮助纳入文化发展专规和社会管理创新专规，牵头实施重点青少年群体帮助项目，全省青少年事业纳入发展规划取得历史性突破。

4. 参与西部综合交通枢纽建设务实深入。深入开展“青春献枢纽，争做筑路人”主题实践活动，组织800家青年文明号、3250支青年突击队、13000余名青年岗位能手，积极服务交通枢纽建设。

二、切实加强组织建设，组织基础不断夯实

1. 党建带团建工作不断深化。联合省委组织部召开党建带团建座谈会，结合创先争优下发政策文件，对县以下团的工作经费列入财政预算、团委书记纳入同级党委班子后备人选等工作进行制度安排，将乡镇（街道）团组织格局创新、驻外团建等重点工作纳入创先争优范畴，大力度推进工作。

2. 组织格局创新攻坚破难。实施“八一攻坚行动”，全面完成4397个乡镇、256个街道团组织格局创新工作，选拔3.6万名各类青年带头人担任乡镇（街道）兼职团干部，有效激发基层组织活力。

3. 基层组织覆盖不断扩大。新建新疆、重庆两地省级驻外团组织，累计在11个省（市）建立驻外团组织3292个、视频通话点750个，在全国率先出台《四川省驻外共青团干部管理办法（试行）》，为每个省级驻外团工委提供2万元工作经费。新建非公有制经济组织团组织5115个、完成团中央下达目标任务的128%，新建新社会组织团组织516个，在农村专业合作组织建立团组织1207个。各级团组织上下联动、多措并举，进一步加强了对新兴领域青年的组织覆盖和服务凝聚。

4. 支持基层工作力度不断增强。2011年累计向基层支持资金、物资1.01亿元，培训村（社区）团干部4万余人，选派162名高校团干部挂职县级团委副书记，向县级团委派遣一批西部计划青年工作专项志愿者，继续深化县级青少年服务中心建设，成功举办社会管理与公益项目专题培训班，省团校调训、培训基层团干部和少先队辅导员1334人（次），积极为基层团组织创新发展注入新的活力。

三、紧紧围绕建党90周年，思想引领着力深化

1. 重大主题教育活动广泛开展。以“党旗辉映团旗红”活动为统揽，开展“学党史、知党情、跟党走”活动，举办“永远跟党走”青春歌会、“我与祖国共奋进”形势报告会、大学生骨干培养班，引导广大青少年坚定跟党走中国特色社会主义道路。组建100支大学生社会实践宣讲团、选派1000名团干部、组织1万名青年骨干深入基层,广泛宣讲胡锦涛总书记“七一”重要讲话精神。

2. 重要品牌活动不断深化。公开评选“四川青年五四奖章”,培养树立“中国青年五四奖章”获得者王玉屏、张康奇,第六届“中国青年创业奖”获得者龚兴兰,“全国十大农村青年致富带头人标兵”郑迈,“汶川地震灾后恢复重建先进个人”刘猛等先进典型,激励和引导广大青年“学习身边人、干好当前事”。开通“走进美好新家园”“挑战杯”“三下乡”社会实践专题微博,打造乡村青年文化节、校园歌手大赛等品牌活动,深入教育引导青少年。

3. 重点服务群体引导有力。深入推进分类引导工作,首批94家单位大纲转化工作圆满完成。以大学生为重点,广泛开展“励志讲堂”“与信仰对话——万场党史报告进校园”等活动。以少先队员为重点,深入开展“红领巾心向党”、争当“四好少年”活动。以民族地区青少年为重点,不断深化“四川藏区团旗红”主题活动。在藏区“9+3”学生中建立团支部398个,发展新团员7262人,团员比例由入学初的37%提升到87%,培养入党积极分子3000余人,推优入党981人,选培各级藏区团学骨干2900余人。

四、有力促进就业创业,服务能力有效提升

1. 就业帮扶成效明显。开展“青春创业大讲堂”“青春榜样伴成长”活动,实施“阳光工程”“新型农民培训工程”、上海种都、美涂士等项目,培训青年8万余人(次),带动9945人实现就业。累计建设青年就业创业见习基地2239个,帮助7200余名青年实现就业。举办“爱心圆梦”等现场招聘会90余场(次),提供近15万个岗位。

2. 创业支持力度加大。健全银团联席会议制度,推动与邮储银行、农行、农信社等金融机构深入合作,发放青年创业小额贷款近5.1亿元,带动6万余名青年实现就业。争取省政府支持青年就业创业资金400万元,向基层发放各类创业扶持资金511万元。开展农村青年信用示范户评定,推行农村青年致富小额信用贷款。

3. 平台建设不断深化。深入推进大学生素质拓展训练营、大学生就业创业导航站、创业园等建设,完善大学生素质拓展A级证书评定,举办全省高校毕业生创业大赛、“挑战杯”作品竞赛和全省青工职业技能大赛。充分发挥省青创会作用,积极推广实施YBC项目。

五、积极参与社会管理,维权工作深入推进

1. 参与社会管理创新积极有为。牵头省委重点青少年群体教育帮助工作推进组工作,出台共青团参与社会管理创新工作意见。推动遂宁留守学生关爱工作作为全国预防青少年违法犯罪工作试点,确定成都、德阳等6个市(州)为省级重点青少年群体教育帮助工作试点城市,确定9个参与社会管理创新试点社区,推进“重点青少年群体”“社区青少年工作队伍”“社区青少年工作平台”三个台账建设。

2. 留守学生关爱行动持续深化。新建留守学生之家566个,累计建设4801个,发动32万余名志愿者,组织团组织和志愿者团队与农民工子女较集中的2799个学校开展“一对一”结对,深入开展“快乐学校”项目,启动开展“共青团周末剧场”活动,服务农民工及其子女精神文化需求。

3. 青少年利益诉求渠道有效畅通。配合省人大完成《四川省未成年人保护条例》修订工作。广泛开展以“新生代农民工的社会融入”为主题的“面对面”活动,提交建议、提案71件。切实加强12355青少年综合服务平台建设,建立青少年舆情动态监测机制。开展未成年人法制、心理、自护教育,继续深化手机涉黄整顿、网吧综合治理、家庭暴力遏制等三项任务。

六、深入开展创先争优，自身建设有力加强

1. 主题活动深入开展。围绕“党旗辉映团旗红，创先争优作贡献”主题，以服务窗口、服务行业为重点，大力开展为民服务创先争优活动，进一步建立健全领导联系点制度，努力推动党团共建创先争优在基层形成常态。

2. 团干部队伍建设不断加强。扎实开展“千名团干部进社区”活动，广泛开展青少年运用新媒体情况、社区青少年状况、农村留守学生现状、新生代农民工精神文化需求、万名农民工大调查等调研工作，形成了有价值的调研成果，推动了团干部作风转变。定期开展工作交流会、青年大讲堂，学习型团组织建设进一步加强。积极开展“挂包帮”工作，大力抓好产业帮扶、扶贫帮困、设施帮建等工作。党风廉政建设不断加强，团干部队伍廉洁自律、风清气正。

3. 组织手臂有效延伸。坚持全团带队工作要求，成功召开省第六次少代会。积极加强青联、学联组织建设，进一步做好青企协、青年志愿者协会等社团工作。团省委直属事业单位改革发展取得新成效，事业单位岗位设置和首次聘用工作顺利完成。

贵州团的工作

2011 年以来，在团中央和省委的坚强领导下，共青团贵州省委按照团中央、省委确定的总体要求和重点工作，紧紧围绕“加速发展、加快转型、推动跨越”的主基调和“工业强省、城镇化带动”的主战略，着力为实现贵州经济社会又好又快、更好更快发展作贡献，着力推进团的各项事业向前发展。

一、以“勇做突击队、建功十二五”为龙头，服务贵州发展

认真贯彻落实团中央“要善于把全团重点工作和同级党委的工作要求结合起来”和团中央第一书记陆昊同志在 2011 年共青团年中工作交流会上的讲话精神、省委听取工青妇工作汇报会精神和省委书记栗战书同志关于共青团要“勇做突击队、建功十二五”的要求，团结带领全省团员青年唱响主基调、实践主战略，为推动贵州经济社会又好又快、更好更快发展建功立业、奉献青春。

1. 开展“千支突击队 · 立功献青春”活动，实践“工业强省和城镇化带动”主战略。唱响“勇做突击队、建功十二五”的主旋律，围绕“工业强省、城镇化带动”主战略，启动“千支突击队 · 立功献青春”活动，团结带领团员青年投身贵州经济社会建设第一线。2011 年，组建 1525 支工业生产、招商引资、安全生产、科技创新、工程建设等五类青年突击队，通过赛增值增效、赛到位资金、赛保险保收、赛创新成果、赛又好又快等“五队五赛”，覆盖 3 万余名团员青年，影响超过 10 万青年，有力助推全省“十二五”发展的良好开局。突击队完成突击项目 1100 多个，直接创造经济效益 5 亿多元，《人民日报》、《中国青年报》、新华网、中国新闻网等 20 余家新闻媒体对“千支突击队”服务经济发展情况进行了报道。

2. 成立贵州省青年商会，搭建青年企业家服务经济发展新平台。在省委、省政府的大力支持下，2011 年 11 月成立了贵州省青年商会，帮助青年企业家在实践中成长发展，搭建青年企业家服务经济发展新平台。成立大会期间，专门邀请美国科特勒咨询集团全球主席米尔顿·科特勒、万科房地产业务创始人姚牧民等学界商界知名人士为商会成员举办营销和企业管理方面专题讲座。自成立以来，商会已拥有400家会员企业，影响21000余名工商界从业青年。充分发挥青联组织联系面广的优势，扩大对外交流与合作，以“国家形象·贵州面孔·青春风采”为主题，开展了“中欧青年交流年”活动，举办了“海外学人归国创业周”活动，展示了贵州开放创新的新形象。

3. 开展挂帮联系，全力参与扶贫攻坚。贵州是全国新一轮扶贫开发工作的“主战场”和“决战区”，省委、省政府提出把解决贫困问题作为最大的民生工程，向“绝对贫困”发起“总攻”。团省委按照省委“四帮四促”活动的要求，对威宁彝族回族苗族自治县迤那镇进行帮扶，实施青年创业就业、春晖家园计划、志愿者服务等帮扶项目21个，落实帮扶资金320余万元，有力促进迤那镇发展。在省委“两万干部下基层、扎扎实实帮群众”工作中，团省委以挂帮联系遵义市务川仡佬族苗族自治县为试点，组织机关全体同志分组深入务川县农村、企业、学校、项目工地与当地群众拉家常、问需于民，与党政班子沟通交流，从建立长效机制入手，制定《团省委挂帮务川提前“减贫摘帽”工作方案》，以智力帮扶为主，教育帮扶、产业帮扶、社会帮扶等多种帮扶方式并举，全力帮助务川提前“减贫摘帽”。今年以来，团省委选派了3名干部长期驻点帮扶，通过“青年创业带富工程”、“春晖家园项目”的实施，为务川县落实帮扶资金近200万元。

二、以“百万青年创业就业行动”为抓手，服务民生改善取得成效

1. 开展“百万青年创业就业行动”，服务青年创业就业。按照“青年抓、抓青年”的工作思路，贯彻落实省委开展“百万青年创业就业行动”的要求，大力推进青年创业就业工作。启动“万村百人”创业就业工程。采取“送资金、送项目、送培训、送导师、送文化”等措施，在全省10000个行政村每村扶持若干创业带头人，带动100名青年就业，每村建立一个创业网站，建立一个团组织，最终扶持带动100万以上农村青年创业就业。抓好青年创业小额贷款工程。加强与国开行、中国银行和省农村信用合作社等金融机构的合作，完善工作机制，加大对青年创业贷款扶持力度。全省共协调发放青年创业贷款7.5亿元，帮助8700多名青年创业。以“青年创业就业导师进高校巡回辅导”、“造梦工场”等活动为载体，整合社会资源开展创业就业培训。2011年，全省团组织共培训青年80000多人，实现就业15000余人。加大青年就业创业见习基地建设力度。加强团组织与见习基地、基地之间的交流互动，加大见习基地建设力度，增加见习岗位，提高岗位使用率和就业转化率，形成常态化工作机制。全省共建立国家级、省级青年就业创业见习基地390家，累计为青年提供见习岗位12024人，新增见习岗位7267人。组织创业导师结对帮扶和百万岗位千场招聘。礼聘3000余名创业导师，采取创业导师与创业青年结对帮扶的方式，在资金和技术等方面为创业青年提供指导和帮助。组织“百万岗位千场招聘”，首场招聘会入场招聘单位300余家，提供就业岗位近3万个。

2. 实施“山区希望工程基金——幸福校园计划”，探索“零提留、全透明”的公益基金运行模式。认真落实省委书记栗战书同志提出的“幸福公式”和省委副书记、省长赵克志同志关于“创新体制机制，通过社会化运作方式，帮助解决山区义务教育学校的有关问题”的要求，发挥共青团“希望工程”的传统品牌优势，成立“贵州山区希望工程基金”。启动“贵州山区希望工程基金—幸福校园计划”，面向社会筹集资金，协助政府解决贫困山区农村学校宿舍、食堂建设等问题。探索“零提留管理、全透

明运行”的公益基金运作模式,举全省共青团之力进行推进,通过抓组织领导分解落实责任、抓宣传发动营造工作氛围、抓项目实施强化监督管理、抓资金劝募扩大筹资力度、抓长效机制确保高效运转等一系列措施,得到了各社会公益组织的参与和支持,社会各界已承诺捐款近6000万元。10月17日,《中国青年报》头版头条对“贵州山区希望工程基金—幸福校园计划”进行了专题报道。

3. “春晖行动”的品牌影响力进一步扩大,荣获“中华慈善奖”。充分发挥春晖行动在扶贫工作中的作用,不断扩大春晖行动的影响力和知晓率,深化春晖家园计划、春晖亲缘招商、春晖助学等活动,助推新阶段扶贫攻坚工程。实施“春晖家园计划”项目60个,投入300万元专项资金撬动1250万元社会资金参与新农村建设,直接受益群众8.5万,辐射人口21万。开展“春晖行动——我与家乡共发展”活动,新礼聘春晖使者5000余人,发挥春晖亲缘招商作用,帮助引进项目10余个、总投资近20亿元。实施“春晖行动—致公学生培养计划”、“春晖彩虹计划”等助学行动,帮助110名贫困学生到北京、上海等地完成学业和拓宽视野。春晖行动的品牌影响力进一步扩大,荣获中国公益慈善领域最高政府奖——中华慈善奖,并写入《中共贵州省委关于新形势下加强和创新社会管理工作的意见》、《中共贵州省委关于贯彻党的十七届六中全会精神推动多民族文化大发展大繁荣的意见》。2011年5月,中共中央政治局常委、中央书记处书记、国家副主席习近平同志到贵州视察工作时,对“春晖行动”给予了充分肯定和高度评价。

三、以“诚信青年”主题活动为重要载体,坚持分类引导青年

1. 开展“诚信青年”主题活动,践行社会主义核心价值取向。在全省青年中倡导“爱国、敬业、诚信、友爱”的社会主义核心价值取向,弘扬“开放创新、团结奋进”的贵州时代精神,与省委宣传部、省文明办共同启动“诚信青年”主题活动。通过开展“诚信青年”讨论、“诚信青年”微博互动、诚信文化讲座、“诚信青年”演讲比赛、百万诚信青年创业就业、选树“诚信青年”典型等六大系列活动,积极探索符合青年特点的路径和载体,营造“争做诚信青年、争创诚信组织、建设诚信文化”的良好氛围,勇做“诚信贵州”建设的生力军和突击队。

2. 实施青年马克思主义者培养工程,探索研究指标体系,细化分类引导体系。把青年马克思主义者培养工程放在加强青少年思想政治教育的首位,通过理论学习、社会实践、社会观察等途径,帮助大学生骨干、共青团干部、青年知识分子学习和掌握党的理论创新成果,提高思想政治素质,坚定理想信念。9月份探索研究建立大学生青年马克思主义者评价指标体系,10月份在省属重点高校中开展评价指标体系试点工作。针对企业青年、务工青年、农村青年等不同群体,制定《贵州共青团分类引导青年工作推进方案》和《关于在全省开展分类引导青年工作的实施意见》,认真开展“学党史、知党情、跟党走”主题教育活动、“我与祖国共奋进”形势教育活动和“挑战杯”全省大学生课外学术科技作品竞赛,高度重视新媒体运用,积极探索分类引导青年的路径和载体,细化完善分类引导工作体系。

3. 实施“千校万师”培训工程,未成年人思想道德建设得到中央文明办的充分肯定。团省委与省文明办合作,省团校承包实施“千校万师”工程,加强对未成年人思想道德教育队伍培训,发挥德育教师和少先队辅导员在未成年人思想道德建设工作中的关键作用。共举办“千校万师”培训班50期,累计培训中小学德育教师和少先队辅导员达6512人,学员覆盖全省4000多所中小学。充分运用微博等新媒体,加强对青少年“虚拟社会”的管理,引导和培育青少年树立正确的价值取向。2011年7月,“千校万师”工程被中央文明办选入

《未成年人思想道德建设100例》。11月18日，中央文明办专职副主任王世明到团校调研“千校万师”培训工程，要求认真总结，在全国推广贵州“千校万师”培训工程的经验。

四、以“志愿者行动”为纽带，加强和创新社会管理

1. 以全力服务民族运动会为契机，广泛动员青年志愿者参与社会服务与管理。在第九届全国少数民族传统体育运动会筹备和举办过程中，招募和组织以大学生为主体的7.5万名志愿者参与民族运动会的志愿服务工作。8天赛会期间，5.5万赛会志愿者和城市志愿者提供了超过100万小时的志愿服务。志愿者们用“微笑、真诚、优质、高效”的服务，为民族运动会的“成功、圆满、精彩”做出了积极贡献，赢得了省委省政府和国家民委领导以及各代表团和中外游客的充分肯定。9月17日，《中国青年报》头版头条对民族运动会志愿服务工作进行重点报道。志愿服务成为全省社会管理中“社会协同、公众参与”的重要力量，西部计划和“三支一扶”计划报名人数突破万人大关，近50万志愿者参与关爱农民工子女志愿服务行动、绿丝带“三关爱”、社会消防志愿服务等活动，全省注册志愿者125万人，常年参加志愿服务550万人(次)。

2. 扎实开展“面对面”活动，努力实现省、市、县三级全覆盖。认真落实团中央关于“共青团与人大代表、政协委员面对面”的部署和团中央第一书记陆昊同志的要求，相继召开了各市(州、地)团委书记和权益部主要负责人参加的“面对面”活动工作推进会、“共青团与人大代表、政协委员面对面”座谈会，省人大、政协领导和有关厅局、青年界别代表委员参加共同探讨“两会”涉及青少年利益诉求的提案、建议。

3. 针对青少年特殊群体开展预防犯罪和违法帮教，推动维权工作上台阶。团省委研究制定方案，提供启动资金并派人指导，在务川县成立“大坪镇留守儿童自立自强中心”，通过劳动实践锻炼和勤工俭学，着力培养留守儿童的自立自强意识和劳动能力。开展关爱农民工子女志愿服务，通过亲情陪护、代理家长、心理疏导等方式对17.5万农民工子女进行结对帮扶，建成22所农民工子女“微笑小屋”，让他们真正融入城市。高度重视违法青少年的帮教工作，加大法制宣传，开展兼职帮教志愿者试点，推动违法青少年帮教工作常态化、制度化、规范化。充分发挥12355服务平台的作用，帮助青少年解决涉及法律、心理、就业等方面问题近300件。瓮安县开展未成年人违法及轻罪记录消除试点工作，得到李长春、周永康、王乐泉、刘云山、刘延东、孟建柱等领导同志充分肯定。

五、以团的基层组织格局创新为着力点，促进干部培养和交流，夯实团的基础

1. 推进团的基层组织格局创新，把团组织面向基层的桥头堡延伸到乡镇。团省委班子成员分别带队赴九个市州地进行督促检查，重点对人员结构、递补顺序、作用发挥等问题进行研究，采取针对性措施，让兼职团干充分发挥作用。2011年12月召开了全省乡镇(街道)团的基层组织格局创新工作推进会，全省1558个乡镇(街道)团的基层组织格局创新全部完成，共选配兼职团干14212名，实现乡镇街道全覆盖。

2. 加大驻外团工委建设力度，扩大驻外团工委的基层组织体系。团省委主要负责同志带队前往广东、浙江开展调研对接，从建立方式、资源整合手段、工作内容、活动设计等方面提出具体要求，新建3个省级驻外团工委，消除了省级“盲点”。扩大驻外团工委的覆盖度，推进市、县两级驻外团工委建设，集中挂牌一批驻外团工委。加强与7个重点流入地省级团组织的沟通协调，将驻外团工委纳入流入地团组织管理。通过开展教育管理、就业创业、关爱帮扶、权益维护、人才培养、心理疏导等方面的服务，努力将驻外团工委建设成为“外出务工青年之家”，帮助青年融入城市、愉快地工作和生活。

3. 强化“两新”组织建团的覆盖度，探索灵活多样的建团模式。坚持“抓三建、进五小、重联合、强督导，非公团建超三千”的工作思路，扎实推进非公有制企业、新社会组织和农民工聚集地团建工作，新建非公团组织1626个，新建新社会组织团组织102个，新建国有企业团组织82个，共覆盖35岁以下青年28514人，团员数13038人。

4. 推进高校团干部挂职工作。按照团中央的整体安排，从省内外高校选派78名团干部到县级团委挂任副书记，高校挂职团干围绕团的基层组织格局创新、非公企业和外出务工青年团建、分类引导青年、农村基层团建创新等工作，积极探索，勇于破题，既锻炼了干部，又为县级团委的工作增添了新的活力。11月12日，《中国青年报》头版报道了贵州挂职团干部在山村重建团支部的事迹。

5. 加大干部培养锻炼力度。团干部是党的干部队伍的重要组成部分，团的干部与团的事业同等重要。注重对县、乡两级团干部的培训，注重在落实工作中培养锻炼团干部。在团中央和省委的关心重视下，3名团省委领导班子成员转岗进入市州地党委领导班子，从基层一线公开遴选了4名干部到团省委机关工作，选派了5名干部到基层一线挂职锻炼，从基层选调30余名年轻干部到团省委机关挂职锻炼。

云南团的工作

云南省共青团在中共云南省委和团中央的正确领导下，按照省委的有关指示精神，紧紧围绕团中央的工作部署和安排，全面履行团的各项职能，深入推进基层团建创新行动、青年素质提升行动、青年创业就业行动、青少年和谐行动和青春给力桥头堡行动，团的各项重点工作和建设取得了新的进展，班子建设、干部队伍建设进一步得到加强，组织的吸引力、凝聚力和战斗力得到进一步提高。

一、基层团建创新行动不断深化

1. 着力构建党建带团建工作长效机制，深入开展创先争优活动。认真贯彻落实中央和省委有关党建带团建工作的重要精神，召开全省基层党建带团建暨共青团系统深入开展创先争优活动现场推进会，与省委组织部联发《关于切实做好新形势下基层党建带团建工作的意见》，已将党建带团建工作纳入省管领导班子和领导干部年度考核工作内容，着力构建党建带团建长效机制。推动12个州市出台党建带团建工作的实施意见，与党建在基层形成的新格局、新成果主动衔接，为加强基层团组织建设营造良好环境。以“三创三争”强组织、“四比四当”争优秀、“五评五树”作表率为主题深入开展创先争优活动，推进党群共建创先争优示范点建设，重点开展“党员团员社区志愿服务行动”和“深入推进创先争优·志愿服务人民群众”等活动。

2. 全面推开乡镇街道团的组织格局创新工作。全省1244个乡镇和97个街道完成团的组织格局创新工作，选配乡镇街道团委副书记4919人、团委委员14655人，686个乡镇街道团委书记由党政领导班子成员兼任，占比

51.16%，初步形成由体制内外、编制内外，各种兼职团干部组成的乡镇街道团委新的组织格局。

3. 不断扩大基层团组织覆盖，激发基层工作活力。按照“不动摇、不分心、有韧劲”的要求狠抓基层组织建设和基层工作。努力扩大新兴领域组织覆盖，全年共完成非公有制企业建团5005个，新社会组织建团1059个。已建成省、市、县三级驻外团组织41个。全省符合建团条件的1448个农村专业合作组织建团802个，建团率55.38%。狠抓传统领域团的活力建设，巩固学校、企业、社区和农村团建成果。积极整合力量，协调资源进一步加大对基层团组织支持力度。积极推进“边疆团建长廊”工作。从滇沪高校选派97名团干部到县级团委挂职1年。切实履行“全团带队”职责，加强州市、县市区两级少工委建设，支持基层建设100支少先队鼓号队。

4. 积极探索互联网团建模式。实施“数字云青”工程技术升级，启动网络手机平台，开通“青春彩云南”官方微博。一年内，新浪微博粉丝达10万余人、腾讯微博粉丝达9.1万余人。积极整合QQ、微博、网络社区、论坛等新媒体交流手段，不断探索团组织在新媒体中“组织存在”的路径和载体。

5. 加强对各类青年社会组织的吸引和凝聚。以共同公益理念为前提，以项目实施、志愿服务为载体，通过公益培训、资源整合、优质服务等方式，进一步提升对各类青年社会组织和NGO的吸引和凝聚。积极构建以共青团为枢纽的青年组织体系，已凝聚15个青年社会组织（志愿团队）。

二、青年素质提升行动生动有效

1. 加强青少年理想信念教育。认真学习胡锦涛总书记“七一”重要讲话、十七届六中全会和省第九次党代会精神。牢牢抓住建党90周年重大契机，广泛开展“学党史、知党情、跟党走”、“我与祖国共奋进”、“红领巾心向党”、“千网联动学党史”等主题教育活动和“青春向党·红动云南”文艺巡演活动。举办350余场“与信仰对话”党史报告进校园活动。在“青春彩云南”官方微博上开展“党史知识竞赛”、“微红歌赛”、“微红文赛”、“微访谈”等活动，影响人数达150余万人次。通过网络座谈会、“红土地之歌”演讲比赛等形式深入学习杨善洲精神。

2. 深化分类引导青年工作。召开全省分类引导工作推进会，确定197个省级首批开展《思想引导大纲》转化工作单位，8个团中央直接联系单位和21个团省委直接联系单位，深入挖掘青年思想意识关键点及形成逻辑，探索青年喜闻乐见的路径和载体，推动各单位编写对青年具有针对性、适用性的《青年思想引导手册》。

3. 加强青年骨干培训力度。深入实施“青年马克思主义者培养工程”，分级分类培训青年骨干。县级以上团组织共举办培训班156期，培训州市、县市区、乡镇街道青年骨干6000余人次。选派70名优秀青年骨干代表到中央党校参加“云南省青年马克思主义者培养工程”学习培训，选派104名非公企业和新社会组织团干部，到省委党校参加“云南省青年马克思主义者培养工程”学习培训。重点加强边疆和少数民族地区基层团干部培训，选派24名少数民族团干部到中央团校培训，遴选4名县级团干部到上海、海南等地挂职锻炼。联合云南广播电视大学启动“青春创业扬帆计划”，首期组织300名青年参加提高学历层次的学习。

4. 强化团干部能力建设。认真开展“三读活动”，强化团的机关干部学习，努力提升团干部理论水平和实际工作能力。组织14600多名乡镇街道团干部参加远程培训。坚持实施全省团的机关干部“火炬行动”，省、州市机关团干部300余人次深入县、乡、村开展调研和推动工作。通过讲廉政党课、参观廉政教育警示基地等推进廉政文化建设。

三、青年创业就业行动扎实开展

1. 大力选树青年创业典型。组织开展第三届青年创业省长奖评选表彰，开展不同层级青年创业带头人评选活动，通过“创业英雄论坛”、报告会、座谈会等形式，充分发挥创业青年典型示范作用。

2. 深入推进青年创业小额贷款和农村青年信用示范户试点工作。全面落实“贷免扶补”政策，帮助11673名青年（其中大学生占8.3%）获得创业小额贷款，贷款金额6.4亿元，带动5.3万人实现就业，还款率达96.63%。为创业青年配备创业导师2198名。参与省政府失业人员小额担保贷款的推荐承办工作，帮助821名青年获得贷款，贷款金额4468万元，带动就业1207人。以3个州市和13个县市区为重点，开展农村青年信用示范户试点工作，共评定农村青年信用示范户7.9万户，为信用示范户发放贷款1.06亿元。

3. 不断完善创业就业培训体系。全面推进“青帆夜校”建设，全省共设置45个教学点，培训1.1万余名青年。开展“送金融知识下乡活动”。联合农业部门，通过“阳光工程”项目培训800名农村青年，培训450名沼气和环境建设带头人。与人社、扶贫、林业、供销等部门合作，培训53000多名农村青年。在全省60多所高校和部分中职学校开设KAB创业教育课程，2万多名学生接受教育。新成立青年就业创业见习基地70家，提供就业见习岗位2000多个，共计4000多人次待业青年上岗见习。联合省移动公司在高校建立“MM青年创业就业基地”，为近2万名青年提供低成本的创业平台。组织开展云南省大学生职业生涯导航设计大赛。

四、青少年和谐行动丰富多彩

1. 组织开展服务青年大学生活动。深入调研形成《当前云南省大学生关注的热点、焦点问题调查报告》，得到省领导的高度重视。联合有关部门和省级“青年文明号”单位在高校开展了“青春肩并肩·服务大学生”主题活动，力所能及帮助解决青年学子学习生活中面临的现实利益问题。组织青联委员高校行活动。

2. 积极维护青少年合法权益。开展“共青团与人大代表、政协委员面对面”和“共青团倾听日”活动，畅通青少年普遍性利益诉求表达渠道。11个州市建立12355服务平台，成功申报1个全国心理督导基地。

3. 开展重点青少年群体服务管理和预防犯罪工作。做好重点青少年群体服务管理和预防犯罪工作，摸清基本情况，确定7个省级试点，推进有不良行为或严重不良行为青少年服务管理和预防犯罪全国试点工作。深入开展青少年法制宣传教育、安全自护教育等活动。

4. 扎实推进青少年公益事业。积极实施希望行动，共筹集捐款5017万元，立项援建希望小学40余所，资助家庭经济困难学生3100余名，援建一批校园设施，培训1000余名山区希望小学教师。积极参与盈江抗震救灾工作，共筹集专项资金270余万元，资助受灾经济困难中小学生1000余名。开展“希望心”（先心病）生命救助行动，帮助502名家庭困难先天性心脏病患儿进行手术。新设立“云信公益基金”，动员青联委员设立各类公益爱心基金。

5. 深入开展志愿服务工作。全省现有注册志愿者60余万人，参与志愿服务200余万人次。深入实施“大学生志愿服务西部计划”、“禁毒防艾动起来”等志愿服务工作项目。加强应急志愿者队伍建设，在抗震救灾中发挥积极作用。继续开展沪滇志愿接力计划。1270所学校开展关爱农民工子女结对志愿服务活动，已结对农民工子女16.7万人。实施独龙江乡志愿接力计划，筹集资金180万元投入教学楼、人马吊桥和其他配套设施建设，积极参与推进独龙江整乡推进独龙族整族帮扶。

五、青春给力桥头堡行动深入推进

1. 探索推进以云南为基地的中国面向南亚、东南亚青少年交流中心建设。以“青春·友谊·合作·发展”为主题，开展“庆祝中国老挝建交50周年青年友好交流活动”，重点举办“百名中老优秀青年互访交流”和“万名边境青年大联欢”活动，共组织座谈、商谈27场次，参观、考察21场次，友好联欢8场次，5万余人参加活动启动仪式，10万多名青年共度泼水节，3万多名青年参加江城大联欢暨中老越第二届丢包狂欢节，数十万青年参加边境大联欢。边境州市与相邻国家地区青年友好交流积极推进。积极开展与东南亚各国青少年友好交流活动。组织本省青年参加“中越青年友好会见”、“东盟青年企业家论坛”、“中泰友好研讨会”等活动。

2. 广泛开展青年友好交流。完成德国青年联盟代表团、日本青年友好使者代表团2批132人的接待服务工作。组织15批36人次云南青年随中国青年代表团赴比利时、匈牙利、韩国、日本、土耳其等国开展友好交流活动。充分发挥云港台青年交流促进会作用，深化本省青年与港、澳、台青年的友好交流。以长三角、珠三角为重点，加强与西南各省市及其他兄弟省市青年友好交流。举办在滇高校青年国际文化交流活动。

3. 充分发挥青年人才的作用。进一步加强青联、学联和青年企业家协会建设。开展“青联委员边境行”活动，组织青联委员、青年企业家围绕兴边富民工程，深入边境州市开展学习调研、招商引资、奉献爱心活动，为桥头堡建设进言献策，贡献力量。做好中央赴滇博士团相关服务工作。组织开展“挑战杯”云南高校青年学术科技竞赛，近10万大学生参与。开展第十届“希望之星”英语口语大赛，9000多名青少年参加。

4. 参与建设绿色生态屏障。开展以“青年心向党·绿动长征路”为主题的青少年植树行动，共种植经济林、生态林15.7万亩、379万多株。进一步加强对环保社团的扶持力度。开展2011年度九湖生态监护主题宣传实践活动。结合社会主义新农村建设，广泛开展村容村貌整治、河道清理等工作。结合九湖流域生态保护，遴选确定10个农村清洁工程示范村建设点。

西藏团的工作

2011年，在区党委和团中央的领导和关怀下，全区各级团组织以推进跨越式发展和长治久安为主题，紧紧围绕我区“十二五”规划的实施，坚持加强青少年思想引导和服务青少年成长发展需求两条主线，坚持全团目标一致、行动一致不动摇，坚持强化工作牵动力、普遍性和有效性不动摇，坚持面向基层、服务基层不动摇，认真履行团的四项基本职能，扎实推进团的各项工作和建设。

一、思想引导持续深入

按照全团统一部署，结合本区实际，注重和强化工作品牌的连贯性、教育内容的逻辑性、工作节奏的衔接性和引导对象的适用性，着力规范构建青少年教育引导工作格局。以纪念建党90周年、西藏和平解放60周年为重要契机，以“我与祖国共奋进，我与西藏同发展”为统揽，广泛开展形势政策宣传、“学党史、知党情、跟党走”、“民族团结代代传”等青少年爱国主义、民族团结和反分裂斗争主题教育实践活动。全年各类活动覆盖青少年60余万人次。推进青年马克思主义者培养工程，采取理论学习、座谈研讨、成果展示等形式，培训大学生骨干3000余人。深化分类引导青年试点工作，深度访谈240名藏族青少年，形成《西藏青少年受宗教信仰影响和抵御分裂渗透思想状况深度访谈报告》。启动"青春牵手新西藏——百名青联委员牵手千名青少年"行动，面向重点青少年群体开展面对面、手拉手思想引导。继续开展青年五四奖章、各族青年团结进步奖等评选表彰活动，有效发挥典型引路作用。

二、服务青年扎实有效

争取落实各类经费1660余万元，建设11个"西藏希望工程苗圃职业教育培训基地"，支持73个团县委实施小型就业创业项目，培训青年农牧民4100人，转移就业3045人，建设13所希望小学及其附属设施和9个"红领巾快乐空间"，资助814名优秀贫困大中小学生顺利完成学业。建设41个共青团青年就业创业见习基地，见习上岗989人，正式聘用526人。联合有关金融机构，向135名青年农牧民发放小额贷款314.3万元，带动就业人数604人，稳步开展农牧区青年创业就业小额贷款和信用示范户试点工作。组织150名基层团干部、农牧区青年致富带头人和藏传佛教青年代表人士出访有关国家和港澳地区、赴兄弟省市学习交流考察。抓住全国大学生志愿服务西部计划确立"服务西藏"专项的机遇，逐步扩大西藏实施规模，全区招募志愿者从2010年的240人增至405人，志愿者日常教育管理、服务指导取得实效。扎实做好以庆祝西藏和平解放60周年活动为重点的各类重大活动志愿服务工作，积极参与深圳大运会志愿服务，专业志愿者队伍建设迈出新步伐。

三、青少年维权力度不断加强

在拉萨市和8个县稳妥开展社会闲散青少年等六类重点青少年群体教育帮助和预防犯罪试点，努力探索共青团参与社会管理创新切入点。发挥预防和未保工作体制优势，编写《西藏自治区青少年法律知识读本》和《西藏自治区未成年人自护知识读本》，重启青少年维权岗活动，不断完善我区预防和维权工作格局。开展"青春与法同行"——青少年法律大课堂集中行动和校园巡讲等法制宣传教育活动300余场次，覆盖青少年30余万人次。积极开展"丰富新生代农民工精神文化生活"主题调研和建言献策活动，逐步规范和延伸"共青团与人大代表、政协委员面对面"活动制度和范围。大力开展"共青团关爱农民工子女志愿服务活动"，捐赠50余万元资金物资，结对帮扶农民工子女3000余人。

四、基层团建和基层工作大力推进

以乡镇街道团组织格局创新为重点的基层团建工作取得新突破。全区73个县全部完成县级团委换届，全区团县(市、区)委以集中换届为主要形式，逐步建立健全团的县级委员会，692个乡镇(街道)全部开展基层团组织格局创新工作，村(居)基本实现团支部书记进"两委"班子或由"两委"班子成员兼任。在122个非公经济组织和9个新社会组织、农牧民专业合作经济组织建团，建立60个地县及其直属机关青年工作委员会，团的基层组织网络进一步健全。采取多种形式培训专(兼)职团干部和少先队辅导员3000余人次，新任职团县委书记培训率80%以上，进一步加大对新任职乡镇(街道)团组织书记培训力度。衔接派驻41名区内外高校团干部到县级团委挂职。团的各级领导机关在物质支持、工作下移、人员交流、工作研究、长效机制等方面，进一步加大对基层政策、资金、项目的倾斜支持力度。整合各方资源，落实资金3190万元，全面推进区地两级青少年活动中心建设。

五、深入开展创先争优活动

坚持党群共建创先争优，广泛开展公开定岗定责、评先选优、业务技术比武等活动和党团员统一公开承诺、无职党团员设岗定责等工作，积极推动党团思想共建、组织共建和阵地共享。积极参加全区“基层建设年”和创先争优强基惠民活动，全区292名团干部加入242个驻村工作队，大力开展加强村级组织建设、维护社会稳定、寻找致富门路、开展感恩教育、为群众办实事解难事等工作。

青年文明号、保护母亲河、“三下乡”、“成才杯”、编撰西藏共青团志等工作取得新进展。

陕西团的工作

2011年，陕西省各级团组织在陕西省委和团中央的领导下，围绕科学发展、富民强省两大主题，坚持目标责任考核和全团重点工作“两个不变”的工作思路，奋发有为、勤奋进取，努力在党委领导、政府负责、社会协同、公众参与的社会管理格局中积极作为，为“十二五”良好开局做出了积极贡献。

一、以纪念建党九十周年为契机，深化创新青少年思想教育工作蓬勃开展

把握时代脉搏，突出重点人群，创新引导方式，广泛发动媒体，形成思想教育的强大声势，坚定了青少年跟党走社会主义道路的理想信念。

1. 深入开展纪念建党90周年系列活动。以“学党史、知党情、跟党走”为主题，全省普遍开展了“永远不能忘记”、“与信仰对话”、“百网联动学党史”、“红领巾心向党等活动，影响青少年达200余万人次；举办“永远跟党走”青春歌会，指导各市（区）开展歌会传唱，直接参与青少年达20余万人次，受到社会各界的一致好评；深入开展“红领巾大讲堂”活动420余场，参与人数达21.3万余人次，坚定少年儿童对党的信仰；全面深化“我与祖国共奋进”形势政策教育活动，举办集中宣讲208场次，同时，通过网络视频宣讲和基层宣讲，约110万人次青少年的接受教育，加深了广大青少年对祖国发展的认同和热爱。

2. 分类推进青少年思想教育引导工作。扎实推进分类引导青年工作，编写制定《陕西青年思想引导大纲》，推动实施首批转化工作。在少年儿童中，深入开展“手拉手”、“雏鹰争章”等活动，服务引导少年儿童健康成长；在大学生中，继续深化青年马克思主义者培养工程，全年培养大学生骨干13000余名；全面推进未成年人思想道德建设，认真做好为未成年人办十件实事工作，开展团属未成年人活动场所安全检查，支持4家团属未成年人活动场所建设，新增省级青少年爱国主义教育基地1家。

3. 充分发挥青年典型的示范带动作用。深入挖掘选树广大青年认可的先进典型，推荐10个基层团组织、10名个人荣获全团五四红旗团组织（团员、团干部），1人获中国青年五四奖章；选树表彰创先争优先进标兵团组织10个、先进团组织11个、优秀青年136名，树立了创先争优的青春榜样；开展中、小学生中开展品学奖和优秀少先队员评选活动，激励青年学生学习先进、全面发展、健康成长；命名省级青年文明号集体76个，积极促进企业青年岗位成才；大力开展典型宣传活动，综合运用报纸、网络、报告会等多种形式，在全省广大青少年中掀起学习典型、争当典型的热潮。

4. 探索运用微博等新媒体引导青年。重点抓住微博等新媒体运用形式,迈出探索运用新媒体开展青年思想引导工作的关键步伐。组织全省各级团组织和专职团干部集体入驻新浪微博,形成陕西共青团微博“军团”,有效推进了网上青年的“再组织化”建设。截至11月底,团省委官方微博关注人数超过6万人,全省已有3716个团组织和7014名团干部实名创建微博,直接影响青少年约76.7万人,间接影响超过180万人。微博已成为陕西共青团服务引导青年的新阵地。

二、以服务全省工作大局为切入,团结带领广大青年为“十二五”良好开局贡献力量

围绕“十二五”规划和省委、省政府重大决策部署,发挥团的优势,整合团的资源,引导广大青年立足岗位创先争优,积极投身富民强省建设,提升共青团组织服务经济社会发展的参与度和贡献率。

1. 扎实开展创先争优活动。以“创先争优、服务青年”为主题,抓好“安排部署、三问青年、公开承诺、评选表彰”四个环节,推动活动深入开展。制定下发《关于在全省共青团组织和广大团员中开展创先争优公开承诺制的实施意见》,组织全省各级团组织、广大团干部和团员青年结合实际承诺、践诺,着力解决团干部在精神状态、工作作风、服务能力等方面的问题;编印团省委《创先争优工作简报》24期,其中4篇被陕西省委《创先争优活动简报》刊发,有效扩大了共青团对外影响。

2. 积极投身服务世园工作。与陕西省委组织部联合开展“创先争优奉献世园”活动,在全省窗口单位和服务行业等青年聚集的区域健全团的组织,开展“青年文明号服务世园行动”、“青年文明号信用建设示范行动”、“百城万店无假货行动”等主题实践活动,展现了当代职业青年立足本职、优质服务、文明从业的良好精神风貌;充分整合资源,在服务世园中全面植入“两新”组织团建、保护母亲河、大学生演出季、世园会小记者、青年创业就业见习基地等各项共青团品牌工作;选拔1.3万名志愿者服务世园会,提供近20万人次的志愿服务,,形成了“朝气蓬勃、快乐奉献、团结协作”的具有“三秦文化”特色的“小蜜蜂”精神,既为世园会的成功举办贡献了力量,也有力地推动了共青团品牌工作和社会影响,使“绿色引领时尚”理念走向全国、走向世界。

3. 全面服务经济社会发展。围绕经济发展,举办全省青工技能大赛,掀起技术比武促行业发展热潮;开展青年科技创新行动,组织中央博士服务团进校园、进企业、进农村,为陕西省经济社会发展出谋划策,提供智力、技术支持。围绕和谐陕西建设,不断深化青年志愿者行动,圆满完成广州亚运会、黄陵公祭、欧亚论坛、农高会等大型赛会的志愿服务工作,受到社会各界的一致好评,全省注册志愿者达28万人;积极维护社会稳定,拓宽青年学生思想信息获取渠道,加强形势研判,成功处置“青年领袖论坛”等多起事件。围绕生态陕西建设,大力开展“保护母亲河”行动,积极开展各类植树活动,参与人数6.1万人次,植树56.9万株;打造环保网络平台,启动“绿色联盟行动”,开通官方网站和微博,发布信息30余万条,影响青年22.5万人次;积极资助环保社团,发放资助金20万元,促进了青少年环保良性发展。

3. 不断活跃青年外事工作。深化与港澳台青年的交流工作,举办港澳特邀委员活动日,为形成陕港澳青年交流的长效机制进行了有益的探索;接待来自欧盟、印度、希腊、土耳其等多个国家和地区350名青年及台湾国民党青工总会、香港中学生代表团等300多名港澳台青少年来陕西省访问;举办“2011中欧交流年”旗舰活动——“中欧青年周”,来自欧盟27国100青年与中方200多名青年汇聚西安,开展大规模交流活动,推动了青年外事工作的整体提升。

三、以促进青年就业创业为重点，努力搭建服务青少年成长成才有效平台

围绕青少年普遍关注的民生问题，丰富服务内容，拓展服务项目，搭建服务平台，形成常态化的工作机制，促进青少年健康成长。

1. 大力开展就业创业工作。加大对青年就业创业的政策扶持力度，与农业厅等单位签订合作协议，在政策上畅通了就业创业青年的服务渠道；通过举办“创业英雄进校园”、“挑战杯”、“知识产权杯”竞赛等活动，激发青年学生的创业热情，营造就业创业的深厚氛围；大力加强青年就业创业见习基地建设，实施见习证认证制度，建立各级见习基地993个，提供见习岗位26431个；拓宽青年创业贷款渠道，累计为1.42万名青年发放小额贷款7.72亿元支持创业；加大未就业青年培训力度，培训未就业青年11.45万人，促进了青年就业创业工作的良性发展。

2. 深化关爱农民工子女行动。陕西省各级团组织围绕学业辅导、亲情陪伴、自护教育、感受城市、爱心捐赠等五方面主题广泛开展关爱行动，为全省107个县（市、区）建设总价值为1000万元的爱心家园，作为全省关爱农民工子女志愿服务阵地。深入开展农民工子女与志愿者结对活动，覆盖全省954所农民工子女学校，超过18.3万名农民工子女切身感受到了来自各级共青团组织的关爱。

3. 重点关注困难青少年群体。加大希望工程筹资力度，募集资金2000多万元，建设希望小学15所，希望卫生室20所；开展“圆梦·牵手”行动，筹资1000多万元，资助贫困学生6000多名，提供助学岗位1370个；积极帮助困难学生，发放助学金15.8万人，为全省50所高校、1万名贫困大学生提供英语辅导；广泛开展“红围脖·暖三秦”系列活动，围绕“送温暖”、“送关爱”、“送文化”三个主题，为2000多名留守儿童送去生活、学习用品。

4. 切实维护青少年合法权益。深化“共青团与人大代表、政协委员面对面”活动，在全省市级以上团委和33个重点县区开展“面对面”活动，形成调研报告11篇、议案建议50个，畅通了青少年维权渠道；推进12355青少年服务台建设，建立案件承接处理机制，共受理电话3.1万余个，为青少的提供心理、法律咨询和帮助；深化“青少年维权岗”创建活动，共创建省级优秀“青少年维权岗”458个，国家级28个；加强青少年法制建设，累计开展法制宣传2000多场次，发放法制读本3万本（册），建立青少年法制教育基地50个，预防青少年违法犯罪教育基地41个，有效维护了青少年合法权益。

四、以青年群众工作调研为载体，持续推进共青团基层组织建设全面活跃

坚持普遍性原则，深入贯彻“两个全体青年”的要求，依托党建带团建，坚持狠抓基层不放松，做到资源向基层倾斜、力量向基层转移、工作到基层落实。

1. 深入开展“四进三问三推动”大调研活动。为贯彻落实胡锦涛总书记“七一”重要讲话，做到关注青年、关心青年、关爱青年，团陕西省委主动接近青年、密切联系青年，在全省团组织中开展了“四进三问三推动”大调研活动，通过进企业、进学校、进农村、进社区，问计于基层、问需于青年、问知于实践，推动了基层组织活跃、推动了工作制度创新、推动了青年工作发展。调研邀请省社科院作为合作伙伴，科学设计调研内容、合理制定调研方式，抽调近2/3机关干部，组成4个调研组，持续蹲点调研时间1个月左右，与青年群众同吃住、同学习、同工作，发放问卷2万余份，与青年访谈2000多人次，基本掌握了基层实际，真切了解青年诉求。通过调研，培养了广大团干部同青年的朴素感情，真切了解了青年诉求，为研究和破解社会管理与创新背景下的青年群众工作提供了数据支撑和现实依据。本次调研是近年来陕西省共青团组织开展的规模最大的

群众走访活动，是一次全方位的团情普查活动，也是一次生动的干部教育活动。

2. 全面深化党建带团建工作。联合陕西省委组织部召开全省基层党建带团建暨共青团创先争优座谈会，并出台《加强全省基层党建带团建工作的实施意见》，建立党建带团建工作的长效机制；借助党政力量，解决了一批长期制约基层的突出问题，全省107个县（区）团委书记均列席同级党委会，建立基层党建带团建工作联系点562个，市、县两级团委工作经费平均分别达到28万元和2.7万元；推动市、县、乡、村四级团组织与同级党组织同步换届，新选拔3833名干部充实到乡镇以上团的岗位。

3. 分领域推进团的基层组织建设。全面推进乡镇（街道）团的组织格局创新，全省符合条件乡镇（街道）团组织全部完成“1+1+X”模式配备。大力加强在外出务工青年群体建团，建立驻外团工委110个，联系青年约20万人，覆盖团员10万余名。统筹推进其他领域团建工作，新建“两新”团组织2605个；实现省、市所属国有及国有控股企业团组织全覆盖；探索创新公寓、互联网、社团等建团新模式，在学校实现了对全体青年学生的多重覆盖。

4. 不断加大扶持基层力度。联合陕西省委组织部、省教育厅选拔了117名高校团干部赴全省县级团委挂职，较好地实现了支持基层、服务青年、锤炼队伍的目的；大规模开展团干部分级分类培训，推动团干部教育培训纳入党员干部教育培训总体规划，全省各级团组织共培训团干部343期，3.14万人次；招募西部计划志愿者1200名，分布于全省107个县（区），服务地方经济社会发展；推动全省60%的大学生村官担任村团支部书记；积极争取党政支持，解决全省118名市、县少先队总辅导员的职数和待遇问题，激发了少队干部活力；广泛开展承诺、践诺、评诺活动，建立团的领导干部创先争优联系点制度，有力促进了基层组织和基层工作活跃。

甘肃团的工作

2011年，团省委紧紧围绕团中央的总体工作思路和省委重点工作谋划全省共青团工作，按照“两个全体青年”的目标要求，坚持“全团一盘棋”，认真履行组织青年、引导青年、服务青年和维护青少年合法权益四项基本职能，深入推进团的各项重点工作，取得了一定的工作成效。

一、坚持用社会主义核心价值体系构筑青年一代的精神支柱，青少年思想引导工作不断深化

1. 开展了“学党史、知党情、跟党走”主题教育活动。以建党90周年为契机，全省团组织广泛开展“学党史、知党情、跟党走”主题教育活动，引导团员青年了解党史，增进对党的感情，坚定跟党走中国特色社会主义道路。通过红歌传唱、知识竞赛等形式，在全省青少年中唱响了“共产党好”的主旋律。全省举办了“永远跟党走”青春歌会、“红歌传唱90年，党的精神代代传”合唱汇演、“百网联动学党史”、“与信仰对话——党史报告进校园”等主题活动6000多场次，参与青少年100多万人次。团省委牵头举办的全省青少年学党史暨党的十

七届六中全会精神知识竞赛活动吸引3万多名青少年参与。全省团组织举办的1000多场次“红领巾心向党”主题队会活动，在全省少先队员中产生了强烈反响。

2. 推进了“我与祖国共奋进”主题教育实践活动。以开展形势政策教育活动为载体，进一步深化“我与祖国共奋进”主题教育实践活动。集中宣传“十一五”时期的巨大成就、“十二五”规划和基本国情省情。邀请党政领导、专家学者、企业家、优秀青年走进基层单位，开展了内容丰富的形势政策宣讲活动。全省团组织在高校举办报告会130多场次，在农村举办报告会200多场次，在企业举办报告会50多场次，近15万人参与。

3. 深化了分类引导青年工作和青年马克思主义者培养工程。积极探索在青年中传播社会主义核心价值体系的载体和路径，梳理大学生、城市青年、农村青年、进城务工青年四类青年群体的引导路径，总结形成了普通青年思想引导、弱势青年关爱引导、机关青年争创引导、有志青年扶持引导、民族青年政策引导等多种分类引导路子。结合纪念西藏和平解放60周年，开展了藏区青少年思想引导深度调研活动，形成了专题调研报告。充分发挥青年马克思主义者培养学校的作用，组织大学生骨干学习中国特色社会主义理论体系和胡锦涛总书记“七一”重要讲话精神。全省29所青年马克思主义者培养学校举办培训班300期，培训大学生骨干和入党积极分子9000余人。

4. 积极运用新媒体开展了青年群众工作。全省各级团组织充分运用手机、互联网等传播媒介，搭建共青团组织引导青年的新平台，密切团组织与广大青年的联系，及时了解青年在工作、生活、学习等方面关注的热点问题，开辟了团员青年与团组织加强沟通交流的新渠道，扩大了共青团工作的覆盖面、服务面和影响力。目前，全省各级团干部当中普遍建立了以QQ群、短信平台、飞信为主的信息交流网络，手机报、青年博客、BBS（论坛）、微博等新媒体也开始在共青团工作中广泛应用。

二、紧紧围绕省委关于经济社会发展的重要精神和重大部署开展工作，服务大局的贡献率不断提升

1. 主动融入区域发展战略。充分发挥各级共青团组织在区域发展战略实施中的作用，以作为求地位。兰州团市委举办“青春使命，再造兰州”大型文艺晚会，为推动兰州新区建设营造氛围；天水团市委积极参与“关中—天水经济区”建设，在国家级经济开发区成立团组织，引导青年为开发区建设作贡献；酒泉团市委将团建触角延伸到国家级风电装备高新技术产业示范基地，在新能源企业建立非公团组织62家，开展了28项大型活动，覆盖青年2万多人。在兰洽会、兰州国际马拉松赛、天水伏羲文化节、庆阳红色运动会、深圳大运会等重大节会活动中招募培训2000余名青年志愿者开展了志愿服务。

2. 积极投身全省经济社会建设。实施了全省农村青年信用示范户试点、选树“全省农村青年致富带头人”等工作项目，帮助农村青年增收成才。在生产一线开展了青年突击队、青年安全示范岗创建以及导师带徒、技术比武等活动，提高广大青工的业务技能。在服务文化建设中，举办了“甘肃青少年美术、书法、摄影作品大赛”、第八届“挑战杯”甘肃省大学生课外学术科技作品竞赛等活动，提高青年的文化素养。开展了“青春文化暖冬”公益活动，团省委为150个全省五四红旗团委（团支部）赠订了《中国青年报》。各级团组织积极参与生态文明建设，“保护黄河之肾”玛曲环保志愿服务、“保护母亲河”植树造林、“拯救月牙泉”节水警示教育等环保实践活动在基层团组织中踊跃开展。全年全省44万青少年参与植树5万多亩，种植苗木1400万株，“中日青年生态绿化示范林”争取到小渊基金项目3520万日元。

3. 竭力服务青年民生。以大中专学生创业报告会、就业创业论坛等为载体,新建共青团关爱农民工学校7个,结成帮扶对子3万余个,开展各类服务活动800多场次。选拔1108名“西部计划”志愿者赴相关县区开展志愿服务工作。希望工程年度筹资2679万元,援建希望小学29所,资助贫困学生4579人,推树的助学典型于成学的先进事迹被《人民日报》、《中国青年报》相继报道。争取施耐德电气公司捐资1100万元,为舟曲104所中小学校配备图书37万册、电脑377台。元旦、春节期间,全省团组织普遍开展了“送温暖”活动,对农民工子女、留守儿童、流浪儿童、服刑在教人员子女、贫困家庭青少年进行了慰问。

4. 积极参与加强和创新社会管理。按照共青团在加强和创新社会管理工作格局中承担的任务,加强对重点青少年群体的教育、帮扶、矫治、管理,分5类重点青少年群体确定5个市州开展试点工作。探索建立针对青少年违法犯罪隐患排查、清理整治的经常性工作制度,健全学校、家庭、社会“三位一体”的工作网络,协同各成员部门形成了齐抓共管的工作机制,有效提高了预防青少年违法犯罪工作的水平。

三、立足青年最普遍、最现实、最迫切的利益诉求开展工作,服务青年的能力不断提高

1. 加强青年就业见习基地建设。制定了《甘肃省青年就业创业见习基地管理办法(试行)》。通过抓好衔接、完善管理、做好统计,加强了就业见习基地的规范化建设。主动与人事、劳动就业、财政部门衔接有关政策,制定配套政策和落实办法。截至目前,共建立见习基地595家,提供见习岗位956个,上岗见习青年4399人,见习后录用2729人。

2. 开展农村青年技能培训和劳务输转工作。采用“团委组织人员、人社部门补助经费、培训机构组织师资、青年免费参加培训”的模式,培训农村青年34456人,落实培训资金136.29万元,实现就业9925人。实施青年农民工“订单式”技能培训,培训进城青年农民工2192人。启动高级家政师培训活动,首批40人参加了培训。开展“农村青年转移就业服务月活动”,主动与天津、新疆等地用工企业联系,通过手机短信向全省农村青年发送企业招工信息263.5万条,输转“两后生”及农村务工青年467名。

3. 推进青年创业小额贷款工作。各级团组织联合金融机构发放青年创业小额贷款3.857亿元,扶持创业青年8807人,带动就业29628人。团省委与人民银行兰州中心支行联合开展了农村青年信用示范户试点工作,确定了“人民银行和地方团委主导,政府助力,涉农金融机构参与,乡镇村组配合”的工作思路,向农村青年信用示范户授信1.5亿元,评定农村青年信用示范户3708户,实际发放贷款1.06亿元。

4. 深化“共青团与人大代表、政协委员面对面”活动。邀请人大代表、政协委员深入基层,了解青少年工作生活现状,倾听青少年、家长、学校对青少年问题的意见和建议,形成提案建议向“两会”进行提交。全省14个市州全部成立了人大代表青年工作小组和政协委员青少年工作小组,促成有关青少年事务的提案和建议80多件。围绕“丰富新生代农民工精神文化生活”这一主题,68个县区团组织开展了调研并形成调研报告。

四、切实加强自身建设,团组织的吸引力、凝聚力、战斗力不断增强

1. 进一步深化党建带团建工作。联合省委组织部下发了《关于贯彻落实〈关于加强新形势下基层党建带团建工作的意见〉的通知》。开展了党建带团建专题调研,梳理总结了一些好的经验做法,研究提出了全省加强党建带团建工作的实施意见,完成了全省基层党建带团建暨共青团系统深入开展创先争优活动座谈会的筹备工作。全年新建团组织4863个,发展团员185729名，团员入党27996名，经推优入党21120名。新选任专职团干578人，转岗68人。

2. 扎实推进乡镇、街道共青团组织格局创新工作。承办了全国乡镇团的组织格局创新工作（西北片）推进会，甘肃省作为乡镇、街道共青团组织格局创新工作的典型在会上介绍了工作经验。省、市、县三级建立了乡镇、街道团组织格局创新工作联系点制度。全省1228个乡镇、113个街道全部完成组织格局创新工作，配备团（工）委书记1351人，编制外副书记3580人，委员11192人，初步形成了由体制内外、编制内外、各种兼职团干部组成的乡镇街道团委新的组织格局，乡镇街道团组织的工作力量得到了充实和加强。

3. 深入开展非公团建和驻外团组织建设。制定了《2011年全省非公团建工作方案》，建立目标管理考核体系，对非公建团指标进行量化分解和细化考核。各市州全部成立了非公团工委，推行了行业建团。依托工商、司法、财政、旅游等部门，在集贸市场、律师事务所、旅游星级饭店开展了建团工作。全年新建非公经济团组织1376个、新社会组织团组织232个。不断扩大团的组织网络，加大在外出务工青年群体中建团力度，省、市、县三级团组织在北京、天津、上海、新疆等全国13个省（自治区、直辖市）24个城市组建成立驻外团组织89个。

4. 不断加强团干部队伍建设。派遣81名高校团干部到县级团委进行了为期1年的挂职锻炼工作。挂职团干部借助高校共青团资源设计团的主题活动、参与服务青年就业创业、开展工作调研，既加强了县级团委的工作力量，又推动了基层团的工作。对76名新任市、州团委班子成员和新任团县委书记进行了集中培训。组织9943名团干部参加了全国乡镇、街道团委干部电视电话培训。省、市、县三级团组织共举办团干部培训班314期，培训14483人。

5. 深入开展创先争优活动。将“服务青年、促进青年就业创业”确定为全省共青团创先争优破解难题的主要任务，开展调研论证，制定了工作方案。在全省团组织建立创先争优示范点161个。围绕“党建带团建工作研究”等专题开展研讨，形成理论研讨文章157篇。甘肃共青团创先争优专题网站刊发各类信息和评论文章262篇。编发活动简报49期，推广了一批好经验、好做法。建立团组织负责人和班子成员创先争优联系点制度。把创先争优与团的业务相结合，选树表彰了“甘肃青年五四奖章”、“甘肃青年创业奖”等445名优秀青年典型和五四红旗团委（团支部）等195个优秀团组织。

青海团的工作

全省各级团组织认真贯彻落实党的十七届六中全会精神，省委十一届十次、十一次全体会议精神，按照省委、团中央的工作要求，努力提升做好青年群众工作和参与社会管理工作的水平，团的各项工作稳步推进、成效显著。

一、突出主题，分类引导，促进青少年思想政治教育更加具有针对性

1. 牢牢抓住建党90周年的重大契机，深入开展青少年思想引领工作。以喜迎建党90周年为契机，把学习贯彻胡锦涛总书记“七一”

重要讲话精神和深入开展“学党史、知党情、跟党走”主题教育活动结合起来，先后开展形势政策宣讲活动100余场，直接听众达32000余人，开展党史学习交流会400余次，直接参与活动人数达100985人次，团干部“学党史、强党性、铸信仰”学习教育活动176次，直接参与活动人数达16923人次，全省在“五四”期间共开展主题活动40余场，直接参与人数达8万人次，先后举办“青春飞扬高原红”红歌汇演50余场，参与青年人数达10万之多。

2. 扎实开展分类引导工作。组织召开了全省共青团分类引导青年工作会议，安排部署全省分类引导工作。同时，在2009—2010年分类引导青年试点工作的基础上，在全省有针对性地遴选了43家基层团组织，围绕大学生、企业青年、务工青年和农村牧区青年等四类青年群体存在的思想困惑和“症结点”开展分类引导。着力研究青年思想引导工作中的深层次问题，形成了适合于基层团干部学习和运用的《四类青年思想引导手册》。

二、创新格局，夯实基础，全面提升团的基层工作活力

1. 全省村级团组织换届工作圆满完成。制定下发了《关于利用2011年村(社区)“两委”换届契机推进村(社区)团组织统一换届的通知》，指导全省各地区团组织开展换届工作，全省4157个行政村，388个社区均按要求全部实现换届，完成率达100%。全省换届工作中选举出的团支部书记，进“两委”班子的占66.31%。

2. 乡镇街道共青团组织格局创新工作全面推开。深入贯彻团中央《关于全面推进乡镇、街道团的组织格局创新工作的指导意见》和全省党建带团建暨团的基层组织建设工作会议精神，联合省委组织部印发《关于推进基层团组织格局创新工作的实施意见》，跟踪督导文件政策的层层落实。组织召开乡镇、街道团组织格局创新暨“两新”组织团建工作会议，采取驻点指导、现场观摩、片区联动等形式，推动乡镇街道格局创新工作扎实开展。目前，除玉树州外，全省369个乡镇街道已全部完成格局创新工作。

3. 非公团建工作稳步推进。制定下发了《关于做好2011年全省非公有制企业团建工作的通知》、《关于进一步加强对非公有制企业团建工作督查指导的通知》，联合青海省经济委员会、青海省工商业联合会等下发了《关于进一步推进全省非公有制企业团建工作的意见》等一系列文件，切实调动各地开展工作的积极性和主动性，巩固和扩大对非公领域青年的影响和覆盖。全省新建非公团组织604个、新社会团组织53个、农民工聚集地团组织12个。

4. 驻外团工委建设取得初步成效。加强与劳动就业部门、流入地团组织、外出务工青年带头人的联系和沟通，对各地进城务工青年情况进行摸底调查，积极协调和指导建立驻外团组织。截至目前，全省共在天津、北京、上海、江苏等地建立驻外团组织16个，其中省级2个，县级14个。

5. 努力向基层倾斜工作资源。整合各类资源，为全省354乡镇(除玉树外)每个乡镇拨付1000元共计35.4万元的乡镇(街道)团委专项经费。为全省368个乡镇基层团组织免费订阅《中国青年报》。为省内部分贫困地区60所学校免费赠阅《辅导员杂志》，为4所贫困地区学校捐赠鼓号队服装。协调启动“油海助学希望书架”青少年文化援助行动，为全省基层贫困农牧区学校捐赠价值700万元的1000个“希望书架”，图书20万册。为西宁市城东区建设团属青少年活动阵地项目配套资金80万，新建1处青少年活动阵地。开展了对团中央支持玉树灾后重建480万元基层组织专项经费和各项下拨捐赠资金使用情况的专项督查。

6. 各类教育培训工作进展有序。2011年为各州(地、市)下拨专项培训经费共计50万元。全年共举办青年农牧民实用技术培训班106期,参训人员达到4592名。举办各类乡镇格局创新工作培训班58期,培训基层团干1073名。举办团干部培训31期,培训人员达1253名。

7. 切实做好高校挂职团干部选派和管理工作。2011年初,省内外高等院校28名团干部分赴全省16个县级团委进行了为期一年的挂职锻炼。其间,挂职干部组织召开各类座谈会122次,深入所在地乡镇(街道)、农村、社区、企业、学校、"两新"组织、青年自组织,开展实地调查研究280余次,一对一访谈基层团干部和团员青年1240余人,分析和总结影响制约团组织发展的新矛盾新问题,形成调研报告33篇。

8. 积极做好全团带队工作。全面推进素质教育,加强辅导员队伍组织建设,推动少先队基层组织科学发展,下发了《关于进一步加强少先队辅导员队伍建设的若干意见》。采取多种方式,组织全省800余名少先队辅导员参加各级各类工作交流和培训。在全省开展"红领巾示范学校"创建活动,目前活动已在全省全面铺开。

三、健全机制,转变作风,探索研究新形势下的青年群众工作

1. 扎实开展青年群众工作调研。团省委书记办成员分赴全省10个地区(包括企业、高校)进行集中调研,形成《提升群众队伍素质组织动员广大群众在推动经济发展和创新社会管理中发挥积极作用》、《新形势下群团工作面临的困难和问题》等五篇调研报告,部分内容在《青海信息》刊发,为省委决策提供了参考。

2. 扎实推动基层驻点、联点工作。制定下发了《团省委机关干部深入基层工作实施方案》、《联点工作手册》,并建立联点工作周报制度和总结点评制度,带动各级团组织扎实开展基层联点工作。两轮基层联点工作中,团省委派出32名机关干部集中利用3个月的时间,深入全省38个县区,共形成16篇调研报告,进一步摸清了基层工作动态及青年思想状况。

四、创新举措,共同推动,积极参与社会管理创新工作

组织召开全委会,专题研究部署共青团组织参与社会管理创新工作。会议制定出台《共青团组织参与社会管理创新工作实施意见》,提出"一项机制、两项工程、三大行动",带动各级团组织大力推进各项工作。

共青团组织"微博群"基本实现全覆盖。截至12月30日,全省各级共青团组织官方微博共计开通61家。团省委6个战线口、州(地市)级8个共青团组织全部开通。

学校团学干部思想教育及心理辅导技能培训扎实开展。分别举办"青海青年英才培养工程"——青海省大学生马克思主义者培养工程2011年秋季业校培训班和首期学校团干部心理健康辅导员培训,全省各高校、中学、民族地区、玉树灾区180余名团学干部、少先队辅导员和青年骨干教师参加培训。

青少年维权"倾听日"活动有序推进。深入开展"共青团倾听日——走进进城务工青年"主题活动,通过与企业一线与进城务工青年互动交流的方式,认真倾听进城务工青年的心声,了解普遍利益诉求,切实解决进城务工青年在精神文化生活和婚恋交友等方面存在的困难和问题。同时,为全省各县(区)划拨2000元共计8.2万元专项经费,支持县(区)级团组织开展"倾听日"活动。

"青海共青团关爱之家——青年志愿者服务站"示范点建设进展顺利。整合资源加大项目筹措力度,共筹措资金109万元为全省14个基层团县委拨付专项资金用于建设"青海共青团关爱之家——青年志愿者服务站项目",目前已全面完成向社会公开承诺的20个示范点建设任务。

五、围绕中心，服务大局，团结带领广大青少年积极投身“十二五”建设

1. 全力投入玉树灾后重建。下发《关于在玉树灾后恢复重建中深入组织实施青年突击队活动的通知》，组织动员企业青年在玉树灾后重建工作中发挥生力军和突击队作用。“五四”青年节命名表彰了10家玉树灾后重建青年突击队。积极开展纪念“4·14”玉树地震一周年系列活动，动员青少年积极踊跃投身玉树灾后重建。集中开展“慰问玉树灾区青少年”关爱系列活动，赴北京市、河北省等地看望慰问玉树青少年学生，同时广泛动员全省各级团队组织和爱心志愿者家庭，与玉树灾区转移就读青少年爱心结对，引导玉树灾区转移就读学生树立热爱生命、珍惜生活、感恩社会的信念。

2. 积极参与社会稳定工作。在全省范围内组织开展了以“民族团结、青年争先”为主题的青年民族团结进步创建宣传月活动。狠抓高校维稳工作，与省教育工委、教育厅联合出台了《关于进一步加强学校社团的管理意见》，通过建立校园稳定日报制度、信息上报制度，建立信息员队伍、舆情观测点等，结合当前学生关注的热点问题开展调研工作，不断加强对大学生思想动态的了解和引导。结合法制宣传周等各类大型法制宣传教育及结对帮教活动，帮助青少年树立积极向上的人生观。

六、立足民生，项目带动，切实服务青少年成长成才

1. 全面促进青年就业创业。发放青年创业小额贷款项目65个，发放贷款1100万元，扶持创业青年80余人，带动青年就业500余人；推荐支持农行青年创业小额贷款项目691个，全年累计发放贷款2747.6万元，基本实现了农牧区青年小额贷款工作向全省推开，覆盖县域100%。全省共举办金融知识培训班19期，培训团干部133名，农牧区青年653名。组织实施农牧区青年信用示范户试点工作，全省各地共申请2232户，最终评定1134户信用示范户，累计授信达3016.23万元，发放贷款共计2023.44万元，争取财政贴息额43.67万元，共带动就业2073人。启动青海地区“中国移动百万青年创业计划”和“行健无疆——2011大学自强毕业生公益激励就业活动”，帮助大学毕业生转变就业观念。稳步推进青海青年创业园建设，目前累计发展入孵企业75家，园外孵化企业91家，广纳各类导师233名，为创业青年提供行业咨询、业务培训、法律支持及“一对一”陪伴式服务。不断深化“青年就业创业见习基地”工作，新建青年就业创业见习基地83个，实现青年上岗见习1427人，其中503人被企业聘用。

2. 切实服务特殊青少年群体。组织开展“冬日暖阳—慰问留校经济困难大学生新春座谈会”和“爱心1+1温暖你我——冬日暖阳大行动”等爱心慰问活动，筹措资金10万余元、价值32万元物资，慰问了灾区青年突击队、特困学生、留守儿童等8类青少年群体。组织实施“轻松备考12355与你同行——考前减压讲座暨素质拓展训练活动”，邀请心理学专家通过体验式教育模式进行考前心理辅导、缓解考前压力，全省各地累计开展18场(次)减压讲座，参与人数达5530名。深入推动法制宣传周暨“心连心”帮教结对活动，21名帮教志愿者与结对失足青少年互通信件数达到人均6封。

3. 维护青少年合法权益。启动实施“共青团与人大代表、政协委员面对面”活动，围绕“丰富新生代农民工的精神文化生活”和“新生代农民工的婚恋问题”主题，全省共开展“面对面”倾听日31场次、形成调研报告30篇、参与活动人数3000余人次，“面对面”活动县(区)一级覆盖率达96%。形成省级提案建议3条，充分发挥了团组织桥梁纽带作用。积极推动《青海省未成年人保护条例》立法计划，广泛汲取各方意见建议，共召开各类座谈、交流、论证会28场(次)，发放调查问卷5000余份，形成调研报告3篇，目前，已形成《条例》（草案）提交省人大常委会内司委初审。积极推动司法机关制定出台了贯彻落实《关于进一步建立和完善办理未成年人刑事案件配套工作体系的若干意见》的相关制度性规定。充分发挥省未保办、预防办工作职能，形成了各成员单位年度重点工作目标考核管理机制。在全省范围内积极推动《青海省未成年人保护工作信息报送办法》、《青海省未成年人保护事务社会调查员办法》、《青海省未成年人重特大事件联系协商办法》等三项制度的贯彻落实。

4. 持续推动青年志愿者行动。精心组织实施"西部计划"、"青南计划"、"扶贫接力计划"，进一步完善公开招募、自愿报名、组织选拔、集中派遣等工作，2011 年分别招募并上岗西部计划志愿者 293 人、青南计划志愿者 400 人、扶贫接力计划志愿者 39 人。下发《关于进一步加强大学生志愿者安全管理的通知》，从制度、机制层面完善了志愿者在岗服务安全健康管理工作。

5. 继续深化希望工程。2011 年，共筹集各类资金、物资 2197 万余元。其中，筹资希望小学建设资金 1684 万元，已建成 2 所，在建 9 所。筹集助学金 302 万元，实施圆梦大学行动资助贫困大学生 2065 名，新开办希望之星高中班 12 个，资助 600 名高中贫困学生。向海南州、黄南州、海东等地区发放爱心字典 1 万余册，为海东、海南等地 6 所学校配发价值 21 万元的"快乐音乐教室"器材，为全省各地 30 所希望小学、贫困学校配发了价值 100 万元的"快乐体育园地"器材和"希望图书室"图书，为乐都县乡镇学校捐建 30 所价值 90 万元的希望厨房项目。举办了"爱，与希望同行"青海实施希望工程 20 年专题电视晚会，大力宣传 20 年来省希望工程取得的积极成就，进一步动员全社会继续关心、支持全省各族青少年的成长发展。

6. 服务青少年学生成长成才。开展"永远跟党走、青春献青海"——青海省大中专学生暑期"三下乡"社会实践服务团活动，组织 24 支省内外约 1300 余名大学生深入到农村牧区、部队军营、企业厂矿开展社会实践活动。成功举办第七届大学生辩论赛，并在电视台录播，进一步提高了大学生辩论赛的知名度。经过组织评选，本省 13 名大学生获得全国"中国大学生自强之星"奖项，50 名大学生获得"新东方西部特困大学生专项助学金"。推荐 15 件优秀作品参加全国大学生"挑战杯"比赛，8 件作品获得表彰，1 件作品获第七届"中国青少年科技创新奖"。

七、增强内力，创先争优，不断加强自身建设

1. 把学习型组织建设作为青年机关的基础工作。建立团干部学习长效机制，打造"青年学堂"为主的学习品牌，推行团干部读书行动，加大团干部培训力度，鼓励团干部广泛涉猎，增强综合素质，培养学习型年轻干部。

2. 把作风建设作为青年机关的生命线。制定落实《机关运行管理的十项规定》、《团干部问责办法》、《规范津贴补贴管理实施办法》，严肃工作纪律，激励团干部践行"三个干事"和"四去四求"的要求，着力打造团干部积极工作、只争朝夕的工作作风。

3. 把文化建设作为青年机关的活力源泉。倡导干部绿色健康工作生活理念，积极开展丰富多彩、健康向上的文化活动，营造"朝气蓬勃、严肃紧张、团结奋进"的青年机关文化氛围，打造"理想坚定、激情奋斗、务实创新、勇攀高峰"的青海团干部精神核心，树立文明和谐、积极向上、运转协调、廉洁高效的青年机关形象。

4. 把创先争优作为各级团组织的不竭动力。集中展示品牌工作，扎实开展领导点评，狠抓公开承诺落实，切实提高服务青年的能力，在共青团系统形成学先进、赶先进、争先进、超先进的热潮。

此外，全省青年外事交流加大，成功接待日本青年交流团来青访问。首次组派青联参访团赴台参访。青联、学联、青企协、青年志愿者协会等工作都取得了新的进展。

宁夏团的工作

宁夏各级团组织认真贯彻落实自治区党委、团中央一系列重大决策部署，团结带领全区各级团组织和广大团干部切实履行组织青年、引导青年、服务青年和维护青少年合法权益职能，各项工作取得了新的进步，创造了一些经验和亮点。

一、更加注重眼睛向下、重心下移，团的基层组织建设和基层工作注入新活力

1. 党建带团建环境不断优化。一方面，自治区党委一如既往重视关心共青团工作，自治区党委书记张毅一年内先后 9 次通过听取汇报、参加活动等方式，给予共青团工作悉心指导和有力支持。另一方面，召开了全区基层党建带团建暨共青团系统深入开展创先争优活动推进会，并推动以自治区党委办公厅名义制定出台《关于加强新形势下基层党建带团建工作的实施意见》，从制度层面实现了一些突破，走在了全团前列。

2. 基层团组织的覆盖面和影响力不断扩大。全区 192 个乡镇、43 个街道全部完成团组织格局创新工作，初步实现了充实团干部力量、拓宽联系青年渠道、丰富团的工作资源的目标。新建非公企业团组织 653 家，新社会组织团组织 202 家，成立区、市、县三级驻外团工委 16 个，建立区内农民工聚集地团组织 30 家。团中央书记处书记贺军科专题调研自治区团建工作，给予充分肯定。

3. 支持基层力度不断加大。争取团中央支持，为每个县级团委拨付 3 万元共 66 万元专项工作经费；支持西夏区青少年活动中心建设和平罗县团委专项工作经费共 90 万元。争取自治区党委组织部支持，组织全区各市、县、区团委主要负责同志赴上海开展为期一周的专题培训。争取自治区财政支持，投入 50 万元，建立乡镇、街道团组织格局创新示范点 22 个，县级驻外团工委 9 个；投入 100 万元，新建青年中心 15 个。与自治区教育工委联合选派 19 名高校团干部到县级团委挂职 1 年。招募培训 537 名志愿者赴基层一线开展志愿服务。将对外交流机会向基层倾斜，选派 15 名团干部和优秀青年出访交流。

4. 共青团系统创先争优活动不断深入。制定创先争优活动方案，下发《宁夏共青团系统创先争优实绩考评办法》，完善实绩考评措施和领导点评、联系点制度，建立联系点 76 个，编发活动简报 64 期。开展宁夏青年五四奖章等评选表彰活动，大力选树宣传青年典型。依托青年文明号、青年岗位能手等载体，深入推进窗口单位和服务行业“为民服务创先争优”活动。

5. 青联、学联和少先队等工作不断加强。圆满完成青联、学联、青年企业家协会、青少年发展基金会换届工作。联合自治区教育厅、人力资源和社会保障厅制定出台了《关于进一步加强少先队辅导员队伍建设的实施意见》，对辅导员待遇、培训、考核等工作作出明确规定，优化了少先队工作环境。指导固原市、中卫市成立少工委，实现市级少先队组织领导机构全覆盖。

二、更加注重与时俱进、开拓创新，青少年思想引导工作取得新成效

1. 扎实开展“学党史、知党情、跟党走”主题教育活动及“我与祖国共奋进、我与宁夏同发展”形势政策教育。牢牢抓住建党90周年的重大契机，举办“永远跟党走”全区五四青春红歌会，张毅、王正伟等自治区党政军领导与5000多名青少年同唱红歌。举办“与信仰对话”党史报告进校园活动。开展“红领巾心向党”主题队日活动，并在“六一”举办全国性示范活动，团中央书记处书记、全国少工委主任罗梅来宁出席指导。中央电视台《新闻联播》报道了活动开展情况。围绕“十二五”规划重大战略部署，从青年普遍关心、与自身成长发展和切身利益紧密相关的问题入手，开展形势政策报告会、宣讲活动等416场次，参与青年23万人次。

2. 进一步加强青少年民族团结教育。以“民族团结一家亲，青春和谐促发展”青少年民族团结教育活动为统揽，开展了民族团结知识竞赛、短信征集、红歌传唱、诗朗诵等活动，大力宣传党的民族宗教政策，引导各族各界青少年牢固树立“三个离不开”思想。在全团统战工作会议上就加强青少年民族团结教育工作进行了交流发言。

3. 深入推进分类引导青年工作。下发《关于进一步加强分类引导青年工作方案》，指导各地围绕大学生、企业青年、进城务工青年、农村青年四类青年群体开展分类引导工作。重点推进39个首批《青年思想引导大纲》转化试点单位完成《青年思想引导手册》，增强引导青年工作的针对性和实效性。

4. 不断加大团的新闻宣传引导力度。坚持日常宣传和特色宣传相结合，充分利用“五四”、“六一”、中阿经贸论坛、青学联换届等有利时机，宣传报道共青团特色工作、典型人物和品牌活动。首次在《宁夏日报》开辟“闪光的团徽”专栏，每月2期，连续刊发17期。《人民日报》、《中国青年报》、《宁夏日报》等新闻媒体采用刊发宣传宁夏共青团工作稿件760篇（次）。持之以恒、特色鲜明的宣传，在全社会特别是青少年中引起较强反响。

三、更加注重围绕中心、主动作为，服务大局及服务青少年工作实现新突破

1. 围绕全区生态移民战略部署，启动实施“青春建功生态移民行动”，努力在服务移民“搬得出、稳得住、逐步能致富”中作贡献。先后在生态移民区安排102名志愿者开展志愿服务；募集资金179万元，资助大学新生348名，实现2011年的生态移民家庭大学新生资助工作全覆盖；募集善款268万元，实施“希望工程万套课桌助学计划”，服务生态移民区教育事业。《中国青年报》头版专题报道了此项工作。

2. 围绕自治区全民创业部署，深化青年就业创业工作。全年举办培训班240期，培训青年2.5万人；发放小额贷款9634万元，扶持创业青年1853名，带动就业5839人；新增见习基地178家，见习岗位810个，上岗见习2651人；大力培养选树青年创业典型，开展首届宁夏青年创业奖评选表彰活动。推报的创业青年张丽娟、王辉分别荣获“全国农村青年致富带头人标兵”和“中国青年创业奖”荣誉称号，实现了宁夏这两个奖项零的突破，张毅书记亲切接见张丽娟、王辉，并与优秀创业青年座谈交流。

3. 围绕宁洽会暨第二届中阿经贸论坛，成功举办青年分会，中国和阿拉伯国家的150余名优秀青年代表及支持青年发展的有关人士参加分会并进行了深入交流研讨。团中央书记处常务书记、全国青联主席王晓出席分会。组织400名志愿者圆满完成服务论坛工作。自治区团委荣获自治区党委、政府表彰的突出贡献奖。

4. 围绕沿黄经济区生态建设，开展“青春绿动黄河金岸”植树造林活动，组织动员广大青少年在黄河沿岸植树造林,完成植树面积5810.5亩。争取日本“小渊基金”投资440万元,新建惠农区和太阳山两个青年示范林项目。

5. 扎实推进希望工程工作和共青团关爱农民工子女志愿服务行动。希望工程全年筹资6046万元,援建希望小学18所、希望幼儿园5所,资助家庭经济困难学生4947名。联合自治区党委组织部开展了“党员助力,心手相牵,圆梦六一”活动等,建立“关爱农民工子女志愿服务实践基地”57个,实施“七彩小屋”关爱项目15个,配备项目专员305人,结对农民工子女学校291所,爱心捐助款物770多万元,帮扶4.6万余人。

四、更加注重结合实际、健全机制,维护青少年合法权益工作迈出新步伐

1. 全面深化“共青团与人大代表、政协委员面对面”活动。对“面对面”活动进行制度性安排,通过向人大代表、政协委员反映青少年普遍性利益诉求,引导青少年进行有序政治参与。围绕“丰富新生代农民工精神文化生活”的主题,集中调研并开展了“面对面”活动,形成的调研报告《宁夏关注新生代农民工精神文化生活》荣获全团二等奖。

2. 切实履行自治区社会管理综合治理委员会预防青少年违法犯罪专项组组长单位职能。完善预防青少年违法犯罪工作组织体系,及时召开专项组工作会议,研究制定各成员单位职能分工、主要任务,结合本区实际,初步确定重点开展对社会闲散青少年的关爱帮扶活动。

3. 不断优化未成年人成长环境。组织开展“轻松备考,12355与你同行——宁夏共青团阳光行动”,社会招募“爱心司机”,开辟接送考生绿色通道。成立12355青少年心理健康服务中心,组织专业志愿者进校园进行心理辅导和减压服务。开展“青少年远离毒品行动”、“青春红丝带”等宣传教育活动。

五、扎实推进机关党建工作,为共青团事业实现新发展提供强有力的思想组织保证

1. 着力建设学习型党组织。切实加强理论武装工作。深入学习贯彻党的十七届五中、六中全会精神,学习贯彻胡锦涛总书记“七一”重要讲话精神,学习贯彻自治区党委一系列重要会议精神,引导机关广大党员深刻理解中国共产党,深刻理解党和青年的关系,深刻领会和准确把握中央和自治区决策部署,找准工作的切入点和结合点。不断深化干部学习交流。以唱红歌、读党史、讲党课、传箴言为载体,坚持每月第三周中心组定期会议、集体学习、支部学习,组织开展“阅读·鉴史·笃行”主题读书、“青年党员学习沙龙”、党史党建知识竞赛等。全年,举办支部书记讲党课5场、学习交流会5场、参加和举办各类讲座16场、参加党史知识竞赛2场,引导广大党员干部特别是年轻干部深刻理解党团重要政治关系,加强政治理论学习和基础学科理论学习,全面提升了机关党员干部的思想政治素质和业务能力水平。1名党员被区直机关工委评为优秀共产党员。

2. 着力深化创先争优活动。以贯彻落实《中国共产党党和国家机关基层组织工作条例》和自治区《实施办法》为契机,顺利召开机关党委换届大会,配齐配强机关党委和纪委班子。积极推行党务政务公开,落实党内激励、关怀、帮扶机制,扎实开展公开承诺、领导点评活动。举办纪念建党90周年重温入党誓词暨“七一”表彰会等,到兴庆区高校毕业生党支部调研,研究党建带团建事宜,开展“青少年远离毒品行动”、医疗保健服务进新华街正丰社区党建结对活动,筹集资金8.8万元,与盐池县王乐井乡刘四渠村党支部开展结对共建。特别是联合自治区党委组织部开展“党员助力,心手相牵,圆梦六一”党员志愿者关爱农民工子女活动,向农民工子女捐赠节日礼包及价值3.5万元的爱心观影券,得到区直机关工委的肯定，成为一项亮点工作。支部活动丰富多彩，团区委第三党支部、希望办党支部分别向结对服务的农民工子女捐赠1万余元的学习用品等，将党员志愿者关爱农民工子女活动引向深入，丰富了创先争优活动内涵。

3. 着力加强作风建设和党风廉政建设。一是开展进一步营造风清气正发展环境活动，制定工作方案，成立领导机构，明确职责和工作重点，确保活动正常有序开展。二是召开党风廉政建设工作会，层层签订《党风廉政建设责任书》，处以上党员领导干部公开承诺严格遵守《廉政准则》。三是开展“警钟长鸣，健康成长”警示教育活动，深入学习贯彻中央、自治区党委、自治区纪委全会精神，组织机关干部参加廉政报告会、廉政讲座，观看以党风廉政警示教育为主题的《热血清风》文艺晚会、《政坛新星的坠落》警示教育片，赴石嘴山市参观廉政教育基地等，引导党员干部树立正确的世界观、人生观、价值观和正确的权力观、地位观、利益观。四是开展廉政谈话活动，结合干部提拔、干部交流轮岗和竞争上岗等工作，书记、分管书记、纪检组长按要求进行廉政谈话。

4. 着力推动精神文明建设。一是成立了4个体育运动兴趣小组，定期开展活动；积极参加区直机关工委举办的球类运动会，荣获篮球比赛第七名和体育道德风尚奖。二是开展“我的青春我的团”机关文化建设，展现机关干部良好精神风貌，营造“青春、奋斗、和谐”的机关文化氛围。三是认真贯彻执行计划生育政策，机关没有违规生育和超生现象发生。四是开展“六五”普法宣传活动，学习法律知识，引导党员干部职工增强遵纪守法意识，培养良好的从政习惯。

六、不断加强领导班子建设，努力提升班子成员整体素质和领导水平

1. 思想政治素质稳步提高。严格落实理论学习中心组制度，班子成员带头参与学习型党组织创建，认真学习领会中央、自治区党委的重要精神和团中央书记处关于全团工作一系列重要思考和部署，班子成员理想信念和大局意识进一步增强，在思想上、行动上始终与党中央、自治区党委和团中央保持高度一致。丰富学习形式，在抓好班子成员集体学习、中心组学习、机关集体学习、个人自学的基础上，推动“走出去、请进来”学习，今年，班子成员有2人参加了自治区党校学习，邀请有关领导、专家学者作专题讲座4场。注重学习实效，及时消化所学知识，自觉把理论知识运用到工作实践中，通过召开党组会、月度工作例会、周例会等，碰撞思想，交流认识，将学习成果转化为谋划工作的思路、领导工作的本领和推动事业发展的能力。

2. 民主科学决策机制逐步建立。坚持民主集中制，认真落实党内生活、议事规则和情况通报等制度，按照集体领导、民主集中、个别酝酿、会议决定的原则，对推荐提拔使用干部、评先评优、项目建设、资金拨付等重大事项等均通过会议集体研究决定，并邀请派驻纪检组长列席进行指导、监督。凡涉及全区共青团工作全局和长远的重大事项以及干部任免事项，事前都要通过书记班子沟通会、集体谈心、个别谈话等方式，认真听取班子成员、机关干部和基层同志的意见建议，形成了民主决策、科学决策的良好机制。

3. 机构和制度建设不断完善。着眼长远，夯实基础，积极争取自治区编办批复同意，在自治区团委学校部加挂少年部牌子，增加1名副处级领导职数。围绕共青团重点工作和自身建设需要，结合实际，研究出台了《全区共青团工作考核办法(试行)》及考核细则、《全区共青团工作督导制度(试行)》、《自治区团委机关车辆管理细则(试行)》、《自治区团委机关2011年度先进部室评选表彰工作方案》等规章制度。同时，制定全区共青团重点工作推进表，明确牵头领导、责任部门、工作目标及完成时限，促进了全团工作的科学化、制度化和规范化。

4. 干部队伍素质整体提升。积极搭建平台，先后派出14名机关干部到自治区党校或外地参加各类专题培训班，在上海举办了全区各市、县（区）及直属单位团委书记培训班，培训团干部47名。出台了《自治区团委机关干部职工参加在职学历教育管理规定》，鼓励干部职工积极参加自学和学历教育。同时，积极为干部职工创造机会、提供平台，压担子、给任务、强实践，干部队伍的整体素质大幅提升。

5. 工作作风进一步务实。扎实开展“创先争优”、“以人为本、执政为民”等主题教育活动，提高党员领导干部的党性修养。深入基层调查研究，切实为青年群众办实事，解难事。按照自治区党委要求，自治区团委主要负责同志到联系点——盐池县王乐井乡刘四渠村开展下乡住村活动。书记班子成员分头调研并牵头完成不同领域调研报告4篇，撰写的《关于进一步加强新形势下党的青年群众工作的报告》，自治区党委书记张毅，原自治区党委副书记于革胜分别做出重要批示。团结协作，密切配合，书记班子领导力不断提升。班子成员经常和分管部室同志一起研究工作，一起加班加点，勤勉敬业，率先垂范。

6. 廉政教育常抓不懈。书记班子认真落实中央《建立健全惩治和预防腐败体系2008－2012年工作规划》，带头严格执行《党员领导干部廉洁从政若干准则》和领导干部个人重大事项报告等制度，坚持从严教育、管理、监督干部。公开承诺遵守《廉政准则》，带头遵守《关于进一步严格管理团干部的几项规定》，落实民主生活会、述职述德述廉等制度。主动配合做好党政机关公务用车问题及“小金库”专项治理工作。加强反腐倡廉教育，及时传达学习中央及自治区有关党风廉政建设的重要精神和指导意见，按要求组织领导干部上党风廉政课，开展警示教育，认真查找领导班子和领导干部自身存在的突出问题，努力转变作风，切实增强了廉政教育的针对性和实效性。

新疆团的工作

2011年，在新疆区党委和团中央的正确领导下，新疆团区委团结带领各族青年紧紧围绕推进新疆跨越式发展和长治久安两大历史任务，进一步深化和推进全区青少年民族团结教育、促进青年就业创业和加强基层组织建设三项重点工作，共青团各项事业取得新发展、新成绩。

一、深化思想引领，切实把各族团员青年的思想统一到自治区党委决策部署上来

围绕自治区党委七届九次、十次全委（扩大）会议，第八次党代会和张春贤书记五四青年节致信精神等重点学习内容，在全区各级团组织和各族团员青年中层层开展学习宣讲活动。

1. 以“新疆青年时代精神”引领各族青少年。提出以“感恩、自信、坚韧，担当、拼搏、奉献”为精神内核的“新疆青年时代精神”，积极推动将其转化为争做推进新疆跨越式发展和长治久安的青年突击队工作，全区各级团组织成立“重点工程建设青年突击队”、“农牧业现代化建设青年突击队”、“新机关建设青年示范岗”、“大爱援疆青年突击队”、“新疆跨越式发展和长治久安预备队”1600多支，奋战在天山南北新疆经济社会发展的各条战线。深入开

展“三下乡”活动，组建10支国家级重点团队、17支自治区级重点团队、500余支校级分队，组织万余名大中专青年学生奔赴基层一线开展支农、支医、支教服务活动。进一步深化青年文明号品牌工作，在全区各级青年文明号集体中广泛开展“为民服务创先争优”活动。

2. 切实“走进青年”凝聚各族青少年。围绕新疆“三史”、党的惠民政策、自治区第八次党代会等主题内容，在南北疆和14个对口援疆省市的新疆籍青年中开展“走进青年”形势政策宣讲。在疆内，通过走进农村、社区、学校、企业，与青少年面对面进行交流，了解青少年思想，询问成长诉求，听取意见建议，对发现的问题及时进行疏导解决。全区各级团组织共组建“走进青年”形势政策宣讲组3296个，开展宣讲活动7155场次，覆盖青年111.8万人。在疆外，成立6个工作组赴14个援疆省市，在新疆籍务工青年、内地班中学生、内培班大学生中开展宣讲97场次，覆盖青年2.08万人次。

3. 深化感恩·塑形·融情教育成果，促进民族团结。一是通过“感恩教育”，夯实民族团结教育基础，打牢“感恩之基”。以建党90周年、辛亥革命100周年为契机，扎实开展“感恩教育”。在农村、社区开展“看身边变化”感恩主题团日活动，参与团员青年15万人次；在企业开展“做学习型青工，与企业共奋进”主题宣讲180余场，参与团员青年8万人次；在大中专院校开展“与信仰对话——万场党史报告进校园”244场次、形势报告会160场次、青年大讲堂26场次，参与学生14万人；在中小学开展“学唱一首爱党歌曲、了解一个党史故事、观看一部红色影视剧、参观一个革命纪念地、了解党的一个新成就、寻访一位优秀党员”的“六个一”活动，参与青少年25万人次；组织南北疆各族少先队员开展“红领巾心向党——寻访党的足迹”、争当“四好少年”主题教育实践活动，激发各族青少年的感恩之情、爱国之心。二是通过“塑形教育”，构筑民族团结教育保障，打牢“发展之基”。开展“民族团结教育”巡回报告宣讲260场，受教育青少年7.9万人次，举办“青年塑形大讲堂”56场，受教育青少年2.1万人次。通过“打击‘三股势力’成就展”、“反邪教成果展”、“暴力恐怖典型案例剖析”等宣传工作，开展国家意识、公民意识、平等意识、法律意识等塑形教育。三是通过“融情教育”，实现民族团结教育目标，打牢“和谐之基”。结合新疆实际，创新并搭建全方位的“融情”体系，疆内共有140万名各族少年儿童结成“南北疆互动”、“城乡互助”、“兵地互学”、“小手拉大手”对子，定期开展书信、电话、网络交流互动，从小播下各族少年儿童手拉手和谐共进的友谊种子。

二、服务青年就业创业，切实把各族团员青年的才智凝聚到新疆建设发展上来

1. 加强观念教育，服务青年成长进步。以“春风行动”为依托，组成就业创业宣讲团在全疆举办形势宣讲、校友报告、青年大讲堂百余场次，覆盖青年3万余人次。18所大中专院校的400余件作品参加第十二届“挑战杯”全国大学生课外学术科技作品竞赛新疆赛区竞赛。举办新疆青年第二届创业大赛，吸引1820名各族青年参加初赛，征集创业项目835个。

2. 拓展技能培训，服务青年成才择业。自治区本级举办35期青年创业培训班和少数民族SYB培训班，培训各族青年2001人；开展“企业+团组织+培训机构”定向职业技能培训班4期培训800余人，全部实现定向就业。积极开展青工技能大赛，全面为青年成才及企业发展服务。各地团组织积极落实“农村实用技术+双语”培训资金2135万元，培训青年12万人次，带动2.4万名青年实现就业，农村青年就业创业培训工作连续3年排在全国前列。

3. 加大资金扶持，提供岗位对接，服务青年立业建功。联合人民银行乌鲁木齐中心支行在全区开展农村青年信用示范户评选试点工作，联合银监局、农信社、邮政储蓄、农行等金融机构，为2465名各族青年发放小额贷款共计1.04亿元，带动5849名青年就业创业，其中为792名农村青年发放信用贷款2932万元。向全区99个县（市、区）拨付促进青年就业创业专项工作经费198万元。启动新疆青年创业援助"金桥行动"，免费为有扩大规模需求的企业和有创业意愿的青年搭建就业创业平台。大力开展共青团助就业专项行动，举办大学生专场招聘会26场，联系3906家单位提供68429个全职岗位、2010个勤工俭学兼职岗位。

三、拓展工作领域，创新工作载体，切实服务自治区党政中心工作

1. 用"新型媒体"引导青年。在原有报纸杂志等平面媒体的基础上，努力创建"平面媒体"—"网络媒体"—"手机媒体"三位一体的宣传媒体体系。在新浪、腾讯网创建"新疆"微群，成为"网聚"青年的新载体，引导青年的新路径。新浪"新疆"微群已有6.2万人加入，腾讯"新疆"微群已有1.4万人加入，新浪"新疆"微群已成为新疆第一大主流微群。创办"掌观天下"青年手机报。

2. 用"牵手行动"关爱青年。构建维护青少年合法权益工作机制，代表和反映青少年普遍性利益诉求。全面深化"共青团与人大代表、政协委员面对面"活动，14个地州近80个县市积极开展面对面活动。召开预防青少年违法犯罪暨新疆流浪未成年人社会融入专题研讨会，启动"'轻松备考12355与你同行'——2011年12355阳光行动"。

3. 用"志愿服务"凝聚青年。"服务新疆"被列入全国西部计划七大子项目之一，实施规模扩大至2800人，新增1400人。动员1.1万名志愿者参与首届中国—亚欧博览会志愿服务，累计服务10.5万人次，时间70余万小时。深入开展关爱农民工子女志愿服务行动，结成帮扶对子82019个，开展帮扶活动8900余次。组织各族各界青年参与阿勒泰雪灾、伊犁地震、莎车地震等救灾重建工作。招募4名志愿者赴巴基斯坦开展海外志愿服务。

4. 用"亲情援疆"服务青年。积极做好与19个对口援疆省市团组织来疆接洽援疆事宜，与全疆12个地州和46个县市团组织签订了援疆工作框架协议，确定工作项目268个。已启动援助项目33个，落实援助资金达1200万元。同时，通过赴内地建立驻外团工委工作，与14个对口援疆省市团组织签订协议并达成对口援助项目，涉及共青团组织对口援助资金4800余万元。

四、坚持党建带团建，以改革创新的精神夯实团的基层组织建设

1. 加强组织建设，推进团的基础进一步夯实。一是全面推进乡镇、街道团的组织格局创新工作。全疆854个乡镇、146个街道全部完成团的组织格局创新，新增团干部14145人。二是大力推进非公企业团建工作。联合自治区国家税务局、地方税务局印发了《关于企业共青团组织活动经费问题的通知》，在政策层面解决了企业团组织活动经费问题。通过多种督导方式，加快非公组织建团扩面工作，新建非公团组织5018家。三是加大驻外团工委建设力度。借全国19个省市对口援疆之力，自治区团委6个工作组赴全国各地开展驻外团工委建设工作，目前共建立自治区级、地（州市）级、县（市区）三级驻外团工委30个。四是完成青学联换届工作。自治区青联构建以秘书处为管理服务核心、各界别委员会为有力支撑的"1×9"组织发展体系；自治区学联形成以思想教育引领、帮助就业创业、丰富校园文化、强化队伍建设为主要内容的组织发展模式。五是加强地、县两级少工委建设。督促各地各级团组织召开少代会，已有45个州（市）、县（市、区）完成工作，少先队基层组织建设得到进一步夯实。

2. 加强队伍建设，推进团干部素质进一步提升。一是加强团队干部培训工作。举办主体培训班12期培训1336人,赴基层培训班23期培训2884人,赴内地培训班6期培训360人,培训"走进青年"政策形势宣讲骨干1500余名。二是全面推进"青年马克思主义者培养工程"。组织培训9期共计1200人次,进一步发挥高校大学生骨干在坚定理想信念、维护民族团结、确保校园稳定等方面发挥的积极作用。在各大中专院校建立"零报告"网络体系,选拔培养网络舆情监督员500余名。三是加大团干部培养力度。选派7名少数民族干部到经济发达省区挂职锻炼,4名机关干部到基层一线挂职锻炼,遴选14名基层团干部到团委机关挂职锻炼,74名高校团干部到县级团委挂职锻炼,大力开展团委机关及直属单位处级领导职位竞争上岗工作,遴选5名优秀公务员进入团委机关。

加强作风建设,提升引领和服务青年的工作能力。

深入开展"讲政治、比干劲、树正气"教育活动,要求各级团干部增强党性意识,严明政治纪律,提高工作热情,营造想干事、能干事、干成事的工作氛围。通过"走进青年"工作,帮助团干部在联系青年、面对面地做好团员和青年群众的思想工作等方面得到切实有效的锻炼。

新疆生产建设兵团团的工作

2011年,在兵团党委和团中央的正确领导下,各级团组织坚持"德育为先、服务为本、突出重点、创新发展"的工作理念,以兵团精神教育为重点,大力加强青少年思想道德建设,以服务"三化"建设为路径,扎实推进"四行动两计划一工程"等重点工作,不断加强团的自身建设,全面活跃基层工作,为实现兵团"十二五"的良好开局贡献了力量。

一、青少年思想引导工作不断深化

一是以建党90周年为契机,在广大团队干部和团员青年中开展"党在我心中"兵团青少年学党史系列活动;先后在两所高校举办"青年马克思主义者培养工程"——大学生骨干培训班,培训学员254名。二是开展"与屯垦戍边事业共奋进"形势政策教育、"与信仰对话"——党史报告进校园活动,举办形势政策宣讲150余场,受教育青年2万余人次。三是按照兵团党委关于"唱响兵团精神"主题教育活动的总体要求,以第四届兵团青少年文化艺术节为统揽,开展了以"兵团儿女心向党,唱支红歌给党听"为主题的青少年红歌会,以"兵团了不起,兵团人了不起,做个了不起的兵团人"为主题的青少年讲故事比赛,以"爱我家乡、赞我兵团"为主题的青少年艺术作品大赛和以"活力兵团,健康你我"为主题的青少年体育活动,参与活动的青少年达到15万人次。四是按照"热爱伟大祖国,建设美好家园"主题教育活动的要求,开展了形式多样、内容丰富的青少年民族团结和反分裂教育活动。

二、促进青年就业创业取得新成效

一是联合劳动和社会保障部门举办了7期以SYB和家庭服务业培训为重点的创业培训班,培训学员405人。联合农业局举办团场青年创业"阳光工程"培训班,培训学员188名;在山东省寿光市举办兵团设施农业暨农技人员异地知识更新培训班,培训学员88人。二是以服务青年就业、服务企业发展为宗旨,积极建立见习基地199个,落实岗位40986个,参加见习青年9975人,落实青年就业3852人。三是围绕服务企业增产增效和青年职工成长成才,广泛开展"双争双创"、导师带徒、"五小"、"QC"、青年安全生产示范岗等活动。联合安监局深入开展兵团青年安全生产示范岗创建活动,确定20个青年安全生产示范岗创建集体。四是联合金融机构帮助1039名团场青年落实小额贷款3547.81万元,带动青年就业1099人。开展"送金融知识下团场"活动,举办金融知识培训班26期,培训团干部596

人，培训青年职工2704人。开展青年信用示范户试点工作，评定信用示范户41户，发放信用贷款107万元。五是联合新疆农垦科学院、石河子大学、塔里木大学等科研院校，先后到农五、六、七、八、九、十师、十二师等7个师开展青年科技特派员送科技下基层，培训青年3470人。

三、积极为人才强兵团战略作贡献

一是按照人才强兵团战略的要求，在全国16个省市招募大学生志愿者937人，并做好在兵团服务的1301名志愿者的岗前培训、派遣服务、日常管理、安全健康、就业服务等工作。2011年有196人留疆就业，其中112名志愿者在兵团就业。二是联合科协、教育局等部门组织开展第七届“创业杯”兵团大学生课外学术科技作品竞赛活动。三是举办“大学生骨干论坛”，推进学联基层组织建设和基层工作。四是组建全国重点团队6个，兵团级重点团队100个，近5万名大学生在基层开展以“投身‘十二五’，永远跟党走”为主题的社会实践活动。

四、服务和谐兵团建设

一是在广泛开展便民利民志愿服务的基础上，抓住节庆日集中开展关爱农民工子女志愿服务行动，先后有5785名志愿者与农民工子女结对服务，争取34万元建设了8个爱心阵地。二是围绕国际森林年和全民义务植树运动开展30周年等有利契机，组织动员8.6万余名青少年植树3.3万余亩。三是全年募集资金和物资共计1500.307万元，用于贫困团场中小学校的硬件建设、师资培训和困难家庭学生资助。

五、积极维护青少年合法权益

一是按照兵团综治委的要求调整了兵团综治委预防青少年违法犯罪专项组组织机构，完善了各项工作制度、任务分工及工作职责。二是在7个师开展重点青少年群体教育帮助和预防犯罪工作试点工作。深化兵团“青少年维权岗”创建活动，确定48个兵团级创建单位。三是组织开展“百校进千企”预防艾滋病宣传教育活动。四是围绕青少年利益诉求的重点问题，在四个城市开展“共青团与人大代表、政协委员面对面”活动。

六、进一步加强团的自身建设

一是组织兵团7770个基层团组织、425名专职团干部、近万名兼职团干部和16万团员开展创先争优活动。二是通过举团旗、学团章、交团费、唱团歌、过团日、带团徽等措施，努力提高团员组织归属感，切实增强团员意识。三是结合兵团共青团工作实际，拟定了《关于加强新形势下党建带团建工作的意见》。四是在广泛调研论证的基础上下发了《关于加强兵团社区共青团工作的意见》。五是在活跃已建85家非公有制企业团组织的基础上新建50家非公有制企业团组织，并为这135家非公有制企业团组织配备了工作用品。六是全年培训各类各级团干部238人（其中，主体班培训40人，团场团委书记班培训55人，企业团干部班培训76人，非公有制企业团干部班培训67人）。

七、其他工作

一是各级团组织主动与对口支援省市对接工作和项目，已落实项目23个，到位资金254.2万元。二是选派18名团干部出国考察交流，17名团干部异地交流挂职。三是按照全团带队的工作要求，召开了兵团少先队二届六次全委（扩大）会议暨少先队工作现场会，联合教育局下发了《关于加强辅导员队伍建设的意见》，兵团少先队组织的思想建设、活动建设、组织建设和阵地建设得到全面加强。

军队青年工作

2011年，全军青年工作认真贯彻党中央、中央军委和胡主席的决策指示，按照全军政治工作部署要求，紧紧围绕国防和军队建设主题主线，紧贴部队实际和青年官兵特点，坚持以党建带团建、以活动促活跃、以创新求发展，取得了新的成绩和进步，有力促进了部队建设科学发展和以军事斗争准备为龙头的各项任务圆满完成。

一、围绕坚定信念、铸牢军魂，扎实搞好对团员青年的思想教育和引导

各级紧紧抓住党的创新理论武装这个根本，利用部队思想政治教育和团课教育主阵地，组织团员青年深入学习中国特色社会主义理论体系，特别是学习胡主席“七一”重要讲话和党的十七届六中全会精神，进一步增强了高举中国特色社会主义旗帜和坚持中国特色社会主义道路、理论体系、制度的自觉性坚定性。注重把培育当代革命军人核心价值观贯穿渗透于团的教育和活动，着力引导团员青年在思想教育中培植、在文化活动中熏陶、在遂行任务中磨砺、在日常工作中养成，不断铸牢精神支柱、端正价值追求。结合纪念建党90周年，广泛开展以“学党史、知党情、跟党走”为主题的知识竞赛和演讲比赛，组织团员青年唱红色歌曲、读经典著作、讲革命故事、传人生箴言，在学史中明理、在学史中励志、在学史中铸魂。总后编发学习践行当代革命军人核心价值观优秀征文集，海军部署开展“知党爱党忠于党，万里海疆团旗红”主题团日活动，第二炮兵开展火箭兵励志格言征集活动，沈阳军区开办“网上团校”引导团员青年学习党史军史和共青团光荣历史，南京军区在青年官兵中开展“坚定信念跟党走，献身使命写青春”主题实践活动，成都军区部队组织开展“弘扬长征精神，坚定理想信念”主题团日活动，军科、国防大学分别开办“红山论坛”和“名家讲坛”，都产生了良好的铸魂育人效果。中宣部、教育部、总政治部和团中央联合转发了空军工程大学坚持用我党我军优良传统教育青年学员的做法。

二、紧扣国防和军队建设主题主线，深入推进学习成才和爱军精武活动

各单位把这两项活动作为青年工作围绕中心、服务中心的有力举措，作为推动青年官兵提高素质、增强本领的常态化活动紧抓不放。总政对深入开展“勤奋学习、岗位成才”读书活动作出专门部署，推荐一批党史军史方面的优秀图书，在部队兴起了读史明理、知党爱党、精武强能、成才建功的读书热。总政还与解放军生活杂志共同组织读书征文，征集稿件8700多份。特别是组织的“读书·青春·使命”全军青年读书活动展示交流，运用多种表现形式，集中反映全军部队开展读书活动的丰硕成果，第二炮兵815旅、机步336团等单位的经验做法，于全、房萍等个人介绍的学习成才体会，对激励引导青年官兵读书学习、成长成才很有借鉴意义，赢得了军委、四总部和团中央领导以及部队官兵的广泛赞誉。各部队着眼部队建设转型和青年官兵素质转型，大力开展争当爱军精武标兵活动，有近3000名青年官兵被军区级以上单位树为学习成才标兵、训练标兵、砺剑尖兵和忠诚卫士等，促进了部队战斗力水平的提升。

三、着眼提高共青团建设科学化水平，大力推动基层党建带团建的工作

总政组织全军基层党建带团建工作研讨交流活动，研究制定《关于加强新形势下军队基层党建带团建工作的意见》，总结推广40集团军装甲旅等20个不同类型单位的经验做

法。各级普遍研究制定党建带团建工作实施意见，把共青团建设纳入党的建设和基层建设规划，进一步建立健全团的各级组织，精心选拔配备团的干部骨干，搞好对基层团干部的培训和帮带，强化基层团组织功能，提高团干部开展工作的素质本领。总参和武警部队制定基层党建带团建工作具体规范，北京军区组织对青工干部和团委书记进行集中培训，总装指导各级对165个基础相对薄弱的团支部进行重点帮建。各单位还以基层党组织的创先争优带动基层团组织的创先争优，广泛开展“书记带书记，支委带支委，党员带团员”活动，形成了党团组织建设全面加强、互促共进的生动局面。

四、重视发挥典型示范引导作用，认真做好表彰先进、树立典型的工作

各级坚持把抓典型作为推动青年工作的重要方式，积极总结、表彰和宣扬事迹过硬、特色鲜明的优秀青年和先进团组织，采取多种形式组织青年官兵学习先进典型的事迹和经验。总政组织第12届全军学习成才先进单位和个人评选表彰，首次依托全军政工网和武警政工网进行公示和网上评选，吸引120万名官兵踊跃参与，增强了典型的示范效应。全军各级共表彰3100多个先进团支部(总支)、135个先进团委、11200多名优秀团员和2800多名优秀团干部，有23个单位和个人被表彰为全国五四红旗团委(团支部)和全国优秀团员、团干部。特别是推出了一批全国和全军有影响的青年典型，总装25试验训练基地测量控制站士官马金永、第二炮兵822旅发射2营营长张建廷、武警新疆总队2支队特勤中队中队长安宏伟3名同志被授予第15届“中国青年五四奖章”，四川省甘孜军分区独立营、总装第20试验训练基地发射测试站三室等6个单位和个人被单独授予“中国青年五四奖章”；机步336团士官贾元友、广州军区广州油料仓库士官王展勤等9名同志被团中央等部委联合表彰为“全国青年岗位能手标兵”和“全国青年岗位能手”。兰州军区组织开展的学习成才标兵基层行活动，济南军区运用政工网和所属媒体组织“十大青年标兵”评选活动，广州军区作出开展向刘珪同志学习活动的决定，国防科大组织青年官兵学习本校自主创新团队的先进事迹，营造了崇尚先进、学习先进、赶超先进的浓厚氛围。

五、发挥军队青年工作的特有优势，积极组织参加全国性青年活动

各级把参加团中央组织的社会公益活动作为践行军队宗旨、展示军队青年官兵风采的重要窗口，会同有关大单位分别在重庆巴南、陕西延安和辽宁阜新启动3个解放军青年林项目，至此全军青年为保护母亲河行动捐赠的2100万资金全部到位，共建成19个总面积达11.2万亩的解放军青年林，产生了良好的生态、经济和社会效益。认真组织军队青年参加全国纪念“五四”运动92周年座谈会、共青团建设研讨交流，组织军队的全国青联常委参加全国青联志愿者艺术团赴井冈山、延安等革命老区慰问演出。选派45名青工干部和文艺工作者参加中国青年代表团赴外访问交流，进一步增进了中外青年友谊，开阔了青年工作视野，有力支持和配合了国家外交工作大局。

铁道系统团的工作

2011 年,全路各级团组织深入贯彻落实铁道部党组和共青团中央的工作部署,按照铁路科学发展思路的要求,紧紧围绕中心任务发挥作用,积极服务青年成长成才,不断激发团组织自身活力,在铁路科学发展、安全发展中发挥了积极作用。

一、扎实开展铁路青年思想教育工作

中央十七届五中、六中全会以及胡锦涛总书记“七一”讲话之后,铁路各级团组织积极组织全路团员青年深入学习贯彻会议精神,用最新的理论成果统一青年的思想认识。同时,铁道团委抓住建党 90 周年的重要契机,在全路组织开展了“学党史、知党情、跟党走”主题教育活动。各级团组织通过红歌传唱、演讲比赛、主题征文、书法大赛等方式,大力宣传党领导全国各族人民所取得的伟大成就。铁道团委、铁路关工委于 4 月份在革命根据地遵义举行了主题教育活动启动仪式,并于 6 月底在延安举办了活动成果展示暨总结表彰会,营造出了良好的活动氛围。

上半年,胡锦涛总书记考察铁路工作并做出重要指示,部党组认真学习贯彻总书记指示精神,做出了关于转变铁路发展方式、推动铁路科学发展的战略部署。各级团组织迅速行动,通过研读原文、座谈交流、组织宣讲等方式,积极深入青年当中开展形势任务教育,进一步坚定了广大铁路青年推进铁路科学发展的信心和决心,推进“保安全、保稳定、保质量、促发展”活动在青年中不断深化。“7 · 23”事故发生后,各级团组织又通过学习会、讨论会、谈心会等各种形式,引导广大团员青年正确认识事故影响,认真开展了以“振奋精神,统一思想,凝聚力量”为主要任务的思想教育活动,引导青年从事故中警醒、从挫折中奋起,激发了青年保安全的积极性和责任心。

按照部政治部在全路开展大谈心活动的要求,结合团中央下发的《企业分类引导青年大纲》,铁道团委迅速制定并下发了在广大团员青年中开展谈心活动的部署通知,对谈心活动的内容、形式等都作出了明确要求,并组织工作人员深入到哈尔滨、沈阳、呼和浩特、上海、成都、昆明、兰州等铁路局的一线站段团组织以及青年文明号集体中与团干部、青年骨干面对面谈心,对大谈心活动进行示范指导。各级团组织充分发挥自身特长,结合青年的特点,利用 QQ 群、家访等各种青年容易接受的形式与青年开展谈心,掌握青年思想动态,积极进行引导。9 月,按照团中央的要求,结合谈心活动的进一步深化,铁道团委又确定了沈阳、郑州、上海、成都铁路局团委和广铁(集团)公司团委作为分类引导青年大纲首批转化单位,五家单位结合谈心活动取得的阶段性成果和团中央的相关步骤要求,积极开展转化工作,进一步固化了谈心活动成果,丰富了分类引导青年工作的内容和方法。

二、广泛开展铁路青年突击奉献活动,生力军和突击队作用得到进一步发挥

1. 认真开展青年突击奉献活动。全路各级团组织开展了春、暑运立功竞赛活动,组织团干部深入生产一线进行包保,加强关键工种、关键岗位、关键环节的管理和卡控,动员全路广大团员青年在铁路春、暑运工作中立足岗位发挥作用。同时在暑运期间,铁道团委要求全路各级团组织积极成立青年突击队,在安全生产、抗洪抢险、营销宣传等急难险重任务中发挥作用。全路各级共青团组织纷纷行动,暑运期间共成立各种青年突击队 1558 个,出动 40513 人次,在抗洪抢险、安全生产、营销宣传

和运输经营等项重点工作中发挥了积极作用。"7·23"事故之后，铁道团委要求各级团组织结合安全大检查活动的具体要求，进一步深化暑运立功竞赛活动，引导团员青年牢固树立"安全责任大如天"的意识，深入查找整改自身的问题和不足，确保本职岗位安全。

2. 继续深化社会志愿者服务铁路春运活动。铁道团委以"参与春运、体验春运、服务春运"为主题，面向社会招募社会青年志愿者开展旅客出行咨询引导和重点旅客服务等志愿服务工作。2011 年春运，面向全国招募了 1.2 万名青年志愿者，在全路 96 个主要客运车站的 2179 个岗位开展志愿服务，受到了社会各界的关注和好评。同时，各局团委还联合地方团组织开展农民工专列、青春创业快车等特色服务活动，不仅有效服务了铁路春运，而且通过广大社会青年志愿者的参与和体验，增强了社会对铁路的认识和理解。

3. 广泛开展青年文明号活动。一年来，铁道团委组织全路广大团员青年积极投身以"保安全、保质量、保稳定、促发展"立功竞赛为主题的创先争优活动。各级团组织积极依托青年文明号这一抓手，在铁路系统各级青年文明号集体中开展了以"三保一促比贡献，创先争优做示范"为主题的创先争优活动，于 11 月份评选表彰了 62 名青年岗位安全标兵、56 个共青团优质设备和 60 名青年服务明星。全路"服务旅客创先争优"活动开展后，铁道团委及时下发了文件并在徐州召开了全路团组织"服务旅客创先争优"活动现场会，对此项工作进行了专题部署。按照盛部长和王部长的批示要求，为了迅速把团员青年动员起来，掀起活动声势、营造活动氛围，铁道团委重点组织开展了"青年文明号争创服务标杆"行动，在北京、济南、上海三个地区举行了京沪高铁、京沪既有线"青年文明号争创服务标杆"行动启动仪式，号召全路客运系统 421 个青年文明号班组及创建班组，在公开承诺践诺的过程中努力践行部党组提出的服务新理念。在青年文明号的带动下，广大团员青年积极投身服务旅客创先争优活动，不断转变服务理念、改进服务态度、提高服务质量。

4. 积极推进路外安全教育工作。全路各级团组织结合近年来新线集中交付运营、高速铁路运营里程大幅增加的形势任务要求以及团中央关爱农民工子女行动的具体部署，继续大力开展"知路·爱路·护路，共铸平安铁路"宣传活动。各级团组织积极组织团员青年通过入校宣讲、漫画展示、发放护路宣传品等多种形式，深入铁路沿线学校，面向包括农民工子女在内的铁路沿线未成年人积极开展路外安全宣传活动，进一步提高了铁路沿线中小学生的安全自护意识。仅沈阳局各级团组织 2011 年以来就走进 2393 所中小学校开展了护路宣传活动 4000 余场次，使 32 万余名中小学生受到铁路安全常识方面的教育。

5. 积极探索新方法，提升团组织服务青年的能力和水平。为认真贯彻落实盛部长关于开展青年心理服务探索的批示精神，准确掌握铁路青年的心理状况，有针对性地开展工作，铁道团委与中科院心理研究所合作，联合开展调研，设计调查问卷，对哈尔滨、太原、上海、武汉、兰州等五个铁路局内的 6000 多名一线青工生活工作状况进行了全面摸底调查，并选择重点人员进行深度访谈，形成了调研报告。在形成调研和试点的基础上，铁道团委联合中科院针对铁路青年特点编写了铁路青年心理知识读本和铁路团干部心理知识读本，为下一步深入推广此项工作创造了良好条件。同时，根据体验式培训对青年心理压力疏解、增进沟通了解的有效作用，铁道团委对近年来铁路团组织开展体验式培训工作的情况进行了认真总结，组成课题小组，反复修改和检验，编写了旨在培养铁路青年市场意识、竞争意识、团队意识的体验式培训教案，并于 12 月组织全路 40 余名基层团干部参加广州青干院举办的体验式培训师资班,为丰富铁路青年心理服务载体进行了有效探索。

三、努力加强团的组织建设工作

1. 认真研讨新形势下加强党建带团建工作的有关措施。全国基层党建带团建暨共青团系统深入开展创先争优活动座谈会召开后,铁道部党组高度重视,要求团组织不断深化创先争优活动,在政治部组织部的指导下深入研究制定铁路系统党建带团建制度措施。按照这一要求,政治部组织部、铁道团委广泛征求意见,深入开展调研,并先后召开三次不同层面的座谈讨论会,三易其稿,形成了初步意见。特别是部党组做出铁路科学发展重大决策后,铁道团委从铁路科学发展、和谐发展、可持续发展的角度出发,展开了新一轮调研和思考。

2. 切实加强团的干部队伍建设。一年来,铁道团委机关积极转变作风,注重基层工作,连续开展调研,努力帮助基层解决实际困难。特别是针对团干部作风中出现的具体问题,坚持不回避、不放松,动真碰硬,逐项解决,紧盯落实,抓出了具体工作成效,带出了作风转变。利用铁道部开展"小金库"专项治理的时机,铁道团委多措并举,注重将"小金库"治理与团内工作相结合,对基层团组织近年来团费的收缴、管理、使用情况一并进行了调查、摸底,以此促进基层基础工作。

3. 召开共青团全国铁道八届四次全委(扩大)会议。共青团全国铁道八届四次全委(扩大)会议 12 月 26 日在北京召开。共青团中央书记处书记贺军科、铁道部政治部副主任齐文超出席会议并作了重要讲话,全国铁道团委书记岳震作工作报告。共青团全国铁道八届委员、候补委员以及部属各单位团委负责人共 70 余人参加了会议。全委会全面总结了八届三次全委会以来铁路共青团工作,深入分析了共青团工作面临的机遇和挑战,提出了 2012 年铁路共青团的重点工作任务。会上还开展了青年心理服务试点工作总结交流。会议提出 2012 年全国铁路共青团工作的指导思想:以科学发展观为指导,深入贯彻全国铁路工作会议和团中央十六届五中全会精神,紧紧抓住党的十八大召开和建团 90 周年的有利时机,加强青年思想形势任务教育,牢固树立"三点共识",落实"三个重中之重"的要求,紧紧围绕铁路安全、服务、经营工作开展共青团活动,服务青年成长成才,加强基层团组织建设,增强团组织的吸引力和凝聚力,组织带领团员青年在推进铁路科学发展、安全发展中发挥生力军和突击队作用。

中央直属机关团的工作

2011 年,中直团工委在中直工委和共青团中央的领导下,以邓小平理论和"三个代表"重要思想为指导,深入贯彻落实科学发展观,认真学习贯彻党的十七届五中、六中全会精神和胡锦涛总书记"七一"重要讲话精神,认真贯彻落实中直机关 2011 年党的工作会议精神和共青团十六届四中全会精神,以学习贯彻科学发展观为统领,以做好新形势下机关青年工作为主线,以组织开展重点活动为抓手,坚持竭诚服务青年,组织引导中直机关团员青年立足本职建功成才,充分发挥团组织生力军和突击队作用,各项工作取得新的进展。

一、坚持入脑入心，切实加强机关青年思想政治建设

1. 认真学习贯彻党的十七届五中、六中全会精神和胡锦涛总书记“七一”重要讲话。中直团工委及时召开中直机关团干部会议，对中直机关团组织和广大团员青年学习贯彻作出安排部署，要求各机关团组织深入学习贯彻中央全会和胡锦涛总书记重要讲话精神。广泛开展“我与祖国共奋进”形势政策宣传教育活动，帮助和引导团员青年把思想认识统一到中央对形势的科学判断上来，把力量凝聚到落实中央提出的各项工作任务上来。中央政法委、中央政研室、中央外宣办、中央编办、中直工委、中央610办公室机关团支部采取主题研讨班和主题团课等形式，学习胡锦涛总书记“七一”重要讲话精神；中央对外联络部、中央台办、中央文献研究室机关团委，中国法学会机关团总支组织召开学习胡锦涛总书记“七一”重要讲话精神座谈会，邀请领导与青年同志进行交流，邀请专家为团员青年作系列主题讲座。

2. 广泛开展“学党史、知党情、跟党走”活动。以庆祝建党90周年为契机，发挥中直机关党史资料丰富、研究力量雄厚、老同志相对集中等优势，通过读书交流、讲座论坛、知识竞赛、演讲比赛、红色寻访等形式，组织机关团员青年认真学习党的理论、党的知识、党的历史，进一步增强知党、爱党、兴党意识。中央办公厅机关团委举办“永远跟党走”主题演讲比赛；全国政协办公厅机关团委在井冈山干部学院举办机关青年干部革命传统教育学习班，并组织团员青年赴平西抗日根据地纪念馆参观；中央组织部机关团委组织庆祝建党90周年青年干部“学党史、知党情、讲党性”知识竞赛并组织团员青年参与“全国党建知识竞赛”；中央统战部、全国总工会机关团委分别组织“学党史、知党情、跟党走”主题演讲比赛和知识竞赛。

3. 进一步提高青年思想引导工作的针对性和实效性。按照团中央《关于在全团开展分类引导青年工作的实施意见》要求，针对机关团员青年思想观念的新变化新特点，用青年喜闻乐见的方式，开展更富时代感、更具实效性的教育引导。一是通过问卷调查、访谈等形式，了解掌握各单位青年的思想意识关键点。二是运用本单位的事例、素材以及本单位青年熟悉的话语体系，对青年存在的主要思想问题进行解答。三是结合各单位实际情况，通过面对面交流、实践体验、文化熏陶、典型示范等形式开展生动活泼、富有思想内涵的引导活动。组织编写了中直机关青年思想引导工作手册，召开中直机关青年思想引导工作座谈会，增强各级团组织和团干部做好青年思想引导工作的意识和能力。

二、坚持重心下移，在基层团组织和团员青年中广泛开展创先争优活动

1. 深入开展“我为党旗添光彩”主题实践活动。中直团工委深入学习领会中央关于开展创先争优活动的指示精神和工委的一系列安排部署，使创先争优活动沿着正确的方向扎实开展。在中直机关2011年团的工作会上，中直团工委发出倡议，号召中直机关团员青年弘扬传统、开拓创新，立足本职、创先争优，以优异成绩迎接建党90周年。深化创建青年文明号、争当青年岗位能手活动，组织引导机关团员青年立足岗位比贡献、创先争优做示范，团结带领广大团员青年为实现“十二五”时期良好开局作贡献。中央办公厅秘书局会议处、中国儿童中心实验幼儿园、中国科技馆窗口服务青年先锋队、中央编译局文献部法文处、中国出版集团公司荣宝斋木版水印工艺坊等5家单位被评为2009－2010年度全国青年文明号。有1人荣获“中国青年五四奖章”，1人被评为全国优秀共青团员，1人被评为全国优秀共青团干部，中央对外联络部信息编研室团支部、人民日报社总编室团总支被评为全国五四红旗团委。中央办公厅机关团委举办“中办青

年时代风采”主题活动，大力宣传在创先争优活动中涌现出的优秀集体和个人；中央组织部机关团委组织机关青年干部开展“为组织工作科学化建言献策金点子征集评选活动”；中央对外联络部机关团委举办“立足本职争优秀，岗位成才做贡献”主题座谈会，就如何进一步加强青年干部工作进行交流；人民日报社团委举办“创先争优，我为国际一流媒体建设献力量”主题实践活动。

2. 组织开展“中直机关基层团组织与地方基层团组织共建同行活动”。各单位团组织积极响应中直团工委号召，开阔思路，创新形式，努力增进青年与群众的感情，助力基层发展。目前，中直机关共有 71 个团组织与地方 81 个基层单位建立或明确了共建关系。中直团工委通过简报等形式，宣传介绍了中央党校团委、中国出版集团团委等单位的一些做法和经验。

3. 组织动员中直机关团组织、中直青联委员深入基层，积极开展创先争优活动。应西藏区直青联邀请，组织中直机关青年记者小分队(20 人)赴西藏农牧区学习采访，对西藏加强基层建设年活动进行专题采访报道。与欧美同学会共同举办“时代大讲堂”活动。与全国政协机关青联、中央编译局青联联合举办主题学习活动。中央办公厅机关团委举办第一批赴陕西甘肃挂职干部报告会，帮助青年了解基层，分享基层挂职锻炼的感受、收获和体会；全国政协办公厅机关团委组织青年干部赴安徽省无为县和枞阳县开展“住村调研”实践活动以及交流会、图片展；中央宣传部机关团委组织团员青年到昌平区东小口镇开展社区宣传思想文化工作调研；中央统战部机关团委组织青年干部赴延安学习考察；中央对外联络部机关团委牵头举办中直青联跨界别委员交流活动；中央文献研究室机关团委组织团员青年赴五里庙村举行“下基层、接地气、知民情、转作风”主题入户调研活动；全国总工会机关团委组织团员青年代表赴河北省兴隆县学习考察；广电总局团委组织团员青年到广西壮族自治区百色市、隆林各族自治县等地开展“根在基层”社会实践活动；中央编译局团委组织团员青年参观考察通州区于家务回族乡的社会主义新农村建设；中国外文局团委组织开展“感知当代中国浙江行”青年社会实践活动；中国出版集团团委组织团员青年赴天津学习考察。

三、坚持深入青年、走进青年，进一步加大服务青年力度

1. 建设学习型团组织，深入开展“好书相伴”青年读书活动。结合“十二五”开局、庆祝建党 90 周年等重大活动，组织开展读书交流会、知识竞赛、讲座论坛等配套活动，深化领导同志荐书寄语活动成果。中央纪委机关团委深入推进“学习 · 实践 · 成才”主题活动，并联合方正出版社共同编辑出版了《读书与成长——中央纪委监察部机关青年读书心得征文活动获奖文集》；全国政协办公厅机关团委开展“读政协历史、与政协同行”征文活动；中央对外联络部机关团委设立“青年读书日”，不断充实“青年书架”书目；共青团中央直属机关各级团组织普遍开展“今日我开讲”图书推荐活动；全国妇联机关团委继续开展“送一本好书、送一句祝福”活动，通过自选方式为机关青年干部订阅图书；广电总局团委深入推进“团员青年学习日”活动，为团员青年推荐好书好报刊好文章；中央编译局团委继续开展邀请领导和专家为青年荐书寄语活动，并在局内网开设“青年读书角”；中国外文局团委继续丰富青年公寓阅览室的优秀图书。

2. 服务青年成长成才。通过多种形式引导和服务机关青年立足本职岗位、努力学习、勇挑重担、提高能力，在做好“三服务”工作中建功立业。中央纪委机关团委组织机关青年同志与香港廉政公署组织的“廉政大使”交流团座谈，并先后举办了两期机关青年干部纪检监察业务培训班；中央组织部机关团委开展技能竞赛和岗位练兵活动；中央对外联络部机关团委举办多期“青年论坛”活动；中央文献研究室机关团委召开青年干部赴基层挂职锻炼座谈会，邀请锻炼结束的青年同志们介绍基层工作的经验和体会。

3. 打造中直机关“青春家园”文化活动品牌。采取有关单位团组织承办的形式，组织开展丰富多彩的文体活动，丰富青年的业余文化生活。全国政协办公厅机关团委举办“佳片有约”活动，组织团员青年观看国内外优秀影片；中央组织部机关团委举办机关团员青年创先争优主题联欢会；中央宣传部机关团委成立青年篮球队、乒乓球队和羽毛球队，划拨专项资金，定期开展训练；中央对外联络部机关团委发挥青年艺术团的独特作用，组织青年参加纪念党的对外工作90年暨中央对外联络部建部60年文艺演出；中央党校团委举办“青春与梦想”迎新联谊会；中央文献研究室机关团委举办新春舞会，并举办交谊舞培训班；人民日报社团委举办职工羽毛球友谊赛，并组织排演青春励志话剧《幸福肿么了》在报社成功上演；全国妇联机关团委继续开展“快乐青年、和谐机关”主题活动；中国侨联机关团委举办“青春友谊奋进”青年联谊会；光明日报社团委开展“光明的使者、青春的相聚”单身青年联谊暨光明日报品牌推广活动；全国台联机关团支部开展“倡导低碳生活”闲置物品交换活动。

四、坚持实践育人，深化青年志愿服务工作

1. 继续做好中直机关青年志愿者支教扶贫工作。中直团工委贯彻落实《中直工委关于加强中央直属机关党组织与基层群众联系的意见》，强化对中直机关青年进行群众观点、群众路线教育。自1998年至今，中直团工委已派出14批共109名中直机关青年志愿者赴老区支教扶贫。在每期一年的志愿服务中，他们深入调研，认真做好在村镇支教挂职工作，开阔了眼界，磨炼了意志，增长了才干。目前，第14批青年支教扶贫志愿服务队正在西柏坡支教扶贫。中央纪委机关团委继续做好支教志愿者的服务工作；中央统战部机关团委为全校师生联系捐赠了保暖衣物；中国科协机关团委组织团员青年赴西柏坡向当地卫生院捐赠价值3万余元的医疗器械。

2. 积极开展“敬老助老”活动。中直团工委向中直各单位团组织发出号召，要求通过走访探望、座谈、与老同志结对等形式，看望慰问离退休老同志，在引导青年学习党的光荣传统和优良作风、加强党性教育、增强党性修养方面取得较好效果。全国政协办公厅机关团委开展敬老助老主题交流活动，促进机关干部与离退休老同志的书画技艺交流；中央组织部机关团委印发“走近老同志、学习好传统”活动材料汇编；全国总工会机关团委组织青年志愿者为全总机关老同志撰写自传和回忆录做好服务工作；中央编译局团委为离退休老同志献上精心编排的文艺节目；中国外文局团委继续开展“老少同行”系列活动。

3. 组织开展关爱农民工子女志愿服务活动。中央纪委机关团委积极组织青年同志参加关爱行动，继续与西城区红莲小学保持帮扶关系；中央党校团委指导研究生志愿者服务队发起以关爱留守儿童为目的的牵“守”行动，募捐爱心图书15000余册，在广西柳城县初步建立了4个“牵手家园”留守儿童活动中心；人民日报社团委继续为平山县里庄小学订阅下一年度学习用的报纸杂志，并组织与朝阳区金盏乡同心实验学校（打工子弟学校）结对帮扶，坚持每周三为打工子弟上课辅导。

4. 做好其他志愿服务工作。中直团工委、中直青联与中直绿化委联合组织了“为首都播洒绿色、为党旗增添光彩”主题植树活动。中央纪委机关团组织继续结对资助四川省甘洛、马边县贫困学生；全国政协办公厅机关团委组织开展“节能我行动、低碳新生活”主题活动；中央组织部机关团委开展“立足岗位争先进、学习雷锋创优秀”主题月活动。中央电视台青年志愿者协会以“参与汇聚力量、奉献传播爱心”为核心精神，围绕全台工作大局和社会公益事业开展了一系列特色志愿服务活动。

五、坚持党建带团建，加强团组织自身建设

1. 加强基层团组织和团干部队伍建设。督促指导有关单位团组织按期进行换届选举，强化基层团组织换届选举审批工作。加强与有关单位机关党委联系沟通，履行好“协管”职能。指导审批中央办公厅、中央统战部、中央文献研究室、共青团中央、中国侨联、广电总局、新华社、经济日报社、中央编译局、中国外文局、全国台联 11 家单位机关团委完成换届工作。推广使用共青团基本信息管理系统软件，提高工作规范化水平。做好推优入党工作，加强流动团员管理。落实共青团中央关于从严管理团干部的有关规定，通过以会代训等形式，加强团干部教育培训，并积极选派 22 名团干部和青年骨干参加团中央组织的中国青年代表团出国交流学习。中央办公厅机关团委深入全厅各单位开展调研，广泛听取青年同志的意见建议，研究起草《关于进一步加强和改进中办机关青年工作的意见》，经厅主任办公会议审议通过后以厅机关党委文件的形式印发各单位；中央组织部机关团委起草制定了《中组部机关团委工作规则（试行）》，并及时修改完善《部机关团员名册》；全国总工会机关团委研究起草了《关于进一步加强全总机关青年教育培养工作的意见》，并以全总机关党委文件的形式下发执行；新华社团委编写《团干部应知应会九条》，对新任团干部进行培训。

2. 主动利用新媒体开展工作。中直团工委积极推动中直各单位团组织发展健康向上的网络文化，推动有条件的基层团组织运用新媒体手段开展工作。根据中直团工委最新统计数据，中直各单位团组织建微博数 14 个，以团干部身份建微博数 41 个，团干部建非实名微博数 584 个。同时，各单位团组织还积极运用开心网、人人网、团委网页、局域网和博客、QQ 群、飞信群、MSN、手机短信平台等新媒体平台开展工作。

3. 做好中直青联换届工作。中直青联秘书处坚持高标准、严要求，做好委员资格审查、文件起草、选举组织、会议协调等工作，顺利完成中直青联四届一次全委会的各项议程，选举产生了新一届青联领导机构，研究提出了今后 5 年的工作思路。参与筹备和组织令计划同志与中直青联委员代表座谈会，抓好令计划同志在座谈会上重要讲话精神的学习贯彻。各界别积极开展“走近委员”学习交流等形式多样的活动。指导中央编译局成立青联组织。

4. 开展有关调研活动。中直团工委根据中直工委领导的指示精神，就中直机关青年队伍结构状况以及青年工作机构、团组织活动经费等问题开展调研，形成调研材料供工委领导参考，起草了《关于提高中直机关团组织活动经费额度的意见》并以中直工委文件形式印发。中央办公厅机关团委深入各单位开展青年思想状况调查，先后与 300 多名青年访谈，分别形成了针对各单位的调研报告；中国出版集团团委开展青年需求和团情工作调研活动。新华社团委开展了“战略转型与青年职业化发展”调研活动，对青年成长规律和需求进行了系统总结和对策分析，形成调研报告供社党组参阅。

中央国家机关团的工作

2011年，中央国家机关团工委认真贯彻中央国家机关第二十五次党的工作会议和共青团十六届四中全会精神，以落实《中央国家机关青年干部成长计划》为主线，以引导青年干部“到基层去、向身边学”为重点，围绕提高青年干部政治素质、业务素质、文化素质和身心素质，深入开展读书学习、实践锻炼和创先争优活动，进一步推进党建带团建，大规模培训团干部，中央国家机关共青团工作取得了新发展。

一、实施“青年干部成长计划”，全面规划机关共青团工作

2011年初，中组部、团中央联合下发了《关于加强新时期基层党建带团建的通知》，结合全党开展的创先争优活动，为加强机关共青团工作带来有利契机。团工委在去年深入调研和广泛征求意见的基础上，制定了《中央国家机关青年干部成长计划》。工委领导高度重视，工委会专题研究，并以工委名义下发了该计划。“成长计划”突出三项重点内容——读书学习、实践锻炼、创先争优，强化三项基础保证——党建带团建、团干部队伍建设、青年工作理论研究，提高青年四方面素质——政治素质、业务素质、文化素质和身心素质。这是中央国家机关共青团工作多年来实践探索的结晶，同时也是结合新形势、新任务，以及机关青年新特点所做的创新，是以引导服务青年立足岗位建功成才为出发点和落脚点，对机关共青团各项工作的全面整合和系统规划，为机关共青团工作再上新台阶指明了方向，打下了很好的基础。6月20日，中共中央政治局委员、中央书记处书记，中央组织部部长李源潮在团工委呈报的《组工信息》第100期《到基层去向身边学》上批示：中央国家机关工委积极实施机关青年干部成长计划很好。“到基层去、向身边学”提得好，有效、实在。望坚持下去。

二、重点开展“百村调研”实践活动，引导青年到基层去

2011年5、6月，团工委在前两年开展“根在基层”调研实践活动的基础上，集中开展了“百村调研”实践活动。来自中央国家机关71个部门的633名青年干部，分3批赴17个省（区、市）36个县（区、市）的100个行政村，利用一周时间住村调研，与农民同吃同住同劳动，访民情、问民意，力所能及地为基层群众办实事、做好事，受到基层干部群众的普遍欢迎。调研点主要是革命老区和贫困地区，此外还有小城镇示范区、农田水利示范区、现代农业示范区、金融支农示范区等。参加活动的青年干部平均年龄30岁，具有博士、硕士学位的占六成以上。调研期间，共走访农户1512户，完成调研问卷1084份；召开基层干部群众座谈会375次，4522人次参加座谈；访谈基层干部、致富带头人和大学生村官735人，并形成访谈实录、工作案例和调研报告1405篇。通过活动，青年干部一是增进了对基层干部群众的感情，能够设身处地为群众着想，对群众的苦乐感同身受；二是加深了对国情民情的了解，深化了对党和国家大政方针的认识和思考；三是提高了调查研究的能力，锤炼了艰苦朴素、求真务实的作风；四是增强了做好本职工作的责任感和使命感，进一步坚定了奉献祖国、服务人民的理想信念。

工委对这次活动高度重视，工委会专题研究，常务副书记杨衍银亲自确定活动的基本思路和重点内容，要求“要把工作做扎实，让青年人下去能真正有收获”，副书记俞贵麟直接指导并出席启动仪式作动员讲话，中央国家机关各部门主要领导高度重视，纷纷寄语鼓励青年。此外，还得到机关各部门的大力支持配合，为活动的顺利开展提供了坚实的保障。8月22，“百村调研”实践活动总结汇报大会顺利召开。工委常务副书记杨衍银，团中央书记处第一书记陆昊，中央创先争优活动领导小组办公室副主任傅思和，工委副书记俞贵麟等领导同志出席了大会，杨衍银书记、陆昊同志做了重要讲话，充分肯定了“百村调研”的做法和取得的成绩，并对中央国家机关青年提出了殷切期望。

活动成效受到中央有关领导同志的充分肯定，中央政治局委员、中组部部长李源潮同志批示：中央国家机关青年“百村调研”实践活动很好。希望中央国家机关青年干部响应总书记在“七一”讲话中的号召，更多、更经常地到基层去，拜人民为师。这是所有青年干部成长、成熟的必经途径。国务委员兼国务院秘书长、中央国家机关工委书记马凯同志批示：团工委组织的“百村调研”活动一举数得，深受欢迎。对年轻一代公务员确有益处。希望不断创新国家机关青年干部培养、教育的机制、途径和方法。

三、深化“司局长谈培养青年”活动，引导青年向身边学

团工委于2010年9月底启动的“司局长谈培养青年”活动，发掘宣传各部门、各级党政领导培养青年干部的好经验、好做法，推动各级党政领导重视培养青年、善于培养青年，为广大青年干部创先争优营造环境，搭建平台。马凯同志对这项工作非常重视，亲自题写“对青年干部要讲懂和爱”，2011年6月，又进一步批示：“中央国家机关各级党组织要继续高度重视青年工作，不断探索青年干部成长规律，不断总结培养青年干部的好经验、好做法，全面提升青年干部的政治素质、业务素质、文化素质和身心素质”，为推动这项工作深入开展指明了方向。

各部门对活动高度重视，许多部门主要领导亲自作批示、写寄语，与青年座谈交流；很多司局长、党支部书记通过撰写文章、给青年讲党课团课、与青年面对面做访谈等形式，与青年话成长，并互相交流培养青年的心得体会。为把活动不断引向深入，团工委2011年初在中央国家机关范围内开展了“一个团支部访谈一位司局长”活动；4月专门召开了“抓落实”座谈会，结合学习贯彻习近平同志《关键在于落实》的讲话精神，重点围绕“司局长谈培养青年”活动进行交流和部署。经统计，47个部门开展了这项活动，共邀请400多位司局长参加，246个团支部访谈了253为司局长，团工委与人民网联合组织在线访谈13期，每期平均点击率超过30万，编发《懂和爱》专刊31期，并汇编出版了《懂和爱》一书。通过这项活动，青年干部在与司局长的交流中，感到了自身的不足，找到了学习的榜样；司局长也更多地认识了青年的优势和特点，增加了理解和信任。活动的开展，为青年干部成长创造了良好的环境和氛围，激发了青年干部立足本职创先争优的热情和积极性。

四、以深入学习贯彻胡锦涛总书记“七一”讲话精神为重点，积极开展青年读书学习活动

胡锦涛总书记在庆祝中国共产党成立90周年的重要讲话中，高度肯定了青年在党的事业发展历程中发挥的重要作用，对青年一代健康成长、建功立业提出了明确要求。胡锦涛总书记的重要讲话在中央国家机关各级团组织和广大团员青年中引起强烈反响。团工委迅速行动，下发《关于认真学习胡锦涛总书记“七一”重要讲话精神，全面推进中央国家机关青年干部成长计划的通知》（国团工发〔2011〕5号）。各级团组织按照团工委通知要求，把深入贯彻《中央国家机关青年干部成长计划》作为落实胡锦涛总书记重要讲话精神、促进青年干部立足岗位建功成才的有效载体，把“到基层去、向身边学”作为引导青年干部树立正确成长观的重要实践探索，积极开展形式多样的学习贯彻宣传活动。各部门机关团委围绕纪念建党90周年，通过举办“学党史、知党情、跟党走”等丰富多彩的纪念活动，回顾党的光辉历程，歌颂党的丰功伟绩，唱响时代主旋律，引导青年为党分忧、为国尽责、为民奉献。广泛开展读书论坛、名家讲座、辅导报告、领导荐书等活动，为推动青年干部读书学习创造环境，在青年干部中营造爱读书、读好书、善读书的浓厚氛围，不断推进学习型团组织建设。

五、加强团干部培训交流，提供坚实的组织和队伍保障

2011年初，工委下发了《中央国家机关团干部培训规划》，并成立了中央国家机关团校，这是新时期落实党建带团建，加强团干部队伍建设的重要举措，也是加强基层团组织建设、推动机关共青团工作的重要保证。团校按照全面覆盖、分级分类、广开门路、突出实践的原则，全年举办3期短训班和1期长训班，培训了来自50多个部门的团干部200多人次。特别是中央国家机关党校、中央国家机关团校第一期团干部培训班，是团工委近年来首次专门面向中央国家机关科级团干部的培训班。工委对培训班高度重视。工委副书记、团校校长俞贵麟开学不久即前往法制教育中心看望学员，给予直接指导，结业时出席毕业典礼并寄语鼓励学员。通过团校培训，学员们增强了党性修养，提高了服务大局和做好青年工作的本领，取得了丰硕的学习成果。团工委和培训中心密切合作，在认真分析团干部培训需求的基础上，科学合理设置培训课程，组织编写共青团工作案例和团校示范性教材，探索班级自我管理模式，加强规章制度建设，为今后开展团干部培训积累了经验。团校培训期间，团工委结合培训组织了三次专题研讨，以参加培训的团干部为主要力量组织编写了《中央国家机关青年思想引导手册》，提出了思想引导的主要内容、引导方式、引导路径和具体载体，还分析了思想引导的典型案例，具有较强的针对性、适用性，对基层团组织结合部门特点开展工作有很强的指导作用。各部门也积极开展形式多样的团干部培训活动，外交部、环保部、商务部、国家工商总局、国务院法制办、供销合作总社等部门机关团委都举办了团干部培训班，推动了团干部队伍建设。

此外，团工委还积极推进团干部的挂职交流，请北京团市委、广东团省委、福建团省委向中央国家机关各部门团委推荐了14名干部挂职机关团委副书记，同时，也推荐了3名团委书记到北京市挂职，与北京市的交流挂职还被列入北京市委组织部“三个100”工程。

六、做好推优评优工作，营造学习先进、争当先进、赶超先进的浓厚氛围

积极向团中央推荐“全国优秀团员、团干部”、“红旗团委、团支部”和“全国青年文明号”奖项候选人（单位），部分优秀集体和个人代表受到了表彰。开展了2009—2011年度中央国家机关“两优一红”奖项和中央国家机关青年文明号评选工作，评出优秀团员141名，优秀团干部195名，五四红旗团组织131个，命名124个中央国家机关青年文明号集体，引导广大团员青年以先进集体和个人为榜样，立足岗位创先争优。此外，积极做好青年外事工作，先后推荐来自14个部门的14名青年干部参加团中央的青年代表团，到日、韩等国进行青年友好交流活动。认真做好部门机关团委换届及干部任免批复工作，做好年度团内统计及团费收缴工作。

七、突出优势，集聚合力，更好地发挥青联组织的凝聚引领作用

以落实《中央国家机关青联2011—2015年工作规划纲要》为重点，突出思想引领、人才凝聚、社会担当和组织覆盖，集聚青联界别合力，着力打造品牌项目。

1. 增强思想引导。抓住纪念建党90周年和辛亥革命100周年重要契机，以回顾党的光辉历程、深刻认识当前国家形势为主题，开展了形式多样的纪念和研讨活动，使青联委员进一步深化了对世情、国情、党情的认识，激发了爱国爱党之情和拳拳报国之意。

2. 建设“青年智库”。针对民营经济转型升级课题，赴广东开展“智库调研”活动，初步形成了具有建设性、实效性的调研成果。

3. 积极开展志愿服务活动。2011 年“五四”期间开展了“春天里——中央国家机关青联委员关爱农民工行动”，联合中信房地产有限公司面向农民工朋友开展了助学助困、健康体检、心理咨询等系列志愿服务活动。

4. 推动组建行业、系统青联组织。2011 年，交通运输部、国家林业局分别成立了青联组织，中国残联青联成立了青年志愿服务队。健全了对部门青联组织的指导和管理机制，形成了中央国家机关青联与部门青联组织上下配合、互动发展的良好局面。加强了与全国青联、各省市青联组织的学习交流。

八、以改革创新精神加强自身建设，建设学习、实干、和谐的党支部

1. 增强基层团组织活力。按照“两个覆盖全体青年”的要求，评选表彰了一批“共青团工作奖”及“最具活力团支部奖”，引导基层团组织扎实工作、积极进取、开拓创新。

2. 加强团工委委员会建设。健全了团工委委员会会议制度和调研、学习制度，加强了集体领导和民主决策。

3. 大力加强团工委自身建设。把“有责任、有朝气”作为对支部和党员的要求，提出要切实履行团结凝聚青年的根本职责，要切实承担起加强中央国家机关团干部队伍建设的责任，要把青年干部成长和推动事业发展相融合，营造靠学习发展、凭素质进步，乐于奉献，积极进取，锐意创新的工作氛围，努力把团工委建设成为讲学习、讲实干、讲和谐的优秀集体。2011 年还开展了 4 次“读讲一本书”活动，结合重点工作开展集体学习，在团工委上下营造了崇尚读书的浓厚氛围，推动了学习型党支部建设。

4. 对《情况交流》、团工委网站、青联网站进行了改版，建立了“最爱共青团”博客和微博，强化了舆论宣传，扩大了机关共青团工作的影响力。

中央金融系统团的工作

2011 年中央金融团工委积极响应团中央号召，认真履行共青团四项基本职能，紧紧围绕金融改革发展和监管中心任务，服务大局、服务青年、服务基层，开展的主要工作包括：

一、以组织建设为重点，扎实推进全系统团建工作

1. 进一步明确中央金融团工委委员单位和委员，成立 14 个专委会，表决产生各专委会主任，形成了中央金融机构团委分工合作的良好工作机制，定期召开中央金融团工委委员会议，编发 10 期《金融青年工作要情》。

2. 加强团干部队伍建设。推荐金融系统团干部参加团中央组织的国内外培训；联合团中央国际青年交流中心，组织金融系统团干部 11 月赴德国参加国际培训团项目；举办优秀团干部 6 月赴深圳、香港培训班；11 月举办金融机构分支行和银监分局基层团干部培训班。

3. 在深入调研的基础上，12 月份印发《中央金融团工委关于进一步加强团组织建设工作的通知》。

二、积极推动服务青年就业创业工作

1. 积极配合团中央城市部在宁波、江苏等地开展城市青年创业小额贷款调研，努力推动城市青年小额贷款工作。

2. 协助团中央推进农村青年创业小额贷款工作，截至11月末，全国农村青年创业小额贷款全年累计发放达到177.44亿元，获得贷款青年人数38.75万人，带动就业近86.32万人。

3. 督促各金融机构团委加强青年就业创业见习基地管理，同时根据团中央、全国青联要求，组织部分金融机构团委接收香港大学生实习锻炼。

三、积极开展创先争优活动

1. 通过组织开展"青年文明号""青年岗位能手"等先进典型评选活动，引导金融青年提高业务技能，争创一流业绩。根据团中央新修订的《全国青年文明号活动管理办法》、《青年文明号活动指导手册》，认真统筹中央各金融单位的青年文明号创建工作。

2. 举办金融系统青年创先争优先进事迹交流会暨青年文明号颁奖仪式，中央创先争优活动领导小组办公室副主任姜培茂、团中央城市部部长徐晓、团中央组织部副部长万速成等有关领导出席活动并讲话，全国金融系统万名青年参加。

3. 协助团中央开展青年文明号为民服务创先争优活动座谈会及现场调研活动。中央组织部三局杨春光副局长、团中央书记处贺军科书记现场考察建设银行基层网点创先争优活动情况，并给予充分肯定。四是发出《为民服务展风采创先争优当先锋——金融青年"为民服务创先争优"倡议书》，积极引导金融青年为民服务、创先争优。

四、加强青年思想教育和宣传引导工作

1. 在金融系统青年中持续开展"我与祖国共奋进"形势政策教育活动，组织系统青年参加"辉煌银行业系列形势报告会"，编写了具有经济金融特色的《学党史、知党情、跟党走》百题知识问答竞赛题库。

2. 在银监会党委的关怀和支持下，举办银行业党委谈培养青年暨青年与银行业监管事业共奋进报告会，银监会党委委员全部出席，系统近万名青年参加，时任银监会党委书记、主席刘明康发表讲话。

3. 举办中央金融系统共青团宣传工作推进会暨新媒体运用学习讲坛，团中央宣传部部长张劲同志出席会议并讲话。

4. 按照团中央要求，在中央金融机构推荐27个基层团组织开展《青年思想引导大纲》转化试点工作。

5. 创建开通了中央金融团工委、全国金融青联网站——中国金融青年网，积极搭建网上青年工作平台。

6. 关心金融青年心理健康，举办6期"名家谈心理"讲座。

五、深入开展"送金融知识下乡"活动

按照银监党委和团中央要求，组织动员银行业金融机构团员青年深入开展"送金融知识下乡活动"。9月，联合中国银行业协会评比、表彰了110个全国级"送金融知识下乡宣传服务站"，10月28日召开了全国送金融知识下乡宣传服务站创建经验交流会，团中央农村部副部长张传慧同志出席并讲话。目前，全国已创建省市级"送金融知识下乡宣传服务站"1621个。

六、引导青年围绕中心工作加强学习

一是认真组织有关金融单位青年技工参加全国青工技能大赛。二是举办2011年中国金融青年论坛征文活动，联合中国金融出版社出版学术论文集。三是联合有关部门举办12期青年金融监管知识讲堂。

七、组织中央各金融机构各级团组织开展青年志愿公益活动

积极开展金融青年志愿者活动，重点帮扶

农民工子女。年初以来，参与活动的金融青年志愿者8.4万人，募集爱心捐款181万元，受助农民工子女11万人。

八、开展青年交流联谊活动

努力搭建青年交流联谊活动的长效机制，与中国金融工会女职工委员会等单位联合举办了2次金融青年联谊活动。

九、按照全国青联要求，认真做好青联工作

一是举办“2011年全国青联金融界别论坛”活动，邀请国务院发展研究中心韩俊副主任就“十二五”时期“三农”政策热点问题进行专题讲座。团中央书记处书记贺军科同志出席活动，一行三会党委分管领导出席会议并讲话。二是举办“全国青联金融界别论坛暨金融青年学习讲坛”活动，邀请国际著名金融专家沈联涛先生作“后危机时代的全球金融新格局”讲座。三是协助全国青联金融界别委员会在河南济源市组织开展“创先争优跟党走，青春建功十二五”——服务地方经济发展主题实践活动。四是按照团中央、全国青联要求，中央金融团工委负责人宋宏谋同志于9月率中国青年代表团访问美国。五是12月举办全国青联金融界别论坛暨迎新年联谊活动。

中央企业系统团的工作

2011年，在国资委党委和团中央的正确领导下，中央企业共青团紧紧围绕企业改革发展稳定大局，以努力提高团组织对企业核心竞争力的贡献能力为目标，深入探索和系统实践了“聚心”、“提能”、“创效”、“塑形”、“强基”五位一体、具有中央企业特色的青年工作模式，推动了中央企业共青团和青年工作全面发展。

一、强化思想引领“聚心”，青年的理想信念更加坚定

各级团组织以巩固和扩大党执政的青年群众基础为目标，系统开展理想信念教育、形势任务教育等青年思想引导工作，积极探索党的意识形态在中央企业青年中的传播路径。组织青年认真学习实践科学发展观，开展“立足新起点，创造新业绩”主题实践活动。团结青年应对国际金融危机，开展“调整优化上水平，我是青年我先行”主题实践活动。以爱党、爱国、爱企为主题，举办“青春央企·歌颂祖国”晚会。以建党90周年为契机，广泛开展“学党史、知党情、跟党走”主题教育和“我与祖国共奋进”形势政策教育活动3690场，覆盖青年762333人次。以网站、QQ群、微博、短信平台等青年喜欢的交流方式开展宣传引导工作。中央企业青年网刊载信息6000余条，《中央企业青年通讯》刊发16期约20万字的信息，对外发送和宣传报道信息200余篇。协助团中央探索形成并转化实施了《企业青年思想引导大纲》，开展中央企业青年成长成才“身边的榜样”巡回演讲、中央企业共青团和青年工作视频短片作品大赛等活动，深化引导青年工作。

二、服务企业中心“创效”，团组织的贡献力不断提升

各级团组织积极融入企业生产、经营、科研、管理等工作，广泛开展了创新创效等一系列“青”字号活动，团结带领广大青年为推动企业改革发展努力贡献。深入开展了青年“五小”、持续改进改善、技能竞赛、QC小组、创新论坛等经常性创新创效活动。围绕载人航天工程、天宫一号、预警机研制、大飞机研制、高铁建设、海上大庆油田建设等关系国家发展的重大专项和重点工程，引导青年勇挑重担、开展集中创新攻关。在大运会保障、利比亚撤离和玉树地震灾后重建等国家重大任务中，开展青年文明号、青年突击队和青年岗位能手联动活动，在急难险重任务中充分发挥了生力军和突击队作用。以提升安全技能、参与安全管理、消除安全隐患为切入点，在各企业尤其是冶金、矿山、能源、建筑、石化等重点行业深化青年安全生产示范岗等青年安全活动，推动青年安全创优实践。

三、服务青年需求"提能"，青年职工队伍建设成效显著

各级团组织努力为青年搭建素质提升平台，辅助企业人力资源开发，营造了有利于青年成长成才的良好环境和氛围。通过实施青年职业生涯导航、青年成才计划，建立青年科研基金等举措，努力培育高素质青年人才队伍。广泛开展了导师带徒、争当青年岗位能手、青工技能月等活动，带领青年立足岗位提升业务能力。积极培养复合型人才，通过思想性、技能性和娱乐性于一体的英语风采大赛、演讲比赛、DV大赛、才艺秀等活动，从思维、语言、行为等方面提升青年尤其是新入职大学生社会化技能。优化青年表彰体系，建立了各级团组织上下联动、有效衔接的青年表彰体系。近年来，中央企业团工委选树中央企业各类先进青年和集体1572名(个)，特别选树了100名身边"可亲、可敬、可信、可学"的青年学习典型，开展了首届"中央企业青年五四奖章"评选。注重对青年的人文关怀，通过"一助一"、"多助一"等形式，开展"真情助困进万家"、"爱在蓝天白云下"、青年集体婚礼等活动，为青年解决在婚恋、住房、心理等方面存在的现实困难和困惑，为他们全心投入工作创造了条件。积极帮助大学生就业创业，建立见习基地上千家，提供见习岗位3万余个。

四、积极投身公益"塑形"，有效促进企业树立良好形象

各级团组织带领青年积极参与企业履行社会责任、投身社会公益活动，促进和谐社会建设。在抗震、抗旱和抗冰救灾中，中央企业数千支青年突击队、数十万青年志愿者日夜奋战在抢险前线。"暖风行动"、"映山红"、"让爱翱翔"、"爱在东航"、"青春光明行"、"张思德电力便民服务队"等一大批闪亮的名字熠熠闪耀在志愿服务的行列。在为民服务创先争优活动中，郭明义爱心团队积极践行志愿服务精神，走进社区、医院，贴近人们生产生活，面向留守老人、儿童等特殊群体开展志愿帮扶活动。在关爱农民工子女志愿服务活动中，参与的青年志愿者人数达4余万人，与农民工子女结对数达10余万对，为农民工子女的健康成长提供了实实在在的服务。

五、加强自身建设"强基"，全面激发组织活力

各级团组织按照"两个全体青年"的要求，坚持党建带团建，切实加强自身建设。全力推进"组织全覆盖"，大陆境内中央企业基本实现了团组织全覆盖。目前91户中央企业成立系统团委，中央企业集团团委建制率达到了81.3%，3户企业正在筹建系统团委。建立了团工委委员集体学习制度，加强了班子建设。争取中央团校和中国井冈山、延安、浦东等3所党的干部学院培训资源，培训集团级团委书记360人次、基层优秀团干部450余人。各企业每年举办300余期基层团干部培训班，进一步提高了团干部队伍素质。积极倡导和推动企业采取竞争性方式选拔团干部，为青年展示才华搭建了舞台。加强了团工委机关建设，"肯吃苦、能战斗、勇探索、乐奉献、尚真情"的"1406精神"成为中央企业团干部的共同精神符号。扎实有效开展了党群共建创先争优活动，各级团组织召开创先争优交流会20732

次，激发了基层活力。重视理论研究，面对新形势、新任务研究基础性、全局性和前瞻性课题，提炼出系统的工作思路和方法，确定了五位一体、具有中央企业特色的青年工作模式。在《中国青年研究》、《中国共青团》等发表了65篇理论文章，出版了《理论探索》等六本书，编制了《典型案例》视频教学片，形成了较完备的央企共青团和青年工作学习培训教材体系，升华了工作实践成果。

作为中央企业共青团和青年工作的重要组成部分，中央企业青联始终坚持以服务大局、服务企业、服务委员、服务青年为宗旨，高举爱国主义、社会主义旗帜，融入企业中心建功立业，服务青年成长成才。2011年，重点抓好“青春央企”和“行动学习”品牌建设，先后组织了11期“行动学习”活动，进一步扩大了央企青联在国际交往、地方交流和企业合作中的作用与影响，进一步促进了企业改革发展与和谐社会建设，进一步把央企青联打造成了拥有共同理想信念、爱国情怀、奋斗目标和文化血脉的精神家园，青联组织的贡献能力和影响力切实得到了提高。

附　　录

2011 年工作大事记

2011 年工作大事记

1 月 1 日 陆昊、王晓同志在北京出席全国政协举办的 2011 年新年茶话会。

1 月 4 日至 5 日 卢雍政同志在北京参加中央外宣办组织召开的全国对外宣传工作会议。

1 月 4 日至 5 日 周长奎同志在北京参加全国宣传部长会议全体会议。

1 月 5 日、7 日 陆昊同志召集会议，专题研究团十六届四中全会文件。文件起草组有关同志参加。

1 月 6 日 王晓同志主持召开团中央资产管理领导小组会议。贺军科、卢雍政、汪鸿雁同志，办公厅、组织部、机关党委、中国国际青年交流中心负责同志参加。

1 月 6 日 周长奎同志在北京出席国家体育总局青年成长成才座谈会。

1 月 7 日 中共中央政治局常委、中央书记处书记、国家副主席习近平主持召开中央书记处办公会议，习近平、刘云山、李源潮、何勇、令计划、王沪宁同志听取团中央 2010 年工作情况和 2011 年工作安排的汇报并讲话，王兆国同志参加会议。陆昊同志代表团中央书记处作汇报，书记处全体同志参加。会议对 2010 年共青团工作给予肯定，对 2011 年工作作出重要指示。

1 月 7 日 陆昊同志主持召开会议，研究团十六届四中全会文件。书记处全体同志参加。

1 月 7 日 周长奎同志出席北京市服务中央国家机关工作座谈会。

1 月 9 日至 13 日 以联邦议员、基民盟联邦议会党团外交政策发言人、青年联盟主席菲利普·米斯费尔德为团长的德国青年联盟代表团访华。12 日，陆昊、卢雍政同志分别会见代表团。

1 月 9 日至 12 日 应欧盟委员会邀请，王晓同志率中国青年代表团赴比利时参加 2011“中欧青年交流年”欧方开幕式并致辞。

1 月 10 日 团中央、农业部在北京举行共同实施农村青年创业就业行动框架协议签约仪式。陆昊同志、农业部部长韩长赋出席并致辞，汪鸿雁同志、农业部副部长张桃林代表双方签署了框架协议。

1 月 10 日 陆昊同志在北京参加十七届中央纪委六次全会第二次大会。9 日至 11 日，罗梅同志全程参加会议。

1 月 10 日 贺军科同志在北京出席国务院安全生产委员会全体会议。

1 月 10 日 卢雍政同志会见日本民主党众议员、内阁环境副大臣近藤昭一。

1 月 10 日 周长奎同志在北京出席中央政法委召开的深入推进社会管理创新座谈会。

1 月 11 日 陆昊同志在北京参加中央港澳工作领导小组召开的有关工作会议。

1 月 11 日 陆昊同志主持召开团中央常委扩大会议，贺军科、卢雍政、罗梅、汪鸿雁、周长奎同志，团中央机关各部门、各省级团委主要负责同志参加会议。

1 月 11 日 卢雍政同志会见日本自民党众议员西村康稔一行。

1月11日 中直工委组织部副部长王国义一行到团中央就创先争优活动开展情况进行调研。罗梅同志会见调研组成员,并就有关工作交换了意见。机关党委负责同志向调研组汇报了创先争优活动有关情况。

1月11日 汪鸿雁同志在北京出席国家发改委、中央农村工作领导小组办公室、农业部、国务院农民工办共同主办的“倾注三农·情系农民工”专题综艺晚会暨首届农民工春节综艺晚会。

1月11日 团中央、中国移动通信集团公司在北京举行合作建设未成年人手机上网综合服务平台签约仪式。周长奎同志、中国移动集团副总裁沙跃家出席并讲话。

1月12日至14日 共青团十六届四中全会在北京召开。会议传达学习了党中央书记处的重要指示,总结了2010年全团重点工作的推进情况,对2011年的工作进行了研究部署。会议审议通过了《关于认真学习贯彻党的十七届五中全会精神,团结带领广大团员青年为实现十二五时期奋斗目标作贡献的决定》。会议增补王少峰等9名同志为团中央常委,增补申红兴等14名同志为团中央委员,确认周振民等20名同志递补为团中央委员。12日上午,中共中央政治局委员、全国人大常委会副委员长王兆国出席第一次全体会议并发表重要讲话。会前,王兆国同志会见卸职的团中央常委、委员和候补委员并合影留念。陆昊同志出席会议并讲话,王晓、贺军科、卢雍政、罗梅、汪鸿雁、周长奎同志出席会议。

1月13日 陆昊同志在北京出席中央精神文明建设指导委员会全体会议。

1月13日 卢雍政同志会见丰田汽车(中国)投资有限公司总经理加藤雅大。

1月13日 周长奎同志在北京出席中国政研会第九届常务理事会第三次会议。

1月15日 陆昊同志主持召开共青团第十六届中央书记处2011年第1次会议,传达学习中央书记处重要指示和王兆国同志在团十六届四中全会上的重要讲话,研究部署有关工作。

1月15日 王晓同志在北京参加中组部组织召开的“千人计划”专家联谊会成立大会及座谈会。

1月16日至17日 罗梅同志在北京参加中央直属机关党的工作会议。

1月16日 周长奎同志出席2011年北京市共青团工作会议并讲话。

1月17日 陆昊同志召集会议,专题研究团中央、全国青联送温暖有关工作。统战部负责同志参加。

1月17日 陆昊同志召集会议,专题研究2011年全国城市战线共青团工作会议有关文稿。贺军科同志、城市青年工作部负责同志参加。

1月17日至18日 2011年全国共青团农村工作会议在广西柳州市召开。汪鸿雁同志出席会议并讲话。各省级团委负责同志、农村青年工作部部长,部分团地(市)委、团县委负责同志150多人参加会议。18日下午,汪鸿雁同志赴广西柳江县看望慰问农村贫困青年和返乡创业青年。

1月18日 贺军科同志在北京参加国务院就业工作部际联席会议。

1月18日 文化部、工信部、团中央、教育部、湖南省人民政府、中国移动通信集团公司在湖南长沙共同主办第五届中国原创手机动漫游戏大赛颁奖典礼、第六届中国原创手机动漫游戏大赛启动仪式。卢雍政同志出席。

1月20日 2011年中央综治委预防青少年违法犯罪工作领导小组全体会议在北京人民大会堂举行。全国人大常委会副委员长兼秘书长、中央综治委副主任、中央综治委预防青少年违法犯罪工作领导小组组长李建国,中央综治委副主任、中央政法委副秘书长、中央综治办主任、中央综治委预防青少年违法犯罪工作领导小组副组长陈冀平出席会议并讲话。

陆昊同志主持会议，汪鸿雁同志汇报 2010 年工作情况和 2011 年工作打算。

1 月 20 日至 21 日　2011 年全国城市战线共青团工作会议在北京召开。陆昊同志出席并讲话，贺军科同志主持会议并作工作部署。各省级团委负责同志、城市青年工作部（青工部、社区部）负责同志，副省级城市、省会城市团委主要负责同志，部分省级驻外团工委负责人 150 多人参加会议。

1 月 20 日　卢雍政同志在北京出席全国人大教科文卫委员会、教育部、国家语委、国务院法制办召开的纪念《国家通用语言文字法》颁布 10 周年座谈会。

1 月 20 日　周长奎同志在北京出席国务院农民工工作联席会议第八次全体会议。

1 月 21 日　中国青年企业家协会在北京举行十届三次理事会暨"'十二五'规划与青年企业家使命"座谈会。国家发展改革委对外经济研究所所长张燕生作了"后危机时代国际竞争与企业转型"的专题报告。陆昊同志出席座谈会并讲话，贺军科同志出席座谈会。

1 月 21 日至 22 日　全国少工委在河北石家庄市召开六届二次全委会。罗梅同志出席会议并讲话。全国少工委委员参加会议。20 日下午，罗梅同志看望慰问少先队工作者、农民工子女少先队员代表等。

1 月 24 日　陆昊同志主持召开共青团第十六届中央书记处 2011 年第 2 次会议，研究讨论中央有关文件征求意见稿，研究 2010 年度团中央机关评选表彰、第 18 批到团中央机关挂职锻炼的地方团干部人选等工作。

1 月 24 日　汪鸿雁同志在北京参加全国人大常委会组织召开的形成中国特色社会主义法律体系座谈会。

1 月 24 日　汪鸿雁同志在北京出席中央综治委刑释解教人员安置帮教工作领导小组会议。

1 月 24 日　周长奎同志在北京出席中宣部组织召开的"关于当前社会情绪情况"调研协调会。

1 月 25 日　团十六届中央书记处举行第十九次集体学习。中央党校党的建设教研部张荣臣教授围绕新形势下党的群众工作的主题进行专题讲解。陆昊同志主持并讲话，王晓、贺军科、卢雍政、罗梅、周长奎同志，机关全体干部参加。

1 月 25 日　陆昊同志与来访的武警部队党委常委、政治部主任于建伟等进行工作会谈，周长奎同志，办公厅、宣传部负责同志参加。

1 月 25 日　陆昊同志与来访的中共北京市东城区委书记杨柳荫等进行工作会谈。王晓同志，办公厅、机关服务中心负责同志参加。

1 月 25 日　汪鸿雁同志在北京出席中国法学会主办的第六届"全国十大杰出青年法学家"颁奖仪式。

1 月 25 日　周长奎同志在北京出席全国双拥工作领导小组第二十三次全体会议。

1 月 26 日　陆昊、王晓、贺军科、周长奎同志到解放军总政治部走访，与中央军委委员、总政治部主任李继耐就有关工作交换意见。办公厅、组织部、宣传部负责同志参加。

1 月 26 日　团中央、全国学联、北京团市委在北京交通大学共同主办"温情依依"2011 首都高校寒假留京学生新春联欢会。卢雍政同志出席联欢会并讲话。

1 月 26 日　周长奎同志在北京出席并观看 2011 年军民迎新春文艺晚会。

1 月 27 日至 28 日　团中央、全国青联志愿者艺术团赴山西太原市开展慰问活动，并为未成年管教所学员、社区青少年、外来务工青年送去了 3000 份节日慰问礼包。陆昊、王晓同志出席活动。期间，中共山西省委书记袁纯清，省委副书记、省长王君与陆昊、王晓同志就共青团工作进行交流。

1 月 27 日　汪鸿雁同志在北京出席 2011 年中华环保世纪行组委会会议。

1月27日 周长奎同志到北京市海淀区学院路街道展春园社区看望慰问农民工子女和青年志愿者，并调研北京青年志愿者工作。

1月28日 全团创先争优活动领导小组办公室会议召开。贺军科同志主持会议并讲话，办公厅、组织部、宣传部、城市青年工作部、农村青年工作部、学校部、统战部负责同志参加。

1月28日 贺军科同志到中铁隧道北京地下铁路直径线项目部慰问务工青年。

1月28日 周长奎同志在北京出席《全民科学素质纲要》实施工作会议。

1月29日至30日 王晓同志在北京出席中央对台工作会议。

2月1日 陆昊、王晓、罗梅同志在北京参加中共中央、国务院举行的2011年春节团拜会。

2月2日 陆昊同志到北京市朝阳区眉州东坡酒楼亚运村店看望慰问进城务工青年。随后，陆昊同志到北京化工大学看望慰问寒假留校学生，并共进年夜饭。周长奎同志，组织部、学校部负责同志参加慰问活动。

2月9日至11日 中国少先队事业发展中心在北京举办“飞扬的红领巾”少年儿童综合素质全国总展示活动。

2月11日 周长奎同志在北京出席全国老龄工作委员会第十三次全体会议。

2月12日 陆昊同志主持召开共青团第十六届中央书记处2011年第3次会议，研究团中央书记处2010年度述职报告，研究近期有关工作安排。

2月13日 中国青少年宫协会在奥地利维也纳举办“祖国在我心中”第二届中国青少年维也纳金色大厅2011年春节文艺晚会。

2月14日 卢雍政同志会见应中国国际青年交流中心邀请来访的韩国庆尚南道知事金斗官一行，并与庆尚南道政府、韩中文化青少年协会签署关于联合在内蒙古自治区达拉特旗境内兴建“韩国庆尚南道绿色生态园”的协议。

2月14日 汪鸿雁同志在北京出席中央综治委部分成员单位负责人会议。

2月15日 陆昊同志召集会议，专题研究中欧青年交流年中方开幕式有关工作。卢雍政同志、国际部负责同志参加。

2月15日 团中央权益部与来访的公安部监所管理局就维护被监管青少年合法权益工作进行座谈交流。汪鸿雁同志出席座谈会并讲话。

2月16日 陆昊同志会见以会长赵淑楷为团长的中国香港(地区)商会访问团一行。

2月16日 罗梅同志在北京出席全国妇联组织召开的妇女儿童五个协调小组联席会议。

2月18日 陆昊同志召集会议，专题研究“面对面”活动有关安排。汪鸿雁同志、权益部负责同志参加。

2月18日 周长奎同志出席中宣部组织召开的“五月的鲜花”——全国大学生校园文艺演出活动协调会。

2月19日至23日 陆昊同志在中央党校参加省部级主要领导干部社会管理及其创新专题研讨班。

2月20日 贺军科同志在北京出席国务院组织召开的导游工作座谈会。

2月20日 国家旅游局、团中央、全国妇联在北京共同主办2010全国导游大赛颁奖晚会。国家旅游局局长邵琪伟、贺军科同志、全国妇联党组成员崔郁出席晚会并颁奖。

2月21日 陆昊同志参加中央政治局第26次集体学习。

2月21日 2011“中欧青年交流年”中方开幕式新闻发布会在北京举行。卢雍政同志、欧盟驻华使团大使艾德和出席新闻发布会并共同发布“中欧青年交流年”公益宣传片。

2月21日至28日 应全国青联邀请，以匈牙利国家资源部青年事务国务秘书首尔德斯·米克洛什为团长的欧盟青年代表团一行90 人访华,并参加在北京举办的 2011“中欧青年交流年”中方开幕式系列活动。

2 月 22 日　王晓同志出席全国政协十一届四次会议党派、团体大会发言汇稿会。

2 月 22 日　贺军科同志在北京出席国务院组织召开的全国职业培训工作电视电话会议。

2 月 22 日　中欧青年文化论坛在北京举行,应全国青联邀请来访的欧盟百人青年代表团与数百名中国青年,就“传统文化的传承与创新”、“青年时尚文化”等议题进行交流与探讨。卢雍政同志出席论坛并致辞。

2 月 22 日　周长奎同志在北京出席中国志愿服务基金会理事会全体会议。

2 月 23 日　团中央、全国青联和欧盟委员会机构牵头实施的 2011“中欧青年交流年”活动中方开幕式在北京首都博物馆举行。中共中央政治局常委、国务院总理温家宝出席开幕式,启动“中欧青年交流年”官方网站并发表讲话。开幕式上播放了欧盟委员会主席巴罗佐的视频讲话。陆昊同志出席开幕式并致辞,卢雍政同志出席开幕式。中欧青年代表、欧盟国家驻华使节参加开幕式。

2 月 23 日　团中央在北京航空航天大学举办“我与祖国共奋进”形势政策报告会。学习贯彻党的十七届五中全会精神中央宣讲团成员、国家发改委宏观经济研究院常务副院长王一鸣为首都高校 500 余名大学生作形势政策报告。周长奎同志出席报告会。同日,上海、湖北、江苏、湖南、浙江、辽宁、重庆、山东、贵州等地的团组织分别在大学生、企业青年、进城务工青年、农村青年中举办了形式多样的报告会、宣讲会,启动了“我与祖国共奋进”形势政策教育系列活动。

2 月 24 日　团中央在北京举行 2011 年“共青团与全国人大代表、全国政协委员面对面”活动,团中央与 19 位全国人大代表、全国政协委员围绕“新生代农民工社会融入”这一主题进行了深入交流。陆昊同志出席活动并讲话,王晓、汪鸿雁同志出席活动。

2 月 25 日　陆昊同志主持召开共青团第十六届中央书记处 2011 年第 4 次会议,传达学习中央有关会议精神,研究部署“学党史、知党情、跟党走”主题教育活动等有关工作。

2 月 25 日　陆昊同志在北京出席中央综治委全体会议。

2 月 25 日　陆昊、周长奎同志与中组部有关同志研究全国青少年井冈山革命传统教育基地建设有关工作。宣传部负责同志参加。

2 月 25 日　陆昊同志与日本驻华大使丹羽宇一郎进行工作交流。

2 月 25 日至 26 日　2011 年全国共青团学校工作会议在湖南长沙市召开。卢雍政同志出席会议并讲话。各省级团委负责同志、学校部部长,部分高校团委书记 200 多人参加会议。

2 月 25 日　汪鸿雁同志在北京出席全国工商联、国务院防艾办共同主办的红丝带健康包“百校进千企”启动暨北京潮人商会捐赠仪式。

2 月 26 日　团中央、全国青联、全国学联和联合国国际劳工组织在湖南大学共同举办以“公益·责任·创业”为主题的 2011 年 KAB 创业教育年会暨第三届大学生就业创业教育论坛。湖南省委副书记梅克保、卢雍政同志、联合国国际劳工组织中国及蒙古局局长安·赫伯特出席会议开幕式并讲话。教育部有关负责同志,各省级团委负责同志、学校部部长,来自全国 150 多所高校的有关负责同志、KAB 创业教育项目负责人和 KAB 创业俱乐部学生代表 400 多人参加会议。

2 月 27 日至 3 月 3 日　应全国青联邀请,以总会长吕幸仪为团长的台湾青商总会访问团到北京访问。3 月 1 日,贺军科同志会见访问团一行。

2月28日 中宣部、解放军总政治部、团中央和中共黑龙江省委在北京人民大会堂联合举行郤忠利同志先进事迹报告会。会前，中共中央政治局委员、中央军委副主席徐才厚会见报告团成员。中央军委委员、总政治部主任李继耐，罗梅同志等主办单位负责同志参加会见。中宣部副部长申维辰主持报告会，总政治部副主任杜金才出席报告会并讲话。

2月28日 团中央权益部在北京组织召开重点青少年群体教育帮助和预防犯罪试点工作专家座谈会。汪鸿雁同志出席并讲话。

2月28日 2011年全团青年志愿者工作会议在广东广州市召开。周长奎同志出席会议并讲话。各省级团委负责同志、青年志愿者工作机构负责同志以及副省级城市、省会城市团委有关负责同志参加会议。

2月28日 团中央农村青年工作部、农业部科技教育司在北京召开2011年度农村青年创业就业行动工作会议。各省（区、市）团委农村青年工作部、农业厅（局）科教处负责同志参加会议。

3月1日 陆昊同志主持召开共青团第十六届中央书记处2011年第5次会议，向机关各部门、各直属单位主要负责同志传达中央关于加强社会管理及其创新等精神，部署有关工作。

3月1日 王晓、周长奎同志出席瀛公益基金会主办的“因为有了你——2011年YBC颁奖盛典”。

3月1日 汪鸿雁同志在北京出席国务院组织召开的贯彻实施《全民健身计划（2011－2015年）》电视电话会议。

3月1日 周长奎同志出席瀛公益基金会、清华大学公共管理学院创新与社会责任研究中心共同发起的“瀛·论坛”开幕式并启动“瀛·论坛”标识。

3月2日 团中央倡导发起的瀛公益基金会在北京成立，基金会以扶持青年成功创业为宗旨，为全国性、非公募基金会。全国人大常委会副委员长严隽琪出席成立大会，为瀛公益基金会揭牌并讲话。陆昊同志、民政部副部长姜力出席并讲话，王晓同志为捐赠机构颁发捐赠证书，周长奎同志主持。随后，王晓、周长奎同志出席瀛公益基金会理事会第一次会议。

3月2日 团中央宣传部在北京召开团属网站建设专题座谈会。王晓同志出席并讲话，周长奎同志主持会议。人民网等中央重点新闻网站，新浪网等部分主要商业网站，中青网等有关团属网站负责同志参加会议，就加强团属网站建设等进行研讨。

3月2日 汪鸿雁同志在北京出席国务院扶贫开发领导小组全体会议。

3月3日 王晓、罗梅同志在北京参加全国政协十一届四次会议党员小组召集人会议。

3月3日至13日 王晓、罗梅同志出席全国政协十一届四次会议。10日，王晓同志在第四次全体会议上代表团中央作大会发言。

3月3日至4日 中国青年企业家协会在北京举办以“现代服务业发展与创新”为主题的“十二五”规划与青年企业家的使命系列活动。3日下午，贺军科同志出席有关活动。

3月4日 陆昊、王晓同志会见来京参加“两会”的部分港澳地区全国人大代表、全国政协委员。

3月4日 陆昊同志主持召开共青团第十六届中央书记处2011年第6次会议，研究保护母亲河行动、“手拉手”活动、评选第六届“中国青年创业奖”等工作。

3月5日 全国青联在北京举办“相聚两会 共话青联”青联之友联谊会活动。陆昊同志，青联之友联谊会会长、中国科学院院长白春礼出席并讲话。王晓同志主持，部分往届全国青联主席、副主席，贺军科、卢雍政同志等出席活动。

3月5日 陆昊同志列席十一届全国人大四次会议开幕会。

3 月 5 日 周长奎同志在北京市石景山区树仁学校出席中央企业共青团关爱农民工子女志愿服务行动暨中国电子“点亮爱”志愿服务行动启动仪式。

3 月 7 日 陆昊、王晓、罗梅同志与出席全国政协十一届四次会议的共青团、青联界别委员进行工作交流。

3 月 7 日 周长奎同志在北京出席中宣部、中央文明办组织召开的“讲文明树新风”志愿服务活动视讯会议并讲话。

3 月 8 日 卢雍政同志在北京参加中共中央政治局委员、国务委员刘延东主持召开的中美人文交流工作协调会。

3 月 8 日 汪鸿雁同志在北京出席全国人大内司委召集的《预防未成年人犯罪法》立法后评估工作座谈会。

3 月 9 日 陆昊同志召集会议，专题研究中国产经新闻报社有关工作。罗梅同志、机关党委负责同志参加。

3 月 9 日 十一届全国人大四次会议新闻中心在北京组织中国人大网、人民网、新华网等 11 家网站联合开展以“为青少年健康成长营造良好环境”为主题的网络访谈。团中央邀请了 4 位共青团、青联系统的全国人大代表与网民进行了在线交流。

3 月 10 日 陆昊同志在北京会见韩国驻华大使柳佑益。

3 月 10 日 团中央、东风汽车公司、中国青年创业就业基金会在湖北恩施市举行“东风帮扶大学生村官专项基金项目启动仪式”。

3 月 11 日 团中央在北京组织召开驻外团组织建设座谈会。陆昊、贺军科同志出席座谈会。组织部、城市青年工作部有关负责同志参加。

3 月 11 日 陆昊同志会见来访的青海省委常委、省总工会主席苏宁。

3 月 11 日 团中央在中国人民大学举办“我与祖国共奋进”形势政策网络宣讲会。出席“两会”的 4 位全国人大代表、全国政协委员参加宣讲活动，并与大学生代表、青年网民进行交流。

3 月 12 日至 20 日 应全国青联邀请，以青年与体育部部长佩德里托 · 弗莱德 · 卡埃塔诺为团长的莫桑比克青年代表团访华。14 日，王晓、卢雍政同志分别会见代表团。

3 月 12 日至 17 日 应全国青联邀请，以联秘塞雷什为组长的印度青年与体育部工作组访华。16 日，贺军科、卢雍政同志分别会见工作组。

3 月 13 日 全国工商联、教育部、团中央发起，中央统战部、民政部、人力资源和社会保障部联合主办的“中国大学生创业大讲堂”公益行动在清华大学举办首讲活动。全国政协副主席、全国工商联主席黄孟复出席活动并讲话，人力资源和社会保障部副部长信长星、全国工商联副主席庄聪生、卢雍政同志等出席。

3 月 13 日至 18 日 团中央城市青年工作部分别在福建福州市、四川成都市、河南郑州市组织召开 2011 年非公有制企业团建工作调度会。各省级团委非公有制企业团建工作主责部门负责同志参加。

3 月 14 日 陆昊同志主持召开共青团第十六届中央书记处 2011 年第 7 次会议，研究“我与祖国共奋进”形势政策教育活动、“学党史、知党情、跟党走”主题教育活动、乡镇街道团的组织格局创新等工作。

3 月 15 日至 16 日 2011 年全团组织工作会议在北京召开。陆昊同志出席会议并讲话，贺军科同志主持会议并对 2011 年全团组织工作进行安排部署。各省级团委负责同志、组织部长参加会议。

3 月 15 日 王晓同志在北京出席中国和平统一促进会八届二次常务理事会。

3 月 15 日 团中央学校部在北京举办第十二届“挑战杯”全国大学生课外学术科技作品竞赛筹备工作座谈会。卢雍政同志出席座谈会并讲话。

3月15日 周长奎同志在北京出席2011年精神卫生工作部际联席会议。

3月15日至22日 团中央组织开展“百城万店青年文明号信用示范周”活动。

3月17日 团中央书记处召开2010年度民主生活会，主题为“贯彻落实《党员领导干部廉洁从政若干准则》，切实加强领导干部作风建设”。陆昊同志主持会议，书记处各同志出席。中纪委、中组部、中直机关工委有关负责同志参加会议。办公厅、组织部、机关党委负责同志列席会议。

3月17日 陆昊、周长奎同志在北京出席中组部组织召开的全国青少年井冈山革命传统教育基地工作协调小组成员会议。

3月21日 王晓同志代表团中央书记处前往日本驻华使馆吊唁日本“3·11”地震遇难者，并拜会日本驻华大使丹羽宇一郎。

3月22日 团中央、人力资源和社会保障部在北京人民大会堂联合举办第六届“中国青年创业奖”颁奖典礼。中共中央政治局委员、全国人大常委会副委员长王兆国接见获奖者，与获奖者合影并讲话。陆昊、贺军科同志，人力资源和社会保障部副部长信长星等参加会见。

3月22日 全国保护母亲河行动领导小组主办的“保护母亲河——2011年长江流域青少年植树行动”在重庆、江苏等长江流域11个省(区、市)同步启动。

3月23日至25日 陆昊同志就如何做好青年群众工作在浙江调研。其间，陆昊同志深入浙江杭州市、嘉兴市、温州市、金华市的高校、企业、农村调研，并与高校学生、青年群众代表座谈。

3月23日 卢雍政同志会见以新闻和宣传书记利诺为团长的安哥拉人民解放运动党青年组织代表团。

3月24日 贺军科同志在北京出席中央创先争优活动领导小组第六次会议。

3月24日 周长奎同志在北京出席中国残联主办的电影《我的少女时代》首映式。

3月25日 共青团全国统战工作会议在浙江温州市召开。王晓同志出席会议并讲话。各省级团委负责同志、统战部长参加会议。

3月25日 贺军科同志在北京出席国务院第四次廉政工作会议。

3月25日至30日 应全国青联邀请，以中央会长李泳勋为团长的韩国青年会议所代表团一行12人访华。25日晚，卢雍政同志会见代表团。

3月25日 团中央“我与祖国共奋进”形势政策宣讲团在北京交通大学举办首场宣讲会。学习贯彻党的十七届五中全会精神中央宣讲团成员、国家发展和改革委秘书长杨伟民为500名大学生作了形势政策报告。周长奎同志参加活动。

3月26日至27日 全国青联十一届二次常委(扩大)会议在浙江温州市召开。会议总结了全国青联十一届全委会议以来的工作，并对2011年的工作进行部署。陆昊同志出席会议并讲话，王晓同志作工作报告，中共浙江省委副书记夏宝龙，浙江省副省长、温州市委书记陈德荣分别致辞。

3月26日 卢雍政同志会见以何庆纹为团长的中国国民党青工总会暨青年论政联盟大陆参访团。

3月28日 王晓同志与国家发展改革委、中直管理局有关同志商谈中国青年政治学院建设有关工作。

3月28日 贺军科同志在北京参加中央创先争优活动领导小组办公室副主任傅思和召集的会议，研究深入推进创先争优活动有关工作。

3月28日 教育部、公安部、团中央、全国少工委等13家单位在中国消防博物馆共同举办以“强化安全意识，提高避险能力”为主题的第十六个全国中小学生安全教育日活动启动仪式。教育部部长袁贵仁出席并讲话，卢雍政同志等主办单位负责同志出席。

3 月 28 日 2011 年全团宣传工作会议在北京召开。陆昊同志出席会议并讲话，周长奎同志出席会议并对 2011 年全团宣传工作进行部署。各省级团委负责同志、宣传部长以及部分基层团组织负责人参加会议。

3 月 29 日 教育部、科技部、人力资源和社会保障部、团中央、上海市人民政府在上海共同举办中国大学生自主创业工作经验交流会暨全球创业周峰会开幕式。中共中央政治局委员、国务委员刘延东出席开幕式并发表演讲。中共中央政治局委员、上海市委书记俞正声出席开幕式。全国人大常委会副委员长严隽琪，全国政协副主席、科技部部长万钢致辞。教育部部长袁贵仁主持开幕式，卢雍政同志等主办单位负责同志出席开幕式。

3 月 29 日 陆昊、汪鸿雁同志在北京出席中央综治委组织召开的纪念加强社会治安综合治理两个《决定》颁布 20 周年座谈会。

3 月 29 日 贺军科同志在北京参加杨善洲同志先进事迹报告会。

3 月 29 日 周长奎同志在北京出席全国绿化委员会第 29 次全体会议。

3 月 30 日 陆昊同志列席国务院第 149 次常务会议。

3 月 30 日 贺军科同志主持召开全团创先争优活动领导小组办公室会议，部署创先争优活动有关工作。办公厅、组织部、宣传部、城市青年工作部、农村青年工作部、学校部有关负责同志参加。

3 月 30 日 卢雍政同志在北京参加中共中央政治局委员、国务委员刘延东主持召开的中美人文交流工作会。

3 月 30 日 “保护母亲河工程陕西延安项目——解放军青年林”在陕西延安市宝塔区冯庄村开工建设。解放军总政治部组织部副部长秦生祥、汪鸿雁同志参加植树活动并讲话。

3 月 30 日 团中央宣传部、全国少工委办公室在北京人民大会堂共同举办“视信动漫，和谐未来”庆祝建党 90 周年全国青少年手机动漫作品征集交流展示活动启动仪式。周长奎同志出席。

3 月 31 日 团中央、农业部在北京人民大会堂联合召开第七届全国农村青年致富带头人表彰大会。中共中央政治局委员、国务院副总理回良玉出席会议并讲话。陆昊同志主持会议。农业部部长韩长赋，国务院副秘书长丁学东，中央农村工作领导小组办公室副主任唐仁健，民政部副部长窦玉沛，财政部党组成员、部长助理胡静林，农业部副部长张桃林，国务院研究室副主任黄守宏，国务院扶贫办主任范小建，汪鸿雁同志出席表彰大会并为获奖代表颁奖。

3 月 31 日至 4 月 1 日 中国农村青年致富带头人协会第一届会员代表大会在北京召开。陆昊同志出席会议并讲话。会议审议通过了中国农村青年致富带头人协会工作报告，选举产生了第一届理事会。汪鸿雁同志当选中国农村青年致富带头人协会会长，刘宝平等 16 人当选副会长。

3 月 31 日 陆昊同志主持召开共青团第十六届中央书记处 2011 年第 8 次会议，研究推荐中直机关五一劳动奖状候选单位等事宜。

3 月 31 日 团十六届中央书记处举行第二十次集体学习。中央党史研究室原副主任石仲泉围绕从《中国共产党历史》第二卷看党史中的几个重大问题这一主题进行专题讲解。陆昊同志主持并讲话，王晓、贺军科、卢雍政、罗梅、周长奎同志，机关全体干部参加。

3 月 31 日 中国青年创业就业基金会、真维斯国际（香港）有限公司在北京共同举办青年创业就业基金捐赠仪式。王晓同志出席。

3 月 31 日至 4 月 2 日 卢雍政同志赴四川汶川、都江堰、广安等地，实地查看特殊团费援建的汶川青少年活动中心的建设情况，调研当地灾后重建情况和团组织创先争优活动开展情况。

4月1日 团中央农村青年工作部在北京召开乡镇团的组织格局创新工作专题推进会。汪鸿雁同志出席会议并讲话。各省级团委负责同志、农村部部长参加会议。

4月1日 全国青年文明号组委会办公室召开工作交流会议。团中央、最高人民法院、工业和信息化部、公安部等24个组委会单位和国家发展改革委等5个支持单位的有关负责同志参加会议。

4月2日 陆昊、王晓、汪鸿雁、周长奎同志在北京参加杨善洲同志先进事迹报告会。

4月6日 陆昊同志召集会议，专题研究中国青年报创刊60周年纪念活动有关安排。王晓同志，办公厅、宣传部有关负责同志参加。

4月6日 周长奎同志在北京出席中央网络文化建设和管理联席会议。

4月7日 陆昊同志召集会议，专题研究对港、对台青少年交流工作。王晓同志、统战部有关负责同志参加。

4月7日 陆昊、王晓同志在团中央机关会见宝钢集团党委书记刘国胜一行。

4月7日 贺军科同志到北京市朝阳区就非公有制企业团建和街道团的组织格局创新工作进行调研。

4月7日 团中央、教育部、财政部、人力资源和社会保障部在北京共同召开2011年大学生志愿服务西部计划部际联席会议。周长奎同志出席并讲话。

4月7日 周长奎同志会见以朝鲜金日成社会主义青年同盟中央委员会大学生青年部部长李贤民为团长的朝鲜青年友好代表团。

4月8日 中国青少年发展基金会第六届理事会第四次会议在北京召开。贺军科同志出席并讲话。

4月8日 汪鸿雁同志在北京出席国务院残疾人工作委员会第六次全体会议。

4月8日 中组部、人力资源和社会保障部、教育部、财政部、团中央等8部门在北京联合召开2011年高校毕业生“三支一扶”计划实施工作电视电话会。中组部部务委员兼组织二局局长陈向群，中纪委驻教育部纪检组长、党组成员王立英，财政部副部长王军，周长奎同志等主办单位负责同志出席会议并讲话。人力资源和社会保障部副部长信长星主持会议并讲话。

4月8日 全国少工委办公室发出《关于深入开展“红领巾心向党”主题教育活动的通知》，发动基层少先队组织普遍开展“红领巾心向党”六个一活动，引导少先队员在实践中增强党、团、队衔接的组织意识，灌输培养少年儿童对党和社会主义祖国的朴素感情。

4月9日 王晓同志在北京出席对台文化宣传工作部际协调小组会议。

4月9日 团中央在北京组织召开第15届“中国青年五四奖章”初评会议。贺军科同志出席会议并讲话，74名初评委员会委员出席并投票。

4月10日至17日 卢雍政同志赴美国参加中共中央政治局委员、国务委员刘延东主持的第二轮中美人文交流高层磋商工作会议。

4月11日 王晓同志、香港中联办副主任王志民会见香港青年领袖高级研讨班成员。统战部有关负责同志参加。

4月11日 周长奎同志出席上海世博会志愿者部和宋庆龄基金会联合拍摄的公益电影《阳光笑脸》走进清华大学放映活动。

4月11日至15日 团中央在山西、辽宁、吉林、上海、浙江、山东、河南、湖南、四川、陕西等10个省（市）举办“我与祖国共奋进——创业者的足迹”青年创业典型宣讲交流活动。

4月13日 陆昊同志在北京出席“学习杨善洲精神做人民满意的好党员好干部”座谈会。

4 月 13 日至 19 日 应团中央邀请，以老挝人民革命党中央委员、老挝人民革命青年团中央书记坎潘·希提当帕为团长的老挝青年代表团一行 170 人访华，并参加中老建交 50 周年青年友好交流活动。14 日晚，友好交流活动启动仪式在云南景洪市举行。贺军科同志、坎潘·希提当帕出席并讲话，中共云南省委副书记李纪恒出席启动仪式。

4 月 13 日 汪鸿雁同志在北京出席中央综治委学校及周边治安综合治理工作领导小组 2011 年第一次全体会议。

4 月 13 日 周长奎同志会见以荣誉董事长张敏生为团长的台湾中华基金会访问团。

4 月 13 日 周长奎同志拜访中央机构编制委员会办公室副主任张崇和，商谈全国青少年井冈山革命传统教育基地有关工作。

4 月 14 日至 17 日 团中央学校部、四川省重建办、团四川省委、四川省教育厅联合主办“走进美好新家园”——全国百所高校学生四川地震灾区行活动。四川省委常委、省总工会主席李登菊，周长奎同志出席活动出发仪式并讲话。期间，周长奎同志前往汶川地震灾区了解灾后重建情况和灾区共青团工作。

4 月 15 日至 16 日 团中央在中央团校举办全国驻京团工委书记培训班，来自全国 15 个省（区、市）的 203 名省、地市、县三级驻京团工委书记参加培训。陆昊同志出席培训班并为全体学员授课。

4 月 15 日 王晓同志拜访全国政协副主席、中国文联主席孙家正，商谈全国青联讲坛有关工作。

4 月 15 日至 16 日 团中央在天津召开 2011 年共青团权益工作会议。天津市委常委、组织部长史莲喜，汪鸿雁同志出席会议并讲话。各省级团委负责同志、权益部部长，副省级城市团委负责同志参加会议。

4 月 16 日 全国青联主办，全国青联文化艺术界别、经济界别承办的首期“全国青联讲坛”活动在北京举行。全国政协副主席、中国文联主席孙家正应邀作“文化与人生”的主题报告。王晓同志主持报告会并讲话。青联之友联谊会副会长、国家广电总局副局长田进，青联之友联谊会副会长、中国动漫集团党委书记李扬，全国青联副主席、中粮集团有限公司总裁于旭波等近 200 名全国青联委员参加活动。

4 月 16 日 罗梅同志在北京出席清华大学百年校庆参观活动和招待宴会。

4 月 16 日至 22 日 以全国青联副主席、中国科学院上海微系统与信息技术研究所所长王曦为团长的大陆青年菁英代表团赴台湾访问。在台期间，代表团参加了全国青联、台湾中兴菁英发展协会共同主办的“2011 年度两岸青年菁英论坛”。

4 月 18 日 “保护母亲河工程辽宁彰武项目——解放军青年林”在辽宁彰武县开工建设。汪鸿雁同志出席活动并讲话。沈阳军区副政治委员王洪尧，解放军总政治部组织部副部长秦生祥，辽宁省委常委、省总工会主席赵国红参加活动。

4 月 19 日 中央综治委预防青少年违法犯罪工作领导小组、中央综治办、团中央在山东泰安市联合召开全国重点青少年群体教育帮助和预防犯罪试点工作座谈会。中央综治委副主任、中央政法委副秘书长、中央综治办主任、中央综治委预防青少年违法犯罪工作领导小组副组长陈冀平，陆昊同志出席会议并讲话。汪鸿雁同志主持会议。最高人民法院、最高人民检察院、教育部、公安部、民政部、司法部的试点城市联系人和试点城市指导专家，各试点城市综治办主任、团委书记和权益部负责同志 120 人参加会议。

4 月 19 日 罗梅同志在北京出席国务院妇女儿童工作委员会五届三次全体会议。

4 月 19 日 团中央、教育部、财政部、人力资源和社会保障部联合举办 2011 年大学生志愿服务西部计划工作电视电话会议。周长奎同志出席并讲话。教育部部长助理、党组成员林惠青,中纪委驻人力资源和社会保障部纪检组长、党组成员袁彦鹏等主办单位负责同志出席。

4月20日 陆昊、汪鸿雁同志赴山东泰安市深入街道社区、流浪儿童救助保护中心等调研重点青少年群体教育帮助和预防犯罪工作。

4月20日至22日 陆昊同志赴山东青岛市调研街道团的组织格局创新、非公有制企业团建、"面对面"活动、服务进城务工青年等工作。

4月20日至23日 中俄人文合作委员会俄方青年合作分委会主席、俄罗斯联邦体育、旅游和青年部副部长奥列格·雷日诺夫率团访华并参加中俄人文合作委员会青年合作分委会第一次会议。21日下午,卢雍政同志出席分委会第一次会议。晚,卢雍政同志会见代表团。

4月20日 周长奎同志拜访中央党史研究室副主任曲青山,商谈开展全国青少年学习党史宣传教育有关工作。

4月21日 王晓同志在北京会见香港特区政府民政事务局青年事务委员会青年京冀城乡考察团。

4月21日 贺军科同志召集会议,专题研究2010年度全国优秀共青团员、全国优秀共青团干部、全国五四红旗团委(团支部)评选工作。组织部、城市青年工作部、农村青年工作部、学校部有关负责同志参加。

4月21日 团中央主办的全国青少年"永远跟党走"青春歌会在上海举行启动仪式暨首场青春歌会。周长奎同志出席并向首场活动主办方团上海市委授旗。上海市委副书记殷一璀,上海市委常委、宣传部长杨振武出席活动。

4月22日至29日 应全国青联邀请,以经济事务部联秘穆罕默德·阿希夫为团长的巴基斯坦青年代表团访华。22日下午,中共中央政治局委员、全国人大常委会副委员长王兆国会见代表团,陆昊、卢雍政同志陪同会见。晚,卢雍政同志会见代表团。

4月22日 王晓同志在北京出席第三届海峡论坛筹备会。

4月22日 中央宣传部、中央外宣办、中央文明办、中央党史研究室、教育部、团中央指导,人民网、新华网、中国文明网、中国网络电视台等100家网站共同主办的庆祝中国共产党成立90周年网上系列活动启动仪式在北京人民大会堂举行。中央宣传部副部长申维辰出席并讲话,贺军科同志等指导单位负责同志出席启动仪式。

4月22日 团中央、全国绿化委员会、国家林业局共同主办的"保护母亲河——2011年度青少年植树行动"全国统一行动日活动在江西瑞金市、贵州遵义市等地区同步启动。

4月23日 中央党史研究室、教育部、团中央在北京联合召开《青少年学习中共党史丛书》出版座谈会。中央党史研究室主任欧阳淞,陆昊、周长奎同志,中央党史研究室副主任、丛书编委会主任龙新民,教育部副部长刘利民,新闻出版总署副署长阎晓宏等出席座谈会。会前,周长奎同志出席《青少年学习中共党史丛书》编委会全体会议。

4月24日 卢雍政同志在北京出席庆祝清华大学建校100周年大会。

4月25日 中国青年报创刊60周年座谈会在北京人民大会堂举行。中共中央政治局常委李长春,中共中央政治局委员、中央书记处书记、中央宣传部部长刘云山发来贺信。中共中央政治局委员、全国人大常委会副委员长王兆国出席座谈会并讲话。陆昊同志出席座谈会并宣读李长春、刘云山同志的贺信。解放军副总参谋长侯树森,解放军总政治部副主任杜金才,解放军总后勤部政委刘源,中宣部副部长蔡名照,国家新闻出版总署副署长李东东，人民日报社副总编辑米博华，中国记协党组书记、常务副主席翟惠生，王晓同志等出席座谈会。

4月25日 团中央、全国青联、全国学联在北京召开学习胡锦涛总书记在清华大学建校100周年大会上的重要讲话精神座谈会。陆昊、王晓同志出席座谈会并讲话，全国学联主席齐兴达参加座谈会。全国青联委员和青年学生代表参加座谈会并发言。

4月25日 贺军科同志在北京出席开展党政机关公务用车问题专项治理工作和清理规范庆典、研讨会、论坛工作电视电话会议。

4月25日 团中央、中国移动集团在北京召开“MM百万青年创业计划”阶段总结暨工作部署电视电话会议。卢雍政同志出席并讲话。学校部有关负责同志出席。

4月25日至26日 中国青少年研究中心、团中央青运史档案馆在上海召开全国青运史工作推进会。汪鸿雁同志出席并讲话。

4月26日 陆昊同志参加中央政治局第28次集体学习。

4月26日 周长奎同志在北京出席中华志愿者协会成立大会。

4月27日 陆昊同志主持召开共青团第十六届中央书记处2011年第9次会议，传达学习中央有关精神，研究做好新形势下青年群众工作、全团创先争优活动联系点、非公有制企业团建、第15届“中国青年五四奖章”等奖项评选、纪念五四运动92周年座谈会等工作。

4月27日 王晓同志在中国青年报社出席中国青年报创刊60周年新老报人座谈会并讲话。

4月27日 周长奎同志在北京出席全国总工会、中央电视台联合举办的庆祝“五一”晚会。

4月27日 全国数十万基层团干部和农村青年通过全国农村党员干部现代远程教育卫星数字专用频道，集中收看农村共青团战线“我与祖国共奋进”形势政策教育活动专题片。

4月28日 团十六届中央书记处举行第二十一次集体学习。中央文献研究室原常务副主任、中国史学会原会长金冲及围绕从辛亥革命到中国共产党的建立这一主题进行专题讲解。陆昊同志主持并讲话，王晓、贺军科、汪鸿雁、周长奎同志，机关全体干部参加。

4月28日 陆昊同志召集会议，专题研究“全国煤炭行业青年工作委员会”有关工作。贺军科同志、城市青年工作部负责同志参加。

4月28日 王晓同志在北京出席中直机关青联四届一次全委会并讲话。

4月28日 贺军科同志在北京出席全国总工会组织召开的庆祝“五一”国际劳动节大会。

4月29日 王晓同志在北京会见香港菁英访京团荣誉团长施荣忻、团长白富鸿一行。

4月29日 王晓同志会见应文化部邀请来访的以文化、青年、体育部部长让－雅克·尼耶尼米加博为团长的布隆迪文化代表团一行。

4月29日 贺军科同志在北京出席国务院农民工工作联席会议第九次全体会议。

4月29日 汪鸿雁同志在北京出席科技特派员农村科技创业行动协调指导小组会议。

4月29日 团中央和全国学联主办，中国青年报社和中国高校传媒联盟承办，新东方科技教育集团协办的2010年度寻访“中国大学生自强之星”活动在湖南师范大学举行颁奖仪式。

4月30日 中央宣传部、教育部、团中央共同主办的《五月的鲜花——永远跟党走》全国大学生校园文艺会演在中央电视台举行联排。中央宣传部副部长翟卫华、教育部副部长杜玉波、周长奎同志出席并审看节目。

5月2日至6日 应香港各界青少年纪念辛亥革命100周年系列活动委员会和澳门青年联合会邀请，全国青联内地青年代表团赴香港、澳门访问，与两地青年共同庆祝五四青年节。

5月3日 陆昊同志在北京参加中共中央政治局常委、国务院总理温家宝同首都各界青年代表座谈活动。

5月4日 中央宣传部、教育部、团中央在北京共同主办全国大学生校园文艺会演《五月的鲜花——永远跟党走》。中共中央政治局常委李长春，中共中央政治局委员、中央书记处书记、中央宣传部部长刘云山，中共中央政治局委员、国务委员刘延东，全国政协副主席、中国社会科学院院长陈奎元与首都高校学生代表一起观看演出。教育部部长袁贵仁，陆昊、周长奎同志出席活动。

5月4日 团中央在北京召开纪念五四运动92周年暨中国青年五四奖章和全国优秀团员、团干部、团组织表彰座谈会。中共中央政治局委员、全国人大常委会副委员长王兆国出席并讲话。陆昊同志主持会议并讲话，王晓、贺军科、罗梅、汪鸿雁、周长奎同志出席。团中央机关各部门负责同志，第15届中国青年五四奖章获得者和全国优秀团员、团干部、团组织代表参加座谈会。

5月4日 按照团中央统一部署，各级团组织广泛开展"学党史、知党情、跟党走"主题团日活动，以多种方式纪念五四运动92周年、迎接建党90周年。4日下午，陆昊、周长奎同志到北京科技大学参加6个团支部联合开展的"党史学习交流会"，和团员青年共同交流学党史心得。王晓、贺军科、卢雍政、罗梅、汪鸿雁同志分别到海淀区上地街道东馨园社区、新文化运动纪念馆、北京101中学、中国农业大学、青檬网络电台参加主题团日活动。

5月4日 卢雍政同志在北京出席深圳第26届世界大学生夏季运动会火炬点燃暨火炬传递活动启动仪式。

5月4日至5日 团中央、全国学联在复旦大学举办全国大学生理论学习交流会。期间，启动全国"与信仰对话——万场党史报告进校园"活动，举办"90后对话九十年"主题讲坛、"党史我开讲"主题团日展示、大学生理论社团活动展示和交流等活动。全国学联主席齐兴达、学校部有关负责同志参加相关活动。

5月4日 团中央联合全国1400余家网络媒体启动"党在我心中——全国青少年千网联动学党史"活动。

5月5日 陆昊同志召集会议，专题研究中国青年网、未成年人专属网、中国共青团网建设有关工作。王晓、周长奎同志，宣传部、团中央网络影视中心有关负责同志参加。

5月5日 罗梅同志在北京出席国家教育体制改革领导小组第二次会议。

5月5日 汪鸿雁同志在北京出席中国扶贫开发协会组织召开的支持贫困村大学生村官成长工程启动仪式。

5月5日 周长奎同志在北京出席并观看中央国家机关团工委、青联主办的"春天里——中央国家机关青年关爱农民工活动"专场慰问演出。

5月5日 团中央、交通运输部在江苏南京市举行全国交通运输行业"青年文明号创先争优服务月"启动仪式。

5月6日 卢雍政同志会见应外交学会邀请来访的以日本自民党众议员平将明为团长的日本年轻国会议员代表团。

5月6日 卢雍政同志会见应团北京市委邀请来访的以主席鲁·额尔奥云得奈为团长的蒙古社会民主青年联合会代表团。

5月6日 周长奎同志在广东广州市出席中共中央、国务院召开的广州亚运会、亚残运会总结表彰大会。晚，出席深圳第26届世界大学生夏季运动会工作会议。

5月7日至10日 陆昊同志陪同中共中央政治局委员、全国人大常委会副委员长王兆国在江苏考察调研新形势下如何做好党的青年群众工作。期间，王兆国同志先后到非公有制企业、青少年服务中心、红领巾之家、工业园区等地实地调研，并亲切看望基层团干部，出席青年群众工作专题座谈会。

5月9日至12日 王晓、贺军科、卢雍政、罗梅、汪鸿雁、周长奎同志分别在河北、内蒙古、北京、湖南、四川、河南调研青年群众工作。

5月10日 团中央、全国青联与丰田汽车中国投资有限公司在湖南长沙市共同举行第五届“中国青年丰田环境保护资助行动”资助项目发布仪式。湖南省委常委、长株潭试验区工委书记陈肇雄，罗梅同志出席。

5月10日 汪鸿雁同志在四川成都市出席团四川省委组织召开的“走进美好新家园”——全国百名抗震救灾志愿者四川地震灾区行活动四川灾后重建志愿服务座谈会。

5月11日 全国政协副主席郑万通召集王晓同志研究共青团、青联界别政协委员视察活动方案。

5月11日 汪鸿雁同志在北京列席研究《中国残疾人事业“十二五”发展纲要》的国务院第154次常务会议。

5月11日 中央宣传部、教育部、团中央、人民日报社共同指导的“2010中国大学生年度人物评选活动”在北京召开终审会议。

5月12日 王晓同志与财政部副部长张少春商谈支持中国未成年人专属网站建设有关工作。

5月12日 中央宣传部、科技部、团中央、山东省人民政府等单位共同主办的“科技列车沂蒙行”活动在北京举行发车仪式。统战部有关负责同志出席。

5月13日 陆昊同志主持召开共青团第十六届中央书记处2011年第10次会议，研究讨论加强青少年思想道德建设等工作。

5月13日 陆昊同志召集会议，专题研究全国青联志愿者艺术团慰问方案。王晓同志、统战部有关负责同志参加。

5月13日 王晓同志在北京会见中国青年创业就业基金会部分理事及合作伙伴。

5月14日 科技部、中央宣传部、中国科协、团中央等单位共同主办的2011年全国科技活动周暨北京科技周活动在北京举行开幕式。中共中央政治局委员、国务委员刘延东出席并讲话，全国政协副主席、科技部部长万钢出席并宣布开幕。中国科协党组书记陈希，中央宣传部副部长申维辰，科技部党组副书记、副部长王志刚，王晓同志等主办单位负责同志出席。

5月14日 团中央在北京首都师范大学第二附属中学举办“轻松备考，12355与你同行——高考减压讲座”暨2011年共青团12355阳光行动启动仪式。汪鸿雁同志出席。

5月16日 卢雍政同志会见应全国人大邀请来访的以欧洲议会对华关系代表团副团长亨利·韦伯为团长的代表团一行。

5月16日 汪鸿雁同志在北京出席中央综治委铁路护路联防工作领导小组全体会议。

5月16日 “保护母亲河工程重庆巴南项目——解放军青年林”在重庆巴南区开工建设。团中央农村青年工作部、解放军总政治部组织部青年局有关负责同志参加植树活动并讲话。

5月17日 王晓同志主持召开团中央资产管理领导小组会议。贺军科、汪鸿雁、周长奎同志，办公厅、组织部、机关党委负责同志参加。

5月17日至26日 应全国青联邀请，以女性家族部青少年政策室长李馥实为总团长的韩国青年代表团一行200人访华。韩国女性家族部长官白喜英同期访华。18日晚，卢雍政同志会见白喜英一行和代表团全体成员。19日上午，王晓同志会见白喜英一行和代表团主要成员。

5月17日 贺军科同志在北京参加全国安全生产月和安全生产万里行组委会会议。

5月18日至29日 应欧盟委员会、阿根廷青年企业家联盟和巴西劳工党全国青年委员会邀请，陆昊同志率中国青年代表团赴比利时参加“中欧青年周”活动，并访问阿根廷、巴西。期间，陆昊同志和欧盟委员会教育、文化、语言多样性及青年事务委员瓦西利乌出席中欧青年创业论坛，并就如何深入推进中欧青年交流进行交流。

5月18日至27日 周长奎同志率中国青年代表团赴纳米比亚参加首届“中非青年领导人论坛”，并访问津巴布韦。期间，周长奎同志出席“希望工程走进纳米比亚”《捐赠合作备忘录》签字仪式等活动，会见了津巴布韦民盟行政书记穆塔萨、青年书记塞古塞纳、青年部长卡苏库维利等。

5月19日 贺军科同志在北京出席国家旅游局、北京市人民政府共同举办的2011年“中国旅游日”主题活动（北京）启动仪式。

5月19日至20日 第十二届“挑战杯”全国大学生课外学术科技作品竞赛组委会在大连理工大学召开筹备工作调研座谈会。

5月20日 王晓同志会见应全国青联邀请来访的以会长谢家叶为团长的美中科技文化交流协会代表团。

5月20日 汪鸿雁同志出席中央宣传部、司法部举办的第七次全国法制宣传教育工作会议中央领导接见活动。

5月20日 汪鸿雁同志在北京接见参加四川民族地区团干部培训班的学员并座谈。

5月20日至21日 团中央农村青年工作部、全国绿委办公室、国家林业局造林司联合在陕西省就保护母亲河行动工作开展情况调研。

5月22日至28日 应全国青联邀请，以国会议员、工党影阁就业与养老金大臣利亚姆·伯恩为团长的英国青年政治家代表团访华，参加第二届中英青年领导者圆桌会议。23日晚，王晓同志会见出席会议的中英代表。23日，卢雍政同志出席圆桌会议。

5月23日至6月4日 团中央农村青年工作部先后在海南、山西、甘肃组织召开乡镇团的组织格局创新工作片区推进会。

5月25日 团中央、教育部在北京大学召开学习胡锦涛总书记给北京大学研究生支教团回信精神座谈会。王晓同志、教育部副部长李卫红出席座谈会并与参会人员座谈交流。参与支教扶贫工作的高校党团组织代表、支教团成员代表参加座谈会并发言。

5月25日 贺军科同志在北京列席研究部署进一步做好高校毕业生就业工作的国务院第156次常务会议。

5月25日 汪鸿雁同志会见日本新能源产业技术综合开发机构理事渡边宏一行。

5月27日 王晓同志在北京出席中国科协第八次全国代表大会开幕式。

5月27日至28日 中国农村青年致富带头人协会在山西开展会员考察交流活动。山西省委副书记金道铭出席会员交流座谈会并讲话。

5月28日 卢雍政同志出席北京外国语大学主办的“歆语工程”发展论坛暨2011年“歆语工程”启动仪式并致辞。

5月30日 陆昊同志主持召开共青团第十六届中央书记处2011年第11次会议，研究贯彻落实胡锦涛总书记给北京大学第十二届研究生支教团成员回信精神有关部署、“六一”国际儿童节有关安排、加强青年群众工作调研等工作。

5月30日 陆昊同志参加中央政治局第29次集体学习。

5月30日 王晓同志在北京会见香港菁英会主席洪为民一行。

5月30日 贺军科同志在北京出席国务院安委会办公室组织召开的推进安全生产标准化工作视频会议。

5月30日 卢雍政同志在北京参加中共中央政治局委员、国务委员刘延东主持召开的深圳大运会开闭幕式工作协调会。

5 月 30 日至 31 日 罗梅同志赴宁夏银川市就民族地区青少年思想引导工作调研。期间,罗梅同志主持召开青少年民族团结教育工作座谈会,并走访有关民族宗教界人士。

5 月 31 日 全国妇联、中央文明办、国务院妇儿工委、团中央、教育部、中央电视台等单位在北京联合举办庆祝 2011 年"六一"国际儿童节晚会《在灿烂阳光下》。中共中央政治局常委李长春,中共中央政治局委员、全国人大常委会副委员长王兆国,中共中央政治局委员、中央书记处书记、中央宣传部部长刘云山,中共中央政治局委员、国务委员刘延东出席观看演出。陆昊同志等主办单位负责同志参加活动。

5 月 31 日 全国各地少先队组织开展"红领巾心向党"主题队日活动。陆昊、王晓、罗梅、汪鸿雁同志分别到北京市海淀区太平路小学、天津市青少年活动中心、宁夏回族自治区吴中市裕民小学、河北省石家庄市人民会堂,参加当地少先队组织开展的主题队日活动。

5 月 31 日 中国青少年发展基金会、加多宝集团在北京共同举办 2011 年"王老吉·学子情"爱心助学行动启动仪式。贺军科同志出席。

6 月 1 日 陆昊同志列席研究部署加强地质灾害防治工作的国务院第 157 次常务会议。

6 月 1 日 陆昊同志主持召开共青团第十六届中央书记处 2011 年第 12 次会议,传达中央有关会议精神,研究进一步加强驻外团组织建设、筹备建立"全国煤炭行业共青团工作指导和推进委员会"、团中央直属机关清理和规范庆典、研讨会、论坛活动、机关公务用车专项治理等工作。

6 月 1 日 王晓同志在北京参加全国妇联主办的"庆六一·童心向党歌飞扬"歌咏会。

6 月 1 日 罗梅同志出席中国少年先锋队北京市第六次代表大会开幕式并讲话。

6 月 2 日 陆昊同志主持召开共青团第十六届中央书记处 2011 年第 13 次会议,研究部署做好青年群众工作等事项。

6 月 2 日 贺军科同志在北京参加国务院召开的全国普通高校毕业生就业工作电视电话会议。

6 月 3 日 青联之友联谊会在北京国家图书馆举行"学党史、知党情、跟党走"主题活动,会员们参观了"艰难与辉煌——纪念中国共产党成立 90 周年馆藏珍贵历史文献展(1921—1949)",观看了纪念建党 90 周年献礼影片《惊沙》。王晓同志出席活动。

6 月 5 日至 11 日 应全国青联邀请,以维多利亚州议员罗宾·斯科特为团长的澳大利亚政治交流理事会代表团访华。7 日晚,卢雍政同志会见代表团。

6 月 6 日至 14 日 应全国青联邀请,香港树仁大学"陕西政经历史文化之旅"一行 23 人赴陕西西安市、延安市考察交流。期间,交流团观看了团中央、全国青联志愿者艺术团"青春颂歌献给党"庆祝建党 90 周年大型慰问演出,与部分全国青联委员座谈。

6 月 7 日至 9 日 陆昊、王晓同志率部分全国青联委员,赴江西井冈山市、陕西延安市开展学习慰问活动。全国青联志愿者艺术团为老区人民带去主题为"青春颂歌献给党"的慰问演出。陆昊同志率小分队慰问了井冈山老红军艺术团的同志和红军班的少先队员;王晓同志率小分队分别到井冈山菖蒲古村和延安八一敬老院走访老党员、老干部。期间,陆昊同志考察了正在建设中的全国青少年井冈山革命传统教育基地。中共江西省委副书记张裔炯,中共江西省委常委、常务副省长凌成兴,中共陕西省委常委、延安市委书记姚引良分别出席有关活动。

6 月 9 日 汪鸿雁同志在北京出席国务院残工委组织召开的第四次全国残疾人事业工作会议。

6月9日 汪鸿雁同志在北京出席国家禁毒委员会全体会议。6月10日上午,汪鸿雁同志在北京出席中央政法委第18次全体会议暨司法体制改革第9次专题汇报会。

6月9日至13日 全国青联、香港菁英会在香港共同主办菁英杯2011京港大学生辩论赛。北京大学、清华大学、中国人民大学和北京师范大学4所内地高校学生辩论队与香港大学、香港中文大学、香港理工大学、香港科技大学4所香港高校学生辩论队参加了辩论赛和有关交流活动。

6月10日 陆昊同志主持召开共青团第十六届中央书记处2011年第14次会议,通报有关工作,研究处理意见。

6月10日 周长奎同志在北京出席国务院扶贫办举办的新世纪中国农村扶贫开发成就展开幕式。

6月10日至14日 应全国青联邀请,以中央委员会第一书记布佐夫斯基为团长的白俄罗斯共和国青年联盟代表团访华。10日晚,周长奎同志会见代表团。

6月10日至12日 团中央学校部在深圳举办2011年深圳第26届世界大学生夏季运动会全国各省高校志愿者领队培训班。

6月10日 全国青联主办、北京外国语大学承办的中欧青年辩论赛全国选拔赛开幕。

6月10日 团中央青年志愿者工作部、团江苏省委在江苏南京举行第三批中国青年志愿者赴圭亚那服务队出征仪式。

6月11日至17日 国务院台办、全国青联、福建省人民政府等66家两岸有关单位在福建厦门市等地共同主办第三届海峡论坛。中共中央政治局常委、全国政协主席贾庆林出席活动,发表致辞并会见台湾嘉宾。全国政协副主席林文漪、厉无畏,十届全国人大常委会副委员长顾秀莲,王晓同志等陪同参加会见并出席相关活动。

6月11日 第三届两岸青年社团负责人圆桌会议在福建厦门市召开。王晓同志出席会议并讲话。

6月11日 贺军科同志在北京出席中国文联主办、重庆市委市政府承办的庆祝建党90周年《百花芬芳·党的旗帜高高飘扬》主题系列演出之“红歌传万代”重庆群众演唱会。

6月12日至18日 全国青联、台湾中华青年交流协会等来自海峡两岸的青年团体在台湾共同举办第九届海峡青年论坛,来自两岸和港澳地区的200多名青年代表参加论坛。王晓同志出席论坛开幕式并致辞。

6月12日 中央宣传部、公安部、国家广电总局、国家安监总局、全国总工会、团中央、全国妇联、北京市人民政府在北京共同主办2011年全国安全生产月宣传咨询日活动。全国人大常委会副委员长司马义·铁力瓦尔地出席活动并宣布开幕。国家安监总局局长骆琳、全国总工会书记处书记张鸣起,贺军科同志,北京市副市长苟仲文等主办单位负责同志出席活动。

6月13日 陆昊同志召集会议,专题研究共青团参与加强和创新社会管理有关工作。汪鸿雁同志、权益部负责同志参加。

6月15日 陆昊同志列席讨论《中国妇女发展纲要(2011－2020年)》和《中国儿童发展纲要(2011－2020年)》的国务院第159次常务会议。

6月15日 陆昊、王晓同志在中央台办出席“两岸万名青少年大型交流活动”组委会第一次会议。

6月15日至24日 应全国青联邀请,以青年体育总局副局长努里·德米尔吉为团长的土耳其青年代表团访华。15日下午,卢雍政同志会见代表团主要成员。

6月15日 周长奎同志在北京出席人民日报社主办的“追寻·知党爱党”座谈会。

6月16日 中央宣传部、教育部、团中央、人民日报社共同指导,人民网、大学生杂志社联合主办的“2010 中国大学生年度人物”评选活动在北京交通大学举行颁奖典礼。中共中央政治局委员、国务委员刘延东出席活动，为获奖同学颁奖并讲话。教育部部长袁贵仁，陆昊同志，国务院副秘书长江小涓、人民日报社副总编辑马利、教育部副部长杜玉波等参加活动。

6 月 16 日 陆昊同志在北京出席中央文献研究室主办的《建党以来重要文献选编(一九二一——一九四九)》出版座谈会。

6 月 16 日 贺军科同志在北京出席中国海洋石油总公司召开的纪念建党九十周年暨建成“海上大庆油田”总结表彰大会并宣读有关表彰决定。

6 月 16 日至 17 日 中国预防青少年犯罪研究会、司法部预防犯罪研究所在北京联合举办青少年违法犯罪预防与社会管理创新研究成果座谈会。汪鸿雁同志主持会议，司法部副部长张苏军出席并讲话。

6 月 16 日 中华儿女报刊社在天津召开 2011 年度全国派驻机构工作会议。周长奎同志出席会议并讲话。

6 月 17 日 团十六届中央书记处举行第二十二次集体学习。中央党校党建教研部教授高新民结合《论党的群众工作——重要论述摘编》，围绕进一步做好党的群众工作这一主题进行专题讲解。陆昊同志主持并讲话，王晓、贺军科、罗梅、周长奎同志，机关全体干部参加。

6 月 17 日 陆昊同志主持召开共青团第十六届中央书记处 2011 年第 15 次会议，部署机关各部门推动全团重点工作有关安排。

6 月 17 日 王晓同志在机关会见中国青年创业就业基金会捐赠方代表红星美凯龙集团董事长车建新一行。

6 月 17 日至 19 日 中国青年企业家协会在福建举办“中青企协走进海峡西岸经济区”活动。贺军科同志会见了台湾中国青年创业协会总会代表团一行。期间，与会代表参加了“中国·海峡项目成果交易会”开幕式、“两岸携手，共赢未来”两岸青年企业家交流等活动。

6 月 18 日 汪鸿雁同志在北京出席作家出版社、中央统战部办公厅共同主办的《秋水长天》回忆散文集首发式。

6 月 20 日 王晓、罗梅同志在北京出席全国政协委员“发挥新生代农民工在城镇化进程中的生力军作用”视察团组团会议。

6 月 21 日 卢雍政同志会见以秘书长阿雷赫·拉米雷斯为团长的伊比利亚美洲青年组织代表团。

6 月 22 日 陆昊同志会见朝鲜驻华大使池在龙。

6 月 22 日 卢雍政同志会见南亚国家政党青年干部研修班学员。

6 月 22 日 罗梅同志主持召开团中央民族地区工作领导小组会议。

6 月 22 日 全国保护母亲河行动领导小组在北京召开第五届“母亲河奖”评选表彰活动终评会。汪鸿雁同志出席并讲话。由社会各界组成的评委会评出了第五届“母亲河奖”获奖组织 5 个、获奖个人 10 名及保护母亲河行动特别贡献奖 1 个。

6 月 23 日 教育部、团中央在北京大学共同举办全国高校学生“永远跟党走”主题暑期社会实践活动启动仪式。中共中央政治局委员、国务委员刘延东出席并讲话。教育部部长袁贵仁主持启动仪式，卢雍政同志出席并发言。

6 月 23 日 周长奎同志在北京出席中国思想政治工作研究会主办的纪念中国共产党成立 90 周年思想政治工作创新座谈会。

6 月 24 日至 27 日 教育部、团中央、天津市人民政府等单位在天津举办 2011 年全国职业院校技能大赛。中共中央政治局委员、国务委员刘延东出席大赛闭幕式并讲话。中共中央政治局委员、天津市委书记张高丽，全国政协副主席、中华职业教育社理事长张榕明，汪鸿雁同志等主办单位负责同志出席大赛闭幕式。期间，汪鸿雁同志参加了大赛其他有关活动。

6月24日 陆昊同志在机关会见中国东方航空集团公司党组书记李军一行。组织部负责同志参加会见。

6月24日 罗梅同志会见应全国人大常委会邀请来访的以国家杜马副主席茹罗娃为团长的俄罗斯国家杜马青年议员代表团。

6月25日 汪鸿雁同志在北京出席全国政法系统先进基层党组织优秀党务工作者和优秀党员干警表彰大会。

6月25日至7月5日 内地杰出青年赴港澳交流项目启动。全国青联副主席邓中翰、李杨等13名来自经济、科技、文艺、体育、传媒等领域的首批内地杰出青年先后参加了座谈交流会等活动。

6月26日至30日 王晓同志参加全国政协委员"发挥新生代农民工在城镇化进程中的生力军作用"视察团赴浙江视察。

6月26日 中组部、中宣部、教育部、团中央在天津联合举办"永远跟党走"职业学校育人事迹报告会。中共中央政治局委员、国务委员刘延东接见报告会全体成员并讲话。中宣部副部长申维辰，教育部副部长鲁昕，天津市委常委、市教育工委书记苟利军，天津市副市长张俊芳，汪鸿雁同志出席报告会。

6月27日 罗梅同志在北京出席中直机关工委组织召开的中央直属机关先进基层党组织、优秀共产党员、优秀党务工作者表彰大会。

6月28日 陆昊同志参加中央政治局第30次集体学习。

6月28日 罗梅同志在北京出席全国妇联主办的"党的女儿 时代楷模——百名优秀女共产党员风采"展览开幕式。

6月28日 周长奎同志在四川汶川县映秀镇出席由团中央特殊团费援建的汶川青少年活动中心建成开放仪式。

6月28日 团中央主办的全国青少年"永远跟党走"青春歌会最后一站传唱活动在北京华北电力大学举行。周长奎同志出席，并将歌会旗帜交给团中央青运史档案馆永久收藏。4月份以来，全团已举办多种形式的青春歌会活动1300多场次，吸引了270多万名青少年直接参与。

6月29日 陆昊、贺军科同志在北京出席观看中央宣传部、文化部、国家广电总局、解放军总政治部和北京市联合主办的庆祝中国共产党成立90周年文艺晚会《我们的旗帜》。

6月29日 汪鸿雁同志赴北京市海淀区调研重点青少年群体服务管理和预防犯罪工作。

6月29日 周长奎同志在北京出席中央宣传部、国家新闻出版总署组织召开的非时政类报刊出版单位体制改革工作电视电话会议。

6月30日 贺军科同志在北京出席中国东方航空集团公司"红色经典"主题服务活动启动仪式。

6月30日 卢雍政同志会见应中联部邀请来访的以国际局局长棚桥泰文为团长的日本自民党国会议员代表团。

6月30日 周长奎同志在北京出席中国艺术摄影学会主办的庆祝中国共产党成立90周年"我眼中的祖国"大学生摄影展开幕式。

7月1日 陆昊、王晓、贺军科、卢雍政、罗梅、汪鸿雁、周长奎同志在北京出席庆祝中国共产党成立90周年大会。

7月1日 团中央、全国青联、全国学联、全国少工委在北京召开学习胡锦涛总书记在庆祝中国共产党成立90周年大会上的重要讲话座谈会。陆昊同志出席座谈会并讲话，王晓同志主持座谈会。贺军科、卢雍政、罗梅、汪鸿雁、周长奎同志，全国学联主席齐兴达，机关各部门主要负责同志，各界青年代表出席座谈会。

7月1日 陆昊同志主持召开共青团第十六届中央书记处2011年第16次会议，学习胡锦涛总书记在庆祝中国共产党成立90周年大会上的讲话，研究共青团年中工作交流会有关安排、机关南院有关建设工程等工作。

7月上旬起 中央台办、团中央等17家单位联合举办的两岸万名青年大交流活动在全国各地陆续展开。7月12日，两岸万名青年大交流主题联欢活动在北京人民大会堂举行。中共中央总书记胡锦涛亲切看望两岸青年朋友，与大家共同领略中华传统文化魅力，共同展望两岸关系和平发展前景。中共中央政治局委员、中央宣传部部长刘云山，中共中央政治局委员、国务委员刘延东，中央书记处书记、中央办公厅主任令计划等领导同志一同参加了活动。中央台办主任王毅，陆昊、王晓同志等主办单位负责同志陪同参加有关活动。

7月1日 中组部干部三局调研组到团中央机关就提高组织工作满意度和创先争优活动开展情况进行调研。贺军科同志与调研组座谈交流，组织部负责同志汇报有关工作情况。

7月4日 王晓同志主持召开团中央资产管理领导小组会议。贺军科、汪鸿雁、周长奎同志，办公厅、组织部、机关党委有关负责同志参加。

7月4日至11日 应全国青联邀请，以欧洲青年论坛副主席卢卡·斯卡培罗为团长的欧盟青年代表团访华并参加“中欧青年周”活动。5日晚，卢雍政同志会见代表团主要成员。

7月4日 第七届中国青少年科技创新奖评审会在北京举行。

7月5日 陆昊同志会见日本丸红株式会社社长朝田照男一行。

7月6日 团中央直属机关召开学习贯彻胡锦涛总书记“七一”重要讲话精神暨先进党支部、优秀共产党员、优秀党务工作者表彰大会。陆昊同志出席大会并讲话，王晓同志主持大会，罗梅同志宣读表彰决定，贺军科、卢雍政、汪鸿雁、周长奎同志出席大会。团中央机关全体党员干部、各直属单位党政负责同志400多人参加会议。

7月6日 团中央召开直属单位工作会。陆昊、王晓、罗梅同志出席并讲话，贺军科、卢雍政、汪鸿雁、周长奎同志出席会议。办公厅、组织部、机关党委，各直属单位主要负责同志参加会议。

7月6日 卢雍政同志在北京出席全国教育投入和管理工作电视电话会议。

7月7日 陆昊同志召集会议，专题研究青年岗位能手有关工作。贺军科同志、城市青年工作部有关负责同志参加。

7月7日 陆昊同志召集会议，专题研究建党90周年新创作儿童歌曲发布会有关事宜。罗梅同志、少年部有关负责同志参加。

7月7日 周长奎同志在北京出席中华见义勇为基金会第十五次理事会。

7月7日 周长奎同志会见以巩固和发展党仰光省执委丁丁莫为团长的缅甸联邦巩固和发展党高级青年干部代表团。

7月8日 陆昊同志在北京出席中央水利工作会议第一次全体会议。8日至9日，汪鸿雁同志参加中央水利工作会议全程会议。

7月8日 王晓同志陪同国家体育总局局长刘鹏会见台湾地区“立法委员”丁守中一行。

7月8日 卢雍政同志会见应全国总工会邀请来访的以州长劳夫·阿里格比索拉为团长的尼日利亚奥森州经济交流团。

7月9日 应中央外宣办邀请来访的香港青年时事评论员交流团拜访全国青联。

7月10日 王晓同志在北京出席全国台联主办的2011年台胞青年千人夏令营开营仪式。

7月10日至11日 贺军科同志在江西共青城市出席支持共青城发展领导小组第七次

全体会议暨共青城重大项目集中开工仪式。

7月10日至12日 科技部、人力资源和社会保障部、国务院侨办、团中央、中国科协、中国科学院、江苏省人民政府在江苏苏州市共同举办2011年苏州国际精英创业周。国务院侨办副主任任启亮，中国科协副主席冯长根，中国科学院副院长施尔畏，中共江苏省委常委、组织部部长石泰峰，汪鸿雁同志等主办单位负责同志出席开幕式。中共江苏省委常委、苏州市委书记蒋宏坤出席开幕式并致欢迎辞。11日下午，汪鸿雁同志出席第三届“创业姑苏”青年精英创业大赛颁奖典礼。

7月11日 陆昊同志会见日本民主党众议员、前内阁官房副长官古川元久一行。

7月13日 王晓同志主持召开团中央资产管理领导小组会议。贺军科、汪鸿雁、周长奎同志，办公厅、组织部、机关党委、中国青年创业就业基金会负责同志参加。

7月14日 王晓同志召集会议，专题研究团中央直属机关第十五次党代会筹备工作。贺军科、罗梅同志，机关党委负责同志参加。

7月14日 汪鸿雁同志在北京出席中华环保联合会第二届理事会第三次主席办公会。

7月15日 团中央、全国少工委在北京人民大会堂举办纪念建党90周年新创作儿童歌曲发布会暨“红领巾心向党——寻访光荣足迹”少先队员暑期活动启动仪式。中共中央政治局委员、全国人大常委会副委员长王兆国出席活动。陆昊同志出席并讲话。中国关工委常务副主任闵振环、罗梅同志，来自首都部分小学的少先队员、辅导员代表参加活动。

7月15日 王晓同志召集会议，专题研究清理规范庆典、研讨会、论坛有关工作。罗梅同志，办公厅、统战部、国际部、机关党委负责同志参加。

7月15日 贺军科同志召集会议，专题研究共青团系统创先争优工作阶段总结和下一步安排。组织部、城市青年工作部负责同志参加。

7月15日 周长奎同志在北京出席民政部举办的第六届中华慈善奖表彰大会。

7月16日 教育部、国家体育总局、团中央共同主办的第十一届全国中学生运动会在内蒙古包头市奥林匹克中心体育场开幕。全国人大常委会副委员长严隽琪出席开幕式并宣布开幕。教育部部长袁贵仁、中共内蒙古自治区委书记胡春华、内蒙古自治区主席巴特尔、内蒙古自治区政协主席任亚平、国家体育总局副局长冯建中，卢雍政同志等出席开幕式。

7月16日 卢雍政同志在内蒙古包头市出席第十一届全国中学生运动会组委会第一次会议并看望赛会大中学生志愿者代表。

7月16日 团中央、全国学联主办，团福建省委、福建省学联、集美大学承办的2011年全国各民族中学生暑期同心营活动在福建集美大学开营。

7月18日 贺军科同志在北京出席中央创先争优活动领导小组第七次会议。

7月19日 陆昊同志在北京参加国务院召开的国家应对气候变化及节能减排工作领导小组会议。

7月19日 团中央、教育部、财政部、人力资源和社会保障部在北京航空航天大学举行2011年西部计划暨第十三届研究生支教团出征仪式。陆昊同志出席并讲话。人力资源和社会保障部副部长王晓初、财政部部长助理胡静林出席并代表主办单位授旗，周长奎同志主持出征仪式。来自首都高校的200多名西部计划暨研究生支教团志愿者代表参加出征仪式。

7月20日 陆昊同志列席研究讨论《关于加强和改进流浪未成年人救助保护工作的意见》的国务院第164次常务会议。

7月20日 团十六届中央书记处举行第二十三次集体学习。中央政策研究室副主任施芝鸿围绕《胡锦涛总书记在庆祝中国共产党成立90周年大会上的重要讲话》精神解读这一主题进行专题讲解。陆昊同志主持并讲话，王晓、贺军科、罗梅、汪鸿雁、周长奎同志，机关全体干部参加。

7月20日 卢雍政同志在北京语言大学出席教育部、国务院港澳办、香港中联办、澳门中联办联合主办的“我的祖国——2011京港澳学生交流营”开营仪式。

7月20日 团中央、全国学联主办，团湖北省委、湖北省学联、中南民族大学承办的全国少数民族大学生社会实践与社会观察活动在中南民族大学启动。罗梅同志出席并讲话，湖北省人大常委会副主任蒋大国出席启动仪式。全国15所民族院校和新疆、湖北26所高校的34个民族的500名优秀大学生参加启动仪式，并参加为期十天的理论培训、国情考察、社会调查、民族团结交流等活动。

7月21日 团中央在北京召开2011年共青团年中工作交流会。书记处全体同志和各省级团委主要负责同志参加会议，就上半年全团重点工作推进情况及存在的问题进行了交流探讨。

7月21日至8月1日 参加2011年“相聚国旗下”活动的香港青少年团组分赴北京、上海、河北、内蒙古、黑龙江、江苏等地访问交流。28日中午，陆昊、王晓同志在北京会见部分团组成员。

7月21日 贺军科同志在北京出席中央创先争优活动领导小组召开的窗口单位和服务行业创先争优座谈会。

7月21日 贺军科同志在北京出席国务院安全生产委员会全体会议。

7月21日 贺军科同志在北京会见香港华菁会代表团。

7月21日 卢雍政同志会见以青年与体育部监察长拉希德·马尼努为团长的摩洛哥青年代表团。

7月22日 全国青联在北京召开学习胡锦涛总书记在庆祝中国共产党成立90周年大会上的重要讲话精神座谈会。陆昊、王晓同志，120余位全国青联常委、委员参加座谈交流。

7月23日至28日 周长奎同志率中国青年代表团一行5人赴美国纽约联合国总部参加联大青年问题高级别会议。期间，周长奎同志代表中国政府出席全体会议并发言。25日上午，联合国副秘书长沙祖康会见代表团。晚，中国常驻联合国代表团代办王民大使会见代表团。

7月24日至8月3日 2011年全国大学生骨干暑期实践锻炼活动在北京、河北举行，160名来自全国“211工程”高校的大学生骨干和200名民族地区高校的少数民族大学生骨干参加了实践锻炼。7月27日下午，陆昊同志为大学生骨干授课，与学员们就学习贯彻胡锦涛总书记“七一”重要讲话、当代大学生的正确成长路径等问题座谈交流。8月3日下午，卢雍政同志出席活动总结会并讲话。

7月25日 陆昊同志主持召开共青团第十六届中央书记处2011年第17次会议，研究2012年“共青团与人大代表、政协委员面对面”活动、2011年全国新任职县级团委书记电视电话培训、团中央直属机关第十五次党代会、下发《关于进一步加强非公有制企业共青团工作的指导意见(试行)》等工作。

7月25日 王晓同志召集会议，专题研究团中央直属机关第十五次党代会筹备工作。贺军科、罗梅同志，机关党委负责同志参加。

7月25日 团中央宣传部、中国青少年宫协会在北京国家大剧院共同主办“党在我心中”第三届全国青少年宫系统文艺汇演活动。罗梅同志出席。

7月26日 卢雍政同志会见韩国前驻华大使、韩中青少年文化交流协会会长权丙铉。

7月27日 陆昊同志列席研究部署安全

生产工作的国务院第165次常务会议。

7月27日 全国少工委主办的“各族少年手拉手”夏令营在北京市少年宫开营。罗梅同志出席开营式并为营员授旗。

7月28日至29日 团中央举办全国新任职县级团委书记电视电话培训。书记处全体同志出席培训班并为学员授课。2610名新任职县级团委书记、部分新任职省级团委、地市级团委班子成员参加培训。

7月28日 团中央、全国学联主办,团陕西省委、陕西省学联承办的第二期全国各民族中学生暑期同心营在陕西省西安中学开营。陕西省政协副主席李进权等出席开营仪式。

7月28日 团中央国际联络部举办学习胡锦涛总书记“七一”重要讲话交流会,邀请曾经在国际联络部工作过的老同志与团中央机关年轻同志交流。卢雍政同志出席交流会并讲话。交流会前,陆昊同志会见与会的全体老同志。

7月30日 全国青联、香港青年联会、香港志愿者协会主办的2011年内地大学生赴港实习计划在广东深圳市启动。来自内地58所高校的76名大学生将赴香港15家企业和机构开展为期一个月的暑期实习。

7月31日至8月19日 团中央主办、中国青少年发展服务中心承办的2011年全国少数民族大学生暑期实习计划在北京开展,全国11所民族院校的70多名少数民族大学生在16家企事业单位实习。19日下午,罗梅同志参加活动成果分享会并讲话。

8月2日至7日 中国科协、教育部、科技部、环境保护部、国家体育总局、团中央、全国妇联、国家自然科学基金委员会和内蒙古自治区人民政府共同主办的第26届全国青少年科技创新大赛在内蒙古呼和浩特市举行。4日上午,中国科协书记处第一书记陈希,内蒙古自治区党委常委曹征海,中国科协副主席、中国工程院院士陈赛娟,内蒙古自治区副主席连辑,国家自然科学基金委员会副主任孙家广,教育部部长助理林蕙青,全国妇联书记处书记赵东花等主办单位负责同志出席开幕式。罗梅同志主持开幕式。

8月3日 陆昊同志召集会议,专题研究小额贷款信用示范户有关工作,汪鸿雁同志、农村青年工作部负责同志参加。

8月3日 卢雍政同志会见应文化部邀请来访的以部长肖·卡蒂为团长的博茨瓦纳青年体育和文化部代表团。

8月3日 卢雍政同志会见德国驻华大使施明贤一行。

8月4日 陆昊同志召集会议,专题研究中学共青团工作,贺军科、卢雍政同志,组织部、学校部负责同志参加。

8月4日 陆昊同志召集会议,专题研究大学生信教问题,卢雍政、周长奎同志,宣传部、学校部负责同志参加。

8月4日 卢雍政同志会见韩国驻华大使馆公使林圣男一行。

8月5日 全国煤炭行业共青团工作指导和推进委员会成立大会在北京举行。陆昊同志、中国煤炭工业协会会长王显政出席并讲话。贺军科同志、国家安监总局副局长赵铁锤出席会议。

8月5日 卢雍政同志会见以弱势群体权益保护、促进和能力建设局局长颂猜·卡若恩-乌诺苏克为团长的泰国社会发展与人类安全部代表团。

8月5日至8日 国家体育总局、教育部、团中央共同主办的2011年全国青少年“未来之星”阳光体育节在山东青岛市举行。5日上午,国家体育总局局长刘鹏、副局长冯建中,教育部副部长郝平,罗梅同志等主办单位负责同志出席开幕式。

8月5日至6日 罗梅同志在山东青岛市调研少先队工作。

8月6日 周长奎同志在北京出席第三届

全国道德模范评委会会议。

8 月 7 日至 9 日 贺军科同志赴宁夏银川市出席“神华爱心书屋”捐赠仪式，并就乡镇、街道团的组织格局创新和非公有制企业团建等工作进行调研。

8 月 7 日至 9 日 全国少工委在山东烟台市召开深入学习胡锦涛总书记在庆祝中国共产党成立 90 周年大会上的重要讲话精神交流会，同时举办全国地市级以上少先队总辅导员培训班和实训活动，全国地市级以上少先队总辅导员、省级团委少年部长、基层辅导员代表共 270 余人参加会议。7 日上午，罗梅同志出席并讲话。

8 月 8 日 国务院侨办、北京市人民政府、全国青联在北京共同举行 2011 年“水立方杯”海外华裔青少年中文歌曲大赛颁奖晚会。国务院侨办副主任赵阳，王晓同志，北京市委常委、统战部长牛有成出席晚会并为获奖选手颁奖，全国青联副主席、北京市副市长程红致辞。

8 月 9 日 陆昊同志主持召开共青团第十六届中央书记处 2011 年第 18 次会议，学习中央有关文件，研究部署共青团参与加强和创新社会管理工作。

8 月 10 日 贺军科同志召集会议，专题研究青年文明号“为民服务创先争优”工作推进会筹备工作，组织部、城市青年工作部负责同志参加。

8 月 11 日至 13 日 陆昊同志赴广东深圳市看望和鼓励在赛场一线服务的青年志愿者，调研深圳共青团工作，并出席第 26 届世界大学生夏季运动会开幕式。

8 日 11 日至 12 日 中国农村青年致富带头人协会一届一次会长办公会在北京召开。11 日下午，汪鸿雁同志出席并讲话。

8 月 12 日至 14 日 第十二届“挑战杯”全国大学生课外学术科技作品竞赛哲学社会科学类作品及“西安世园会”专项竞赛作品复审在北京举行。

8 月 13 日 团中央青年志愿者工作部、中国青年志愿者协会秘书处在北京举行暑期关爱农民工子女志愿服务暨协会 2011 年第一次理事联谊活动。周长奎同志出席并讲话。

8 月 14 日 全国青联秘书处在北京举办两岸四地青少年“辛亥革命百周年”体验考察团杰出青年分享会。内地及港澳台 660 名大中学生参加。

8 月 15 日至 16 日 贺军科同志在北京出席全国总工会、人力资源和社会保障部、全国工商联、中国企业联合会、中央宣传部联合召开的全国构建和谐劳动关系先进表彰暨经验交流会。

8 月 15 日 汪鸿雁同志在北京出席违法犯罪行为教育矫治委员会试点工作领导小组第一次会议。

8 月 16 日 陆昊同志主持召开共青团第十六届中央书记处 2011 年第 19 次会议，研究部署近期重点工作。

8 月 16 日 卢雍政同志会见应中联部邀请来访的以德国社会民主党联邦主席团成员、黑森州主席兼州议会党团主席君贝尔为团长的德国社会民主党青年政治家代表团。

8 月 16 日 周长奎同志在北京出席国家国防动员委员会第七次全体会议。

8 月 17 日 陆昊同志列席研究《中国老龄事业发展“十二五”规划（送审稿）》和《通用规范汉字表（送审稿）》的国务院第 168 次常务会议。

8 月 17 日 贺军科同志会见美国可口可乐公司全球董事长兼首席执行官穆泰康一行。

8 月 18 日 陆昊、罗梅同志到中国少年儿童新闻出版总社调研。

8 月 18 日 贺军科同志在北京出席中央创先争优活动领导小组召开的窗口单位和服务行业为民服务创先争优视频会议。

8 月 19 日 王晓同志召集会议，专题研究事业单位改革工作，贺军科、罗梅、汪鸿雁同志，组织部负责同志参加。

8月19日 汪鸿雁同志在北京出席国务院召开的全国加强和改进流浪未成年人救助保护工作电视电话会议。

8月22日 团中央、全国青联、全国学联、全国少工委在北京人民大会堂举行第七届中国青少年科技创新奖颁奖大会。中共中央政治局委员、全国人大常委会副委员长王兆国出席并讲话，中共中央政治局委员、国务委员刘延东出席。陆昊同志主持，卢雍政同志宣读表彰决定。邓小平同志亲属邓林、邓楠、邓榕，有关部委负责同志及中国青少年科技创新奖励基金管委会、监委会、评委会部分委员和北京大中学生代表共400余人参加。

8月22日 陆昊同志在北京出席中央国家机关青年“百村调研”实践活动总结汇报会并讲话。

8月22日至24日 团中央组织部在团中央北戴河培训基地举办2011年全国优秀共青团干部、全国五四红旗团委负责同志工作研讨活动。

8月23日 陆昊同志参加中央政治局第三十一次集体学习。

8月23日至25日 全国青联在国家行政学院举办全国青联委员学习胡锦涛总书记“七一”重要讲话精神专题培训班。23日上午，陆昊同志看望全体学员并讲话。中央党史研究室主任欧阳淞、国家行政学院常务副院长魏礼群、中央社会主义学院党组书记叶小文、国家发改委副主任徐宪平分别作专题报告。王晓同志主持报告会并作总结讲话。来自全国青联14个界别的121位青联委员参加培训。

8月24日 陆昊、王晓同志出席全国政协“新生代农民工在城镇化进程中发挥生力军作用”座谈会。

8月24日 贺军科同志召集会议，专题研究推动部署青年文明号“为民服务创先争优”活动有关工作，组织部、城市青年工作部负责同志参加。

8月24日至31日 应日本外务省邀请，以罗梅同志为团长的中国青年代表团一行416人访问日本。

8月25日 陆昊同志召集会议，专题研究加强不良行为青少年群体教育工作实施方案和第二批专业社会工作者人才队伍建设试点工作，汪鸿雁同志、维护青少年权益部负责同志参加。

8月25日 陆昊同志出席中央企业青年工作会议并讲话。

8月26日 团中央在北京召开全国驻外团工委建设工作推进会。陆昊同志出席会议并讲话，贺军科同志主持会议并作总结讲话。各省级团委、副省级城市团委、跨省流动重点城市团委负责同志约150人参加。

8月26日 王晓同志出席中央企业青联三届一次全委会并讲话。

8月26日至9月4日 全国青联在北京举办2011年中美青年联合社会实践项目，中美100名大学生代表赴中国各地开展社会实践活动。8月26日下午，卢雍政同志出席出发仪式并讲话。9月4日下午，卢雍政同志出席总结会。

8月26日至29日 汪鸿雁同志赴河南调研农村专业合作组织团建工作。

8月26日 周长奎同志出席中国思想政治研究会第九届常务理事会第四次会议。

8月27日至9月2日 应全国青联邀请，以社会民主青年联盟主席鲁·奥云额尔德奈为团长的蒙古国人民党青年干部代表团一行100人和以对外关系和贸易部战略规划监督研究评估局局长戈·巴特加尔格勒为团长的蒙古国社会各界青年代表团一行100人组成的蒙古青年代表团访华，团中央、全国青联在内蒙古举办中蒙青年友好联欢活动。30日下午，中共中央政治局委员、中央书记处书记、中央组织部部长李源潮在内蒙古呼和浩特市会见代表团全体成员，并出席中蒙青年友好联欢文艺晚会，陆昊同志陪同。27 日下午，卢雍政同志会见人民党青年干部代表团主要成员并签署《中华全国青年联合会与蒙古国社会民主青年联盟友好交往备忘录》。

8 月 27 日至 9 月 3 日　以越南胡志明共青团中央书记处书记潘文买为团长的越南青年代表团访华。9 月 1 日下午，全国政协副主席孙家正在人民大会堂会见代表团主要成员并与全体成员合影留念，卢雍政同志陪同会见。9 月 2 日下午，卢雍政同志会见代表团主要成员。

8 月 27 日　全国青联、香港青年联会、香港志愿者协会联合举办的第二期内地大学生赴港实习计划总结分享会在香港举行。

8 月 28 日至 9 月 2 日　应泰国社会发展与人类安全部邀请，以罗梅同志为团长的中国青年代表团一行 4 人访问泰国。

8 月 30 日　王晓同志出席中国青年政治学院新生开学典礼并讲话。

8 月 30 日　周长奎同志出席国务院召开的全民科学素质行动实施工作电视电话会议。

8 月 31 日至 9 月 4 日　王晓同志参加全国政协“新生代农民工在城镇化进程中发挥生力军作用”视察团赴四川调研。

8 月 31 日　卢雍政同志会见以副主席叶莲娜·罗吉奥诺娃为团长的俄罗斯青年联盟代表团一行。

9 月 1 日至 28 日　陆昊同志担任中组部赴云南省干部考察组组长，在云南考察。

9 月 1 日　卢雍政同志会见应全国人大邀请来访的以利凡里尼为团长的欧洲议会对华关系代表团。

9 月 2 日　公安部、全国总工会、团中央在北京召开第三届全国先进保安服务公司先进保安员表彰大会。会前，中共中央政治局常委、中央政法委书记周永康，中共中央政治局委员、中央政法委副书记王乐泉，国务委员、公安部部长孟建柱会见全体与会人员，并与部分代表座谈。公安部常务副部长杨焕宁、全国总工会书记处第一书记王玉普，王晓同志等主办单位负责同志陪同会见。杨焕宁、王玉普、王晓同志出席表彰大会并讲话，公安部副部长黄明主持，汪鸿雁同志、全国总工会书记处书记王瑞生出席。

9 月 2 日　卢雍政同志会见应中联部邀请来访的以国民党副领袖、政府副总理兼外交部长托尼奥·博奇为团长的马耳他国民党代表团一行。

9 月 5 日　卢雍政同志出席并观看教育部、中央电视台共同举办的《美丽心灵——献给老师的歌》教师节专题晚会。

9 月 5 日　卢雍政同志会见日本东京海上控股股份有限公司董事长石原邦夫一行。

9 月 6 日　贺军科同志在吉林长春市出席商务部、国家发改委和吉林省人民政府共同主办的第七届中国吉林·东北亚投资贸易博览会开幕式。

9 月 6 日　卢雍政同志会见应外交部邀请来访的以副外长、纳人组党青年团外事书记穆舍伦戈为团长的纳米比亚代表团一行。

9 月 7 日　中国青年企业家协会和吉林省人民政府在吉林长春市共同举办第四届“东北亚青年企业家发展论坛”，中国、日本、韩国、欧洲近 300 名青年企业家参加。吉林省省长王儒林出席，吉林省委副书记、省政协主席巴音朝鲁，贺军科同志出席并讲话。

9 月 8 日至 14 日　团中央、全国青联在安徽举办以“发扬爱国爱教传统，推动青年宗教工作”为主题的第十一次全国宗教界青年代表人士学习考察活动。40 余名全国青联宗教界委员和省级青联委员参加了活动。

9 月 14 日　贺军科同志到中央团校看望广东省 2011 年共青团骨干培养工程第一期培训班学员。

9 月 14 日至 28 日　应全国青联邀请，以前日本总务事务次官、前会计检察院院长西村正纪为团长的日本青年代表团访华。14日下午，卢雍政同志会见代表团主要成员。

9月14日至24日 团中央、全国青联在中央社会主义学院举办全国宗教界青年代表人士首期“宗教与社会主义社会相适应”专题学习班。来自佛教、道教、伊斯兰教、天主教、基督教的40余名全国青联宗教界委员和省级青联委员参加学习。23日下午，罗梅同志看望全体学员并出席结业典礼。期间，国家民委副主任吴仕民、国家宗教事务局副局长蒋坚永、中央社会主义学院副院长张峰等分别作了报告。学员还拜会了中央统战部、国家宗教事务局和在京的全国性宗教团体，中央统战部副部长斯塔、国家宗教事务局副局长蒋坚永分别接见了全体学员。

9月14日 瀛公益基金会、世界经济论坛合作开展的“全球杰出青年社区”宣布正式成立。周长奎同志在辽宁大连市出席项目新闻发布会，并在合作备忘录上签字。

9月16日 陆昊同志出席中央社会管理综合治理委员会第一次全体会议。

9月16日 全国少工委办公室在北京召开《灌输培养少年儿童对党和社会主义祖国朴素感情读本》研讨会。罗梅同志出席。

9月16日 团中央、中国人民银行在辽宁沈阳市联合召开全国农村青年信用示范户工作推进会。中国人民银行纪委书记王洪章，汪鸿雁同志出席会议并讲话。各省级团委负责同志、农村部部长以及人民银行系统有关负责同志参加会议。

9月17日至18日 全国乡镇团的组织格局创新工作推进会在辽宁盘锦市召开。汪鸿雁同志出席并讲话。各省级团委负责同志、农村部部长参加会议。

9月19日至20日 罗梅同志赴浙江杭州市出席浙江省工会共青团妇联工作会议。

9月20日 中央宣传部、中央文明办、解放军总政治部、全国总工会、团中央、全国妇联在北京共同举办全国道德模范座谈会暨第八届中国公民道德论坛。中共中央政治局常委李长春出席并讲话。中共中央政治局委员、中央书记处书记、中宣部部长刘云山主持会议。中共中央政治局委员、全国人大常委会副委员长王兆国，中共中央政治局委员、国务委员刘延东，中共中央政治局委员、中央军委副主席徐才厚，全国人大常委会副委员长陈至立等党和国家领导人，中央宣传思想工作领导小组成员，中央文明委委员出席，各省(区、市)和新疆生产建设兵团党委宣传部长、文明办主任，第三届全国道德模范以及提名奖获得者参加会议。陆昊同志出席会议并代表团中央发言。

9月20日至29日 应全国青联邀请，以青年事务与体育部国务部长阿贾伊·麦肯为团长的印度青年代表团访华。22日下午，代表团全体成员在北京人民大会堂参加以“古老文明，青春辉映”为主题的中印青年传统文化交流大舞台活动。中共中央政治局常委、国务院总理温家宝出席活动并致辞，陆昊、卢雍政同志，外交部副部长张志军参加活动。22日下午，王晓同志会见代表团主要成员。22日晚，卢雍政同志会见代表团。

9月20日 中央宣传部、中央文明办、解放军总政治部、全国总工会、团中央、全国妇联在北京共同举办第三届全国道德模范评选表彰颁奖典礼——《德耀中华》。中共中央政治局常委李长春出席并为全国道德模范颁奖。中共中央政治局委员、全国人大常委会副委员长王兆国，中共中央政治局委员、中央书记处书记、中宣部部长刘云山，中共中央政治局委员、中央军委副主席徐才厚等党和国家领导人出席并颁奖。陆昊、周长奎同志出席颁奖典礼。

9月20日 贺军科同志出席2009－2010年度全国质量工作先进单位和先进个人表彰大会。

9 月 20 日 周长奎同志会见以韩国特任长官室第一调整官金佐烈为团长的韩国政党青年委员长代表团。

9 月 21 日 陆昊同志召集会议，专题研究中央综治委预防青少年违法犯罪专项组有关工作。汪鸿雁同志、维护青少年权益部负责同志参加。

9 月 21 日 由商务部、中国国际贸易促进会、宁夏回族自治区人民政府主办，全国青联支持的“2011 中国・阿拉伯国家经贸论坛青年分会”在宁夏银川市举办。宁夏回族自治区党委副书记、银川市委书记崔波，王晓同志出席分会并致辞，沙特阿拉伯穆罕默德王子、宁夏回族自治区人大常委会副主任马秀芬、宁夏回族自治区政协副主席袁汉民出席分会。来自中国和阿拉伯国家等地 150 余名青年代表以“合作共赢，青年引领未来”为主题进行了交流。

9 月 21 日 贺军科同志列席研究讨论《安全生产“十二五”规划（送审稿）》的国务院第 173 次常务会议。

9 月 21 日 贺军科同志会见日本青年团协议会代表团。

9 月 22 日 汪鸿雁同志出席中央社会管理综合治理委员会法律政策专项组全体会议。

9 月 22 日至 28 日 团中央、全国青联组织第五批内地杰出青年 11 人赴香港交流，6500 多名香港青年及大中学生参加了 21 场分享交流会。

9 月 23 日 王晓同志召集会议，专题研究《关于进一步加强中学共青团工作的意见》，贺军科、卢雍政、罗梅、周长奎同志，学校部负责同志参加。

9 月 23 日 卢雍政同志会见以世界民主青年联盟副主席约根德拉・巴哈杜尔・沙希为团长的世界民主青年联盟代表团。

9 月 24 日 王晓同志出席北京外国语大学建校 70 周年庆典大会。

9 月 24 日至 27 日 全国保护母亲河行动领导小组在北京林业大学举办第五期全国青少年生态环保社团骨干培训班。来自全国各地的 100 名青少年生态环保社团骨干和高校团干部参加培训。

9 月 25 日至 29 日 卢雍政同志率全国学联交流团赴台湾参加全国学联、台湾中华青年交流协会在台北共同主办的第七届两岸大学校园歌手邀请赛决赛。来自海峡两岸 34 所知名高校的 37 名学生歌手参加比赛。期间，访问团拜访了台湾大学等高校并与师生代表座谈，拜访了国民党青年团、台湾青年菁英协会等青年社团。

9 月 25 日至 30 日 团中央在中央团校举办 2011 年“培养计划”民族地区乡镇团干部学习考察暨挂职团干部总结培训活动。来自民族地区的 48 名挂职团干部和 43 名乡镇团干部参加学习培训。29 日下午，罗梅同志看望参加活动的全体同志。

9 月 25 日 中国青年科技工作者协会学习胡锦涛总书记“七一”重要讲话精神座谈会在中国科学院举行。40 余名协会会员进行了学习和座谈交流。

9 月 26 日 贺军科同志在山西太原市出席第六届中国中部投资贸易博览会开幕式。

9 月 26 日至 27 日 工业和信息化部、人力资源和社会保障部、全国总工会、团中央在北京国际展览中心共同举办 2011 年全国通信行业职业技能大赛（用户通信终端维修员）决赛。27 日下午，工业和信息化部副部长尚冰、贺军科同志等主办单位负责同志出席闭幕式并颁奖。

9 月 26 日 周长奎同志在北京出席全国老龄办主办的 2011 年全国“敬老月”活动启动仪式暨敬老公益音乐会。

9 月 27 日 王晓同志会见香港工商界青年访京团一行。

9 月 27 日 贺军科同志在北京出席国务

院召开的全国节能减排工作电视电话会议。

9月27日 贺军科同志会见日本青年会议所代表团。

9月27日至28日 罗梅同志在北京出席中央纪委召开的全国惩治和预防腐败体系建设工作会议。

9月27日 周长奎同志在北京出席中俄人文合作委员会第12次会议中方筹备会。

9月28日 王晓同志在北京出席全国加强和创新社会管理工作电视电话会议。

9月28日 王晓同志会见泰国华人青年商会会长李桂雄一行。

9月28日 贺军科同志在北京出席中国宋庆龄基金会第六届理事会第一次会议会前接见活动。

9月28日 团中央在北京召开全团分类引导青年工作专题培训电视电话会议。周长奎同志出席并讲话。各省级、地市级团委负责同志、宣传部长，部分省级团委城市战线、农村战线、学校战线的负责同志和全团承担四类青年群体《思想引导大纲》转化工作任务的首批基层单位团组织负责人共近1万人参加培训。

9月29日 陆昊同志召集会议，专题研究中央综治委预防青少年违法犯罪专项组有关工作。汪鸿雁同志、维护青少年权益部负责同志参加。

9月29日 贺军科同志召集会议，专题研究创先争优活动有关工作。罗梅同志，组织部、机关党委负责同志参加。

9月29日 周长奎同志在陕西西安市看望慰问服务2011年西安世界园艺博览会的青年志愿者，并与志愿者、团干部代表座谈。

9月30日 陆昊同志在北京出席国务院举行的2011年国庆招待会。

9月30日 中央综治委预防青少年违法犯罪专项组在北京召开第一次全体会议。陆昊同志主持会议并讲话。最高人民检察院副检察长朱孝清、公安部副部长黄明、全国人大法工委副主任郎胜、国务院法制办副主任郜风涛、汪鸿雁同志出席。中央综治委预防青少年违法犯罪专项组组成单位和参与落实专项组承担的12项专题工作任务有关单位的联络员、通讯员参加会议。

9月30日 王晓同志在北京出席全国防治“小金库”长效机制建设经验交流电视电话会议。

10月1日 陆昊同志在北京参加庆祝中华人民共和国成立62周年首都各界代表向人民英雄纪念碑敬献花篮仪式。

10月8日 贺军科同志在北京出席国务院安全生产委员会全体会议。

10月9日 陆昊、王晓、罗梅同志在北京参加纪念辛亥革命100周年大会。

10月9日至14日 团中央在中央团校举办全国民族地区团干部培训班。14日上午，罗梅同志为学员授课。来自全国民族地区的202名县级团委负责同志参加培训。

10月10日 陆昊同志主持召开共青团第十六届中央书记处2011年第20次会议，研究团中央直属机关清理和规范庆典、研讨会、论坛活动、下发《关于进一步加强中学共青团工作的意见》等工作。

10月10日 团中央、中国科协、中国科学院、中国工程院、中国社会科学院共同主办的“创新引领未来——院士专家高校行”活动在中国科学院研究生院启动。卢雍政同志，中国科学院副院长、中国科学院院士詹文龙，中国工程院副院长、中国工程院院士干勇，中国社会科学院副院长高全立出席活动并讲话。

10月10日至18日 应全国青联邀请，以参议院副议长、前总理、展望与创新基金会主席让-皮埃尔·拉法兰为团长的法国青年代表团一行访华。13日晚，罗梅同志会见代表团。

10月11日 王晓同志在北京出席全国政协“发挥新生代农民工在城镇化进程中的生力

军作用”视察团座谈会。

10 月 11 日 卢雍政同志在北京出席中俄人文合作委员会第十二次会议。

10 月 11 日 卢雍政同志会见应中联部邀请来访的以前参议院议员宫崎秀树为团长的日本参议院协会代表团。

10 月 12 日 团中央、教育部、全国少工委在北京共同举办 2011 年“全国优秀少先队员”、“全国优秀少先队辅导员”、“全国优秀少先队集体”电视颁奖仪式。王晓、罗梅同志，教育部党组成员顾海良等出席。

10 月 12 日至 18 日 以外务大臣政务官、众议院议员中野让为总团长的日本青少年友好使者代表团访华。13 日晚，周长奎同志会见代表团。

10 月 13 日 团中央、全国绿化委员会、全国人大环境与资源保护委员会、全国政协人口资源环境委员会、环境保护部、水利部、农业部、国家林业局在北京人民大会堂共同举行第五届“母亲河奖”颁奖仪式。全国人大常委会副委员长陈至立出席并为获奖者颁奖。陆昊同志、全国人大环境与资源保护委员会副主任委员王庆喜、全国政协人口资源环境委员会驻会副主任庄国荣、环境保护部总工程师杨朝飞、水利部副部长刘宁、农业部副部长牛盾、国家林业局副局长张永利、解放军总政治部组织部副部长蔡善飞出席，汪鸿雁同志主持颁奖仪式。

10 月 13 日 全国青联在北京召开学习胡锦涛总书记在纪念辛亥革命 100 周年大会上的重要讲话精神座谈会。王晓同志出席并讲话。

10 月 13 日 团中央、新闻出版总署、神华集团公司在乌鲁木齐第十小学共同主办“神华爱心书屋”捐赠仪式。新疆维吾尔自治区党委常委尔肯江·吐拉洪，贺军科同志出席并讲话。

10 月 13 日至 15 日 卢雍政同志担任国家教育体制改革领导小组教育规划纲要贯彻落实情况专项检查新疆组负责人，带队赴新疆检查有关工作。

10 月 13 日 按照全国少工委的统一部署，各地中小学少先队组织集中开展“红领巾心向党”新老队员交流分享主题队会，组织少先队员交流分享一年来参加“红领巾心向党”活动的收获体会。下午，罗梅同志在北京第一师范附属小学出席主题队会。

10 月 14 日 陆昊、汪鸿雁同志在北京出席中央综治委特殊人群专项组和预防青少年违法犯罪专项组工作汇报会，陆昊同志代表预防青少年违法犯罪专项组作汇报。

10 月 14 日 周长奎同志在北京出席汶川地震灾后恢复重建总结表彰大会。

10 月 14 日 中宣部、中央文明办、教育部、团中央在北京大学共同主办“全国道德模范首都高校巡讲”活动首场报告会。中央文明办专职副主任王世明、周长奎同志等主办单位负责同志出席。

10 月 15 日至 18 日 陆昊同志在北京列席党的十七届六中全会。

10 月 15 日 周长奎同志在北京出席中宣部组织召开的研究贯彻落实中央全会有关文件重要举措分工方案的专题会议。

10 月 16 日至 19 日 团中央、中国科协、教育部、全国学联、辽宁省人民政府在辽宁大连理工大学共同主办第十二届“挑战杯”全国大学生课外学术科技作品竞赛决赛。16 日晚，卢雍政同志、辽宁省副省长陈超英等主办单位负责同志出席开幕式并讲话，中国科协书记处书记徐延豪出席开幕式。内地、港澳台及海外的 300 余所高校的师生代表等 3000 多人参加或观摩比赛。期间，举办了国际青年创新论坛、学生成果转化签约仪式等交流活动。

10 月 17 日至 22 日 贺军科同志率中国青年代表团一行 20 人访问沙特阿拉伯并参加第二届“中沙青年友好会见”活动。

10月18日至26日 应土耳其青年与体育部邀请，贺军科同志率中国青年代表团访问土耳其。

10月19日 陆昊同志主持召开共青团第十六届中央书记处2011年第21次会议，传达党的十七届六中全会精神，研究部署有关工作。

10月19日 陆昊同志会见日本日中关系研究会会长、宫本亚洲研究会代表、前日本驻华大使宫本雄二。

10月19日 中直管理局调研组到团中央机关就“加强节约型机关建设”调研。王晓同志，办公厅、服务局负责同志出席座谈会。

10月19日至21日 卢雍政同志赴越南出席第四届东盟—中日韩(10+3)青年事务部长会议。

10月19日 中央综治委预防青少年违法犯罪专项组在北京召开法制教育专题工作会。汪鸿雁同志、维护青少年权益部负责同志出席。

10月19日 周长奎同志在北京出席中央综治委“两新组织”专项组第一次全体会议。

10月19日 周长奎同志到团中央网络影视中心考察未来网建设进展情况。

10月20日至21日 中组部、团中央在北京举行第11批博士服务团工作总结暨第12批博士服务团培训动员会议。中央组织部副部长、中央人才工作协调小组副组长李智勇出席并讲话，王晓同志主持会议并作总结讲话。中组部、团中央选派的147名第12批博士服务团成员将赴西部地区和革命老区进行为期一年的服务锻炼。

10月20日至27日 应全国青联邀请，以欧洲青年论坛主席彼特·马特加思克为团长的欧盟青年代表团访华，并参加中欧青年未来营活动。24日下午，卢雍政同志出席中欧青年未来营闭幕式并讲话。

10月20日 汪鸿雁同志在北京出席中央综治委铁路护路护线联防专项组第一次全体会议。

10月21日 陆昊同志主持召开共青团第十六届中央书记处2011年第22次会议，研究讨论拟提交团中央常委会审议的共青团学习贯彻党的十七届六中全会精神有关决议。

10月21日至22日 中国共产党团中央直属机关第十五次代表大会在北京召开。陆昊同志、中直工委组织部部长段余应出席并讲话，王晓、汪鸿雁、周长奎同志出席大会开幕式，罗梅同志作工作报告。大会选举产生中国共产党团中央直属机关第十五届委员会和新一届团中央直属机关纪律检查委员会，罗梅同志当选团中央直属机关党委书记。直属机关各级党组织推选的120多名代表参加大会。

10月21日 中央综治委预防青少年违法犯罪专项组在北京召开绿色互联网建设专题工作会。汪鸿雁同志、维护青少年权益部负责同志出席。

10月21日 周长奎同志在北京出席第三次全国老龄工作会议。

10月22日 汪鸿雁同志在上海出席上海团校·上海青年管理干部学院建校60周年庆祝大会。

10月22日至23日 中国青少年研究中心、中国青少年研究会、团上海市委在上海共同主办第七届中国青少年发展论坛。22日下午，汪鸿雁同志出席开幕式。

10月24日 团中央在北京召开常委扩大会，学习党的十七届六中全会精神，就全团深入贯彻落实全会精神进行研究部署。会议审议通过了《关于认真学习贯彻党的十七届六中全会精神，在推动社会主义文化大发展大繁荣中充分发挥共青团组织作用的决议》。陆昊同志主持会议并讲话，王晓、卢雍政、罗梅、汪鸿雁、周长奎同志出席会议。

10月24日 陆昊同志召集会议，专题研究青联有关工作。王晓同志、统战部负责同志参加。

10 月 24 日至 28 日 团中央、人力资源社会保障部在辽宁沈阳市共同主办第七届“振兴杯”全国青年职业技能大赛决赛。28 日，贺军科同志，辽宁省委常委、省总工会主席赵国红出席闭幕式并讲话。

10 月 24 日 卢雍政同志陪同中共中央政治局委员、国务委员刘延东会见欧盟委员会教育、文化、语言多样性及青年事务委员瓦西利乌一行。

10 月 24 日至 25 日 团中央组织部在广东东莞市召开重点城市驻外团工委建设工作对接会。全国农民工流出、流入重点省份团委主要责任部门负责同志等参加会议。

10 月 25 日 王晓同志在北京出席中央综治委“两新组织”专项组和法律政策专项组工作汇报会。

10 月 25 日至 28 日 罗梅同志访问韩国，筹备并参加中韩青年互动交流活动。

10 月 26 日 陆昊同志会见中日韩三国合作秘书处秘书长申凤吉一行。

10 月 26 日 王晓同志在北京列席研究讨论《关于实施农村义务教育学生营养改善计划的意见(送审稿)》的国务院第 177 次常务会议。

10 月 26 日 卢雍政同志参加外交部组织召开的温家宝总理出席东亚领导人系列会议并访问文莱筹备工作协调会。

10 月 26 日 卢雍政同志会见应中联部邀请来访的日本民主党代理干事长樽床伸二一行。

10 月 27 日 王晓同志会见应中日友协邀请来访的日中友好协会会长、日本自民党前干事长加藤纮一一行。

10 月 28 日 陆昊同志在北京出席中华全国新闻工作者协会第八届理事会第一次会议开幕式。

10 月 28 日 全国青联在北京组织召开“金融与企业发展”专题研讨会。陆昊、王晓同志与经济、金融、科技、社会科学等界别的 20 多位青联常委、委员座谈交流。

10 月 28 日 文化部、科技部、工业和信息化部、新闻出版总署、团中央等单位共同主办的第九届中国国际网络文化博览会在北京展览馆开幕。文化部副部长杨志今出席并讲话，新闻出版总署副署长孙寿山、卢雍政同志出席开幕式。

10 月 28 日 周长奎同志在湖北武汉市出席中央党史研究室主办的全国党史部门党史育人工作经验交流会并发言。

10 月 31 日至 11 月 2 日 陆昊同志陪同中共中央政治局常委、中央政法委书记、中央社会管理综合治理委员会主任周永康到陕西考察加强和创新社会管理有关工作。

10 月 31 日 团中央、全国青联组织内地杰出青年赴香港出席香港中联办举办的“国旗飘扬、情系中华”交流分享会。

11 月 1 日 中国青少年发展基金会在北京召开第六届理事会第五次会议。贺军科同志出席会议并讲话。

11 月 1 日 贺军科同志召集会议，专题研究街道团的组织格局创新工作。组织部、城市青年工作部负责同志参加。

11 月 1 日 中国红十字会、团中央在天津共同主办全国红十字青少年工作会议开幕式。全国人大常委会副委员长、中国红十字会会长华建敏出席开幕式并讲话。卢雍政同志出席开幕式。

11 月 1 日 周长奎同志在辽宁沈阳市出席辽宁省工青妇工作会议。

11 月 2 日 王晓同志参加中联部举办的第二届中欧政党高层论坛行前集训会议。

11 月 2 日 中组部调研组在北京就团中央联系的窗口单位和服务行业团员青年开展“为民服务创先争优”活动调研。调研组实地察看活动开展情况，并召开座谈会。贺军科同志参加调研并讲话。组织部、城市青年工作部负责同志参加活动。

11月3日 陆昊、罗梅同志与出席团中央直属机关第十四次团员代表大会的全体代表座谈。

11月3日 贺军科同志在北京出席中央综治委非公有制经济组织服务管理工作小组成立暨第一次全体会议。

11月4日 团中央在北京人民大会堂举办中国少年报创刊60周年座谈会。中共中央政治局常委李长春发来贺信。中共中央政治局委员、全国人大常委会副委员长王兆国出席座谈会并讲话。陆昊同志主持座谈会并宣读李长春同志贺信。中央宣传部秘书长官景辉、教育部党组成员顾海良、新闻出版总署纪检组长宋明昌,罗梅同志出席座谈会。中国少年报编辑记者、老同志代表、通讯员代表参加座谈会。

11月4日 周长奎同志在北京出席中央党史研究室、中共江西省委、中共福建省委、中共广东省委共同举办的纪念中央革命根据地创建暨中华苏维埃共和国成立80周年座谈会。

11月6日至11日 王晓同志参加中联部组织的中共代表团赴比利时布鲁塞尔参加第二届中欧政党高层论坛第二次会议并访问比利时。

11月7日 汪鸿雁同志在北京出席中央综治委特殊人群专项组和护路护线联防专项组工作汇报会。

11月7日 周长奎同志在北京出席新华社建社80周年纪念大会。

11月8日至10日 陆昊同志就团组织如何学习贯彻党的十七届六中全会精神,切实用社会主义核心价值体系引导广大青少年,进一步加强团的基层组织建设和基层工作等课题在安徽调研。陆昊同志深入合肥市、芜湖市的企业、高校、乡镇调研,并与企业青年员工,高校、乡镇团干部座谈。期间,中共安徽省委书记张宝顺与陆昊同志进行工作交流。

11月10日 卢雍政同志在北京参加国家教育体制改革领导小组第三次全体会议,并汇报教育规划纲要贯彻落实情况专项检查新疆组有关检查情况。

11月10日至15日 团中央学校部在中央团校举办2011年全国学校团干部培训班,120名大学、中学团干部参加。10日上午,卢雍政同志出席培训班开幕式并为学员作首场报告。

11月10日至11日 团中央直属机关第十四次团员代表大会在北京召开。罗梅同志,中直团工委书记王晓锋出席开幕式并讲话。大会选举产生中国共青团团中央直属机关第十四届委员会。团中央直属机关各级团组织推选的92名会议代表参加。

11月11日 中共中央政治局委员、全国人大常委会副委员长王兆国召集团中央书记处全体同志研究有关工作。

11月11日 陆昊同志在北京出席解放军总政治部举办的“读书·青春·使命”——全军青年读书活动展示交流。

11月11日 卢雍政同志会见以联盟主席费德里克·库墨为团长的阿根廷青年企业家联盟代表团主要成员。

11月11日至15日 团中央、全国青联组织第七批内地杰出青年赴香港交流,出席了13场交流分享会。

11月14日 陆昊同志召集会议,专题研究全团乡镇、街道组织格局创新工作及培训有关事宜。贺军科、汪鸿雁同志,组织部、城市青年工作部、农村青年工作部负责同志参加。

11月14日 陆昊同志召集会议,专题研究权益战线有关工作。汪鸿雁同志、权益部负责同志参加。

11月14日 王晓同志在北京出席中华全国台湾同胞联谊会成立30周年纪念大会。

11 月 14 日至 17 日 应全国青联邀请，以日本青年会议所会头福井正兴为团长、日本 JC 日中友好之会前会长冈田伸浩为名誉顾问、现任会长扬原安磨为顾问的日本青年会议所代表团访华。16 日上午，卢雍政同志会见代表团主要成员。

11 月 16 日 团中央在北京召开全团乡镇、街道组织格局创新及基层工作研讨会。陆昊同志出席并讲话。王晓、贺军科、汪鸿雁同志出席会议。各省（区、市）团委负责同志，部分市、县、乡镇、街道团委负责同志参加研讨。

11 月 17 日至 22 日 应团中央邀请，以朝鲜金日成社会主义青年同盟中央委员会第一书记李勇哲为团长、国际书记吉哲赫为副团长的朝鲜青年友好代表团一行 100 人访华。17 日下午，中共中央政治局常委、国家副主席习近平在北京人民大会堂会见代表团主要成员并与全体成员合影，中联部部长王家瑞，陆昊、卢雍政同志陪同会见。晚，陆昊同志会见代表团，卢雍政同志参加。期间，王晓、贺军科、罗梅、周长奎同志分别会见代表团或陪同代表团参加有关交流活动。

11 月 17 日 陆昊同志召集会议，专题研究全国青少年井冈山革命传统教育基地有关工作。周长奎同志，宣传部、基地筹备组负责同志参加。

11 月 17 日 陆昊同志召集会议，专题研究全团乡镇、街道组织格局创新培训电视电话会议有关事宜。王晓、贺军科、汪鸿雁同志，组织部、城市青年工作部、农村青年工作部负责同志参加。

11 月 18 日 陆昊同志召集会议，专题研究中国青年科技工作者协会换届有关工作。王晓同志、统战部负责同志参加。

11 月 18 日 中国青年创业就业基金会在北京举行捐赠座谈会。陆昊同志出席，向红星美凯龙家居集团股份有限公司、真维斯国际（香港）有限公司、腾讯科技（深圳）有限公司、朗姿股份有限公司颁发捐赠证书，并与青年企业家进行座谈交流。王晓同志出席并讲话。

11 月 18 日 罗梅同志在北京出席中直机关工委召开的部署党的十八大代表和中直机关党代表选举工作有关会议。

11 月 18 日 汪鸿雁同志在北京出席国务院防治艾滋病工作委员会全体会议。

11 月 19 日至 20 日 中青企协、山东半岛蓝色经济区建设办公室、团山东省委在山东潍坊市、东营市共同主办中国青年企业家蓝色经济齐鲁行活动。贺军科同志，山东省委常委、副省长孙伟出席活动并致辞。来自全国各地的 130 余名青年企业家参加活动并进行实地考察。

11 月 21 日 卢雍政同志会见德国基民盟联邦理事会成员、联邦议会议员、基民盟联邦议会党团外交政策发言人、基民盟青年联盟主席米斯菲尔德。

11 月 21 日 周长奎同志在北京出席中央党史研究室召开的党史教材编写协调小组第一次工作会议。

11 月 21 日至 30 日 团中央、全国青联组织第八批内地杰出青年赴香港交流，参加了 30 场交流分享会。

11 月 22 日 陆昊同志在北京出席中国文学艺术界联合会第九次全国代表大会、中国作家协会第八次全国代表大会开幕式并致辞。

11 月 22 日 陆昊同志召集会议，专题研究团十六届五中全会文件。办公厅负责同志参加。

11 月 22 日 周长奎同志在浙江杭州市出席共青团浙江省第十三次代表大会并讲话。

11 月 23 日至 29 日 应全国青联邀请，以日本民主党最高顾问、参议员、日中友好会馆会长、前参议长江田五月为总团长的 2011 年度第二批日本青少年友好使者代表团访华。24 日下午，中日友协名誉顾问唐家璇在北京人民大会堂会见代表团主要成员，陆昊同志参加会见。晚，陆昊同志会见代表团主要成员，卢雍政同志会见代表团全体成员。

11月23日 团中央举办全国乡镇、街道团委干部培训班。陆昊、贺军科、汪鸿雁同志出席并为乡镇、街道团干部授课，王晓同志主持。各省(区、市)团委主要负责同志为本省(区、市)参训人员授课。全国各乡镇、街道团委书记和组织格局创新工作开展后新选配的乡镇、街道团委副书记、委员等共约20万人分两阶段参加了培训。

11月23日至24日 团中央、教育部在北京联合召开全国中学共青团工作会议。陆昊同志、教育部副部长杜占元出席并讲话，王晓同志主持会议，卢雍政、罗梅同志出席会议。各省、地、县级团委负责同志、学校部长，各中学团委书记、教育行政部门负责同志，中学校长代表共3万多人参加了会议。

11月23日 应全国青联邀请，台湾“中国青年创业协会总会”参访团访问北京。23日下午，王晓同志会见参访团，贺军科同志出席中青企协与台湾“中国青年创业协会总会”合作备忘录签字仪式。

11月23日 罗梅同志在北京出席全国妇联、中国儿童少年基金会共同举办的“把爱心奉献给孩子们——中国儿童慈善30年感动人物颁奖晚会”。

11月24日 王晓同志与中央文献研究室有关负责同志商谈青年工作文献选编工作。

11月24日 卢雍政同志在北京出席国务院召开的部署实施全国农村义务教育学生营养改善计划电视电话会议。

11月24日 周长奎同志在北京出席团北京市委、北京市委宣传部、首都文明办等单位共同主办的“青春北京·2011北京青年艺术节”开幕式暨北京青年艺术团成立仪式。

11月25日 团十六届中央书记处举行第二十四次集体学习。党的十七届六中全会精神中央宣讲团成员、中宣部副部长、中央外宣办主任王晨围绕学习贯彻党的十七届六中全会精神这一主题进行专题讲解。陆昊同志主持并讲话，王晓、贺军科、卢雍政、罗梅、汪鸿雁、周长奎同志，机关全体干部参加了学习。

11月25日 瀛公益基金会、神华集团在北京共同举办神华助推大学生村官创业行动启动仪式。王晓同志出席并讲话。

11月25日 汪鸿雁同志在北京出席中国残联、中国残疾人福利基金会共同主办的“集善嘉年华——支持农村残疾人扶贫基地”大型公益活动。

11月25日 周长奎同志在北京出席中国文学艺术界联合会第九次全国代表大会、中国作家协会第八次全国代表大会联欢晚会。

11月26日至27日 陆昊同志赴四川德阳市参加全国加强和创新社会管理工作座谈会(德阳片会)。

11月26日 汪鸿雁同志在北京出席首都绿化委员会办公室、北京市委宣传部共同主办的首都全民义务植树30周年纪念晚会。

11月27日至28日 罗梅同志在北京出席第五次全国妇女儿童工作会议。

11月28日至30日 全国青联在中央党校举办学习党的十七届六中全会精神专题培训班。陆昊同志看望全体学员并讲话。中宣部副部长、文化部部长蔡武，新闻出版总署署长柳斌杰，中央财经领导小组办公室副主任杨伟民，中央党校原副校长李君如分别作专题辅导报告。王晓同志主持报告会并作总结讲话。

11月29日、30日 陆昊同志在北京分别出席中央扶贫开发工作会议第一次、第二次全体会议。29日至30日，汪鸿雁同志全程参加会议。

11月29日 卢雍政同志会见欧亚青年领导人代表团一行。

12月1日至2日 陆昊、汪鸿雁同志在北京出席全国加强和创新社会管理工作座谈会(北京片会)。

12 月 2 日至 5 日 中国青年企业家协会在北京国家行政学院举办第一期青年企业家高级培训班。5 日上午,陆昊同志参加培训班结业式并讲话。贺军科同志主持培训班。国家行政学院副院长韩康、国务院发展研究中心产业经济研究部研究员冯飞、环境保护部总工程师万本太、中国工商银行董事长姜建清、美国前财政部长保尔森分别应邀作专题报告。中青企协副会长、常务理事和各省青企协副会长 110 人参加培训。

12 月 2 日 团中央在北京航空航天大学举办中国大学生骨干培养学校第四期学员结业式。卢雍政同志出席并讲话。

12 月 4 日至 5 日 全国学联第二十五届委员会第二次全体会议在北京召开,审议通过全国学联主席齐兴达代表第二十五届主席团所作的工作报告,并向全国大中学生发出《坚定理想信念,投身伟大实践》的倡议书。4 日下午,卢雍政同志出席开幕式并讲话。5 日下午,陆昊同志与全体会议代表和中国大学生骨干培养学校第五期学员交流并讲话。全国学联第二十五届委员会委员单位代表、各省(区、市)学联秘书长、中国大学生骨干培养学校第五期学员参加会议。

12 月 4 日 汪鸿雁同志在北京出席中央宣传部、全国人大内务司法委员会、全国人大常委会法制工作委员会、司法部共同举办的“12·4”全国法制宣传日座谈会。

12 月 5 日至 10 日 团中央学校部在北京航空航天大学举办中国大学生骨干培养学校第五期理论学习周。10 日下午,卢雍政同志出席总结会并讲话。

12 月 6 日 陆昊同志会见应中国人民外交学会邀请来访的美国前财政部长保尔森一行。

12 月 6 日 贺军科同志在北京出席北京团市委、市科委、市教委等单位共同主办的 2011 北京青年创新创业博览会开幕式。

12 月 6 日 卢雍政同志会见美国青年政治交流理事会代表团。

12 月 6 日 卢雍政同志会见应中联部邀请来访的以中央宣传教育委员会副主席、中央青年工作组组长盖本兴为团长的柬埔寨人民党干部考察团一行。

12 月 7 日 陆昊同志召集会议,专题研究团一大旧址建设方案。办公厅、宣传部负责同志参加。

12 月 7 日 团中央、全国学联主办,中国青年报社、中国高校传媒联盟承办的 2011 年度寻访“中国大学生自强之星”活动在北京大学启动。卢雍政同志出席启动仪式并讲话。

12 月 7 日 团中央、司法部在北京现代职业学校联合主办“法制宣传进校园”现场活动暨第八届全国青少年网上普法知识大赛颁奖活动。汪鸿雁同志出席。

12 月 8 日 陆昊同志召集会议,专题研究出访越南工作方案。国际部负责同志参加。

12 月 9 日 陆昊同志在团中央机关与青年问题研究工作者座谈。

12 月 10 日 瀛公益基金会理事会在北京召开。周长奎同志出席并讲话。

12 月 12 日至 14 日 陆昊同志在北京参加中央经济工作会议。

12 月 12 日 贺军科同志在广东广州市出席团广东省委主办的“圆梦计划”2011 年广东万名新生代农民工入学典礼并讲话。

12 月 12 日 卢雍政同志会见以青年、体育与文化部行政与财务司司长助理哈吉·穆德·阿卜杜赫为团长的文莱青年代表团。

12 月 12 日 卢雍政同志参加国务院副总理李克强会见中俄友好、和平与发展委员会第九次全体会议与会委员及代表活动。

12 月 12 日 卢雍政同志会见德国青年体育联合会主席因格·维斯一行。

12 月 13 日 卢雍政同志出席中俄友好、和平与发展委员会第九次全体会议。

12 月 13 日 周长奎同志与中宣部副部长翟卫华商谈青少年文化工作。

12 月 14 日 陆昊同志主持召开共青团第十六届中央书记处 2011 年第 23 次会议，研究省级团委换届有关工作。

12 月 14 日 2011“中欧青年交流年”闭幕招待会在北京举办。卢雍政同志、欧盟驻华代表团大使艾德和出席并致辞。“中欧青年交流年”中方组委会成员单位、欧盟驻华使团、欧盟成员国驻华使馆、中欧青年组织和媒体代表等 100 多人出席。

12 月 15 日 外交部青年读书研究会、中国国际问题研究所、团中央国际联络部在北京联合举办以“中国外交新任务与创造性实践”为主题的第六届全国青年国际问题研讨会。卢雍政同志、外交部部长助理马朝旭出席并和与会青年交流。

12 月 15 日 汪鸿雁同志在北京出席全国政协十一届五次会议大会发言协调会。

12 月 15 日 周长奎同志在北京出席全国民兵工作会议。

12 月 16 日 陆昊同志列席研究《促进就业规划（2011—2015 年）》的国务院第 185 次常务会议。

12 月 16 日 王晓同志在北京出席庆祝天宫一号与神舟八号交会对接任务圆满成功大会。

12 月 16 日 王晓同志在北京出席海峡两岸关系协会成立 20 周年纪念大会。

12 月 16 日 中国青年创业促进会在北京召开理事会。王晓同志出席并讲话。

12 月 17 日 贺军科同志在北京出席中央组织部组织召开的全国人才工作座谈会。

12 月 17 日 卢雍政同志在北京出席外交部主办的《领导干部外事用语丛书》首发式。

12 月 17 日 汪鸿雁同志在北京出席最高人民检察院侦查监督厅等单位主办的让孩子远离犯罪暨专题片《青春防线》捐赠校园活动。

12 月 17 日 周长奎同志与中宣部副部长王晓晖商谈加强青年理论武装有关工作。

12 月 18 日 陆昊同志在北京参加全国组织部长会议。

12 月 18 日至 25 日 陆昊同志率中国青年代表团一行 100 人赴越南参加团中央、越南胡志明共青团中央共同举办的第十二届“中越青年友好会见”活动。22 日上午，中共中央政治局常委、国家副主席习近平和越共中央政治局委员、书记处常务书记黎鸿英在河内共同会见参加第十二届“中越青年友好会见”活动的两国青年代表。

12 月 19 日 周长奎同志与国家广电总局副局长张丕民商谈青少年文化有关工作。

12 月 20 日至 21 日 汪鸿雁同志在北京出席环境保护部召开的第七次全国环境保护大会。

12 月 20 日 周长奎同志在北京出席中华见义勇为基金会第十六次理事会。

12 月 21 日 卢雍政同志会见应外交学会邀请来访的以自民党参议员林芳正为团长的日本年轻国会议员代表团。

12 月 21 日至 22 日 汪鸿雁同志在北京出席中央政法委组织召开的全国政法工作会议。

12 月 21 日 汪鸿雁同志在北京出席公安部 2012 年春节电视文艺晚会录像演出活动。

12 月 21 日 周长奎同志在北京出席曾宪梓教育基金会优秀大学生奖励计划 2011 年度优秀大学生颁奖大会。

12 月 23 日 汪鸿雁同志在北京出席中央综治办组织召开的全国综治办主任会议。

12 月 23 日 全国青联在中国人民大学举办以“创先争优跟党走，青春建功十二五”为主题的“共享成长——青联委员进校园”活动。

12 月 24 日 卢雍政同志在北京参加教育部举办的全国继续教育工作会议暨高等教育自学考试制度建立 30 周年纪念大会。

12 月 24 日至 30 日 全国青联、香港青年协会在湖北共同举办 2011“香港 200”优秀中学生（领袖）培训计划。

12 月 25 日 贺军科同志在北京出席团河南省委举办的“千里送温暖 殷殷故乡情”河南共青团走进豫籍在京务工青年慰问演出活动。

12 月 25 日 中国法学会主办、团中央支持的以“社会管理创新与中国法治发展”为主题的第六期中国法学青年论坛在北京举行。第九届全国人大常委会副委员长曹志出席论坛。中国法学会党组书记、专职副会长陈冀平，最高人民法院党组副书记、副院长张军，汪鸿雁同志出席并讲话。

12 月 25 日 周长奎同志在北京出席 2011 年中华儿女理事会年会。

12 月 26 日 中国青年创业就业基金会在北京召开 2011 年度会议暨第一届理事会第六次会议。陆昊同志出席并就促进青年就业创业等工作与代表座谈交流，王晓同志主持会议。

12 月 26 日至 29 日 团中央、全国青联、欧美同学会共同主办的“2011 海外学人回国创业周”活动在河北举行。中共河北省委书记张庆黎出席有关活动。王晓同志，中共河北省委常委、纪委书记臧胜业出席项目推介会并讲话。来自美国、英国、日本、德国、法国等 13 个国家的 106 名海外留学人员参加活动。

12 月 26 日 贺军科同志在北京出席共青团全国铁道八届四次全委（扩大）会议并讲话。

12 月 26 日 汪鸿雁同志在北京参加流浪乞讨人员救助管理工作部际联席会议第一次全体会议。

12 月 27 日 中共中央政治局常委、中央书记处书记、国家副主席习近平主持召开中央书记处办公会议，习近平、刘云山、李源潮、何勇、令计划、王沪宁同志听取团中央 2011 年工作情况和 2012 年工作安排的汇报并讲话，王兆国同志参加会议。陆昊同志代表团中央书记处作汇报，书记处全体同志参加。会议对 2011 年共青团工作给予肯定，对 2012 年工作作出重要指示。

12 月 27 日 卢雍政同志在北京参加国家教育体制改革领导小组第四次全体会议。

12 月 27 日至 28 日 汪鸿雁同志在北京参加中央农村工作会议。

12 月 27 日 周长奎同志在北京参加中华全国体育总会八届四次常委会。

12 月 28 日 陆昊同志召集会议，传达中央书记处关于共青团工作的重要指示。王晓同志、机关局级干部参加。

12 月 28 日 陆昊同志主持召开书记处会，研究有关工作。

12 月 28 日 贺军科同志在北京出席文化部、国务院农民工工作联席会议办公室共同主办的“温暖之春”——2012 年慰问全国农民工春节晚会。

12 月 28 日 周长奎同志在北京昌平区汇蕾打工子弟学校参加元旦、春节关爱农民工子女志愿服务活动。

12 月 29 日 陆昊同志列席研究深入开展学雷锋活动的中央政治局常委会议。

12 月 29 日 罗梅同志在北京国家大剧院出席观看文化部、北京市人民政府主办的 2012 年新年京剧晚会。

12 月 29 日 国家互联网信息办公室、团中央、全国青联指导开展的“劳动 · 创造 · 奋斗——青春励志故事”网络文化活动在北京举行启动仪式。周长奎同志等指导单位负责同志出席并讲话。中央各重点新闻网站、主要商业网站负责人，青年励志典型人物、青少年代表等参加启动仪式。

12 月 30 日 贺军科同志在北京参加中央综治委“两新组织”专项组社会组织工作小组第一次会议。

12 月 30 日 贺军科同志在北京参加中央创先争优活动领导小组第八次会议。